KB106671

독자의 1초를 아껴주는 정성!

세상이 아무리 바쁘게 돌아가더라도

책까지 아무렇게나 빨리 만들 수는 없습니다.

인스턴트 식품 같은 책보다는

오래 익힌 술이나 장맛이 밴 책을 만들고 싶습니다.

길벗이지톡은 독자여러분이 우리를 믿는다고 할 때 가장 행복합니다.

나를 아껴주는 어학도서, 길벗이지톡의 책을 만나보십시오.

독자의 1초를 아껴주는 정성을 만나보십시오.

―――――

미리 책을 읽고 따라해본 2만 베타테스터 여러분과

무따기 체험단, 길벗스쿨 엄마 2% 기획단,

시나공 평가단, 토익 배틀, 대학생 기자단까지!

믿을 수 있는 책을 함께 만들어주신 독자 여러분께 감사드립니다.

홈페이지의 '독자광장'에 오시면 책을 함께 만들 수 있습니다.

(주)도서출판길벗 www.gilbut.co.kr

길벗이지톡 www.gilbut.co.kr

길벗스쿨 www.gilbutschool.co.kr

mp3 파일 다운로드 안내

길벗이지톡(www.gilbut.co.kr) 회원(무료 가입)이 되시면 오디오 파일을 비롯하여 다양한 자료를 이용할 수 있습니다.

1단계 | 로그인 후 홈페이지 가운데 화면에 있는 SEARCH [   ] 검색 에서
찾고자 하는 책이름을 입력하세요.

2단계 | 검색한 도서에 대한 자료를 다운로드 받으세요.

Q> 101번 문제의 답은 무엇일까요?

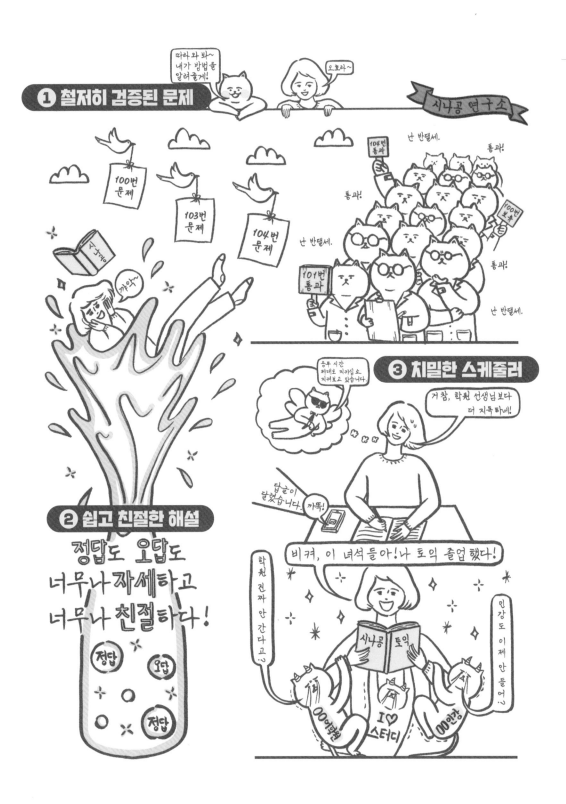

950 1000제 LC

950 1000제 RC

950 실전 모의고사

고득점 공략
950 시리즈

실전서
권장점수 600점 이상

D-5 실전테스트 S1

D-5 실전테스트 S2

실전 모의고사 S2

끝장 가성비
실전 문제집

파트 1, 2, 3, 4 실전 문제집

파트 5, 6 실전문제집

파트 7 실전문제집

부족한 파트만
공략하는
파트별 문제집

이론 + 전략서
권장점수 500~700점

750 완벽대비

850 단기완성

출제순위 파트 5,6

목표 점수대를
공략하는
이론+전략서

기본서
권장점수 500~700점

LISTENING

READING

VOCABULARY

기적의 토익보카

실전용 기본기를
다지는
기본서

입문서
권장점수 400~500점

START (LC+RC)

BASIC (LC+RC)

 BASIC LC

 BASIC RC

체계적인
시작을 위한
입문서

시험에 나오는 것만 공부한다!

시나공 토익 BASIC

시나공 토익연구소, 조강수, 김부로, 김정은, 엄대섭 지음

LC+RC

길벗
이지:톡

시나공 토익 BASIC (LC + RC)

초판 발행 · 2020년 6월 30일

지은이 · 시나공 토익연구소, 조강수, 김부로, 김정은, 엄대섭
발행인 · 김경숙
발행처 · 길벗이지톡
출판사 등록일 · 2000년 4월 14일
주소 · 서울시 마포구 월드컵로 10길 56 (서교동)
대표전화 · 02) 332-0931 | **팩스** · 02) 322-6766
홈페이지 · www.gilbut.co.kr | **이메일** · eztok@gilbut.co.kr

기획 및 책임편집 · 유현우(yhw5719@gilbut.co.kr) | **디자인** · 황애라, 신미연 | **제작** · 이준호, 손일순, 이진혁
영업마케팅 · 김학흥, 장봉석 | **웹마케팅** · 이수미, 최소영 | **영업관리** · 심선숙 | **독자지원** · 송혜란, 정은주
전산편집 · 기본기획 | **오디오** · 와이알미디어 | **CTP 출력 및 인쇄** · 예림인쇄 | **제본** · 예림바인딩

ISBN 979-11-6521-202-5 03740
(도서번호 301070)

가격 18,000원

독자의 1초를 아껴주는 정성 길벗출판사

(주)도서출판 길벗 | IT실용, IT/일반 수험서, 경제경영, 취미실용, 인문교양(더퀘스트) www.gilbut.co.kr
길벗이지톡 | 어학단행본, 어학수험서 www.eztok.co.kr
길벗스쿨 | 국어학습, 수학학습, 어린이교양, 주니어 어학학습, 교과서 www.gilbutschool.co.kr
독자 서비스 이메일 · service@gilbut.co.kr | **페이스북** · www.facebook.com/hontoeic

700점을 보장하는 '실전형' 통합 이론서!

〈시나공 토익 BASIC〉이 2018년에 RC와 LC의 기본서로 각각 분리 출간된 이후 토익 초보 수험생들의 열화와 같은 요청에 힘입어 이번에 LC와 RC를 한 권으로 통합하여 새롭게 개정판을 출시하게 되었습니다.

기존의 RC와 LC의 핵심 내용만을 모아 재탄생하였습니다.

토익 외에도 해야 할 것들이 너무나 많은 토익 초보 수험생들을 위해 RC와 LC의 핵심 기초 내용만을 간추려 한 달 내에 토익의 기본기를 다질 수 있도록 구성하였습니다. 이 한 권이면 더 이상 토익의 기본서를 학습하지 않아도 될 정도로 토익 기초 학습에 필요한 핵심 내용등을 모두 수록하였으며, 학습 이후에 곧바로 실전 문제 훈련을 할 수 있도록 새롭게 구성하였습니다.

'실전'에 바로 적용되는 이론을 배웁니다.

토익은 본인의 수준을 파악하고 원하는 점수를 확실히 정하여 단기간에 집중 공략해야 합니다. 실력이 부족한 초보 수험생들은 무엇부터 시작할지 몰라 이론부터 차근차근 공부하는 경향이 있는데, 이는 시간 낭비일 수 있습니다. 토익은 시험이고 시험은 이론이 아니라 '실전'이기 때문입니다. 문제 풀이에 어떻게 적용되는 지 보여주지 않고 무작정 외우는 이론은 실전 감각을 키워주지 못합니다. 그런 점을 보완하기 위해 이 책은 문제 풀이를 통해 이론을 배우도록 했으며, 이론과 실전을 이어주는데 초점을 맞췄습니다. 또한 어떤 초급 이론서보다 풍부한 실전 문제를 제공합니다.

'혼자' 학습하는 수험생들을 위한 책입니다.

이 책은 학원이나 동영상 강의 수강의 도움 없이 혼자 공부하려는 수험생들을 완벽하게 배려했습니다. 독학에 최적화된 학습 절차와 이해가 잘되는 명쾌한 설명을 담았으며, 모르는 것을 물어보면 홈페이지에서 자세하게 답변해 줍니다.

단기간에 400점대에서 '700점대'로 급상승합니다.

토익 문제가 풀리지 않는 것은 이론이 부족해서 그런 것도 있지만, 토익이 요구하는 기출 패턴을 간파하지 못했기 때문입니다. 토익은 항상 나오는 패턴이 있고, 이것만 숙지하면 700점은 거뜬히 받을 수 있습니다.
이 책은 초보 토이커들이 기본 실력을 기르면서 기출 패턴 및 경향을 익힐 수 있도록 했습니다. 2016년 신유형 도입 이후 5년간의 정기 토익 출제 경향을 완벽히 분석해 700점을 받을 수 있는 '이론 + 실전'의 엑기스만 뽑아 담았습니다.

교재의 내용을 더욱 더 쉽게 이해할 수 있는 무료 동영상 강의를 제공합니다.

이 책은 실전 감각을 키우는데 초점을 맞춤과 동시에 텍스트의 한계를 극복하고 더욱 더 토익의 기초 내용의 이해를 돕기 위해 무료 동영상 강의를 제공합니다. 시나공 토익이 별도로 제공하는 무료 동영상 강의를 활용하여 이 교재를 학습해 나간다면 비싼 학원 수강료를 따로 들이지 않고도 토익의 기본기를 탄탄하게 다질 수 있게 될 것입니다.

시나공 토익 연구소

문제 푸는 자신감이 생겼어요!

모든 내용을 유형별로 분류한 후 완벽히 분석한 구조가 좋았습니다. 기본기에 충실하고 내용도 알차네요. 책에서 이론과 함께 문제에 적용하는 법을 알려주기 때문에 저 같은 초보 수험생도 문제가 풀리면서 자신감이 생겼어요. 토익 입문자나 400~500점대 수험 생들에게 강추합니다! **김무원**(회사원)

실전에 쉽게 적응할 수 있었어요!

'시나공 풀이법'에서 문제의 단서를 얻을 수 있는 방법을 쉽게 풀이해 주어 실전에 적응 할 수 있게 해주네요. 저처럼 토익 점수가 급하게 필요한 입문자도 문제가 풀리는 요령 을 알 수 있어서 좋습니다. 또한 단어 정리 코너는 따로 단어를 정리하지 않아도 예문을 풀며 단어를 학습할 수 있도록 해 줘서 큰 도움이 됐습니다. **배혜연**(대학생)

'토익의 정석'이라고 불릴 만한 책!

수학에 '정석'이 있다면, 토익은 이 책이라고 생각해요. 그만큼 토익 최신 경향을 잘 반 영했고, 토익의 유형을 세분화해 필요한 내용만 수록했습니다. 토익과 관련이 없는 자질 구레한 내용은 조금도 찾아볼 수 없네요. 빠른 기간 안에 700점을 획득하는데 적합한 책이라고 생각합니다. **황인덕**(대학생)

실전 감각이 없는 사람들에게 적합한 책!

학원에 갈 시간적 여유가 없어 독학으로 공부하고 있는데, 학습했던 이론이 문제 풀이 에 적용되지 않아 성적이 쉽게 오르지 않았습니다. 이 책은 저와 같이 실전 감각이 없 는 사람들에게 적합한 책인 것 같습니다. 기존에 봤던 책과는 다르게 문제 풀이 위주로 설명되어 있어서 토익에 바로 적용할 수 있다는 점이 가장 큰 장점입니다. **조아람**(대학생)

혼자 공부하는데도 족집게 선생님한테 배우는 것 같네요!

처음 학습하는 분들이 어느 곳에서 주의해야 하는지 잘 풀이되어 있어요. 또한 문제를 푸는 단계가 체계적으로 설명되어 저같이 토익을 처음 공부하는 사람도 문제 푸는 법 을 쉽게 알 수 있네요. 같은 문제를 계속 틀리는 분들도 이 책으로 공부하시면 좋을 듯 합니다. 혼자 공부하는데도 족집게 선생님한테 배우는 것 같이 문제 유형마다 주의할 점과 문제를 접근하는 방법을 자세히 알려주어 실전 감각을 키우는데 도움이 되었습니 다. 어휘, 기본기, 실전 문제까지 한 번에 해결할 수 있으니 앞으로 토익 시험 걱정 없을 것 같아요. **김윤희**(직장인)

'기본 개념 + 실전 요령'을 동시에!

《시나공 토익 베이직》은 '기본 개념 + 실전 요령'으로 토익에 대한 개념을 확실히 심어주는 책입니다. 한 파트가 끝나면 실전 문제를 풀면서 공부한 내용을 정리해 볼 수 있어서 더욱 좋았습니다. 몇 장을 풀다 보면 개념이 잘 정리된 노트를 보는 것 같은 기분이 듭니다. 이론만 강조한 시중의 기본서가 싫증 난다면 이 책을 보세요. **이소정**(직장인)

'토막 강의'로 혼자서도 쉽게 이해했어요!

대표 문제를 통해 문제 풀이 포인트를 먼저 보고 이론을 학습하는 흐름이 좋았습니다. 이해가 가지 않거나 더 공부하고 싶은 내용은 무료로 제공되는 '토막 강의'를 참고하면 되니 혼자서도 어렵지 않게 토익 공부를 할 수 있었습니다. 독학하는 학습자를 배려한 흔적이 곳곳에 보이는 책입니다. **조아라**(대학생)

독학하기에 좋은 책입니다!

처음 토익을 시작하는 사람이나 토익 기본기가 조금 부족하거나 독학으로 가볍게 토익을 시작하고 싶은 분들에게 적합한 책입니다. 유형별로 세부적으로 분류해 놓았고, 시험에 필요한 중요 풀이 포인트와 기출 단어, 핵심 이론, 그리고 기출 패턴들이 체계적으로 잘 정리되어 있습니다. **이석호**(대학생)

이론과 함께 문제를 푸는 스킬을 배울 수 있어서 좋았어요!

베이직이라는 책 제목처럼 입문자에게 초점이 맞춰져 있어 문제에 대한 해설이 매우 상세합니다. 같은 패턴이 반복되어 독학을 해도 무리 없이 따라갈 수 있었습니다. 시중에 있는 다른 토익 책보다 예제 문제도 많이 수록되어 있고, 무엇보다도 문법 외에도 문제를 푸는 스킬을 배울 수 있어서 좋았습니다. **김하련**(대학원생)

토익뿐만 아니라 제 영어 실력도 올라간 것 같네요!

시간이 촉박해서 책을 읽기만 했는데도 실전에 큰 도움이 됐습니다. 이 책을 끝내고 보니 토익 문제 풀이 실력뿐만 아니라 제 영어 실력도 올라간 것 같네요. 초보 수험생도 쉽게 따라올 수 있게 필요한 부분만 뽑아서 잘 정리한 책입니다. 이 책으로 여러분도 영어에 자신 감이 생기기를 바랍니다. **박남주**(공무원)

그리고 함께 만들어 주신 분들 임병석, 강성모, 채수연, 이찬우, 서우진, 배지현, 정수진, 강민, 서유라, 김소이, 임은희, 정은주, 김성록, 이인선, 김수정, 이슬기, 박지현, 최현호, 연정모

장황한 이론 설명을 배제하고
문제 푸는 능력을 길러주는 기본서!

장황한 이론 설명은 시간은 없고, 할 일이 쌓여 있는 수험생들에게 더 이상 도움이 되지 않습니다. 토익은 시험입니다. 시험을 잘 보기 위해서는 실전에 대한 적용력을 최대한 끌어올려야 합니다. 〈시나공 토익 BASIC〉 통합서를 준비하면서 이전보다 훨씬 많은 토이커들을 인터뷰하고 그들과 더욱 더 많은 고민을 나누었습니다. 대부분의 토이커들이 남들이 좋다는 이론서를 종일 보고 외워도 정작 문제가 풀리지 않는다는 고민을 호소했습니다. 문제에 적용되지 않는 이론만 달달 외우는게 무슨 의미가 있을까요? 이론을 배우는 것도 중요하지만 '문제가 술술 풀리게 하는 것'이 학습하는 이유겠죠.

그래서 《시나공 토익 BASIC》에서는 실전에 적용되는 이론을 공부하도록 초점을 맞췄습니다. 문제를 풀면서 이론이 문제에 적용되는 프로세스를 살펴본 후, 필요한 이론만 공부하도록 구성했죠. 잘 안 나오는 이론은 솎아내고 시험에 나오는 핵심적인 이론만 담았습니다. 이 과정을 따라가면 초급 토이커도 문제가 풀리는 재미를 느끼면서 단기간에 큰 점수 향상을 기대할 수 있을 겁니다.

1. 문제부터 풀고 이론을 배우는 구성!

이 책은 초급 수험생들이 이론만 학습하기 보다는 문제 푸는 능력을 키우는데 초점을 맞춘 책입니다. 그래서 문제를 먼저 풀고, 시나공이 제안하는 풀이법을 통해 문제를 푸는 감을 잡고, 그 문제에서 필요한 이론이 무엇인지를 알아가는 순서로 구성했습니다. 거기에 실전 문제를 추가적으로 풀면서 배운 이론과 풀이법 적용해 보도록 했습니다.

Step 1	Step 2	Step 3
실전문제 풀이법 살펴보기	핵심 이론 학습	이론 적용하여 실전 문제 풀기

2. 장황한 이론 설명은 NO! 문제 풀이로 직결되는 핵심 이론만 간략히 학습한다!

이 책은 기초를 쌓는다 하고 엄청난 양의 이론을 외우게 하지 않았습니다. 초급자에게 그렇게 많은 이론이 필요하지도 않을뿐더러 외운다고 해도 문제에 적용되지 않으면 아무 소용이 없기 때문이죠. 이 책은 초급 토이커가 700점을 넘기기 위해 꼭 필요한 알짜배기 이론만 한 페이지 내외로 간략하게 담았습니다. 이론을 짧게 담은 대신 초급자가 충분히 이해할 수 있도록 토막 동영상 강의를 제공합니다. 동영상 전용 모바일 페이지에서 필요할 때마다 동영상을 보면서 공부하세요.

3. 실전모의고사 1세트(적중률 높은 실전 문제 + 오답까지 파헤치는 친절한 해설) 무료 제공!

이 책은 초급 토이커도 '문제를 푸는 재미를 느껴야 한다'라는 의도로 기획되었습니다. 그래서 다른 토익 초급서보다 풍부한 문제를 담았습니다. 물론 모든 문제는 최신 출제 경향이 그대로 담긴 문제들이죠. 책으로 제공하는 문제 외에도 실전모의고사 1회분을 무료로 다운로드할 수 있습니다. www.gilbut.co.kr을 방문하여 다운로드하세요. 모든 문제는 혼자 풀어도 완벽하게 이해할 수 있도록 정답과 오답까지 분석해 자세하게 설명했습니다.

4. 주요 학원 인강에 버금 가는 무료 동영상 강의 제공!

더 이상 비싼 토익 학원 수강료 때문에 고민하지 않아도 됩니다. 단 18,000원에 교재비와 동영상 강의 수강료를 동시에 해결할 수 있습니다. 시나공 토익에서 별도로 제공하는 무료 동영상 강의를 들으며 토익 기본기 습득에 마침표를 찍으세요.

LC

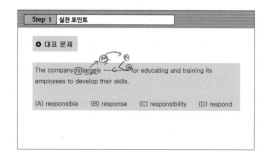

RC

토익이란?

TOEIC은 Test Of English for International Communication의 약자로 영어가 모국어가 아닌 사람들을 대상으로 언어의 주기능인 '커뮤니케이션' 능력을 중심으로 업무나 일상 생활에 필요한 실용 영어 능력을 평가하는 시험입니다. 비즈니스와 일상 생활에서 쓰이는 실용적인 주제들을 주로 다루고 있습니다.

시험의 출제 분야 및 특징

전문적인 비즈니스	연구, 제품 개발, 계약, 인수, 보증, 사업 계획, 이메일, 이사회, 노사 문제, 회의
제조	제품 조립, 공장 경영, 품질 관리
금융과 예산	투자, 세금, 회계, 청구
엔터테인먼트	영화, 음악, 예술, 박물관, 대중 매체
사무실	임원회의, 위원회의, 편지, 메모, 전화, 팩스, E-mail, 사무 장비와 가구
연회	업무상 모임, 식사 예약, 장소 문의
인사	구인, 채용, 퇴직, 급여, 승진, 취업 지원과 자기소개
주택 /기업 부동산	건축, 설계서, 구입과 임대, 전기와 가스 서비스
여행	기차, 비행기, 택시, 버스, 배, 유람선, 티켓, 일정, 역과 공항 안내, 자동차, 렌트, 호텔, 예약, 연기와 취소

토익에서는 특정 문화에만 해당되는 내용은 출제를 피하고 있으며 여러 나라 인명, 지명 등이 골고루 등장합니다. 그리고 미국, 영국, 캐나다, 호주, 뉴질랜드 발음과 악센트를 골고루 출제하고 있습니다.

시험의 구성

구성	Part		내용	문항 수	시간	점수
Listening Comprehension	1		사진 묘사(사진 보고 올바른 설명 고르기)	6	45분	495점
	2		질의 응답(질문에 알맞은 답변 고르기)	25		
	3		짧은 대화(대화를 듣고 질문에 답변하기)	39		
	4		설명문(담화문을 듣고 질문에 답변하기)	30		
Reading Comprehension	5		단문 공란 채우기(문장 안의 빈칸에 알맞은 말 고르기	30	75분	495점
	6		장문 공란 채우기(지문에 있는 빈칸에 알맞은 말 고르기	16		
	7	독해	단일 지문(1개의 지문을 읽고 질문에 답변하기)	29		
			이중 지문(2개의 지문을 읽고 질문에 답변하기)	10		
			삼중 지문(3개의 지문을 읽고 질문에 답변하기)	15		
Total	7 Parts			200	120분	990점

Listening Comprehension 문항 수: 100, Reading Comprehension 문항 수: 100

시험 시간 안내

오전 시간	오후 시간	내용
9 : 30 ~ 9 : 45	2 : 30 ~ 2 : 45	답안지 배부 및 작성 Orientation
9 : 45 ~ 9 : 50	2 : 45 ~ 2 : 50	휴식 시간
9 : 50 ~ 10 : 05	2 : 50 ~ 3 : 05	1차 신분증 검사
10 : 05 ~ 10 : 10	3 : 05 ~ 3 : 10	문제지 배부 및 파본 확인
10 : 10 ~ 10 : 55	3 : 10 ~ 3 : 55	LC 시험 진행
10 : 55 ~ 12 : 10	3 : 55 ~ 5 : 10	RC 시험 진행 (2차 신분 확인)

토익 접수 방법

- **접수 기간 및 접수처 확인** : 인터넷 접수 기간을 한국 토익위원회 사이트(www.toeic.co.kr)에서 확인합니다.
- **접수 절차** : 사이트에서 인터넷 접수를 선택하고 시험일, 고사장, 개인 정보 등을 입력한 후 응시료를 지불합니다. 접수 시 필요한 사진은 최근 6개월 이내 촬영한 사진이어야 하며, JPG 형식으로 준비합니다.
- **특별 추가 접수** : 특별 접수 기간 내에 인터넷 접수로만 가능하며 응시료는 48,900원입니다.

시험 준비 사항

- 규정 신분증 : 주민등록증, 운전면허증, 공무원증, 기간 만료 전 여권, 초·중·고생의 경우는 TOEIC 정기시험 신분확인증명서, 학생증, 청소년증을 인정합니다. 신분증이 없으면 절대 시험을 볼 수 없습니다. 꼭 챙기세요! (대학생 학생증은 인정되지 않습니다.)
- 필기 도구 : 컴퓨터용 연필(굵게 만들어 놓으면 편합니다. 일반 연필이나 샤프도 가능하지만 사인펜은 사용 불가능합니다), 지우개 필수적으로 가져가세요.

입실 전 유의 사항

- 시험시간이 오전일 경우에는 9시 20분까지, 오후일 경우에는 오후 2시 20분까지 입실을 완료합니다.
- 오전 시험은 9시 50분, 오후 시험은 2시 50분 이후로는 절대로 입실을 할 수가 없으니 꼭 시간을 지켜야 합니다.

성적 확인 및 성적표 수령

- 성적은 정해진 성적 발표일 오전 6시부터 토익위원회 홈페이지(www.toeic.co.kr)와 ARS 060-800-0515를 통해 조회할 수 있습니다. (단, ARS 성적 확인에 동의한 수험자는 ARS로 성적 확인이 가능합니다.)
- 성적표 수령은 온라인 출력이나 우편 수령 중에서 선택할 수 있습니다.
- 온라인 출력 시 성적 유효기간 내에 홈페이지를 통해 출력 가능합니다.
- 우편 수령 시 성적 발표 후 접수 시 기입한 주소로 발송됩니다. (약 7 ~ 10일 소요)
- 온라인 출력과 우편 수령은 모두 1회 발급만 무료이며, 그 이후에는 유료입니다.

Part 1 사진 묘사(6문제)

주어진 사진을 가장 잘 묘사한 문장을 4개의 선택지 중에서 고르는 문제입니다.

출제 샘플

문제지	음성
1. 	**NO 1.** Look at the picture marked number 1 in your test book. (A) A man is putting on glasses. (B) A man is working at a computer. (C) A man is listening to music. (D) A man is using his cellphone.

해석 (A) 남자는 안경을 쓰고 있다.
　　 (B) 남자는 컴퓨터 앞에서 일하고 있다.
　　 (C) 남자는 음악을 듣고 있다.
　　 (D) 남자는 휴대전화를 사용하고 있다.

해설 남자가 사무실에 앉아 컴퓨터를 보며 키보드를 치고 있다. 따라서 정답은 (B)이다.
정답 (B)

Part 2 질의 응답(25문제)

질문을 듣고 가장 적절한 응답을 3개의 선택지 중에서 고릅니다.

출제 샘플

문제지	음성
7. Mark your answer on your answer sheet.	**NO 7.** How long did your job interview take? (A) An open position. (B) A new employee (C) Only half an hour.

해석 당신은 면접을 얼마나 오랫동안 보셨나요?
　　 (A) 개방직이에요.
　　 (B) 새 직원이에요.
　　 (C) 30분 정도요.

해설 (A)는 질문과는 전혀 무관한 대답이며, (B)는 질문의 job에서 연상할 수 있는 employee를 이용한 연상 어휘 함정이 포함된 오답이다. 따라서 면접 시간이 30분 정도 걸렸다고 대답하는 (C)가 정답이다.
정답 (C)

두 명이나 세 명의 남녀가 주고받는 대화를 듣고 질문에 대한 정답을 4개의 선택지 중에 고르는 유형으로 3문제씩 13세트(39 문제)가 출제됩니다. 마지막 2 ~ 3개의 세트에서 시각 자료가 함께 나오는 문제가 출제됩니다.

출제 샘플

문제지	음성
32. Why was the woman late for the meeting? (A) She was using public transportation. (B) She just came back from his vacation. (C) She was stuck in traffic. (D) She lives far from the company. **33.** When will the speakers install the new program? (A) On Monday (B) On Tuesday (C) On Wednesday (D) On Thursday **34.** According to the conversation, what does the man suggest? (A) To come early on Thursday (B) To visit the Sales Department (C) To buy an airplane ticket (D) To leave for a business trip	**Questions 32-34 refer to the following conversation.** W : Hi, Mr. Anderson. I'm sorry. I was late for the meeting this morning because of the traffic jam. What did I miss? M : Oh, on Thursday, we are going to install a new program for all of the computers in the Sales Department. W : So is there anything we have to do to prepare for it? M : No, but I suggest that you come early on that day. We will have a lot of work to do.

해석

문제 32-34번은 다음 대화를 참조하시오.

여 : 안녕, 앤더슨 씨. 죄송해요. 교통 체증 때문에 오늘 아침 미팅에 늦었어요. 제가 놓친 게 무엇입니까?

남 : 오, 목요일에 영업 부서에 있는 모든 컴퓨터에 새로운 프로그램을 설치하기로 했어요.

여 : 그래서 저희가 대비해야 할 일이 있나요?

남 : 아니요, 하지만 그날은 일찍 오시는 것이 좋습니다. 우리는 해야 할 일이 많은 거예요.

32. 여자가 왜 늦었습니까?

(A) 그녀는 대중교통 수단을 이용하고 있었다.

(B) 그녀는 방금 휴가에서 돌아왔다.

(C) 그녀는 교통 체증에 갇혀 있었다.

(D) 그녀는 회사에서 멀리 떨어져 산다.

해설 여성의 첫 대화 문장을 통해 교통 체증 때문에 늦었다는 사실을 알 수 있다.

정답 (C)

33. 화자는 언제 새 프로그램을 설치할 것입니까?

(A) 월요일

(B) 화요일

(C) 수요일

(D) 목요일

해설 남성의 첫 대화 문장을 통해 목요일에 새 프로그램을 설치할 계획임을 밝히고 있다.

정답 (C)

34. 대화에 따르면 남자가 무엇을 제안합니까?

(A) 목요일에 일찍 오는 것

(B) 영업 부서를 방문하는 것

(C) 비행기 표를 사는 것

(D) 출장을 떠나는 것

해설 남성은 두 번째 대화 문장에서 여성에게 목요일에 일찍 올 것을 주문하고 있다.

정답 (A)

Part 4 짧은 담화(30문제)

남자나 여자가 혼자 얘기하는 담화를 듣고 질문에 대한 정답을 4개의 선택지 중에 고르는 유형으로 3문제씩 10세트(30문제)가 출제됩니다. 마지막 2 ~ 3개의 세트에서 시각 자료가 같이 나오는 문제가 출제됩니다.

출제 샘플

문제지

71. Who is the speaker probably talking to?
(A) Visitors
(B) Artists
(C) Critics
(D) Volunteers

72. What does the speaker say about the current exhibit?
(A) It has been well received.
(B) It has attracted many visitors.
(C) It requires an extra fee to see.
(D) It has been funded by the city.

73. What will the listeners probably do next?
(A) Attend a course
(B) Take a tour
(C) Register to volunteer
(D) Receive a certificate

음성

Question 71-73 refer to the following talk.

Good morning and thank you for volunteering to become a tour guide here at the Antiquities Museum. I'm Jack Collins, and I lead the Education Department here. I hope you all enjoyed the Introduction to Antiquities course yesterday. Today, we'll begin with a tour of our current exhibit, Pieces from the Levant. This exhibition has been widely applauded by both critics and museum visitors alike. Please pay careful attention to the details about each piece as we walk and feel free to take notes and to ask questions. Okay. Let's get started.

해석

문제 71–73번은 다음 담화를 참조하시오.

안녕하세요, 저희 Antiquities 박물관의 투어 가이드가 되어주시고자 자원하신 여러분께 감사드립니다. 저는 Jack Collins라고 하며 박물관의 교육부장입니다. 저는 여러분 모두 어제 있었던 Antiquities 박물관 소개 과정을 즐겁게 이수하셨길 바라고 있습니다. 오늘은 저희가 현재 진행 중에 있는 전시회, Pieces from the Levant에 대한 견학을 시작하고자 합니다. 이 전시회는 평론가와 박물관 방문객들 모두에 의해 널리 칭찬받은 전시회입니다. 우리가 지나가면서 접하게 되는 각 제품의 세부적인 부분들에 집중해주셨으면 하고 얼마든지 노트 필기를 하셔도 좋고, 궁금하신 것이 있으시면 질문하셔도 좋습니다. 좋습니다, 그럼 시작합시다.

71. 화자는 누구에게 이야기하는 것 같은가?
(A) 방문객들
(B) 예술가들
(C) 평론가들
(D) 자원 봉사자들
해설 화자는 담화 첫 문장을 통해 박물관의 투어 가이드에 자원해준 것에 감사하고 있다. 따라서 이들은 자원 봉사자들임을 알 수 있다.
정답 (D)

72. 현재 전시회와 관련해서 언급된 점은 무엇인가?
(A) 평판이 좋았다.
(B) 많은 방문객들을 유치했다.
(C) 관람을 위해 추가요금을 내야한다.
(D) 시의 재정지원을 받았다.
해설 화자는 현재 전시회가 비평가와 박물관 방문객들에 의해 모두 호평을 받고 있다고 밝히고 있다.
정답 (A)

73. 청자들은 이후에 무엇을 할 것 같은가?
(A) 과정에 참여한다.
(B) 견학한다.
(C) 자원봉사활동에 등록한다.
(D) 자격증을 수령한다.
해설 미래 행동을 묻는 질문이므로 담화 후반부를 참조한다. 지문 말미에서 견학이 곧 시작될 것임을 알리고 있다. 따라서 정답은 (B)이다.
정답 (B)

Part 5

단문 공란 채우기(30문제)

문장의 빈칸에 알맞은 단어를 채우는 유형이며, 크게 문법, 어형, 그리고 어휘를 물어보는 유형으로 나뉜다.

출제 샘플

1. 문법 문제

------- we need to do is contact our regular customers and let them know about the new refund policy.

(A) When   (B) Where   (C) What   (D) That

해석 우리가 해야 할 일은 정기고객들에게 연락을 취해 그들에게 새로운 환불정책에 대해서 알려주는 것이다.

해설 두 개의 절을 이어주는 적절한 접속사를 묻는 질문이다. 빈칸 뒤의 절의 구조는 목적어가 보이지 않는 불완전한 구조이므로, 명사인 목적어의 역할을 행함과 동시에 두 절을 이어주는 접속사의 역할을 해줄 수 있는 What을 정답으로 선택해야 한다.

정답 (C)

2. 어형 문제

------- are the results of the latest residents' survey on the proposed shopping mall construction project.

(A) Enclose   (B) Enclosed   (C) Enclosure   (D) Enclosing

해석 제시된 쇼핑몰 건설안에 대한 거주민들의 최근 설문조사 결과가 동봉되어 있다.

해설 be동사 앞자리는 일반적으로 주어 자리이므로 명사인 Enclosure를 정답으로 선택하기 쉽다. 그러나 실제로는 be 동사 뒤에 오는 the results가 주어이며 be 동사 앞에는 설문조사 결과가 동봉되었음을 뜻하는 주격보어인 enclosed가 와야 한다. 결과적으로 길어진 주어가 문미로 이동하며 발생하는 도치구문이라 할 수 있으며, 특히 enclose, attach 그리고 include란 동사가 등장하는 경우 문두에 과거분사 형태가 오는 도치구문에 주의해야 할 필요가 있다.

정답 (B)

3. 어휘 문제

Bain Management Systems, one of the global management consulting firms, ------- new personnel polices on hiring last month.

(A) performed   (B) implemented   (C) achieved   (D) convinced

해석 세계적인 경영 컨설팅 회사 중 한 곳인 Bain Management Systems는 지난달에 채용과 관련된 새로운 인사방침을 시행하였다.

해설 빈칸에 적절한 동사 어휘를 묻는 질문으로 빈칸 뒤에는 새로운 인사방침, 즉, new personnel polices가 위치하고 있고 있으므로 동사는 새로운 인사방침을 시행한다는 implemented가 적절하다.

정답 (B)

Part 6 장문 공란 채우기(16문제)

문장의 빈칸에 알맞은 단어를 채우는 유형은 Part 5와 동일하나, 지문 속에서 문제가 제시된다는 점이 다르다. 또한 지문의 어느 공간에 빈칸을 두고 알맞은 문장을 고르게 하는 유형은 Part 6만의 독특한 문제 유형이다.

출제 샘플

Questions 135-138 refer to the following announcement.

Rodrigo Seria Exhibition

------- on May 15, the Bledgile Gallery will be exhibiting a selection of paintings by Rodrigo Seria. The exhibit will
135.
showcase Seria's recent series of portraits and also provide an overview of his earlier works. The exhibit is -------
136.
by loans from the artist, the Veril Foundation, and the Metro Art Museum. -------. Discussions with the curator will
137.
be held every Thursday evening, with topics ranging from Seria's inspiration to the recent spotlight on Latin

American art. The exhibit will run ------- June 29 and will be located on the first floor of the gallery on Rumdau
138.
Street.

135. (A) Started
　　　(B) Starting
　　　(C) Starter
　　　(D) Start

136. (A) contacted
　　　(B) nominated
　　　(C) supported
　　　(D) proposed

137. (A) A book featuring Seria's portraits will be available for sale at the gallery.
　　　(B) The Bledgile Gallery building was previously a French restaurant.
　　　(C) The gallery's exhibit that attracted the most attention this year was Andy Vardy's.
　　　(D) Mr. Gagliardi, the gallery's curator, is new to the style of Rodrigo Seria.

138. (A) by
　　　(B) on
　　　(C) after
　　　(D) until

정답 및 해설

> **로드리고 세리아 전시회**
>
> 5월 15일부터 Bledgile 갤러리는 로드리고 셀리아의 많은 그림들을 전시할 것입니다. 전시회는 그의 초기작품들에 관한 개괄을 제공함과 더불어 최근의 초상화들도 선보이게 됩니다. 본 전시회는 세리아 자신, 베릴 재단 그리고 메트로 아트 뮤지엄으로부터 작품들을 지원받아 열립니다. 위의 세리아의 초상화를 담은 책이 갤러리에서 판매될 것입니다. 큐레이터와의 대담도 매주 목요일 저녁에 있을 예정인데, 세리아가 받은 영감에서부터 라틴 아메리카 미술이 최근 조명 받는 것에 관한 내용까지 토픽들이 다양합니다. 전시회는 6월 29일까지 지속될 것이며, 럼다우 스트릿에 위치한 갤러리의 1층에 위치할 것입니다.

135. 어형 – 분사
해설 흔히 '(날짜)로부터'의 관용적 표현으로, 'starting (from) + 날짜'의 형태를 쓸 수 있다. 따라서 정답은 (B)가 알맞다.
정답 (B)

136. 어휘 – 동사
해설 선택지들이 빈칸에 들어가면 수동형(be동사 + p.p)을 이루는데, 이럴 때는 능동형으로 고쳐보면 이해가 빠르다. 따라서, 'Loans supports the exhibit ~' 정도의 의미가 나타나므로 문맥상 적합한 (C)가 정답이다. 참고로, (A)는 주어와 목적어로 '사람/회사/기관' 등이, (B)는 주어나 목적어로 '사람/작품' 등이 그리고, (D)는 주어로 '사람'이 나와야 하므로 어색하다.
정답 (C)

137. 문맥상 적합한 문장 넣기
해설 빈칸 앞뒤 문장이 일관적으로 로드리고 세리아의 전시에 관한 내용만을 다루고 있으므로, 빈칸도 이를 벗어나지 않는 내용인 (A)가 문맥상 적합하다.
정답 (A)
    (A) 위의 세리아의 초상화를 담은 책이 갤러리에서 판매될 것입니다.
    (B) Bledgile 갤러리 건물은 예전에 프랑스 레스토랑이었습니다.
    (C) 올해 가장 많은 관심을 끈 갤러리 전시회는 앤디 바르디의 전시회였습니다.
    (D) 갤러리의 큐레이터인 게그리아디 씨는 로드리고 세리아의 스타일이 익숙치 않습니다.

138. 문법 – 전치사
해설 빈칸 뒤의 6월 29일은 그 앞의 동사 run(달리다, 운영하다, 지속하다)의 뜻을 감안할 때, 전시회의 마지막 날짜로 볼 수 있다. 따라서, '~까지'라는 의미가 들어가는 것이 적당하며, 이에 부합하는 선택지는 (A)와 (D)이다. 그런데 그 앞의 동사의 성격이 run, stay, continue, keep 등의 지속성을 나타내면 until, 반면에 finish, complete, break, arrive 등의 완료성을 나타내면 by를 쓴다. 따라서 정답은 (D)가 된다.
정답 (D)

Part 7 지문 읽고 문제 해결하기(54문제)

주어진 지문을 읽고 지문의 내용과 관련된 문제의 정답을 고르는 유형입니다.

1. 지문의 특징

지문의 종류	지문 당 문제 수	총 문제 수	출제 영역
단일 지문	2 ~ 4문제	29문제	147번 ~ 175번
이중 지문	5문제	10문제	176번 ~ 185번
삼중 지문	5문제	15문제	186번 ~ 200번

2. 지문의 유형

1) 이메일

이메일 형태의 지문이며, PART 7에서는 지문의 종류를 막론하여 가장 출제 비중이 높은 지문 유형입니다.

2) 기사 & 보도자료

신문의 기사 형태로 쓰여진 지문이며, 이메일 다음으로 출제 비중이 높은 지문 유형입니다. 간혹 전문 용어들이 제시되기 때문에 풍부한 어휘력이 수반되어야 하는 지문입니다.

3) 공지

회사나 공공기관 등에서 안내하거나 공지하는 내용이 담긴 지문입니다. 주로 특정 지역이나 회사 내의 공사, 강연, 행사 등에 대한 공지 사항, 또는 게시문의 내용이 주를 이룹니다.

4) 메시지 대화문

휴대 전화로 문자나 메시지를 주고받는 시대적 유행을 반영하여 신유형에 새롭게 추가된 지문입니다. 크게 문자 메시지 지문과 여러 사람이 대화하는 온라인 채팅 지문으로 나뉩니다.

5) 광고

광고 내용을 담은 지문이며, 크게 어떤 제품이나 서비스를 광고하거나 구인을 하는 광고로 나눌 수 있습니다.

6) 정보(information)

주로 회의 참가 신청, 회사 행사, 또는 제품 설명서나 등록에 대한 정보를 제시하는 지문입니다.

7) 편지(Letter)

지문의 특성상 이메일과 유사한 부분이 많으며, 주로 회의나 모임 소개, 또는 회사가 고객에게 보내는 제품 안내, 고객이 회사에게 보내는 항의문 등이 주된 내용을 이룹니다.

8) 회람(Memo)

회사 또는 어떤 단체에서 간단한 정보를 알리기 위해 메모 형식으로 작성된 지문이며, 비교적 내용이 짧기 때문에 PART 7 단일 지문의 초반부 지문으로 많이 활용됩니다.

3. 문제의 유형

1) 주제 찾기: 지문이 쓰인 목적이나 의도를 묻는 유형이다.

ex) Why was the e-mail sent? 이메일이 보내진 이유는?

2) 세부 사항: 지문의 내용에 대한 세부적인 사항에 대해 묻는 유형이다.

ex) Who has to pay for the ordered items? 누가 주문서에 대해 지불해야 하는가?

ex) When did Ms. Taylor make her purchase? 테일러 씨는 언제 구매했는가?

3) 유추, 추론: 지문에 직접적인 언급은 없으나, 여러 정황으로 특정 사항을 추정하는 유형이다.

ex) According to the e-mail, who most likely is Mr. Brian? 이메일에 따르면 브라이언 씨는 누구일 것 같은가?

4) 사실파악: 지문에 언급된 내용에 대한 사실 여부에 대해 묻는 유형이다.

ex) What is mentioned about the meeting? 그 미팅에 대해 언급된 내용은 무엇인가?

5) 동의어 파악: 지문에 있는 특정한 단어와 뜻이 비슷한 단어를 묻는 유형이다.

ex) The word "contribution" in paragraph 2, line 2 is closest in meaning to

두 번째 단락, 두 번째 줄의 "contribution"과 의미가 가장 가까운 것은 무엇인가?

6) 요청, 제안: 요청이나 제안 받은 사항이 무엇인지 묻는 유형이다.

ex) What is Mr. Hong asked to do? 홍 씨는 무엇을 요구받았는가?

7) 의도 파악: 특정한 문장이 어떤 의미를 함축하고 있는지 묻는 유형이다.

ex) At 2:21 P.M., what does Ms. Jane mean when she writes, "I'll find out."?

오후 2시 21분에 Jane 양이 "I'll find out."이라고 썼을 때, 그녀가 의도한 것은?

8) 문장 넣기: 문제에서 주어진 문장이 지문의 어디에 들어가야 하는지 묻는 유형이다.

ex) In which of the positions marked [1], [2], [3], and [4] does the following sentence best belong?

[1], [2], [3], 그리고 [4]로 표시된 것 중에서 다음 문장이 들어가기에 가장 적절한 곳은 디인가?

"The yacht was renovated to reflect the iconic Lamada Hotel's facilities and service."

"요트는 라마다 호텔을 상징하는 시설과 서비스를 반영하여 개조되었다."

1권 | 이론서

LC

2권 | 정답 및 해설

* 이 책에서 제공하는 각종 학습 자료는 시나공토익 홈페이지(www.eztok.co.kr)에서 무료로 다운로드하실 수 있습니다.

8주 코스(1주일에 4일 학습 / 1일 복습)

토익을 처음 시작하는 분, 300~400점대 수험생 중 꼼꼼히 공부하고 싶은 수험생에게 권장합니다. 토익에 나오는 표현들이 생소하고 의미도 거의 파악되지 않는 수험생에게 추천합니다. 또한 이 책의 난이도가 조금 어렵다고 느껴진다면 아래의 계획표대로 따라 주세요. 2달에 이 책을 끝내고 토익의 기초를 쌓을 수 있습니다.

주	월	화	수	목	금
1주차	Day 1 LC	Day 1 RC	Day 2 LC	Day 2 RC	REVIEW TEST (DAY 01~DAY 02)
2주차	Day 3 LC	Day 3 RC	Day 4 LC	Day 4 RC	REVIEW TEST (DAY 03~DAY 04)
3주차	Day 5 LC	Day 5 RC	Day 6 LC	Day 6 RC	REVIEW TEST (DAY 05~DAY 06)
4주차	Day 7 LC	Day 7 RC	Day 8 LC	Day 8 RC	REVIEW TEST (DAY 07~DAY 08)
5주차	Day 9 LC	Day 9 RC	Day 10 LC	Day 10 RC	REVIEW TEST (DAY 09~DAY 10)
6주차	Day 11 LC	Day 11 RC	Day 12 LC	Day 12 RC	REVIEW TEST (DAY 11~DAY 12)
7주차	Day 13 LC	Day 13 RC	Day 14 LC	Day 14 RC	REVIEW TEST (DAY 13~DAY 14)
8주차	Day 15 LC	Day 15 RC	Day 16 LC	Day 16 RC	REVIEW TEST (DAY 15~DAY 16)

4주 코스(1주일에 4일 학습 / 1일 복습)

토익을 공부한 적이 있으나 중도에 포기했던 분, 400~500점대 수험생에게 권장합니다. 토익에 나오는 표현을 조금은 아는 수험생에게 추천합니다. 또한 이 책의 난이도가 본인에게 적당하다고 느껴지면 아래의 계획표대로 따라주세요. 4주면 이 책을 끝내고 실전 감각을 키울 수 있습니다.

주	월	화	수	목	금
1주차	Day 1 LC + RC	Day 2 LC + RC	Day 3 LC + RC	Day 4 LC + RC	REVIEW TEST (DAY 01~DAY 04)
2주차	Day 5 LC + RC	Day 6 LC + RC	Day 7 LC + RC	Day 8 LC + RC	REVIEW TEST (DAY 05~DAY 08)
3주차	Day 9 LC + RC	Day 10 LC + RC	Day 11 LC + RC	Day 12 LC + RC	REVIEW TEST (DAY 09~DAY 12)
4주차	Day 13 LC + RC	Day 14 LC + RC	Day 15 LC + RC	Day 16 LC + RC	REVIEW TEST (DAY 13~DAY 16)

〈시나공 토익 BASIC〉은 혼자서 학습하기 어려운 부분을 선별해 '토막 동영상 강의'를 제공합니다. 교재 학습과 더불어 강의 수강을 함께 진행하시면 실력 향상에 많은 도움이 될 것입니다.

토막 강의 활용법 Step 1 **책의 토막 강의 제공 부분 확인**

교재에 동영상 표시가 되어 있는 부분은 동영상으로 토막 강의를 제공하는 부분입니다.
혼자 이해하기 어려운 부분을 선별해 베테랑 강사가 자세히 설명해주니 적극적으로 이용하시길 바랍니다.

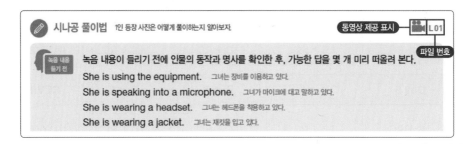

토막 강의 활용법 Step 2 **〈시나공 토익 BASIC〉 홈페이지 접속**

1) 주소 입력창에 www.eztok.co.kr을 입력해 접속하여 검색창에 〈시나공 토익 BASIC〉을 입력합니다.

2) 해당 도서가 검색되면 교재 이미지 오른쪽에서 〈동영상 강좌〉를 클릭하여 무료 수강 신청을 합니다.

PART 1

REVIEW TEST

녹음 내용 듣기 전 사진 속 인물의 동작을 '손동작 → 외모 파악 → 주변 상황 파악' 등의 순으로 확인하고 선택지에 나올 만한 동사를 미리 예상한다.

녹음 내용 들을 때 잘 들리지 않거나 애매모호한 보기 옆에는 △, 오답 보기 옆에는 X, 정답인 것 같으면 O를 표시해 최종 답을 선택하되 동사와 명사 중심으로 듣는다.

 대표 문제 녹음 내용을 듣고 알맞은 정답을 고르자. 🎧 **01.mp3**

 (A)　　　(B)　　　(C)　　　(D)

 시나공 풀이법 1인 등장 사진은 어떻게 풀이하는지 알아보자. 🎥 **L01**

 녹음 내용 듣기 전 녹음 내용이 들리기 전에 인물의 동작과 옷차림을 확인한 후, 가능한 답을 몇 개 미리 떠올려 본다.

She is using the equipment.　그녀는 장비를 이용하고 있다.

She is speaking into a microphone.　그녀가 마이크에 대고 말하고 있다.

She is wearing a headset.　그녀는 헤드폰을 착용하고 있다.

She is wearing a jacket.　그녀는 재킷을 입고 있다.

 녹음 내용 들을 때 녹음 내용이 들리면 △, X, O 등의 소거법을 활용한다.
사진에 없는 동사나 명사가 들리는 보기는 바로 소거한다.

(A) She is removing her headphones.　그녀가 헤드폰을 벗고 있다. ✗
▶ 사진 속 인물의 손동작이 보기와 다르다.

(B) She is speaking into a microphone.　그녀가 마이크에 대고 말하고 있다. O
▶ 사진 속 인물이 마이크에 대고 말을 하고 있으므로 정답이다.

(C) She is typing on a keyboard.　그녀가 키보드로 타이핑하고 있다. ✗
▶ 사진 속 인물의 손동작과 보기가 다르다. 사진에 없는 명사(keyboard)가 들리는 보기는 오답이다.

(D) She is plugging in a cord.　그녀가 코드를 꽂고 있다. ✗
▶ 사진 속 인물의 손동작과 보기가 다르다. 사진에 없는 명사(cord)가 들리는 보기는 오답이다.

1인이 등장하는 사진에서 상반신만 나온 사진은 네 보기의 주어가 모두 같기 때문에 주어의 동작에 초점을 맞춰 들어가야 한다. 하지만, 전신이 나온 사진은 사람뿐 아니라 주변 사물에 대해서도 나올 수 있기 때문에 주어의 행위와 사물 모두에 초점을 맞춰 들어야 한다. 두 경우 모두 동사와 명사가 핵심이므로 동사와 명사를 집중해서 들어야 한다. 동사는 주로 현재 진행형으로 묘사된다.

 상황별 묘사

사무실 & 야외

She is taking some notes by hand.

The man is talking on the phone.

The woman is drinking from a water bottle.

The man is walking along the beach.

작업장

A man is working on a ladder.

A man is checking a tire.

He is carrying some boxes.

A man is repairing a door.

주방 & 식당 & 상점

She is preparing a meal.

The woman is studying the menu.

A woman is examining a product.

She is pushing a cart.

Voca Check-up! take notes 필기하다 talk on the phone 전화로 통화하다 walk along the beach 해변을 따라 걷다
carry+물건 물건을 옮기다 repair 수리하다 prepare a meal 식사를 준비하다 study the menu 메뉴를 보다 push a cart 카트를 밀다

1.

(A)   (B)   (C)   (D)

2.

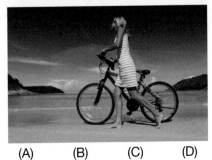

(A)   (B)   (C)   (D)

▶ 정답 및 해설은 해설집 2쪽 참고

Step 1 실전 포인트

 녹음 내용 듣기 전 2인 이상이 등장하는 사진에서는 사진 속 인물들의 '공통된 동작 → 각자 행동 → 주변 상황이나 사물 묘사' 등의 순으로 확인한다.

녹음 내용 들을 때 녹음 내용 들을 때 잘 들리지 않거나 애매모호한 보기 옆에는 △, 오답 보기 옆에는 X, 정답인 것 같으면 O를 표시해 최종 답을 선택하되 동사와 명사 중심으로 듣는다.

⭐ **대표 문제** 녹음 내용을 듣고 알맞은 정답을 고르자.   03.mp3

(A)   (B)   (C)   (D)

🚫 **시나공 풀이법** 2인 이상 등장 사진은 어떻게 풀이하는지 알아보자.   L02

 녹음 내용 듣기 전 사진 속 인물들의 공통된 동작 → 각자 행동 → 주변 상황이나 사물 묘사 등을 확인한다. 사진 속 인물을 보고 가능한 답을 미리 떠올려 본다.

They are reading the same book. 그들은 같은 책을 읽고 있다.

They are sitting on a sofa. 그들은 소파에 앉아 있다.

The man is holding a book. 남자가 책을 잡고 있다.

The man is sitting on the chair with one leg crossed. 남자가 다리를 꼰 채로 앉아 있다.

 녹음 내용 들을 때 주어가 복수(They, The women, The men)로 시작하면 공통된 동작에 초점을 맞춰야 하고, 주어가 단수(He, She, A man, A woman)로 시작하면 해당 인물의 동작에 초점을 맞춰야 한다.

(A) They are applying labels to some books. 그들은 책에 라벨을 붙이고 있다. X

▶ 주어가 복수(They)이므로 인물의 공통된 동작에 집중한다. 명사(labels)가 사진에 없고 두 사람이 공통된 동작을 하고 있지 않으므로 오답이다.

(B) The woman is making photocopies of some pages. 그녀는 책의 일부를 복사하고 있다. X

▶ 주어가 단수(The woman)이므로 여자의 동작에 집중한다. 여자가 복사하고 있는 동작을 하고 있지 않으므로 오답이다.

(C) They are reading the same book. 그들은 같은 책을 읽고 있다. O

▶ 사진 속 인물 둘 다 같은 책을 읽고 있으므로 정답이다.

(D) The man is listening to music on his headphones. 그들은 X

▶ 주어가 단수(The man)이므로 남자의 동작에 집중한다. 동사(listen)와 명사(headphones)가 사진에 없고 남자가 음악을 듣고 있지 않으므로 오답이다.

2인 이상이 등장하는 사진에서는 사진 속 인물들이 현재 하고 있는 공통적인 동작과 각자의 동작에 초점을 맞춰 출제되기 때문에 주어가 복수(They, The women, The men)로 시작되면 공통된 동작에, 주어가 단수(He, She, A man, A woman)로 시작되면 각자의 동작에 초점을 맞춰 듣는다.

상황별 묘사

내부 작업

They are looking at some papers.

They are having a meeting at the table.

They are working on sewing projects.

They are sitting at the table.

야외 작업

The men are repairing the roof.

They are cleaning a street.

Workers are installing equipment.

They are crossing the street.

식당 & 상점

Customers are ordering some food from a menu.

People are eating in a dining area.

She is shopping at an outdoor market.

She is choosing some merchandise.

Voca Check-up! look at ~을 보다 have a meeting 회의하다 sewing project 재봉일 repair the roof 지붕을 고치다 install equipment 장비를 설치하다 dining area 식당 outdoor market 야외시장 shop at ~에서 쇼핑하다 choose merchandise 상품을 고르다

Step 3 실전 문제 🎧 04.mp3

1.
(A)　　(B)　　(C)　　(D)

2.
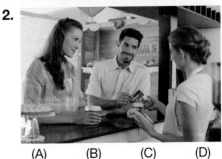
(A)　　(B)　　(C)　　(D)

▶ 정답 및 해설은 해설집 2쪽 참고

Step 1 **실전 포인트**

녹음 내용 듣기 전 사진 중앙부터 사물의 위치를 확인한 후, 주변 사물의 위치를 확인한다.

녹음 내용 들을 때 녹음 내용 들을 때 장소나 위치 전치사에 주의해서 들어야 한다.

 대표 문제 녹음 내용을 듣고 알맞은 정답을 고르자. 🎧 05.mp3

(A)   (B)   (C)   (D)

시나공 풀이법 2인 이상 등장 사진은 어떻게 풀이하는지 알아보자. 📹 L03

 녹음 내용 듣기 전

문제를 듣기 전 예상 가능한 답을 떠올려 본다.

A floral arrangement decorates each table. 꽃꽂이가 각 테이블에 장식되어 있다.

The tables are unoccupied at the moment. 현재 테이블이 비어 있다.

Glasses have been placed on the table. 유리잔이 식탁 위에 놓여 있다.

The tables have been set. 테이블이 세팅되었다.

 녹음 내용 들을 때

문제를 들을 때

(A) A floral arrangement decorates each table. 꽃꽂이가 각 테이블에 장식되어 있다. ⭕

▶ 사물의 사진 중앙을 확인한 후 주변을 확인한다. 각 식탁이 꽃병으로 장식되어 있으므로 정답이다.

(B) Chairs are full of napkins. 의자들이 냅킨으로 가득 차 있다. ✗

▶ 의자에 냅킨이 있는 장면은 없으므로 오답이다.

(C) The tables are being occupied. 테이블이 사람들로 가득 차 있다. ✗

▶ 사람이 없는 사진이고, 모든 테이블이 텅 비어 있으므로 오답이다. occupied는 '좌석이 차있는'의 의미로 자주 나온다.

(D) Menus are being handed out. 메뉴가 제공되고 있다. ✗

▶ 사람이 없는 사진이고, 동사의 동작(hand out)이 사진과 관련이 없으므로 오답이다.

사물이나 풍경 사진은 사물의 명칭, 위치, 상태 등을 파악해 두어야 하고, 어떤 시설물이 나오는지 유심히 살핀다.

 상황별 묘사

건물

Buildings overlook the water.	The building is under construction.	Each house has its own balcony.	The building has an arched opening.

식물 & 공원

Trees are growing on the sides of the road.	There are trees around the pond.	The water fountain is in operation.	The fountain is in a park.

식당 & 상점

The ship is passing under the bridge.	The chairs are unoccupied.	There are buildings near the beach.	There is a bridge over the water.

실내 공간

There are lamps on the bed tables.	Pictures are hanging on the walls.	Vases are on the table.	The sofa is unoccupied.

> **Voca Check-up!** overlook 내려다보다 under construction 공사 중인 arched opening 입구가 아치 모양인 around the pond 연못 주변에 fountain 분수대 in operation 작동 중인 unoccupied 자리가 빈(↔ occupied 자리가 찬) hang on 걸다 vase 꽃병

1.

2.

(A) (B) (C) (D)   (A) (B) (C) (D)

▶ 정답 및 해설은 해설집 3쪽 참고

UNIT 04 PART 1
인물, 배경 사진

Step 1   실전 포인트

녹음 내용 듣기 전 인물, 배경 사진이 등장한 경우 사람의 동작보다는 사물이나 시설을 묘사한 부분이 정답으로 자주 출제된다.

녹음 내용 들을 때 사람과 관련된 동작, 외모와 주변 사물을 확인하면서 들어야 한다.

 대표 문제 녹음 내용을 듣고 알맞은 정답을 고르자.　　🎧 07.mp3

(A)　　　(B)　　　(C)　　　(D)

 시나공 풀이법 인물 배경 사진은 어떻게 풀이하는지 알아보자.　　📹 L04

 녹음 내용 듣기 전

문제를 듣기 전 예상 가능한 답을 떠올려 본다.

A man is spraying water on a field.　　남자가 밭에 물을 뿌리고 있다.

Several crops are growing in the field.　　농작물들이 밭에서 자라고 있다.

Some pots are displayed on the top of the green house.

화분들이 비닐하우스 상단에 배치되어 있다.

 녹음 내용 들을 때

문제를 들을 때

(A) A waterfall is next to a park.　　폭포가 공원 옆에 있다. ✗

▶ 사진에 있는 단어(water)와 유사한 발음(waterfall)이 들리거나 사진에 없는 명사(park)가 들리는 보기는 오답이다.

(B) Potted plants are being placed on a ledge.　　화초가 심어진 화분이 선반에 놓여 있다. ✗

▶ 사진에 없는 명사(ledge)가 들리는 보기는 오답이다.

(C) A man is cutting the grass.　　남자가 잔디를 깎고 있다. ✗

▶ 남자의 동작이 틀리게 묘사되었다.

(D) Some plants are being sprayed with water.　　식물들에 물이 뿌려지고 있다.

▶ 인물, 배경 사진이므로 사람의 동작과 함께 주변 사물과 관련된 표현을 집중해서 듣는다. 남자가 식물에 물을 뿌리고 있으므로 정답이다.

인물, 배경 사진은 사람이 주변 사물을 어떻게 이용하는지를 집중해서 듣는다.

🔊 상황별 묘사

집 내부 공간

She is making the bed.

They are moving the furniture.

The man is changing a light bulb.

The woman is sweeping the floor.

집 외부 공간

He is mowing the lawn.

He is working in the garden.

He is painting the wall.

The man is climbing the ladder.

야외 활동

People are relaxing on the grass.

People are walking along the shore.

People are spending time in the park.

He is fishing in the sea.

Voca Check-up!   make a bed 침대를 정리하다   light bulb 전구   sweep the floor 바닥을 청소하다   mow the lawn 잔디를 깎다   climb the ladder 사다리를 오르다   relax on the grass 잔디에서 쉬다   along the shore 해변을 따라   spend time 시간을 보내다   fish 낚시하다

Step 3   실전 문제   🎧 08.mp3

1.

(A)   (B)   (C)   (D)

2.

(A)   (B)   (C)   (D)

▶ 정답 및 해설은 해설집 3쪽 참고

1.

(A)   (B)   (C)   (D)

2.

(A)   (B)   (C)   (D)

3.

(A)   (B)   (C)   (D)

4.

(A)   (B)   (C)   (D)

5.

(A)   (B)   (C)   (D)

6.

(A)   (B)   (C)   (D)

▶ 정답 및 해설은 해설집 3쪽 참고

PART 2

Who 의문문

Who 의문문은 주로 행위나 주체를 물어보기 때문에 답변에서 주어에 해당되는 부분을 잘 들어야 하며, 사람 이름, 인칭대명사, 직위, 부서, 회사 이름이 들리는 선택지가 주로 정답이다.

★ **대표 문제** 녹음 내용을 듣고 알맞은 정답을 고르자. 🎧 10.mp3

1. (A) (B) (C)

2. (A) (B) (C)

📝 **시나공 풀이법** Who 의문문은 어떻게 풀이하는지 알아보자. 🎥 L05

Q1 **Who's interviewing** the job candidate? 누가 구직자를 면접할 예정인가요?
▶ 의문사를 중심으로 처음 서너 단어를 꼭 들어야 한다. Who 의문문이므로 답변에서 인칭대명사가 들리면 정답이다.

(A) In my office. 제 사무실에요. ✗
▶ Where 의문문에 적합한 응답

(B) I am planning to. 제가 할 계획이에요. ○
▶ I, we, you 등의 인칭대명사를 사용한 정답

(C) She can't do that. 그녀는 그것을 할 수 없어요. ✗
▶ 그녀가 구체적으로 누군지 알 수 없으므로 오답. Who 의문문에서 3인칭은 무조건 오답

표현 정리 interview (면접관이) 면접을 보다 job candidate 구직자

Q2 **Who's sponsoring** this event? 누가 이 행사를 후원하나요?
▶ 의문사를 중심으로 처음 서너 단어를 꼭 들어야 한다. Who 의문문으로 사람이나 회사 이름이 들려도 정답이 될 수 있다.

(A) Near the restaurant. 레스토랑 근처에서요. ✗
▶ Where 의문문에 적합한 오답

(B) Yes, it's a shame. 네, 유감이네요. ✗
▶ 의문사 의문문에 Yes, No 보기는 오답

(C) The Choice Corporation is. Choice 사요. ○
▶ 회사 이름을 사용한 정답

표현 정리 sponsor 후원하다 event 행사 shame 망신, 수치 corporation 기업, 회사

시나공 + Who 의문문에 대한 답변으로는 주로 사람 이름, 직책, 부서명, 회사명 등이 등장하지만, '잘 모르겠다, 확인해 보겠다, ~해 봐라'는 식의 답변도 자주 출제된다.

- 질문의 의도는 의문사를 포함해 첫 서너 단어에서 결정되는 경우가 많다. 따라서 처음을 집중해서 듣자. 특히 의문사는 꼭 들어야 한다.
- Who 의문문은 사람 이름이나, 직업, 직책, 부서, 회사가 가장 많은 정답 유형으로 등장한다.
- 모른다거나 반문하는 답변은 99%(거의) 정답이다.

Who 의문문의 정답 유형

인명, 직책으로 답하는 유형

Who is visiting our headquarters today?
오늘 누가 본사를 방문하나요?

- Mr. Adams.
  애덤스 씨요.

Who is in charge of the promotional campaign?
홍보캠페인은 누가 담당하나요?

- The director of public relations.
  홍보담당 이사님이요.

Who is responsible for his schedule?
그의 일정은 누가 책임지고 있나요?

- The vice president's secretary.
  부사장님의 비서요.

인칭대명사로 답하는 유형

Who was the man I saw with Mr. Kim?
김 씨와 함께 있던 그 남자는 누구입니까?

- He is our new supervisor.
  그녀는 우리의 신임 상사입니다.

Who will attend the meeting?
누가 회의에 참석할 예정입니까?

- Everyone except Matilda.
  Matilda를 제외한 모두입니다.

Who will help him to move the desk?
누가 그를 도와 책상을 옮기겠습니까?

- I can help him.
  제가 도울 수 있습니다.

부서나 회사, 조직으로 답하는 유형

Who will inform the staff about the new policy?
누가 직원들에게 새로운 정책을 알려줄 건가요?

- The Human Resources Department.
  인사부입니다.

Who is repairing the air conditioner?
누가 에어컨을 수리하나요?

- The Maintenance Department.
  유지보수부입니다.

Who is organizing this promotion?　누가 이 홍보를 준비하나요?

- The BNW Company.　BNW 사입니다.

모른다거나 반문으로 답하는 유형

Who is going to a training session?　누가 교육에 가나요?

Who should I talk to about the program?
프로그램에 대해 누구와 이야기해야 하나요?

- I don't know.　모르겠습니다.

- Which program is it?
  어떤 프로그램이죠?

Who is in the conference room now?
지금 누가 회의실에 있나요?

- You'd better ask your manager.
  매니저에게 물어보세요.

🎧 11.mp3

1. (A)　　(B)　　(C)　　　　**3.** (A)　　(B)　　(C)

2. (A)　　(B)　　(C)　　　　**4.** (A)　　(B)　　(C)

▶ 정답 및 해설은 해설집 5쪽 참고

UNIT 06 · PART 2 · When 의문문

Step 1 실전 포인트

When 의문문은 행위가 일어난 시점을 묻는 문제로 시간부사(절) 등의 특정 시간이 나오면 정답이다.

★ 대표 문제 녹음 내용을 듣고 알맞은 정답을 고르자. 🎧 12.mp3

1. (A)   (B)   (C)

2. (A)   (B)   (C)

🎬 시나공 풀이법 When 의문문은 어떻게 풀이하는지 알아보자. 🎥 L06

Q1 **When do employees usually go to lunch?** 직원들은 보통 언제 점심을 먹으러 가요?
▶ 의문사를 중심으로 첫 서너 단어를 집중해서 듣는다. 일반적으로 점심을 먹으러 가는 시점을 묻고 있다.

(A) Yes, I know her. 네, 그녀를 알아요. ✗
▶ 의문사 의문문에 Yes, No가 들리면 오답

(B) Around noon. 정오쯤에요. ◯
▶ '전치사 + 특정 시점, 정확한 시간, 날짜, 요일' 등을 언급한 정답

(C) They will leave at 10 o'clock. 그들은 10시에 출발할 거예요. ✗
▶ 연상되는 단어(go↔leave)로 정답을 유도한 오답

표현 정리 usually 대개, 보통 leave 떠나다, 출발하다

Q2 **When does the art exhibit open?** 미술 전시회가 언제 열리나요?
▶ 미술 전시회가 시작되는 시점을 묻고 있다.

(A) Hasn't it been canceled? 취소되지 않았나요?
▶ 반문을 하며 취소된 것을 우회적으로 표현한 정답

(B) I can't find the exits. 출구를 찾을 수 없어요.
▶ 유사 단어(exhibit – exits)를 사용해 혼동을 유도한 오답

(C) No, it never closes. 아뇨, 그곳은 절대 닫지 않습니다.
▶ 의문사 의문문에 No는 오답

표현 정리 exhibit 전시품, 전시하다 exit 출구

시나공 + When 의문문은 주로 출발 / 도착 시점, 물건의 배송 / 수령 시점, 업무나 공사의 시작 / 종료 시점, 상점의 개점 / 폐점 시점, 회의나 발표의 시작 / 종료 시점, 각종 서류의 마감 / 제출 시점, 서비스나 보상의 이용 / 만료 시점 등을 묻는 질문들이 나온다.

- When 의문문은 '전치사 + 시간 표현, 시간 명사, 시간 부사' 등이 나오면 정답이다.
- 잘 모르겠다거나 다른 사람에게 물어보라는 등의 우회적인 답변 유형도 많이 파악해 두어야 한다.
- When을 듣자마자 시점이나 시간 표현에 주목해야 한다.

When 의문문의 정답 유형

'전치사 + 시간 명사'로 답하는 유형

When will the event be held?　행사는 언제 개최되나요?
When is your vacation?　휴가가 언제예요?
When do you finish your work?　일은 언제 마치나요?

- On Sunday.　일요일요.
- In October.　10월이요.
- Around 2 o'clock.　2시쯤요.

시간 명사나 시간 부사로 답하는 유형

When will you leave the office?　언제 퇴근하나요?
When do you do a volunteer activity?
언제 봉사활동을 하시나요?
When are you planning to visit her?
언제 그녀를 방문할 예정인가요?

- Later.　이따요.
- Every month.
  매달요.
- Before dinner.
  저녁식사 전이요.

모른다거나 반문으로 답하는 유형

When can we get together for a meeting?
언제 회의를 위해 만날 수 있을까요?
When can I submit the report?
언제 보고서를 제출할 수 있나요?
When are you going to leave for vacation?
언제 휴가를 떠날 예정인가요?

- How about on Monday?
  월요일은 어떠십니까?
- Can I see now?
  지금 봐도 되겠습니까?
- I don't know yet.
  아직 모르겠습니다.

Step 3 실전 문제　🔊 13.mp3

1. (A)　　(B)　　(C)　　　　**3.** (A)　　(B)　　(C)

2. (A)　　(B)　　(C)　　　　**4.** (A)　　(B)　　(C)

▶ 정답 및 해설은 해설집 5쪽 참고

Step 1　　**실전 포인트**

Where 의문문은 행위가 일어난 장소를 묻는 문제로 특정 장소가 나오면 정답이다.

 대표 문제 녹음 내용을 듣고 알맞은 정답을 고르자.　　🎧 14.mp3

---

1. (A)　　　　(B)　　　　(C)

2. (A)　　　　(B)　　　　(C)

시나공 풀이법 Where 의문문은 어떻게 풀이하는지 알아보자.　　🎥 L07

Q1　**Where do you keep the coffee?**　당신은 커피를 어디에 보관하나요?
▶ 첫 서너 단어를 잘 듣는다. 커피의 보관 장소를 묻고 있다.

(A) In my cabinet.　내 캐비닛에요.
▶ '전치사 + 장소'로 언급한 정답

(B) Every day at 3.　매일 3시에요.
▶ When 의문문에 적합한 오답

(C) Thanks, but I asked him already.　고맙지만, 이미 그에게 물어봤어요.
▶ 권유, 제안 의문문에 적합한 오답

표현 정리 **keep** 유지하다, 보관하다　**cabinet** 캐비닛, 보관함　**already** 이미, 벌써

Q2　**Where are the instructions for the new computers?**　새로운 컴퓨터들의 설명서들이 어디 있나요?
▶ 컴퓨터의 설명서가 어디 있는지 찾고 있다.

(A) They're still in the boxes.　아직 상자 안에 있습니다.
▶ 'in + 장소'를 이용한 오답

(B) It's a new computer system.　새로운 컴퓨터 시스템입니다.
▶ 같은 단어(computer)를 사용해 혼동을 유도한 오답

(C) No, I won't attend it.　아뇨, 참석하지 않을 겁니다.
▶ 의문사 의문문에 No는 오답

표현 정리 **usually** 대개, 보통　**leave** 떠나다, 출발하다

시나공+ Where 의문문은 최근에 출처나 대상(사람, 부서, 회사, 신문)으로 답변하는 경우도 출제되고 있다.

- Where 의문문은 장소 부사(구)가 나오면 정답이다.
- 잘 모르겠다거나 다른 사람에게 물어보라는 등의 우회적인 답변 유형도 많이 파악해 두어야 한다.
- Where를 듣자마자 장소나 위치를 나타내는 표현에 주목해야 한다.

🔊 Where 의문문의 정답 유형

'전치사 + 장소 명사'로 답하는 유형

Where can I find the department store?
백화점을 어디에서 찾을 수 있나요?

Where is the bus station? 버스 정류장이 어디에 있나요?

Where is the museum? 박물관이 어디에 있나요?

- Near the bank.
  은행 근처에서요.
- In front of the park. 공원 앞에요.
- Beside the bookstore. 서점 옆에요.

'장소 명사나 장소 부사'로 답하는 유형

Where will the meeting be held?
회의는 어디에서 열리나요?

Where is the book? 책이 어디에 있나요?

- The register office will help you.
  등록처에서 도와 드릴 겁니다.
- Right here. 바로 여기에 있어요.

출처나 대상(사람, 부서, 회사, 신문)으로 답하는 유형

Where did you get this coupon?
이 쿠폰을 어디에서 구했나요?

Where did you learn about it?
그것에 대해 어디에서 알았나요?

Where can I buy it?
어디에서 살 수 있나요?

- I got it from a magazine.
  잡지에 있는 것이었어요.
- I asked Cindy.
  Cindy에게 물어봤어요.
- I bought it at the department store.
  백화점에서 구입했어요.

모른다거나 반문으로 답하는 유형

Where is the supermarket?
슈퍼마켓이 어디에 있나요?

Where should I submit this application?
이 지원서를 어디에 제출해야 하나요?

Where do you plan to go this weekend?
이번 주말에 어디로 갈 계획인가요?

- I am a stranger here.
  저는 이곳이 처음이에요.
- You should ask the manager.
  매니저에게 물어보세요.
- I have no idea yet.
  아직 모르겠어요.

Step 3 실전 문제 🎧 15.mp3

1. (A) (B) (C)   **3.** (A) (B) (C)

2. (A) (B) (C)   **4.** (A) (B) (C)

▶ 정답 및 해설은 해설집 6쪽 참고

REVIEW TEST

문제를 풀면서 배운 내용을 적용해 보자. 🎧 16.mp3

1. Mark your answer on your answer sheet.

   (A)   (B)   (C)

2. Mark your answer on your answer sheet.

   (A)   (B)   (C)

3. Mark your answer on your answer sheet.

   (A)   (B)   (C)

4. Mark your answer on your answer sheet.

   (A)   (B)   (C)

5. Mark your answer on your answer sheet.

   (A)   (B)   (C)

6. Mark your answer on your answer sheet.

   (A)   (B)   (C)

7. Mark your answer on your answer sheet.

   (A)   (B)   (C)

8. Mark your answer on your answer sheet.

   (A)   (B)   (C)

9. Mark your answer on your answer sheet.

   (A)   (B)   (C)

10. Mark your answer on your answer sheet.

    (A)   (B)   (C)

▶ 정답 및 해설은 해설집 7쪽 참고

PART 2

What, Which 의문문

What 의문문은 What 뒤의 명사나 동사가 답을 결정하므로 명사, 동사를 정확히 듣는 연습을 해 두어야 한다. Which 의문문은 'Which + 명사' 형태의 선택의문문이 많이 출제되는데, Which 뒤 해당 명사를 구체적으로 선택한 후 설명하는 선택지가 정답이다. 따라서 Which 뒤 명사를 잘 들어야 한다.

⭐ **대표 문제** 녹음 내용을 듣고 알맞은 정답을 고르자. 🎧 17.mp3

1. (A)　　　(B)　　　(C)

2. (A)　　　(B)　　　(C)

 시나공 풀이법 What, Which 의문문은 어떻게 풀이하는지 알아보자. 📹 L08

Q1 **What** will the **parking fee** be?　주차 요금은 얼마인가요?
  ▶ What 의문문으로 What 뒤의 명사와 동사를 정확히 들어야 한다.

  (A) He is six feet two inches tall.　그는 키가 6피트 2인치입니다. ✗
  ▶ 유사한 단어(fee – feet)가 들리는 보기는 오답

  (B) No, she can still drive.　아니요, 그녀는 아직 운전을 할 수 있어요. ✗
  ▶ 의문사 의문문에 Yes/No 보기는 오답

  (C) Twenty dollars a day.　하루에 20달러입니다. ○
  ▶ 주차 요금 질문에 금액으로 답한 정답

  표현 정리 parking fee 주차 요금 tall 키가 큰, 높은 still 아직, 아직도

Q2 **Which color** do you prefer to paint the new house?　새집에 페인트를 칠하기에 어떤 색을 선호하세요?
  ▶ 'Which + 명사' 문제이므로 Which 뒤 명사(color)를 명확히 듣고 그것을 지칭하는 답변을 선택한다.

  (A) The caller left a message.　전화를 건 사람이 메시지를 남겼어요. ✗
  ▶ 유사한 단어(color – caller)가 들리는 보기는 오답

  (B) Yellow looks good.　노란색이 좋아 보이네요. ○
  ▶ 색깔을 이용한 정답

  (C) It is not the one that I like.　이건 내가 좋아하는 것이 아니에요. ✗
  ▶ 연관된(prefer – like) 표현으로 혼동을 준 오답

  표현 정리 prefer ~을 좋아하다, 선호하다 paint 페인트를 칠하다 leave a message 메시지를 남기다

시나공＋ What 의문문에는 'What would you like ~?'와 같은 표현도 출제되는데 무엇을 원하는지 묻는 정중한 표현이다.

ex What would you like for lunch?　점심을 무엇으로 먹을래요?

- What 의문문은 What 뒤에 나오는 명사나 동사가 결정적인 단서이다.
- 'Which + 명사' 덩어리 의문문은 Which 뒤 명사를 잘 듣는다. 답변은 구체적인 명사를 선택한 후 부가설명을 하는 선택지가 정답이다.
- 'Which + 명사' 의문문에서 The one 선택지는 99% 정답이다.

 What, Which 의문문의 정답 유형

What 뒤에 명사가 답을 결정하는 유형

What color did you paint your restaurant?
무슨 색으로 당신의 식당을 칠했나요?

- I chose white.
  하얀색을 골랐어요.

What time does the meeting start?
회의는 몇 시에 시작하나요?

- At 10 o'clock.
  10시 정각이에요.

What type of business are you in?
무슨 업종에 종사하고 계시나요?

- I work at a design company.
  저는 디자인 회사에서 일합니다.

What 뒤의 동사가 답을 결정하는 유형

What will we bring to the seminar?
세미나에 우리는 무엇을 가져가야 합니까?

- Some documents.
  몇 가지 서류요.

What did Tommy give you as a housewarming gift?
Tommy는 당신에게 집들이 선물로 무엇을 주었나요?

- He gave me a flowerpot.
  그는 저에게 화분을 주었어요.

What happened to you yesterday?
어제 당신에게 무슨 일이 있었나요?

- I lost my bag.
  가방을 잃어버렸어요.

Which 뒤의 명사가 답을 결정하는 유형

Which car do you want?
어떤 차를 원하세요?

- I want the compact one.
  소형차를 원해요.

Which department does she work in?
그녀는 어느 부서에서 일합니까?

- She works in the Sales Department.
  그녀는 영업부에서 일합니다.

Which employee will be going to the meeting tomorrow?   어떤 직원이 내일 회의에 갈 건가요?

- Sally will go.
  Sally가 갈 예정입니다.

'Which + 명사' 질문에서 (the) one 선택지는 언제나 정답이다.

Which hotel are you staying at?
어느 호텔에서 지낼 건가요?

- The one in front of the sea.
  바다 앞에 위치한 호텔요.

Which office has a problem with its photocopier?
어느 사무실이 복사기에 문제가 있나요?

- The one next to the restroom.
  화장실 옆에 있는 거요.

🎧 18.mp3

1. (A) (B) (C)   **3.** (A) (B) (C)

2. (A) (B) (C)   **4.** (A) (B) (C)

▶ 정답 및 해설은 해설집 9쪽 참고

Step 1 **실전 포인트**

How 의문문은 How 뒤에 나오는 형용사, 부사가 정답을 결정하므로 How 뒤에 나오는 형용사, 부사를 잘 들어야 한다.

⭐ **대표 문제** 녹음 내용을 듣고 알맞은 정답을 고르자. 🎧 **19.mp3**

1. (A) (B) (C)

2. (A) (B) (C)

📝 **시나공 풀이법** How 어떻게 풀이하는지 알아보자. 🎥 **L09**

Q1 **How long did your job interview take?** 당신의 면접이 얼마나 걸렸나요?

▶ How 뒤 형용사가 정답을 결정한다. How long 문제는 기간과 소요 시간을 나타내는 선택지가 답이다.

(A) An open position. 공석이에요. ✗

▶ 연관된 표현 (job – position) 선택지는 거의 오답

(B) A new employee. 신입사원이에요. ✗

▶ 연관된 표현 (job interview – employee) 선택지는 거의 오답

(C) Only half an hour. 겨우 30분요. ⭕

▶ 소요 시간을 사용한 정답

표현 정리 **job interview** 면접, 입사시험 **take** ~가 걸리다

Q2 **How may I help you?** 어떻게 도와드릴까요?

▶ How만 단독으로 나와 권유나 제안을 하고 있는 의문문이다.

(A) I'm looking for the mailroom. 우편물실을 찾고 있습니다. ⭕

▶ 우편물을 찾고 있는 것을 도와달라는 표현으로 정답

(B) Oh, you're welcome. 아, 천만에요. ✗

▶ thank you에 적합한 답변으로 오답

(C) It will be helpful for you. 당신에게 도움이 될 거예요. ✗

▶ 유사단어(help – helpful)가 들리는 오답

표현 정리 **mailroom** 우편물실 **helpful** 도움이 되는

시나공 + How 의문문은 'How about ~?'을 이용해 권유나 제안을 물을 때도 사용하는데, 답변은 승낙이나 거절, That's good 등으로 답변할 수 있다.

- How 의문문은 How 뒤에 나오는 형용사나 부사가 정답을 결정하는 중요한 단서이다.
- How 뒤에 나오는 형용사나 부사의 종류는 다양하므로 대표적인 빈출 표현들을 숙지해야 한다.
- 'How about ~?'이나 'How + 동사 + ~?'의 형태도 주목해야 한다.

How 의문문의 정답 유형

How 뒤 형용사나 부사가 답을 결정하는 유형

How long have you worked for this company? 이 회사에서 얼마나 오래 일하셨나요?	• About three years. 3년 정도요.
How far is the bus station from here? 버스 정류장이 여기서 얼마나 멀어요?	• Only five minutes away on foot. 걸어서 5분밖에 안 걸려요.
How much furniture do you need to move? 가구를 몇 개나 옮겨야 하죠?	• Everything in the office. 사무실 안의 모든 가구요.
How much is it for a one-way ticket? 편도 티켓은 얼마입니까?	• It's $30. 30달러입니다.
How often does your department hold meetings? 당신 부서는 얼마나 자주 회의를 합니까?	• Once a week. 일주일에 한 번요.
How soon will you be able to deliver it? 언제쯤 배송해 주실 수 있습니까?	• Before next week. 다음 주 전에 보내드리겠습니다.

수단이나 방법으로 답하는 유형(by, through를 이용한 응답)

How can I get to the airport from here? 여기에서 공항까지 어떻게 가면 되나요?	• By taxi. 택시요.
How can I reach him? 그에게 어떻게 연락하죠?	• Through email. 이메일을 통해서요.

권유나 출처로 답하는 유형

How about this table for my new house? 저의 새 집에 사용할 것으로 이 탁자는 어떤가요?	• Why don't you look at the other design? 다른 디자인을 보는 것은 어때요?
How did you know about the exhibition? 전시회에 대해 어떻게 아셨나요?	• I saw in an ad for it on TV. TV에서 광고를 봤어요.

Step 3   실전 문제   🎧 20.mp3

1. (A)   (B)   (C)   **3.** (A)   (B)   (C)

2. (A)   (B)   (C)   **4.** (A)   (B)   (C)

▶ 정답 및 해설은 해설집 10쪽 참고

Why 의문문에 대한 답변은 이유접속사(because), 이유전치사구(because of, due to, in order to)나 to부정사 등으로 연결된 문장이 나오면 대부분 정답이다.

 대표 문제 녹음 내용을 듣고 알맞은 정답을 고르자.   🎧 **21.mp3**

1. (A)   (B)   (C)

2. (A)   (B)   (C)

시나공 풀이법 Why 의문문은 어떻게 풀이하는지 알아보자.   🎥 **L10**

Q1 Why is the office closed today?   사무실은 오늘 왜 문을 닫았나요?
  ▶ 이유 문제이므로 이유접속사나 to부정사 문장을 잘 들어야 한다.

(A) It's close to the park.   그곳은 공원과 가까워요. ✗
  ▶ 유사한 단어(closed – close)가 들리는 선택지로 오답

(B) Because it's a holiday.   휴일이거든요. ⭕
  ▶ because를 사용한 정답

(C) Turn left and then go straight.   왼쪽으로 돌아서 직진하세요. ✗
  ▶ How 의문문에 적합한 오답

Q2 Why is Mr. Baker being transferred to another branch office?
베이커 씨가 왜 다음 주에 다른 지점으로 전근을 가나요?
  ▶ 다른 지점으로 전근을 가는 이유를 묻고 있다.

(A) In Buenos Aires.   부에노스 아이레스에요. ✗
  ▶ where 의문문에 적합한 대답으로 오답

(B) Why don't you ask the personnel director?   인사 부장에게 물어보시는 게 어때요? ⭕
  ▶ 다른 사람에게 물어보라는 식의 회피형 정답

(C) Because we're understaffed.   우리의 인력이 부족하기 때문이에요. ✗
  ▶ why 의문문에 대해 because로 적절하게 시작했으나 뒤의 내용이 맞지 않아 오답

현 정리 turn 돌다, 돌리다 go straight 직진하다

시나공 + Why 의문문은 회사 행사들, 즉 워크숍, 연수, 회의, 발표 등을 연기 / 취소하는 이유, 행사 불참 이유, 교통수단의 출발 / 도착 시간이 지연되는 이유, 상점이 빨리 개점 / 폐점하는 이유 등을 묻는 문제들이 출제된다.

- Why 의문문은 이유접속사, 이유전치사, 또는 to부정사 등이 등장할 가능성이 높다.
- Why 의문문 외에 'For what ~?', 'How come ~?', 'What's the reason for ~?' 등도 이유를 묻는 문제에 속한다.
- Why를 듣자마자 이유를 나타내는 접속사나 전치사, 혹은 to부정사 등의 표현에 주목한다.

Where 의문문의 정답 유형

이유접속사나 목적으로 답하는 유형

Why were you late? 왜 늦었습니까?	• **Because of a traffic jam.** 교통 체증 때문에요.
Why was Mr. Parker here? 왜 Mr. Parker는 여기에 있습니까?	• **Due to a special seminar.** 특별 세미나 때문에요.
Why are all of the employees out of the office? 왜 모든 직원들은 사무실 밖으로 나와 있나요?	• **To remove the old furniture.** 오래된 가구들을 치우기 위해서요.
Why did you leave the office early? 왜 일찍 사무실을 나섰나요?	• **In order to attend a meeting.** 미팅에 참석하기 위해서요.

핑계를 대거나 부정적인 표현으로 답하는 유형

Why didn't you call me yesterday? 왜 어제 나에게 전화하지 않았나요?	• **I was too busy with my project.** 내 프로젝트로 너무 바빴어요.
Why isn't he in the office? 왜 그는 사무실에 없나요?	• **He is taking a short break now.** 그는 잠시 휴식을 취하는 중이에요.

승낙이나 거절로 답하는 유형

Why don't you ask the manager? 매니저에게 물어보는 것이 어때요?	• **That's a good idea.** 좋아요.
Why don't you take a break? 휴식을 취하는 게 어때요?	• **I have to finish this work by today.** 오늘까지 이 일을 끝마쳐야 해요.

Step 3 실전 문제 🎧 22.mp3

1. (A) (B) (C)   **3.** (A) (B) (C)

2. (A) (B) (C)   **4.** (A) (B) (C)

▶ 정답 및 해설은 해설집 10쪽 참고

1. Mark your answer on your answer sheet.

   (A)   (B)   (C)

2. Mark your answer on your answer sheet.

   (A)   (B)   (C)

3. Mark your answer on your answer sheet.

   (A)   (B)   (C)

4. Mark your answer on your answer sheet.

   (A)   (B)   (C)

5. Mark your answer on your answer sheet.

   (A)   (B)   (C)

6. Mark your answer on your answer sheet.

   (A)   (B)   (C)

7. Mark your answer on your answer sheet.

   (A)   (B)   (C)

8. Mark your answer on your answer sheet.

   (A)   (B)   (C)

9. Mark your answer on your answer sheet.

   (A)   (B)   (C)

10. Mark your answer on your answer sheet.

    (A)   (B)   (C)

▶ 정답 및 해설은 해설집 11쪽 참고

PART 2

Step 1 실전 포인트

일반의문문은 질문자와 답변자의 주어가 일치되었는지, 질문자의 동사와 답변자의 동사의 시제가 일치되었는지를 확인해야 한다. Yes나 No 응답이 가능하고, 질문에서 들렸던 유사한 발음이 들리는 선택지는 대부분 오답이다.

⭐ **대표 문제** 녹음 내용을 듣고 알맞은 정답을 고르자. 🔊 24.mp3

> **1.** (A)   (B)   (C)
>
> **2.** (A)   (B)   (C)

 시나공 풀이법 일반의문문은 어떻게 풀이하는지 알아보자. 🎥 L11

> **Q1** **Has the air conditioner been fixed** yet?   아직 에어컨이 수리되지 않았나요?
> ▶ 일반 의문문은 주어와 동사의 시제를 잘 듣는다. 에어컨이 수리되었는지 과거 완료 시제로 묻고 있다.
>
> (A) No, but someone's coming tomorrow.   아니요, 하지만 누군가가 내일 올 거예요.. ⭕
> ▶ No로 답한 후 앞으로 할 것이라고 부가설명을 한 정답
>
> (B) They already fixed the computer.   그들이 이미 컴퓨터를 수리했어요. ✗
> ▶ 같은 단어(fixed)가 들리는 선택지는 거의 오답
>
> (C) The fax machine is on the desk.   팩스는 책상 위에 있습니다. ✗
> ▶ 유사한 단어(fixed – fax)가 들리는 선택지는 거의 오답
>
> 표현 정리 fix 고치다, 수리하다 yet 아직 already 이미
>
> **Q2** **Do you have a table** for four?   4명이 앉을 자리가 있습니까?
> ▶ 일반 의문문은 주어와 동사의 시제를 잘 듣는다. 현재 자리가 있는지 묻고 있다.
>
> (A) Yes, certainly.   네, 물론이죠.. ⭕
> ▶ 긍정으로 답한 정답
>
> (B) On a label.   상표로요. ✗
> ▶ 유사한 단어(table – label)가 들리는 선택지는 거의 오답
>
> (C) So do I.   나도 그래요. ✗
> ▶ 의견에 동의하는 표현으로 오답
>
> 표현 정리 certainly 그럼요, 물론이죠 label 상표

시나공+ 일반의문문은 Yes, No를 생략해서 답하는 경우도 있다. 내가 알기로는(I think ~, I believe ~, I suppose ~, I hope ~) 표현과 Actually(사실), Certainly(확실히) 등의 선택지는 거의 정답이다.

- 질문자와 답변자의 주어가 일치되어야 한다.
- 질문의 동사와 선택지의 동사의 시제가 일치되었는지를 확인해야 한다.
- 질문에서 들렸던 유사한 발음이 들리는 선택지는 대부분 함정을 유도한 오답이다.

 일반의문문의 정답 유형

Yes나 No로 답한 후 부가설명을 하는 유형

Have you seen Nancy today?
오늘 Nancy를 만났습니까?

Are you planning to go to the annual party?
연례 파티에 갈 계획인가요?

- Yes, she just left the office.
  방금 막 사무실을 나갔어요.
- No, I haven't finish my project yet.
  아니요, 아직 프로젝트를 끝내지 못했어요.

Yes나 No를 생략하고 부가설명만으로 답하는 유형

Have you heard about the new office?
새로운 사무실에 대해 들은 것이 있나요?

Didn't she ask you about the meeting?
그녀가 미팅에 대해 당신에게 물어보지 않았나요?

- It must be perfect.
  틀림없이 완벽할 거예요.
- I haven't even met her.
  나는 그녀를 만나지도 않았어요.

권유, 제안, 부탁 의문문에 답하는 유형

Would you please call the manager?
매니저에게 전화해 주시겠어요?

Can you attend the meeting instead of me?
저를 대신해서 회의에 참석해 주시겠어요

- Of course.   당연히 해 드리죠.
- Sure, I would be happy to help you.   물론입니다. 기꺼이 도와드리죠.

'그렇다, 그렇지 않다'로 답하는 유형

Do we have to submit this report by today?
우리 오늘까지 이 보고서를 제출해야 하나요?

She is the new manager of our department, right?
그녀가 우리 부서의 새로운 매니저인가요?

- I think so.   저도 그렇게 생각해요.
- That's what I believe.
  제가 알기로는 그래요.

'모른다, 확인해 보겠다'로 답하는 유형

Have you ever visited our headquarters?
우리 본사를 방문해 본 적이 있나요?

Is Mr. Rey still in the meeting now?
Mr. Rey는 아직도 미팅 중인가요?

- I haven't had a chance to yet.
  아직 그럴 기회가 없었어요.
- Let me check on that for you.
  제가 확인해 드리겠습니다.

Actually, Certainly로 답하는 유형

Is he the best employee at our company?
그는 우리 회사에서 가장 훌륭한 직원이죠?

Do you think our project will succeed?
우리 프로젝트가 성공할거라고 생각하나요?

- Actually, he will leave the company soon.
  사실, 그는 곧 우리 회사를 떠날 거예요.
- Certainly.   물론이에요.

Step 3   실전 문제   🎧 25.mp3

1. (A)   (B)   (C)   3. (A)   (B)   (C)

2. (A)   (B)   (C)   4. (A)   (B)   (C)

▶ 정답 및 해설은 해설집 13쪽 참고

Step 1 실전 포인트

선택의문문은 하나를 선택하라는 질문이므로 Yes나 No로 답한 선택지는 오답이다. 둘 중 하나를 선택해서 답하거나 둘 다 좋거나 싫다고 답하거나 둘 중 어느 쪽이든 상관없다고 답한 선택지가 정답이다.

 대표 문제 녹음 내용을 듣고 알맞은 정답을 고르자. 🎧 26.mp3

1. (A)　　　(B)　　　(C)

2. (A)　　　(B)　　　(C)

시나공 풀이법 선택의문문은 어떻게 풀이하는지 알아보자. 🎥 L12

Q1 Is it faster to go to the airport **by bus or by train**?
공항까지 버스로 가는 게 더 빠를까요, 아니면 기차로 가는 것이 더 빠를까요?
▶ 선택의문문이므로 or 앞뒤에 집중해서 듣는다.

(A) Probably by train.　아마 기차일 거예요.. ⭕
▶ 둘 중 하나를 선택한 정답

(B) No, I have no idea.　아니요, 전혀 모르겠어요. ❌
▶ 선택의문문에 No 선택지는 오답

(C) Yes, I think so.　맞아요, 저도 그렇게 생각해요. ❌
▶ 선택의문문에 Yes 선택지는 오답

표현 정리 probably 아마 fast 빠른 airport 공항

Q2 Should we arrange **a lunch or a dinner** for our annual party?
우리 연례 파티를 위해 점심을 준비해야 할까요, 아니면 저녁을 준비해야 할까요?
▶ 선택의문문이므로 or 앞뒤에 집중해서 듣는다.

(A) Dinner would be better.　저녁이 좋겠네요.. ⭕
▶ 둘 중 하나를 선택한 정답

(B) All the employees will come.　모든 직원들이 올 거예요. ❌
▶ 질문의 선택과 연관이 없는 오답. All이 들어간 선택지는 오답일 확률이 높다.

(C) Yes, I will be there.　네, 제가 거기에 갈 거예요. ❌
▶ 선택의문문에 Yes 선택지는 오답

표현 정리 arrange 마련하다, 주선하다 annual party 연례파티

시나공 + 최근에는 선택의문문에 The one으로 답변하는 경우가 상당히 늘었다. 따라서 선택의문문에 The one이 들리는 선택지는 우선 정답으로 체크한다. 선택의문문은 원칙적으로 Yes, No로 답할 수 없지만 권유를 하는 문장은 Yes, No로 답할 수 있다.

ex Would you care for some coffee or tea? 차나 커피 좀 드실래요? → Yes, please. 네, 그렇게 해주세요.

- 선택의문문에 Yes나 No로 답하는 선택지는 오답이다.(권유하는 문장 제외)
- A, B 둘 다 좋거나 싫다고 하는 선택지는 정답이다.
- A or B 둘 중 하나를 선택하는 선택지는 정답이다.
- A, B 어느 쪽이든 상관없다고 하는 선택지는 정답이다.

🔊 선택의문문의 정답 유형

둘 중 하나를 선택해서 답하는 유형

Which do you prefer, black or white?
검정색과 흰색 중 어느 것이 더 좋습니까?

Did you meet the president or his secretary?
사장님을 만났나요, 아니면 그의 비서를 만났나요?

Should we meet or talk on the phone?
만날까요, 아니면 전화로 이야기할까요?

- Black will be good.
  검정색이 좋습니다.
- I met his secretary.
  그의 비서를 만났어요.
- Let's meet up tomorrow.
  내일 만나시죠.

둘 다 좋다 또는 둘 다 싫다로 답하는 유형

Do you prefer the bigger or smaller furniture?
큰 가구와 작은 가구 중 어떤 것이 좋으세요?

Which would you prefer, coffee or tea?
커피와 차 중 어떤 것을 좋아하세요?

Where would be better to have the promotion, at the restaurant or at the department store?
식당 혹은 백화점 중 어디에서 홍보하는 것이 나을까요?

- Either one will be fine.
  어떤 것이라도 좋습니다.
- Neither, thanks.
  둘 다 좋아하지 않습니다. 고마워요.
- It doesn't matter.
  어떤 곳이든 상관없습니다.

제 3의 제안으로 답하는 유형

Do you want me to send you an e-mail today or tomorrow?
오늘 이메일을 보내드릴까요, 아니면 내일 보내드릴까요?

Can I see Dr. Kim tomorrow or later this week?
김 씨를 오늘 볼 수 있을까요, 아니면 이번 주 중에 만날 수 있을까요?

- I want you to send it now.
  지금 보내주셨으면 합니다.
- He is free on Friday.
  그는 금요일에 한가합니다.

모른다거나 반문으로 답하는 유형

Is Angela going to the training session today or tomorrow?
Angela는 오늘 교육에 가나요, 아니면 내일 가나요?

Do you know whether our company will move to the new building or not?
우리 회사가 새로운 건물로 이전할 것인지, 아닌지 알고 있나요?

Which do you prefer, the traveling or hiking club?
여행 동호회와 등산 동호회 둘 중 어느 것이 좋으십니까?

- She hasn't told me.
  그녀는 내게 말해 주지 않았어요.
- I'm not sure.
  잘 모르겠습니다.
- Which one is better?
  어떤 것이 더 나은가요?

Step 3 실전 문제 🎧 27.mp3

1. (A)   (B)   (C)

2. (A)   (B)   (C)

3. (A)   (B)   (C)

4. (A)   (B)   (C)

▶ 정답 및 해설은 해설집 14쪽 참고

1. Mark your answer on your answer sheet.

   (A)   (B)   (C)

2. Mark your answer on your answer sheet.

   (A)   (B)   (C)

3. Mark your answer on your answer sheet.

   (A)   (B)   (C)

4. Mark your answer on your answer sheet.

   (A)   (B)   (C)

5. Mark your answer on your answer sheet.

   (A)   (B)   (C)

6. Mark your answer on your answer sheet.

   (A)   (B)   (C)

7. Mark your answer on your answer sheet.

   (A)   (B)   (C)

8. Mark your answer on your answer sheet.

   (A)   (B)   (C)

9. Mark your answer on your answer sheet.

   (A)   (B)   (C)

10. Mark your answer on your answer sheet.

    (A)   (B)   (C)

▶ 정답 및 해설은 해설집 15쪽 참고

PART 2

Step 1   실전 포인트

제안(요청)문은 승낙할 경우에는 Sure ~, Okay ~, Let's ~, That's good, That sounds great 등으로 답하고, 거절할 경우 I'm sorry ~, No thanks ~, I'm afraid ~, Thanks but ~ 등으로 답할 수도 있다.

 대표 문제 녹음 내용을 듣고 알맞은 정답을 고르자.   29.mp3

1. (A)   (B)   (C)

2. (A)   (B)   (C)

시나공 풀이법 제안(요청)문은 어떻게 풀이하는지 알아보자.   L13

Q1 **Would you like** to join our club?   우리 동호회에 가입하겠어요?
▶ 첫 서너 단어를 듣고 제안문인지 파악한다.

(A) Thanks. I'd like that.   고마워요. 재미있을 것 같네요.. ◯
▶ Thanks라고 말한 후 긍정을 표현한 정답

(B) No, he's not a member.   아니요, 그는 회원이 아니에요. ✗
▶ 연상된(club – member) 단어는 오답

(C) I need her.   그녀가 필요해요. ✗
▶ 질문과는 동떨어진 오답

표현 정리 join 가입하다, 입회하다   member 회원

Q2 **Can you** call a taxi for me?   택시를 불러주시겠어요?
▶ 첫 서너 단어를 잘 듣고 제안문인지 파악한다.

(A) The tax will be paid.   세금은 납부될 거예요. ✗
▶ 유사단어(taxi – tax)가 들리는 선택지는 거의 오답

(B) I'd be glad to.   기꺼이 그러죠.. ◯
▶ 동의하는 표현이 들리면 정답

(C) She called me last night.   그녀가 어젯밤 나에게 전화했어요. ✗
▶ 유사단어(call – called)가 들리는 선택지는 거의 오답

표현 정리 tax 세금

시나공 + 제안(요청)문의 정답으로 최근에는 반문하거나 기다리라는 답변이 자주 출제되고 있으며, 모른다는 답변 역시 지속적으로 출제되고 있다.

- 동의/수락의 표현인 Yes, Okay, Sure, Thanks, Certainly, Absolutely 등의 선택지는 정답이다.
- 거절의 표현인 Thanks, But no thanks, Unfortunately, I don't think so. 등의 선택지는 정답이다.
- 기꺼이 하겠다는 I'd be happy[glad, love, like] to ~ 등의 선택지는 정답이다.
- 반문하거나 기다리라는 등의 선택지는 정답이다.

 제안(요청)문의 정답 유형

승낙으로 답하는 유형

Could I read your magazine? 당신의 잡지를 볼 수 있을까요?	• Yes, it's on the table. 네, 탁자 위에 있어요.
Would you like to join us for dinner? 저희와 함께 저녁식사 하러 가시겠어요?	• Okay, please wait for a while. 좋아요, 잠시만 기다려 주세요.
Can I borrow your mobile phone for a while? 휴대전화를 잠시 빌릴 수 있을까요?	• Sure. 물론이죠.
Can you tell our manager that I will be late? 저희 매니저에게 제가 늦을 것이라고 말해 주시겠어요?	• I'd be glad to tell him. 기꺼이 말해 드리겠습니다.
Could you attend the meeting instead of me? 저를 대신해서 미팅에 참석해 주시겠습니까?	• I'd be happy to do it. 기꺼이 그렇게 해 드리겠습니다.
Can you help me to send this e-mail? 이메일 보내는 것을 도와주시겠어요?	• I'd love/like to help you. 기꺼이 도와드리겠습니다.
How about finishing this project? 이 프로젝트를 끝내는 것이 어떻겠습니까?	• That's a good idea. 좋은 생각인 것 같아요.
Why don't you go to the bank after lunch? 점심식사 후에 은행에 가는 건 어때요?	• That would be nice. 괜찮겠네요.

거절로 답하는 유형

Could you tell me about the meeting? 미팅에 대해 저에게 말해 주시겠어요?	• Sorry, but I have to meet my client now. 죄송하지만, 지금 고객을 만나야 해서요.
Would you like to go to the concert tomorrow? 내일 연주회에 가실래요?	• I would, but I have a previous engagement. 그러고 싶지만, 선약이 있습니다.
Can I see Susan? Susan을 만날 수 있을까요?	• Unfortunately, she just left. 안타깝게도, 방금 나갔습니다.
Are you going to attend the speech today? 오늘 연설에 참석하실 건가요?	• I don't think so. 안될 것 같네요.

'모른다, 확인해 보다, 기다리다'로 답하는 유형

Can we start our new project now? 지금 새로운 프로젝트를 시작해도 될까요?	• Let me check. 확인해 보겠습니다.

1. (A)　　(B)　　(C)　　　**3.** (A)　　(B)　　(C)

2. (A)　　(B)　　(C)　　　**4.** (A)　　(B)　　(C)

▶ 정답 및 해설은 해설집 16쪽 참고

Step 1 실전 포인트

평서문은 동의나 맞장구칠 때, 그리고 다음에 할 일을 제시할 때 사용되는 표현들을 필히 암기해 두어야 하고 특히 I will ~ 답변이 가장 많이 출제된다.

⭐ **대표 문제** 녹음 내용을 듣고 알맞은 정답을 고르자.　🎧 31.mp3

1. (A)　　(B)　　(C)

2. (A)　　(B)　　(C)

📝 **시나공 풀이법** 평서문은 어떻게 풀이하는지 알아보자.　🎥 L14

Q1 I sent you the latest sales proposal.　최신 판매 제안서를 보내드렸습니다.
> 평서문은 전체 문장을 듣고 키워드를 잘 기억해야 한다.

(A) Sorry, but we will leave soon.　죄송합니다만, 우리는 곧 떠날 예정이에요.. ✗
> 질문의 의미와 맞지 않는 오답

(B) I'll mail a letter to you.　당신에게 편지를 보낼 예정이에요.. ✗
> Who 의문문에 적합한 오답

(C) All right. I'll review it this afternoon.　알겠습니다. 오늘 오후에 검토해 보겠습니다. ⭕
> I'll ~ 표현은 평서문의 최다 빈출 정답

표현 정리 latest 최신의　proposal 제의, 제안서　review 검토

Q2 Our call must have been disconnected.　아무래도 전화 연결이 끊어진 것 같습니다.
> 평서문은 전체 문장을 듣고 키워드를 잘 기억해야 한다.

(A) I think you're right.　당신 말이 맞는 것 같아요. ⭕
> yes를 대신하는 긍정 표현을 사용한 정답

(B) I'll have dinner with him.　그와 저녁식사를 할 예정이에요.. ✗
> Who 의문문에 적합한 오답

(C) Nobody received a call.　아무도 전화를 받지 않아요.. ✗
> 같은 단어(call)로 혼동을 유도한 오답

표현 정리 disconnect 연결을 끊다, 끊어지게 하다　receive a call 전화를 받다

시나공 + 평서문은 'I will ~ ' 표현이 답으로 가장 많이 출제되고 있다. 평서문에 대해 제안이나 요청을 하는 대답도 가능하다.

- 동의하거나 맞장구치는 선택지는 정답이다.
- I will(I'm going to) 표현이 들리는 선택지는 정답이다.
- 모르겠다, 반문하는 선택지는 정답이다.
- 제안(요청)으로 답하면 정답이다.

평서문의 정답 유형

반문 표현으로 답하는 유형

I lost my file this morning. 오늘 아침 제 서류철을 잃어버렸어요. I want you to send the documents to Vera. 당신이 Vera에게 서류들을 보내줬으면 합니다.	• Is that yours? 이것이 당신 건가요? • Where can I find it? 어디에 있습니까?

제안, 요청으로 답하는 유형

We should finish this project by this week. 이번 주 안으로 이 프로젝트를 끝내야 합니다. Please tell Gloria about the meeting. Gloria에게 미팅에 대해서 말해 주세요.	• Okay, let's start tomorrow. 좋습니다, 내일 시작하죠. • Okay, I'll talk to her. 알겠습니다, 그녀에게 말하겠습니다.

모르겠다로 답하는 유형

I'm curious why the meeting has been delayed. 회의가 왜 지연됐는지 궁금합니다. I think the seminar will be held next week. 제 생각으로는 세미나가 다음 주에 열릴 것 같아요. I wonder why Ms. George will change departments. Ms. George가 왜 부서를 옮기는지 궁금합니다. The president will announce the new policy. 사장님이 새로운 정책을 발표할 거예요.	• I don't know either. 저도 모르겠습니다. • Let me check for you. 제가 확인해 드리겠습니다. • She didn't tell me anything. 그녀가 저에게 알려주지 않았습니다. • Actually, that hasn't been decided yet. 사실, 아직 결정되지 않았습니다.

사실이나 의견으로 답하는 유형

The meeting today was very boring. 오늘 회의는 매우 따분했어요. Cathy will leave the company soon. Cathy는 곧 회사를 떠날 거예요.	• Yes, but at least it finished early. 네, 하지만 어쨌든 일찍 끝났잖아요. • I'll miss her. 그녀가 그리울 거예요.

1. (A)   (B)   (C)   **3.** (A)   (B)   (C)

2. (A)   (B)   (C)   **4.** (A)   (B)   (C)

▶ 정답 및 해설은 해설집 17쪽 참고

1. Mark your answer on your answer sheet.

(A)   (B)   (C)

2. Mark your answer on your answer sheet.

(A)   (B)   (C)

3. Mark your answer on your answer sheet.

(A)   (B)   (C)

4. Mark your answer on your answer sheet.

(A)   (B)   (C)

5. Mark your answer on your answer sheet.

(A)   (B)   (C)

6. Mark your answer on your answer sheet.

(A)   (B)   (C)

7. Mark your answer on your answer sheet.

(A)   (B)   (C)

8. Mark your answer on your answer sheet.

(A)   (B)   (C)

9. Mark your answer on your answer sheet.

(A)   (B)   (C)

10. Mark your answer on your answer sheet.

(A)   (B)   (C)

▶ 정답 및 해설은 해설집 18쪽 참고

PART 3

주제나 목적을 찾는 문제는 90% 이상 대화의 첫 부분에 단서가 언급된다. 첫 부분을 절대 놓치지 말자.

 대표 문제　문제를 먼저 읽은 후 녹음 내용을 듣고 알맞은 정답을 고르자.　🔊 **34.mp3**

> **Q.** What are the speakers discussing?
>
> (A) A new store opening
> (B) The price of a new product
> (C) Packaging some samples
> (D) Changing suppliers

 시나공 풀이법　주제 & 목적을 묻는 문제는 어떻게 풀이하는지 알아보자.　 **L15**

> 🔊 대화를 듣기 전 문제를 읽을 때
>
> **Q.** What are the speakers discussing?　화자들은 무엇을 논의하고 있는가?
> ▶ 대화 시작 전에 문제를 빨리 파악하고 대화를 들어야 한다. 주제를 묻는 문제이므로 대화의 첫 부분을 잘 듣는다.
>
> (A) A new store opening　새로운 점포 개업
> (B) The price of a new product　새로운 제품의 가격
> (C) Packaging some samples　샘플 포장
> (D) Changing suppliers　업체 교체

🎧 대화를 들을 때

Refer to the following conversation.　다음 대화를 참고하시오.

W: Have you heard that Mr. Park wanted to change the packaging materials for our
new laptop samples?　▶ 첫 번째 대화에서 현재 논의 중인 것은 '포장'에 관한 것임을 알 수 있다. 따라서 (C)가 정답이다.
여: 박 씨가 우리의 새로운 노트북 샘플의 포장재질을 바꾸고 싶어 한다는 것을 들었나요?

M: No, I haven't heard about it yet. When do we need to finish the work?
남: 아니요, 아직 못 들었어요. 그 작업을 언제까지 끝내야 하나요?

W: Well, the laptop will be officially launched on July 1, so all of them will have to be
ready by then.　여: 글쎄요, 노트북은 공식적으로 7월 1일에 출시될 예정이라 그때까지 준비되어야 해요.

M: Okay, I'll contact our supplier.　남: 알겠어요, 제가 공급처에 연락해 볼게요.

표현 정리 packaging 상자, 포장 laptop 노트북 sample 견본 officially 공식적으로 launch 개시, 출간; 출시하다 supplier 공급자, 공급회사

시나공 + ❶ 주제, 목적을 묻는 문제는 대화의 첫 부분에 언급된다.
  ❷ 대화의 첫 문장만 듣고 주제가 불확실하면 대화 전반적인 내용을 다 듣고 적절한 정답을 선택해도 된다.

Step 2 | 핵심 이론 & 기출 패턴

 주제나 목적을 묻는 질문 유형

- What are the speakers talking about? 화자들은 무엇에 대해 이야기하고 있는가?
- What is the topic / subject of the report? 보고서의 주제는 무엇인가?
- What is the main topic of the conversation? 대화의 주제는 무엇인가?
- What are the speakers discussing? 화자들은 무엇에 대해 논의하고 있는가?
- What is the conversation about? 대화는 무엇에 대한 것인가?
- Why is the woman calling? 여자는 왜 전화를 하고 있는가?
- What is being advertised? 무엇이 광고되고 있는가?
- What is the purpose of the woman's call? 여자가 전화를 건 목적은 무엇인가?

Step 3 | 실전 문제   🎧 35.mp3

1. What is the conversation about?

(A) Using a computer program
(B) Purchasing a new computer
(C) Inviting customers
(D) Hiring requirements

2. What is the purpose of the woman's call?

(A) To place an order
(B) To ask for repairs
(C) To buy a new refrigerator
(D) To confirm a delivery

▶ 정답 및 해설은 해설집 20쪽 참고

대화 장소를 묻는 문제는 처음 등장하는 남녀의 첫 대화에서 대부분 정답을 유추할 수 있으므로 첫 대화의 상황에 주목해야 한다.

 대표 문제 문제를 먼저 읽은 후 녹음 내용을 듣고 알맞은 정답을 고르자. **36.mp3**

> **Q.** Where does this conversation most likely take place?
>
>   (A) At an office
>   (B) At a bakery
>   (C) At a newsstand
>   (D) At a cafe

 시나공 풀이법 대화 장소를 묻는 문제는 어떻게 풀이하는지 알아보자. **L16**

🔖 대화를 듣기 전 문제를 읽을 때

Q. Where does this conversation most likely take place? 이 대화는 어디에서 이루어지겠는가?

▶ 대화 시작 전에 문제를 빨리 파악하고 들어야 한다. 대화의 장소를 찾는 문제는 대화 중에 현재 장소를 유추할 수 있는 힌트들이 제시된다. 따라서 평소에 장소 관련 키워드에 대한 정리가 필요하다.

(A) At an office 사무실
(B) At a bakery 빵집
(C) At a newsstand 신문 가판대
(D) At a cafe 식당

🎧 대화를 들을 때

Refer to the following conversation. 다음 대화를 참고하시오.

M: I can't believe I'm here on time! My car wouldn't start this morning and I had to take the bus, which usually takes about fifteen minutes longer.

남: 늦지 않게 도착했다니 믿을 수가 없어요! 오늘 아침에 차에 시동이 안 걸려서 버스를 타야 했는데, 버스는 보통 15분 정도 더 걸리거든요.

W: It's a good thing you made it in. The meeting is in half an hour. I'm just wondering if we should use the meeting room instead of this office. ▶ 여자가 회의 시작 시각을 알려 주며

사무실 대신 회의실을 사용하는 게 좋겠다고 제안하는 것으로 미루어 보아, 두 사람은 현재 사무실에 있음을 알 수 있다. 따라서 (A)가 정답이다.

여: 제시간에 도착해서 다행이에요. 회의는 30분 후에 시작해요. 여기 사무실 대신 회의실을 사용하는 게 좋지 않을까요?

M: You're right. Let's take some refreshments and all the handouts over there.
남: 맞아요. 일부 다과와 유인물을 모두 그쪽으로 가져가죠.

시나공 + ❶ 대화를 장소 묻는 문제는 대화의 처음 한두 문장에서 직접적인 힌트가 등장한다.
❷ 전반부에서 단서를 놓쳤다면 대화 전체에서 들리는 장소 관련 어휘를 통해 답을 추론한다.
❸ 특정 장소와 관련된 어휘를 알아두어야 한다.

Step 2 핵심 이론 & 기출 패턴

🔊 대화 장소를 묻는 질문 유형

- Where are the speakers?   화자들은 어디에 있는가?
- Where does the speaker work?   화자는 어디서 일하는가?
- Where does this conversation take place?   대화는 어디에서 이루어지고 있는가?
- Where does this conversation most likely take place?   이 대화는 어디에서 이루어지겠는가?
- Where do the speakers most likely work?   화자들은 어디에서 근무할 것 같은가?
- Where most likely does the woman work?   여자는 어디에서 근무할 것 같은가?
- Where is the technical services office located?   기술지원부는 어디에 있는가?
- What type of company do the speakers most likely work for?   화자들은 어떤 회사에서 일하겠는가?

Voca Check - up! 장소 관련 어휘

· **museum 박물관**: exhibit 전시물 painting 그림 pottery 도자기 curator 관장 · **airport 공항**: departure 출발 landing 착륙 boarding 탑승 gate 탑승 게이트 check-in counter 짐 부치는 곳 customs 세관 cabin 기내 cart 카트 boarding pass 탑승권 carry-on baggage 기내용 짐 · **post office 우체국**: mail 우편물 package 소포 parcel 소포 express mail 속달 courier 배달원 courier service 택배서비스 fragile 깨지기 쉬운 · **restaurant 식당**: special 특선요리 menu 메뉴 dish 접시 chef 요리사 cafeteria 구내식당 plate 접시 · **hotel 호텔**: room 방 single 1인실 double 2인실 suite 특실 check in 체크인하다 check out 체크아웃하다 · **library 도서관**: librarian 사서 check out 대출하다 overdue 마감이 지난 late fee 연체료 · **bookstore 서점**: aisle 통로, 복도 section 구간 writer / author 작가 · **hospital 병원 / pharmacy 약국**: physician 의사 examine 진찰하다 prescribe 처방하다 dentist 치과의사 fill 조제하다 pick up 약을 찾다 take pills 약을 먹다 · **real estate agency 부동산**: apartment 아파트 property 부동산 real estate 부동산 landlord 집주인 tenant 세입자 deposit 보증금 · **bank 은행**: account 계좌 balance 잔고 teller 창구직원 loan 대출 deposit 입금하다 transfer money 송금하다 ATM 현금인출기 · **plumber 배관공 / electrician 전기공**: toilet 변기 faucet 수도꼭지 sink 세면대 leak 새다 install 설치하다 electricity 전기 light 전구 wire 전선 power 전기 · **travel agency 여행사**: itinerary 일정 accommodation 숙박 book 예약하다 cancel 취소하다 reserve 예약하다

Step 3 실전 문제 🎧 37.mp3

1. Where most likely is the conversation taking place?

(A) At a job fair
(B) At a meeting
(C) In an office kitchen
(D) In a coffee shop

2. What type of company do the speakers most likely work for?

(A) A graphic-design company
(B) A fitness center
(C) A printing company
(D) A sporting-goods manufacturer

▶ 정답 및 해설은 해설집 20쪽 참고

문제유형 공략 ❸ 미래 행동

next 문제(다음에 할 일을 묻는 문제)는 일종의 추론 문제로써 대화가 끝난 후 화자가 무엇을 할 것인가를 묻는 문제이다. 따라서 마지막 대화에 집중해서 들어야 한다.

 대표 문제 문제를 먼저 읽은 후 녹음 내용을 듣고 알맞은 정답을 고르자. 🎧 38.mp3

> **Q.** What will the man probably do next?
>
> (A) Go to another shop
> (B) Pay for a gift
> (C) Fill out a form
> (D) Call his wife

 시나공 풀이법 다음에 할 일을 묻는 문제는 어떻게 풀이하는지 알아보자. 🎥 L17

🗣 **대화를 듣기 전 문제를 읽을 때**

Q. What will the man probably do next?   남자는 다음에 무엇을 하겠는가?

▶ next 문제이므로 마지막 대화에 집중한다.

(A) Go to another shop   다른 가게에 간다.
(B) Pay for a gift   선물 값을 지불한다.
(C) Fill out a form   신청서를 작성한다.
(D) Call his wife   아내에게 전화한다.

🎧 **대화를 들을 때**

Refer to the following conversation.   다음 대화를 참고하시오.

W: Welcome to Mandi Gift Shop! May I help you, sir?
   여: 맨디 선물 가게에 오신 것을 환영합니다. 무엇을 도와드릴까요?

M: Yes, please. I just dropped by here to look for a birthday gift for my wife. Oh, this should be nice.   남: 네. 제 아내 생일 선물을 사러 들렀습니다. 아, 이게 좋겠네요.

W: Good choice! If you just fill out this application form, you'll receive 15% off on any purchase.   ▶ 여자가 '이 신청서만 작성하시면, 어떤 구매에도 15퍼센트 할인을 받으실 수 있습니다.'라고 말한 뒤, 남자가 Okay로 응대하고 있으므로 남자가 다음에 할 일은 신청서를 작성할 것이라는 것을 추론해 볼 수 있다. 따라서 (C)가 정답이다.
   여: 제대로 고르셨네요! 이 신청서만 작성하시면, 어떤 구매에도 15퍼센트 할인받으실 수 있습니다.

M: Okay. That sounds like a great deal. 남: 좋아요. 정말 좋은데요.

표현 정리 drop in 잠깐 들르다   look for 찾다, 구하다   fill out 기입하다, 작성하다   application form 신청서

시나공 + ❶ 다음에 할 일을 묻는 문제는 마지막 대화에 정답의 단서가 나오므로 그 부분을 집중해서 들어야 한다.
　　　　　❷ 요청하거나 제안하는 대화 내용에서 단서가 나올 가능성이 많다.

Step 2 핵심 이론 & 기출 패턴

 다음에 할 일을 묻는 질문 유형

- What will the man do next? 　남자는 다음에 무엇을 할 것인가?
- What will the woman probably do next? 　여자는 다음에 무엇을 하겠는가?
- What will the speakers probably do next? 　화자들은 다음에 무엇을 하겠는가?
- Where will the speakers go next? 　화자들은 다음에 어디로 갈 것인가?

Step 3 실전 문제 　🎧 39.mp3

1. What will the woman most likely do next?

    (A) Report to a manager
    (B) Give a speech
    (C) Make a phone call
    (D) Have a meeting

2. What will the woman probably do next?

    (A) Give the man an address
    (B) Show a city map
    (C) Take the man to the post office
    (D) Draw a rough map

▶ 정답 및 해설은 해설집 21쪽 참고

주제, 목적 문제처럼 전반적인 것을 묻는 문제 유형이 있는 반면, 행위, 장소, 인물, 장소 등을 세부적으로 묻는 유형이 있다. 세부 사항 문제는 순서가 중요한데, 한 세트 세 문제 중 첫 번째 문제로 나오면 정답의 단서가 대화의 초반부에, 두 번째 문제로 나오면 중반부에, 세 번째 문제로 나오면 후반부에 단서가 나오는 것이 일반적이다.

 대표 문제 문제를 먼저 읽은 후 녹음 내용을 듣고 알맞은 정답을 고르자.　　　　🎧 40.mp3

Q2. What does the man say about the building?

    (A) He likes how it was renovated.

    (B) He likes how it was designed.

    (C) He likes the size of the office.

    (D) He likes the conference room.

 시나공 풀이법 세부 사항 문제는 어떻게 풀이하는지 알아보자.　　　　 L18

🗣 대화를 듣기 전 문제를 읽을 때

Q1. 주제 찾는 문제

Q2. What does the man say about the building?

    ▶ 두 번째 순서로 세부 사항 문제가 나왔다. 따라서 정답의 단서가 대화의 중반부에 나올 것을 예상할 수 있다. 질문의 키워드인 man say about the building을 잘 기억한다. 정답의 단서는 남자의 중반부 대화에서 나올 것을 예상할 수 있다.

    (A) He likes how it was renovated.
       ▶ 선택지가 모두 he likes로 시작한다. 남자가 건물에 대한 장점에 대해 말하는 부분을 잘 듣는다.

    (B) He likes how it was designed.

    (C) He likes the size of the office.

    (D) He likes the conference room.

Q3. 다음에 할 일을 묻는 문제

    ▶ 만약 세 번째 문제로 세부 사항 문제가 나왔다면, 정답의 단서는 후반부에 나올 것이다.

🎧 대화를 들을 때

Refer to the following conversation. 다음 대화를 참고하시오.

W:　Hi, James. I found a really nice office space for our new start up. It's in the old First National Bank. They have turned it into an office building.　▶ 여자가 빌딩에 대한 내용을

말하고 있다. 이어지는 남자의 대화에서 빌딩에 대한 남자의 생각을 나올 것이다.

여: 안녕하세요, James. 시내에서 우리 새로운 회사를 위한 정말 멋진 사무 공간을 찾았어요. 그것은 First National Bank 안에 있어요. 그곳을 사무 빌딩으로 바꾸었네요.

M: I've always admired the architecture of that bank, but the building is almost a hundred years old. ▶ 남자가 빌딩에 대해 언급하며, 그 구조물이 감탄스럽지만 너무 오래되었다고 말하고 있다. 즉 장점은 건물의 구조가 잘 지어졌다는 것이다. 따라서 정답은 (B)이다.

남: 전 항상 그 은행의 건축 양식에 대해 감탄했어요. 하지만 그 건물은 거의 100년이 됐어요.

W: Don't worry. The building has been completely renovated. Do you want to look at it with me this afternoon? 여: 걱정 마세요. 그 건물은 완전히 보수가 되었어요. 오늘 오후에 저와 같이 가서 보실래요?

M: I'd like to, but I have to meet the investors this afternoon. Could we go tomorrow morning? 남: 그러고 싶지만, 오늘 오후에 투자자들을 만나야 해요. 내일 아침에 가도 될까요?

표현 정리 downtown 시내(에) dotcom start up 신규 회사, 착수의, 시작의 turn A into B A를 B로 바꾸다(탈바꿈시키다) admire 감탄하다, 존경하다, 감상하다 architecture 건축(술), 건축 양식 completely 완전히 renovate 개조(보수)하다

시나공 + ❶ 세부 사항 문제는 대화의 순서가 중요하다. 첫 번째 문제로 나오면 대화의 초반부, 두 번째 문제로 나오면 중반부, 세 번째 문제로 나오면 후반부에 단서가 나올 가능성이 크다.
❷ 질문의 키워드에 표시해 놓고 대화에서 키워드에 대한 언급이 나올 때 집중한다. 정답의 단서는 패러프레이징(다른 단어로 바꿔 표현)되어 나오는 경우가 많다. 단, 숫자, 요일, 지명 등은 그대로 나온다.

Step 2 핵심 이론 & 기출 패턴

🔊 세부 사항 문제 유형

1. 시간, 장소 관련 문제
질문의 키워드에 표시하고 대화를 들을 때 시간, 장소의 표현(5 P.M., Tuesday, in front of the center, Richmond Street 등)을 집중해서 듣는다. 단, 시간이나 장소가 여러 번 언급될 수 있는데, 그 중 질문과 맞는 내용의 것을 고르는 게 중요하다.

- When is the woman's appointment? 그녀의 약속은 언제인가?
- What will begin at 5p.m? 5시에 무슨 일이 일어날 것인가?
- Where can the woman catch the bus? 어디서 여자는 버스를 탈 수 있는가?
- Where does the man anticipate traffic jam? 그 남자는 어디의 교통체증을 예상하는가?

2. 특정 인물 관련 문제
질문의 키워드에 표시하고 대화를 들을 때 사람 이름이 언급되는 곳에 집중한다.

- Who are the workers waiting for? 작업자들이 기다리는 사람은 누구인가?
- Who is the man going to meet? 그 남자는 누구를 만날 것인가?
- What does the man mentioned about Michael? 그 남자는 마이클에 대해 뭐라고 언급했는가?
- How does Frank feel about the new rule? 프랭크는 새로운 규칙을 어떻게 느끼나?

3. 방법, 이유, 문제점을 묻는 문제

키워드를 잘 기억하고 듣는다. 대화의 내용이 선택지에 패러프레이징되어 나오는 경우가 많으므로 자주 나오는 패러프레이징 표현을 숙지한다.

- How can a visitor get discount? 방문자들은 어떻게 할인을 받을 수 있나?
- What problem do the man have? 남자가 갖고있는 문제점은 무엇인가?
- What is the woman concerned about? 그 여자가 걱정하는 것은 무엇인가?
- Why is the man unable to find Amanda? 왜 남자는 아만다를 찾을 수 없나?
- What solution does the woman offer? 여자가 제안하는 해결책은 무엇인가?

4. 행위, 언급, 진술을 묻는 문제

키워드를 잘 기억하고 듣는다. 마찬가지로 패러프레이징에 유의해 선택지에서 정답을 고른다.

- What does the woman mention about the agency? 여자는 그 대리점에 대해 뭐라고 언급했는가?
- What does the man tell the women? 그 남자는 여자에 대해 뭐라고 말했는가?
- What does the man say about the computer? 그 남자는 컴퓨터에 대해 뭐라고 말했는가?

 ## 세부 내용 패러프레이징 예시

대화 속 내용	정답 선택지 내용
Web site is going to be redesigned. 웹사이트가 새로 디자인된다.	• updating Web site 웹사이트 업데이트
recruited several new people 새로운 사람을 채용했다	• hired some new staff members 몇 명의 새로운 사람을 고용했다
airport limousine bus 공항버스	• transportation 이동수단
Get in touch with courier company. 택배 회사에 연락해라.	• Call a delivery company. 배달 업체에 전화해라.
personal fitness equipment in my house 집에 있는 개인적인 운동 장비	• a home exercise machine 가정용 운동기기
the founder of the company 회사의 설립자	• a company's owner 회사 소유자
the style seems to be over now 그 스타일은 이제는 끝났다	• The style is no longer popular. 그 스타일은 더 이상 유명하지 않다.
corporate meeting 회사 미팅	• company gathering 회사 모임
go to see the head of the project 프로젝트의 책임자를 만나러 가다	• visit an organizer 주최자를 방문하다

a large screen 큰 화면	• a big monitor 큰 모니터
The machine is not working properly. 그 기계는 제대로 작동하지 않는다.	• a product is faulty 그 제품은 결함이 있다
Use the back door. 뒷문을 사용해라.	• Exit through the rear door. 뒷문을 통해 나가라.
plane tickets and passport 비행기표와 여권	• travel document 여행 서류
attracting new people 새로운 사람들을 끌어들이는 것	• finding new customer 새로운 고객을 찾는 것
handout flyers 전단지	• a publicity campaign 홍보물

Step 3 실전 문제 41.mp3

1. What does the man want to do?

(A) Sign a lease
(B) Find an apartment
(C) Join a gym
(D) Make some copies

2. What does the woman require?

(A) Proof of residence
(B) A security deposit
(C) A late registration fee
(D) Some exercise equipment

3. What does the man receive from the woman?

(A) A signed lease
(B) A registration form
(C) Schedule information
(D) A utility bill

▶ 정답 및 해설은 해설집 22쪽 참고

1. Why was the woman late for the meeting?

   (A) She was using public transportation.
   (B) She just came back from his vacation.
   (C) She was stuck in traffic.
   (D) She lives far from the company.

2. When will the speakers install the new program?

   (A) On Monday
   (B) On Tuesday
   (C) On Wednesday
   (D) On Thursday

3. According to the conversation, what does the man suggest?

   (A) To come early on Thursday
   (B) To visit the Sales Department
   (C) To buy an airplane ticket
   (D) To leave for a business trip

4. Where is this conversation most likely taking place?

   (A) In an office
   (B) At a healthcare seminar
   (C) At a fitness center
   (D) In a sporting goods store

5. What do the men say about the new facility?

   (A) It has some secondhand sports equipment.
   (B) It was more crowded on the first floor.
   (C) It has been upgraded in many ways.
   (D) It has more expensive machines than before.

6. What does the woman say she will do?

   (A) Visit the first floor
   (B) Go to a facility
   (C) Work out at the park
   (D) Call a fitness center

▶ 정답 및 해설은 해설집 23쪽 참고

PART 3

REVIEW TEST

UNIT 19 **PART 3**
문제유형 공략 ❺ 요청 & 제안

Step 1 실전 포인트

화자가 청자에게 '~하라'고 요청, 제안, 부탁한 것이 무엇인지를 묻는 문제다. 대화 내용을 들을 때 Why don't ~?, Could you ~? 등의 표현을 잘 들어야 한다. 이 표현의 뒤에 이어지는 문장이 제안 문제 정답의 단서이기 때문이다.

⭐ **대표 문제** 문제를 먼저 읽은 후 녹음 내용을 듣고 알맞은 정답을 고르자. 🎧 **43.mp3**

> **Q.** What does the woman suggest that the man do?
>
> (A) Buy a membership
> (B) Return on another day
> (C) Take a tour
> (D) Join an art class

 시나공 풀이법 화자의 제안을 묻는 문제는 어떻게 풀이하는지 알아보자. 🎥 **L19**

> 🔊 **대화를 듣기 전 문제를 읽을 때**
>
> **Q.** What does the woman suggest that the man do? 여자는 남자에게 무엇을 하라고 제안하는가?
> ▶ 대화 시작 전에 문제를 빨리 파악하고 대화를 들어야 한다. 제안을 묻는 문제이므로 Why don't ~?, Could you ~? 뒤의 표현을 잘 들어야 한다.
>
> (A) Buy a membership 회원권을 구입하라고
> (B) Return on another day 다른 날 다시 오라고
> (C) Take a tour 미술 투어에 합류하라고
> (D) Join an art class 미술 수업에 등록하라고

🎧 **대화를 들을 때**

Refer to the following conversation. 다음 대화를 참고하시오.

M: Hi. This is the first time for me to visit the gallery, so could I learn more about the paintings on this floor?
남: 안녕하세요. 미술관을 방문하는 것은 처음인데, 여기에 있는 그림들에 대해 조금 더 알아 볼 수 있을까요?

W: Well, why don't you take a tour? It goes to all of our exhibits. The next one begins in 20 minutes. ▶ 제안 문제에 why don't 다음의 문장은 정답의 단서가 되는 문장이다. '미술 투어'를 제안하고 있으므로 (C)가 정답이다.
여: 그러시면, 미술 투어를 하시는 건 어떠세요? 모든 전시품을 살펴보실 수 있어요. 다음 투어가 20분 후에 시작해요.

M: Unfortunately, I don't have enough time today. 남: 안타깝지만, 오늘은 시간이 없네요.

시나공 **+** ❶ Why don't ~?, Would you ~?, Could you ~?, Would you like me to ~?, I suggest ~, I can ~ 뒤에 이어
지는 문장에 정답의 단서가 나온다.
❷ 문제와 선택지를 무조건 미리 읽고 대화를 들으면서 단서가 나오면 답을 바로 고를 수 있도록 한다.

Step 2 핵심 이론 & 기출 패턴

제안을 묻는 질문 유형

- What does the man / woman suggest / recommend? 남자/여자는 무엇을 제안하는가?
- What does the man offer / want / say to do? 남자는 무엇을 하겠다고 제안하는가?
- What does the man ask / encourage the woman to do? 남자는 여자에게 무엇을 하라고 요청하는가?
- What does the man ask for? 남자는 무엇을 요청하는가?

답이 되는 족보

이 표현 뒤에 나오는 내용이 '무엇을 제안하는지' 묻는 문제에 대한 단서이다.

- Why don't you ~? ~하는 게 어때요?
- What about / How about~? ~하는 게 어때요?
- Would / Could / Should you ~? ~하는 게 어때요?
- Shall / Can / May I ~? 제가(우리가) ~해도 될까요?
- You would / should / could / must / have to ~. 당신은 ~해야 합니다.
- You want / need / hope to ~. 당신은 ~을 원할(필요할) 겁니다.
- I (We) can ~. 제가(우리가) ~할 수 있어요.
- I suggest / recommend ~. 저는 ~하기를 요청합니다.
- Please + 동사원형 ~. ~하세요.

Step 3 실전 문제 🎧 44.mp3

1. What does the man offer to do?

(A) Help the woman the next day
(B) Call another support team
(C) Help the woman find her password
(D) Find a telephone number

2. What does the man suggest that the woman do?

(A) Buy a car
(B) Take the subway
(C) Speak with her colleagues
(D) Commute to work by walking

▶ 정답 및 해설은 해설집 24쪽 참고

Step 1   실전 포인트

화자의 직업이나 신분은 대부분 대화의 처음 한두 문장에서 직접적인 힌트가 등장하지만 그렇지 않을 경우 끝까지 듣고 풀어야 한다. 이런 점을 고려해 직업 문제는 마지막에 푸는 것이 좋다.

 대표 문제   문제를 먼저 읽은 후 녹음 내용을 듣고 알맞은 정답을 고르자.   🎧 **45.mp3**

Q. What is the woman's job?

(A) Real estate agent

(B) Building inspector

(C) Lawyer

(D) Interior designer

 시나공 풀이법   직업 & 신분을 묻는 문제는 어떻게 풀이하는지 알아보자.   **L20**

> 🗨 **대화를 듣기 전 문제를 읽을 때**
>
> **Q.** What is the woman's job?   여자의 직업은 무엇인가?
>
> ▶ 대화 시작 전에 문제를 빨리 파악하고 대화를 들어야 한다. 여자의 직업을 묻는 문제이므로 선택지의 내용들을 빠르게 훑어본 후 지문 초반부에 집중한다.
>
> (A) Real estate agent   부동산 중개인
> (B) Building inspector   건축 감리사
> (C) Lawyer   변호사
> (D) Interior designer   실내 장식가
>
> 🎧 **대화를 들을 때**
>
> Refer to the following conversation.   다음 대화를 참고하시오.
>
> W: Mr. Bryan, I just contacted the owner of the apartment. I'm pleased to tell you that the owner wants to sign a contract with you.   ▶ 첫 번째 대화에서 '아파트 주인과 통화한 후 집주인이 계약을 하겠다.'는 대화를 통해 여자의 직업에 대한 힌트가 나왔으므로 여자는 '부동산 중개인'이라는 것을 알 수 있다. 따라서 (A)가 정답이다. 만약 이 부분을 못 들었다면 대화를 다 듣고 풀어도 좋다.
> 여: 브라이언 씨. 방금 막 아파트 주인과 통화했어요. 집주인이 계약을 하겠다는 사실을 전하게 되어 너무 기쁘네요.
>
> M: That's great news. Actually, we are concerned about the electrical wiring in the living room.   남: 정말 좋은 소식이군요. 사실, 저희는 거실의 전기 배선이 걱정입니다.

> W: You don't have to worry about it. The owner will renovate every single part of the apartment. 여: 그건 걱정 안하셔도 됩니다. 집주인이 아파트의 모든 부분을 보수해 줄 거예요.

시나공 + ❶ 직업 및 신분을 묻는 문제는 대화의 처음 한두 문장에서 직접적인 힌트가 등장한다.
       ❷ 전반부에서 단서를 놓쳤다면 대화 전체에서 들리는 직업 및 신분 관련 어휘를 통해 답을 추론한다.
       ❸ 특정 직업 및 신분과 관련된 어휘를 알아두어야 한다.

Step 2   핵심 이론 & 기출 패턴

 직업이나 신분을 묻는 질문 유형

- Who most likely is the man?   남자는 누구일 것 같은가?
- Who most likely are the speakers?   화자들은 누구일 것 같은가?
- Who is the man speaking / talking to?   남자는 누구에게 얘기하고 있는가?
- What do the speakers probably do?   화자들은 무엇을 하겠는가?
- What is the woman's job / occupation?   여자의 직업은 무엇인가?

Voca Check - up! 직업, 신분 관련 어휘

caterer 출장요리사   landscaper 조경업자   representative 직원, 대표   staff 직원   boss 상사   president 사장   CEO 최고경영자   head (부서)장   chief (부서)장   director 이사   executive officer 중역   supervisor 관리자   manager 부장, 과장   agent 직원

Step 3   실전 문제   🎧 46.mp3

1. Who most likely is the man?

(A) A pedestrian

(B) A bus driver

(C) A salesperson

(D) A tour guide

2. What are the speakers working on?

(A) Clothing design

(B) Creating a brochure

(C) An advertising budget

(D) A safety manual

▶ 정답 및 해설은 해설집 24쪽 참고

Step **1**	실전 포인트

문장의 의도를 파악하는 문제는 대화의 흐름 속에서 그 문장의 숨은 뜻을 파악해야 하는 유형이다. '밥 먹었어?'라는 물음에 '배 안고파.'라고 대답했을 때 배가 고프지 않다는 의미와 함께 밥을 먹고 싶지 않다는 뜻을 포함하고 있다. 이처럼 대화에서 특정 문장의 속뜻을 정확히 알려면 대화의 전후 상황을 파악하고 있어야 하고, 해당 문장이 언제 나올지 모르기 때문에 매우 집중해서 들어야 한다.

 대표 문제 문제를 먼저 읽은 후 녹음 내용을 듣고 알맞은 정답을 고르자. 🎧 47.mp3

> **Q.** Why does the man say, "I'm really busy with the presentation slides for tomorrow"?
>
> (A) To ask for assistance
>
> (B) To postpone a presentation
>
> (C) To make an excuse
>
> (D) To make some changes

 시나공 풀이법 문장의 의도를 파악하는 문제는 어떻게 풀이하는지 알아보자.   L21

> 🔖 **대화를 듣기 전 문제를 읽을 때**
>
> **Q.** Why does the man say, "I'm really busy with the presentation for tomorrow"?
> 남자가 "I'm really busy with the presentation for tomorrow"라고 말한 이유는 무엇인가?
>
> ▶ 대화를 듣기 전 해당 문장을 한번 읽어본다. "I'm really busy with the presentation for tomorrow"는 문장 그대로 해석하면 "나는 내일 있을 발표 때문에 바쁘다"는 의미인데, 이 문장의 숨은 의미는 문장의 흐름을 파악하고 판단해야 정확히 알 수 있다.
>
> (A) To ask for assistance   도움을 요청하기 위해
> (B) To postpone a presentation   발표를 미루기 위해
> (C) To make an excuse   핑계를 대기 위해
> (D) To make some changes   변화를 주기 위해
>
> **대화를 들을 때**
>
> Refer to the following conversation. 다음 대화를 참고하시오.
>
> W: Hi, Thomas. I have to enter some sales figures in our network database, but I'm having trouble signing in. My password keeps being rejected. Can you come over here and help me? 여: 안녕하세요, 토마스. 네트워크 데이터베이스에 판매 수치를 입력해야 하는데, 로그인하는데 문제가 있어요. 비밀번호가 자꾸만 틀렸다고 나오네요. 와서 좀 도와주실 수 있나요?
>
> M: I'm really busy with the presentation for tomorrow. If you can't sign in, it's probably

a problem with the server. Why don't you ask one of the IT technicians to take a look at it? ▶ 여자의 부탁에 남자가 내일 발표로 정말 바쁘다고 말한 것으로 보아, 여자의 부탁을 거절하는 핑계의 의미가 포함되어 있다고 볼 수 있다. 따라서 정답은 (C)이다.

남: 내일 발표 때문에 지금 정말 바빠요. 로그인이 안 되면 아마 서버 문제일 거예요. IT 기술자 중 한 명한테 봐달라고 하는 게 어때요?

W: Oh, yes, I should do that. Do you know who our contact in the IT Department is?

여: 아, 네. 그래야겠어요. IT 부서에서 우리랑 연락하는 직원이 누군지 아시나요?

M: Umm... I don't know. You should just call and ask for someone who's available right now. 남: 음… 모르겠어요. 그냥 전화해서 지금 시간되는 사람을 요청하세요.

표현 정리 sales figure 판매합계 reject 거부하다 take a look at ~을 보다 contact 연락 excuse 변명 write down 쓰다

시나공 + ❶ 문장의 의도를 파악하는 문제는 세 문제의 순서에서 첫 번째, 두 번째, 세 번째 모두 나올 수 있다. 문제의 순서는 해당 문장 이 언제 나올지 알려주는 힌트이다. 세 문제 중 첫 번째로 나왔다면 대화의 초반부, 두 번째 문제로 나왔다면 대화의 중반부, 마지막 문제로 나왔다면 대화의 후반부에 그 문장이 나올 가능성이 높다.

❷ 연결어로 앞사람이 말한 의견에 긍정하는지 부정하는지를 판단할 수 있다. 부정의 연결어 But, I'm sorry, Actually, I'm afraid, Unfortunately, however가 나오면 상대방의 의견에 반박하는 내용이고, 긍정의 연결어 Okay, therefore, so, sure, right, certainly 등이 나오면 상대방의 의견에 동조하는 내용이 나온다.

Step 2 핵심 이론 & 기출 패턴

 의도를 파악하는 문제로 나올 수 있는 구어체 표현

1. 상대방 의견에 긍정/동의 vs 반대할 때

- I think so. 나도 그렇게 생각합니다.
- You're right. 맞습니다.
- It sounds proper. 타당한 것 같습니다.
- I agree with you on that point.
  그 점에 대해 동의합니다.
- It's quite a good idea. 그것은 좋은 생각입니다.
- I'm of the same opinion.
  전적으로 같은 생각입니다.
- That's exactly what I'm saying.
  그것이 바로 내가 말하는 겁니다.
- You're talking sense. 당신 말에 일리가 있군요.
- Just as you say. 당신이 말한 대로예요.

- I can't agree with you. 당신에게 동의할 수 없습니다.
- I'm sorry, but I have a different opinion.
  죄송합니다만, 이견이 있습니다.
- That's not my idea of... …에 대한 내 생각과는 다릅니다.
- I don't think so. 저는 그렇게 생각하지 않습니다
- Certainly not. [Absolutely not. Surely not.]
  확실히 아닙니다.
- Nothing at all. 결코 그렇지 않습니다.
- I'm against... / I object to.... / I am opposed to... …에 대해 반대합니다.
- I have a different opinion about it.
  제 생각은 다릅니다.

2. 상대의 의견을 공감/이해할 때 vs 공감/이해하지 못할 때

- I see. 이해합니다.
- I see what you mean. 당신이 하는 말을 이해합니다.
- I see your point. 이해합니다.
- I understand what you mean.
  당신이 말하는 바를 이해합니다.
- I can catch the point of what you're
  saying. 당신이 말하는 요지를 이해합니다.

- I don't know what you mean.
  무슨 말인지 모르겠어요.
- What do you mean? 무슨 말씀이죠?
- Would you come again, please?
  좀 더 자세히 말씀해주시겠습니까?
- I have no idea of what he says.
  그의 말이 무슨 뜻인지 모르겠어요.

3. 알고 있는 사실을 상기시킬 때

- Please think … over again.
  다시 한 번 …을 생각해 보시기 바랍니다.
- As you see[know], … 알다시피…
- I think you are well aware of…
  …을 잘 알고 있으리라고 생각합니다.

4. 다시 말해달라고 부탁할 때

- Excuse me? 다시 말씀해 주시겠습니까?
- Pardon (me)? 뭐라고 하셨죠?
- Would you say that again?
  다시 한번 말씀해 주시겠습니까?
- I didn't catch what you said.
  뭐라고 하는지 못 들었어요.

5. 잘못된 점을 사과할 때

- I'm not sure, but I think…is a ridiculous
  mistake.
  잘은 모르겠지만, …은 터무니없는 실수였다고 생각해요.
- I apologize for my mistake. 제 잘못에 사과합니다.
- It's my fault/mistake. 제 잘못입니다.

6. 무관함을 표현할 때

- I have nothing to do with… 전 관계가 없어요.
- I have no connection with… 전 관계가 없어요.
- …is irrelevant to… …와 관련되지 않았어요.
- It's none of your business.
  당신이 상관할 바가 아닙니다.

7. 요구나 제안을 정중하게 거절할 때

- I'm afraid I can't accept… 받아들이기 힘든데요.
- That's absolutely unacceptable.
  그건 정말 받아 들일 수 없네요.
- It would be difficult. 어렵겠네요.

8. 책임을 물을 때

- You have to be responsible for…
  넌 …에 대해 책임 져야 해.
- You are to blame. 네 책임이야.
- That's your fault. 네 책임이야.

9. 뜻밖의 상황에 놀랄 때

- You surprise me. 와, 놀래라.
- I hardly expected to… 정말 기대 안 했는데…
- I'm really surprised to hear…
  …듣고 정말 놀랐어.

10. 요점에서 벗어났음을 지적할 때

- I think your statement is out of the point.
  당신 말은 요지에서 벗어났습니다.
- Would you give me a straight?
  요점을 말씀해 주실래요?
- So, what's your point? 그래서 요점이 뭔가요?

1. Why does the woman say, "How shocking"?

   (A) She thinks the quality of a performance was poor.

   (B) She heard that a show was overbooked.

   (C) She found out about a low turnout.

   (D) She found out a concert was canceled.

2. Why does the woman say, "I can't believe it"?

   (A) She is surprised that an employee left the company.

   (B) She does not trust the man.

   (C) She has received some false information.

   (D) She is happy to hear some news.

▶ 정답 및 해설은 해설집 25쪽 참고

시각자료 문제는 질문과 시각자료를 연계해서 풀어야 하는 유형으로 Part 3의 마지막 부분에 2~3문제 정도 출제된다. 시각자료로는 표, 그래프, 일정표, 지도 등이 다양하게 나온다. 시각자료 문제를 풀 때 중요한 점은 시각자료 유형에 따라 대화의 내용을 미리 예상해 보아야 한다는 것이다. 또한 시각자료에서 중요한 내용을 미리 파악하여 밑줄을 그어놓고 대화를 들으며 매칭시켜서 풀어야 한다.

 대표 문제 시각 자료와 연계된 문제는 어떻게 풀이하는지 알아보자. 49.mp3

Q. Look at the graphic. When will Ron make his presentation?

(A) At 9:00
(B) At 10:00
(C) At 11:00
(D) At 12:00

Presenter Time
Susan 9:00
Jack 10:00
Jackie 11:00
Ron 12:00

 **시나공 풀이법** 1인 보자. L22

> 대화를 듣기 전 문제를 읽을 때

Q. Look at the graphic. When will Ron make his presentation? 표를 보시오. 론은 언제 발표를 할 것인가?
> ▶ 대화를 듣기 전 반드시 표의 내용을 파악해 중요 부분에 밑줄을 긋고 대화의 내용을 예상해야 한다. 문제에서 Ron의 발표 시간에 대해 묻고 있으므로 Ron의 시간에 밑줄을 긋는다. 누군가의 갑작스런 일로 Ron이 12시가 아니라 다른 시간에 발표를 할 것이라고 예측할 수 있다. 따라서 발표 시간 변경 내용을 집중해서 듣는다.

(A) At 9:00 9시
(B) At 10:00 10시
(C) At 11:00 11시
(D) At 12:00 12시

발표 시간
Susan 9시
Jack 10시
Jackie 11시
Ron 12시

> 대화를 들을 때

Refer to the following conversation. 다음 대화를 참고하시오.

M: Hello, Jackie. I'm just calling to remind you about the presentation schedule for this morning's meeting. You know you're scheduled for 11:00, right?
남: 안녕하세요, Jackie? 오늘 아침 회의 발표 일정에 대해 상기시키려고 모두에게 전화를 하고 있어요. 당신은 11시에 예정된 것 알고 있죠?

W: About that... I need to change my presentation time because a client is coming to see me for an urgent meeting at 10:30, and I think it will take a little longer than 30 minutes to deal with her.

여: 그거에 대해서요… 10시 30분에 급한 고객이 저를 만나러 오기로 했는데, 그녀와 상담하는 데 30분이 조금 넘게 걸릴 것 같아서, 제 발표 시간을 바꿔야 할 것 같아요.

M: Okay... Well, Jack is scheduled for right before you while Ron is speaking as soon as you're done. Do you want to change sessions with one of them?

남: 알겠어요. 음, 잭이랑 론이 각각 당신 전후로 잡혀 있으니까, 그들 중 한 명과 바꾸시겠어요?

W: Yes. I think I'll take the later time since I'll need some time to get prepared.

▶ 대화의 흐름을 모두 이해해야만 문제를 풀 수 있다. 원래 11시에 프레젠테이션하기로 예정되어 있던 Jackie(여자)가 10시 30분에 손님이 오는데 30분 이상 걸릴 것 같아 시간을 바꾸고 싶다고 했다. 남자가 앞, 뒤 시간 중에 바꾸길 권유했고 여자는 뒤를 택했다. Jackie의 뒤 일정은 Ron이었으므로 Jackie는 Ron과 시간을 바꿀 것을 예상할 수 있다. 따라서 Ron은 11시에 프레젠테이션을 할 것이다. 따라서 정답은 (C)이다.

여: 네. 저는 나중 것으로 할게요, 준비할 시간이 필요하니까요.

M: Okay, I'll revise the timetable right away. 남: 알았어요. 시간표를 바로 수정할게요.

표현 정리 remind 상기시키다 urgent 긴급한 as soon as ~하는 즉시 get prepared 준비된

시나공 + ❶ 일정표가 나오는 문제는 어떤 일이 발생해 일정표 변경이 있을 것을 예상하고 들어야 하는데, 대화 전체적으로 문제 발생 원인과 변경된 스케줄에 대한 단서가 나오므로 전체 흐름을 이해해야만 한다.

❷ 위의 대화에서 Ron의 사유 때문에 시간표가 바뀌는 것이 아니라 다른 사람에 의해 Ron의 시간표가 바뀌었다. 이처럼 Ron에 대한 내용만 듣는 것이 아니라 전체적인 스케줄 변경 내용을 잘 들어야 한다.

Step 2 핵심 이론 & 기출 패턴

🔊 상황별 묘사

1. 대화 내용을 시각 자료에서 찾아 매칭하는 문제

Q. Look at the graphic. Which storage capacity will the man probably order?

시각 자료(표)를 보자. 남자는 어느 저장 용량을 주문할 것인가?

(A) 16GB
(B) 32GB
(C) 64GB
(D) 128GB

Storage Capacity	Price
16GB	$199.00
32GB	$249.00
64GB	$299.00
128GB	$399.00

대화와 표의 연계

M: The PC prices greatly vary according to the storage capacity. I'm not sure which ones I should order. 남: PC 가격대가 저장 용량에 따라 크게 달라지네요. 어떤 것을 주문해야 할지 잘 모르겠어요.

W: Well, the more storage space, the better. But let's not exceed 300 dollars per PC.

여: 음, 용량은 많을수록 좋지만 300달러는 넘지 않는 것으로 하자고요.

▶ 성능과 가격에 부합하는, 300달러를 넘지 않으면서 용량이 가장 큰 PC는 표에서 64G임을 알 수 있다. 이처럼 대화의 내용과 딱 맞는 사항을 갖춘 물품이 무엇인지를 찾는 유형이 나온다.

2. 지도나 구조를 보고 해당 위치를 찾는 문제

Q. Look at the graphic. Which booth will the woman reserve?

시각자료(도면)를 보시오. 어느 부스를 여자가 예약할 것인가?

(A) Booth 5
(B) Booth 6
(C) Booth 8
(D) Booth 9

Booth 9	Stage		Booth 8
Booth 5	Booth 6	■	Booth 7
Entrance			

대화와 표의 연계

W: We wanted to reserve the two booths next to the entrance, but booth 6 has already been taken. So I signed up for booth 7, and now we have to choose one more spot.

여: 출입구 옆에 있는 두 부스를 잡고 싶었는데, 6번 부스는 이미 차 있더라고요. 그래서 7번 부스를 신청했고 .이제 한 군데 더 골라야 해요.

M: Okay. Let's just go with the one close to booth 7. It's also right next to the stage, so I think it'll get plenty of attention as well.

남: 네. 그냥 7번 부스랑 가까운 곳으로 하죠. 무대 바로 옆에 있기도 하니까 충분히 주목도 받을 수 있을 거고요.

▶ 7번 부스와 가깝고 무대 옆에 있는 부스는 8번 부스이다. 이처럼 도면이나 지도를 보고 해당 위치를 찾는 문제가 출제된다.

3. 그래프에서 최고점이나 최저점을 이용하는 문제

Q. Look at the graphic. What was the sales figure when the company held a discount event? 회사가 할인 행사를 했을 때의 판매수치는 무엇인가?

(A) $1,000,000
(B) $600,000
(C) $400,000
(D) $200,000

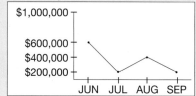

대화와 표의 연계

M: Did you see our sales figures for the last few months? Our most successful month was June, but after that, the figures dropped dramatically and are still maintaining a downward tendency. 남: 몇 달 간의 우리 판매 수치를 보았나요? 가장 성공적인 달은 6월이었는데, 그 이후로는 판매 수치가 급격히 줄어들었고, 아직까지 하향세를 유지하고 있어요.

W: Yes, I saw it. The figures rose a bit when we had that discount event in August, but it wasn't enough to set a record. So we need to come up with some new and innovative ideas. 여: 네. 봤어요. 우리가 8월에 할인 이벤트를 했을 때 수치가 약간 오르는 듯 했지만, 기록을 깨기에는 충분하지 않았나 봐요. 그래서 우리는 새롭고 혁신적인 아이디어를 생각해야만 해요.

▶ 8월에 할인 행사를 했고, 그때 조금 판매 수치가 올랐다고 했다. 8월의 판매 수치는 400달러로 정답은 (C)이다. 이처럼 판매 비교, 제품 점유율, 수량 증감률을 나타낸 그래프 연계 문제가 출제된다.

4. 양식, 영수증, 티켓, 쿠폰과 연관되어 가격을 묻는 문제

Q. Look at the graphic. What discount will the man most likely receive?

시각자료(쿠폰)를 보시오. 어떤 할인액을 그 남자는 받을 것인가?

(A) $3

(B) $20

(C) $25

(D) $50

Discount coupon	
Monitor Sizes	
20~24 inch	$30 Value
25 inch and above	$50 Value
Gilbut Tech	
Expiration Date 10/30	

대화와 표의 연계

M: Excuse me. I'm looking for a 27-inch computer monitor, but I can only see 21 and 24-inch. Do you have any larger monitors in stock? And I have this discount coupon. Is it valid for your store? 남: 실례합니다. 27인치 컴퓨터 모니터를 찾고 있는데요, 21인치와 24인치만 보여요. 더 큰 모니터 있나요? 그리고 제가 이 쿠폰이 있는데 이 매장에서 사용가능한가요?

W: Yes, you can get a discount. The monitors used to be all together, but we recently moved the larger displays to a separate aisle. I'll show you. 여: 네, 할인을 받을 수 있겠네요. 모니터들이 함께 있었는데, 최근 큰 제품들을 다른 통로로 옮겼어요. 제가 보여드릴게요.

▶ 남자는 27인치 모니터를 찾고 있는데, 24인치보다 큰 모니터는 쿠폰으로 50달러 할인받을 수 있다. 이처럼 양식, 영수증, 쿠폰, 티켓에서 할인율이나 날짜와 연관 지어 금액을 고르는 유형도 있다.

Step 3 **실전 문제** 🎧 50.mp3

1. Look at the graphic. Which firm will the speakers do business with?

(A) Fine Art

(B) W Design

(C) Varizon

(D) Griffino

Company	Location
Fine Art	New Jersey
W Design	San Francisco
Varizon	San Diego
Griffino	Los Angeles

2. Look at the graphic. What location is the man told to go to?

(A) Room 1

(B) Room 2

(C) Room 3

(D) Room 4

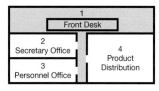

▶ 정답 및 해설은 해설집 26쪽 참고

문제를 풀면서 배운 내용을 적용해 보자.   🔊 51.mp3

1. What does the woman like about her album?

(A) It can interest people in all age groups.

(B) It is her bestselling album yet.

(C) It focuses only on traditional jazz music.

(D) It is her first album.

2. What is the woman planning to do?

(A) Release her next album

(B) Give a performance

(C) Visit her hometown

(D) Take a break from music

3. What does the woman mean when she says, "Thanks for asking"?

(A) She wants to ask the same question.

(B) She wants to talk about a new topic.

(C) She has heard the question many times.

(D) She cannot give an answer now.

DIRECTORY

Suite No.

401 Dr. Young's clinic

402 Reed and Ken Marketing

403 R&J Architecture

405 FOR RENT

406 Carson's Law Office

---

4. Who most likely is the man?

(A) An interviewer

(B) A repair technician

(C) A front desk clerk

(D) A painter

5. Look at the graphic. Where most likely will the woman have an interview?

(A) At a doctor's clinic

(B) At a marketing company

(C) At an architecture firm

(D) At an attorney's office

6. What will the man probably do next?

(A) Relocate a ladder

(B) Sign his name

(C) Repaint a wall

(D) Use a stairway

▶ 정답 및 해설은 해설집 27쪽 참고

DAY

08

PART 3

주제별 공략 ❶ 식당

식당 관련 지문에서는 '대화가 이루어지는 장소, 요청/제안, 화자의 직업' 등을 문제로 출제하고 있다.

 대표 문제   세 문제를 먼저 10초 안에 읽은 다음, 대화를 듣고 정답을 골라 보자.   **52.mp3**

1. Where does this conversation most likely take place?

   (A) In an office

   (B) In a restaurant

   (C) In a department store

   (D) In a supermarket

2. What does the woman ask for?

   (A) A sales receipt

   (B) A beverage

   (C) A magazine

   (D) A menu

3. What will the woman do next?

   (A) Watch TV

   (B) Read a magazine

   (C) Scan a menu

   (D) Contact a colleague

시나공 풀이법 식당에서 이루어지는 대화의 문제는 어떻게 풀이하는지 알아보자. **L23**

> **대화를 듣기 전 문제를 읽을 때**

1. Where does this conversation most likely take place?   대화는 주로 어디서 이루어지고 있는가?

▶ 대화 장소를 묻는 질문으로 첫 대화에 집중해서 듣는다.

(A) In an office   사무실
(B) In a restaurant   식당
(C) In a department store   백화점
(D) In a supermarket   슈퍼마켓

2. What does the woman ask for?   여자는 무엇을 요청하는가?

▶ 제안/요청 문제이므로 여자의 대화에서 제안의문문 표현 뒤에 이어지는 문장을 잘 듣는다.

(A) A sales receipt   영수증
(B) A beverage   음료
(C) A magazine   잡지
(D) A menu   메뉴

3. What will the woman do next?   여자는 다음에 무엇을 할 것인가?

▶ next 문제이므로 마지막 대화에 집중한다.

(A) Watch TV   TV를 본다.
(B) Read a magazine   잡지를 읽는다.
(C) Scan a menu   메뉴를 훑어본다.
(D) Contact a colleague   동료에게 연락한다.

> **대화를 들을 때**

Questions 1-3 refer to the following conversation.   문제 1~3번은 다음 대화를 참고하시오.

W: Hi. I'm from the Nature Design Company. **¹ We're supposed to meet here for lunch at noon.** ▶ 대화 장소를 묻고 있다. 장소와 관련된 어휘(lunch)가 왔으므로 (B)가 정답이다.

여: 안녕하세요, 저는 Nature Design 회사에서 왔습니다. 정오에 여기서 약속이 되어있습니다.

M: Nobody has arrived yet. Would you like to be seated now?

남: 아직 아무도 도착하지 않았는데요. 지금 앉으시겠습니까?

W: Yes, please. And **² could I have some juice while I'm waiting?** ▶ 요청 문제이므로 제안의문문 뒤에 이어지는 대화를 잘 들어야 한다. 주스를 달라고 요청하고 있으므로 '마실 것, 음료'의 뜻을 가진 (B)가 정답이다.

여: 네, 기다리는 동안 주스 좀 가져다주시겠어요?

M: Of course. **³ Here is a menu with our daily specials for you to look at while you are waiting.** ▶ next 문제이므로 마지막 대화에 집중해서 들어야 한다. '기다리는 동안 특별 메뉴를 보라'고 제안하고 있으므로 남자가 다음에 할 일은 메뉴를 볼 거라는 것을 추론할 수 있으므로 (C)가 정답이다.

남: 물론입니다, 기다리시는 동안 여기에 있는 금일 특별메뉴를 보시기 바랍니다.

시나공 + ❶ 장소 문제는 처음 두 문장에 직접적인 힌트가 등장하므로 이곳을 잘 들어야 한다. 하지만 이 부분에서 단서를 놓쳤다면 전체 내용을 모두 듣고 난 후에 풀어도 충분하다.
❷ 요청 문제는 could / would ~? 처럼 제안의문문이 시작되는 표현에 집중해서 자세히 들어야 한다.
❸ 다음에 할 일을 묻는 문제는 마지막 대화에 집중한다.

🔊 식당 관련 빈출 표현

- Hello. I'd like to see if I can make a reservation for lunch on Monday at noon.
  여보세요. 월요일 오후에 점심 예약할 수 있는지 알고 싶습니다.
- What did you think about Carla's Steakhouse?   Carla's Steakhouse 어때요?
- I want to know what else is on the menu.   그밖에 다른 메뉴를 알고 싶어요.
- I believe you've given me the wrong meal.   식사를 잘못 갖다 준 것 같아요.
- I requested a vegetarian meal.   채식 식사를 요청했어요.
- Are you ready to order?   주문하시겠습니까?
- Could we have a minute to go over the menu?   메뉴 좀 잠깐 볼까요?
- Do you have a table available for tonight at 8:00?   오늘 저녁 8시에 자리 있나요?
- You can only make a reservation for more than 20 people.   20명 이상만 예약이 가능합니다.
- We're supposed to meet here for lunch at one.   1시에 여기서 만나기로 했어요.
- Would you like to be seated now?   지금 좌석 있나요?

Voca Check - up! order 주문하다   chef 주방장, 요리사   dessert 후식   refreshments 가벼운 음식, 다과   frequent 단골의, 늘 ~하는 seasoned 양념된   broiled 구운   fillet 살코기, 안심   vegetarian 채식(주의)자   organic 유기농법의   complain 불평하다   popular 인기 있는   starter 전체 요리   appetite 식욕   luncheon 오찬   dine 정찬을 들다   cater 음식을 제공하다   cuisine 요리, 요리법   amount 총액, 총계   attract 끌다, 유인하다   take an order 주문을 받다   set the table 식탁을 차리다   great location 좋은 위치   famous for ~으로 유명한   daily special 일일 특선 요리   eat out 외식하다   look over ~을 훑어보다   reserve a table 자리를 예약하다   advance dining reservation 사전 식당 예약   be invited + 명사 ~에 초대하다

1. Where probably are the speakers?

(A) In a restaurant

(B) In an office

(C) In a cinema

(D) In a bookstore

2. According to the conversation, what does the man request?

(A) A suitable place

(B) A special menu

(C) A discount

(D) A resonable price

3. What does the woman recommend?

(A) A menu for children

(B) A new menu

(C) A special set menu

(D) A happy hour menu

▶ 정답 및 해설은 해설집 28쪽 참고

주제별 공략 ❷ 호텔

Step 1   실전 포인트

호텔 주제로는 불편한 점, 요구사항, 문제 해결 방법, 체크인, 체크아웃 절차, 서비스에 관한 내용이 나온다.

 대표 문제 세 문제를 먼저 10초 안에 읽은 다음, 대화를 듣고 정답을 골라 보자.   54.mp3

1. Why is the woman calling?

(A) To book a room

(B) To call housekeeping

(C) To check on a reservation

(D) To find a hotel guest

2. Who most likely is the woman talking to?

(A) A waiter

(B) A repairman

(C) A housekeeper

(D) A hotel receptionist

3. When will the woman arrive?

(A) On Thursday

(B) On Friday

(C) On Saturday

(D) On Sunday

대화를 듣기 전 문제를 읽을 때

1. Why is the woman calling?   여자는 왜 전화했는가?
▶ 이유를 묻는 문제의 단서는 주로 대화 초반에 등장한다.

(A) To book a room   방을 예약하려고
(B) To call housekeeping   하우스키핑을 부르려고
(C) To check on a reservation   예약을 확인하려고
(D) To find a hotel guest   객실 손님을 찾으려고

2. Who most likely is the woman talking to?   여자는 누구와 이야기하는가?
▶ 남자의 직업을 묻고 있으므로 대화의 초반부에서 힌트를 찾는다.

(A) A waiter   웨이터
(B) A repairman   정비사
(C) A housekeeper   하우스키퍼
(D) A hotel receptionist   호텔 접수계원

3. When will the woman arrive?   여자는 언제 도착하는가?
▶ 선택지에 있는 요일이 대화에서 하나 이상 언급될 경우 일단 대화에 등장하는 요일을 선택지에 표시해 두고, 그 다음 참고해야 할 키워드를 집중해서 들은 후 최종 답을 고른다.

(A) On Thursday   목요일에
(B) On Friday   금요일에
(C) On Saturday   토요일에
(D) On Sunday   일요일에

대화를 들을 때

Questions 1-3 refer to the following conversation.   문제 1~3번은 다음 대화를 참고하시오.

W: My name is Victoria, and **¹** I'm calling to confirm my room reservation for this weekend.   ▶ 이유에 대한 문제이므로 첫 대화를 잘 듣는다. '예약확인' 전화이므로 (C)가 정답이다.
여: 저는 빅토리아라고 하는데 이번 주말 방 예약을 확인하려 전화했습니다.

M: **²** Please wait a second. Let me check for you, ma'am. **³** Will you be arriving on Saturday morning?   ▶ 남자의 직업이 등장하는 두 번째 대화이다. 예약을 확인해 주겠다고 말하고 있으므로 남자의 직업은 호텔접수계원이다. 따라서 (D)가 정답이다.
남: 잠시만 기다려 주십시오. 확인해 드리겠습니다. 부인. 토요일 아침에 도착하시는 건가요?

W: **³** No, the day before. I'd like to know about the facilities at the hotel as well. Could you tell me about them briefly?   ▶ 남자가 도착 예정일이 토요일이냐고 물었고 여자는 하루 전날에 도착할 예정이라고 말하고 있으므로 (B)가 정답이다.
여: 아니요, 하루 전날입니다. 호텔의 부대시설에 대해서도 알고 싶은데요. 간단하게 설명해 주시겠습니까?

표현 정리 call 전화하다   confirm 확인하다   reservation 예약   check 확인하다   facility 시설

시나공 + ❶ 이유를 묻는 문제는 주로 대화 초반에 단서가 등장한다.
❷ 직업을 묻는 문제의 힌트 역시 대화 초반에 나온다.
❸ 선택지에 있는 요일이 하나 이상 언급될 경우 일단 대화에 등장하는 요일을 표시해 두고, 그 다음 참고해야 할 키워드를 집중해서 들은 후 정답을 고른다.

🔊 호텔 관련 빈출 표현

- We have our own laundry service here at the hotel. 저희 호텔에 세탁 서비스가 있어요.
- I'm terribly sorry for the inconvenience. 불편을 끼쳐 드려 죄송합니다.
- I'd like to check in(out), please. 체크인(아웃)을 하려합니다.
- I'm calling about my room reservation. 방 예약 확인을 위해 전화했습니다.
- I'd like to make a reservation for this weekend. 이번 주말 동안 예약을 하고 싶은데요.
- I want to know about the facilities at this hotel. 이 호텔의 부대시설에 대해 알고 싶습니다.
- How can I access the Internet in my room? 방에서 어떻게 인터넷에 접속하죠?
- Let me check your reservation. 예약을 확인해 드리겠습니다.
- Please wait a second. 잠시만 기다려 주십시오.
- How many people does the suite accommodate? 스위트룸은 몇 명의 사람이 이용가능한가요?
- I'd like to speak to housekeeping, please. 하우스키핑에 연결 부탁드립니다

Voca Check - up! accommodation 숙박 시설　booked up 예약이 모두 된　capacity 수용 능력　check-in 체크인, 투숙　checkout 체크아웃, 퇴실　conference room 회의실　doorman 도어맨　double 더블 룸　fitness center 운동 시설　key deposit 열쇠 예치금　lobby 로비　lounge 라운지　maid (호텔의) 여급　maid service 객실 청소 서비스　meeting room 회의실　nonsmoking room 금연 객실　page 호출하다　party 일행　receptionist 접수계원　registration card 숙박카드　reservation number 예약 번호　reserve 예약하다　room rate 방값, 숙박료　room service 룸서비스　safety deposit box 귀중품 보관함　sauna 사우나　service charge 봉사료, 팁(= tip)　single 1인용 객실　suite 스위트　twin 2인용 객실　valuables 귀중품　wakeup call 모닝콜

1. Who does the woman want to have stay to the Manchester Hotel?

    (A) Her coworkers
    (B) Her family
    (C) Her friends
    (D) Her clients

2. What does the man want to know about the hotel?

    (A) Its location
    (B) Its profits
    (C) Its facilities
    (D) Its prices

3. Why does the woman suggest going to her office?

    (A) To check a Web site
    (B) To meet with clients
    (C) To make a reservation
    (D) To prepare for a meeting

▶ 정답 및 해설은 해설집 29쪽 참고

1. Where did the woman get the coupon?

   (A) A book
   (B) A magazine
   (C) A newspaper
   (D) A Web site

2. What problem does the man mention about the coupon?

   (A) It can only be used at lunch.
   (B) It can only be used on the weekend.
   (C) It has expired.
   (D) It's for another restaurant.

3. What does the man say is happening now?

   (A) A grand opening sale
   (B) A clearance sale
   (C) A happy hour
   (D) A special offer

4. Where are the speakers?

   (A) In a restaurant
   (B) In a hotel
   (C) In an office
   (D) In an electronics store

5. What does the man mean when he says, "I can't put up with the noise"?

   (A) He hopes that the fridge will be fixed immediately.
   (B) He cannot speak with the woman for long.
   (C) He is satisfied with the room service.
   (D) He will cancel his reservation.

6. What will the woman most likely do next?

   (A) Serve a dessert
   (B) Cancel an order
   (C) Bring some water
   (D) Check a schedule

▶ 정답 및 해설은 해설집 29쪽 참고

PART 3

REVIEW TEST

주제별 공략 ❸ 상품 구매

상품 구매와 관련된 문제는 대화가 이루어지고 있는 장소, 요청 사항, 다음에 할 일 등을 집중해서 들어야 한다.

 대표 문제 세 문제를 먼저 10초 안에 읽은 다음, 대화를 듣고 정답을 골라 보자.   **57.mp3**

---

1. Where probably are the speakers?

(A) In an office

(B) In a clothing shop

(C) In a restaurant

(D) In a shoe shop

2. What does the woman ask for?

(A) Different patterns

(B) Something longer

(C) A unique design

(D) Some other colors

3. What is the man going to do next?

(A) Take the woman to the fitting room

(B) Show the woman some other pants

(C) Bring the woman a glass of water

(D) Get some more items

대화를 듣기 전 문제를 읽을 때

1. Where probably are the speakers?   화자들은 어디에 있는가?

▶ 장소를 묻고 있으므로 처음 두 문장을 잘 듣는다.

(A) In an office   사무실
(B) In a clothing shop   옷가게
(C) In a restaurant   식당
(D) In a shoe shop   신발가게

2. What does the woman ask for?   여자는 무엇을 요청하는가?

▶ 요청 문제이므로 제안하는 문장을 집중해서 듣는다.

(A) Different patterns   다른 무늬
(B) Something longer   좀 더 긴 것
(C) A unique design   독특한 디자인
(D) Some other colors   다른 색상

3. What is the man going to do next?   남자는 다음에 무엇을 할 것인가?

▶ 다음에 할 일을 묻고 있으므로 마지막 대화에 집중한다.

(A) Take the woman to the fitting room   여자를 탈의실로 데려간다.
(B) Show the woman some other pants   다른 바지를 보여준다.
(C) Bring the woman a glass of water   물을 가져온다.
(D) Get some more items   더 많은 물건을 가져온다.

대화를 들을 때

Questions 1-3 refer to the following conversation.   문제 1-3번은 다음 대화를 참고하시오.

M: **¹** Here are some skirts you might be interested in, Ms. Stephenson. They are made of silk.   ▶ 대화 장소에 대한 단서로 'skirts, silk'를 들었다면 '옷 가게'라는 것을 알 수 있다. 따라서 (B)가 정답이다.

남: 스티븐슨 씨가 마음에 들어 하실 만한 치마들이 여기 있습니다. 실크로 만들어진 것들입니다.

W: They're very nice, but **²** I was hoping to get something in red or wine. Do you have anything else in those colors?   ▶ 제안해 준 것을 거절하고 다른 것을 찾고 있다. 빨강색이나 와인색을 원하고 있으므로 (D)가 정답이다.

여: 아주 좋네요, 하지만 저는 빨강이나 와인색을 찾고 있었어요. 그 색상으로 다른 제품들이 있나요?

M: Certainly. **³** I'll be back in a second with some more skirts for you to try on.   ▶ next 문제이므로 마지막 대화인 이곳에서 단서를 찾는다. '입어보실 만한 치마를 금방 가지고 오겠다.'고 말하고 있으므로 (D)가 정답이다.

남: 그럼요, 입어보실 만한 치마를 금방 가지고 오겠습니다.

표현 정리 be interested in ~에 관심이 있다, 흥미가 있다   be made of ~로 만들어졌다   silk 실크   certainly 틀림없이, 그럼요   try on 입어 보다

시나공 + **①** 장소 문제는 처음 두 문장을 잘 듣는다.

② 요청 문제는 대화 중 제안하는 부분(why don't you ~?, you could ~, you'd better ~)을 유심히 듣는다.

③ 다음에 할 일을 묻는 문제는 마지막 대화에서 단서를 찾는다.

🔊 상품구매 관련 빈출 표현

- Were you able to negotiate a better price? 더 나은 가격으로 협상할 수 있었나요?
- You must show us the receipt. 영수증을 저희에게 보여주셔야 합니다.
- They are used on all kinds of clothing. 그것들은 모든 종류의 의류에 사용됩니다.
- They are having a clearance sale. 점포정리 세일을 하고 있어요.
- Here are some skirts you might be interested in. 마음에 들어 하실 만한 치마들이 여기 있습니다.
- Do you have anything else? 다른 제품이 있나요?
- I'll be back with some more shirts for you to try on. 입어 보실 만한 다른 셔츠를 가지고 오겠습니다.
- I'm looking for yellow pants. 노란색의 바지를 찾고 있는데요.
- Do you have any special events that are going on now? 지금 어떤 특별한 행사가 진행되고 있나요?
- It is displayed at the front of the store. 가게 앞쪽에 진열되어 있습니다.
- Let me show you. 제가 보여드리겠습니다.

Voca Check - up! retailer 소매업자 price 가격 outfit 의복, 장비, 용품 outlet 직판장, 아울렛 receipt 영수증; 영수증을 발행하다 affordable (가격 등이) 알맞은 refund 환불; 환불하다 clothing 의복, 의류 dress shirt 와이셔츠 clearance 재고정리 ready-made 기성품인 commodity 일용품, 생활필수품 regular customer 단골 고객 guarantee 보증; ~을 보장하다 expire 만기가 되다 auction 경매 valuables 귀중품 under warranty 보증기간 중인, 보증이 되는 appeal to ~의 흥미를 끌다, 호소하다 on the condition that ~라는 조건 하에 take place (행사가) 열리다, 개최되다 be in stock 재고가 남아 있다 take advantage of ~을 활용하다 latest trend 최근 경향 tailor-made 맞춤의, 주문대로 만들어진

Step 3 실전 문제 🎧 58.mp3

1. What does the woman want to know about the camera?

   (A) How much it is
   (B) Which battery to use with it
   (C) What color it is
   (D) Where it was made

2. What can the woman receive if she buys the camera?

   (A) A membership card
   (B) A movie ticket
   (C) A discount voucher
   (D) A free product

3. What will the woman probably do next?

   (A) Pay for the camera
   (B) Look at some cases
   (C) Contact her friend
   (D) Shop for another product

▶ 정답 및 해설은 해설집 30쪽 참고

주제별 공략 ❹ 티켓 구매

Step 1 실전 포인트

티켓 구매는 티켓 종류(항공기, 관람표 등), 대화 장소, 예약(취소) 등의 주제로 자주 출제된다.

 대표 문제 세 문제를 먼저 10초 안에 읽은 다음, 대화를 듣고 정답을 골라 보자.　　 59.mp3

1. Where is the conversation most likely taking place?

(A) At a cinema

(B) At a museum

(C) At a TV station

(D) At a gallery

2. What does the man tell the woman?

(A) An exhibition has not opened.

(B) Tickets are sold out.

(C) An event has finished.

(D) The building is about to close.

3. What does the man suggest?

(A) Attending another exhibition

(B) Purchasing a ticket

(C) Visiting the information center

(D) Returning another day

🔖 **대화를 듣기 전 문제를 읽을 때**

1. Where is the conversation most likely taking place? 대화가 어디에서 이루어지고 있는가?

▶ 대화 장소를 묻고 있으므로 초반부를 잘 듣는다.

(A) At a cinema 극장
(B) At a museum 박물관
(C) At a TV station 방송국
(D) At a gallery 화랑

2. What does the man tell the woman? 남자는 여자에게 무엇을 말하는가?

▶ 남자가 여자에게 말한 것을 묻고 있으므로 남자 대화에 집중한다.

(A) An exhibition has not opened. 전시회는 열리지 않았다.
(B) Tickets are sold out. 티켓이 매진되었다.
(C) An event has finished. 행사가 끝났다.
(D) The building is about to close. 건물이 문을 닫을 시간이 되었다.

3. What does the man suggest? 남자는 무엇을 제안하는가?

▶ 제안 문제이므로 제안 표현(I suggest ~, Why don't you ~ 등)에 집중한다.

(A) Attending another exhibition 다른 전시회에 참석하라고
(B) Purchasing a ticket 티켓을 구매하라고
(C) Visiting the information center 안내 센터에 방문하라고
(D) Returning another day 다른 날 다시 오라고

🎧 **대화를 들을 때**

Questions 1-3 refer to the following conversation. 문제 1~3번은 다음 대화를 참고하시오.

W: Hi. **¹** I saw on TV that there's a graphic artist exhibition here at the gallery this month. ▶ 장소에 대한 단서가 언급된 곳으로 대화 장소는 화랑이라는 것을 알 수 있다. 따라서 (D)가 정답이다.

여: 안녕하세요, 이번 달에 이 화랑에서 그래픽화가 전시회가 있다고 TV에서 봤습니다.

M: Yes, you're at the right place, but, actually, **²** that exhibition doesn't start till next Friday. ▶ 남자가 여자에게 전시회는 다음 주 금요일에 열린다고 말하고 있으므로 (A)가 정답이다.

³ Why don't you visit next weekend? ▶ 제안의문문이므로 제안 문제에 대한 단서가 있는 곳이다. 남자는 '다음 주말에 와 달라.'고 제안하고 있으므로 (D)가 정답이다.

남: 네, 맞게 오셨습니다만, 사실 전시회는 다음 주 금요일이 되어야 시작됩니다. 다음 주말에 오시겠습니까?

W: Okay. I'll be back next week. Oh, and how much are tickets?

여: 그래야 할 것 같네요. 다음 주에 오겠습니다. 아, 그런데 티켓은 얼마인가요?

M: I'm not sure. But give me a second to ask the manager, and I'll let you know.

남: 잘 모르겠어요, 잠시만 기다려 주시면 매니저에게 물어보고 알려드리겠습니다.

표현 정리 graphic artist 그래픽화가 exhibition 전시회 gallery 화랑 *not ~ until ~까지 안했다. 즉 ~되어야 한다는 뜻.

시나공 + ❶ 대화 장소를 묻는 문제는 처음 두 문장에 주로 단서가 등장한다.
❷ 제안 문제는 제안의 표현(I suggest ~, Why don't you ~?, Could you ~?) 뒤에 단서가 등장한다.

🔊 티켓 구매 관련 빈출 표현

- I'm sorry. All the window seats are taken. 죄송합니다. 모든 창가 좌석이 매진되었습니다.
- I'm calling to reserve tickets for Saturday's concert. 토요일 콘서트 티켓을 예약하려고 전화했습니다.
- You can pay with either cash or a credit card. 현금과 신용카드 둘 다 결제 가능합니다.
- The tickets are limited in number. 티켓은 수가 한정되어 있습니다.
- You should arrive at the concert 30 minutes before it starts.
  콘서트가 시작되기 30분 전까지 도착해야 합니다.
- This exhibition doesn't start till next week. 이 전시회는 다음 주까지 시작하지 않습니다.
- The tickets are all sold out. 모든 티켓이 매진되었습니다.
- Are the seats next to each other? 좌석들이 붙어있나요?
- You can get your tickets at the box office. 매표소에서 티켓을 찾으실 수 있습니다.
- Admission is half price on Saturday. 토요일은 입장료가 반값이에요.

Voca Check - up! purchase 구입하다 seat 좌석 trip 여행 round trip 왕복 여행 one-way trip 편도 여행 recommendation 추천사항 departure 출발 arrival 도착 charge 요금을 청구하다 blowout sale 파격세일 for sale 판매 중인 discount coupon[voucher] 할인 쿠폰 receipt 영수증 refund 환불 replacement 교환 rate 요금, 가격 performance 공연 exhibition 전시회 hold 개최하다 be crowded with 붐비다 ticket booth 매표소 gallery 화랑 museum 박물관 be on display 전시 중이다 make a reservation ~을 예약하다 be in line 줄 서다 brochure 안내 책자 on show ~가 전시 중이다 be out of ~가 떨어지다 be low in price 가격이 저렴하다 be over 끝나다 be assembled in a stadium 경기장에 모여 있다 at a great price 아주 저렴한 가격에 additional charges 추가요금 sold out 표가 매진된 popular 인기있는 theater 극장 music concert 음악회

Step **3** 실전 문제 🔘 60.mp3

1. What does the woman want to do?

(A) Make a reservation

(B) Shop at the online store

(C) Cancel her tickets

(D) Buy some tickets

2. Why does the man say he cannot help the woman?

(A) He has been on leave since last week.

(B) He can sell tickets only at the ticket booth.

(C) He is not in charge of selling tickets.

(D) He needs to get approval from a manager.

3. What does the man tell the woman about?

(A) Limited seats

(B) Restricted tickets

(C) The reservation system

(D) The payment method

▶ 정답 및 해설은 해설집 31쪽 참고

REVIEW TEST

문제를 풀면서 배운 내용을 적용해 보자. 61.mp3

1. Why is the man calling?

    (A) To make a reservation

    (B) To change his seat

    (C) To confirm a reservation

    (D) To make a payment

2. What does the man ask for?

    (A) A discount

    (B) A window seat

    (C) An aisle seat

    (D) A vegetarian meal

3. According to the conversation, what will the man probably do next?

    (A) Provide his personal information

    (B) Pay for his flight ticket

    (C) Go to the airport

    (D) Call another airline

4. Where most likely is the conversation taking place?

    (A) At a supermarket

    (B) At a furniture store

    (C) At an electronics store

    (D) At a clothes store

5. What does the man say is going on at the store?

    (A) Maintenance work

    (B) A grand opening sale

    (C) A clearance sale

    (D) A special promotion

6. What does the woman request?

    (A) The newest laptop

    (B) The cheapest laptop

    (C) The lightest laptop

    (D) The smallest laptop

▶ 정답 및 해설은 해설집 31쪽 참고

PART 3

REVIEW TEST

주제별 공략 ❺ 채용 & 퇴직

채용, 퇴직과 관련된 대화에서는 말하는 대상, 직위, 요청 및 제안과 관련된 문제가 자주 나온다.

 대표 문제 문제들을 먼저 10초 안에 읽은 다음, 대화를 듣고 정답을 골라 보자.   **62.mp3**

1. What are the speakers discussing?

(A) The retirement of a staff member

(B) The hiring of a new manager

(C) The financial difficulties of the company

(D) The inauguration of the new president

2. What position does Mr. Victor have at the company?

(A) Director

(B) Manager

(C) Supervisor

(D) President

3. What does the man ask the woman to do?

(A) Take Mr. Victor's position

(B) Find a new employee

(C) Train the new staff member

(D) Interview a job applicant

대화를 듣기 전 문제를 읽을 때

1. What are the speakers discussing?   화자들은 무엇을 논의하고 있는가?

▶ 주제 문제이므로 첫 대화를 잘 듣는다.

(A) The retirement of a staff member   직원의 은퇴

(B) The hiring of a new manager   신임 부장의 고용

(C) The financial difficulties of the company   회사의 재정난

(D) The inauguration of the new president   신임 사장의 취임식

2. What position does Mr. Victor have at the company?   Mr. 빅터는 회사에서 무슨 자리를 맡았나?

▶ 특정 인물의 이름을 언급하면서 그 사람의 직업이나 직책을 묻는 문제는 질문에 언급된 이름이 대화에서 나올 때 집중한다. 보통 사람의 이름 바로 뒤에 동격의 형태로 직책이 언급된다.

(A) Director   이사

(B) Manager   부장

(C) Supervisor   감독관

(D) President   회장

3. What does the man ask the woman to do?   남자는 여자에게 무엇을 하라고 요청하는가?

▶ 제안/요청 문제이므로 제안 관련 표현을 집중해서 듣는다.

(A) Take Mr. Victor's position   빅터의 자리를 맡아 달라고

(B) Find a new employee   새로운 직원을 찾으라고

(C) Train the new staff member   새로운 직원을 교육시키라고

(D) Interview a job applicant   면접을 개최하라고

대화를 들을 때

Questions 1-3 refer to the following conversation.   문제 1-3번은 다음 대화를 참고하시오.

M: Did you hear that [1, 2] Mr. Victor, the manager of the Sales Department, is retiring?

▶ 대화 내용을 듣기 전에 미리 세 문제를 읽어 두었다면 첫 번째 대화만 듣고도 두 문제를 풀 수 있다. 영업부의 매니저인 빅터 씨의 '은퇴'에 대한 대화이므로 1번 문제는 (A)가 정답이고 2번 문제는 (B)가 정답이다.

남: 영업부의 매니저인 빅터 씨가 은퇴한다는 소식을 들으셨나요?

W: Yes, he made a lot of contributions to our company. It is really sad news that he is leaving.   여: 네, 그는 우리 회사에 많은 공헌을 했어요. 그가 떠난다는 것은 정말 슬픈 소식이에요.

M: Well, [3] I came here to ask you to replace him. You have done quite a lot of things

▶ 요청 문장(ask)이 언급되었으므로 정답의 단서가 나오는 대화이다. '빅터를 대신해서 그 자리를 맡아 달라.'고 요청하고 있으므로 (A)가 정답이다.

at our company as well. I believe you can do more than him.

남: 그래서 제가 당신에게 그의 자리를 대신하라고 요청하러 온 겁니다. 당신도 우리 회사를 위해 많은 일을 해 왔어요. 나는 당신이 그보다 더 잘 할 것이라고 믿습니다.

표현 정리 retire 은퇴하다   contribution 기여, 공헌   replace 대체하다

시나공 + ❶ 특정 인물의 이름을 언급하면서 그 사람의 직업이나 직책을 묻는 문제는 질문에 언급된 이름이 대화에서 언급되는 곳에 집중한다. 보통 사람의 이름 바로 뒤에 동격의 형태로 직책이 언급된다.

채용, 퇴직 관련 빈출 표현

- Thanks for applying for the position of manager in the Human Resources Department.
  인사과 매니저 자리에 지원해 주셔서 감사합니다.

- Could you tell us about your previous experience?
  이전 경력에 대해 얘기해 주시겠습니까?

- I'd like to apply for this position.
  이 자리에 지원하고 싶습니다.

- The position is still open.
  아직 지원자를 받고 있습니다.

- We're looking for someone with experience selling computers.
  컴퓨터 판매에 경력 있는 사람을 찾고 있습니다.

- I've worked in the Customer Service Department for five years.
  저는 고객 서비스 부서에서 5년 동안 일했습니다.

- Have you heard Mr. Bryan is retiring?
  브라이언 씨가 은퇴한다는 소식을 들었나요?

- She will leave the company by next month.
  그녀는 다음 달로 퇴사할 것입니다.

Voca Check - up! hire 고용하다 apply for a position 일자리에 지원하다 job opening 공석, 빈 일자리 applicant 지원자 fill out an application form 지원서를 작성하다 resume 이력서 recommendation letter 추천서 interview 면접, 인터뷰 background 배경, 경험 qualified 자격을 갖춘 qualification 자격증 requirement 요구사항 benefit 혜택, 수당 transfer 전임시키다 lay off [= fire, dismiss] 해고하다 retire 은퇴하다, 퇴직하다 retirement 퇴직 get a promotion 승진하다 performance 업무 실적 review 업무평가 auditor 감사관 recommend 추천하다 replace 대신하다 new employee 신입사원 Personnel (Human Resources) Department 인사부 resignation 사임 medical benefit 의료 혜택 notice 공고문 assign 배정하다 be in charge of ~을 담당하다 duty 임무 intern 인턴 temporary 임시직의 part-time 파트타임의 full-time 전임제의

1. What are the speakers mainly discussing?

   (A) Inquiring about a computer
   (B) Complaining about a staff member
   (C) Purchasing a computer
   (D) Applying for a position

2. Where does the woman probably work?

   (A) At a supermarket
   (B) At an office
   (C) At an electronics store
   (D) At a computer factory

3. What does the woman suggest that the man do?

   (A) Visit the store
   (B) Call another day
   (C) Come in for an interview
   (D) Submit a document

▶ 정답 및 해설은 해설집 33쪽 참고

주제별 공략 ❻ 사업 계획

사업 계획과 관련된 대화는 업종 및 업체, 문제점, 해결 방법, 예산 등의 내용을 다룬다.

 대표 문제 세 문제를 먼저 10초 안에 읽은 다음, 대화를 듣고 정답을 골라 보자. 64.mp3

1. Why is the woman calling?

   (A) To ask about the location of the cafe
   (B) To request some workers
   (C) To invite the man to her cafe
   (D) To inquire about a property

2. What type of business does the woman want to open?

   (A) A supermarket
   (B) A restaurant
   (C) A coffee shop
   (D) A hair salon

3. What are the workers doing today?

   (A) Painting the place
   (B) Cleaning the windows
   (C) Renovating the kitchen
   (D) Removing the furniture

> **대화를 듣기 전 문제를 읽을 때**

1. Why is the woman calling?   여자는 왜 전화하는가?

▶ 전화를 건 목적을 묻는 문제는 초반 I'm calling to ~ 다음에 힌트가 나온다.

(A) To ask about the location of the cafe   카페의 위치를 물어보려고
(B) To request some workers   인부들에 대해 물어보려고
(C) To invite the man to her cafe   그녀의 카페에 초대하려고
(D) To inquire about a property   부동산에 대해 물어보려고

2. What type of business does the woman want to open?   여자는 어떤 종류의 사업을 개업하고 싶어 하는가?

▶ 업종을 묻는 문제는 업종과 관련된 단어를 들어야 한다. 대부분 업종의 힌트는 초반부에 자주 등장한다.

(A) A supermarket   슈퍼마켓
(B) A restaurant   식당
(C) A coffee shop   커피숍
(D) A hair salon   미용실

3. What are the workers doing today?   인부들은 오늘 무엇을 하고 있는가?

▶ 제 3자에 대해 묻는 문제는 제 3자가 언급된 대화에 집중해서 들어야 한다. 'workers'가 등장할 때를 잘 듣는다.

(A) Painting the place   공간에 페인트칠을 한다.
(B) Cleaning the windows   유리창을 닦는다.
(C) Renovating the kitchen   부엌을 보수한다.
(D) Removing the furniture   가구를 치운다.

> **대화를 들을 때**

Questions 1-3 refer to the following conversation.   문제 1–3번은 다음 대화를 참고하시오.

W: Hi. My name is Jessica, and [1] **I'm calling to ask about the store available to rent.**

▶ 전화를 건 목적은 'I'm calling ~.'으로 시작되는 대화에 정답이 등장한다. '부동산 임대'에 관한 문의이므로 (D)가 정답이다.

[2] **I'm interested in opening a small cafe.**   ▶ 업종이 언급되었으므로 (C)가 정답이다.

여: 안녕하세요, 저는 제시카라고 하는데요, 가게 임대에 대해 문의하려고 전화 드렸습니다. 작은 카페를 여는데 관심이 있습니다.

M: Oh, that's great news! When would you like to open the cafe? We have to sign a contract at least one week before your store opens.   남: 아, 정말 좋은 소식이군요! 카페를 언제 개업
하실 건가요? 적어도 가게 개업을 하기 일주일 전에는 계약을 해야 하거든요.

W: Can I have a look at the store first?   여: 가게를 먼저 볼 수 있을까요?

M: [3] **Some workers are repainting the space today.** How about tomorrow?   ▶ 질문에 언급
된 workers가 등장한 단서 문장이다. '인부들이 페인트를 칠하는 중'이라고 언급했으므로 (A)가 정답이다.

남: 오늘은 일부 인부들이 그 공간을 다시 페인트칠하는 중이에요, 내일은 어떠세요?

표현 정리 rent 임대   sign a contract 계약하다   at least 적어도, 최소한   repaint 다시 페인트칠하다

시나공 + ❶ 전화를 건 목적을 묻는 문제는 I'm calling to ~ 다음에 힌트가 나온다.
       ❷ 업종을 묻는 문제는 대화의 단어를 종합해 업종을 추측해야 한다. 대부분 업종의 힌트는 초반부에 자주 등장한다.
       ❸ 제 3자에 대해 묻는 문제는 제 3자의 이름이나 직업이 언급된 대화에 집중해서 들어야 한다.

🔊 사업 계획 관련 빈출 표현

- I'm interested in opening a restaurant. 식당을 여는데 관심이 있습니다.
- I'd like to sign a contract by next week. 다음 주까지 계약을 하고 싶습니다.
- I need to renovate the restaurant. 식당을 개조할 필요가 있어요.
- Which property are you interested in? 어떤 건물에 관심이 있으십니까?
- Our company is going to merge with the Campbell Corporation.
  우리 회사는 캠벨 회사와 합병할 것입니다.
- We are planning to establish a new branch. 우리는 새 지사를 설립할 계획입니다.
- It's time to start developing an updated version. 새 버전 개발을 시작해야 할 때입니다.
- We'll have to concentrate on creating new products. 새 제품을 만드는데 주력해야 합니다.
- When do you think the new office space will be ready? 새로운 사무실은 언제쯤 준비되나요?

Voca Check - up! think of ~을 생각하다 renovation 수리, 보수 take a look at ~을 보다 interview 면접을 보다 publicity 홍보 be interested in ~에 관심이 있다 specialty 전문 be familiar with ~을 익히 알다 confirm 확인하다 cost 비용이 들다 space 공간 accommodate 수용하다 rent out 임대하다 make a decision 결정하다 release 발표, 출시, 개봉 launch 출시하다 production 생산 negotiate 협상하다 dealership 판매점 reference 참고자료 inspect 점검하다 location 장소, 위치 plan to ~할 계획이다 recommend 추천하다 current address 현 주소 selection 선택 up-to-date 최신의 inquire 문의하다 try out (시험 삼아) 해 보다 reliable 믿을 만한 client 고객 special order 특별 주문 on display 전시된, 진열된 total cost 총 비용

1. What does the man request?

   (A) Information about remodeling
   (B) The contact number of the owner
   (C) The location of the restaurant
   (D) The price of the property

2. What does the woman suggest that the man do?

   (A) Change his business hours
   (B) Make an invitation card
   (C) Contact a real estate agent
   (D) Visit the agent by tomorrow

3. What is the woman worried about doing?

   (A) Finding an interior designer
   (B) Purchasing a restaurant
   (C) Removing some old furniture
   (D) Hiring a new staff member

▶ 정답 및 해설은 해설집 33쪽 참고

1. What are the speakers mainly discussing?

(A) An annual party

(B) A special promotion

(C) An interview

(D) A speech

2. What is the man's job?

(A) Lawyer

(B) Office worker

(C) Salesperson

(D) Lecturer

3. What does the woman need to bring?

(A) A curriculum vitae

(B) Some office supplies

(C) A reference letter

(D) A photo

4. What are the speakers mainly talking about?

(A) A new publishing company

(B) A photography award

(C) An upcoming project

(D) A recent industry conference

5. What is mentioned about Stargate?

(A) It went through restructuring.

(B) It recently received an award.

(C) It hired some new employees.

(D) It will attend an upcoming conference.

6. What is Andrew asked to do?

(A) Write an article

(B) Contact an IT company

(C) Buy some lunch

(D) Take some pictures

▶ 정답 및 해설은 해설집 34쪽 참고

PART 3

시설, 네트워크 관리와 관련된 대화는 시설의 유지 보수, 고장, 수리와 관련되어 나온다.

 대표 문제 문제들을 먼저 10초 안에 읽은 다음, 대화를 듣고 정답을 골라 보자.   **67.mp3**

1. What problem are the speakers discussing?

(A) A presentation has been delayed.

(B) An office will move overseas.

(C) Some customers haven't arrived yet.

(D) An office machine is not working well.

2. What does the woman suggest?

(A) Delaying the presentation

(B) Notifying a coworker

(C) Calling a photocopier company

(D) Borrowing something from another department

3. What does the man have to do tomorrow?

(A) Attend a meeting

(B) Go on a business trip

(C) Give a presentation

(D) Invite a client to an event

> **대화를 듣기 전 문제를 읽을 때**

1. What problem are the speakers discussing?　화자들은 어떤 문제를 논의하는가?

　▶ problem 문제는 부정문 또는 부정적인 뉘앙스의 대화에 단서가 등장한다.

　(A) A presentation has been delayed.　프레젠테이션이 연기된 것
　(B) An office will move overseas.　사무실을 해외로 옮기는 것
　(C) Some customers haven't arrived yet.　고객들이 아직 도착하지 않은 것
　(D) An office machine is not working well.　사무실 기계가 작동하지 않는 것

2. What does the woman suggest?　여자는 무엇을 제안하는가?

　▶ 제안 문제이므로 제안하는 표현(why don't you ~?, you should/could ~)을 집중해서 듣는다.

　(A) Delaying the presentation　프레젠테이션을 연기하라고
　(B) Notifying a coworker　동료에게 알리라고
　(C) Calling a photocopier company　복사기 회사에 전화하라고
　(D) Borrowing something from another department　다른 부서에서 빌리라고

3. What does the man have to do tomorrow?　남자는 내일 무엇을 해야 하는가?

　▶ 남자가 내일 할 일에 대해 묻고 있으므로 남자 대화에서 시점이 등장하는 곳을 집중해서 듣는다. 미래와 연관된 문제의 힌트는 주로 후반부에 나온다.

　(A) Attend a meeting　미팅에 참석하기
　(B) Go on a business trip　출장가기
　(C) Give a presentation　프레젠테이션 하기
　(D) Invite a client to an event　고객 초대하기

> **대화를 들을 때**

Questions 1-3 refer to the following conversation.　문제 1-3번은 다음 대화를 참고하시오.

M: Karen, [1] the photocopier isn't working well. The words are all blurry.　▶ 부정문으로
　problem 문제에 대한 단서이다. '복사기가 잘 작동되지 않는다.'고 말하고 있으므로 (D)가 정답이다.
　남: 케런, 복사기가 잘 작동하지 않네요. 글씨가 전부 흐릿하게 나와요.

W: [2] You should talk to Harry, the manager of the Maintenance Department, about the
　▶ 제안 문제이므로 제안 표현(you should)에서 단서가 나온다. (B)가 정답이다.

　problem. He will come and repair it.
　여: 보수부 매니저인 해리에게 이 문제에 대해 말해 보세요. 그가 와서 수리해 줄 거예요.

M: Okay. I hope he can fix it as soon as possible. [3] I have a presentation tomorrow, and
　I need to prepare a lot for it.　▶ 문제에서 언급된 시점(tomorrow)이 등장하므로 단서가 되는 대화이다. (C)가 정답이다.
　남: 알겠습니다. 그가 가능하다면 최대한 빨리 고쳐줬으면 좋겠네요. 내일 프레젠테이션이 있어서 준비해야 하거든요.

표현 정리 photocopier 복사기 blurry 흐릿한, 희미한 Maintenance Department 유지 보수부 repair 수리; 보수하다 fix 수리하다
as soon as 가능한 빨리

시나공 +　❶ problem 문제는 부정문 또는 부정적인 뉘앙스의 대화에 단서가 등장한다.
　　　　　❷ 시점과 관련된 문제는 해당 시점 표현이 나올 때 집중해야 하며 미래와 관련된 시점은 주로 후반부에 단서가 나온다.

🔊 시설, 네트워크 관련 빈출 표현

- There will be a interruption in Internet service today at 2 p.m.
  오늘 오후 2시에 인터넷 서비스의 중단이 있을 예정이에요.
- You should tell the technical support team. 기술지원팀에 말해 보세요.
- He is in charge of repairs. 그는 수리 담당입니다.
- I'm having difficulty accessing my e-mail account. 제 이메일 계정 접속에 문제가 생겼어요.
- I'm having some trouble with my computer. 내 컴퓨터에 문제가 있어요.
- The photocopier isn't working very well. 복사기가 잘 작동하지 않아요.
- When will the maintenance man come to fix the air conditioner? 정비사가 언제 에어컨을 수리하러 오나요?
- Did you ask the technician? 기술자에게 물어봤나요?
- The software will be upgraded by tonight. 오늘 밤까지 소프트웨어가 업그레이드될 거예요.
- The computer will be running by tomorrow morning. 내일 아침에는 컴퓨터가 작동할 거예요.

Voca Check - up! photocopier 복사기 data management software 자료 관리 프로그램 facilities coordinator 시설 책임자 technical support 기술지원 technician 기술자 maintenance 정비, 유지 repair 수리 renovation 수선, 개조 have trouble with ~에 어려움을 겪다 work 작동하다 go out (불, 전기 등이) 나가다, 꺼지다 electronic power 전력 shut down 닫다, 끄다 deal with 처리하다 equipment 장비 go wrong 고장 나다 replace 교체하다 fix 고치다 available 이용 가능한, 사용 가능한 upgrade 업그레이드 software 소프트웨어 run 작동하다

🎧 68.mp3

1. What does the man ask about?

   (A) A meeting with an employee
   (B) A new secretary
   (C) A repair problem
   (D) An international meeting

2. What does the man say he wants to delay?

   (A) A reservation
   (B) A training
   (C) A business trip
   (D) A meeting

3. What will the woman probably do next?

   (A) Submit a report
   (B) Call a maintenance man
   (C) Prepare for a meeting
   (D) Open a window

▶ 정답 및 해설은 해설집 35쪽 참고

UNIT 30

PART 3

주제별 공략 ❽ 회계 & 예산

Step 1 실전 포인트

회계, 예산과 관련된 대화는 사업 종류, 구매한 사무용품, 구입 시기, 비용과 관련된 내용이 주로 나온다.

대표 문제 세 문제를 먼저 10초 안에 읽은 다음, 대화를 듣고 정답을 골라 보자. 69.mp3

1. What type of business is the woman calling?

(A) An office supply store
(B) A bookstore
(C) A restaurant
(D) An electronics store

2. What problem does the woman mention?

(A) A bill has an unexpected fee.
(B) The wrong photocopiers were delivered.
(C) Some photocopiers were delivered late.
(D) There are some broken parts.

3. What does the man say about Ms. Park?

(A) She made an order.
(B) She signed a contract.
(C) She will receive a new bill.
(D) She will go to the restaurant.

대화를 듣기 전 문제를 읽을 때

1. What type of business is the woman calling?   여자는 무슨 종류의 사업체에 전화했는가?

  ▶ 업종 및 업체를 묻는 문제는 초반부 대화에 집중한다.

  (A) An office supply store   사무용품점

  (B) A bookstore   서점

  (C) A restaurant   식당

  (D) An electronics store   전자 제품 매장

2. What problem does the woman mention?   여자는 무슨 문제를 언급하는가?

  ▶ 문제점을 묻는 문제는 부정문 또는 부정적인 뉘앙스의 어휘가 들리는 대화에 집중한다.

  (A) A bill has an unexpected fee.   예상하지 않은 요금이 포함된 청구서

  (B) The wrong photocopiers were delivered.   잘못된 복사기 배달

  (C) Some photocopiers were delivered late.   늦은 복사기 배달

  (D) There are some broken parts.   부서진 부품

3. What does the man say about Ms. Park?   남자는 박 씨에 대해 무슨 말을 하는가?

  ▶ 제 3자에 대해 묻고 있으므로 제 3자의 이름(Park)이 언급된 대화에 집중한다.

  (A) She made an order.   그녀가 주문했다.

  (B) She signed a contract.   그녀가 계약서에 서명했다.

  (C) She will receive a new bill.   그녀가 새로운 청구서를 보낼 것이다.

  (D) She will go to the restaurant.   그녀가 식당으로 갈 것이다.

대화를 들을 때

Questions 1-3 refer to the following conversation.   문제 1–3번은 다음 대화를 참고하시오.

W: Hi. I'm calling from the SMC Company. **2** I am calling because we just received a bill, and it is for more than what we had expected.   ▶ 문제점을 묻고 있으므로 부정적인 뉘앙스로 언급된 것을 잘 들어야 한다. '예상했던 것 이상으로 비용이 청구된 것'을 문제 삼고 있으므로 (A)가 정답이다.

여: 안녕하세요, SMC 회사입니다. 방금 청구서를 받았는데 예상했던 것보다 비용이 많이 나와서 연락드렸습니다.

M: Oh, **1** I remember that you ordered 10 photocopiers for your new office, right? The bill includes the service charge as well.   ▶ 회사의 종류는 초반부 첫 두 대화에 자주 언급된다. 남자가 일하는 업체는 사무용품 관련 업종이므로 (A)가 정답이다.

남: 아, 새로운 사무실을 위해 복사기 10대를 주문하셨죠? 그 청구서는 봉사료도 포함된 것입니다.

W: Service charge? I didn't know anything about that.

여: 봉사료요? 전 그런 것에 대해 들은 적이 없는데요.

M: **3** The fee was included in the contract that Ms. Park signed with our company.   ▶ 문제에 언급된 제 3자가 언급된 곳이다. '박 씨가 저희 회사와 서명한 계약서에 요금이 포함되어 있다.'고 말하고 있으므로 (B)가 정답이다.

남: 박 씨가 저희 회사와 서명한 계약서에 요금이 포함되어 있습니다.

표현 정리 **bill** 청구서   **expect** 예상하다   **service charge** 봉사료   **contract** 계약서

시나공 +   ❶ 업종 및 업체를 묻는 문제는 초반부 두 대화에 집중한다.

      ❷ 문제점을 묻는 문제는 부정문 또는 부정적인 뉘앙스의 어휘가 들리는 대화에 집중한다.

      ❸ 제 3자에 대해 물으면 제 3자의 이름이 언급된 대화에 집중한다.

회계, 예산 관련 빈출 표현

- We have to reduce our expenses by 10 percent. 우리는 경비를 10퍼센트까지 줄여야 해요.
- I need to set the budget. 예산을 편성해야 해요.
- The fee was included in the contract Rachel signed with our company.
  요금은 레이첼 씨가 저희 회사와 계약할 때 포함된 것입니다.
- We received the bill, and it cost more than we had expected.
  저희가 청구서를 받았는데, 우리가 예상한 것보다 금액이 더 많게 나왔습니다.
- I haven't received the check yet. 저는 아직 급여 수표를 받지 못했습니다.
- I requested a cost estimate from some office suppliers. 사무용품 견적을 요청하였습니다.
- We can't arrange the project due to the budget limitations.
  예산 제약으로 그 프로젝트를 준비할 수 없어요.
- We won't be able to buy it due to the lack of money in the budget.
  우리는 예산 부족으로 그것을 살 수 없을 것 같습니다.
- Do you have any questions about any particular charges?
  특별 비용에 대해서 궁금하신 점이 있으십니까?

Voca Check - up! pay period 급여 지급 기간 color printer 컬러프린터 cut costs 비용을 줄이다 order 주문하다 receive 받다 distributor 배급업자 be on one's way 오고 있는 중이다 manufacturer 제조업체 reasonable price 가격이 싼 charge 청구하다 confirm 확인하다 invoice 송장 bill 계산서 Finance Department 회계부, 경리부 sales report 판매보고서 on time 제시간에 shipment 선적품 delivery service 배달 서비스 listing 목록 office supplies 사무용품 send 보내다 online ordering system 온라인 주문 시스템 client 고객 purchase 구매하다 accounting manager 경리부장 sales conference 판매회의 fare 요금 budget proposal 예산안 approve 승인하다 moving fee 이전 비용 contract 계약, 계약서 supplier 공급업자, 공급회사

1. What are the speakers discussing?

   (A) Making a reservation
   (B) Reducing the cost of dinner
   (C) Rescheduling dinner
   (D) Renovating the restaurant

2. What does the man suggest?

   (A) Booking another restaurant
   (B) Redoing an estimate
   (C) Asking for a donation
   (D) Canceling dinner

3. What will the woman probably do next?

   (A) Contact the restaurant
   (B) Inform all of the employees
   (C) Visit another department
   (D) Cancel the reservation

 정답 및 해설은 해설집 35쪽 참고

1. Who most likely is the man?

    (A) An accountant

    (B) An architect

    (C) A bank clerk

    (D) A technician

2. What is the woman's problem?

    (A) She recently argued with one of her colleagues.

    (B) Her computer broke down.

    (C) She needs some reference material to finish her project.

    (D) She lost some documents because of the technical support team.

3. What does the woman request that the man do?

    (A) Install a new program

    (B) Invite her to an international seminar

    (C) Attend a meeting instead of her

    (D) Repair her computer by tomorrow

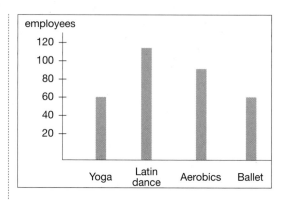

4. What event did the woman just attend?

    (A) A seminar

    (B) A trade fair

    (C) A meeting

    (D) An awards ceremony

5. Look at the graphic. Which class will be discontinued?

    (A) Yoga

    (B) Latin dance

    (C) Aerobics

    (D) Ballet

6. Why is the man concerned?

    (A) The survey is way behind schedule.

    (B) He is going to be late for an upcoming meeting.

    (C) He is not ready for a presentation.

    (D) A recent decision will let down some employees.

▶ 정답 및 해설은 해설집 36쪽 참고

PART 4

회사의 워크숍, 모임 등에서 직원들을 대상으로 전달하는 공지로 첫 인사말 후에 이어지는 문장과 지문 후반부에 You can, You should 등으로 시작하는 제안 문장을 잘 들어야 한다.

 대표 문제 세 문제를 먼저 10초 안에 읽은 다음, 설명문을 듣고 정답을 골라 보자.   72.mp3

4. What is the announcement about?

(A) A new system

(B) A new policy

(C) A promotional campaign

(D) An employee benefit

5. What will happen next Monday?

(A) An international seminar

(B) An employee meeting

(C) A staff workshop

(D) The launching of a new product

6. What are the listeners asked to do?

(A) Be present at the training session

(B) Bring some documents

(C) Prepare for a presentation

(D) Attend an international seminar

설명문을 듣기 전 문제를 읽을 때

4. What is the announcement about?　무엇에 관한 공지인가?

▶ 공지의 목적은 초반부에 등장한다. 따라서 초반부를 집중해서 들어야 한다.

(A) A new system　새로운 시스템
(B) A new policy　새로운 정책
(C) A promotional campaign　홍보 캠페인
(D) An employee benefit　직원 복지

5. What will happen next Monday?　다음 주 월요일에는 무슨 일이 일어날 것인가?

▶ 일정이나 변경사항은 중반에 등장한다. 따라서 공지의 목적을 들은 후, 다음 지문을 일정과 관련해 집중해서 듣는다.

(A) An international seminar　국제 세미나
(B) An employee meeting　직원회의
(C) A staff workshop　직원 워크숍
(D) The launching of a new product　신제품 출시

6. What are the listeners asked to do?　청자들은 무엇을 하도록 요청받는가?

▶ 당부 및 요청 사항은 후반부에 등장한다.

(A) Be present at the training session　교육에 참석한다.
(B) Bring some documents　몇 가지 서류를 가져온다.
(C) Prepare for a presentation　프레젠테이션을 준비한다.
(D) Attend an international seminar　국제 세미나에 참석한다.

설명문을 들을 때

Good afternoon. **⁴** I just want to let you know that the new customer reporting system will be installed on the Customer Service Department's computers next week. This

▶ 공지의 목적은 지문 초반부에 등장한다. '새로운 고객 보고 시스템 설치'에 관한 것이므로 (A)가 정답이다.

system will help us by making it easier to enter customers' information.

안녕하십니까. 여러분. 다음 주에 우리 고객 서비스부의 컴퓨터에 새로운 고객 보고 시스템이 설치될 예정임을 알려드립니다. 이 시스템은 우리가 고객들의 정보를 쉽게 입력할 수 있게 해줄 것입니다.

⁵ There will be a training session for two hours next Monday starting at 9 a.m.　▶ next

Monday 앞에 '교육 일정'을 공지하고 있으므로 (C)가 정답이다. 문제에서는 staff workshop으로 표현되었다.

다음 주 월요일 9시부터 2시간 동안 교육이 있을 것입니다.

The technical support team will train us to use the software. **⁶** Please make sure all of you attend the training session. If you have any questions, please let me know.　▶ 요청

문제에 대한 단서는 후반부 명령문에 등장한다. '교육 참석'을 요청하고 있으므로 (A)가 정답이다.

기술지원팀이 소프트웨어의 사용법에 대해 우리에게 교육할 것입니다. 모든 분들은 반드시 교육에 참석해 주시기 바랍니다. 질문이 있으면 말씀해 주십시오.

표현 정리　install 설치하다　enter 입력하다　training session 교육, 연수　technical support team 기술지원팀

시나공 + ❶ 구체적인 사항을 묻는 'What will happen + 시점?' 문제는 지문에서 시점 앞뒤로 나오는 문장을 집중해서 듣는다.
❷ 내용이 선택지에 그대로 나오기보다는 패러프레이징되어 나오는 경우가 많다. (ex) training session 교육 일정 → staff workshop 직원 워크숍

🔊 사내 공지의 구조

사내 공지의 흐름	사내 공지와 관련된 패턴	
공지의 목적 및 장소	• I'd like to let everyone know ~. 모두에게 ~을 알려드리고자 합니다. • I'm happy to announce that ~. ~을 알려드리게 되어 기쁩니다.	• Thank you all again for ~. ~에 대해 다시 한 번 감사드립니다. • Welcome to ~. ~에 오신 것을 환영합니다.
일정 및 변경 사항	• next Tuesday morning 다음 주 화요일 오전에 • It will take several hours to ~. ~하는데 몇 시간이 걸릴 겁니다.	• They will repair ~. ~을 수리할 겁니다. • I'd like to announce ~. ~을 알려드리고자 합니다.
당부 및 요청 사항	• Please make sure that ~. ~해 주시기 바랍니다. • You should ~. ~해야 합니다.	• Can I ask for ~? ~을 요청해도 되겠습니까?
문의 및 연락처	• If you have any questions, ~. 문제가 있으시면 ~	• Please let me know ~. ~을 알려 주세요.

Voca Check - up! 회사 공지 사항과 관련된 단어

expense 비용, 경비　reimbursement 상환　receipt 영수증　timecard 근무카드　time sheet 근무시간표　survey 설문조사　office equipment 사무기기　office supplies 사무용품　application 원서　replacement 후임　employee training 직원 교육　workshop 워크숍　payroll division 월급 관리부　Accounting Department 회계부　Marketing Department 마케팅부　sales figure 판매 수치 install 설치하다　Human Resources Department 인사부　customer information 고객정보　let me know 알려주다　workstation 작업 장소, 작업 공간　replace 대체하다

Step 3　실전 문제

 73.mp3

4. Where are the listeners?

(A) At an office

(B) At an airport

(C) At a supermarket

(D) At a museum

5. Who is the announcement for?

(A) Technicians

(B) Customers

(C) Office workers

(D) Store managers

6. According to the announcement, what will begin this afternoon?

(A) Renovations

(B) The replacement of some equipment

(C) An inspection

(D) Repairs

▶ 정답 및 해설은 해설집 37쪽 참고

극장, 공연장, 공항, 쇼핑몰 등의 장소에서 이루어지는 공지로 주로 주의 사항이나 공연 시간 등이 언급된다. 특히 쇼핑몰에서는 영업시간, 할인, 폐점 안내 등이 나온다. Welcome to 다음에 이어지는 내용에서 안내 방송 이유가 등장하므로 이곳을 잘 들어야 하고, 주로 마지막에는 주의사항이 언급된 다는 것을 기억해 두어야 한다.

 대표 문제 세 문제를 먼저 10초 안에 읽은 다음, 설명문을 듣고 정답을 골라 보자.

 74.mp3

4. Where is the announcement taking place?

(A) At a clothes store

(B) At an office

(C) At a gallery

(D) At a cinema

5. What is being offered today only?

(A) A gift voucher

(B) A discount on certain items

(C) A free gift with any purchase

(D) Delivery service

6. According to the speaker, why should the listeners visit the information desk?

(A) To make a complaint

(B) To get information

(C) To speak with a staff member

(D) To complete a form

설명문을 듣기 전 문제를 읽을 때

4. Where is the announcement taking place?   공지가 이루어지는 곳은 어디인가?

▶ 공지 장소를 묻고 있으므로 지문의 초반부에 집중해서 듣는다.

(A) At a clothes store   옷가게

(B) At an office   사무실

(C) At a gallery   갤러리

(D) At a cinema 극장

5. What is being offered today only?   오늘만 제공되는 것은 무엇인가?

▶ 구체적인 정보를 묻는 문제는 지문의 중반부에서 관련 정보를 들어야 한다.

(A) A gift voucher   선물권

(B) A discount on certain items   특정 제품에 대한 할인

(C) A free gift with any purchase   구입하는 모든 상품에 대한 무료 선물

(D) Delivery service   배송 서비스

6. According to the speaker, why should the listeners visit the information desk?

화자에 따르면, 청자들이 안내 데스크를 방문해야 하는 이유는?

▶ 당부, 요청 사항과 관련된 것은 지문의 후반부 명령문이 언급된 곳을 잘 들어야 한다.

(A) To make a complaint   불만을 제기하기 위해

(B) To get information   정보를 얻기 위해

(C) To speak with a staff member   직원과 이야기하기 위해

(D) To complete a form   양식을 완성하기 위해

 설명문을 들을 때

Welcome to Paris Design. Attention, all shoppers! **⁴ Our boutique is having a sale right now!**

▶ 공지 장소를 묻는 문제는 인사말 다음에 등장한다. 공지 장소를 묻고 있으므로 'boutique'를 들었다면 (A)가 정답이라는 것을 알 수 있다.
Paris Design에 오신 것을 환영합니다. 고객 여러분들께 안내 말씀 드립니다. 저희 부티끄는 지금 세일 중입니다.

⁵ For the next two hours, we are offering a 15% discount on some items. But before

▶ 문제의 특정 시점(today가 next two hour를 포함)이 언급된 곳을 놓치지 않고 듣는다면 (B)가 정답임을 알 수 있다.

you can get the discount, you need to sign up to become a member of Paris Design.

다음 두 시간 동안만, 일부 품목에 한해 15퍼센트 할인을 제공합니다. 하지만 할인을 받기 전에, 먼저 Paris Design의 회원으로 가입하셔야 합니다.

It's not as complicated to join as you may think. **⁶ Just visit the information counter and
fill out an application form.** ▶ 당부, 요청 사항과 관련된 문제는 후반부 명령문에 단서가 나온다. '안내창구를 방문하여 신청서
를 작성하라'고 제안하고 있으므로 (D)가 정답이다.

가입은 생각하시는 것처럼 어렵지 않습니다. 안내창구를 방문하여 신청서를 작성하시면 됩니다.

Thank you for coming and enjoy shopping here.

방문해 주셔서 감사드리며 즐거운 쇼핑되시기 바랍니다.

표현 정리 offer 제공하다 sign up 등록하다 complicated 복잡한 application form 지원서, 신청서

시나공 + ❶ 공지하는 장소 문제는 지문의 첫 한두 문장에 단서가 등장한다.
　　　　❷ 구체적인 정보를 묻는 문제는 지문의 중반부에서 관련 정보를 들어야 한다.
　　　　❸ 당부, 요청 사항은 제안문은 지문의 후반부 명령문이 언급된 곳을 잘 듣는다.

공공장소 공지의 구조

공공장소 공지의 흐름	공공장소와 관련된 패턴
인사말, 장소, 소개	• Attention, all shoppers 고객 여러분께 안내 말씀 드립니다. • Welcome to ~에 오신 것을 환영합니다.
공지의 목적	• Our store will be closing + 시간. 저희 상점은 ~에 문을 닫습니다. • I'm sorry to announce that ~. ~을 알려드리게 되어 유감입니다.
안내 사항	• We kindly ask that ~. ~해 주시기 바랍니다. • starting next week 다음 주부터는
혜택, 제안, 당부 사항	• We'd like to remind you that ~. ~하실 것을 다시 알려드립니다. • Remember to ~. ~을 명심하세요.
끝인사	• We appreciate ~. ~에 감사드립니다. • Thank you for ~. ~에 대해 감사드립니다.

Voca Check - up! 회사 공지 사항과 관련된 단어

gallery 화랑 move 이동하다, 움직이다 convenience 편의, 편리 refreshment 다과 upcoming 다가오는, 곧 있을 a pleasant environment 쾌적한 환경 opportunity 기회 mover 물건을 옮기는 사람 make an announcement 발표하다, 공표하다 annual 연례의 reservation 예약 direction 방향 sales figure 판매수치 audit 세무감사 statistics 통계 income 소득 profit 수입 revenue 수익 loss 손실 feedback 의견 advice 조언 reduce costs 비용을 절감하다 increase sales 판매를 늘리다 boost sales 판매를 늘리다

Step 3 실전 문제 🎧 75.mp3

4. When will the gallery close?

(A) In ten minutes

(B) In thirty minutes

(C) In one hour

(D) In two hours

5. Who is being addressed?

(A) A guest

(B) A staff member

(C) A librarian

(D) An artist

6. What are the listeners asked to do?

(A) Go out of the lobby

(B) Move to the cafe

(C) Leave the restaurant

(D) Buy a gift at the store

▶ 정답 및 해설은 해설집 38쪽 참고

REVIEW TEST

문제를 풀면서 배운 내용을 적용해 보자. 🎧 76.mp3

1. According to the speaker, what is the new office like?

   (A) It has a fully equipped meeting space.
   (B) It has a pleasant environment.
   (C) It has a beautiful view.
   (D) It has a spacious conference room.

2. When will the company move to the new building?

   (A) On Friday
   (B) On Saturday
   (C) On Sunday
   (D) On Monday

3. What are the listeners asked to do?

   (A) Order some office supplies
   (B) Remove the old furniture
   (C) Arrange the office supplies
   (D) Move their own documents

4. Where does this announcement most likely take place?

   (A) On a plane
   (B) At a bus station
   (C) On a cruise ship
   (D) At an airport

5. What is the cause of the problem?

   (A) Inclement weather conditions
   (B) Mechanical problems
   (C) The delay of a previous flight
   (D) The repairing of the runway

6. According to the announcement, what has been changed?

   (A) The arrival time
   (B) The departure time
   (C) The schedule for a trip
   (D) The meal coupons

▶ 정답 및 해설은 해설집 38쪽 참고

PART 4

주제별 공략 ❸ 음성 메시지

음성 메시지는 전화를 건 사람이 남기는 것으로 메시지 진행 순서만 정확히 알아두어도 문제를 쉽게 풀 수 있다. 메시지 순서를 정확히 알아두자.

 대표 문제 세 문제를 먼저 10초 안에 읽은 다음, 메시지를 듣고 정답을 골라 보자.   **77.mp3**

---

4. What is the purpose of the message?

(A) To reserve a tour

(B) To schedule an appointment

(C) To confirm an appointment

(D) To change a schedule

5. Who will be interviewing Sarah?

(A) A manager

(B) A supervisor

(C) A director

(D) A president

6. What does William Pitt ask Sarah to do?

(A) Apply for a position

(B) Call him to confirm an interview

(C) Send him more details

(D) Call him to arrange a meeting

설명문을 듣기 전 문제를 읽을 때

4. What is the purpose of the message?   메시지의 목적은 무엇인가?

▶ 목적은 메시지의 초반부 발신인과 수신인이 나온 다음에 I'm calling to로 시작한다.

(A) To reserve a tour   여행을 예약하기 위해
(B) To schedule an appointment   면접일정을 잡기 위해
(C) To confirm an appointment   약속을 확인하기 위해
(D) To change a schedule   일정을 변경하기 위해

5. Who will be interviewing Sarah?   누가 Sarah의 면접을 볼 것인가?

▶ 구체적인 정보는 목적, 문제점 다음에 등장한다. 면접관에 대한 구체적인 정보를 묻고 있으므로 특정 인물의 이름이나 직책이 등장하는 문장을 잘 듣는다.

(A) A manager   지배인
(B) A supervisor   상사
(C) A director   감독
(D) A president   사장

6. What does William Pitt ask Sarah to do?   William Pitt 씨는 사라가 무엇을 하도록 요청하는가?

▶ 요청 사항 문제이므로 후반부에서 명령문 문장을 잘 듣는다.

(A) Apply for a position   자리에 지원하라고
(B) Call him to confirm an interview   면접 확인을 위해 그에게 전화하라고
(C) Send him more details   그에게 더 많은 세부 사항을 보내라고
(D) Call him to arrange a meeting   회의를 준비하기 위해 전화하라고

설명문을 들을 때

Hi, Sarah. This is William Pitt from the Beautiful Travel Agency. **⁴ I'm calling to schedule an interview with you. We received your application last week.** ▶ 전화메시지는 'I'm calling ~.'으로

시작되는 부분이 전화를 건 목적이다. '면접' 때문에 전화를 한 것이므로 (B)가 정답이다.
안녕하세요. Sarah 씨. 저는 Beautiful 여행사의 William Pitt입니다. 면접에 대해 얘기하려고 전화했습니다. 지난주에 당신의 지원서를 받았습니다.

You are someone who has the work experience that we are looking for. **⁵ You're going to interview with my supervisor Miranda.** ▶ 전화를 건 목적 다음에는 구체적인 정보가 등장한다. 여기서는 면접자

에 대한 정보가 나오는데 인터뷰 받는 사람이 Sarah이고, 그녀의 상사가 인터뷰를 할 것이라 말하고 있다.
당신이 바로 우리가 찾던 경력을 갖춘 사람입니다. 당신은 저의 상사인 Miranda 씨와 면접을 보게 될 것입니다.

I will explain our staff policy to you after your interview. **⁶ Please let me know if you are available next Monday from 3 to 4 p.m. You can reach me at 333-1928.** ▶ 명령문이므로 요

청 사항에 대한 단서가 등장하는 곳이다. (B)가 정답이다.
면접이 끝난 후 제가 직원 정책에 대해 설명해 드릴 겁니다. 다음 주 월요일 오후 3~4시에 면접이 가능한지 알려주시기 바랍니다. 333-1928로
제게 연락바랍니다.

I look forward to hearing from you soon. Thank you.   연락 기다리겠습니다. 감사합니다.

표현 정리 schedule 일정을 잡다   application 지원서, 신청서   available 이용 가능한   look forward to -ing ~을 기대하다

시나공 + ❶ 메시지의 목적은 주로 초반부에서 발신인과 수신인이 나온 다음에 I'm calling to로 시작한다.
        ❷ 요청 사항 문제는 후반부에서 명령문 문장을 잘 듣는다.

📢 음성 메시지의 구조

음성 메시지의 흐름	음성 메시지와 관련된 패턴
인사말, 발신자, 수신자 정보, 직업, 업종, 회사	• Hi, Mr, Brown ~. 안녕하세요, 브라운 씨. • This is 이름 from 회사 ~. 저는 ~회사의 ~입니다. • This is Mary Johnson, the sales manager at the Star Dress Boutique. 저는 Star Dress Boutique의 영업관리자 메리 존스입니다.
목적, 문제점	• I'm calling about ~. ~에 대해 전화 드렸습니다. • I'm calling to ~. ~하기 위해 전화드렸습니다. • I'd like to inform ~. ~을 알리려고 전화합니다. • You sent us a message with your concerns about ~. ~에 관한 우려의 메시지를 우리에게 보냈더군요.
시점과 관련된 구체적인 정보	• On Monday 월요일에 • On August 5 8월 5일에
요구 및 제안	• Please call me back at + 연락처. ~로 연락주세요. • We ask that ~. ~을 요청 드립니다. • I want to ~. ~하기를 바랍니다.
추후 일정	• We'll be posting answers. 답변을 공지할 겁니다.
연락정보	• You can visit our Web site. 저희 웹사이트를 방문해 주세요. • I can be reached at 연락처. ~로 연락주세요.
문의 및 연락처	• You can visit our website. 저희 웹사이트를 방문해 주세요. • I can be reached at 연락처. ~로 연락주세요.

                  78.mp3

4. Who most likely is the caller?

(A) A sales staff member

(B) An engineer

(C) A real estate agent

(D) A supplier

5. Where does the speaker most likely work?

(A) In a post office

(B) In a clothes store

(C) In a bank

(D) In a restaurant

6. When will the promotion begin?

(A) This weekend

(B) Next week

(C) Next weekend

(D) Next Monday

▶ 정답 및 해설은 해설집 39쪽 참고

ARS는 수신자가 부재 중임을 알리는 메시지와 회사의 자동안내 메시지로 나뉜다. 부재 중 녹음 메시지는 주로 개인, 상점, 사무실 등의 메시지가 출제되고, 자동 안내 메시지는 주로 은행이나 회사의 메시지가 출제된다. 문제를 쉽게 풀기 위해서는 녹음된 메시지의 순서를 반드시 알아두어야 한다.

 대표 문제 세 문제를 먼저 10초 안에 읽은 다음, 설명문을 듣고 정답을 골라 보자. 79.mp3

4. Who is the message intended for?

(A) Hospital patients

(B) Tourists

(C) Bank customers

(D) Bank employees

5. What is suggested about the customer service representatives?

(A) They work in another office.

(B) They are not currently working.

(C) They are on other lines.

(D) They haven't arrived yet.

6. What will the listener hear by pressing 3?

(A) Instructions in Chinese

(B) Information about an account

(C) The bank's working hours

(D) The bank's location

🗣 **설명문을 듣기 전 문제를 읽을 때**

4. Who is the message intended for?   메시지는 누구를 위한 것인가?
> 전화를 건 사람(발신자)에 대한 단서는 초반부 인사말 뒤 'Thank you for calling ~, You have reached ~'에 등장한다.

  (A) Hospital patients   병원 환자
  (B) Tourists   관광객
  (C) Bank customers   은행 고객
  (D) Bank employees   은행 직원

5. What is suggested about the customer service representatives?
고객 서비스 직원에 대해 암시된 것은 무엇인가?
> 지문 초반부에 회사, 수신자 소개 또는 부재 중인 이유가 언급된다.

  (A) They work in another office.   다른 사무실에서 일하고 있다.
  (B) They are not currently working.   현재 근무하지 않고 있다.
  (C) They are on other lines.   다른 전화를 받고 있다.
  (D) They haven't arrived yet.   아직 도착하지 않았다.

6. What will the listener hear by pressing 3?   3번을 누르면 청자는 어떤 정보를 듣게 되는가?
> 서비스 안내 번호는 후반부에 등장하므로 'Please press + 번호(to find ~), Press + 번호(to check ~)'가 언급된 곳을 잘 듣는다.

  (A) Instructions in Chinese   중국어 안내
  (B) Information about an account   계좌 정보
  (C) The bank's working hours   은행 영업시간
  (D) The bank's location   은행 위치

🎧 **설명문을 들을 때**

Hello. **⁴ You have reached Brown Bank.**   ▶ 초반부에 은행이라고 언급되었으므로 메시지의 대상은 (C)가 정답이다.
안녕하십니까. Brown 은행입니다.

⁵ We are currently closed because of the public holiday.   ▶ 지문 초반부는 회사, 수신자 소개 또는 부재 중
인 이유가 언급되는 곳이다. 지문 초반부에서 무조건 한 문제 이상의 단서가 나오므로 꼭 집중한다.   공휴일이므로 현재는 영업을 하지 않고 있습니다.

Our regular working hours are from 9 a.m. to 4 p.m. from Monday to Friday, and we
are closed on all public holidays. For instructions in Chinese, press 2.   저희 정규 근무시간은 월
요일부터 금요일까지 오전 9시부터 오후 4시까지이며, 모든 공휴일에는 영업을 하지 않습니다. 중국어 안내는 2번을 누르십시오.

⁶ To check on information regarding new accounts, press 3.   ▶ 서비스 안내 번호는 후반부에 등장한다.
'press + 번호'가 언급된 곳이므로 6번 문제의 단서가 되는 곳이다. (B)가 정답이다.   신규계좌에 대한 안내 확인은 3번을 누르십시오.

If you need to speak with a customer service representative, please call back during
our regular business hours. Thank you for calling and have a nice day.   저희 고객 서비스 상담
원과 통화를 원하신다면 정규 영업시간에 다시 전화 주십시오. 전화 주셔서 감사드리며, 좋은 하루 되십시오.

표현 정리 currently 현재, 지금 public holiday 공휴일, 국경일 regular working hours 정규 근무시간 instruction 설명, 지시
regarding ~에 관하여, ~에 대하여 account 계좌 customer service representative 고객 서비스 직원

시나공 + **❶** 전화를 건 사람에 대한 단서는 메시지 초반부 인사말 뒤 'Thank you for calling ~, You have reached ~'에 있다.
    ❷ 서비스 번호 안내에 대한 문제는 중후반부 'Please press + 번호 (to find ~), Press + 번호 (to check ~)'가 언급된
    곳에서 정답의 단서가 등장한다.

🔊 ARS의 구조

ARS의 흐름	ARS와 관련된 패턴
인사말(회사 및 수신자 소개)	• Hello. You've reached + 회사/부서. 안녕하세요, ~입니다. • Thanks for calling ~. 전화 주셔서 감사합니다. • Thank you for calling ~. 전화 주셔서 감사합니다.
회사 소개, 부재 이유, 영업시간 안내	• Our company is known for ~. 저희는 ~로 유명합니다. • The office is currently closed ~. ~로 인해 현재 문을 닫았습니다. • Our business hours are ~. 저희 영업시간은 ~입니다.
서비스 안내 및 연락처	• Please press 3 to find ~. ~을 찾으시려면 3번을 누르세요. • Press 1 to check ~. ~을 확인하시려면 1번을 누르세요. • Please call back ~. ~로 다시 전화주세요.
제안, 요청 및 당부 사항	• For more information 더 자세한 사항은 • Please call again. 전화 주세요.

Voca Check - up! ARS 관련된 표현
pound key 우물정자 *star key 별표 page 호출하다 stay on the line 기다리다 hold 기다리다 press number + 번호 ~번을 누르세요
operator 전화 상담직원 talk to ~와 통화하다 Thank you for calling ~. ~에 전화 주셔서 감사합니다. Our store is at ~. 저희 매장은 ~
에 위치해 있습니다. We are open from ~. 영업시간은 ~입니다. business hours 영업시간

Step **3** 실전 문제   80.mp3

4. According to the message, what is the Victory Zoo known for?

(A) Its delicious food

(B) Having a diverse number of animals

(C) A wide range of insects

(D) Its unusual plants

5. Why should the listeners press 1?

(A) To book a ticket

(B) To buy a ticket

(C) To cancel a reservation

(D) To ask for information

6. How can the listeners get more information?

(A) By pressing the number 1

(B) By visiting a Web site

(C) By calling the given number

(D) By requesting a pamphlet

▶ 정답 및 해설은 해설집 40쪽 참고

문제를 풀면서 배운 내용을 적용해 보자.   🎧 81.mp3

1. Who would most likely be the caller?

(A) An office tenant
(B) A maintenance man
(C) A real estate agent
(D) A landlord

2. What is the purpose of the message?

(A) To give the location of an office
(B) To notify the man that an office is available to rent
(C) To announce some construction work
(D) To advertise a new building

3. What will the listener do next?

(A) Sign a contract
(B) Move to a new office
(C) Contact Linda Rey
(D) Call the owner of a building

4. What sort of business has the listener called?

(A) A furniture store
(B) A clothes store
(C) A computer store
(D) A stationery store

5. What is the online store known for?

(A) Sturdy furniture
(B) Unusual clothes
(C) Modern designs
(D) A system that makes paying easy

6. Why should the listeners press 1?

(A) To check on a delivery
(B) To find out a location
(C) To order a product
(D) To speak with a staff member

▶ 정답 및 해설은 해설집 40쪽 참고

PART 4

주제별 공략 ❺ 일기예보

Step 1 실전 포인트

날씨와 관련된 표현들을 꼭 암기하고 반전(however, but), 결론(so) 등의 표현 다음에 이어지는 문장은 반드시 정답의 단서가 등장하므로 이곳을 놓치지 말고 들어야 한다.

 대표 문제 세 문제를 먼저 10초 안에 읽은 다음, 설명문을 듣고 정답을 골라 보자.　　 **82.mp3**

4. What is this report for?

   (A) To advertise public transportation
   (B) To report the weather conditions
   (C) To interview some politicians
   (D) To announce some construction work

5. What does the announcer suggest the listeners do today?

   (A) Take their umbrellas
   (B) Wear raincoats
   (C) Use public transportation
   (D) Drink a lot of water

6. How will the weather be on the weekend?

   (A) Partly cloudy
   (B) Rainy
   (C) Hot and humid
   (D) Sunny

> **설명문을 듣기 전 문제를 읽을 때**

4. What is this report for?　이 보도는 무엇에 대한 것인가?

▶ 방송 프로그램 소개는 초반부에 등장한다.

(A) To advertise public transportation　대중교통을 광고하기 위해
(B) To report the weather conditions　날씨 보도를 위해
(C) To interview some politicians　정치인 인터뷰를 위해
(D) To announce some construction work　건설 작업 공지를 위해

5. What does the announcer suggest the listeners do today?

아나운서는 오늘 청취자들에게 어떻게 하라고 제안하고 있는가?

▶ 날씨에 대한 조언은 프로그램 소개 바로 뒤에 등장한다.

(A) Take their umbrellas　우산 챙기기
(B) Wear raincoats　비옷 입기
(C) Use public transportation　대중교통 이용하기
(D) Drink a lot of water　물 많이 마시기

6. How will the weather be on the weekend?　주말의 날씨는 어떠한가?

▶ 미래의 날씨는 후반부에 힌트가 등장한다.

(A) Partly cloudy　부분적으로 흐리다.
(B) Rainy　비가 온다.
(C) Hot and humid　덥고 습하다.
(D) Sunny　화창하다.

> **설명문을 들을 때**

4 This is Stacy Howard with your weather update.　▶ 초반부에 방송의 종류를 소개한다. 날씨 정보를 업데이트 해준다고 하므로 (B)가 정답이다.
저는 여러분께 날씨정보를 알려드릴 Stacy Howard입니다.

Today's weather is going to be rainy. If you are going to leave your house, **5 don't forget to bring your umbrella with you.**　▶ 프로그램의 종류를 언급한 바로 뒤에 이어지는 문장에 날씨에 대한 조언이 나온다. (A)가 정답이다.
오늘은 비가 오겠습니다. 지금 집을 나가시고 계신다면 우산을 가져가시는 것 잊지 마십시오.

Tomorrow will be sunny, and the weather will be nice. However,**6** on the weekend, we will see some unseasonably hot and humid weather throughout the country.
▶ 후반부는 미래 날씨에 관한 내용이 보도되는 곳이다. 특히 However 뒤에 이어지는 문장은 정답의 단서가 항상 있는 곳이다. (C)가 정답이다.
내일은 화창하고 맑은 날이 되겠습니다. 그러나 주말은 전국에 걸쳐 때 아닌 상당히 덥고 습한 날씨가 예상됩니다.

The temperature is expected to continue rising on the weekend. That is all for the morning weather report.　기온은 주말 동안 계속해서 오를 것으로 예상됩니다. 지금까지 아침 날씨 소식이었습니다.

표현 정리　unseasonably 계절에 맞지 않게, 때 아니게　humid 습한　temperature 온도, 기온　be expected to ~이 예상되다

시나공 +　❶ 방송의 종류는 초반부에서 언급된다.
　　　　❷ 날씨에 대한 의상이나 소지품 조언은 프로그램 소개 후 날씨를 설명한 후 나온다.
　　　　❸ 미래의 날씨는 후반부에 구체적 시점(tomorrow, on the weekend)과 함께 등장한다.
　　　　❹ 반전의 표현(however, but) 뒤에 나오는 표현은 정답의 단서일 확률이 높다. 반드시 집중한다.

🔊 일기예보의 구조

일기예보의 흐름	일기예보와 관련된 패턴
인사, 프로그램 소개	• Good evening. You're listening to ~. 안녕하세요, 여러분은 ~을 청취하고 있습니다. • This is for the morning weather forecast.　아침 일기예보입니다.
현재 날씨, 조언	• The current temperature is ~.　현재 기온은 ~입니다. • Don't forget to take ~.　~을 가져가는 것을 잊지 마세요.
앞으로의 날씨	• However, the sky ~.　그러나 하늘은 ~. • Tomorrow will ~.　내일은 ~일 겁니다.
다음 방송 안내	• I'll have the next weather report in + 시간. ~후에 다음 날씨 정보를 알려드리겠습니다.

Voca Check - up! 일기 예보와 관련된 표현

rain 비　shower 소나기　drizzle 이슬비　windy 바람 부는　flood 홍수　downpour 폭우　foggy / misty 안개 낀　cloudy / overcast 구름 낀　humid 습한　dry 건조한　drought 가뭄　sunny / clear / blue sky 맑은　temperature 온도　degree ~도　Celsius 섭씨 Fahrenheit 화씨　weather report 일기예보

Step 3　실전 문제　 83.mp3

4. How will the weather change today?

   (A) It will snow.

   (B) It will be colder.

   (C) It will get hotter.

   (D) It will become foggy.

5. What will happen on Sunday?

   (A) The temperature will increase.

   (B) Fierce winds will blow.

   (C) Snow is expected.

   (D) The temperature will remain the same.

6. What will the listeners probably hear next?

   (A) A traffic report

   (B) An advertisement

   (C) A sports report

   (D) Business news

▶ 정답 및 해설은 해설집 42쪽 참고

주제별 공략 ❻ 교통 방송

교통체증의 원인으로 도로 공사, 악천후 등이 나온다. 이 때 우회하라, 대중교통을 이용하라는 등의 조언이 교통 방송의 주요 흐름이다. 방송 시간, 청자가 해야 할 일, 권유 사항 등이 문제로 자주 출제된다.

 대표 문제 세 문제를 먼저 10초 안에 읽은 다음, 설명문을 듣고 정답을 골라 보자.　　　 84.mp3

4. According to the report, what caused the traffic delay this morning?

   (A) Poor weather conditions
   (B) A car accident
   (C) A damaged road
   (D) Road repairs

5. What advice does the speaker give?

   (A) Wait until the afternoon
   (B) Take an alternate route
   (C) Call an ambulance
   (D) Use public transportation

6. Who is this talk for?

   (A) Police
   (B) Motorists
   (C) Customers
   (D) Tourists

🗣 **설명문을 듣기 전 문제를 읽을 때**

4. According to the report, what caused the traffic delay this morning?

보도에 따르면, 오늘 아침 도로 정체 원인은 무엇인가?

▶ 교통 정체 이유는 초반부에 등장하므로 처음부터 잘 들어야 한다.

(A) Poor weather conditions   좋지 않은 날씨

(B) A car accident   자동차 사고

(C) A damaged road   훼손된 도로

(D) Road repairs   도로공사

5. What advice does the speaker give?   화자는 어떤 조언을 하고 있는가?

▶ 조언 관련 문제는 recommend가 나오는 문장을 집중해서 듣는다.

(A) Wait until the afternoon   오후까지 기다리라고

(B) Take an alternate route   다른 길로 우회하라고

(C) Call an ambulance   앰뷸런스를 부르라고

(D) Use public transportation   대중교통을 이용하라고

6. Who is this talk for?   이 방송은 누구를 위한 것인가?

▶ 청취자에 대한 정보는 초반부에 등장한다.

(A) Police   경찰

(B) Motorists   운전자

(C) Customers   손님

(D) Tourists   관광객

🎧 **설명문을 들을 때**

4/6 This is Gary Turk with a special traffic report. There is terrible traffic congestion on Highway 7 due to a traffic accident, so expect long delays in traffic for the entire morning.   ▶ 교통 방송은 초반부 인사 후 정체 이유가 언급되므로 이곳을 잘 들어야 한다. 따라서 4번 문제는 (B)가 정답이다. 교통 방송의 대상은 초반부에 등장하는데 교통 정체에 대해 이야기하고 있으므로 대상은 운전자. 6번 문제는 (B)가 정답이다.

저는 Gary Turk입니다. 긴급 교통뉴스를 전해 드리겠습니다. 7번 고속도로에 교통사고로 인한 극심한 교통 혼잡이 있으며, 오늘 아침 내내 교통 정체가 예상됩니다.

If you are heading northbound on Main Street, **5** we recommend taking Route 13 to get downtown.   ▶ 대안 제시는 recommend V-ing 문장을 잘 들어야 한다. 우회로를 제시했으므로 (B)가 정답이다.

Main 가에서 북쪽으로 가시는 중이라면, 13번 도로를 이용하여 시내로 진입하시기 바랍니다.

Police and ambulances are now trying to get control of the situation. Keep listening for a full traffic report in twenty minutes.

경찰과 구급차가 그 장소에서 상황을 수습하고 있습니다. 20분 후에 계속해서 전반적인 교통상황을 알아보도록 하겠습니다.

표현 정리 **special traffic report** 긴급 교통 방송 **traffic congestion** 교통 혼잡 **highway** 고속도로 **traffic accident** 교통사고 **delay** 지연, 지체 **head** (특정 방향으로) 가다 **downtown** 시내에, 시내로

시나공 + ❶ 교통 방송은 정체 이유 관련 문제가 반드시 출제된다. 초반부 인사 후 정체 이유가 언급되므로 이곳을 잘 들어야 한다.
❷ 대안 제시는 recommend V-ing 문장을 잘 들어야 한다.

🔊 **교통 방송의 구조**

교통 방송의 흐름	교통 방송과 관련된 패턴
인사	• Good morning, commuters. 안녕하세요, 통근자 여러분. • This is the 8:00 A.M. traffic report. 오전 8시 교통정보입니다.
교통 상황 및 정체 이유	• because of the ongoing thunderstorm 계속되는 폭풍우 때문에 • There was repair work. 수리작업이 있었습니다.
대안 제시	• We recommend avoiding ~. ~을 피할 것을 권합니다. • Drivers should consider using ~. 운전자들은 ~을 이용할 것을 고려하시기 바랍니다. • We advise you to take Route 15. 15번 도로를 이용하세요.
다음 방송 시간 안내	• Coming up at 7:00. 7시에 다시 뵙겠습니다

Voca Check - up! 방송과 관련된 표현

traffic report 교통 방송 commuter 통근자 motorist 운전자 driver 운전자 stall 서다 construction 공사 lane 차선 road / route 도로 accident 사고 avenue / street / path 길 alternate route 우회로 be closed down 폐쇄되다 traffic jam 교통정체 be held up 막히다

Step 3   실전 문제   🎧 85.mp3

4. Where should the listeners expect delays?

(A) On the outer road
(B) On Highway 22
(C) Near the train station
(D) In the suburbs

6. What does the speaker recommend?

(A) Driving at reduced speeds
(B) Listening for news updates
(C) Taking another road
(D) Calling the police

5. What caused the delay?

(A) A traffic accident
(B) The celebrating of Christmas Eve
(C) Heavy traffic
(D) A closed exit

▶ 정답 및 해설은 해설집 42쪽 참고

1. What is the main purpose of the report?

   (A) To provide a weather report
   (B) To announce the city festival
   (C) To provide construction information
   (D) To advertise a new car

2. What does the speaker recommend?

   (A) Listening for news updates
   (B) Driving carefully
   (C) Taking public transportation
   (D) Taking another route

3. How can the listeners get updated information?

   (A) By listening to the radio
   (B) By watching TV
   (C) By visiting a Web site
   (D) By calling a number

Weekly Forecast						
MON	TUE	WED	THU	FRI	SAT	SUN
18°	25°	26°	21°	18°	22°	27°

4. What's the purpose of the announcement?

   (A) To warn people about tornadoes
   (B) To advise residents not to go out in the snow
   (C) To caution people about flash floods
   (D) To report the weather for the weekend

5. Look at the graphic. What day is the announcement made on?

   (A) Monday
   (B) Tuesday
   (C) Wednesday
   (D) Thursday

6. What are people in the affected areas advised NOT to do?

   (A) Stay indoors
   (B) Call 911
   (C) Put vehicles under cover
   (D) Drive through floodwaters

▶ 정답 및 해설은 해설집 43쪽 참고

PART 4

REVIEW TEST

주제별 공략 ❼ 소개

초반에 나오는 사람의 이름을 잘 들어야 하는데, 그 사람의 이름 앞뒤에 언급되는 직업이나 직위를 놓치지 말고 들어야 한다.

 대표 문제 다음 문제들을 먼저 10초 안에 읽은 다음, 담화를 듣고 정답을 고르시오.   **87.mp3**

4. What is the purpose of the speech?

(A) To introduce a new staff member

(B) To announce a new policy

(C) To explain a new training program

(D) To notify employees of a meeting

5. Where is this speech probably taking place?

(A) At a museum

(B) At a hotel

(C) At a hospital

(D) At a library

6. What will the listeners do next?

(A) They will tell Steve about the sections.

(B) They will ask Steve for an off day.

(C) They will leave for a business trip.

(D) They will move to another department.

설명문을 듣기 전 문제를 읽을 때

4. What is the purpose of the speech?   연설의 목적은 무엇인가?
> ▶ 연설의 목적을 묻고 있으므로 초반부를 잘 듣는다.

  (A) To introduce a new staff member   새로운 직원을 소개하려고
  (B) To announce a new policy   새로운 정책을 발표하려고
  (C) To explain a new training program   새로운 훈련 프로그램을 설명하려고
  (D) To notify employees of a meeting   직원 미팅을 통보하려고

5. Where is this speech probably taking place?   이 연설은 어디에서 이루어지고 있나?
> ▶ 장소를 묻고 있으므로 초반부에 힌트가 나온다.

  (A) At a museum   박물관
  (B) At a hotel   호텔
  (C) At a hospital   병원
  (D) At a library   도서관

6. What will the listeners do next?   청자들은 다음에 무엇을 할 것인가?
> ▶ 다음에 해야 할 일을 묻는 문제는 후반부를 집중해서 들어야 한다.

  (A) They will tell Steve about the sections.   Steve에게 구역에 대해 말할 것이다.
  (B) They will ask Steve for an off day.   Steve에게 휴무일을 요청할 것이다.
  (C) They will leave for a business trip.   출장을 갈 것이다.
  (D) They will move to another department.   다른 부서로 옮길 것이다.

설명문을 들을 때

4 I'm very pleased to introduce Steve Hilton, the new manager of the Housekeeping Department.   ▶ 초반부 'I'm pleased to introduce ~.'로 시작되는 부분에 소개하는 사람과 소개하는 이유가 담겨있다. (A)가 정답이다.
우리 하우스키핑 부서의 새로운 매니저 Steve Hilton 씨를 소개하게 되어 기쁩니다.

5 Steve will manage all of the housekeeping operations at our hotel.   ▶ 장소, 직업, 업종 등은 초반부에 등장한다. (B)가 정답이다.
Steve 씨는 우리 호텔에서 모든 하우스키핑 서비스의 운영을 관리할 것입니다.

Since we recently changed our housekeeping system, he will assign tasks to employees in several different sections.
우리는 최근에 하우스키핑 시스템을 교체했으므로, 그는 직원들에게 여러 다른 구역으로 각각의 업무를 할당할 것입니다.

6 So, if you want to be in a particular section, you should tell Steve by the end of the day.   ▶ 다음에 할 일에 대한 단서는 후반부를 집중해서 들어야 한다. 원하는 구역을 Steve에게 말할 것을 권유하고 있다. (A)가 정답이다.
따라서 희망하는 구역이 있으시다면, 오늘까지 Steve에게 말해 주십시오.

표현 정리   manage 관리하다, 감독하다   operation 운영   assign 배당   particular 특별한   by the end of ~말까지

시나공 +   ❶ 연설, 소개의 목적은 초반부를 잘 듣는다.
         ❷ 장소, 업종, 직업을 묻는 문제는 초반부를 잘 듣는다.
         ❸ 해야 할 일을 묻는 문제의 단서는 후반부에 등장한다.

🔊 사람 소개의 구조

사람 소개의 흐름	사람 소개와 관련된 패턴
인사, 프로그램 및 사람 소개, 목적	• Hi, everyone. Welcome to ~　안녕하세요, 여러분. ~에 오신 것을 환영합니다. • I'm Lauren, your instructor.　저는 여러분의 강사 로렌입니다. • Thank you for coming ~.　~에 와 주셔서 감사합니다. • Good evening. You're listening to ~. 안녕하세요. 여러분은 ~을 청취하고 계십니다.
오늘의 게스트 및 주인공 소개	• Our special guest is ~.　우리의 특별 게스트는 ~입니다. • I proudly present　자랑스럽게 소개합니다 • We're delighted to　~하게 되어서 기쁩니다 • We welcome journalist Victor.　저널리스트인 빅터를 환영합니다.
게스트의 정보(직위, 과거 경력)	• Ms. Lee was our executive director.　이 씨는 저희 회사의 임원이었습니다. • After she retired, Ms. Lee started the Edge. Mr. Lee는 은퇴한 후 Edge를 시작했습니다. • Mr. Hern has worked in the financial sector. Mr. Hern은 재무분야에서 근무했습니다.
인터뷰 시작, 청취자 참여 유도 시상 및 연설, 당부 및 요청	• Tonight　오늘밤 • On today's show　오늘의 쇼는 • Please come forward.　앞으로 나와 주세요. • And now let's welcome Mr. Hern.　이제 Mr. Hern을 환영합시다.

4. What is the main purpose of the speech?

(A) To propose a project

(B) To notify employees of a meeting

(C) To recognize an employee

(D) To give a bonus

5. How long has Jinny been working in the Sales Department?

(A) Half a year

(B) 1 year

(C) 2 years

(D) 3 years

6. According to the speaker, what did Jinny do?

(A) She visited many countries.

(B) She completed many projects.

(C) She sold a lot of products.

(D) She signed a contract.

▶ 정답 및 해설은 해설집 44쪽 참고

Step 1   실전 포인트

관광 가이드 문제는 안내 장소나 안내 순서가 중요하다. 장소를 나타내는 here, this 뒤에 나오는 표현과 순서나 절차를 말하는 first, after that, and then 등의 표현이 나오는 부분을 특히 집중한다.

 대표 문제 문제들을 먼저 10초 안에 읽은 다음, 설명문을 듣고 정답을 골라 보자.   **89.mp3**

4. Who is the speaker?

(A) A tour guide

(B) A historian

(C) An official

(D) An accountant

5. According to the announcement, where will the listeners take a break?

(A) At the cave

(B) At the beach

(C) At the restaurant

(D) In the parking lot

6. What are the listeners asked to do?

(A) Enjoy doing water sports

(B) Take part in the activities

(C) Throw their garbage in trash cans

(D) Look around the beach

설명문을 듣기 전 문제를 읽을 때

4. Who is the speaker?　　화자는 누구인가?

▶ 화자를 묻고 있다. 따라서 초반부를 잘 듣는다.

(A) A tour guide　관광 가이드

(B) A historian　역사가

(C) An official　공무원

(D) An accountant　　회계사

5. According to the announcement, where will the listeners take a break?

안내에 따르면, 청자들은 어디서 휴식을 취할 것인가?

▶ 휴식 장소를 묻고 있다. 장소 문제는 초반부를 잘 듣는다.

(A) At the cave　동굴

(B) At the beach　해변

(C) At the restaurant　식당

(D) In the parking lot　주차장

6. What are the listeners asked to do?　　청자들은 무엇을 하도록 요청받는가?

▶ 청자들에게 요청하는 것은 You should ~, You'd better ~, You could ~의 형태로 후반부에 나온다.

(A) Enjoy doing water sports　수상스포츠를 즐기라고

(B) Take part in the activities　활동에 참가하라고

(C) Throw their garbage in trash cans　쓰레기를 쓰레기통에 버리라고

(D) Look around the beach　해변을 돌아보라고

설명문을 들을 때

Welcome to Rich National Seashore. My name is Melissa. ⁴ I'll be your tour guide today, and I'll take you all around beautiful Rich Bay.　▶ 화자, 청중, 장소에 대한 단서는 초반부에 등장한다.
여행 가이드를 해주겠다고 하므로 (A)가 정답이다.
Rich 국립해안공원에 오신 것을 환영합니다. 저는 Melissa이며, 오늘 Rich 만을 둘러보는 여행을 안내할 가이드입니다.

We will do several activities, including water sports, and ⁵ we will also visit famous Carmond Cave. We will arrive there before 10 a.m. Then, we'll take a short break.
▶ 화자, 청중, 장소에 대한 단서는 초반부에 등장한다. 동굴을 방문한다고 했으므로 (A)가 정답이다.
우리는 수상스포츠를 포함한 몇 가지의 활동을 할 것이며, 또한 유명한 Carmond 동굴을 방문할 것입니다. 우리는 동굴에 오전 10시까지 도착해
그곳에서 휴식을 취할 것입니다.

To help preserve the environment, please do not throw any trash in the sea. ⁶ You should carry your trash with you and put it into the trash cans which are located at the entrance when we return.　▶ 요청, 당부에 대한 단서는 후반부에 등장한다. You should 다음에 쓰레기를 쓰레기통에 버려달
라고 당부하고 있다. (C)가 정답이다.
환경 보호에 협조해 주시기 바라며, 바다에 쓰레기를 버리지 말아 주시기 바랍니다. 쓰레기를 꼭 가지고 다니시고 우리가 다시 돌아왔을 때 입구
에 있는 쓰레기통에 버려 주시기 바랍니다.

표현 정리 National Seashore 국립해안공원　guide 가이드　bay 만　several 몇몇의　activity 활동　water sports 수상스포츠
cave 동굴　preserve 보호하다　trash 쓰레기　trash can 쓰레기통　entrance 입구

시나공 + **①** 화자, 청중, 장소 문제에 대한 단서는 초반부에 등장한다.
　　　 ② 요청, 당부 문제에 대한 단서는 후반부에 등장한다.

가이드의 구조

가이드의 흐름	가이드와 관련된 패턴
인사, 주제	• Welcome to the audio tour. 오디오 투어에 오신 것을 환영합니다. • We'd like to remind ~. 다시 한 번 알려드립니다.
특징, 장점 등의 세부 사항	• I'll be showing ~. ~을 보여 드릴 예정입니다. • This program is ~. 이 프로그램은 ~입니다.
당부, 요구 사항	• And remember to ~. ~을 명심하세요.

Voca Check - up! 가이드 관련 표현

conference 대회, 회의 job fair 취업박람회 convention 박람회 function 행사 activity 활동 organization 조직 group 그룹, 단체 sign up 신청하다 schedule 일정 itinerary 일정 enroll 등록하다 go over 검토하다 hold 개최하다 take place 일어나다 fill out a form 양식을 작성하다

Step 3   실전 문제   🔊 90.mp3

4. What is said about the cathedral?

(A) It's now a museum.

(B) It was built about 100 years ago.

(C) It's the most historic building in the world.

(D) It's located in Southeast Asia.

5. How long will the tourists stay at the cathedral?

(A) Thirty minutes

(B) One hour

(C) Two hours

(D) Three hours

6. Where are the people asked to return?

(A) To the cathedral

(B) To the train

(C) To the airport

(D) To the hotel

▶ 정답 및 해설은 해설집 44쪽 참고

1. Where is the introduction taking place?

   (A) At a conference
   (B) At an awards ceremony
   (C) At an employee training session
   (D) At a local broadcasting station

2. What is the purpose of the talk?

   (A) To notify the staff about a meeting
   (B) To advertise a new book
   (C) To introduce a guest speaker
   (D) To select a new manager

3. Who is Michael Rupin?

   (A) A salesperson
   (B) A conference planner
   (C) The general manger of a hotel
   (D) An accountant

4. Who most likely is the speaker?

   (A) A photographer
   (B) A technician
   (C) An architect
   (D) A tour guide

5. According to the talk, how does the B.P. Mosque differ from other mosques?

   (A) It has a different color than the other mosques.
   (B) It looks older than the other mosques.
   (C) It is larger than the other mosques.
   (D) Its design is different than those of the other mosques.

6. What will the listeners do next?

   (A) Go to see some other mosques
   (B) Look at another of Mr. Peter's structures
   (C) Take a short break at the mosque
   (D) Return to their hotel on their tour bus

▶ 정답 및 해설은 해설집 45쪽 참고

PART 4

Step 1   실전 포인트

광고문은 광고되는 제품의 특징을 설명하는 different, special, 최상급 표현을 잘 들어야 한다. 특히 후반부에 나오는 명령문(If + 주어 + 동사 ~, please ~)은 문제와 직결된다.

 대표 문제   문제들을 먼저 10초 안에 읽은 다음, 설명문을 듣고 정답을 골라 보자.   **92.mp3**

---

4. What is being advertised?

   (A) Office supplies

   (B) A medical journal

   (C) A fashion magazine

   (D) A newspaper

5. What advantage does the company offer?

   (A) Discounts on magazines

   (B) Discounts on newspapers

   (C) Free magazines

   (D) Free newspapers

6. How can customers subscribe?

   (A) By visiting the Web site

   (B) By sending an e-mail

   (C) By going to the Milan Times office

   (D) By calling a phone number

> **설명문을 듣기 전 문제를 읽을 때**

4. What is being advertised?   광고되고 있는 것은 무엇인가?

▶ 광고 제품을 묻고 있으므로 초반부를 듣는다.

(A) Office supplies   사무용품
(B) A medical journal   의학저널
(C) A fashion magazine   패션잡지
(D) A newspaper   신문

5. What advantage does the company offer?   회사는 어떤 이익을 제공하는가?

▶ 구매 혜택은 중후반부에 주로 단서가 나온다.

(A) Discounts on magazines   잡지 할인
(B) Discounts on newspapers   신문 할인
(C) Free magazines   무료 잡지
(D) Free newspapers   무료 신문

6. How can customers subscribe?   고객들은 어떻게 구독 신청을 할 수 있는가?

▶ 구독(구매) 방법과 연락처는 후반부에 단서가 나오는데, please ~의 형태로 주로 나온다.

(A) By visiting the Web site   홈페이지에 방문함으로써
(B) By sending an e-mail   이메일을 보냄으로써
(C) By going to the Milan Times office Milan Times   사무실을 방문함으로써
(D) By calling a phone number   전화를 함으로써

> **설명문을 들을 때**

⁴ Why don't you subscribe to the Milan Times newspaper?   ▶ 광고 제품이나 서비스의 종류는 초반부
에 등장한다. (D)가 정답이다.
저희 Milan Times 신문을 구독해 보시는 것은 어떠십니까?

We are a nationally popular newspaper that provides our readers with plenty of information. You don't have to waste your precious time buying the paper anymore. Now, you can conveniently receive the paper at your home and get it at an affordable price.
저희는 저희 독자들에게 풍부한 정보를 제공하는 신문으로 전국적으로 유명합니다. 귀하는 신문을 구입하느라 더 이상의 소중한 시간을 낭비할 필요가 없습니다. 이제, 당신의 집에서 저렴한 가격으로 편리하게 신문을 받아보세요.

⁵ If you subscribe to the Milan Times, you'll get a free copy of our weekend fashion magazine.   ▶ 구매혜택과 같은 세부정보는 중후반부에 단서가 나온다. 무료 매거진을 준다고 했으므로 (C)가 정답이다.
귀하가 Milan Times 신문을 구독하시게 될 경우, 귀하는 주간 패션 매거진을 무료로 받아 보시게 될 것입니다.

⁶ For more information or to subscribe now, please call 2451-2359.   ▶ 구매 방법, 구매처, 연락
방법 등은 후반부의 명령문에 등장한다. (D)가 정답이다.
더 자세한 사항이나 바로 구독을 원하시면, 2451-2359로 연락 주십시오.

표현 정리 **subscribe** 구독하다   **nationally** 전국적으로   **waste** 낭비하다   **precious** 소중한   **at an affordable price** 저렴한 가격에

시나공 + ❶ 광고 제품이나 서비스의 종류에 대해서는 초반부를 잘 들어야 한다.
❷ 구매 혜택을 묻는 문제는 중반이나 후반에 주로 단서가 나온다. 두 번째 문제면 중반에, 세 번째 문제면 후반에 근거가나 온다.
❸ 구매 방법, 구매처, 연락 방법 등은 후반부의 명령문(please ~)을 잘 들어야 한다.

🔊 제품 광고의 구조

제품 광고의 흐름	제품 광고와 관련된 패턴
광고하는 물건이나 서비스, 광고 대상, 제품에 대한 문제점	• We have a good reputation for having the latest fashions. 저희는 최신 패션으로 좋은 평판을 갖고 있습니다. • Are you looking for ~? ~을 찾고 계십니까? • Are you having trouble ~? ~에 어려움을 겪고 계십니까?
제품의 특징과 장점, 회사에 대한 소개	• One of the features 한 가지 특징은 • Our firm has ~. 저희 회사는 ~을 갖고 있습니다.
구매 혜택	• We offer the best prices. 저희는 최저 가격으로 제공합니다. • You'll also receive ~ free. 당신은 또한 무료로 받으실 수 있습니다. • You'll get a free gift ~. 당신은 무료 선물을 받을 것입니다.
영업시간	• We open for business at 9:00 A.M. 영업 시간은 오전 9시입니다. • We open at 5:00 A.M. in the morning every day. 저희는 매일 오전 5시에 개장합니다.
구매처 및 연락 방법	• Give us a call at ~. ~로 전화주세요. • Please call ~. ~로 전화주세요. • Visit www.milantimes.com. www.milantimes.com을 방문하세요.

Voca Check - up! 광고 관련 표현

reliable 믿을 만한 excellent service 멋진 서비스 helpful employee 해박한 직원 durable / strong 튼튼한 good quality 좋은 품질
best deal 최상의 거래 material 재료 ingredient 재료 reasonable / affordable / low price 저렴한 가격

---

4. What is the advertisement for?

(A) A network system

(B) Furniture

(C) Electronic devices

(D) Kitchen supplies

5. What advantage of the new digital camera is mentioned?

(A) It is very easy to use.

(B) It is cheaper than last year's model.

(C) It is the smallest camera in the world.

(D) It comes in a variety of colors.

6. How can the listeners get more information?

(A) By visiting a store

(B) By sending an e-mail

(C) By calling a special number

(D) By visiting a Web site

▶ 정답 및 해설은 해설집 46쪽 참고

Step 1 실전 포인트

할인 광고는 지문의 후반부에 등장하는 할인 기간, 할인 혜택을 잘 들어야 한다. 특히 기간 및 가격을 나타내는 숫자 표현을 집중해서 들어야 한다.

 대표 문제 다음 문제들을 먼저 10초 안에 읽은 다음, 담화를 듣고 정답을 고르시오.　　 94.mp3

4. What does the advertised business sell?

　(A) Housewares
　(B) Furniture
　(C) Electronic equipment
　(D) Books

5. What will the customers receive?

　(A) A discount
　(B) Free delivery
　(C) A membership card
　(D) A free gift

6. When does the sale end?

　(A) On Friday
　(B) On Saturday
　(C) On Sunday
　(D) On Monday

🎧 **설명문을 듣기 전 문제를 읽을 때**

4. What does the advertised business sell? 광고되고 있는 업체가 판매하고 있는 것은 무엇인가?

▶ 광고하는 물건/회사의 종류를 묻고 있으므로 초반부를 듣는다.

(A) Housewares 가정용품

(B) Furniture 가구

(C) Electronic equipment 전자기기

(D) Books 책

5. What will the customers receive? 고객들은 어떤 혜택을 받는가?

▶ 세부적인 구매 혜택은 중반부에 단서가 나온다.

(A) A discount 할인

(B) Free delivery 무료 배송

(C) A membership card 회원권

(D) A free gift 경품

6. When does the sale end? 할인은 언제 끝나는가?

▶ 할인 마감일처럼 날짜와 관련된 단서는 초반이나 후반부에 제시된다.

(A) On Friday 금요일

(B) On Saturday 토요일

(C) On Sunday 일요일

(D) On Monday 월요일

🎧 **설명문을 풀을 때**

⁴ Are you tired of looking for a new computer? We have everything related to computers, including monitors, wireless keyboards and mouses, and printers. ▶ 초반부

에 등장하는 'interested in, look for' 다음을 잘 들어야 한다. '~에 관심 있으세요?', '~을 찾고 있나요?'라고 이목을 끌며 시작한다. 광고되는 업체, 제품, 서비스 등의 종류와 대상이 누구인지를 확인시켜주는 문장이다. (C)가 정답이다.

새로운 컴퓨터를 찾으셨습니까? 모니터, 무선 키보드와 마우스, 프린터 등을 포함한 컴퓨터에 관한 모든 것들이 있습니다.

Starting this Friday, Kiara Electronics is having our annual sale. **⁵** We are also offering free delivery during the event. ▶ 구매 혜택과 관련된 세부적인 정보는 중후반부에 등장한다. 무료 배송을 제공한다고 했

으므로 (B)가 정답이다.

Kiara Electronics에서는 이번 금요일부터 연례 할인 행사를 실시합니다. 저희는 또한 행사 기간 동안 무료 배송 서비스를 제공합니다.

⁶ The sale only lasts from Friday to Sunday this week. So don't miss this great chance. ▶ 할인/세일 기간 등은 초반부나 후반부를 잘 들어야 한다. 이 담화에서는 후반부에 제시되었다. (C)가 정답이다.

할인 행사는 이번 주 금요일부터 일요일까지만 진행됩니다. 그러니 이번 기회를 놓치지 마십시오.

표현 정리 wireless 무선, 무선의 annual 매년의, 연례의 offer 제공하다 deliver 배달하다 miss 놓치다

시나공 ➕ ❶ 광고되는 업체, 제품, 서비스 등의 종류와 대상 문제는 초반부에서 look for, interested in 다음을 들어야 한다.

❷ 세부적인 구매 혜택에 대한 문제는 중/후반부를 잘 들어야 한다.

❸ 할인 / 세일 기간은 초반부나 후반부에 제시된다.

🔊 할인 광고의 구조

할인 광고의 흐름	할인 광고와 관련된 패턴
광고 하는 물건이나 서비스, 광고 대상, 제품에 대한 문제점	• Update your mobile phone. 휴대전화를 업데이트하세요. • Are you looking for ~? ~을 찾고 계십니까? • If you have a problem ~. ~에 문제가 있으면 ~.

할인 혜택	• Winter clothing is half price. 겨울옷은 반값입니다.
	• Members will receive a complimentary gift.
	  회원들은 무료 선물을 받으실 수 있습니다.
	• Apparel is fifty percent off. 의복은 50퍼센트 할인입니다.
	• ~ is only available until the end of the month.
	  이번 달 말까지만 이용 가능합니다.

구매처 및 연락 방법	• Order your new mobile phone today. 오늘 휴대전화로 주문하세요.

Voca Check - up! 광고 관련 표현

clearance sale 재고정리 세일   opening sale 개점 세일   anniversary sale 기념 세일   holiday sale 휴일 세일   today only 오늘만
limited time only 한정 기한에   expired 기간이 지난   effective / valid 유효한   special offer 특가 상품   discount 할인   off 할인
mark down 할인하다, 가격을 내리다

Step 3   실전 문제   🎧 95.mp3

4. What items are on sale?

  (A) New arrivals

  (B) Winter clothes

  (C) Summer clothes

  (D) Summer shoes

5. According to the advertisement, what items are discounted?

  (A) Underwear

  (B) Skiwear

  (C) Sweaters

  (D) Swimming suits

6. How can customers get a free beach bag?

  (A) By purchasing at least five items

  (B) By spending more than $200

  (C) By paying with cash

  (D) By bringing a coupon

▶ 정답 및 해설은 해설집 47쪽 참고

1. What is being advertised?

   (A) Real estate

   (B) A sporting goods store

   (C) A furniture factory

   (D) A paint store

2. When will the apartments be available to rent?

   (A) The following month

   (B) Next year

   (C) Next Friday

   (D) At the end of the year

3. What is free for all residents of Luxury Apartments?

   (A) The supermarket

   (B) The fitness facilities

   (C) The playground

   (D) The parking lot

Room Type	Rate
Superior Room	190 Euro
Executive Standard	215 Euro
Executive Suite	245 Euro
Luxury Suite	270 Euro

4. Who most likely is this advertisement intended for?

   (A) Company executives

   (B) Renovation workers

   (C) Travelers

   (D) Hotel staff

5. Why is the business offering a special deal?

   (A) To celebrate their anniversary

   (B) To promote the opening of a business

   (C) To raise money for renovation

   (D) To commemorate their Remodeling

6. Look at the graphic. For what price will the Luxury Suite room be available this month?

   (A) 190 Euro

   (B) 215 Euro

   (C) 245 Euro

   (D) 270 Euro

▶ 정답 및 해설은 해설집 47쪽 참고

PART 5&6

GRAMMAR

UNIT 01 문장의 5형식

VOCABULARY

UNIT 02 명사 ❶

PART 7

READING

UNIT 03 주제 & 목적

REVIEW TEST

WARMING UP

01 개념 익히기 --- 본격적인 학습에 앞서 기본 개념을 익혀 보세요.

1) 문장의 주요소: 주어, 동사, 목적어, 보어

문장 성분은 문장을 구성하면서 일정한 역할을 하는 요소를 말하며, 문장의 주요소는 다음과 같다.

문장 요소	뜻	해당 품사	예시
주어	문장의 주체를 나타냄	명사, 대명사	They are students. 그들은 학생이다.
동사	주어의 동작이나 상태를 나타냄	be동사, 일반동사	I study English. 나는 영어를 공부한다.
목적어	주어의 대상을 나타냄	명사, 대명사	He has a car. 그는 자동차를 가지고 있다.
보어	주어의 뜻을 보충함	명사, 대명사, 형용사	He became an engineer. 그는 엔지니어가 되었다.

2) 문장의 부가 요소 : 수식어

문장의 주성분인 주어, 목적어, 동사를 꾸며주는 말을 수식어라고 한다. 수식어에는 부사, 전치사구등이 있는데, 문장을 더 상세히 설명해 주는 역할을 하며, 문장의 형식과는 상관 없이 쓰일 수 있다.

수식어	역할
부사	Tom runs fast. (부사인 fast가 동사인 run을 수식)
전치사구(전치사 + 명사)	Linda lives in Canada. (전치사구인 in Canada가 동사인 live를 수식)

3) 문장의 5형식

영어의 문장은 문장의 주요소 배열에 따라 다음의 5가지 형식을 갖추고 있다.

① 1형식 : 주어(S) + 완전자동사(V)
주어와 동사만으로도 최소한의 의미를 전달할 수 있는 문장이다.
ex) I　work.　나는 일한다.
　　주어　동사

② 2형식 : 주어(S) + be동사 + 보어(C)
주어와 동사만으로는 뜻이 불충분하여 주어를 보충해주는 보어가 와야만 뜻이 전달되는 문장이다.
ex) He　is　a doctor.　그는 의사이다.
　　주어　동사　보어

③ 3형식 : 주어(S) + 완전타동사(V) + 목적어(O)
주어와 동사만으로는 뜻이 불충분하여 동사의 대상이 되는 목적어가 와야만 뜻이 전달되는 문장이다.
ex) Mike　loves　his family.　마이크는 그의 가족을 사랑한다.
　　주어　　동사　　목적어

④ 4형식 : 주어(S) + 수여동사 + I.O(간접목적어) + D.O(직접목적어)
동사의 성격상 '간접목적어(~에게)'와 '직접목적어(~을, ~를)가 와야 완전한 뜻이 전달되는 문장이다.
ex) I　gave　his wife　some money.　나는 그의 아내에게 약간의 돈을 주었다.
　　주어　동사　간접목적어　　직접목적어

⑤ 5형식 : 주어(S) + 불완전타동사(V) + 목적어(O) + 목적보어(O.C)
목적어를 좀 더 보충해주는 말이 올 수 있는 문장이다. 이 때 목적보어에는 (대)명사나 부정사, 또는 형용사나 분사가 와야만 한다.
ex) He　made　his family　happy.　그는 그의 가족을 행복하게 만들었다.
　　주어　동사　　목적어　　목적보어

02 예제 풀어보기

다음 문장들의 형식과 밑줄 친 단어들의 역할을 괄호 안에 쓰시오.

1 Tom came into the office.
(주어) (동사) (   )

> 1 형식

2 Mr. Medvedev is sincere.
(   ) (   ) (   )

> 형식

3 He has made a significant contribution to the program.
(   )

> 형식

4 You must give me your comment.
(   ) (   ) (   )

> 형식

5 We considered him a manager.
(   ) (   ) (   )

> 형식

03 예제 확인하기

1 Tom came into the office.   Tom이 사무실로 들어 왔다.
주어   동사   전치사구

> ▶ 이 문장의 기본 구조는 '주어 + 동사'로 구성된 1형식 문장이다. 동사 came은 자동사이며, 자동사 뒤에는 전치사구 (into the office) 또는 부사 등이 온다.

2 Mr. Medvedev is sincere.   Mr. Medvedev는 성실하다.
주어   동사   보어

> ▶ 이 문장의 기본 구조는 '주어 + 동사 + 보어'로 구성된 2형식 문장이다. 자동사인 is는 주어(Mr. Medvedev)를 보충해 줄 수 있는 보어(sincere)와 함께 쓰여야 한다.

3 He has made a significant contribution to the program.   그는 프로그램에 상당한 기여를 했다.
주어   동사   목적어   전치사구

> ▶ 이 문장의 기본 구조는 '주어 + 동사 + 목적어'로 구성된 3형식 문장이다. 필수 요소인 명사(contribution), 대명사(He)와 부가 요소인 형용사(significant), 전치사(to) 등이 3형식 문장 안에 모두 포함되어 있다.

4 You must give me your comments.   당신은 저에게 당신의 의견을 제시해야 합니다.
주어   동사   간접목적어   직접목적어

> ▶ 이 문장의 기본 구조는 '주어 + 동사 + 간접목적어 + 직접목적어'로 구성된 4형식 문장이다. 타동사 중에는 목적어를 두 개 갖는 동사가 있다. 주로 '~에게 ~해 주다'는 의미를 갖기 때문에 수여동사라고도 한다.

5 We considered him a manager.   우리는 그를 매니저로 간주했다.
주어   동사   목적어   목적보어

> ▶ 이 문장의 기본 구조는 '주어 + 동사 + 목적어 + 목적보어'로 구성된 5형식 문장이다. 이때 목적어와 목적보어 사이에는 주어와 술어 관계가 성립된다.

UNIT
01

PART 5&6

문장의 5형식 ① 1형식

Step 1 실전 포인트

풀 이 전 략   전치사구나 부사 앞 빈칸엔 자동사를 고른다.

★ 대표 문제

All of the employees ------- in the latest protest against lowering the minimum wage.

(A) attended   (B) informed   (C) hosted   (D) participated

시나공 풀이법

All of the employees ------- (in the latest protest) (against lowering the minimum wage).
　　　주어　　　　　　　　　　　　　전치사구　　　　　　　　　　전치사구

| 타동사 | 타동사 | 타동사 | 자동사 |

(A) attended   (B) informed   (C) hosted   (D) participated
참석하다   알리다   주최하다   참석하다

participate in ~에 참석하다

문장분석   문장에는 반드시 주어와 동사가 있어야 한다. 문장의 주어는 All of the employees이며, 문장에 동사가 없으므로 빈칸은 동사 자리이다. 'participate in + 명사'는 '~에 참석하다'라는 뜻으로 알아두자. 빈칸 뒤 전치사구는 문장의 필수 요소가 아니다.

해   설   엇비슷하거나 같은 의미를 가진 동사가 한 쌍 있으면 한 쌍으로 묶어서 풀어야 한다. 선택지 중 셋은 타동사이고 남은 하나는 자동사이다. 빈칸 뒤에 목적어가 없으면 자동사, 목적어가 있으면 타동사를 고르는 문제로 출제된다. 따라서 빈칸 뒤에 전치사구(in the latest protest)가 왔으므로, 자동사인 (D) participated가 정답이다. 참고로 같은 의미인 타동사 attend와 구별해서 알아둔다.

해   석   모든 직원들이 최근 최저 임금을 낮추는 것에 반대하는 시위에 참석했다.

표현정리   latest 최근 protest 시위 minimum wage 최저 임금

정   답   (D)

시나공 POINT

1형식 동사 다음에는 부사나 전치사구가 온다.

핵심 이론

1형식 주어와 동사로 이루어진 완전한 문장 뒤에 전치사구 또는 부사가 온다.

He works **at the company**. 그는 회사에서 일한다.

He works **hard**. 그는 열심히 일한다.

특정 자동사는 전치사와 함께 묶어서 암기한다.

account for ~을 설명하다	object to ~을 반대하다
depend on ~에 의존하다	focus on ~에 집중하다
refer to ~을 참고하다	respond to ~에 반응하다
wait for ~을 기다리다	consist of ~으로 구성되다
participate in ~에 참가하다	specialize in ~을 전문으로 하다

An unexpected argument between two colleagues **happened** <u>in our department</u>.

동료들 간의 예기치 않은 논쟁이 우리 부서에서 일어났다.

▶ 전치사구(in our department) 앞은 자동사 자리이다.

Our company's annual profits **declined** <u>significantly</u> last year.

우리 회사의 연간 매출이 작년에 상당히 감소했다.

▶ 부사(significantly) 앞은 자동사(decline) 자리이다.

▶ 토익에 출제되는 대표적인 1형식 자동사들로는 'go 가다, come 오다, work 일하다, happen 발생하다, arrive 도착하다, disappear 사라지다, proceed 나아가다, fall 하락하다, rise 오르다, function 기능을 발휘하다, deteriorate 악화되다, decline 감소하다' 등이 있다.

Mr. Martin **participated** in the company's professional development seminar.

Martin 씨는 회사가 제공하는 직업 교육 세미나에 참석했다.

▶ 일부 자동사는 'participate in ~에 참석하다'처럼 특정 전치사와 함께 암기해 둔다. 같은 의미의 타동사 attend가 있다는 것도 알아 둔다.

1. The success of a restaurant -------- on the food, experience, price, and location.

    (A) provides   (B) depends   (C) implies   (D) includes

2. Not all employees are satisfied because some think some of the women will not ------- competently under the male-centered new company policy.

    (A) request   (B) support   (C) release   (D) function

▶ 정답 및 해설은 해설집 49쪽 참고

GRAMMAR

01 PART 5&6
문장의 5형식 ❷ 2형식

Step 1 실전 포인트

풀 이 전 략 2형식 동사 뒤 빈칸에는 명사나 형용사가 온다.

 대표 문제 R02

> The company is largely ------- for educating and training its employees to develop their skills.
>
> (A) responsible (B) response (C) responsibility (D) respond

 시나공 풀이법

동사

The company is largely ------- (for educating and training its employees) to develop
주어 　동사　부사　보어　　　　　　　　　　전치사구　　　　　　to부정사(부사적 용법)

their skills.
to부정사의 목적어 　　부사는 동사와 형용사만 수식

respond to ~에 대답하다

(A) responsible (B) response (C) responsibility (D) respond
형용사 　　　　명사　　　　　　명사　　　　　동사

문장분석 'be responsible for + 명사'는 '명사에 책임이 있다/명사를 담당하다'라는 뜻으로 알아두자. to부정사(to develop)는 '~하기 위해'로 해석되며 부사 역할을 한다.

해 설 빈칸 앞뒤 부사 (largely)는 늘 함정으로 제시되는 품사이므로 소거 후 푼다. be동사 뒤 빈칸은 보어 자리이다. 보어 자리에 형용사나 명사를 쓸 수 있지만 명사 보어를 쓰는 경우는 거의 출제되지 않으며, 주어와 동격일 때만 사용 가능하다. 따라서 be동사 뒤 빈칸은 형용사가 와야 하므로 (A)가 정답이다.

해 석 기업은 직원들의 능력을 향상시키기 위해 직원들에 대한 교육과 훈련을 주로 책임진다.

표현정리 largely 주로 develop 발전시키다

정 답 (A)

✂ 시나공 POINT

be동사 뒤 빈칸은 형용사 자리이다.

DAY 01 PART 5&6 | GRAMMAR

핵심 이론

> **2형식** 'A + 동사(be 포함) + B'의 형태이며, B에는 주로 형용사가 온다.
>
> He became smart.　그는 똑똑해졌다.
> She is happy.　그녀는 행복하다
>
> **대표적인 2형식 동사**
>
> | | |
> |---|---|
> | ❶ ~이다 | be동사 + 보어 |
> | ❷ ~가 되다 | become, get, grow, go, turn, run + 보어 |
> | ❸ ~인 것 같다 | seem, appear + 보어 |
> | ❹ ~인 상태로 있다 | remain, stay + 보어 |
> | ❺ ~하게 느껴지다, 보이다, 들리다 | feel, look, sound + 보어 |

Your account information is available online so you can access it now.

귀하의 계좌정보는 온라인으로 확인이 가능하니 지금 접속하시면 됩니다.

▶ be동사 뒤는 형용사(available) 자리이다. 참고로 online(온라인상에서)은 부사로 쓰였다.

The company executives expect to become profitable within three years.

회사 중역들은 3년 안에 수익이 날 것으로 예상하고 있다.

▶ become 뒤는 형용사(profitable) 자리이다.

The building remained unoccupied during the construction period.

공사 기간 동안 그 빌딩은 빈 채로 있었다.

▶ remained 뒤는 형용사(unoccupied) 자리이다.

Sonoma Company is a leading manufacturer of commercial kitchen appliances.

Sonoma 사는 상업용 주방 기구의 선두적인 제조업체다.

▶ be동사 뒤 명사(manufacturer) 자리이다. (Sonoma Company = a leading manufacturer)

Step **3**　실전 문제

1. The company held the charity event, which was extremely ------- thanks to the substantial contributions that were made.

(A) successfully　　(B) succession　　(C) success　　(D) successful

2. After the factory in China was finally completed after a long period of construction, the production line became fully -------.

(A) operational　　(B) operation　　(C) operationally　　(D) operating

▶ 정답 및 해설은 해설집 49쪽 참고

UNIT
01

PART 5&6

문장의 5형식 ❸ 3형식

풀 이 전 략   목적어 앞 빈칸에는 자동사가 올 수 없고 타동사가 와야 한다.

★ 대표 문제

All of the staff members ------- the auditorium to hear the announcement concerning the next year.

(A) looked   (B) prospected   (C) reached   (D) arrived

✍ 시나공 풀이법

All of the staff members ------- the auditorium to hear the announcement concerning

주어   동사   동사(reached)의 목적어   to부정사(부사적 용법, ~하기 위해)

the next year.

전치사구   수식어구, auditorium까지 완전한 문장

                            타동사   자동사

(A) looked   (B) prospected   (C) reached   (D) arrived

보다   탐사하다, 찾다   닿다, 이르다   도착하다

문장분석   완전한 절 '주어(All of the staff members) + 동사(reached) + 목적어(the auditorium)' 뒤에 오는 to부정사는 부사적 용법으로 '목적 (~하기 위해)'의 뜻을 갖는다.

해   설   엇비슷하거나 같은 의미를 가진 동사가 한 쌍 있으면 한 쌍으로 묶어서 풀어야 한다. 이때 둘 중 하나는 자동사이고 남은 하나는 타동사이다. 빈칸 뒤에 목적어가 있으면 타동사, 목적어가 없으면 자동사를 고르는 문제로 출제된다. 따라서 타동사 (C)와 자동사 (D) 중 하나를 선택한다. 빈칸 뒤에 목적어(the auditorium)가 왔으므로 타동사인 (C) reached가 정답이다. arrive 다음에는 at이나 in이 자주 같이 온다. (A)는 뒤에 전치사가 오는 자동사이고 문장의 의미와 맞지 않으며, (B)도 문맥에 맞지 않는다.

해   석   전 직원들이 내년도 사업 발표회에 참석하기 위해 강당에 도착했다.

정   답   (C)

★시나공 POINT

선택지에 비슷한 뜻을 가진 동사가 한 쌍 있는 경우 하나는 자동사이고, 다른 하나는 타동사인데, 이 중 타동사를 고르는 문제이다.

핵심 이론

자동사로 착각하기 쉬운 타동사

타동사	뜻	주의
approach	~로 접근하다	전치와 to와 같이 쓰지 않음
access	~에 접근하다	전치와 to와 같이 쓰지 않음
mention	~에 대하여 언급하다	전치와 about과 같이 쓰지 않음
discuss	~에 관해 토론하다	전치와 about과 같이 쓰지 않음
attend	~에 참석하다	전치와 in / into와 같이 쓰지 않음
enter	~에 들어가다	전치와 in / into와 같이 쓰지 않음
contact	~에게 연락하다	전치와 to / with와 같이 쓰지 않음

If you have any questions about our products, please **contact** me.

저희 제품에 문의 사항이 있으시면 저에게 연락 주십시오.

▶ 대명사 목적어(me) 앞은 타동사(contact) 자리이다.

The personnel manager is going to **attend** the meeting on Wednesday.

인사 부장은 수요일 회의에 참석할 것이다.

▶ 명사(meeting) 목적어 앞은 타동사(attend) 자리이다.

All employees should **follow** the safety regulations while on duty.

모든 직원들은 근무 중에 안전 규정을 따라야 합니다.

▶ 복합명사(the safety regulations) 목적어 앞은 타동사(follow) 자리이다.

The company **announced** that its sales revenue rose considerably.

회사는 판매 수익이 상당히 증가했다고 발표했다.

▶ 명사절(that) 목적어 앞은 타동사(announced) 자리이다. 명사절은 타동사의 목적어 역할을 할 수 있다.

Step 3　　실전 문제

1. The hotel will ------- them with a banquet hall, free drinks, and telephone service for the meeting tomorrow.

(A) function　　　(B) wait　　　(C) comply　　　(D) provide

2. According to the most recent financial report, reducing the employees' salaries will not ------- the problem concerning the company's deficit.

(A) deal　　　(B) address　　　(C) follow　　　(D) participate

▶ 정답 및 해설은 해설집 49쪽 참고

UNIT 01 PART 5&6 문장의 5형식 ❹ 4형식

풀 이 전 략   '사람(간접목적어) + 사물(직접목적어)' 앞 빈칸은 4형식 동사로 채운다.

 대표 문제

 R04

> All candidates must directly ------- the human resources manager their applications or send them by e-mail.
>
> (A) sell   (B) supply   (C) give   (D) manage

 시나공 풀이법

수식

All candidates must directly ------- the human resources manager their applications
주어(복수)   조동사   원형동사   간접목적어(사람)   간접목적어(사물)

or send them by e-mail.
동사 목적어   전치사구
등위접속사

manage to 이력저럭 ~하다

(A) sell   (B) supply   (C) give   (D) manage
3, 4형식 동사   3형식 동사   4형식 동사   3형식 동사

문 장 분 석   4형식 동사 (give) 뒤에는 '간접목적어 (the human resources manager) + 직접목적어 (their applications)'
가 와야 한다. 또한 '동사구 (give the human resources manager their applications)'와 동사구 (send
them)는 등위접속사 (or)로 병렬되었다.

해   설   4형식 동사 give (~에게 ~을 주다)는 간접목적어 (사람) + 직접목적어 (사물)'를 취한다. 따라서 빈칸 뒤에 '간접
목적어 (사람) + 직접목적어 (사물)' 덩어리가 왔다면 빈칸은 4형식 동사를 써야 하므로 정답은 (C) give가 된다. 4
형식 동사는 '사람 + 사물'로 이루어진 두 개의 목적어를 취한다는 것을 기억하자.

해   석   모든 지원자들은 지원서를 인사담당자에게 직접 전달하거나 이메일로 보내야 한다.

표 현 정 리   **candidate** 지원자, 후보자 **directly** 직접 **application** 지원(서), 신청(서)

정   답   (C)

시나공 POINT

4형식 동사는 그 뒤에 '사람 + 사물'로 이루어진 두 개의 목적어를 취한다.

핵심 이론

4형식은 '~에게(간접목적어) ~를(직접목적어) (동사)하다'로 해석된다.

4형식 대표 동사

give 주다	offer 제공하다	send 보내다
grant 수여하다	award 수여하다	issue 발행해주다

that절(명사절)을 직접목적어로 취하는 4형식 동사

inform 사람 that S + V	사람에게 S가 V하다는 것을 알리다
notify 사람 that S + V	사람에게 S가 V하다는 것을 알리다
advise 사람 that S + V	사람에게 S가 V하다는 것을 충고하다
remind 사람 that S + V	사람에게 S가 V하다는 것을 상기시키다
assure 사람 that S + V	사람에게 S가 V하다는 것을 보장하다
convince 사람 that S + V	사람에게 S가 V하다는 것을 확신시키다

The company **gives** excellent employees bonus at the end of the year.
= The company gives bonus to excellent employees at the end of the year.

회사는 연말에 우수한 직원에게 보너스를 준다.

▶ 4형식 대표 동사 give, send, offer, show, award 등은 '사람 + 사물' 덩어리를 취하거나 '사물 + to + 사람' 덩어리를 취한다.

I am pleased to inform you that I am able to attend your party.
간접목적어   직접목적어

당신의 파티에 참석할 수 있음을 알리게 되어 기쁩니다.

The manager reminded all workers that they should wear safety gear.
간접목적어   직접목적어

매니저는 모든 직원들에게 안전장비를 착용하라고 상기시켰다.

▶ 4형식 대표 동사 inform, notify, remind, assure, convince, advise 등은 '사람 + that(명사절)'을 취한다.

1. Since I am not in my office right now, Victoria will ------- David the contracts soon.

(A) negotiate　　(B) change　　(C) proceed　　(D) send

2. By Monday, I will be able to ------- the plans to you about the new brand launching.

(A) assign　　(B) show　　(C) apply　　(D) commence

▶ 정답 및 해설은 해설집 49쪽 참고

문장의 5형식 ❺ 5형식

Step 1 실전 포인트

풀 이 전 략 　'목적어 + 목적보어' 덩어리 앞 빈칸은 make, keep, find, leave, consider 중 하나를 고른다.

★ 대표 문제
🎥 R05

Ms. Nelson ------- the conference room empty because she has heard from Fred.

(A) prepared　　　　(B) appeared　　　　(C) found　　　　(D) supervised

🖊 시나공 풀이법

Ms. Nelson ------- the conference room empty because she has heard from Fred.
　주어　　　동사　　　동사(found)의 목적어　　목적보어　접속사　주어　동사　전치사구

빈칸 앞은 주어, 뒤는 명사이기 때문에 빈칸은 동사　형용사　　hear from + 사람 ~로부터 듣다

(A) prepared　　　　(B) appeared　　　　(C) found　　　　(D) supervised
　3형식 동사　　　　　1형식 동사　　　　　5형식 동사　　　　3형식 동사

문장분석　find는 5형식 동사로 그 뒤에는 '목적어 (the conference room) + 목적보어 (empty)'가 와야 한다.

해 설　5형식 대표 동사 find는 '목적어 + 목적보어 (형용사/명사)'를 취한다. 선택지에 make, find, keep, consider 등의 5형식 동사가 등장하고 빈칸 뒤에 '목적어 + 목적보어 (형용사/명사)' 덩어리가 왔다면 빈칸은 5형식 동사 자리이다. 빈칸 뒤에 '목적어 (the conference room) + 목적보어 (empty)'가 왔으므로 (C) found가 정답이다.

해 석　프레드에게 연락을 받았기 때문에 넬슨 씨는 회의실이 텅 비었다는 것을 알았다.

표현정리　empty 빈, 비어 있는

정 답　(C)

✎ 시나공 POINT

'목적어 + 목적보어' 덩어리 앞의 빈칸은 5형식 동사 자리이다.

핵심 이론

5형식은 '(목적어)를 (목적보어)하게 (동사)하다'로 해석된다.

> She made me happy.
> 그녀는 만든다 나를 행복하게
>
> **5형식 대표 동사**
> make, keep, find, leave, consider 등

The president **found** the merger agreement successful.

사장은 그 합병 계약이 성공적이라는 것을 알았다.

▶ successful(성공적인)은 목적어인 '합병 계약'을 보충설명해주고 있다. 이렇게 목적어를 보충설명해주는 단어인 '목적보어'가 있는 문장을 5형식이라고 한다.

The manager told the employees to **keep** the project secret.

매니저는 직원들에게 프로젝트를 비밀로 유지하라고 말했다.

▶ 5형식 동사 make, keep, find, leave, consider 뒤는 '목적어(the project) + 목적보어(secret)' 덩어리가 **와야** 한다.

The company **considers** him one of its top experts.

회사는 그를 최고의 전문가들 중 한 사람으로 간주한다.

▶ 5형식 동사 make, keep, find, leave, consider 뒤는 '목적어(him) + 목적보어(one of its top experts)' 덩어리를 쓴다. 이때 목적어와 목적보어는 동격 관계가 성립된다.

Step 3 　실전 문제

1. Changes to financial markets have ------- investors even more dependent on quality information.

(A) taken　　　　(B) worked　　　　(C) needed　　　　(D) made

2. The success that he has had in sales makes him ------- to his company.

(A) specialize　　　(B) special　　　(C) speciality　　　(D) specially

▶ 정답 및 해설은 해설집 50쪽 참고

UNIT 02 PART 5&6 명사 ①

001
- [ ] **notice** ⓝ 공지, 통보
  - ⓥ notice 알아채다
  - ⓐ noticeable 눈에 띄는

  without prior **notice**   사전 통지 없이
  until further **notice**   추후공지가 있을 때까지

002
- [ ] **increase** ⓝ 증가
  - ⓥ increase 증가하다
  - ⓐⓓ increasingly 점점

  an **increase** in the total revenues   총 수입의 증가
  a substantial **increase** in sales   실질적인 매출 증가

003
- [ ] **access** ⓝ 접근
  - ⓥ access 이용하다
  - ⓐ accessible 접근하기 쉬운

  have **access** to the data   자료에 접근하다
  access to the building   빌딩으로의 접근

004
- [ ] **charge** ⓝ 책임, 요금, 청구액
  - ⓥ charge ～을 청구하다

  shipping **charge**   배송 비용
  at no additional **charge**   추가 비용 없이

005
- [ ] **responsibility** ⓝ 책임, 의무
  - ⓝ response 응답
  - ⓥ respond 응답하다(to)

  assume the **responsibility**   책임을 떠맡다
  corporate social **responsibility**   기업의 사회적 책임

006
- [ ] **effect** ⓝ 효과, 영향
  - ⓐ effective 효과적인, 유효한
  - ⓐⓓ effectively 효과적으로

  have an **effect** on   ～에 영향을 미치다
  the **effect** on total sales   총 판매에 미치는 영향

007
- [ ] **request** ⓝ 요청, 요구
  - ⓥ request ～을 요청하다

  upon **request**   요청하는 즉시
  request for a salary raise   임금 인상의 요구

008
- [ ] **addition** ⓝ 추가, 부가
  - ⓐ additional 부가적인

  a welcome **addition** to out team   우리 팀의 환영 받는 직원
  an **addition** of two bus lines   두 버스 노선의 추가

009
- [ ] **capacity** ⓝ 능력, 용량
  - ⓐ capacious 용량이 큰

  expand the **capacity**   생산능력을 확대하다
  seating **capacity**   좌석 수용력

010
- [ ] **precaution** ⓝ 예방조치
  - ⓐ precautious 조심하는

  take safety **precautions**   안전 예방조취를 취하다
  take every **precaution**   모든 조취를 취하다

1	**benefit** 혜택 반대급부로 주어지는 혜택	**advantage** 장점, 이익 우월한 상황에서 얻는 이점
2	**alternative** 방도, 방안 (to) 다른 것 대신에 선택할 수 있는 대안	**replacement** 대체물, 후임, 교체 (for) 대체물이나 후임
3	**attention** 집중, 주의, 주목 (to) 일을 처리할 때의 과정에서 정신력을 모음	**concentration** 집중, 전념 (on) 한 가지 일에만 집중하는 상태를 강조
4	**authorization** 허가 임무 수행에 필요한 공식 허가	**authority** 권위, 권한 명령을 내리거나 허가할 수 있는 권한
5	**choices** 선택사항, 선택행위 가장 선호하는 것이나 이미 선택한 것	**options** 선택사항, 선택행위 선택을 위해 주어지는 사항들

1. This hotel has the added [benefit / advantage] of links to the city center.

2. Jimmy will serve as the [alternative / replacement] for Kelly, who is scheduled to go on a business trip.

3. I wish to call [attention / concentration] to an important warning regarding the use of this equipment.

4. They have the [authorization / authority] to allow special visitors to park in front of the building.

5. Four customers ordered several salads and decided on their [choices / options] of dressings.

▶ 정답 및 해설은 해설집 50쪽 참고

PART 7
주제 & 목적

Step 1 실전 문제 먼저 풀기

풀 이 전 략   글의 주제나 목적은 대부분 지문의 초반부에 제시된다. 따라서 주제나 목적을 물어보는 문제는 우선 지문 초반 2 ~ 3문장을 살펴보며 어떤 의도로 글을 썼는지에 대해 집중한다.

Question 1 refers to the following e-mail.

Sunrise Radio Station
423 Westminster Place
Princeton, NJ, 56001

Mr. Livingstone
2643 island Avenue
Philadelphia, PA, 19103

August 15

Dear Mr. Livingstone,

I am very pleased to offer you the position of Corporate Communications Manager for the Sunrise Radio Station. If you choose to accept it, you will be responsible for all internal and external communications, and you will report directly to the director of operations, Adrian Lukis as discussed at the interview.

We would like you start work on October 1, which should give you enough time to arrange your relocation. As mentioned at the interview, Lewin Lloyd from the Human Resources Department can help you relocate. He can be contacted at 1272-2258.

I look forward to working with you.

Yours sincerely,

Bentley Kalu
Director of Human Resources

SRS

---

1. What is the purpose of this letter?

(A) To introduce a new director of a project

(B) To invite a person to join the company

(C) To clarify Mr. Livingstone's qualifications

(D) To confirm a relocation of the radio station

▶ 정답 및 해설은 해설집 50쪽 참고

시나공 POINT

질문 속 'purpose'를 통해 주제/목적 찾기 문제임을 알 수 있다. 주제 및 목적은 지문의 앞부분에서 언급되므로 편지의 앞부분에서 주제문을 찾는다. 편지의 내용을 살펴보면, 본문 첫 번째 단락 '~ pleased to offer you the position(직책을 제안하게 되어 아주 기쁩니다)'의 표현에서 이 회사의 한 직책을 리빙스톤 씨에게 제안하고 있는 편지임을 알 수 있다. 또한, 두 번째 단락의 'we would like you start work(근무를 시작하셨으면 합니다)'에서도 실마리를 찾을 수 있다.

Step 3   출제되는 질문 패턴 & 핵심 공략법

❶ 주제를 묻는 유형

What is the letter mainly about?   편지는 주로 무엇에 대한 것인가?

What is this information about?   이 정보는 무엇에 관한 것인가?

What is mainly discussed in the article?   기사에서 주로 논의되는 것은 무엇인가?

What does the memo discuss?   이 메모는 무엇을 다루고 있는가?

❷ 목적을 묻는 유형

What is the purpose of the advertisement?   광고의 목적은 무엇인가?

Why was this letter sent?   이 편지는 왜 발송되었는가?

Why was the memo written?   회람은 왜 쓰여졌는가?

핵심 공략법

❶ about, discuss, purpose 등이 포함된 질문을 읽으면 주제 및 목적을 묻는 문제임을 파악한다.

❷ 주제와 목적은 지문의 첫 부분에 나와 있는 경우가 많으므로 우선 지문의 첫 번째 단락을 읽고 정답을 찾는다.

❸ 주제와 목적이 지문의 중간이나 마지막에 제시되는 경우도 간혹 있으므로 첫 번째 단락을 읽고도 정답이 보이지 않으면 세부 사항 문제를 먼저 푼다.

❹ 이 경우 세부 사항 문제를 풀면서 지문의 전반적인 내용을 파악해야 하므로 그 이후 주제와 목적을 묻는 문제를 풀면 쉽게 답을 찾을 수 있다.

Question 2 refers to the following e-mail.

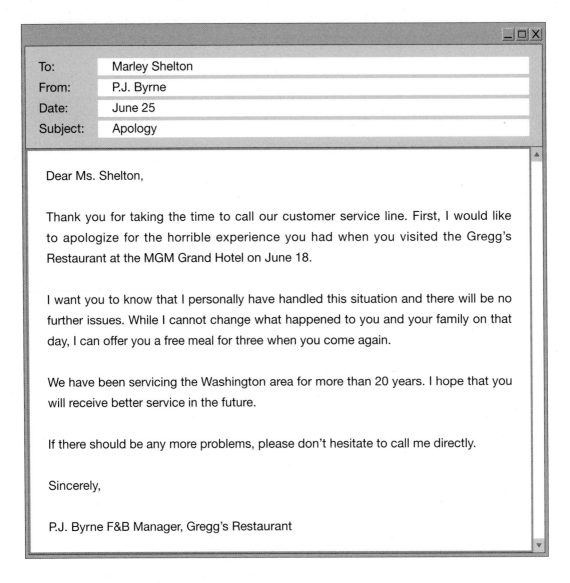

To: Marley Shelton
From: P.J. Byrne
Date: June 25
Subject: Apology

Dear Ms. Shelton,

Thank you for taking the time to call our customer service line. First, I would like to apologize for the horrible experience you had when you visited the Gregg's Restaurant at the MGM Grand Hotel on June 18.

I want you to know that I personally have handled this situation and there will be no further issues. While I cannot change what happened to you and your family on that day, I can offer you a free meal for three when you come again.

We have been servicing the Washington area for more than 20 years. I hope that you will receive better service in the future.

If there should be any more problems, please don't hesitate to call me directly.

Sincerely,

P.J. Byrne F&B Manager, Gregg's Restaurant

2. What is the main purpose of the e-mail?

(A) To offer a free meal
(B) To apologize to a customer
(C) To describe a restaurant's recent business
(D) To thank a customer for providing feedback

Question 3 refers to the following memo.

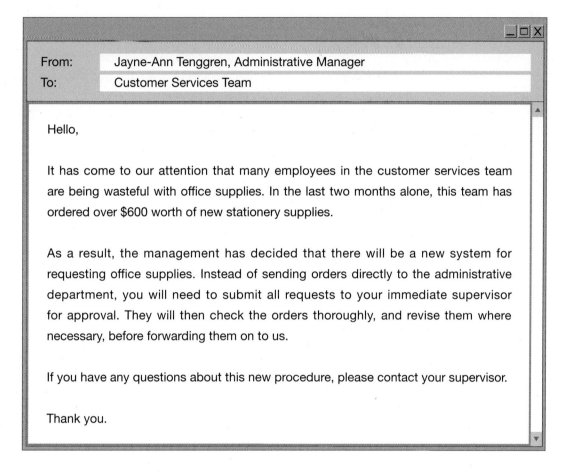

From: Jayne-Ann Tenggren, Administrative Manager

To: Customer Services Team

Hello,

It has come to our attention that many employees in the customer services team are being wasteful with office supplies. In the last two months alone, this team has ordered over $600 worth of new stationery supplies.

As a result, the management has decided that there will be a new system for requesting office supplies. Instead of sending orders directly to the administrative department, you will need to submit all requests to your immediate supervisor for approval. They will then check the orders thoroughly, and revise them where necessary, before forwarding them on to us.

If you have any questions about this new procedure, please contact your supervisor.

Thank you.

3. What is this memo mainly about?

(A) The use of company property
(B) A change in company personnel
(C) A new policy on office supplies
(D) The budget forecast for next quarter

▶ 정답 및 해설은 해설집 50쪽 참고

REVIEW TEST

1. The manager ------- the employees inspired to be sure that their organization is the best in the hospitality industry.

(A) damages   (B) holds

(C) expires   (D) keeps

2. Jenny ------- everyone a copy of the report, which she worked on all last week at the meeting.

(A) gave   (B) forwarded

(C) delayed   (D) distributed

3. We must hire more employees to serve at the hall before the customers become ------- with the slow service.

(A) anger   (B) angry

(C) angrily   (D) to anger

4. Located in the central part of Shanghai's old city, the Shanghai Tourism Board makes local history ------- to everyone.

(A) accessible   (B) access

(C) accessibly   (D) accesses

5. The company announced that it will ------- responsibility for any problems that occur when people use its products.

(A) assume   (B) search

(C) register   (D) hand

6. We will ------- last year's sales record to that of this year and discover the differences between the two of them in order to draw up a new plan.

(A) offer   (B) convince

(C) match   (D) allow

7. The responses on the questionnaires that the company used to get information about the new product it had created ------- from country to country.

(A) varied   (B) improved

(C) suggested   (D) advised

8. The company ------- the new uniform, which was made by a foreign designer, to all of its employees, and it received a positive response.

(A) presented   (B) showed

(C) noticed   (D) proposed

9. I would like to ------- you that the president of the international association is looking forward to the special presentation that you have prepared for the seminar.

(A) speak   (B) announce

(C) inform   (D) mention

10. We ------- in networks and software, and we train people to utilize the software.

(A) predict   (B) agree

(C) face   (D) specialize

▶ 정답 및 해설은 해설집 51쪽 참고

DAY 02

PART 5&6

GRAMMAR

UNIT 04 명사

VOCABULARY

UNIT 05 명사 ❷

PART 7

READING

UNIT 06 문제유형 ❶ 세부 사항

REVIEW TEST

WARMING UP

1) 명사란?

명사는 어떤 대상의 이름을 가리키는 말이다. 여기서 그 대상에는 사람이나 동물, 사물뿐만 아니라 눈에 보이지 않는 추상적인 생각 등도 포함되며, 문장 내에서 주어, 보어, 목적어의 역할을 수행한다.

2) 명사의 종류

명사는 그 성질에 따라 크게 5가지 종류로 나눌 수 있다.

① 보통명사: 눈에 보이는 사람, 동물 또는 사물의 이름

ex) cat 고양이   hand 손   fruit 과일   desk 책상

② 집합명사: 개개의 사람이나 집단이 모여 있는 집합체에 붙여진 이름

ex) police 경찰   furniture 가구   family 가족   class 반

③ 고유명사: 사람이나 지역의 이름, 요일 등 특정한 사람이나 사물에 붙여진 이름이며 항상 대문자로 시작

ex) Tom 톰   Sunday 일요일   Mt. Everest 에베레스트 산   the Themes 템즈강

④ 추상명사: 눈에 보이지 않는 추상적인 것의 이름

ex) love 사랑   conversation 대화   courage 용기

⑤ 물질명사: 눈에 보이지만 일일이 셀 수 없는 것의 이름

ex) salt 소금   sugar 설탕   coffee 커피

3) 명사의 역할

문장을 구성하는 데 있어서 절대적인 품사인 명사는 문장에서 주어, 목적어, 보어 역할을 한다.

① 주어 역할

Production will be significantly increased next year.

내년에는 생산(량)이 엄청나게 늘어날 것이다.

② 타동사의 목적어 역할

They can't handle the demands of all of the divisions.

그들은 모든 부서의 요구를 다 처리할 수는 없다.

③ 전치사의 목적어 역할

You have the right qualifications for the job.

당신은 그 직업에 알맞은 자격 요건을 갖추고 있다.

④ 보어 역할

She is the right person for this position.   ▶ 주격보어

그녀는 이 자리에 적합한 사람이다.

The president considered Mr. James a competent employee.   ▶ 목적격보어

사장은 James 씨를 능력 있는 직원으로 여겼다.

02 예제 풀어보기

괄호 안에 있는 두 단어 중 문장에 알맞은 명사를 고르시오.

1 The (transact / transaction) between the UK and Japan has been approved.

2 The employee usually thoroughly follows his manager's (instructions / instruct).

3 The manager summarized the feedback from the (customers / customizing).

4 A persuasive (argue / argument) was made at the conference.

5 Our new products will be on (display / to display) for the next three weeks.

03 예제 확인하기

1 The ~~transact~~ (between the UK and Japan) has been approved.
　　　transaction
영국과 일본 간의 거래가 승인되었다.

> ▶ 동사 (has been approved)가 왔고, 문두 빈칸은 주어 자리이므로 명사를 써야 한다. 접미사 -tion은 명사형 접미사이다. 따라서 주어 자리이므로 동사 (transact)는 쓸 수 없고, -tion으로 끝난 명사 transaction을 골라야 한다.

2 The employee usually thoroughly follows his manager's ~~instruct~~.
　　　　　　　　　　　　　　　　　　　　　　　　　instructions
직원은 보통 그의 매니저의 지시사항을 철저하게 이행한다.

> ▶ 명사는 목적어 자리에 올 수 있다. 동사 follow의 목적어가 instructions이다.

3 The manager summarized the feedback from the ~~customizing~~.
　　　　　　　　　　　　　　　　　　　　　　　　customers
매니저는 고객들의 피드백을 요약했다.

> ▶ 전치사(from) 뒤는 명사 자리이므로 customers가 와야 한다.

4 A persuasive ~~argue~~ was made at the conference.
　　　　　　　　argument
회의에서 설득력 있는 논쟁이 벌어졌다.

> ▶ 형용사 (persuasive) 뒤는 명사 자리이므로 명사형 접미사 (-ment)를 사용한 argument가 와야 한다.

5 Our new products will be on ~~to display~~ for the next three weeks.
　　　　　　　　　　　　　　　display
우리의 신제품이 다음 3주간 전시될 것이다.

> ▶ 명사는 전치사의 목적어 자리에 올 수 있다. 전치사 on의 목적어 display가 와야 한다.

UNIT
04

PART 5&6

명사 ❶ 명사의 위치 1

Step **1** **실전 포인트**

풀 이 전 략   맨 앞에 빈칸이 있고, 그 뒤에 동사가 있다면 빈칸은 주어 자리이므로 명사를 고르는 문제이고, 타동사 뒤에도 빈칸이 있다면, 목
적어 자리이므로 명사를 고르면 된다.

★ 대표 문제

------- about the upcoming event at the conference center will be given to all employees.

(A) Inform　　　　　(B) To informing　　　　(C) Information　　　　(D) Informed

Ø 시나공 풀이법

→전치사　　　　　　　　　　　→전치사
~~-------~~ (about the upcoming event at the conference center) will be given
주어　　　　　　　　　　　　　　　　　　　　　　　　　　　　　　동사(4형식, 수동)

(to all employees.)
　전치사구
→ 주어 자리에는 명사 또는 명사 상당어구만 을 수 있다.

(A) Inform　　　　　(B) To informing　　　　(C) Information　　　　(D) Informed
　동사　　　　　　　　to + 동명사　　　　　　　　명사　　　　　　　　동사(과거), 과거분사

문 장 분 석   주어(Information)와 동사(will be given) 사이 전치사구(about the upcoming event at the conference
center)와 동사 뒤 전치사구(to all employees)는 모두 수식어로 문장 구조에 영향을 주지 않는다.

해　　설   맨 앞에 빈칸이 있고, 빈칸 뒤에 동사가 왔다면 빈칸은 주어 자리이다. 주어 자리에는 명사가 와야 하므로 선택지
에서 명사를 선택해야 한다. 따라서 (C) Information이 정답이다. 명사 자리에 (A) 동사, (B) to + 동명사, (D) 동
사 또는 과거분사 등은 올 수 없으므로 오답이다. 즉 '------- + 수식어 + 동사' 구조에서 빈칸은 명사 주어 자리라
는 것을 기억한다.

해　　석   다가오는 컨퍼런스 센터 행사에 관한 정보가 모든 직원들에게 제공될 것이다.

표 현 정 리   **upcoming** 다가오는 **conference** 회의, 회담 **employee** 직원

정　　답   (C)

✎ 시나공 POINT

'------- + 수식어 + 동사' 구조에서 빈칸에는 명사가 와야 한다.

핵심 이론

명사는 문장 안에서 주어, 목적어, 보어 자리에 위치한다.

> Many people enjoyed the show. (Many people = 주어, the show = 목적어)
>
> Ms. Chastain is an accountant. (Ms. Chastain = 주어, accountant = 보어)
>
> 명사 역할을 하는 명사 상당어구는 다음과 같다.
> (1) 명사절 접속사   (2) to부정사   (3) 동명사   (4) 대명사

• 주어 자리

A subsc ription (to the magazine, Childcare Service) is necessary.
  주어   수식어(전치사구)   동사

Childcare Service라는 잡지 구독은 필수이다.

▶ '------- + 수식어 + 동사' 구조라면 빈칸은 명사 주어 자리이다. 이때 빈칸 바로 앞에는 한정사 (a / the)가 없다는 것을 꼭 기억한다.

• 타동사 뒤 목적어

The manager explained the terms of the contract carefully.
              동사   목적어

매니저는 계약 사항을 주의 깊게 설명했다.

▶ '타동사 + -------' 구조라면 빈칸은 목적어 자리이다.

• 명사 주격보어

Mr. Gorman is a technician to repair your fax machine.   Gorman 씨는 당신의 팩스기를 고쳐줄 기술자입니다.
  주어   보어

▶ be / become 동사 뒤는 주격보어 자리이다. 이때 보어 자리에 명사가 올 수 있는 조건은 주어와 동격일 때만 가능하다.

1. Supervisors who want to register for the workshop should make ------- of the fees promptly.

(A) pays   (B) payable   (C) payably   (D) payments

2. ------- to the Walk to Work campaign are honored, and the CEO will announce the employee of the year at the year-end dinner.

(A) Contribute   (B) Contributions   (C) Contributed   (D) To contribution

▶ 정답 및 해설은 해설집 52쪽 참고

UNIT 04 | PART 5&6 | 명사 ❷ 명사의 위치 2

풀 이 전 략   한정사 뒤에 온 빈칸은 명사를 고르는 문제이며, 매월 2~3문제가 출제된다.

 대표 문제
 R07

> One of the most important responsibilities for this position is to follow specific -------.
>
> (A) instruct   (B) instructions   (C) instructed   (D) instructing

 시나공 풀이법

One (of the most important responsibilities) (for this position) is to follow specific -------.
주어   대명사(One)를 수식하는 전치사구   전치사구   동사   is의 보어(to부정사의 명사적 용법)

one (+ 복수명사) 뒤에는 단수동사

to부정사도 목적어를 가짐.
specific은 명사를 수식하는 형용사

(A) instruct   (B) instructions   (C) instructed   (D) instructing
동사   명사   동사(과거), 과거분사   동명사, 현재분사

문 장 분 석   'One of the + 복수명사'는 '~중에 하나는'이라는 뜻의 주어이다. 이 주어는 단수로 취급되어 단수동사 (is)가 온 것이다. be동사 뒤 to부정사는 주어와 동격으로 '~중에 하나는 ~하는 것' 등으로 해석한다.

해   설   한정사 (specific) 뒤는 명사 자리이다. 한정사 (형용사) 뒤 빈칸을 고르는 문제는 매월 출제되는 문제로 틀려서는 안 되는 토익 문제 중 하나이다. 하지만 위치 문제는 해석 문제가 아니기 때문에 간혹 까다로운 어휘가 출제되기도 한다. 이 문제의 경우 형용사 (specific) 뒤에 빈칸이 왔으므로 명사인 (B) instructions가 정답이 되어야 한다. 명사 자리에 (A) 동사, (C) 과거(분사), (D) 현재분사 등은 올 수 없다.

해   석   이 직책의 가장 중요한 업무들 중 하나는 구체적인 지시사항을 준수하는 것이다.

표 현 정 리   responsibility 책임, 직무 follow 준수하다, 따르다 specific 구체적인, 특정의

정   답   (B)

✎ 시나공 POINT _____

형용사 뒤 빈칸은 100% 명사 자리이다.

핵심 이론

한정사 뒤는 명사 자리이다. 매월 출제되는 가장 기초적인 문제라는 것을 기억해 두자.

명사의 위치

관사, 형용사/분사, 소유격, 명사　+　명사

- a / the + **명사** (+ 전치사)　The report is about the **importance** of teamwork.
  보고서는 팀워크의 중요성에 관한 것이다.

- 형용사 + **명사**　We can't avoid making a serious **decision**.
  우리는 중대한 결정을 피할 수 없다.

- 분사 + **명사**　Most of our clients prefer the finished **product**.
  대부분의 고객들은 완제품을 선호한다.

- 소유격 + **명사**　His **explanation** was clear enough.
  그의 설명은 충분히 명료했다.

- 명사 + **명사**　We checked the safety **procedures** on the board.
  우리는 게시판에서 안전 수칙을 확인했다.

▶ 밑줄 부분의 a / the, 형용사, 분사, 소유격, 명사 등은 모두 한정사이다. 한정사 뒤 빈칸은 명사 자리로 명사를 고르는 문제가 출제된다. 한정사 중 관사 (a / the), 형용사는 매월 출제되고, 분사, 소유격은 1년에 1문제 정도 출제된다. 복합명사 (명사 + 명사) 구조에서 명사 뒤의 빈칸의 정답을 고르는 문제는 1년에 6문제 이상 출제된다.

복합명사는 명사 뒤에 명사가 합쳐진 하나의 표현으로 자주 출제된다.

account information 계좌 정보	delivery service 배송 서비스	insurance coverage 보험 보상
job announcement 구인 공고	job opportunity 일자리	job performance 직무 수행
keynote speaker 기조 연설자	registration form 등록 신청서	renovation plan 보수공사 계획
safety precaution 안전 조치	sales figure 판매 수치	work environment 근무 환경

1. Until the employees get final ------- from the manager at the head office, they have to postpone the decision.

(A) approve　　　(B) approving　　　(C) approved　　　(D) approval

2. Customer ------- with our service will be evaluated regularly by conducting surveys at both the restaurant and on the Web site.

(A) satisfied　　　(B) satisfaction　　　(C) satisfactory　　　(D) satisfying

▶ 정답 및 해설은 해설집 53쪽 참고

UNIT
04
PART 5&6
명사 ❸ 명사의 형태

Step 1 실전 포인트

풀 이 전 략   명사를 만드는 접미사에는 -er, -or, -ant, -ent, -ist, -(a)tion, -ance, -ence, -(e)ty, -ity, -ment, -(a)cy 등이 있다.

 대표 문제

 R08

If you have any further questions or need special -------, feel free to contact Mr. Davidson.

(A) assistance   (B) assists   (C) assisting   (D) assisted

 **시나공 풀이법**

If you have any further questions or need special -------, feel free to contact Mr. Davidson.
주어 동사   동사(have)의 목적어   동사 동사(need)의 목적어   동사구   동사(contact)의 목적어

any futher questions와 special ------- 을 연결하는 등위접속사 or
접속사

feel free to + 동사 자유롭게 ~하다

(A) assistance   (B) assists   (C) assisting   (D) assisted
   동사   동사   동명사, 현재분사   동사(과거), 과거분사

문장분석   등위접속사(or)가 동사구(have any further questions)와 동사구(need special assistance)를 병렬로 연결
           시키고 있다. 'comma + 동사원형 (feel)'은 명령문으로 '~하세요' 정도로 해석하면 된다.

해   설   한정사 (형용사) 뒤 빈칸은 명사 자리이다. 형용사 (special) 뒤에 빈칸이 왔으므로 빈칸엔 명사를 채워 넣어야 한
           다. (A)의 접미사 –ance는 명사를 만드는 접미사이므로 (A) assistance가 정답이다. 명사 자리에 (B) 동사, (C)
           현재분사, (D) 과거(분사) 등은 올 수 없다.

해   석   그것들에 대한 추가 질문이나 특별한 도움이 필요하면, 언제든지 데이비드슨 씨에게 연락 주십시오.

표현정리   further 추가의, 추후의 feel free to 편하게 ~하다 contact 연락하다

정   답   (A)

 시나공 POINT

명사형 접미사를 알아두면 모르는 어휘가 출제될 때 정답을 고르는 힌트가 된다.

핵심 이론

토익에 출제되는 명사형 접미사

1. 사람: -er, -ee, -or, -ant, -ent, -ist, -ive, -ary
   - 예) employer 고용주, employee 피고용인, investor 발명가, assistant 보조자, artist 예술가
   - ▶ 접미사 –ant와 –ive는 형용사형 접미사로도 쓰인다.

2. 행위, 성질, 상태: -ion, -(a)tion, -ance, -ence, -(e)ty, -ity, -(r)y, -al. -ure, -ment, -ness, -(a)cy
   - 예) introduction 소개, appearance 외모, ability 능력, discovery 발견, approval 승인, failure 실패

3. 자격, 특성: -ship
   - 예) leadership 통솔력

4. 시대, 관계: -hood
   - 예) childhood 유년기, neighborhood 이웃

5. 주의, 특성: -sm
   - 예) criticism 비평, enthusiasm 열정

The **objective** of this project is to stimulate the local economy.

이 프로젝트의 목적은 지역 경제를 활성화시키는 것이다.

▶ 관사(the) 뒤는 명사 자리이므로 명사형 접미사 –ive로 끝난 objective를 쓸 수 있다.

We requires all applicants to have at least 3 years' experience in **management**.

우리는 모든 지원자들이 최소 3년간의 관리 능력을 갖도록 요구합니다.

▶ 전치사(in) 뒤에는 명사 자리이므로 명사형 접미사 –ment로 끝난 management를 쓸 수 있다.

New employees took part in the orientation program with **enthusiasm**.

신규 직원들이 열정적으로 오리엔테이션 프로그램에 참가했습니다.

▶ 형용사(new) 뒤는 명사 자리이므로 명사형 접미사 –sm으로 끝난 enthusiasm을 쓸 수 있다.

1. Despite the sales representative's explanation, Alice couldn't see any ------- between the two models.

(A) differencing　　(B) different　　(C) differs　　(D) difference

2. His ------- for the film has encouraged the young directors to dedicate themselves to their work.

(A) enthusiastic　　(B) enthusiasm　　(C) enthusiastically　　(D) enthuse

▶ 정답 및 해설은 해설집 53쪽 참고

UNIT 04 PART 5&6

명사 ❹ 가산명사 vs 불가산명사

Step 1 실전 포인트

풀 이 전 략   명사가 네 개 있는 선택지에 뜻이 비슷한 명사 한 쌍이 있다면 하나는 가산명사이고 다른 하나는 불가산명사이다. 따라서 빈칸 앞에서 부정관사(a / an)가 왔는지를 확인한 후, a / an이 있으면 가산명사를, a / an이 없으면 불가산명사로 고르는 문제로 판단한다.

★ 대표 문제

 R09

To have ------- to the internet for free, guests should fill out the registration card.

(A) approach   (B) plan   (C) access   (D) standard

시나공 풀이법

To have ------- (to the internet) (for free), guests should fill out the registration card.

부정사   to have의 목적어   전치사구   전치사구   주어   동사   동사(fill out)의 목적어

    to부정사의 부사적 용법   수식어구   완전한 문장

    ~하기 위해서

(A) approach   (B) plan   (C) access   (D) standard

     명사   동사, 명사   명사   동사(과거)

문장분석   to부정사가 문두에 오고 그 뒤에 'comma + 주어 + 동사'로 이어지면 to부정사는 부사적 용법이다. 부사적 용법 중에서도 목적에 해당하며, '~하기 위해서'라는 뜻으로 해석한다.

해 설   타동사 뒤에 빈칸이 왔으므로 빈칸은 명사 자리이다. 선택지가 모두 명사로 구성되어 있고, 그 중 한 쌍의 명사가 뜻이 같거나 비슷하면 둘 중 하나는 가산명사이고 남은 하나는 불가산명사라는 것을 기억한다. 따라서 빈칸 앞에 a / an이 있는지를 확인한 후, a / an이 있으면 가산명사를, a / an이 없으면 불가산명사를 고른다. (A)는 가산명사이고, (C)는 불가산명사이다. 따라서 빈칸 앞에 a / an이 없고 의미가 맞는 불가산명사인 (C) access가 정답이다. 또 한 빈칸 뒤에 오는 전치사 to와 어울리는 것도 (C) access 뿐이다.

해 석   무료로 인터넷에 접속하기 위해서 방문객들은 등록카드를 작성해야 한다.

표현정리   **for free** 무료로   **fill out** 작성하다

정 답   (C)

✎ 시나공 POINT

선택지 네 개 모두 명사로 구성되어 있고, 비슷한 뜻을 가진 명사가 한 쌍 있는 경우 가산명사와 불가산명사를 구분하는 문제이다.

핵심 이론

가산명사와 불가산명사를 구분하는 핵심 패턴을 정확히 알아두자.

토익에 자주 출제되는 불가산명사			
consent 승낙	advice 조언	information 정보	approval 승인
plan 계획	access 접근	luggage 수하물	equipment 장비
permission 허가	furniture 가구	notice 통지	purchase 구입

You must obtain ~~permit~~ from your supervisor. 당신은 상관으로부터 허가를 받아야 한다.
　　　　　　　 permission

▶ 선택지에 등장한 명사 한 쌍의 뜻이 비슷하거나 같으면 둘 중 한 개는 가산명사이고, 다른 한 개는 불가산명사이다. 이때 빈칸 앞에서 a / an을 확인한 후, a / an이 있으면 빈칸은 가산명사가 와야 하고, a / an이 없으면 불가산명사가 와야 한다. permit과 permission은 의미가 비슷하다. 그런데 permit은 가산명사(허가서), permission은 불가산명사(허가)이다. 즉, 명사 앞에 부정관사 (a / an)가 없으면 불가산명사인 permission이 와야 한다.

The city council approved a construction ~~plans~~. 시위원회는 건설계획을 승인했다.
　　　　　　　　　　　　　　　　　　 plan

▶ 선택지에 단수명사와 복수명사가 왔다면 빈칸 앞에서 a / an을 확인한 후 풀어야 한다. a / an이 있다면 빈칸은 단수명사를 써야 하고, a / an이 없다면 빈칸은 복수명사를 써야 한다. 셀 수 있는 명사는 명사 앞에 a / an을 쓰거나 복수형 접미사 -s를 써야 하기 때문이다. 단, 불가산명사라면 단수 형태를 써야 한다.

1. If you are anxious about the security of your computer, please visit our Web site for more -------.

(A) information　　(B) detail　　(C) entrance　　(D) management

2. We should consider ------- of up to 70% since our competitors have started an aggressive sales plan.

(A) discount　　(B) discounts　　(C) discounted　　(D) discounting

▶ 정답 및 해설은 해설집 53쪽 참고

UNIT **04** PART 5&6
명사 ❺ 기타 자주 출제되는 명사

Step 1 실전 포인트

풀 이 전 략   사람 명사는 셀 수 있는 가산명사이지만, 사물 명사는 셀 수 있는 명사와 셀 수 없는 명사 모두 가능하다. 토익시험에서는 대부분 셀 수 없는 사물 명사로 출제된다. 따라서 빈칸 앞에 a / an이 있으면 사람 명사를, a / an이 없으면 사물 명사를 선택한다.

★ **대표 문제**

 R10

> Technicians in the warehouse are advised to report directly to an immediate -------.
>
> (A) supervise   (B) supervision   (C) supervisor   (D) supervisory

 시나공 풀이법

Technicians (in the warehouse) are advised to report directly (to an immediate -------.)
   주어   명사(Technicians)를   동사   보어   부사   전치사구
              수식하는 전치사구   be advised to 수식
                                   ~하기로 요구받다   수식

(A) supervise   (B) supervision   (C) supervisor   (D) supervisory
   동사   명사   명사   형용사

문 장 분 석   advise는 '목적어 + to부정사'를 취하는 동사이다. 이때 to부정사는 목적보어이다. 목적어(Technicians)가 주어 자리로 빠지면서 수동태(are advised)와 to부정사(to report)가 만난 것이다. 즉 원래 문장은 advise technicians to report였던 것이 technicians are advised to report인 수동태 문장이 된 것이다.

해   설   사람은 셀 수 있는 가산명사이지만 사물은 가산명사, 불가산명사 모두 가능하다. 따라서 빈칸 앞에서 a / an을 확인한 후, a / an이 있으면 사람 명사를, 없으면 사물 명사를 고르는 문제이다. 형용사(immediate) 뒤 빈칸은 명사 자리이므로 사물인 (C)와 사람인 (B) 중에서 고민한다. 그런데 형용사(immediate) 앞에 an이 왔으므로 사람 명사인 (C) supervisor가 정답이다.

해   석   창고에 근무하는 기술자들은 직속상관에게 직접 보고할 것을 요구받는다.

표 현 정 리   technician 기술자 warehouse 창고 be advised to ~할 것을 요구받다 directly 직접, 바로 immediate supervisor 직속상관 supervise 감독하다

정   답   (C)

✎ 시나공 POINT

선택지에 사람 명사와 사물 명사가 등장한 경우 빈칸 앞에 a / an이 있으면 사람 명사를, a / an이 없으면 사물 명사를 고른다.

핵심 이론

사람 명사와 사물 명사를 구분하고, 복합명사 패턴을 알아두자.

사람 명사와 사물 명사

employee 직원	employment 고용	technician 기술자	technique 기술
supervisor 감독관	supervision 감독	consultant 상담가	consultation 상담
accountant 회계사	accounting 회계	analyst 분석가	analysis 분석

복합명사

application form 신청서	pay increase 급여 인상
performance appraisal 업무 평가	production of facility 생산 설비
customer satisfaction 고객 만족	replacemet npart 교체 부품

James Halt is now looking for a promising ~~employment~~ to work in the new division.
employee

James Halt는 지금 새 부서에서 일할 유능한 직원을 찾고 있다.

▶ 선택지에 사람 명사와 사물 명사가 등장한 경우 빈칸 앞에 a / an을 찾는다. a / an이 있으면 빈칸은 사람 명사를 고르는 문제이고, a / an이 없으면 빈칸은 사물 명사를 고르는 문제이다. 'a promising + -------'으로 왔으므로 빈칸은 사람 명사인 employee를 써야 한다.

We have not fully completed the production ~~facilitated~~ in China.
facility

우리는 중국에 있는 생산 시설 준비를 완전히 끝마치지 못했다.

▶ 다른 뜻을 가진 두 개의 명사가 결합하여 하나의 명사처럼 쓰이는 것을 '복합명사'라고 한다. 이때 명사 앞 또는 명사 뒤 빈칸을 고르는 문제로 출제되는데 꽤 까다로운 편에 속한다. 복합명사 '명사 1 + 명사 2' 구조에서 '명사 1을 위한 명사 2' 또는 '명사 1을 명사 2하다'로 해석이 가능하다면 빈칸은 복합명사 자리이다.

1. The latest report suggests that the new system has improved employee -------.

(A) produce　　(B) produced　　(C) producing　　(D) productivity

2. The ------- at Femi Business Institute helped Burn Gorman improve his communication skills.

(A) instruct　　(B) instructive　　(C) instructors　　(D) instruction

▶ 정답 및 해설은 해설집 53쪽 참고

UNIT
05
PART 5&6
명사 ②

011
☐ **confidence** ⓝ 확신, 자신감 | with **confidence** 자신감을 갖고
ⓐ confident 확신하는 | have **confidence** in ~에 믿음이 있다
ⓐ confidential 기밀의

012
☐ **approval** ⓝ 승인, 인가 | obtain **approval** 승인을 받다
ⓥ approve ~을 승인하다(어) | final / official **approval** 최종 / 공식적인 승인

013
☐ **collection** ⓝ 수집, 징수 | toll **collection** system 통행 지불 시스템
ⓥ collect 모으다, 수집하다 | immense **collection** of product reviews 방대한 양의 제품 평가서
ⓝ collector 수금원, 수집가

014
☐ **description** ⓝ 설명 | give a full **description** 상세히 기술하다
ⓥ describe 기술하다, 묘사하다 | a detailed **description** 상세한 설명

015
☐ **observance** ⓝ 준수 | **observance** of the law 법률 준수
ⓥ observe 준수하다 | in **observance** of ~을 준수하여
ⓝ observation 관찰

016
☐ **damage** ⓝ 손해, 피해, 손상 | extensive **damage** 큰 피해
ⓥ damage 손해를 입다 | suffer minor **damage** 경미한 피해를 입다
ⓐ damaged 손상된

017
☐ **employment** ⓝ 고용, 채용 | long-term **employment** 장기 고용
ⓝ employee 직원 | temporary **employment** vacancies 임시 채용직들
ⓝ employer 고용인

018
☐ **donation** ⓝ 기부, 기증 | make a **donation** 기부하다
ⓥ donate 기부하다 | a generous **donation** 후한 기부금

019
☐ **refund** ⓝ 환불(금) | a full **refund** 전액 환불
ⓐ refundable 반환할 수 있는 | demand a **refund** 환불을 요구하다

020
☐ **commitment** ⓝ 전념, 약속 | a **commitment** to quality 품질에 대한 믿음
ⓐ committed 전념하는 | make a **commitment** 노력하다, 헌신하다
ⓥ commit 전념하다

1	**score** 점수, 득점 시험이나 시합 등에서 얻은 숫자	**figure** 수치, 숫자 수치로 나타낸 수량
2	**fine** 벌금, 과태료 법규를 어겼을 때 물어야 하는 돈	**charge** 요금, 수수료 서비스에 대한 대가, 비용
3	**air prices** 가격, 대가 일반적인 물건의 값	**airfares** 운임, 교통요금 교통수단을 이용할 때 내는 비용
4	**form** 서식, 양식 기입란을 지닌 형태	**print** 인쇄 상태 활자로 인쇄된 출판물의 상태
5	**establishment** 창립, 설립 주로 건물이나 기관 등을 일으키는 행위	**foundation** 기반, 토대 기초가 되는 바탕

Step 3   이론 적용해 보기

1. Based on the sales [scores / figures] for the past twelve months, the division decided to discontinue the CLK250.

2. The state is going to impose heavy [fines / charges] on vehicles parked on busy streets.

3. Westlines has decided to decrease its [air prices / airfares] for frequent flyers to retain its loyal customers.

4. Please take a few minutes off and fill out this survey [form / print].

5. The [establishment / foundation] of an online store in Bangkok requires the thorough study of several Web sites.

▶ 정답 및 해설은 해설집 54쪽 참고

문제유형 ❶ 세부 사항

Step 1   실전 문제 먼저 풀기

풀 이 전 략   세부 사항은 흔히 육하원칙이라 불리는 '누가, 언제, 어디서, 무엇을, 어떻게, 왜'에 해당하는 질문을 일컫는다. 주로 의문사 뒤에 나오는 키워드를 중심으로 단서를 찾는 것이 가장 중요하다.

Questions 1-2 refer to the following letter.

Dear Ms, Krause,

I am writing to express my appreciation for your generous contributions to the Children's Defense Fund.

Funds we raised at the Milan Fine Arts Auction last week amount almost $5.000.000.

As you are well aware, the Children's Defense Fund is renowned for its transparent management.

By visiting our main Web site, www.childrensdefense.org, you can find how transparently your donations are distributed to the needy and how carefully revenues earned by the charity drive and utilized based on a well-organized plan.

As a token of thanks, we would like to address a savings coupon provided by our sponsor, Adelphi Theatre.

Thank you again for your sponsorship.

Sincerely,

William Jackson Harper
Children's Defense Fund

---

1. Who most likely is Ms. Krause?

(A) The auction manager

(B) The supporter of the Adelphi Theatre

(C) The host of the Milan Fine Arts Auction

(D) The sponsor of the foundation

2. What is enclosed in this letter?

(A) A voucher

(B) A flyer

(C) A brochure

(D) A letter of reference

▶ 정답 및 해설은 해설집 54쪽 참고

시나공 POINT

1. 편지글에서는 Dear, 사람 이름을 통해 편지의 발신자(받는 사람)을 알 수 있으므로 Krause는 편지를 받는 사람이며 첫 번째 문단 시작에서 수신자(보낸 사람)가 I am writing to express my appreciation for your generous contributions to the Children's Defense Fund를 통해 재단에 후한 기부를 한 것에 감사드린다고 했으므로 정답은 (D)가 된다.

2. 동봉 문제는 지문에 include(포함하다), enclose(동봉하다), attach(첨부하다), address(전송하다 / 보내다), forward(보내다), send(보내다)등이 나왔을 때 비슷한 뜻의 단어를 지문에서 찾으면 정답의 근거를 찾을 수 있다. 편지 말미에 we would like to address a savings coupon에서 '할인쿠폰을 보내주겠다'고 언급했기 때문에 동의어인 (A)가 정답이 된다.

누가	Who will be speaking at the fair?	누가 박람회에서 연설을 할 것인가?
언제	When will the seminar begin?	세미나는 언제 시작할 것인가?
어디	Where was the survey conducted?	설문조사는 어디서 진행되었는가?
무엇	What is enclosed in this letter?	편지에 동봉된 것은 무엇인가?
어떻게	How can a member get a discount?	회원은 어떻게 할인을 받을 수 있는가?
왜	Why has the seminar been delayed?	세미나는 왜 연기되었는가?

핵심 공략법

❶ 의문사와 키워드에 표시하며 문제를 읽는다.

❷ 사람 이름이나 제품명, 할인율 등과 관련된 문제가 자주 출제되므로 지문에서 나온 고유명사나 숫자에 주목한다. 특히 전환 어구, 접속사 등에 유의해 글의 내용을 이해한다.

❸ 키워드를 그대로 언급했거나 키워드가 패러프레이징되어 지문에 표현되거나, 지문의 표현이 패러프레이징되어 정답 표현으로 출제되는 경우가 많으므로, 이에 유의하여 지문에서 찾은 단서에 맞는 선택지를 정답으로 선택한다. 묻는 문제를 풀면 쉽게 답을 찾을 수 있다.

Questions 3-4 refer to the following e-mail.

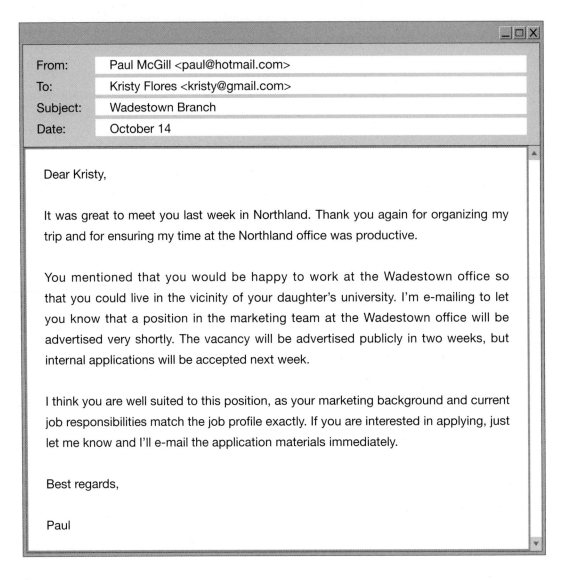

From: Paul McGill <paul@hotmail.com>

To: Kristy Flores <kristy@gmail.com>

Subject: Wadestown Branch

Date: October 14

Dear Kristy,

It was great to meet you last week in Northland. Thank you again for organizing my trip and for ensuring my time at the Northland office was productive.

You mentioned that you would be happy to work at the Wadestown office so that you could live in the vicinity of your daughter's university. I'm e-mailing to let you know that a position in the marketing team at the Wadestown office will be advertised very shortly. The vacancy will be advertised publicly in two weeks, but internal applications will be accepted next week.

I think you are well suited to this position, as your marketing background and current job responsibilities match the job profile exactly. If you are interested in applying, just let me know and I'll e-mail the application materials immediately.

Best regards,

Paul

3. According to the e-mail, why might Ms. Flores be interested in moving to Wadestown?

(A) To work for a new company
(B) To enjoy the lifestyle of Wadestown
(C) To be closer to a family member
(D) To create a marketing department with Mr. McGill

4. What does Mr. McGill offer to do for Ms. Flores?

(A) Send her some forms
(B) Visit her daughter at the university
(C) Arrange her transport to Wadestown
(D) Move the marketing team to Northland

Seminar for Business Leaders

We, the Business Development Committee (BDC), are pleased to announce the 10th annual seminar for business leaders. All members of BDC are eligible to participate in the seminar. The upcoming seminar whose main theme is "Advanced Entrepreneurship" will feature special quest speakers including renowned entrepreneurs and innovative supervisors. They will present you with practical tactics for management and supervision. The event will be held from July 12 to July 22.

Those who are interested in attending the event can register next Monday(July 2) at 9:00 A.M. by visiting our Web site, www.BDC.com.

Please be aware that the place for this seminar is tentatively Bombay Convention Center, where last year's event took place. However, if the number of participants increases, we will find a larger place to accommodate all the attendees.

5. When will online registration be available?

(A) July 2
(B) July 5
(C) July 12
(D) July 22

6. What would happen in case the place is NOT spacious enough to house the attendees?

(A) The event will be canceled.
(B) The venue for the event will be changed.
(C) The staff will prepare extra seats.
(D) The seminar will be postponed.

▶ 정답 및 해설은 해설집 54쪽 참고

REVIEW TEST

1. Mr. Harris wanted to find a more persuasive ------- than the previous one to quickly finish the negotiations with the agency.

(A) arguably   (B) argue

(C) arguable   (D) argument

2. BST Guide assures you that our professional agents will take care of all the travel ------- that you request.

(A) arrangements   (B) arrange

(C) arranging   (D) arranged

3. The head chef will make ------- in the menu after he develops new vegetarian dishes which customers have requested for a few months.

(A) changing   (B) changes

(C) changed   (D) change

4. Jessica noticed that a defective ------- had been delivered, so she had to find the receipt in order to exchange it.

(A) product   (B) products

(C) produced   (D) productive

5. The instructions on the bulletin board explain how to leave ------- about the project online.

(A) suggestions   (B) suggesting

(C) suggest   (D) suggested

6. Judge Judy, a famous American TV show, provides viewers with opportunities to hear specific ------- from lawyers.

(A) cost   (B) hint

(C) advice   (D) procedure

7. The ------- of Australia has been growing extremely fast due to the increasing number of immigrants.

(A) population   (B) populate

(C) popular   (D) popularly

8. For further -------, it is advisable for accounting clerks to duplicate some important documents when filing them.

(A) refer   (B) reference

(C) referred   (D) referencing

9. ------- for the secretary position have to be submitted by next week.

(A) Applying   (B) Applied

(C) Applications   (D) Applies

10. It is mandatory for staff members to receive ------- covered by the company for any injuries they suffer at work.

(A) compensate   (B) compensating

(C) compensated   (D) compensation

▶ 정답 및 해설은 해설집 55쪽 참고

PART 5&6

GRAMMAR

UNIT 07 동사

VOCABULARY

UNIT 08 명사 ❸

PART 7

READING

UNIT 09 문제유형 ❷ 요청 & 제안

REVIEW TEST

WARMING UP

1) 수일치

주어가 단수이면 동사도 단수 형태, 주어가 복수이면 동사도 복수 형태가 와야만 한다. 이렇게 주어의 수에 따라 동사의 수를 반드시 일치시켜야 하는데, 이를 '수일치'라 한다.

① be동사의 수일치

주어	시제	단수	복수	시제	단수	복수
1인칭		am			was	
2인칭	현재	are	are	과거	were	were
3인칭		is			was	

Tom is our new manager.　탐은 우리의 새로운 관리자이다.
We are working together.　우리는 함께 일하고 있다.

② have 동사의 수일치

주어	시제	단수	복수	시제	단수	복수
1인칭		have			was	
2인칭	현재	have	have	과거	had	had
3인칭		has			was	

He has received an invitation to the party.　그는 파티에 초대를 받았다.
The goods have not arrived yet.　제품들이 아직 도착하지 않았다.

③ 일반 동사의 수일치

주어	시제	단수	복수	시제	단수	복수
1인칭		동사원형				
2인칭	현재	동사원형	동사원형	과거	과거형	과거형
3인칭		동사원형+(e)s				

She handles customer complaints.　그녀는 고객의 불만을 처리한다.
Our Marketing plan succeeded.　우리의 마케팅 계획이 성공했다.

2) 수동태

수동태는 행위를 받는 사람이나 사물이 주체가 되어 주어로 나올 때 사용하는 동사의 형태이며, 'be동사 + 과거분사'의 형태로 써야 한다. 그리고 그 뒤에 'by + 행위자'를 쓸 수 있는데, 상황에 따라 생략 가능하다.

Tom trains his manager.　탐은 그의 매니저를 훈련시킨다.

His manager is trained by Tom.　탐은 그의 매니저에 의해서 훈련받는다.

02 예제 풀어보기

괄호 안에 있는 동사 중 문장에 알맞은 동사를 고르시오.

1 Everyone (was / were) preparing for the conference.

2 Each member (is / are) important to this project.

3 Some information (do / does) not help us.

4 Several agencies (has / have) similar proposals.

5 All employees (works / work) on the weekend.

03 예제 확인하기

1 Everyone ~~were~~ preparing for the conference. 모두가 회의를 준비하고 있었다.

▶ 주어 (Everyone)가 단수이므로 동사도 단수인 was로 와야 한다.

2 Each member ~~are~~ important to this project.
　　　　　　　　 is
각 구성원은 이 프로젝트에서 중요하다.

▶ Each와 주어 (member)가 단수이므로 동사도 단수인 is로 와야 한다.

3 Some information ~~do~~ not help us.
　　　　　　　　　 does
일부 정보는 우리에게 도움이 되지 않습니다.

▶ 주어(information)이 단수이므로 동사로 단수인 does를 써야 한다.

4 Several agencies ~~has~~ similar proposals.
　　　　　　　　　 have
몇몇 업체들이 비슷한 제안을 갖고 있다.

▶ 주어 (agencies)가 복수이므로 동사도 복수인 have로 와야 한다.

5 All employees ~~works~~ during on the weekend.
　　　　　　　　　 work
모든 직원들이 주말에 근무한다.

▶ 주어 (All employees)가 복수이므로 동사도 복수인 work로 써야 한다.

동사는 주어의 종류에 따라 단수, 복수의 형태가 변하며, 주어와 동사의 수일치는 거의 매월 출제되는 가장 기본적인 문제 유형이다.

UNIT 07 PART 5&6
동사 ❶ 주어와 동사의 일치 1

Step 1 실전 포인트

풀 이 전 략 동사 어형 문제는 '태 - 시제 - 수일치' 순으로 풀어야만 실수를 줄일 수 있다.

 대표 문제

 R11

All of the managers ------- on the revision of the policy covering health insurance.

(A) are working   (B) works   (C) has worked   (D) are worked

🖊 시나공 풀이법

All of the managers ------- on the revision of the policy covering health insurance.

| 주어 | 동사 | 전치사구 | 전치사구 | 관계사절 |

all of the + 명사는 복수   work on은 붙어서 같이 쓰임   which covers health insurance인데 which가 생략되고 covers가 현재분사 covering으로 쓰임

(A) are working   (B) works   (C) has worked   (D) are worked
복수 현재분사   현재 단수동사   단수 현재완료   복수 과거분사

문장분석   자동사(work)로 인해 전치사구(on the revision of the policy)가 왔으며, 관계사절(covering health insurance)은 주어가 빠진 주격관계대명사로 사용되어 선행사(the revision of the policy)를 수식하고 있다.

해 설   동사 어형 문제는 '태 – 시제 – 수일치' 순으로 푸는 것을 꼭 기억해야 한다. 순서대로 풀어 보자. 자동사(work)는 수동태를 만들 수 없으므로 (D)부터 소거한다. 다음은 시제이다. 그런데 시제에 대한 단서가 없으므로 세 번째 단계인 수일치 순으로 넘어간다. 주어(managers)가 복수로 왔으므로 동사도 복수로 와야 한다. 단수 동사인 (B)와 (C)를 소거한다. 따라서 복수 동사인 (A) are working이 정답이다.

해 석   모든 매니저들은 건강보험에 관한 정책을 수정하느라 애쓰고 있다.

표현정리   revision 개정   cover 다루다   insurance 보험

정 답   (A)

 시나공 POINT

동사 어형 문제는 '태 → 시제 → 수일치' 순으로 푼다는 것을 기억한다.

핵심 이론

동사 어형 문제는 문장을 볼 때 '태 − 시제 − 수일치' 순으로 푼다

> **He (has / had) a great time last night.**
> 그는 지난밤에 좋은 시간을 보냈다.
>
> 1. 태 동사 자리 뒤에 a great time이라는 목적어(명사)가 있으므로 능동태
>
> 2. 시제 last night(지난 밤)이라는 과거시제를 나타내는 말이 있으므로 과거형
>
> 3. 수일치 주어가 He(3인칭 단수)이기 때문에 has 또는 과거형 had만 올 수 있음

He ~~ask~~ about the new schedule.　　그는 새로운 일정 변경을 요구한다.
　　asks

▶ 3인칭 단수 주어 (He, She, It)의 동사에는 -s 또는 -es를 붙여야 한다.

I / You ~~asks~~ the manager for a new uniform.　　나는/당신은 매니저에게 새 유니폼을 요청한다.
　　　　ask

▶ 1(I) / 2인칭(You) 주어의 동사는 동사 형태를 그대로 유지한다.

Many attendees ~~asks~~ the CEO questions about the seminar.
　　　　　　　　ask

많은 참석자들이 CEO에게 세미나와 관련해 많은 질문을 한다.

▶ 복수 주어(attendees)의 동사는 동사 형태를 그대로 유지한다.

1. The company ------- the most competitive food distributor since it carefully selects its supplies and concentrates on developing new services.

(A) become　　　　(B) is become　　　　(C) becoming　　　　(D) has become

2. Employees of Wowmart, one of the largest retail corporations in the world, ------- to participate in the strike against tax increases on major supermarkets starting next quarter.

(A) plan　　　　(B) plans　　　　(C) planning　　　　(D) are planned

▶ 정답 및 해설은 해설집 56쪽 참고

PART 5&6

동사 ❷ 주어와 동사의 일치 2

Step 1 실전 포인트

풀 이 전 략   주어와 동사 사이에 낀 거품 수식어를 소거한 후 수를 일치시키는 연습을 해야 한다.

 대표 문제

 R12

The project, which still needs written approval, ------- a highly controversial topic.

(A) including   (B) are included   (C) includes   (D) have included

시나공 풀이법

The project, which still needs written approval, ------- a highly controversial topic.
선행사(단수)   관계사절(삽입구)   동사   동사(includes)의 목적어
          선행사(The project)를 꾸며 주는 관계사절   관사 + 부사 + 형용사 + 명사

(A) including   (B) are included   (C) includes   (D) have included
    동명사   수동태   단수 동사   복수 현재완료

문 장 분 석   관계대명사는 주어나 목적어가 빠진 불완전한 절로 온다. 주격관계대명사인 which절은 동사(needs)의 주어가
           빠진 불완전한 절로 선행사(project)를 수식한다.

해   설   빈칸 앞 거품 수식어인 관계사절(which still needs written approval)을 제외시키면, 빈칸 앞뒤에 정동사가 없
           으므로 빈칸은 정동사 자리이다. 따라서 (A)는 소거한다. 빈칸 뒤에 목적어(a highly controversial topic)가 왔
           으므로 (B) 수동태도 소거한다. (C)는 단수 동사, (D)는 복수 동사로 왔으므로 곧바로 수일치에 들어간다. 문장의
           주어(The project)가 단수로 왔으므로 단수 동사인 (C) includes가 정답이다.

해   석   아직 서면 승인이 필요한 프로젝트는 꽤 논란이 될 만한 주제를 포함하고 있다.

표 현 정 리   approval 승인 highly 매우 controversial 논란이 되는 topic 주제

정   답   (C)

✗ 시나공 POINT

거품 수식어들을 소거한 후 빈칸이 정동사 자리로 결정되면 '태 – 시제 – 수일치' 순으로 푼다.

핵심 이론

동사의 수는 주어와 일치시켜야 하는데, 수식어구를 걷어내고 주어와 동사를 제대로 파악해야 한다.

The man, <u>who has a car</u>, needs a book <u>in the library</u>.
접속사절   전치사구

• **주어 + (전치사 + 명사) + 동사**

<u>The final reports</u> (for the seminar) ~~was~~ well prepared.
주어(복수)   were

세미나에서의 최종 보고서는 마침내 잘 준비되었다.

▶ 거품 수식어인 전치사구(for the seminar)를 소거한 후 주어와 동사를 수일치시켜야 한다.

• **주어 + (관계대명사 + 불완절한 문장) + 동사**

<u>Ms. May</u>, (who visited with the staff) ~~are~~ the new manager.
주어(단수)   is

직원들과 함께 방문한 May 씨가 새로운 관리자이다.

▶ 거품 수식어인 관계사절(who visited with the staff)을 소거한 후 주어와 동사를 수일치시켜야 한다.

• **주어 + (현재분사 / 과거분사) + 동사**

<u>The schedule</u> (explained in detail) ~~satisfy~~ the French buyer.
주어   satisfied

자세하게 설명된 일정이 프랑스인 바이어를 만족시켰다.

▶ 거품 수식어인 분사구(explained in detail)를 소거한 후 주어와 동사를 수일치시켜야 한다.

1. Only the board members ------- access to the database containing the company's most important secrets.

(A) have   (B) has been   (C) was   (D) is

2. The manager who is overseeing the construction project ------- a sick leave, and he will be off from March 21-31.

(A) is taken   (B) has taken   (C) take   (D) taking

▶ 정답 및 해설은 해설집 57쪽 참고

UNIT 07 PART 5&6
동사 ❸ 동사의 능동태와 수동태

풀 이 전 략   목적어 앞 빈칸에는 능동태를, 목적어가 없는 빈칸 앞에는 수동태를 넣는다.

★ 대표 문제

 R13

> The copies of your rental agreement ------- on time, so you can move into your new apartment.
>
> (A) were submitted   (B) submit   (C) have submitted   (D) will submit

☑ 시나공 풀이법

The copies of your rental agreement ------- on time, so you can move
　주어(복수)　　The copies를 꾸며주는 전치사구　　동사　　전치사구　　주어　　동사

into your new apartment.
　　　전치사구

절을 연결하는 접속사 so

> submit은 목적어를 가지는
> 3형식 타동사

(A) were submitted   (B) submit   (C) have submitted   (D) will submit
　복수 수동태　　　　복수 동사　　　　　복수 현재완료　　　　　미래

문 장 분 석   so는 절과 절을 연결하는 등위접속사로 사용되었으며, 보통 절의 뒤에 위치한다. 이러한 종류의 접속사로는 so, for, yet 등이 있다.

해　　설   동사 어형 문제이므로 '태 – 시제 – 수일치' 순으로 풀어야 한다. 4형식 동사(give, send, offer)와 5형식 동사 (make, find, keep, consider)를 제외한 나머지는 모두 3형식 동사라고 생각해야 한다. 3형식 동사 태 문제는 단순히 목적어 유무에 따라 결정한다. 능동태에서 반드시 목적어를 가지는 타동사의 경우 수동태에서는 목적어를 가지지 않는다. 따라서 목적어를 갖춘 빈칸은 능동태, 목적어가 없는 빈칸은 수동태 자리가 되는 것이다. 따라서 이 문제의 경우 빈칸 뒤에 목적어가 없으므로 수동태인 (A) were submitted가 정답이 된다.

해　　석   귀하의 임대계약서 사본이 새 아파트로 이사하실 수 있도록 제때 제출되었음을 확인했습니다.

표 현 정 리   **copy** 사본; 복사하다 **rental agreement** 임대계약서 **on time** 제때, 정각에 **move into**(= to) ∼로 이전하다

정　　답   (A)

 시나공 POINT

목적어 앞 빈칸에는 능동태가, 목적어가 없는 빈칸에는 수동태가 온다.

핵심 이론

능동태(일반 문장)에서 수동태로 바뀌면 기본적으로 의미는 같지만 문장의 주체가 다음과 같이 바뀐다.

He wrote the book.　그는 책을 썼다.
▶ The book was written by him.　책은 그에 의해 쓰였다.

• **수동태**

The foundation was established by Judy Hall.

이 재단은 Judy Hall에 의하여 설립되었다.

▶ 동사(establish) 뒤에 목적어가 없으므로 수동태를 써야 한다.

• **진행형 수동태**

The theater is being prepared for the next performance.

영화관은 다음 영화 상영을 위해 준비 중이다.

▶ 동사(prepare) 뒤에 목적어가 없으므로 수동태를 써야 한다. 진행형(be + V-ing)과 수동태(be + 과거분사)를 합쳐 놓은 것이 진행형 수동태(be being + 과거분사)이다.

• **완료형 수동태**

Our schedules have been changed significantly.

우리의 일정이 완전히 바뀌었다.

▶ 동사 (change) 뒤에 목적어가 없으므로 수동태를 써야 한다. 완료형(have + 과거분사)과 수동태(be + 과거분사)를 합쳐 놓은 것이 완료형 수동태(have been + 과거분사)이다.

Step 3　실전 문제

1. Steak & Lobster Marble Arch will be temporarily ------- while its remodeling work is taking place.

   (A) close　　　　(B) closing　　　　(C) closed　　　　(D) closure

2. It's likely that the stock price of Ashley Printers ------- due to the release of its brand-new photocopier with various functions.

   (A) had been risen　　(B) have risen　　(C) rise　　　　(D) has risen

▶ 정답 및 해설은 해설집 57쪽 참고

UNIT 07 PART 5&6

동사 ❹ 4형식 수동태

Step 1 실전 포인트

풀 이 전 략   4형식 동사의 수동태의 경우 빈칸 뒤에 '사람 + 사물'이 있으면 능동태 자리이고, 없으면 수동태 자리이다.

⭐ **대표 문제** R14

> The workers who were recruited recently ------- a document about the regulations at the construction site.
>
> (A) was given   (B) have given   (C) will be given   (D) gave

📝 **시나공 풀이법**

> The workers who were recruited recently ------- a document about the regulations
> 주어(복수)　　주어(The workers)를　　부사　　동사　　목적어　　　　　전치사구
> 　　　　　　수식하는 관계사절
> at the construction site.
> 　　전치사구
>
> give는 대표적인 4형식 동사
>
> (A) was given   (B) have given   (C) will be given   (D) gave
> 단수 수동태　　　　　　복수 현재완료　　　　　미래 수동태　　　　　동사(과거)

문장분석   명사(workers)는 관계사절(who were recruited recently)의 선행사인 동시에 동사(will be given)의 주어로 사용되었다. give the workers a document였던 능동태 문장이 the workers will be given a document 형태의 수동태로 바뀐 것이다.

해　설   우선 선택지에 등장한 동사가 4형식 동사인지를 확인해야 한다. 4형식 동사는 '주어 + 동사 + 간접목적어 (사람) + 직접목적어 (사물)' 구조이다. 이때 두 개의 목적어 중 한 개라도 빠지면 수동태가 되어야 한다. 따라서 '사람 + 사물' 앞 빈칸은 능동태 자리이지만, '사람 + 사물'이 없는 빈칸은 수동태 자리라는 것을 기억한다. 빈칸 뒤에 '사람 + 사물'이 없으므로 4형식 동사는 수동태인 (C) will be given이 정답이다. (A)는 주어(workers)가 복수로 왔는데, 단수 동사(was)를 사용한 오답 선택지이다.

해　석   최근에 고용된 직원들은 공사현장 규정에 관한 문서를 받게 될 것이다.

표현정리   **recruit** 고용하다   **recently** 최근에   **regulation** 규정   **construction site** 건설 현장

정　답   (C)

시나공 POINT

4형식 동사(give, send, offer)의 태를 묻는 문제라면 빈칸 뒤에 '사람 + 사물'이 있는지를 확인한다. '사람 + 사물' 앞 빈칸은 능동태 가 되지만, '사람 + 사물'이 없는 빈칸은 수동태가 된다.

핵심 이론

4형식 수동태 주어 + 동사 + 간접목적어(사람) + 직접목적어(사물)
수동태와 비슷하지만 간접목적어(사람) 또는 직접목적어(사물) 중 하나가 주어로 가고, 나머지
하나는 그 자리에 남아 있다.

4형식 ▶ 3형식 주어 + 4형식 동사(수동형) + 전치사 + 사람
→ 주어 + 4형식 동사(능동형) + 사물 + 전치사 + 사람

시험에 자주 나오는 4형식 동사 형태

사람 + be sent 받다	사물 + be sent to ~에게 보내지다
사람 + be awarded 받다	사물 + be awarded to ~에게 주어지다
사람 + be given 받다	사물 + be given to ~에게 주어지다
사람 + be offered 받다	사물 + be offered to ~에게 제공되다

• **4형식 능동태**

The store offered new customers a 10% discount coupon. 가게는 신규 고객들에게 10% 할인 쿠폰을 제공했다.
　　　　　　　　　간접목적어　　　　　　직접목적어

▶ 4형식 동사는 목적어가 2개(간접목적어, 직접목적어)가 온다.

• **4형식 수동태**

1. 간접 목적어가 주어로 간 경우

New customers were given a 10% discount coupon (by the store). 신규 고객은 10% 할인 쿠폰을 제공받았다.

▶ 간접 목적어(new customers)가 주어로 간 경우로 "be given N"의 형태로 쓴다. 'be gvien'은 '받다'로 해석한다.

2. 직접 목적어가 주어로 간 경우

A 10% discount coupon was given to new customers (by the store).
10% 할인 쿠폰은 신규 고객들에게 제공되었다.

▶ 직접목적어(a 10% discount coupon)가 주어로 간 경우에는 간접목적어(new customers) 앞에 전치사(to)가 쓰인다.

1. Electricians working at Walton's Warehouse ------- all of the details about the new procedure from the head of the Management Department.

(A) sent　　　　　(B) has been sent　　　　(C) have sent　　　　(D) were sent

2. Ms. MacDowell was ------- a special bonus in recognition of her constant contribution to the project.

(A) award　　　　(B) awarding　　　　(C) awarded　　　　(D) awards

▶ 정답 및 해설은 해설집 57쪽 참고

UNIT 07 PART 5&6 동사 ❺ 5형식 수동태

Step 1 실전 포인트

풀 이 전 략   5형식 문장의 수동태에서는 동사 뒤에 목적보어를 그대로 써준다.

대표 문제

 R15

James Badge Dale ------- Best Emerging Journalist for his writing on the recent election.

(A) was named   (B) has named   (C) named   (D) are naming

시나공 풀이법

James Badge Dale ------- Best Emerging Journalist for his writing on the rece nt election.
　　주어(단수)　　　　　　　　　　목적보어　　　　　전치사구　　　　전치사구

[name은 대표적인 5형식 동사]

(A) was named   (B) has named   (C) named   (D) are naming
　단수 수동태　　　　　단수 현재완료　　　　　동사(과거)　　　　　복수 동능태

문장분석   명사 James Badge Dale은 동사 was named의 주어로 사용되었다. named James Badge Dale Best Emerging Journalist였던 문장이 James Badge Dale was named Best Emerging Journalist의 수동태 문장으로 바뀐 것이다.

해　설   우선 선택지에 등장한 동사가 5형식 동사인지를 확인해야 한다. 5형식 동사는 '주어 + 동사 + 목적어 + 목적보어' 구조이다. 이 때 수동태가 되면 '수동태 + 명사' 구조가 된다는 것을 기억한다. 빈칸 뒤에 명사(Best Emerging Journalist)가 있으므로 수동태인 (A) was named가 정답이다. 참고로 동사 name은 목적보어를 명사로 취하는 5형식 동사로, 'name A B'가 'A를 B로 임명하다'임을 기억한다.

해　석   James Badge Dale은 최근 선거에서 그의 글로 가장 저명한 언론인으로 선정되었습니다.

표현정리   journalist 기자 writing 글 recent 최근의 election 선거

정　답   (A)

 시나공 POINT

5형식 문장이 수동태가 되면 목적보어가 남는다. 이때 남는 목적보어는 어떤 5형식 동사냐에 따라 형태가 달라진다.

핵심 이론

5형식 수동태   주어 + 동사 + 목적어 + 목적보어
3형식 수동태와 비슷하지만 목적어가 주어로 오고, 목적보어는 그 자리에 남아 있다.

1) 목적보어로 명사가 남는 경우	2) 목적보어로 형용사가 남는 경우	3) 목적보어로 to부정사가 남는 경우
be considered N 'N'으로 여겨지다	be considered 형용사 '형용사'하게 여겨지다	be required to ~하도록 요구되다
be called N 'N'으로 불리다	be made 형용사 '형용사'하게 만들어지다	be advised to ~하도록 조언 받다
be appointed N 'N'으로 임명되다	be found 형용사 '형용사'하게 알게 되다	be asked to ~하도록 요청되다
be elected N 'N'으로 선출되다	be kept 형용사 '형용사'하게 유지되다	be allowed to ~하도록 허락되다

• **5형식 동사의 능동태와 수동태**

He considers Mark the most competent employee. (**능동태**)
　　　　　　　　목적보어
그는 마크를 가장 유능한 직원으로 여긴다.

Mark is **considered** the most competent employee (by him). (**수동태**)
　　　　　　　　　　목적보어
마크는 가장 유능한 직원으로 간주된다.

The company will make a selected list of applicants available on the web. (**능동태**)
　　　　　　　　　　　　　　　　　　목적보어
회사는 지원자들의 목록을 웹상에서 볼 수 있도록 할 것이다.

A selected list of applicants will **be made** available on the web (by he company). (**수동태**)
　　　　　　　　　　　　　목적보어
선별된 지원자들의 목록을 웹상에서 볼 수 있게 될 것이다.

We allow only authorized employees to enter the office for security reasons. (**능동태**)
　　　　　　　목적보어
우리는 오직 승인을 받은 직원들에게 보안상의 이유로 그 사무실에 들어가는 것을 허락한다.

Only authorized employees **are allowed** to enter the office for security reasons (by us). (**수동태**)
　　　　　　　　　　　목적보어
오직 승인을 받은 직원들만이 보안상의 이유로 그 사무실에 들어가는 것이 허용된다.

Step 3   실전 문제

1. Unauthorized workers are not ------- to access confidential customer information without manager's approval.

(A) permitted　　　　(B) permitting　　　　(C) permit　　　　(D) permittance

2. Chris Jeong, the winner of the employee of the year award, ------- the leading authority in the field of corporate communication strategy.

(A) have appointed　　(B) has been appointed (C) will appoint　　(D) had appointed

▶ 정답 및 해설은 해설집 57쪽 참고

UNIT 07 PART 5&6

동사 ❻ 수동태 + 전치사의 형태

 Step 1 실전 포인트

풀 이 전 략 전치사와 연관된 수동태 관용/숙어 표현을 최대한 많이 숙지해 두어야 한다.

★ **대표 문제** R16

> The attractions near the Eiffel Tower have been ------- for a lot of street artists seen around it.
>
> (A) dedicated (B) believed (C) known (D) received

 시나공 풀이법

The attractions near the Eiffel Tower have been ------- for a lot of street artists
주어 　　　　　전치사구 　　　　　동사 　　　　　전치사구
seen around it.
관계사절

뒤에 명사가 없고 전치사구가 오므로 빈칸은 수동태

(A) dedicated (B) believed (C) known (D) received
to와 함께 쓰임 　수동형 불가 　be known for로 쓰임 　주어와 의미가 맞지 않음

문 장 분 석 전치사구 (near the Eiffel Tower)는 문장에 아무런 영향을 미치지 않으므로 주어는 명사 The attractions이며, 주어와 수의 일치를 맞추기 위해 동사도 복수 동사 (have)로 왔다. the Eiffel Tower를 주어로 혼동하지 않도록 주의한다.

해　　설 수동태의 관용/숙어 문제들은 be동사와 전치사 사이 빈칸을 고르는 문제 중심으로 출제되기 때문에 전치사에 주의해서 암기해 두어야 한다. 이때 4개의 선택지에는 각각 다른 과거분사를 제시하고 빈칸 뒤 전치사와 어울리는 과거분사를 선택하는 문제로 출제된다. 이 문제의 경우 빈칸 뒤 전치사 (for)와 어울리는 과거분사인 (C) known을 선택하는 문제이다.

해　　석 에펠탑 근처의 관광명소들은 주변의 수많은 거리 예술가들로 유명하다.

표 현 정 리 attraction 관광명소 be known for ~로 유명하다

정　　답 (C)

✎ 시나공 POINT

수동태의 관용/숙어 표현은 주로 전치사 앞 빈칸에 맞는 것을 고르는 문제가 출제되므로 전치사와의 연관성에 주의해야 한다.

핵심 이론

4형식 동사 수동태 뒤는 목적어 한 개 남고, 5형식 동사 수동태 뒤는 보어가 남는다. 반드시 암기하자

수동태 관용 표현 – 감정
* be pleased with ～에 기쁘다, ～에 만족하다
* be contented with ～에 만족하다
* be satisfied with ～에 만족하다
* be shocked at ～에 깜짝 놀라다
* be amazed at ～에 깜짝 놀라다
* be alarmed at ～에 깜짝 놀라다
* be disappointed at ～에 실망하다
* be interested in ～에 관심을 갖다
* be amused at ～에 즐거워하다
* be worried about ～을 걱정하다

수동태 관용 표현 – 상태
* be tired with ～로 피로하다
* be exhausted with ～로 지쳐버리다
* be fatigued with ～로 지치다
* be worn with ～로 약하게 하다, 지치다

수동태 관용 표현 – 기타
* be absorbed in ～에 열중하다
* be involved in ～에 말려들다(관여하다)
* be indulged in ～에 몰두하다
* be based on ～를 근거로 하다
* be dressed in ～을 차려입다
* be covered with ～로 덮여있다
* be crowded with ～로 붐비다
* be possessed of ～을 소유하다
* be worn out 완전히 피로하다
* be devoted to ～에 헌신하다
* be annoyed at ～에 성가시다, ～에 짜증이 나다
* be committed to ～에 헌신/전념하다
* be convinced in(of) ～을 확신하다

Neal **is absorbed** in conducting the experiment.   Neal은 실험을 진행하는데 열중하고 있다.

TJ Ltd. **is devoted to** the development of new materials.   TJ 유한회사는 신소재 개발에 헌신한다.

1. The pay raise is ------- on the employees' performances and the bimonthly evaluations submitted by their supervisors.

(A) introduced   (B) entitled   (C) avoided   (D) based

2. Since its foundation, Animals' Friends has been committed to ------- the importance of animal protection worldwide and helping people to adopt abandoned dogs.

(A) promoted   (B) promoting   (C) promote   (D) be promoted

▶ 정답 및 해설은 해설집 58쪽 참고

UNIT 08 PART 5&6 명사 ③

Step 1 기출 100% 어휘 정리

021

☐ **negotiation** ⓝ 협상, 교섭

ⓥ negotiate 협상하다
ⓝ negotiator 협상가

initial **negotiation** 최초의 협상
after two years of lengthy **negotiation** 2년간의 긴 협상 끝에

022

☐ **reservation** ⓝ 예약

ⓥ reserve 예약하다
ⓐ reserved 예약된

make a **reservation** 예약하다
confirm a **reservation** 예약을 확인하다

023

☐ **performance** ⓝ 실적, 성과

ⓥ perform 수행/공연하다
ⓝ performer 연주자

performance evaluation 직무수행 평가
during the **performance** 공연 중에

024

☐ **application** ⓝ 신청, 지원서

ⓝ appliance 전기기구
ⓝ applicant 지원자, 신청자

application form 신청서
accept **applications** 지원서들을 받다

025

☐ **withdrawal** ⓝ 인출

ⓥ withdraw 인출/취소하다

make a **withdrawal** 인출하다
withdrawal slip 예금 청구서

026

☐ **notification** ⓝ 통지

ⓥ notify 통지하다

written **notification** 서면 통보
prior / advance **notification** 사전 통보

027

☐ **production** ⓝ 생산(량)

ⓥ produce 생산하다

production facility 생산 시설
production figures 생산 실적

028

☐ **excess** ⓝ 초과

ⓥ exceed 초과하다
ⓐ excessive 과도한

in **excess** of ~을 초과하여
excess baggage (항공기 탑승객의) 초과 수화물

029

☐ **value** ⓝ 가치, 가격

ⓐ valuable 가치 있는

increase in **value** 가치가 증가하다
of **value** = valuable 귀중한

030

☐ **consent** ⓝ 동의

ⓥ consent 동의하다 (to)

without the written **consent** 서면동의 없이
by unanimous **consent** 만장일치로

1	**exploration** 탐사, 탐험 지리적 조사 또는 연구	**investigation** 조사 사건의 진상을 파악하기 위한 행위
2	**increment** 증대, 증가 양적인 확대	**improvement** 향상, 개선 질적인 발전
3	**thought** 생각, 사고 어느 순간 마음 속에 떠오른 기억	**knowledge** 지식 경험이나 연구를 통해 알고 있는 것
4	**program** 프로그램, 계획 앞으로 해야 할 일의 절차나 방법 등을 미리 정함	**schedule** 스케줄, 계획표 시간 단위로 설정한 구체적인 일정
5	**material** 재료, 원료 어떤 제품을 만들 때 가장 기초적인 구성 요소	**ingredient** 재료, 성분 혼합물, 합성물 또는 요리의 원료

Step 3　이론 적용해 보기

1. Before you start your own business, make a thorough [exploration / investigation] of the local business environment.

2. A large amount of investment is required for the [increment / improvement] of the facilities.

3. The salesclerk in the electronic store has a comprehensive [thought / knowledge] of the store's products.

4. A skilled manager can make a work [program / schedule] which is effective for all of us.

5. If you add a new [material / ingredient] to the recipe, you can make a great seasonal meal.

▶ 정답 및 해설은 해설집 58쪽 참고

UNIT 09

PART 7
문제유형 ❷ 요청 & 제안

Step 1 실전 문제 먼저 풀기

풀 이 전 략   요청이나 제안은 대개 글이 마무리되는 시점인 지문 후반부에 제시된다. 특히 Please ~나 Would you ~?, Could you ~? 등 상대방에게 요청할 때 많이 쓰는 표현들이 제시된 부분에 주목한다.

Question 1 refers to the following e-mail.

From: Linda Emond <lemond@advertisers.com>
To: Douglas Hodge <dhodge@advertisers.com>
Subject: Retirement Party for Melissa Reid
Date: October 15

Hi, Douglas

As you know, we are having a retirement celebration for Melissa. She has been such an essential part of our corporate family for the past 30 years. I would like you to be one of the speakers at the celebration.

As she was your assistant as the head of advertising department, we think you should speak on her behalf. We will send you the details of the celebration in a later email.

If you have any questions, please contact my secretary, Theodora Miranne, at extension 3242.

Thanks,

Linda Emond
Vice President

1. What is Mr. Hodge asked to do?

(A) Attend a luncheon
(B) Reserve a meeting room
(C) Order food for a party
(D) Make a presentation

▶ 정답 및 해설은 해설집 58쪽 참고

시나공 POINT

질문 속의 asked to do를 통해 요청 & 제안 문제임을 알 수 있다. 요청 & 제안 문제의 단서는 대개 지문의 중후반부에 있으므로 중후반부 쪽에서 Please ~나 Would you ~?, Could you ~?, 혹은 의무를 나타내는 조동사 should가 있는 부분을 찾아본다. 지문 중반부의 문장 As she was As she was your assistant as the head of advertising department, 다음에 나와 있는 we think you should speak on her behalf.에서 should가 들어간 부분을 확인할 수 있다. 이 부분의 내용을 통해 Melissa를 대신하여 연설을 해달라는 부탁을 하고 있음을 알 수 있다. 따라서 선택지 중에서는 (D)가 가장 적합하다는 사실을 알 수 있다.

Step 3   출제되는 질문 패턴 & 핵심 공략법

출제되는 질문 패턴

• What does A **ask** B to do?	A는 B에게 무엇을 하라고 요청하는가?
• What does A **require/request** B to do?	A는 B에게 무엇을 하라고 요구하는가?
• What does A **advise** B to do?	A는 B에게 무엇을 하라고 권고하는가?
• What does A **want/hope** B to do?	A는 B에게 무엇을 하라고 희망하는가?
• What does A **invite** B to do?	A는 B에게 무엇을 하라고 제안하는가?
• What does A **encourage** B to do?	A는 B에게 무엇을 하라고 장려하는가?
• What is B **asked** to do?	B는 무엇을 하라고 요구되는가?
• What is B **required** to do?	B는 무엇을 할 필요가 있는가?

핵심 공략법

❶ 상대에게 요청하는 내용은 대부분 지문의 끝 부분에서 언급된다.

❷ 이러한 유형의 문제는 보통 지문 속에서 'Please, 동사원형 ~' 형태의 지시, 명령 문장이나 '~해야만 한다'라는 의무를 나타내는 조동사 'should'가 들어 있는 문장에 주로 정답이 드러난다.

Question 2 refers to the following e-mail.

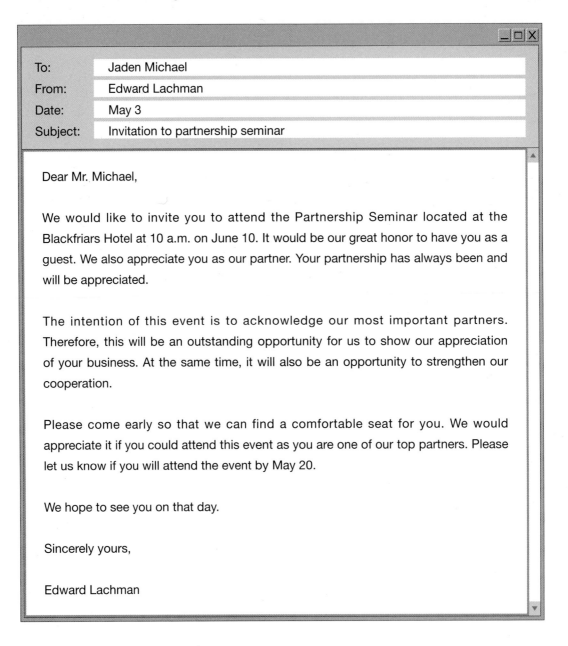

To:	Jaden Michael
From:	Edward Lachman
Date:	May 3
Subject:	Invitation to partnership seminar

Dear Mr. Michael,

We would like to invite you to attend the Partnership Seminar located at the Blackfriars Hotel at 10 a.m. on June 10. It would be our great honor to have you as a guest. We also appreciate you as our partner. Your partnership has always been and will be appreciated.

The intention of this event is to acknowledge our most important partners. Therefore, this will be an outstanding opportunity for us to show our appreciation of your business. At the same time, it will also be an opportunity to strengthen our cooperation.

Please come early so that we can find a comfortable seat for you. We would appreciate it if you could attend this event as you are one of our top partners. Please let us know if you will attend the event by May 20.

We hope to see you on that day.

Sincerely yours,

Edward Lachman

2. What is Mr. Michael asked to do by May 20?

(A) Attend a seminar at the Blackfriars Hotel
(B) Contact Edward Lachman by telephone
(C) Notify Edward Lachman whether he will attend the seminar or not
(D) Find comfortable seats for his colleagues

Question 3 refers to the following advertisement.

Energy Total Fitness

Award winning trainer, Don Johnson has returned to our center, and he will be leading four new exciting classes here in Energy Total Fitness!

Class	Day	Time	Cost
Gym Ball	Monday	6:00 P.M - 7:45 P.M.	$55
Aerobics - Beginners	Tuesday	11:00 A.M - 11:45 A.M.	$70
Cardio Workout - Beginners	Thursday	11:15 A.M - 12:00 P.M.	$70
Free Weight - Advanced	Saturday	6:30 P.M - 7:15 P.M.	$80

Each class starts on October 1st, and is scheduled to last two months. We will accept registrations from September 3 and will open the classes once they are all filled. In order to guarantee a space, we recommend that you register as soon as possible. All registration are to be done in person. The fee can either be paid by cash or card. We do not accept personal checks.

3. What are interested people asked to do?

(A) Speak directly with an instructor
(B) Sign up early for the classes
(C) Call soon to sign up for a class
(D) Make payment by personal checks

▶ 정답 및 해설은 해설집 58쪽 참고

REVIEW TEST

1. The instructions on making copies ------- above the copy machine, and if you need any help, you can dial the number next to it.

   (A) have posted (B) are posted
   (C) post (D) posted

2. The two companies must ------- contracts to expedite the merger between them before their competitors dominate the American market.

   (A) be signed (B) signs
   (C) signature (D) sign

3. The executives involved in production management ------- to keep up to date with new technology and trends all over the world so that they do not get left behind.

   (A) tries (B) have tried
   (C) has been tried (D) be trying

4. We assure you that sensitive information such as contact details and ID numbers ------- secure with no exceptions.

   (A) are keeping (B) kept
   (C) is kept (D) to keep

5. Usually, John Harrison's research results ------- online, not in journals, so that he can get prompt feedback and people can easily access the information.

   (A) are published (B) published
   (C) have published (D) publish

6. The meal that will be served to passengers ------- beverages and a main dish with soup or salad, and there is an additional charge for other options.

   (A) include (B) has been included
   (C) includes (D) are being included

7. Those who were randomly selected by lot ------- a discounted rate on the Deluxe Suite Package at our hotel in addition to two round-trip tickets to Rome.

   (A) has offered (B) offered
   (C) offers (D) have been offered

8. The limited edition toys released by Playtime ------- by people around the world, and the sales volume rose extraordinarily during the Christmas season.

   (A) ordered (B) are being ordered
   (C) have ordered (D) orders

9. They all agreed to ------- their primary goals before the evaluation, which is scheduled in two weeks' time.

   (A) have examine (B) be examined
   (C) examining (D) examine

10. William and Alice, the new editors, ------- to our department since we are having difficulty meeting our deadline due to the staff shortage.

    (A) have been added
    (B) added
    (C) has added
    (D) are adding

▶ 정답 및 해설은 해설집 59쪽 참고

PART 5&6

GRAMMAR

UNIT 10 시제 & 가정법

VOCABULARY

UNIT 11 명사 ❹

PART 7

READING

UNIT 12 문제유형 ❸ 유추 & 추론

REVIEW TEST

WARMING UP

1) 시제의 개념

'시제'란 어떤 사건이나 사실이 일어난 시점을 나타낼 때 쓰는 표현으로, 우리말과 달리 영어는 시간과 관련된 표현이 매우 세밀하게 묘사된다. 우리말은 크게 '과거, 현재, 미래, 과거진행, 현재진행, 미래진행'의 6가지 시제로 모든 시간 표현들을 다 다룰 수 있지만, 영어는 여기에 더해 '완료'라는 독특한 형태의 시제를 쓴다는 것이 가장 큰 특징이다.

2) 시제의 종류

① 현재시제: 동사원형 / 동사원형 + − (e)s

일반적인 사실 및 규칙적이거나 습관적인 행동을 언급할 때 쓴다.

This price includes **service charges.**　이 가격은 봉사료를 포함하고 있다. ▶ 일반적인 사실

② 과거시제: 동사원형 + − ed / 불규칙 동사의 과거형

과거시제는 과거에 일어난 사건이나 상태를 나타내며, 주로 문장 내에서 명백하게 과거를 나타내는 부사(구)와 어울려 쓰인다.

I attended **the meeting yesterday.**　나는 어제 회의에 참석했다.

③ 미래시제: will(be going to) + 동사원형

미래에 일어날 사건이나 상태를 표현할 때 미래 시제를 쓴다. 주로 미래를 나타내는 부사(구)와 어울려 쓰인다.

A reception will be held **next month.**　다음 달에 리셉션이 열릴 것이다.

④ 현재완료: have(has) + P.P.(과거분사)

현재완료시제는 과거에 일어난 사건이 현재까지 영향을 미칠 때 쓴다.

I have worked **for the company since 2001.**　나는 2001년 이래로 그 회사에서 근무해왔다.

⑤ 과거완료: had + P.P.(과거분사)

과거에 발생한 어떤 일보다 먼저 일어난 일을 나타낼 때 과거완료시제를 쓴다.

Before I arrived at the venue, the meeting had started.　내가 회의 장소에 도착했을 때 회의는 이미 시작되었다.

⑥ 미래완료: will have + P.P.(과거분사)

과거나 현재부터 시작된 일이 미래에 어떤 상황이 될 것이라고 상상할 때 미래완료시제를 쓴다.

I will have finished **it by the time she comes back.**　그녀가 돌아올 때까지는 나는 그것을 끝내게 될 것이다.

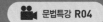

02 예제 풀어보기

괄호 안에 있는 두 단어 중 문장에 알맞은 동사를 고르시오

1 They always (work / worked) on weekends.

2 They (work / worked) last weekend.

3 They (will work / worked) next weekend.

4 They (have worked / worked) since last weekend.

5 They (have worked / had worked) for a long time when I arrived.

03 예제 확인하기

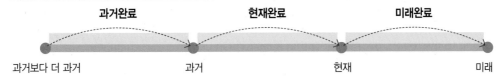

과거완료	현재완료	미래완료
과거보다 더 과거	과거	현재	미래

▶ 단, 미래완료는 현재시점 이전에 발생한 일도 포함될 수 있다.

1 They always work on weekends.   그들은 항상 주말에 일한다.

   ▶ 평상시에 발생하는 일에는 단순현재 (work)를 사용한다. always, usually 등과 같이 쓰인다.

2 They worked last weekend.   그들은 지난 주말에 일했다.

   ▶ 과거 특정 시점에 발생했던 일에는 단순과거 (worked)를 사용한다.

3 They will work next weekend.   그들은 다음 주말에 일할 것이다.

   ▶ 미래의 특정 시점에 발생할 일에는 단순미래 (will work)를 사용한다.

4 They have worked since last weekend.   그들은 지난 주말부터 계속 일했다.

   ▶ 과거 어느 시점부터 현재까지 지속되는 행위 또는 상태를 가리킬 때 현재완료를 사용한다.

5 They had worked for a long time when I arrived.   그들은 내가 도착했을 때까지 오랫 동안 일했다.

   ▶ 과거보다 앞선 어느 시점부터 어느 과거 시점까지 일을 나타낼 때 과거완료를 쓴다.

PART 5&6

시제 ❶ 현재시제

| Step 1 | 실전 포인트 |

풀이전략　일반적인 습관 또는 사실 등을 표현할 때 현재시제를 쓰며, 보통 부사 usually, often, every day, every year 등과 어울려 출제된다.

⭐ 대표 문제

According to the report, people know that Miss Mason usually ------- high fees for her services.

(A) charges　　　(B) charged　　　(C) had charged　　　(D) will charge

🖉 시나공 풀이법

According to the report, people know that Miss Mason usually ------- high fees
전치사　　전치사구　　주어(복쉬)　동사　접속사　　주어　　　부사　　동사　동사(charge)의 목적어

for her services.
전치사구

절과 절을 연결　　　현재를 나타내는 부사

(A) charges　　　(B) charged　　　(C) had charged　　　(D) will charge
　현재형　　　　　　과거형　　　　　　　과거완료형　　　　　　　미래형

문장분석　동사 know는 be known for, be known that 형태로 자주 사용된다. be known for는 '~으로 유명하다,' beknown that은 '~라는 사실로 유명하다'는 정도로 해석한다.

해　설　빈칸 앞 현재시점 부사 (usually)는 현재시제와 자주 어울려 출제된다. 따라서 빈칸 앞에 usually가 오면 현재시제가 정답이라는 것을 기억한다. 따라서 (A) charges가 정답이다.

해　석　보고에 따르면, 메이슨 양은 자신의 서비스에 대해 높은 수수료를 부과하는 것으로 알려져 있다.

표현정리　according to ~에 따르면　charge 부과하다　fee 수수료

정　답　(A)

✏ 시나공 POINT

현재 시점 부사 usually, generally, often, every day / month / year는 현재시제와 어울려 출제된다.

핵심 이론

현재시제는 빈칸 앞뒤 또는 문두나 문미의 현재시점 부사와 어울려 매회 평균 1문제가 출제된다.

- **대표적인 시점 부사들**

usually, often, every/each year, at the moment 등의 시점부사

now, today, nowadays, at present, each year(day, month) 등의 부사

The company usually hires new employees at the beginning of the year.
회사는 주로 연초에 신입 직원들을 고용한다.

Each year, many regions in Africa suffer from famines.
매년, 아프리카의 많은 지역들이 기근을 겪는다.

- **시간이나 조건 부사절에서는 현재시제가 미래를 대신한다.**

시간부사절 접속사	when ~할 때 after ~후에 before ~이전에 as soon as ~하자마자 until ~할 때까지
조건부사절 접속사	If 만약 ~라면 once 일단 ~하면 unless ~이 아니라면 providing / provided 만약 ~라면

When she comes to the party, I will talk with her.   그녀가 파티에 오면, 나는 그녀와 대화 나눌 것이다.

▶ 시간의 부사절에는 주절이 미래이더라도 부사절에는 현재시제를 쓴다.

If an accident **happens**, the emergency center will help.   사고가 나면, 응급센터에서 도와줄 것이다.

▶ 조건의 부사절에는 주절이 미래이더라도 부사절에는 현재시제를 쓴다.

1. All of the three service elevators in the Francis Coast Hotel ------- out of order at the moment.

(A) were   (B) are   (C) had been   (D) will be

2. Customers in the shop often ------- about what free gift is given on that day and how much they have to spend in order to be eligible for it.

(A) inquires   (B) had inquired   (C) will inquire   (D) inquire

▶ 정답 및 해설은 해설집 60쪽 참고

UNIT 10 PART 5&6

시제 ❷ 과거시제

Step 1 **실전 포인트**

풀 이 전 략 과거시제는 주로 문두나 문미에 과거시점을 나타내는 부사와 함께 쓰인다.

⭐ **대표 문제**

 R18

> The Eco-Friend Foundation ------- an awards banquet to celebrate its 10th anniversary last week.
>
> (A) had held (B) will hold (C) holds (D) held

 **시나공 풀이법**

The Eco-Friend Foundation ------- an awards banquet to celebrate its 10th anniversary
　　　주어　　　　　　　　　동사　　　동사(held)의 목적어　　　부정사구(부사적 용법, ~하기 위해)

last week. ⟨ 과거를 나타내는 부사
　부사

(A) had held (B) will hold (C) holds (D) held
　과거완료형　　　　미래형　　　　　현재형　　　　　과거형

문장분석 주어와 목적어를 모두 갖춘 완전한 절 (The Eco-Friend Foundation held an awards banquet) 뒤에 나오는 to부정사는 부사적 용법으로 목적 (~하기 위해)의 뜻을 갖는다.

해 설 절이 한 개인 문장의 경우 시제 문제로 문두, 문미, 빈칸 앞뒤에서 단서를 찾는다. 동사가 한 개인 경우 반드시 문두, 문미, 빈칸 앞뒤에서 시제에 대한 단서가 제시되기 때문이다. last 등의 과거를 나타내는 시점 부사가 나오면 과거시제가 정답이다. 따라서 (D) held가 정답이다.

해 석 Eco-Friend Foundation은 지난주에 10주년을 축하하기 위한 시상식 연회를 개최했다.

표현정리 **foundation** 단체, 재단 **awards banquet** 시상식 연회 **celebrate** 축하하다, 기념하다

정 답 (D)

✎ 시나공 POINT

문두나 문미에 과거시점 부사가 있으면 빈칸은 과거시제를 필요로 한다.

핵심 이론

> 과거시제는 다음과 같은 과거시점 부사와 같이 쓰인다.
>
> yesterday 어제　　recently 최근에　　시간 표현 + ago　　last + 시간표현　　in + 과거년도

My supervisor finished reviewing the financial budget yesterday.

나의 상관은 어제 재정 예산 검토를 끝냈다.

▶ 문미에 과거시점 부사(yesterday)가 왔으므로 과거동사(finished)를 쓴다.

My first exhibition at Gallery M ended two weeks ago.

Gallery M에서 나의 첫 전시회가 2주 전에 끝났다.

▶ 문미에 과거시점 부사(two weeks ago)가 왔으므로 과거동사(ended)를 쓴다.

Nicholas was expected to attend university last year.

니콜라스는 작년에 대학에 입학할 예정이었다.

▶ 문미에 과거시점 부사(last year)가 왔으므로 과거동사(was)를 쓴다.

The system errors occurred while Jack was away.

Jack이 외출 중일 때 시스템 오류가 발생했다.

▶ 절(주어 + 동사)이 두 개인 시제 문제는 동사끼리 시제를 일치시킨다. 두 개의 동사 중 어느 한쪽이 과거이면 나머지 한쪽은 과거 또는 과거완료를 쓴다.

1. According to some recent research results, the number of travelers using Delot Air, a low-cost airline, ------- its peak last year.

(A) will reach　　　(B) have reached　　　(C) had reached　　　(D) reached

2. Even though Mr. Henry Kim earned an engineering degree at the University of Florida, he ------- to work as a film director or film scriptwriter.

(A) wants　　　(B) wanted　　　(C) will want　　　(D) have wanted

▶ 정답 및 해설은 해설집 61쪽 참고

UNIT 10 PART 5&6
시제 ❸ 미래시제

Step **1** 실전 포인트

풀 이 전 략   문두나 문미에 미래시점 부사가 오면 빈칸에는 미래시제가 들어가야 한다.

⭐ **대표 문제** R19

> A new policy on the company dress code ------- to improve the work environment
> beginning next week.
>
> (A) will be implemented   (B) implemented   (C) implements   (D) is implemented

 시나공 풀이법

> A new policy on the company dress code ------- to improve the work environment
>   주어   전치사구   동사   to부정사(부사적 용법 – 목적)
>
> beginning next week.   완전한 문장
>   부사구(미래를 나타냄)
>
> (A) will be implemented   (B) had been implemented
>   미래형 수동태   과거완료형 수동태
>
> (C) was implemented   (D) is implemented
>   과거형 수동태   현재형 수동태

문장분석   3형식 동사 수동태는 완전한 절로 간주한다. 완전한 절(A new policy on the company dress code will be implemented) 뒤 to부정사는 부사적 용법으로 사용된다.

해 설   절(주어 + 동사)이 한 개인 경우 문두나 문미에 시제에 대한 단서가 꼭 제시된다는 것을 기억한다. 절이 한 개이고 문미에 미래시점 부사(beginning next week)가 왔으므로 (A) will be implemented가 정답이다.

해 석   근무 환경을 향상시키기 위해 회사의 복장규정에 관한 새로운 정책이 다음 주부터 시행될 것이다.

표현정리   policy 정책 dress code 복장 규정 implement 시행하다 work environment 근무 환경 beginning ~를 시작으로

정 답   (A)

✗ 시나공 POINT

미래시제는 주로 미래시점을 나타내는 부사와 어울려 쓰인다.

핵심 이론

미래시제는 다음과 같은 미래시점을 나타내는 표현과 함께 쓰인다.

soon   shortly   next + 미래시점   as of + 미래시점   when / if + 주어 + 현재동사

Some properties near City Hall **will be** available soon.

시청 옆에 있는 일부 부지가 곧 이용 가능해질 것이다.

▶ 미래시점 부사(soon)가 왔으므로 미래시제(will be)가 된다.

Many employees **will** soon **enjoy** a new environment.

많은 직원들이 조만간 새로운 환경을 즐길 것이다.

▶ 주어진 시제가 부사 어휘문제의 단서가 될 수 있다.

All employees **will wear** protective clothing next Monday.

모든 직원들은 다음 주 월요일에 방호복을 입을 것이다.

▶ 미래시점 부사(next Monday)가 왔으므로 미래시제(will wear)를 쓴다.

A new return policy **will come** into effect as of next month.

새로운 환불 정책이 다음 달부터 시행될 것이다.

▶ 미래시점 부사(as of next month)가 왔으므로 미래시제(will come)를 쓴다.

If I meet him, I **will give** him this note.

내가 그를 만난다면, 이 쪽지를 그에게 전해줄 것이다.

▶ If절에서 현재시제가 미래시제를 대신하므로 주절에서 미래시제(will give)를 쓴다.

1. The guidelines revised by the technical support team ------- into effect next year.

(A) had come   (B) comes   (C) came   (D) will come

2. Many temporary employees ------- in the job fair hosted by the Ministry of Employment and Labor shortly.

(A) had participated   (B) will participate   (C) participate   (D) participated

▶ 정답 및 해설은 해설집 61쪽 참고

UNIT
10

PART 5&6
시제 ④ 현재완료시제

PART 5&6

Step **1** **실전 포인트**

풀 이 전 략   문두나 문미에 'since + 과거시점'이 왔다면 빈칸은 현재완료를 고른다.

 대표 문제   **R20**

> The workers at B&G, Inc. ------- the construction of the fountains since they got
> permission from the city council.
>
> (A) will finish   (B) finishing   (C) have finished   (D) finish

 **시나공 풀이법**

The workers at B&G, Inc. ------- the construction of the fountains since
　　주어　　　　　전치사구　　　동사　　　　　동사(finish)의 목적어

　　　　　　　　　　　　　　　　　　　　　　　　　　　[현재완료를 나타내는 접속사 since]

they got permission from the city council.
　since + 주어 + 과거동사　　　　　전치사구

(A) will finish   (B) finishing   (C) have finished   (D) finish
　　미래형　　　　　　　　　현재분사형　　　　　　　　현재완료형　　　　　　현재형

문 장 분 석   시간 접속사 since는 'since + 주어 + 과거동사' 형태로 현재완료(have finished)와 어울려 사용된다. 이때
　　　　　　　 since는 '〜이래로, 〜이후, 〜부터' 등의 뜻으로 해석한다.

해　　설   절(주어 + 동사)이 두 개인 경우 두 개의 동사와 시제를 일치시키는 문제이다. 'since + 과거시점(since they
　　　　　　　 got)'은 현재완료와 단짝으로 출제된다. 이때 since는 전치사, 접속사에 모두 쓰이고 '〜이래로, 〜이후로, 〜부터'
　　　　　　　 라는 뜻으로 쓰인다. 따라서 정답은 (C) have finished이다.

해　　석   B&G, Inc. 직원들은 시 의회로부터 승인을 받은 이후 분수 건설을 마쳤다.

표 현 정 리   construction 공사 fountain 분수 since 〜이후로 permission 허락, 승인 city council 시 의회

정　　답   (C)

✒️시나공 POINT

　'since + 과거시점, for / in / over + 기간'은 현재완료와 어울려 출제된다.

핵심 이론

현재완료는 과거에 행한 동작이 현재까지 계속되거나 완료될 때 사용한다. 따라서 과거의 의미를 가진 부사와 함께 어울려 출제된다. 특히 현재완료시제와 함께 쓰이는 since(~이래로)의 경우 반드시 'since + 과거시점' 형태로 써야 한다는 것을 기억해 두자.

| since + 과거 | in the last(past) + 기간 | for / over the + 기간 | recently |

We **have planned** the travel schedule <u>since yesterday</u>.
우리는 어제부터 여행일정을 계획했다.

Working conditions **have improved** <u>since the new CEO joined Grolano Groups</u>.
신임 CEO가 Grolano Groups 사에 합류한 이후로 근무환경이 훨씬 좋아졌다.

The revenue of the company **has risen** considerably <u>in the past ten years</u>.
회사 수익이 지난 10년 간 상당히 올랐다.

<u>For the last three years</u>, Mr. James **has been participating** in a variety of seminars.
지난 3년간 James 씨는 다양한 세미나에 참석했다.

The editors **have changed** the draft <u>over the weeks</u>.
편집자들은 여러 주 동안 초안을 변경했다.

He **has** recently **been promoted** to a senior marketing director.
그는 최근에 수석 마케팅 이사로 승진했다.

Step 3 　실전 문제

1. His latest album, Feel Your Move with James, ------- at the top on the Billboard Chart as well as the UK pop charts during the past three months.

(A) will rank   (B) ranks   (C) ranked   (D) has ranked

2. Tamia's credit card ------- since the company failed to withdraw the payment from her bank account.

(A) was suspended   (B) has been suspended
(C) is valid   (D) had been invalid

▶ 정답 및 해설은 해설집 61쪽 참고

UNIT **10** PART 5&6

시제 ❺ 과거완료시제

Step 1 실전 포인트

풀 이 전 략   두 개의 동사 중 어느 한쪽의 동사가 과거시제로 왔다면 빈칸엔 과거완료시제를 고른다.

★ 대표 문제

The organizer ------- an ideal place for the party before his assistants reserved a room at the nearby hotel.

(A) will book   (B) books   (C) had booked   (D) has booked

📝 시나공 풀이법

The organizer ------- an ideal place for the party before his assistants reserved a room
     주어   동사   동사(book)의 목적어   전치사구   접속사   시간부사절(주어+과거동사+목적어)

at the nearby hotel.

> his assistants가 과거시점에 한 일 이전(before)
> 이기 때문에 주절에 과거완료가 와야 한다.

(A) will book   (B) books   (C) had booked   (D) has booked
   미래형   현재형   과거완료형   현재완료형

문 장 분 석   before는 시간접속사로 그 뒤에 주어와 동사를 갖춘 절 '주어(his assistants) + 동사(reserved)'로 와야 한다.

해   설   절(주어 + 동사)이 두 개인 경우 동사끼리 시제를 일치시켜야 한다. 그런데, 두 문장 모두 과거의 일이지만 어느 한쪽이 먼저 벌어진 일이라면 한쪽은 과거형을 쓰고 나머지 한쪽은 과거완료형을 쓴다. 과거완료는 둘 중 한쪽의 동사를 과거 이전에 발생한 동작에 사용하기 때문이다. 따라서 (C) had booked가 정답이다.

해   석   준비 요원은 그의 보조직원들이 인근 호텔을 예약하기 전에 파티를 위한 이상적인 장소를 예약했다.

표 현 정 리   organizer 주최자, 준비자   book 예약하다   ideal for ∼에 이상적인   assistant 보조직원

정   답   (C)

 시나공 POINT

과거완료시제는 두 개의 절이 모두 과거의 일을 나타내고, 어느 한쪽이 먼저 벌어진 일일 때 쓴다.

핵심 이론

과거완료는 과거의 어떤 시점에 발생한 일보다 더 앞선 시간에 발생된 일을 나타낸다.

> 부사절 접속사 + 주어 + 과거시제, 주어 + had p.p.
> 　　　과거의 일　　　　　과거보다 먼저 일어난 일

> 주어 + had p.p. 부사절 접속사 주어 + 과거시제
> 　과거보다　　　　먼저 일어난 일 과거의 일

> 주어 + 과거시제 명사절 접속사 주어 + had p.p.
> 　과거의 일　　　　과거보다 먼저 일어난

The train to London **had already left** before <u>our team arrived</u> at the station.

런던행 기차는 우리 팀이 역에 도착하기 전에 이미 떠났다.

▶ 과거의 특정 시점(도착한 시점) 이전에, 기차가 떠났으므로 과거완료시제를 쓴다.

<u>I was relieved</u> that the mechanic **had already tested** my car.

나는 직원이 이미 차를 검사해 준 것에 안심이 되었다.

▶ 절(주어 + 동사)이 두 개인 경우 둘 중 어느 한쪽이 과거이면 남은 한쪽은 과거 또는 과거완료를 써야 한다. 이때 과거완료는 과거의 특정 시점 이전에 발생한 일에 쓴다. 과거의 특정 시점(안심이 된 시점) 이전에, 이미 차량 검사를 했음을 의미하므로 과거완료시제가 된다.

The Angle Corporation <u>announced</u> that its quarterly sales **had increased**.

앵글 사는 회사의 분기별 판매실적이 증가했다고 발표했다.

▶ 과거의 특정 시점(발표한 시점) 이전에, 판매실적이 증가했으므로 과거완료시제를 쓴다.

1. The attendees were informed that their ID badges -------.

(A) are already issued

(B) will already be issued

(C) have already been issued

(D) had already been issued

2. Sales representatives at Smart Connection ------- to welcome their foreign buyers half an hour before their planes turned up at the international airport.

(A) arrive　　　　(B) had arrived　　　　(C) will arrive　　　　(D) have arrived

▶ 정답 및 해설은 해설집 61쪽 참고

PART 5&6

UNIT 10 시제 ❻ 미래완료시제

 실전 포인트

풀 이 전 략   부사절이 'by the time + 주어 + 현재동사'로 왔다면 주절의 빈칸에는 미래완료가 와야 한다.

★ 대표 문제

 R22

The personnel director ------- searching for a replacement for Andrew by the time he transfers to the head office in September.

(A) finished   (B) finishes   (C) will have finished   (D) had finished

✎ 시나공 풀이법

The personnel director ------- searching for a replacement (for Andrew) by the time he
주어   동사   목적어(동명사구)   전치사구   접속사   주어

빈칸 뒤가 동명사구이기 때문에
빈칸은 동명사를 목적어로 취하는 동사

by the time + 주어 + 동사
~하는 시점에는

transfers (to the head office) (in September).
동사   전치사구   전치사구
                 수식어구
부사절

(A) finished   (B) finishes   (C) will have finished   (D) had finished
과거형   현재형   미래완료형   과거완료형

문 장 분 석   동명사구를 목적어로 가지는 동사 finish가 있는 구절과 접속사 by the time으로 시작하는 부사절로 구성되어 있다. 부사절의 transfer는 자동사를 목적어로 가지지 않는다. 나머지 부분은 모두 전치사구로 수식어구이다.

해   설   'by the time + 주어 + 현재동사'가 부사절인 주절의 시제에는 미래시제가 온다. 따라서 부사절이 'by the time (~할 때) + 주어 + 현재동사' 덩어리로 왔다면 빈칸은 (C) 미래완료시제(will have + 과거분사)가 정답이다.

해   석   인사부장은 Andrew가 9월에 본사로 이동할 때쯤 그의 후임을 찾는 일을 끝낼 것이다.

표 현 정 리   **personnel** 인사과 **search** 찾다 **replacement** 후임, 교체품 **by the time** ~할 때쯤 **transfer** 전근가다, 환승하다, 송금하다 **head office** 본사

정   답   (C)

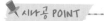 시나공 POINT

미래완료시제는 현재나 과거의 동작이 미래의 어느 시점까지 영향을 미칠 경우에 쓴다.

핵심 이론

> 미래완료시제는 현재나 과거에 발생한 동작이 미래의 어떤 시점까지 관련이 되어 있는 경우에 쓴다. 보통 부사구 by next month, by the end of the week 또는 부사절 접속사 by the time과 함께 출제된다.

They **will have finished** the job completely <u>before the general manager arrives</u>.

그들의 부장이 도착하기 전에 그들은 자신들이 맡은 업무를 완전히 마칠 것이다.

▶ 도착 전에 일을 완료하게 되는 것이므로 미래완료가 답이다.

By next year, Mr. Smith **will have served** as the CEO for 10 years.

Smith 씨는 내년이면 사장의 역할을 한지 10년이 된다.

Mr. Benkovic **will have worked** here for 10 years <u>by the end of next year</u>.

내년 말 쯤이면 Benkovic 씨가 여기서 10년을 일하게 되는 셈이다.

Her colleagues **will have been waiting** for her for two hours <u>by the time she comes back</u>.

그녀가 돌아올 때쯤, 그녀의 동료들은 그녀를 기다린지 두 시간쯤이 되어있을 것이다.

▶ 부사절이 'by the time(~할 때) + 주어 + 현재동사' 또는 'as of(~부로, ~부터) + 미래시점'으로 왔다면 주절의 빈칸은 미래완료를 쓴다. 토익은 주로 by the time이 출제되고 있으며, 최근에는 미래완료뿐만 아니라 접속사 'by the time(~할 때)'을 묻는 문제도 출제되고 있다.

1. The special promotional event held by Fly Walk ------- by the time it launches its new line of women's walking shoes.

 (A) had ended (B) ended (C) have ended (D) will have ended

2. The budget problems of a few divisions will have been solved ------- the negotiations between JC Sesco and Betty Patisserie come to an end next quarter.

 (A) by the time (B) no later than (C) at the latest (D) no more than

▶ 정답 및 해설은 해설집 62쪽 참고

UNIT
10 PART 5&6
가정법

Step **1**   실전 포인트

풀 이 전 략   조건절에 'had + 과거분사'가 오면, '조동사 과거 + have + 과거분사'를 답으로 고른다.

 대표 문제   R23

> If the artist had accepted the proposal by the museum, his works ------- in the main hall.
>
> (A) had been displayed   (B) were displayed
> (C) would have been displayed   (D) have been displayed

 **시나공 풀이법**

If the artist had accepted the proposal by the museum, his works ------- in the main hall.

접속사 주어   동사   accept의 목적어   전치사구   주어   동사   전치사구

→ 두 문장을 연결

가정법 과거완료 주절에는 would/could/
should/must + have + p.p.를 쓴다.

(A) had been displayed   (B) were displayed
　　과거완료 수동태   　　과거 수동태
(C) would have been displayed   (D) have been displayed
　　조동사 + 과거완료 수동태   　　현재완료 수동태

문장분석   명사 proposal은 보통 뒤에 전치사(from)를 동반하여 '~로부터의 제안'이라는 뜻으로 자주 쓰인다. display 뒤
　　　　　　에는 목적어가 없으므로 수동태이다.

해   설   가정법은 시제를 묻는 문제와 같이 주절과 조건절에 있는 두 개의 동사를 일치시키는 문제이다. 선택지든, 빈칸 앞
　　　　　　뒤 문장이든 조동사 과거(would, could, should, might)가 왔다면 가정법 문제이다. 조건절이 'If + 주어 + 과거
　　　　　　동사'로 왔다면, 주절에는 조동사 과거(would / could + 동사원형)를 써야 하고, 조건절이 'If + 주어 + had + 과
　　　　　　거분사'로 왔다면, 주절에는 조동사 과거완료(would / could have + 과거분사)를 써야 한다. 이 문제의 경우 조
　　　　　　건절이 'If + 주어 + had + 과거분사'로 왔으므로 가정법 과거완료 문장이다. 따라서 조동사 과거완료(would /
　　　　　　could have + 과거분사)를 써야 하므로 (C) would have been displayed가 정답이다.

해   석   예술가가 박물관으로부터의 제안을 받아들였다면, 그의 작품들은 정문에 전시되었을 텐데.

정   답   (C)

📌 시나공 POINT

If절에 'If + 주어 + 과거동사'가 오면, 가정법 과거, 'If + 주어 + had + 과거분사'가 오면 가정법 과거완료이다.

핵심 이론

가정법은 현실에서 벌어지는 일을 반대적인 상황으로 가정한 것을 말한다.

> **가정법 과거**　현재와 반대되는 상황을 가정할 때 쓴다.
> If + 주어 + 과거동사, 주어 + (would / could / should / might) + 동사원형
>
> **가정법 과거완료**　과거와 반대되는 상황을 가정할 때 쓴다.
> If + 주어 + had p.p., 주어 + (would / could / should / might) + have + p.p.
>
> **가정법 미래**　미래의 불확실한 상황을 나타낼 때 쓴다(발생할 가능성이 낮음).
> If + 주어 + should + 동사원형, 명령문 또는 주어 + (will / shall) + 동사원형

- **가정법 과거**

   If the magazine **were published**, it **would** be a sensation.　잡지가 출판되면, 선풍적인 인기를 끌텐데.

   ▶ 'If + 주어 + were / 과거동사, 주어 + would / could + 동사원형'을 쓴다.

   If 생략 ▶ Were the magazine published, it would be a sensation.

- **가정법 과거완료**

   If he **had canceled** the trip, he **would have met** Eve.　그가 여행을 취소했다면, Eve를 만났을 텐데.

   ▶ 'If + 주어 + had + 과거분사, 주어 + would / could have + 과거분사'를 쓴다.

   If 생략 ▶ Had he canceled the trip, he would have met Eve.

- **가정법 미래**

   If you should ask for an estimate, it **will be free** of charge.　견적서를 요청하면, 무료로 제공해 드립니다.

   ▶ 'If + 주어 + should + 동사원형, 주어 + will / may + 동사원형 또는 please + 동사원형'을 쓴다.

   If 생략 ▶ Should you ask for an estimate, it will be free of charge.

Step 3　실전 문제

1. If the posters had been posted in conspicuous places, more customers ------- the upcoming sale at our shopping complex.

   (A) had noticed　　(B) noticed　　　　(C) had noticed　　(D) would have noticed

2. Had they fixed the heavy machinery used at the construction site at the right time, the repairs cost ------- that costly.

   (A) haven't been　　(B) wouldn't have been　　(C) hadn't been　　(D) will have been

▶ 정답 및 해설은 해설집 62쪽 참고

UNIT 11

PART 5&6

명사 ④

031

☐ **advance** ⓝ 진보, 발전

ⓐ advanced 진보한
ⓝ advancement 진보, 승진

in **advance** 미리[앞서], 사전에
advances in engineering 공학에서의 진보

032

☐ **processing** ⓝ 처리, 가공

ⓝ process 절차, 공정

data-**processing** software 데이터 처리 소프트웨어
food **processing** machinery 식품 가공 기계

033

☐ **regulation** ⓝ 규정, 규칙

ⓥ regulate 규제/통제하다

comply with current **regulations** 현재의 규정을 따르다
under the new **regulations** 새로운 규정 하에

034

☐ **extension** ⓝ 기한연장, 내선

ⓥ extend 연장하다
ⓐ extensive 광범위한

extension on the deadline 마감일의 연장
a visa **extension** 비자 연장(기간)

035

☐ **variety** ⓝ 다양성

ⓐ various 다양한
ⓥ vary 다르다

a **variety** of colors and sizes 다양한 색과 크기
a wide **variety** of delicious foods 매우 다양한 종류의 맛있는 음식

036

☐ **reimbursement** ⓝ 변상, 상환

ⓥ reimburse 상환/변제하다

request **reimbursement** 상환을 요청하다
reimbursement for business expenses 출장 경비 상환

037

☐ **combination** ⓝ 결합, 연합

ⓥ combine 결합하다

in **combination** 단결하여
in **combination** with ~와 결합하여

038

☐ **duplicate** ⓝ 사본, 복제물

ⓥ duplicate 복사하다

make a **duplicate** 사본을 만들다
submit the completed form in **duplicate** 작성된 서류를 2통씩 제출하다

039

☐ **personnel** ⓝ 직원, 인사부

ⓐ personal 개인의
ⓐⓓ personally 개인적으로

personnel department 인사부
security **personnel** 보안 요원

040

☐ **monopoly** ⓝ 독점

ⓥ monopolize 분석하다

develop a **monopoly** 독점권을 얻다
have a **monopoly** on ~의 독점권을 가지다

1	**advice** 조언 도움이 될 만한 말이나 충고	**proposal** 제안 거래에 관한 의견
2	**duplicate** 복제물 서류나 문서 등의 보관용 사본	**reproduction** 복제 상업적 저작물을 복사하는 행위
3	**recollection** 기억, 추억 지나간 일을 돌이켜 생각함	**remembrance** 기념, 추도 어떤 뜻깊은 일이나 훌륭한 인물을 마음에 간직함
4	**product** 상품, 제품 공장에서 생산되는 과정에 초점을 맞춘 물건	**goods** 상품, 제품 판매를 위해 만들어진 것
5	**worth** 가치 금전적인 액수를 나타내는 표현과 함께 쓰임	**value** 가치 사물이 지나고 있는 지불된 돈에 대한 어떤 대상의 가치

Step 3   이론 적용해 보기

1. Before starting up your business in this town, seek [advice / proposal] from A to Z Consulting.

2. Unauthorized [duplicate / reproduction] of this software is prohibited.

3. In the [recollection / remembrance] activity, she missed the later part of the presentation.

4. The customer returned a defective [product / goods] and was fully refunded.

5. Five hundred dollars' [worth / value] of equipment has been purchased for each division.

▶ 정답 및 해설은 해설집 62쪽 참고

문제유형 ❸ 유추 & 추론

Step **1** 실전 문제 먼저 풀기

풀 이 전 략 추론 문제는 지문의 내용을 근거로 다른 사실을 추정해야 하는 유형이므로 여러 문제 유형 중 가장 까다로운 유형에 속한다. 선택지의 키워드를 먼저 숙지한 후 그 키워드와 관련된 내용을 지문과 대조하며 단서를 찾아 나간다.

Question 1 refers to the following notice.

NOTICE

As an important business function is planned to be held at the building of our main office, 1. our company will implement some renovations there in the month of May, so some interruptions will be incurred by this work. We ask that all the employees cooperate with the following directions.

To give the main building a fresh look, the management decided to redesign the lobby. The maintenance team of our main building will perform some repairs for the outdated lobby. The construction is expected to last for three weeks, from May 15 to June 5. During that period, all employees are asked not to use the front entrance due to the closure of the lobby. Instead, please use a back door of the building.

1. In addition, routine maintenance for elevators will be carried out next Monday. Please remember that it will take three hours, from 8 A.M. to 11 A.M. Therefore, staff members are not allowed to take the elevator during the maintenance period.

Thank you for your cooperation.

---

1. For whom is this notice most likely intended?

(A) Maintenance crew

(B) Security staff

(C) Members of a business ceremony

(D) Staff members in headquarters

▶ 정답 및 해설은 해설집 62쪽 참고

시나공 POINT

질문 유형을 통해 지문의 전반적인 내용을 파악해야 풀 수 있는 추론 유형임을 알 수 있다. 본사의 로비 개조 공사와 엘리베이터 정기 점검이 진행될 것이라고 공지하고 있기 때문에 본사의 직원들이 이 공지를 주의 깊게 볼 것으로 예측할 수 있다. 그러므로 정답은 (D)이다. 이와 같은 전반적인 내용을 파악해야 풀 수 있는 추론 유형의 문제는 다른 문제를 풀면서 알게 된 내용으로 쉽게 정답을 고를 수 있기 때문에 마지막으로 푸는 것도 하나의 요령으로 알아 두도록 하자.

Step 3   출제되는 질문 패턴 & 핵심 공략법

추론 유형에서 출제되는 질문 패턴

❶ 지문 전체 추론

What is suggested in the article?   기사에서 암시되는 것은 무엇인가?

For whom is this notice most likely intended?   이 공고는 누구를 대상으로 할 것 같은가?

Where would the information most likely be founded?   이 정보는 어디에서 볼 수 있겠는가?

❷ 세부 사항 추론

What is implied about Mr. Robbins?   로빈스 씨에 대해 암시되는 것은 무엇인가?

What is suggested about Ruffalo Incorporated?   러팔로 사에 대해 암시되는 것은 무엇인가?

What can be inferred about Raffles city?   래플스 시티에 대해 추론할 수 있는 것은 무엇인가?

핵심 공략법

❶ 전반적인 내용을 파악하는 추론 문제인지 구체적인 대상에 대한 추론 문제인지를 확인한다.

❷ 전반적인 내용을 파악해야 풀 수 있는 추론 유형의 문제는 지문 전체에서 정답의 단서를 찾는다. 구체적인 대상에 관한 추론 문제는 질문의 키워드와 관련된 부분을 지문에서 찾은 다음 그 주변에서 정답의 단서를 확인한다.

❸ 지문에서 찾은 정답의 단서를 바탕으로 추론한 후, 정답을 선택한다. 또한 지문에서 구체적으로 언급된 사실만을 토대로 추론해야 한다.

Question 2 refers to the following advertisement.

Have you Always Wanted to be an Artist?
We are the ones for you.

We can help you accomplish your dreams of becoming a cartoonist or illustrator. Wouldn't you like to work from the comfort of your own home, drawing and getting paid for it? Let us help you accomplish your dreams. Just visit us at artist.com for a list of our online courses.

Our courses run for eight weeks at a time. We encourage you to sign up for a three semester package, which is about the time it takes for you to develop your full artistic potential. Classes are conducted online, and taught by professional cartoonists and illustrators, who guide you and give you advice on how to hone your craft. You also will have the opportunity to meet your classmates if you so wish to compare drawings and ideas.

So what are you waiting for? Sign up today! Students who sign up by the beginning of the semester, September 7th, will receive a 20% discount on a three-semester enrollment! Come let us unlock your creative side! Just go to artist.com and click on the "enrollment" link.

2. For whom is this advertisement intended?

(A) Web site designers
(B) Book publishers
(C) People interested in acting
(D) People who want to draw

Question 3 refers to the following e-mail.

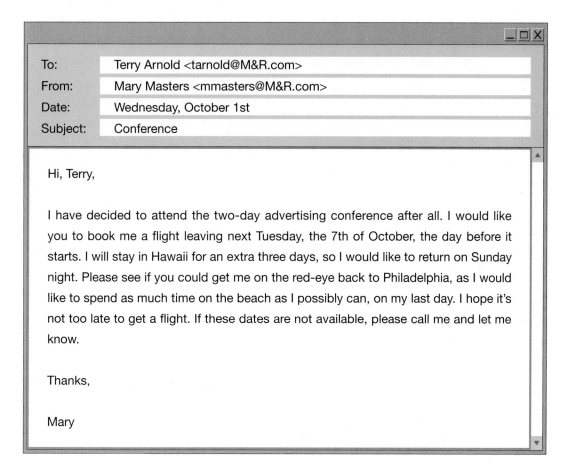

To: Terry Arnold <tarnold@M&R.com>

From: Mary Masters <mmasters@M&R.com>

Date: Wednesday, October 1st

Subject: Conference

Hi, Terry,

I have decided to attend the two-day advertising conference after all. I would like you to book me a flight leaving next Tuesday, the 7th of October, the day before it starts. I will stay in Hawaii for an extra three days, so I would like to return on Sunday night. Please see if you could get me on the red-eye back to Philadelphia, as I would like to spend as much time on the beach as I possibly can, on my last day. I hope it's not too late to get a flight. If these dates are not available, please call me and let me know.

Thanks,

Mary

3. Where does Mary Masters most likely work?

(A) San Francisco
(B) Detroit
(C) New York
(D) Philadelphia

▶ 정답 및 해설은 해설집 63쪽 참고

REVIEW TEST

1. If the musician ------- to lend the Luise Concert Hall situated in downtown, she will use it at a reduced price and will receive additional hours.

(A) decided   (B) had decided

(C) will decide   (D) decides

2. Some members of the administrative team ------- together to discuss a few possible changes as soon as they heard that the final draft could be modified.

(A) will gather   (B) gathers

(C) have gathered   (D) gathered

3. City officials in Singapore usually ------- to work in their own cars rather than using public transportation in spite of the extremely high gas prices.

(A) will commute   (B) commute

(C) had commuted   (D) have commuted

4. The unnecessary labels on the shipment had been removed before the inspectors ------- during the examination.

(A) find   (B) found

(C) had found   (D) will find

5. If you were to call the real estate agency early this morning, Mr. Taylor ------- you a tour of the property and nearby facilities.

(A) would give   (B) gave

(C) gives   (D) had given

6. To prepare for the demonstration of the new laser printer, the representatives ------- it next week.

(A) had rehearsed   (B) rehearsed

(C) will rehearse   (D) rehearse

7. About three weeks ago, specially designed security software ------- on all of the computers to keep them from getting infected with viruses.

(A) installed   (B) will be installed

(C) had installed   (D) was installed

8. The staff member informed the participants that the free consultation sessions with business leaders ------- earlier than expected.

(A) had been booked   (B) are booked

(C) booked   (D) have booked

9. If Ms. Turner had checked the weather conditions ahead of time, she ------- the outdoor flea market in Rosa County on a snowy day.

(A) had attended

(B) wouldn't have attended

(C) attended

(D) have attended

10. By the time there is a thirty-minute intermission for the musical, The Titanic, the actors ------- for an hour.

(A) performed

(B) will have performed

(C) had performed

(D) have performed

▶ 정답 및 해설은 해설집 63쪽 참고

PART 5&6

GRAMMAR

UNIT 13 형용사

VOCABULARY

UNIT 14 동사 ❶

PART 7

READING

UNIT 15 문제유형 ❹ 사실 확인

REVIEW TEST

WARMING UP

01 개념 익히기 ·· 본격적인 학습에 앞서 기본 개념을 익혀 보세요.

1) 형용사의 개념

'형용'이라는 말은 말이나 글, 몸짓 따위로 사람이나 사물의 모양이 어떠한지를 꾸며 준다는 뜻을 지니고 있다. 따라서 '형용사'란 명사나 대명사의 성질, 상태 등을 꾸며 주고 설명해 주는 말이다.

2) 형용사의 역할

① 한정적 용법 → 명사 바로 앞이나 뒤에서 명사를 꾸며 준다.

명사 앞 수식　It is a <u>profitable</u> business.

그것은 수익성이 있는 사업이다.

명사 뒤 수식　It is a business <u>profitable</u> for them.

그것은 그들에게 수익성이 있는 사업이다.

▶형용사 뒤에 수식어구가 있으면 명사 뒤에서 수식

② 서술적 용법 → 주어나 목적어의 상태를 서술할 때 쓴다.

주어 보충　The renovation was complete.
보수 작업이 완료되었다.

목적어 보충　Please keep your belongings safe.
자신의 소지품들은 안전하게 보관하세요.

3) 형용사의 형태

형용사는 '명사 또는 동사 + 접미사'의 형태로 만들어 진 것이 많으며, 대개 아래와 같은 어미의 형태를 취한다.

어미 형태 단어	단어
단어	considerable 상당한, 중요한　payable 지불해야 할
-ible	accessible 이용할 수 있는　possible 가능한
-al	environmental 환경의　formal 공식적인
-sive	expansive 광대한, 확장적인　impressive 인상적인
-tive	protective 보호하는　attractive 마음을 끄는
-ic	economic 경제의, 경제학의　realistic 실제적인, 현실주의
-ical	economical 절약하는　historical 역사에 관한
-ful	beautiful 아름다운　respectful 공손한
-ous	conscious 알고 있는　numerous 다수의, 수많은
-ent	confident 확신하는, 자신만만한　different 다른
명사 + ly	costly 비용이 드는　friendly 친절한

02 예제 풀어보기

괄호 안에 있는 두 단어 중 문장에 알맞은 단어를 고르시오.

1 All (document / documents) are stored in the cabinets.

2 He is dedicated to preparing for (this / these) event.

3 Instruction manuals will be distributed to each (division / divisions).

4 A (large / several) variety of tools are required for this job.

5 The product will become (available / availability) next month.

03 예제 확인하기

1 **All** documents are stored in the cabinets. 　모든 문서들은 캐비닛 안에 보관된다.

▶ 형용사 all은 가산 복수명사 앞에 사용한다.

2 He is dedicated to preparing for **this** event. 　그는 이번 이벤트 준비에 전념하고 있다.

▶ 지시형용사 this는 가산 단수명사 앞에 사용한다.

3 Instruction manuals will be distributed to **each** division. 　취급설명서가 각 부서에 배부될 것이다.

▶ 형용사 each는 가산 단수명사 앞에 사용한다.

4 A **large** variety of tools are required for this job. 　이 작업을 위해서는 다양한 종류의 도구가 필요하다.

▶ 형용사 large, wide, broad는 명사 variety와 단짝으로 출제된다.

형용사의 종류는 전치한정사 (all, both, double, twice), 지시형용사 (this, that, these, those), 부정형용사 (each, every, any, no), 성질형용사 (크기, 모양, 색깔, 재료, 신구) 등이 있으며, 이들의 어순은 전치한정사, 지시형용사, 부정형용사, 성질형용사 순이지만 반드시 지켜지는 것은 아니다.

5 The product will become **available** next month. 　그 제품은 다음 달에 이용 가능할 것이다.

▶ 형용사는 2형식 동사(become) 다음에 보어로 쓰인다.

UNIT 13 PART 5&6
형용사 ❶ 형용사의 위치

Step 1 실전 포인트

풀 이 전 략   be, become 동사 뒤에 온 빈칸에는 형용사를 답으로 고른다.

 대표 문제

 R24

> All of the computers in the city library are ------- to the public, but there are fines for using them roughly.
>
> (A) availability   (B) availably   (C) available   (D) avail

 **시나공 풀이법**

All of the computers in the city library are ------- to the public, but there are fines
　　　주어(복수)　　　　　　　전치사구　　　동사　보어　　　전치사구　　　유도부사 동사 주어

for using them roughly.
전치사구　목적어　부사

> 보어 자리에는 형용사와 명사만 올 수 있음
> 수식어구를 모두 제거하면 All of the computers are available, but there are fines.

(A) availability   (B) availably   (C) available   (D) avail
명사(의미상 맞지 않음)　　　부사　　　　　형용사　　　　　동사

문장분석   전치사구 (in the city library)는 문장 구조에 전혀 영향을 끼치지 않으므로 전치사구를 주어로 착각하는 일이 없어야 한다. 주어는 All of the computers이며, 복수로 왔으므로 복수동사 (are)를 써야 한다.

해 설   2형식 자동사 be, become, remain, stay 다음의 빈칸은 형용사 보어 자리이다. 토익에는 주로 be, become 중심으로 출제되고 있다. 따라서 'be / become (+부사) + -------' 구조에서 빈칸은 형용사를 고르는 문제이므로 정답은 (C) available이다.

해 석   시립도서관에 있는 모든 컴퓨터는 대중들이 이용 가능하고, 그들이 그것들을 험하게 사용할 경우 벌금을 내야 한다.

표현정리   **available** 이용 가능한 **public** 대중 **fine** 벌금 **roughly** 거칠게, 대략

정 답   (C)

시나공 POINT

> 형용사는 be동사나 become 뒤에서 보어 역할을 수행한다.

핵심 이론

형용사는 명사를 수식하거나 보어 자리에 온다.

동사 + 형용사 + 명사
주어 + be / become + 형용사(보어)
주어 + 5형식 동사 + 목적어 + 형용사(목적보어)

The human department spent a **considerable** time training new employees.

인사부는 새로운 직원들을 훈련시키는데 상당히 많은 시간을 할애했다.

▶ 명사(time) 앞은 형용사(considerable) 자리이다.

According to a recent survey, our customer service is the most **reliable**.

최근 조사에 따르면, 우리의 고객 서비스가 가장 신뢰할 만하다.

▶ be / become 뒤는 형용사(reliable) 자리이다.

The entertaining advertisement made our new products **popular**.

재미있는 광고는 저희의 신상품들을 인기 있게 만들었다.

▶ 목적보어 자리에 형용사(popular)가 올 수 있다.

Step **3**   실전 문제

1. Since the article about the presidential election by Janet Ayre is -------, it is expected to draw more readers to the Web site than before.

(A) excluding   (B) exclusion   (C) exclusively   (D) exclusive

2. The ------- booklet helps you to learn about scholarships, tuition, and exchange student programs, and it provides many helpful tips for new students.

(A) informatively   (B) informative   (C) information   (D) informing

▶ 정답 및 해설은 해설집 65쪽 참고

UNIT 13 **PART 5&6**
형용사 ❷ 형용사의 형태

풀 이 전 략   형용사를 만드는 대표적인 접미사들을 꼭 익혀둔다.

 대표 문제   R25

It is obvious that the success of the system remains ------- on employee productivity.

(A) contingently   (B) contingence   (C) contingent   (D) contingenting

---

✒️ 시나공 풀이법

It is obvious that the success of the system remains ------- on employee productivity.

주어 동사   보어   접속사 + 주어 + 동사   보어   전치사구
↳ 가주어 it

> 2형식 동사 remain 뒤에는
> 주로 형용사가 온다.

(A) contingently   (B) contingence   (C) contingent   (D) contingenting
　　부사　　　　　　　　　　명사　　　　　　　　　　형용사　　　　　　　　　동명사

문 장 분 석   두 개의 명사가 결합된 '명사 + 명사'를 복합명사라고 한다. employee productivity는 '직원 생산성'이라는 뜻으로 가장 많이 사용되는 복합명사이다. 가주어 it은 that 이하를 나타내지만 주어는 짧아야 하기 때문에 it을 쓴다.

해 　 설   2형식 자동사(remain) 뒤는 형용사 보어 자리이다. 선택지에 언급된 contingent는 흔히 볼 수 있는 어휘가 아니다. 하지만 빈칸이 형용사 자리라는 것과 접미사 '-ent'가 형용사를 만드는 접미사임을 알고 있다면 쉬운 문제가될 수 있다. 따라서 (C) contingent가 정답이다.

해 　 석   시스템의 성공 여부는 직원 생산성에 달려있다는 것은 명백하다.

표 현 정 리   obvious 명백한 remain ~인 채로 남아 있다 contingent on ~여하에 달린 employee productivity 직원생산성

정 　 답   (C)

✏️ 시나공 POINT

형용사를 만드는 접미사를 알고 있어야 까다로운 형용사 문제를 어렵지 않게 풀 수 있다.

핵심 이론

다음 형용사를 만드는 접미사들을 알아두자.

-tive, -ive, -tile, -ous, -ful, -ing, -ed, -ate, -ary, -ar,
-ory, -ical, -ial, -ic, -id, -ish, -ant, -ent, -able, -ible

We are currently interviewing candidates for the **vacant** position.

우리는 공석인 자리에서 일할 후보자들을 인터뷰하고 있다.

▶ 접미사 –ant는 형용사를 만든다.

Mr. Robert in the marketing department was considered a **versatile** candidate.

마케팅 부서의 Robert 씨는 다재다능한 후보자로 여겨졌다.

▶ 접미사 –tile은 형용사를 만든다.

The company has served only **healthy** food to its customers for over 10 years.

그 회사는 10년이 넘게 고객들에게 몸에 좋은 음식만을 제공해오고 있다.

▶ 접미사 –y는 형용사를 만든다.

The interior design company located in the heart of downtown remains **authentic**.

시내 중심가에 있는 그 인테리어 회사는 믿을 만하다.

▶ 접미사 –ic은 형용사를 만든다.

Our product catalog is **available** upon request without any charge.

저희 제품의 카탈로그는 요청하시면 무료로 드립니다.

▶ 접미사 –able은 형용사를 만든다.

Step 3　실전 문제

1. The purpose of this outdoor event is to give ------- clients chances to try our new cosmetics and to provide feedback.

(A) potentialize　　(B) potentiality　　(C) potentially　　(D) potential

2. The process of the company reimbursing all business travel expenses after the receipts are submitted is now -------.

(A) prevalency　　(B) prevalent　　(C) prevalently　　(D) prevalencies

▶ 정답 및 해설은 해설집 65쪽 참고

UNIT
13

PART 5&6

형용사 ❸ 형용사 + 명사 형태

Step 1 실전 포인트

풀 이 전 략   략 자주 출제되는 '형용사 + 명사' 표현들을 모두 암기한다.

★ 대표 문제

R26

The CEO emphasized that the sales of the newly released car have exceeded those of former models thanks to the company's ------- employees.

(A) reliable   (B) satisfying   (C) rapid   (D) real

📝 시나공 풀이법

The CEO emphasized that the sales of the newly released car have exceeded those of
주어   동사   접속사   주어   동사   목적어

동사(emphasized)의 목적어(명사절)

former models thanks to the company's ------- employees.
                    전치사구   전치사(thanks to)의 목적어

the company's(소유격)와 employees(명사) 사이에
올 수 있는 것은 형용사나 명사밖에 없음

(A) reliable   (B) satisfying   (C) rapid   (D) real
     믿을 만한   만족스러운   신속한   실제의

문장분석   that은 명사절 접속사이다. 명사절은 '주어 + 동사 + 목적어'를 갖춘 완전한 절로 와야 한다.

해   설   빈칸 뒤 명사(employees)와 어울리는 형용사는 (A) reliable이다. reliable employee는 '믿을 만한 직원'이라
          는 뜻으로 자주 어울려 출제된다. reliable은 이외에도 analysis(분석), products(제품) 등의 명사와도 어울려 출
          제된다.

해   석   CEO는 새로 출시한 차량의 판매량이 믿을 만한 직원들 덕분에 이전 모델들을 넘어섰다고 강조했다.

표현정리   emphasize 강조하다 sales 판매(량) newly 새로 release 출시하다 exceed 초과하다 former 이전의
          thanks to ~덕분에 reliable 믿을 수 있는

정   답   (A)

 시나공 POINT

명사와 함께 단짝으로 어울려 쓰이는 형용사를 필히 암기해 두어야 한다.

핵심 이론

자주 출제되는 '형용사 + 명사' 표현

additional information 추가적인 정보	adequate component supply 충분한 부품 공급
prior notice 사전 통지	affordable price 저렴한 가격
annual budget 연간 예산	comparable experience 비교할 만한 경험
complete list 완성된 목록	comprehensive knowledge 종합적인 지식
confidential information 기밀 정보	considerable amount / effect 상당한 양 / 영향
continuous improvements 지속적인 개선	discontinued appliances 단종된 가전제품
drastic changes 극적인 변화	economic progress 경제적 발전
effective technique 효과적인 기술	exact shipment date 정확한 배송 날짜
excellent service 우수한 서비스	exceptional contributions 특별한 기부
extensive damage 광범위한 피해	favorable circumstance 호의적인 상황
final approval 최종 승인	financial analysts 재정 분석
further details 추가적인 세부 사항	general contractor 일반 계약자
high temperatures 높은 기온	immediate supervisors 직속상관
important consideration 중요한 고려	impressive qualifications 인상적인 자격
improper transaction 부적절한 거래	inclement weather 험한 날씨

WalMeat is well-known for its **affordable prices** and good quality.

월미트 사는 합리적인 가격과 좋은 품질로 잘 알려져 있다.

Without **prior notice**, we cannot provide enough information for the event.

사전 공지가 없다면, 우리는 이벤트에 관한 충분한 정보를 제공할 수 없다.

1. The record-breaking rain in Queensland also resulted in ------- damage to residential areas and plenty of farmhouses in the region.

(A) useful   (B) careful   (C) coming   (D) extensive

2. One of the reasons why the AOS Shopping Mall has become the best shopping center on Maple Street is that customers can purchase high-quality goods at ------- prices there.

(A) annual   (B) affordable   (C) discontinued   (D) inclement

▶ 정답 및 해설은 해설집 65쪽 참고

UNIT 13 PART 5&6 형용사 ❹ be + 형용사 형태

풀 이 전 략 'be동사 + 형용사 + 전치사' 표현에서는 주로 형용사를 묻는 문제가 출제된다.

★ 대표 문제

  R27

Apart from cooking, all chefs at Blue Wave are ------- for following sanitary standards.

(A) clear   (B) true   (C) responsible   (D) active

⊘ 시나공 풀이법

Apart from cooking, all chefs at Blue Wave are ------- for following sanitary standards.
전치사구   주어   전치사구   동사   보어   전치사   동명사   동명사(following)의 목적어

전치사 뒤에는 명사나 동명사가 주로 온다.

(A) clear   (B) true   (C) responsible   (D) active
명확한   사실인   책임지고 있는   활동적인

문장분석   apart from은 전치사로 '~외에도'라는 뜻을 갖는다. 전치사(for)와 목적어(sanitary standards) 사이는 동명사 (following) 자리이다.

해 설   빈칸 뒤에 전치사가 있을 경우 전치사와 관련된 형용사를 선택한다는 문제임을 기억한다. 전치사 for를 사용 하는 형용사는 responsible 뿐이다. 나머지 선택지는 의미가 맞지 않고, 같이 쓰이지도 않는다. 따라서 (C) responsible이 정답이다. be responsible for는 '~에 책임이 있다'는 뜻이다.

해 석   요리 외에도 Blue Wave에서 일하는 요리사들은 위생기준을 준수할 책임이 있다.

표현정리   apart from ~외에도   chef 요리사   be responsible for ~에 책임이 있다   follow 따르다, 준수하다   sanitary standard 위생 기준

정 답   (C)

✎ 시나공 POINT

'be동사 + 형용사 + 전치사' 단짝 표현들을 암기하되 전치사에 주의해야 한다.

핵심 이론

자주 출제되는 '형용사 + 명사' 표현

be associated with ～와 관련되다	be complete with ～을 갖추다, 완비하다
be comparable with ～와 비교하다	be compatible with ～에 부합하다, 호환되다
be consistent with ～와 조화를 이루다	be consonant with ～와 일치하다
be correspondent with ～와 일치하다	be faced with ～에 직면하다
be pleased with ～에 기쁘다	

be accessible to ～에 접근 가능하다	be accustomed to ～에 익숙하다
be adjacent to ～에 인접하다	be affordable to ～을 감당할 수 있다
be attractive to ～에 매력적이다	be available to ～에 이용 가능하다
be beneficial to ～에 이득이 되다	be close to ～에 가깝다
be comparable to ～에 필적하다	be comprehensible to ～가 알기 쉽다
be devoted to ～에 헌신하다	be entitled to ～할 자격이 있다
be equal to ～와 동등하다	be equivalent to ～에 상응하다
be exposed to ～에 노출되다	be harmful to ～에 해롭다
be integral to ～에 필수적이다	be liable to ～에 책임이 있다
be responsible for ～를 책임지다	be aware of ～을 알다

The chief manager of the assembly line **is** fully **responsible for** finding defective parts.
조립라인의 최고 관리자가 결함 부품을 찾아내는 일에 전적인 책임이 있다.

They **are faced with** a new problem.　그들은 새로운 문제에 직면해 있다.

1. Through a continuous effort over a long period of time, GNS Health's brand power is now
------- with all of its competitors in Australia.

   (A) liable　　　　(B) capable　　　　(C) responsive　　　　(D) comparable

2. Some confidential documents, such as lists of customers and financial statements, are only
------- to the agents in charge.

   (A) eager　　　　(B) accessible　　　　(C) willing　　　　(D) instructive

▶ 정답 및 해설은 해설집 65쪽 참고

UNIT 14 PART 5&6
동사 ①

041

☐ **complement** ⓥ 보완하다

  ⓝ complement 보완물
  ⓐ complimentary 보완하는

complement the manu   메뉴를 보완하다
complement the building materials 건축자재를 보완하다

042

☐ **inspect** ⓥ 조사[검사]하다

  ⓝ inspection 조사, 검사
  ⓝ inspector 조사관, 검사관

be **inspected** frequently   자주 점검되다
inspect the product thoroughly   제품을 면밀히 검사하다

043

☐ **establish** ⓥ 설립하다

  ⓝ establishment 설립
  ⓐ established 확고한

establish stronger ties   더 강력한 연대를 확립하다
establish a close relationship   친밀한 관계를 맺다

044

☐ **expect** ⓥ 기대[예상]하다

  ⓝ expectation 기대, 예상
  ⓐ expected 예정된

expect to be confined on Monday   월요일에 해산할 예정이다
be **expected** to V   ~할 것으로 기대되다

045

☐ **relieve** ⓥ 완화시키다, 덜다

  ⓝ relief 완화, 경감

relieve anxiety / stress   불안감 / 스트레스를 덜다
relieve traffic congestion   교통 혼잡을 완화하다

046

☐ **devise** ⓥ 고안하다

  ⓝ device 장치

devise innovative solutions   혁신적인 해결책을 고안하다
devise better regulations   더 낳은 규정을 고안하다

047

☐ **solicit** ⓥ 요청[간청]하다

  ⓝ solicitation 간청

solicit proposal   제안서를 요청하다
solicit employee feedback   직원들의 피드백을 구하다

048

☐ **generate** ⓥ 창출하다

  ⓝ generator 발전기
  ⓐ generative 생산하는

generate profits   이익을 창출하다
generate new ideas   새로운 아이디어들을 만들어 내다

049

☐ **conduct** ⓥ 수행하다, 실시하다

conduct a survey   설문조사를 실시하다
conduct an inspection   검사를 실시하다

050

☐ **exceed** ⓥ 초과하다, 뛰어넘다

exceed a sales target   판매 목표를 초과 달성하다
exceed initial projections   초기 예상을 뛰어넘다

1	**anticipate** 예상하다, 예측하다 아직 일어나지 않은 사실 또는 사건에 대해 예견하고 준비하다	**expect** 기대하다, 예상하다 계획되어 있거나 단지 일어날 가능성이 있는 것에 대해 추측하다
2	**borrow** 빌리다 물건이나 돈을 나중에 주기로 하고 받다	**lend** 빌려주다 물건이나 돈을 나중에 받기로 하고 내어주다
3	**reimburse** 갚다, 변상하다 돈을 미리 사용하고 이후에 되돌려 받다	**compensate** 보상하다, 변상하다 피해를 입힌 것에 대해 대가를 주다
4	**minimize** 줄이다, 감소시키다 양이나 수를 축소하다	**condense** 줄이다, 요약하다 범위를 축소하여 간단하게 만들다
5	**decrease** 줄이다 정도나 수량을 축소하다	**contract** 수축하다, 줄다 어떤 물질의 크기가 작아지다

1. Analysts [expect / anticipate] sales of the equipment will gradually grow through next year.

2. Before you ask to [borrow / lend] an item from a coworkers, be prepared for the unexpected.

3. The pottery retailer will [reimburse / compensate] me for the damage incurred during shipping.

4. You need to [minimize / condense] your report from 10 pages into one for an abstract.

5. If wool is submerged in hot water, it tends to [decrease / contract].

▶ 정답 및 해설은 해설집 66쪽 참고

문제유형 ❹ 사실 확인

Step 1　실전 문제 먼저 풀기

풀 이 전 략　사실 확인 문제는 대개 문제에 키워드가 주어지므로 지문에서 그 키워드와 동일하거나 비슷한 표현을 찾아 주변을 탐색해 나가며 정답의 근거를 찾아야 한다.

Question 1 refers to the following notice.

Attention to All Staff

We will be holding a retirement ceremony in the staff room at our restaurant in honor of Mr. Paul at 9 p.m. on July 30. Sandwiches will be served along with cocktails. Please join us to congratulate Mr. Paul, who is retiring from his position as head chef on July 31. During his retirement, Mr. Paul plans to open his own Italian restaurant. We extend our best wishes to him as he enters this new stage of his life.

Mr. Paul started at the Little Italy Restaurant at the May Hotel in 1984, where he was hired as a junior staff member. He eventually worked his way up to head chef. I have enjoyed working with Mr. Paul over the years and have valued his friendship and support on many occasions. I'm sure all of us can say the same thing. I look forward to seeing everyone there to give a toast to this wonderful co-worker, friend, and mentor. Mr. Paul is a person whom we will all miss.

---

1. What is indicated about Mr. Paul?

(A) He started working as the head chef in 1984.

(B) He has worked at the restaurant for more than 20 years.

(C) He is retiring to open a Italian restaurant.

(D) He wants to work at the Little Italy Restaurant as a junior staff member.

▶ 정답 및 해설은 해설집 66쪽 참고

'What is indicated about ~?'는 사실 확인 문제에서 주로 쓰이는 패턴으로, 키워드는 Mr.Paul이다. 따라서 Mr.Paul이 언급된 부분을 지문에서 찾아 정답의 근거를 파악한다. 첫 번째 단락 세 번째 문장(Mr. Paul, who is retiring from his position as head chef on July 31)과 두 번째 단락 도입부(Mr. Paul started at the Little Italy Restaurant at the May Hotel in 1984, where he was hired as a junior staff member.)를 종합해볼 때, 폴 씨는 1984년에 하급사원으로 시작하여 7월에 은퇴하므로 20년 이상 근무했다는 것을 알 수 있다.

사실 확인 유형에서 출제되는 질문 패턴

❶ 주제를 묻는 유형

What is true about the training session?　연수 과정에 대해 사실인 내용은?

What is stated / indicated / mentioned about Ms. Krause?　크로즈에 대해 언급된 것은?

What is NOT true about the Victor Hotel?　빅터 호텔에 대해 사실이 아닌 것은?

핵심 공략법

❶ 문제를 읽으며 키워드에 표시한다. 문제가 특정 대상이 아닌 지문 전체에서 다뤄진 사실이나 언급된 내용을 묻는 경우(ex) What is stated in the memo?) 문제와 함께 모든 선택지를 읽어 키워드를 중심으로 기억한다.

❷ 키워드, 즉 문제의 about 이하의 명사(구)를 지문에서 찾아 관련된 설명을 선택지와 하나씩 대조한다. NOT 유형의 경우 소거법으로 오답을 제거해 가면 되고, TRUE 유형의 경우 지문에 다뤄진 내용을 기준으로 해서 선택지에서 비슷한 내용이 제시되어 있는지를 확인한다.

❸ 키워드가 패러프레이징되어 지문에 표현되거나, 지문에 있는 표현이 패러프레이징되어 정답 표현으로 출제되는 경우가 많으므로 이에 유의하여 지문에서 찾은 내용과 같은 의미의 선택지를 정답으로 선택한다.

Question 2 refers to the following information.

The Almond Hotel has all the facilities you expect from a luxury hotel. Whether you're staying with us for business or leisure or if you are attending or organizing an event, you will have access to a range of superb comforts and amenities to provide you with an effortless, enjoyable stay.

- With free Wi-Fi Internet access available throughout the hotel, it's easy to keep in touch with home, the office, and the entire world.
- In-room dining is available 24 hours a day for all our guests. We have a wide range of meals and beverages on offer.
- The Almond Hotel has its own gym, and, as a guest, you will have free, unlimited access.
- Instead of taking the subway or a taxi, why not treat yourself to a limousine ride between the Almond Hotel and the airport?

Please ask the concierge for more details about our limousine service. If there is anything we can do to make your stay at the Almond Hotel more comfortable, please don't hesitate to ask any member of our staff.

2. According to the information, what is NOT mentioned as being available at the hotel?

(A) Free Internet
(B) Free, unlimited use of a gym
(C) Limousine service from the hotel to the downtown area
(D) Room service 24 hours a day

Lamada Hotel Launches Private Yacht

The Lamada Hotel has launched a private yacht service for customers who are looking for a luxury travel experience. The private yacht was renovated to have its seating capacity reduced from 20 passengers to 10. By reducing the yacht's seating capacity, the Lamada Hotel was able to add a few soft mattresses for passengers to enjoy sailing on the ocean.

The yacht was renovated to reflect the iconic Lamada Hotel's facilities and service. It boasts individually handcrafted leather seats, serves international cuisine, and significant service of Lamada. It offers two tour packages to coincide with the yacht launch.

The Sunset Cruise package tour stops at five destinations, all of which are exotic islands. The package includes two glasses of red wine or two martinis as well as some snacks so that passengers can enjoy the beautiful sunset while on board. The Unlimited Wine package tour stops at one exotic island and provides passengers with a mini semi-buffet and unlimited wine and draft beer while on board.

For inquiries and reservations, call 000-1456 or visit the Web site www.lamadahotel.com.

3. What is indicated about the yacht?

(A) It was renovated to reflect an exotic island.

(B) It is a totally new yacht the hotel had made.

(C) It is large enough to accommodate ten people.

(D) It is only for customers who want to travel in luxury.

▶ 정답 및 해설은 해설집 66쪽 참고

REVIEW TEST

1. Considering her ------- knowledge and four years of experience, Ms. Anna Paulson would be best suited for the open position in Sales.

   (A) compulsory   (B) comprehensive

   (C) respective   (D) elegant

2. The top priorities of the shipping company are to pick up and deliver products on their ------- shipment dates and to deliver parcels without any breakage or loss.

   (A) exactly   (B) exact

   (C) exacted   (D) exactness

3. The personnel director is currently seeking candidates with ------- qualifications and willingness to travel on short notice.

   (A) impressive   (B) impressed

   (C) impression   (D) impressing

4. The results of the study conducted at the Ailack Lab showed that workers who take short breaks are more ------- than those who don't.

   (A) creativity   (B) creation

   (C) create   (D) creative

5. Whenever you transfer money by mobile phone, checking your application for security is ------- to preventing hacking problems.

   (A) integral   (B) compliant

   (C) easy   (D) ready

6. The wage cuts at many firms and rising unemployment rates might be ------- with the recent failure of the country's trade policy with Australia.

   (A) punctual   (B) specific

   (C) associated   (D) equivalent

7. If any employee wants to take paid leave this month, download the necessary form from the intranet and e-mail it to your ------- supervisor.

   (A) immediately   (B) immediate

   (C) immediacies   (D) immediacy

8. Despite the fact that the TLS Agency is ------- with financial troubles, it is aggressively advertising the TLS Turbo on major portal sites.

   (A) faced   (B) official

   (C) successive   (D) indicative

9. All arrangements for the company picnic, which most employees are supposed to attend, will be ------- sooner than we estimated.

   (A) completion   (B) complete

   (C) completed   (D) to complete

10. Unlike many professors, who argue that it is not timely, a few market experts are still ------- about the Middle East investment.

    (A) aware   (B) complete

    (C) proficient   (D) optimistic

▶ 정답 및 해설은 해설집 67쪽 참고

PART 5&6

GRAMMAR

UNIT 16 부사

VOCABULARY

UNIT 17 동사 ❷

PART 7

READING

UNIT 18 문제유형 ❺ 의도 파악

REVIEW TEST

WARMING UP

1) 부사의 개념

부사는 흔히 문장 내에서 '어떻게'에 대한 묘사를 해주는 품사이다. 따라서 문장 내에서 일부 예외 사항만 제외하고는 굳이 생략해도 문장이 성립하는 데에는 아무런 지장을 주지 않는다.

2) 부사의 역할

형용사가 명사를 꾸며주는 반면에 부사는 동사. 형용사, 또는 다른 부사를 꾸며주는 역할을 한다.

① 동사를 수식

ex) run 달리다 → run fast 빨리 달리다

▶ 부사가 동사를 수식할 때는 주로 동사 뒤에 온다.

② 형용사를 수식

ex) pretty 예쁜 → very pretty 매우 예쁜

③ 다른 부사를 수식

ex) always 항상 → nearly always 거의 항상

3) 부사의 형태

모든 부사가 다 그러한 것은 아니지만, 주로 형용사 뒤에 -ly를 붙이면 부사가 된다.

부사의 형태	예
형용사 + ly	final + ly → finally 마침내 current + ly → currently 현재 rapid + ly → rapidly 빨리, 급속히 short + ly → shortly 즉시
-le + ly → -ly	simple + ly → simply 간단하게 flexible + ly → flexibly 유연하게 -y + ly → ily
necessary + ly	→ necessarily 반드시 temporary + ly → temporarily 일시적으로

02 예제 풀어보기

괄호 안에 있는 두 단어 중 문장에 알맞은 단어를 고르시오.

1　This place can (easy / easily) accommodate over 10,000 people.

2　The company hired (approximate / approximately) 30 new employees.

3　We should make a decision about the issue (immediate / immediately).

4　The conference was (quite / quitely) successful and very useful.

5　All of our employees work (very / well) hard.

03 예제 확인하기

1　This place can **easily** accommodate over 10,000 people.

이 장소는 10,000명 이상을 충분히 수용할 수 있다.

> ▶ 부사는 동사, 형용사, 다른 부사를 수식하는데 문장에 절대적으로 필요한 필수요소는 아니며, 다만 이들 품사들 앞에서 그 뜻을 강조하거나 의미를 더해 주는 역할을 한다. 부사 easily는 동사 accommodate의 뜻을 더해 주기 위해서 사용되었다.

2　The company hired **approximately** 30 new employees.

회사는 대략 30명 정도의 신입사원을 고용했다.

> ▶ 여기서 approximately는 특수 부사인데, 특수 부사는 일반 부사와는 달리 특정 어휘만을 수식해 주는 것을 말한다.

3　We should make a decision about the issue **immediately**.

우리는 그 문제에 대해 즉시 결정을 내려야 한다.

> ▶ 문장의 끝에서 문장 전체를 수식해 주고 있다.

4　The conference was **quite** successful and **very** useful.

회의는 매우 성공적이었고 유용했다.

> ▶ quite (부사)가 successful (형용사)을 수식하고, very (부사)가 useful (형용사)을 수식하고 있다. quitely는 존재하지 않는 단어이다.

5　All of our employees work **very** hard.

우리 직원들은 모두 매우 열심히 일한다.

> ▶ very (부사)가 hard (부사)를 수식한다.

UNIT 16 PART 5&6
부사 ❶ 부사의 위치 1

Step 1 **실전 포인트**

풀 이 전 략 선택지에 부사가 있을 때, 완전한 절 뒤 또는 '주어 + be + 과거분사' 뒤 빈칸엔 100% 부사를 고른다.

 대표 문제　　　　　　　　　　　　　　　　　　　　　　　　　 R28

According to the quarterly statistical report, our income has decreased ------- compared to that of last year.

(A) consideration　　　(B) considerable　　　(C) considerably　　　(D) considerate

---

 시나공 풀이법

According to the quarterly statistical report, our income has decreased
　　　　　　　　전치사구　　　　　　　　　　　　　주어　　　　동사

------- compared to that of last year.　　　　　　　　　　완전한 절
부사　　　　전치사구(수식어구)

문장이 완전하고 앞뒤에 수식어구만 있으니 동사를 꾸며주는 부사만 올 수 있다.

(A) consideration　　　(B) considerable　　　(C) considerably　　　(D) considerate
　　명사　　　　　　　　　　형용사　　　　　　　　　부사　　　　　　　　　형용사

문 장 분 석 decrease는 목적어를 가지지 않는 자동사이다. 문장의 핵심은 our income has decreased이다. 나머지는 모두 수식어구이다.

해　　설 완전한 절 뒤의 빈칸은 부사 자리이다. 완전한 절이란 주어와 동사를 모두 갖춘 문장을 말하는 것으로 3형식 문장의 수동태도 완전한 절에 속한다. '주어 + 동사 + 목적어'의 능동태 문장이 '주어 + be동사 + 과거분사' 문장으로 바뀌었기 때문이다. 따라서 완전한 절 뒤 또는 '주어 + be동사 + 과거분사' 뒤 빈칸은 100% 부사가 정답이다. 따라서 정답은 (C) considerably가 된다.

해　　석 분기별 통계 보고서에 따르면, 우리의 수입은 작년의 그것과 비교했을 때 상당히 감소하였다.

표 현 정 리 according to ~에 따르면 quarterly 분기별 statistical 통계적인 income 수입 decrease 감소하다
　　　　　compare to ~와 비교하여 consideration 사려, 숙고 considerable 상당한 considerate 사려 깊은

정　　답 (C)

 시나공 POINT

완전한 절 뒤, 자동사 앞뒤, '동사 + 목적어' 덩어리 앞뒤, 동사와 동사 사이 빈칸은 모두 부사 자리이다.

핵심 이론

부사는 문장을 이루는 요소에 따라 다음과 같은 위치에 존재한다.

- **부사** + 타동사 + 목적어
- 자동사 + **부사**
- be동사 + 과거분사 + **부사**
- 타동사 + 목적어 + **부사**
- be동사 + **부사** + 현재 / 과거분사
- have + **부사** + 과거분사

You should **carefully** review your submissions.　당신은 당신의 제출물을 신중히 검토해야 한다.

▶ '동사 (+ 목적어)' 앞 빈칸은 100% 부사 자리이다.

Please report the matter **immediately** to your supervisor.　당신의 상관에게 문제를 즉시 보고하시오.

▶ '동사 + 목적어' 뒤 빈칸은 100% 부사 자리이다.

The total income rose **dramatically**.　총수입이 급격히 증가했다.

▶ 자동사 뒤 빈칸은 100% 부사 자리이다.

This data was **continually** updated.　이 자료는 지속적으로 업데이트되었다.

▶ be동사와 과거분사 사이 빈칸은 100% 부사 자리이다.

Our most recent order was delivered **promptly**.　우리가 최근 주문한 물건이 즉시 배달되었다.

▶ 'be동사 + 과거분사' 뒤 빈칸은 100% 부사 자리이다.

The companies have **recently** modernized their systems.　회사들은 새 시스템을 최근에 현대화했다.

▶ have와 과거분사 사이 빈칸은 100% 부사 자리이다.

Step 3　실전 문제

1. Fortunately, our hotel is close to the station, which is ------- located for us to transfer, so we don't have to worry about traffic jams.

(A) convenient　　　(B) convenience　　　(C) conveniently　　　(D) inconvenient

2. We have been concerning about the company's current situation, but as the country's economy stabilizes, it will also ------- stabilize.

(A) eventual　　　(B) eventually　　　(C) eventuality　　　(D) eventuate

▶ 정답 및 해설은 해설집 68쪽 참고

PART 5&6
부사 ❷ 부사의 위치 2

Step 1 | **실전 포인트**

풀 이 전 략   선택지에 부사가 있을 때, 형용사 앞 빈칸엔 100% 부사를 고른다.

⭐ **대표 문제**

> As we mentioned before, this contract is ------- beneficial to both of our companies and
> will not harm any employees.
>
> (A) mutuality   (B) mutualism   (C) mutually   (D) mutual

As we mentioned before, this contract is ------- beneficial (to both of our companies)
접속사 주어   동사   부사   주어   동사   형용사(보어)   전치사구

and ( ) will not harm any employees.
등위 접속사   동사   [be동사 + 부사 + 형용사]
　　　this contract가 생략

(A) mutuality   (B) mutualism   (C) mutually   (D) mutual
　　명사   　　명사   　부사   　형용사

문 장 분 석   두 절을 연결하는 접속사로 as가 왔고, 주절에 동사구를 연결하는 등위접속사 and가 쓰인다.

해 설   부사는 형용사나 분사를 수식한다. 형용사 (beneficial) 앞 빈칸은 100% 부사 자리이므로 (C) mutually가 정답이다.

해 석   우리가 앞서 언급했듯이, 이 계약은 근로자들에게 아무런 피해를 주지 않고 우리 회사 모두에게 상호 이익이 될 것이다.

표 현 정 리   mention 언급하다 contract 계약 be beneficial to ~에 이득이 되다 mutually 상호간에, 서로 mutuality 상호 관계 mutualism 상호성 mutual 상호간의, 서로의

정 답   (C)

✎ 시나공 POINT
'형용사(+ 명사)'와 '분사(현재분사 / 과거분사) + 명사' 앞 빈칸은 부사 자리이다.

핵심 이론

부사는 주로 형용사와 분사 앞에서 수식한다.

> **부사** + 형용사(+ 명사)
>
> **부사** + 현재분사 + 명사
>
> **부사** + 과거분사 + 명사

The amended traffic regulations were **extremely** complex.

개선된 교통 규정이 매우 복잡했다.

Dr. Rivera gave a **highly** interesting presentation.

Rivera 박사는 매우 흥미로운 발표를 했다.

This project was done by a **newly** hired employee.

이번 프로젝트는 새로 고용된 직원에 의해 진행되었다.

▶ 부사는 형용사와 분사를 수식할 수 있다. 따라서 '과거분사 + 명사(hired employee)' 앞 빈칸은 부사 자리이다.

1. With help from the real estate investment group, he is investing in a ------- emerging real estate market.

(A) rapidities　　　(B) rapidity　　　(C) rapid　　　(D) rapidly

2. The city's Urban Development Department came up with the idea of luring residents from other areas with ------- new luxury apartment complexes.

(A) related　　　(B) relatively　　　(C) relation　　　(D) relative

▶ 정답 및 해설은 해설집 68쪽 참고

UNIT 16

PART 5&6

부사 ❸ 빈출 부사 1

Step 1   실전 포인트

풀 이 전 략   '수사 + 명사' 앞 빈칸엔 approximately, nearly, almost 등의 부사가 온다.

⭐ 대표 문제

 R30

The corporation's new policy on the environment can provide town residents with job opportunities and can even help save ------- 3 - 3.50 million dollars a year.

(A) approximately   (B) approximate   (C) approximation   (D) approximative

🖊 시나공 풀이법

The corporation's new policy (on the environment) can provide town residents (with job
　　　　주어　　　　　　　　　　전치사구　　　　　　　동사　　　　목적어　　　　　전치사구

opportunities) and can even help save ------- 3-3.50 million dollars a year.
　　　　　　　　　등위접속사　　동사　　　　　부사　수사(형용사)　　→ 수사는 형용사취급
　　　　　　　　　　　　　　　　　　　　　　　　　　　　　　　　　　동사구 덩어리
　동사구 덩어리를 잇는 등위접속사　　동사구 덩어리　　→ help 뒤에 온 원형부정사

(A) approximately   (B) approximate   (C) approximation   (D) approximative
　　　부사　　　　　　　　　형용사　　　　　　　　　　명사　　　　　　　　　형용사

문 장 분 석   동사구를 연결하는 등위접속사 and가 쓰인다. help는 원형부정사 save를 목적어로 가지고 save도 뒤에 목적어를 따로 가진다.

해   설   수사는 형용사 혹은 명사로 쓰인다. 토익에서 수사는 '수사 + 명사' 구조로 사용되어 형용사로만 출제된다. 형용사는 부사에 의해서만 수식되기 때문에 '수사 + 명사' 앞에 빈칸이 있으면 100% 부사가 정답이다. 따라서 정답은 (A) approximately가 된다.

해   석   환경에 대한 회사의 새로운 정책은 마을 주민들에게 취업 기회를 제공할 수 있고, 심지어는 3백만에서 3백 50만 달러를 절약할 수도 있다.

표 현 정 리   **provide A with B** A에게 B를 제공하다 **resident** 거주자, 주민 **job opportunity** 취업 기회 **approximately** 대략, 어림잡아 **approximate** 근사치인 **approximation** 근사치 **approximative** 대략의

정   답   (A)

📎 *시나공 POINT*

수사는 형용사이며, '형용사 + 명사' 앞 빈칸은 부사 자리이다.

핵심 이론

'수사 + 명사'를 수식하는 부사들에 대해 알아두자.

promptly 정확히	almost(= nearly) 거의	at least 최소한
more than(= over) ~이상	up to 최대 ~까지	approximately 대략

This year's annual employee awards banquet will begin **promptly** at 6:00.
올해의 직원상 수상을 위한 연회는 여섯시 정각에 시작할 것이다.

Almost 25 commuters use nothing other than public transportation.
거의 25명의 통근자들이 대중교통 외에 다른 수단을 이용하지 않는다.

All candidates must submit their resumes **at least** 7 days before their job interviews.
모든 후보자들은 적어도 인터뷰 7일 전에 이력서를 제출해야 한다.

To get your passport, you have to wait **more than** 3 days.
여권을 받으려면 3일 이상을 기다려야 합니다.

The installation of new computer programs is scheduled to start at **approximately** 9:00 a.m.
새로운 컴퓨터 프로그램의 설치가 대략 9시에 시작될 것이다.

1. His company has been doing business in Singapore for ------- six years which has been a great help to his own e-commerce.

(A) ever since　　　(B) and then　　　(C) more than　　　(D) even though

2. We are truly sorry to inform you that out of 1,000 applicants, we will only choose ------- 20 participants to take part in this project.

(A) furthermore　　　(B) at times　　　(C) not more　　　(D) up to

▶ 정답 및 해설은 해설집 69쪽 참고

UNIT 16 **PART 5&6**

부사 ④ 빈출 부사 2

Step 1 실전 포인트

풀 이 전 략   마침표(.)와 콤마(,) 사이의 빈칸에는 접속부사를 골라야 한다.

 대표 문제

In comparison with your last performance, this number seems to be reasonable. -------, you will still have to work to increase the sales.

(A) Because   (B) In addition   (C) However   (D) But

시나공 풀이법

In comparison with your last performance, this number seems to be reasonable. -------,
　　전치사구　　　　　　　　　　　　　주어　　동사　　부정사구　　부사

you will still have to work (to increase the sales).
주어 조동사 부사　　동사　　부정사구(부사적 용법, 목적)
　　　　동사구

> seem to be 형용사 ~해 보이는

(A) Because   (B) In addition   (C) However   (D) But
　접속사　　　　　　　접속부사　　　　　　접속부사　　　　　　접속사

문장분석   in comparison with는 전치사이고, seem to be ~는 '~처럼 보이다'라는 의미로 쓰인다.

해   설   마침표(.)와 콤마(,) 사이 빈칸은 접속부사 자리이다. 접속사는 접속부사 자리에 들어갈 수 없다는 것을 꼭 기억한
　　　　　다. 따라서 접속사인 (A) , (D)부터 소거한다. (B)는 앞 문장에 대한 첨가, (C)는 앞 문장에 대한 대조로 쓰인다. 빈
　　　　　칸 앞(이 수치는 합리적이다.)과 뒤의 내용(당신들은 그것을 높이기 위하여 여전히 노력해야 한다.)이 대조의 관계
　　　　　이므로 (C) However가 정답이다. 특히 부사 still은 대조와 자주 어울려 출제된다는 것도 기억한다.

해   석   여러분들의 지난 실적과 비교할 때, 이 수치는 합리적으로 보입니다. 하지만 여러분들은 성과를 높이기 위해 여전
　　　　　히 노력해야 합니다.

표현정리   in comparison with ~에 비교하면 reasonable 합리적인

정   답   (C)

시나공 POINT

접속부사 자리에 접속사가 올 수 없다는 것을 기억하고 접속부사와 접속사 자리를 구분할 수 있어야 한다.

핵심 이론

접속부사 앞뒤 문장이 인과, 대조 또는 첨가의 관계인지를 파악하여 접속부사로 두 문장을 잇는데, 접속부사 앞에는 마침표 또는 (세미)콜론을, 뒤에는 콤마를 찍는다.

양보	however 그러나 nevertheless 그럼에도 불구하고 nonetheless 그럼에도 불구하고
대조	on the other hand 다른 한편으로, 반면에 in contrast 대조적으로
인과	therefore 그러므로 thus 이와 같이 as a result 결과적으로 consequently 결과적으로
시간	meanwhile 그 동안에 at the same time 그와 동시에
첨가	furthermore 더욱이 moreover 게다가, 더욱이 in addition 게다가 besides 게다가

틀린 예	옳은 예
접속부사 + 주어 + 동사, 주어 + 동사	주어 + 동사. 접속부사, 주어 + 동사
주어 + 동사 + 접속부사 + 주어 + 동사	주어 + 동사: 접속부사, 주어 + 동사

The stock price decreased, **however**, the emergency protocol initiated today stabilized it.
주가가 하락했으나, 오늘 시행된 비상대책이 그것을 안정시켜 주었다.

We won first prize at the trade fair. **In addition**, we have the dominant position in the market.
우리는 무역 박람회에서 일등을 차지했다. 게다가, 우리는 무역시장에서 우위를 차지하고 있다.

We are unable to repair the machine **and therefore** will provide a replacement.
우리가 기계를 수리할 수 없으므로 교체해 드리겠습니다.

1. Our sales team set a remarkable record last week. -------, the president will designate us as the team of the year.

(A) Instead of   (B) Otherwise   (C) Though   (D) Moreover

2. It might be a good idea to call the Security Department in advance; -------, it might take days for you to get a pass card.

(A) but   (B) otherwise   (C) although   (D) therefore

▶ 정답 및 해설은 해설집 69쪽 참고

UNIT
16

PART 5&6

부사 ❺ 빈출 부사 3

Step 1 실전 포인트

풀 이 전 략   부정어 뒤 빈칸은 yet 자리이다.

⭐ 대표 문제

Even though he claimed that he had gotten approval on the team project, we can't start it as the official document is not ready -------.

(A) already   (B) still   (C) yet   (D) never

📝 시나공 풀이법

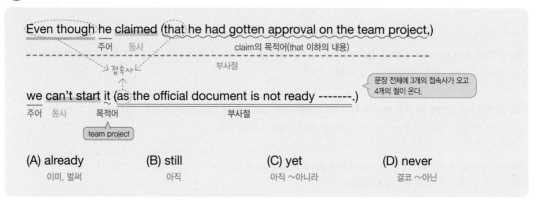

(A) already   (B) still   (C) yet   (D) never
이미, 벌써   아직   아직 ~아니라   결코 ~아닌

문 장 분 석   even though, that, as가 모두 접속사로 쓰인다. 이런 복잡한 문장은 수식어구를 모두 제거하고 분석하면 좀더 명확해진다.

해   설   부사 yet은 부정문에 쓰이는 것으로 알고 있지만 이는 정확한 사실이 아니다. 부정문이라도 부정어 앞 빈칸에는 올 수 없기 때문이다. 따라서 yet은 부정문이 아니라 부정어 뒤 빈칸에 오는 것으로 알고 있어야 실수를 줄일 수 있다. 따라서 정답은 (C) yet이다.

해   석   그가 팀 프로젝트의 승인을 받았다고 주장했지만, 우리는 공식 문서가 없기 때문에 그것을 아직 시작할 수가 없다.

표 현 정 리   **even though** ~함에도 불구하고   **claim** 주장하다   **approval** 승인, 허가   **as** ~때문에   **official** 공식적인

정   답   (C)

 시나공 POINT

still, yet, already, finally 등의 특수 부사끼리 구분하는 문제로 출제되므로 이 부사들의 특징들을 알아두어야 한다.

핵심 이론

빈출 접속부사

	특수 부사의 특징	
still 아직, 여전히	부정은 still not이며, 부사로는 '그러나'의 의미로 쓰이기도 함	
yet 아직 ~아닌	주어 + not yet + 동사(주로 부정의 의미)	
	cf) have yet to 아직 ~아니다	
already 이미, 벌써	have already p.p. 형태로 자주 쓰임	
finally 마침내	연속적인 동작, 상황 뒤에 나와 문장 전체를 수식	

We have <u>not</u> **yet** decided on a place for the company outing.

우리는 아직 회사 야유회 장소를 결정하지 못했다.

We are waiting for the results of the last board meeting, but they have not come out yet.

우리는 지난 이사회의 결과를 기다리고 있지만, 결과는 아직 나오지 않았다.

She has yet to do anything to rectify the problem.　그녀는 문제를 개선할 어떠한 조치도 취하지 않고 있다.

▶ yet(아직)은 부정어 뒤 혹은 has to do 사이 빈칸에 위치한다.

He went to London on a business trip, and he is still in London.

그는 출장 차 런던에 갔는데, 아직도 런던에 있다.

▶ still(아직도)은 주로 긍정문에 쓴다.

The committee has already accepted his letter of resignation.　위원회는 이미 그의 사직서를 수리했다.

▶ already(이미)는 have(had)와 과거분사 사이에 위치한다.

The government finally enacted some new regulations.　정부는 마침내 새 법률을 제정했다.

▶ finally(마침내)는 주로 과거동사와 자주 어울려 출제된다.

1. The committee has ------- not decided whether or not Mr. Jenkins will get promoted.

(A) once　　　　(B) already　　　　(C) still　　　　(D) yet

2. The general meeting will begin in a few hours, but several teams have ------- to do any research on the session's agenda.

(A) already　　　　(B) yet　　　　(C) still　　　　(D) finally

▶ 정답 및 해설은 해설집 69쪽 참고

UNIT
16

PART 5&6
부사 ❻ 빈출 부사 4

Step **1**　**실전 포인트**

풀 이 전 략　　부사와 자주 어울려 쓰이는 기출 패턴들을 알아두면 3초 안에 답을 고를 수 있다.

⭐ **대표 문제**

 R33

> The reason for the export decline is ------- that the cost of oil and shipping has increased
> greatly in the past two months.
>
> (A) intentionally　　(B) radically　　(C) primarily　　(D) substantial

✐ **시나공 풀이법**

The reason (for the export decline) is -------
　주로　　　　　　전치사구　　　　　동사

(that the cost of oil and shipping has increased greatly in the past two months.)
　접속사　　　　　주어　　　　　　　　　동사　　　부사　　　　전치사구
　　　　　　　　　　　　　　　명사절

(A) intentionally　　(B) radically　　(C) primarily　　(D) substantially
　고의적으로　　　　　급격하게　　　　　주로　　　　　　크게, 상당하게

문 장 분 석　　The reason + (전치사구) + be동사 + primarily + that… '~의 주된 이유는 that 이하이다'라는 의미로 알아
　　　　　　　두도록 하자.

해　　　석　　primarily, mainly, chiefly(주로) 등의 부사는 이유접속사, 이유전치사, rely on(~에 의지하다), depend on(~
　　　　　　　에 달려 있다), responsible for(~에 대해 책임 있는) 등과 자주 어울려 출제되므로 한데 묶어서 외워 두어야
　　　　　　　한다.

해　　　석　　수출이 감소한 주된 원인은 지난 두 달 동안 터무니없이 오른 유료비와 운송비 때문이다.

표 현 정 리　　decline 감소　primarily 주로　cost 비용　greatly 크게

정　　　답　　(C)

★ 시나공 POINT
> primarily는 이유접속사나 이유전치사와 자주 어울려 출제된다.

핵심 이론

다음 빈출 및 기출 부사 어휘들은 반드시 알아 두자.

briefly	간략하게	originally	애초에
carefully	주의 깊게, 세심하게	perfectly	완벽하게
clearly	명확하게	permanently	영구적으로
closely	가까이, 세심하게	previously	이전에
considerably	상당히	primarily	주로
consistently	일관되게	promptly	즉시
continuously	지속적으로	properly	적절하게
conveniently	편리하게도	quickly	신속하게
directly	직접	quite	매우, 꽤
easily	수월하게	rapidly	급격하게
exactly	정확하게	rarely	드물게
exclusively	단독으로, 오로지	recently	최근에
extremely	매우, 대단히	relatively	상대적으로
frequently	빈번하게	routinely	일상적으로
generously	관대하게	seldom	거의 ~하지 않는
gradually	점진적으로	severely	심각하게
heavily	심하게, 상당히	shortly	(앞으로) 곧
highly	매우, 대단히	specially	특히
immediately	즉시	suddenly	갑작스럽게
mainly	주로	thoroughly	꼼꼼하게
moderately	적당히, 적절하게	tightly	단단히, 꽉
mutually	(둘 사이에) 상호 간에	unexpectedly	예상치 못하게

Be sure to submit them **immediately** to the general manager. 부장님한테 즉시 그것들을 제출하세요.

The unemployment rate among graduates is **especially** high. 졸업생들의 실업율이 특히 높다.

1. The company's success is ------- due to the president's philosophy, which is his constant persistence on the quality of the company's products.

(A) allegedly　　　　(B) formerly　　　　(C) tightly　　　　(D) mainly

2. Workers ------- experience confusion when there is a change in the work system even if it does not occur suddenly.

(A) originally　　　　(B) normally　　　　(C) accessibly　　　　(D) conveniently

▶ 정답 및 해설은 해설집 69쪽 참고

UNIT
17 PART 5&6
동사 ②

| Step **1** | 기출 100% 어휘 정리 |

051
☐ **assume** ⓥ ~을 떠맡다
ⓝ assumption 가정

assume the title 직책을 맡다
assume a role 역할을 맡다

052
☐ **consolidate** ⓥ 강화하다
ⓝ consolidation 강화

consolidate one's influence ~의 영향력을 강화시키다
consolidate one's position 지위를 강화하다

053
☐ **diversify** ⓥ 다양화하다
ⓐ diversified 변화가 많은

diversify products 제품을 다양화하다
diversify one's source of income 수입원을 다양화하다

054
☐ **launch** ⓥ 출시하다
ⓝ launch 출시, 착수

launch a new line of products 신제품을 출시하다
launch new construction projects 새로운 건설 프로젝트를 시작하다

055
☐ **instruct** ⓥ 지시하다
ⓝ instruction 지시
ⓐ instructive 교육적인

instruct sb to do sth ~에게 ~하라고 지시하다
be **instructed** to V ~하도록 지시받다

056
☐ **lower** ⓥ (가격, 양) 줄이다
ⓐ low 낮은

lower expenditures 지출을 낮추다
lower the price 가격을 내리다

057
☐ **serve** ⓥ 근무하다
ⓝ service 서비스, 공로

serve as a professor 교수로 근무하다
to better **serve** its customers 손님을 더 잘 접대하기 위해서

058
☐ **restrict** ⓥ 제한[한정]하다
ⓝ restriction 제한
ⓐ restrictive 제한하는

restrict the number of employees 직원 수를 제한하다
restrict visitor access 외부인의 출입을 제한하다

059
☐ **reflect** ⓥ 반영하다

reflect the current strategy 현재의 전략을 반영하다
reflect the standards 기준을 반영하다

060
☐ **lead** ⓥ 이끌다, 지휘[인솔]하다
ⓝ gauge 표준치수

lead a discussion 토론을 이끌다
lead a session 회의를 주재하다

1	**contact** 연락하다 전화 또는 편지 등을 써서 접촉하다	**connect** 연결하다 두 사람이나 사물이 어떤 대상과 관련되다
2	**demonstrate** 설명하다, 시연하다 사람들이 이해하기 쉽도록 어떤 대상의 기능들에 대해 말하다	**show** 전시하다, 나타내다 어떤 대상을 한 장소에 모아 놓고 사람들이 쉽게 볼 수 있도록 진열하다
3	**separate** 나누다, 분리하다 서로 붙어 있거나 엉켜 있는 것을 하나씩 떼어놓다	**divide** 나누다 집합체를 두 가지 이상으로 분할하기 위해 떼어놓다
4	**encircle** 둘러싸다, 에워싸다 사람이나 사물을 둥글게 에워싸는 행위 자체에 중점을 두다	**enclose** 에워싸다, 동봉하다 편지 같은 것을 봉투 안에 넣거나 담이나 울타리 등으로 두르다
5	**insist** 주장하다 어떤 내용이나 일을 하겠다고 강력하게 표현하다	**adhere** 고수하다 어떤 규칙이나 협의 내용을 따르거나 지지하다

Step 3   이론 적용해 보기

1. [Connect / Contact] a sales representative if you have any questions about the product.

2. We will [demonstrate / show] a new machine in our showroom tomorrow.

3. Please be advised to [separate / divide] your trash from your food waste.

4. I have [encircled / enclosed] my resume and cover letter in response to your advertisement.

5. The company urged the foreign workers to [insist / adhere] to the law.

▶ 정답 및 해설은 해설집 70쪽 참고

Step 1	실전 문제 먼저 풀기

풀 이 전 략   의도 파악은 메시지 대화문에서만 출제가 된다. 메시지 대화문의 각 대화들의 숨은 의미를 찾는 유형이므로 인용구와 그 앞뒤 문장 간의 흐름을 파악하는 작업이 무엇보다 중요하다.

Question 1 refers to the following Text-Message Chain.

Sophie Okonedo   [10:41 A.M.]

Hi, James. Bob Harris just called to cancel tomorrow's walk-through at 2500 Presley Street.

James Harkness   [10:42 A.M.]

That's too bad. That apartment is just right for him. Did you reschedule?

Sophie Okonedo   [10:44 A.M.]

Yes, for Friday, just before you show the Rockledge Place property to the Buckley family. The two sites are very close to each other.

James Harkness   [10:45 A.M.]

Great. Could you please confirm the time with Ms. Buckley today?

Sophie Okonedo   [10:47 A.M.]

Sure.

---

1. At 10:45 A.M., what does Mr. Harkness most likely mean when he writes, "Great"?

(A) He is excited about the results of his work.

(B) He is glad about his company's new location.

(C) He is pleased with Ms. Okonedo's work.

(D) He is interested in contacting Mr. Harris.

▶ 정답 및 해설은 해설집 70쪽 참고

질문에서 특정 시간(10:45 A.M.)에 주어진 문장을 본문에서 찾고 본문에서 해당 부분의 앞뒤 문맥을 파악한다. 첫 두 사람의 대화에서 Bob Harris 씨와의 약속이 취소되었다는 것을 알 수 있고, 오전 10시 42분에 하크니스 씨가 다시 약속을 잡았냐는 질문에 오코네도 씨는 금요일로 다시 잡았다고 했다. 그에 대한 답변으로 하크니스 씨가 "좋아요"라고 했으므로 오코네도 씨에게 "잘했다"고 말한 의도는 선택지 중 (C)가 가장 가깝다.

의도 파악 유형이 등장하는 지문 유형

Text Message Chain 지문 양식	Online Chat Discussion 지문 양식
_____ (A의 이름) _____ (B의 이름) (A의 메시지 내용) _____ (발송 시간) _____ (발송 시간) (B의 메시지 내용)	_____ (A의 이름) [_____ (채팅 시간)] (A의 채팅 내용) _____ (B의 이름) [_____ (채팅 시간)] (B의 채팅 내용)

출제되는 질문 패턴

- At _____, What does A mean when he / she writes, "B"?
  _____ 시경에, A가 "B"라고 썼을 때 이것은 무엇을 의미하는가?

문제 풀이 전략

❶ 질문 속에 주어진 인용구(위의 질문 패턴에서 빈칸에 들어가는 내용)가 무엇인지 파악한다.

➜ 대화문 각 메시지 옆에 메시지를 보낸 시간이 표시되어 있다. 따라서 문제에 제시된 몇 시 몇 분에 보낸 문자인지 확인하여 지문에서 빠르게 확인한다.

❷ 지문 속에서 인용구가 언급된 문장을 찾는다.

➜ 질문에 제시된 인용구를 지문 속에서 찾는다.

❸ 앞뒤 문맥을 살펴 이와 가장 가까운 의도를 가진 선택지를 답으로 고른다.

➜ 그 인용구의 전후 문장이 문맥을 파악하는 핵심 요소이므로 [전 문장 – 인용구 – 후 문장]의 흐름을 잘 파악해야 한다. 다른 독해 지문과 달리 의도 파악을 묻는 문제는 메시지에서 구어체 표현이 상당수 등장하는 것이 특징이다.

빈출 구어체 표현

Sounds interesting. 괜찮을 것 같다.
That won't work. 소용없을 거야.
Let's give it a try. 시도해 보자.
I'll get to it right away. 즉시 할게.
I can't make it. 안될 것 같다.

I'm on my way. 가는 중이야.
It makes sense. 말이 된다.
Let's wait and see. 두고 보자.
It's been a while. 오랜만이네.
I'd be happy to. 기꺼이 그렇게 할게.

Question 2 refers to the following text message chain.

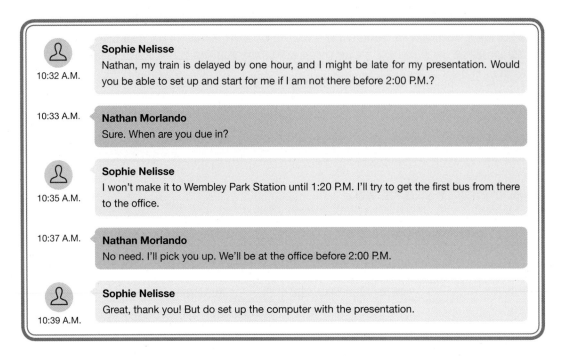

Sophie Nelisse
10:32 A.M.   Nathan, my train is delayed by one hour, and I might be late for my presentation. Would you be able to set up and start for me if I am not there before 2:00 P.M.?

10:33 A.M.   **Nathan Morlando**
Sure. When are you due in?

Sophie Nelisse
10:35 A.M.   I won't make it to Wembley Park Station until 1:20 P.M. I'll try to get the first bus from there to the office.

10:37 A.M.   **Nathan Morlando**
No need. I'll pick you up. We'll be at the office before 2:00 P.M.

Sophie Nelisse
Great, thank you! But do set up the computer with the presentation.
10:39 A.M.

2. At 10:37 A.M., what does Mr. Morlando most likely mean when he writes, "No need"?

(A) They will not have to go to Wembley Park.

(B) They will not need a computer.

(C) Ms. Nelisse does not need to take a bus.

(D) Ms. Nelisse does not have to come to the office.

Question 3 refers to the following online chat discussion.

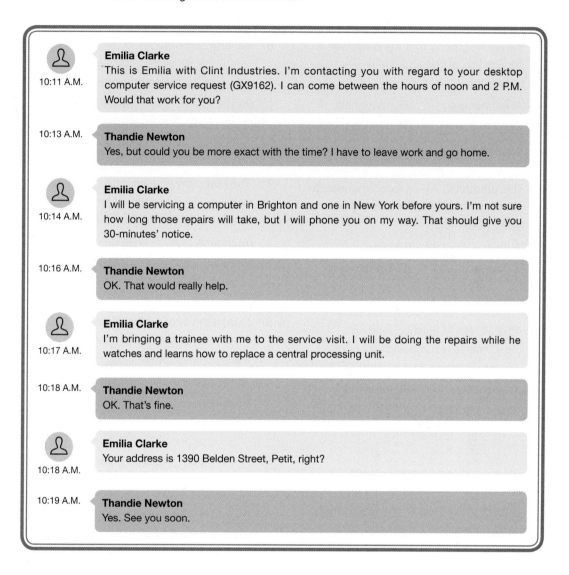

Emilia Clarke
10:11 A.M.
This is Emilia with Clint Industries. I'm contacting you with regard to your desktop computer service request (GX9162). I can come between the hours of noon and 2 P.M. Would that work for you?

10:13 A.M.
Thandie Newton
Yes, but could you be more exact with the time? I have to leave work and go home.

Emilia Clarke
10:14 A.M.
I will be servicing a computer in Brighton and one in New York before yours. I'm not sure how long those repairs will take, but I will phone you on my way. That should give you 30-minutes' notice.

10:16 A.M.
Thandie Newton
OK. That would really help.

Emilia Clarke
10:17 A.M.
I'm bringing a trainee with me to the service visit. I will be doing the repairs while he watches and learns how to replace a central processing unit.

10:18 A.M.
Thandie Newton
OK. That's fine.

Emilia Clarke
10:18 A.M.
Your address is 1390 Belden Street, Petit, right?

10:19 A.M.
Thandie Newton
Yes. See you soon.

3. 10:16 A.M., What does Ms. Newton most likely mean when she says, "That would really help"?

(A) She recommends that Ms. Clarke not go to Brighton.

(B) She wants Ms. Clarke to call before arriving for her appointment.

(C) She appreciates getting a 30-minute consultation for free.

(D) She is unable to work until her central processing unit is replaced.

▶ 정답 및 해설은 해설집 70쪽 참고

REVIEW TEST

1. We are truly sorry that the particular service you asked about is ------- unavailable.

(A) permanently   (B) permanent

(C) permanence   (D) permanences

2. This product is ------- recommended to people who need fresh food ingredients every week.

(A) hard   (B) high

(C) hardly   (D) highly

3. After Mr. Rouja finished reading the woman's resume and letters of recommendation, he hired her -------.

(A) immediate   (B) immediacy

(C) immediately   (D) to immediate

4. We provide tax refunds for card purchases -------- due to the new legislation enacted by the government.

(A) very   (B) only

(C) once   (D) quite

5. On the contract above, the company ------- agreed to lead a balanced management by extensively reflecting the opinions of all boards members.

(A) original   (B) originally

(C) origin   (D) originality

6. Several corporations in the industry have ------- not recovered from last month's walkouts by their employees.

(A) yet   (B) already

(C) besides   (D) still

7. The company is planning to go public this year; -------, it is unusual for a company structured like this to succeed.

(A) though   (B) however

(C) thus   (D) in case

8. Due to the strike in New York in 2020, ------- half of our market share remained frozen until last year.

(A) unusually   (B) nearly

(C) quietly   (D) randomly

9. The program was ------- easy both to upload and download, but now, due to the changed policy on piracy, people cannot do either action with a simple click of the mouse.

(A) generously   (B) previously

(C) carefully   (D) mainly

10. Currently, the position is permanently assigned to a well-qualified applicant. -------, there will not be any recruitment until further notice.

(A) Unless   (B) Otherwise

(C) Therefore   (D) Then

▶ 정답 및 해설은 해설집 71쪽 참고

PART 5&6

GRAMMAR

UNIT 19 대명사

VOCABULARY

UNIT 20 동사 ❸

PART 7

READING

UNIT 21 문제유형 ❻ 문장 삽입 & 동의어 파악

REVIEW TEST

WARMING UP

1) 대명사의 개념

사람이나 사물, 동물 등의 이름을 대신해서 부르는 말을 '대명사'라고 한다. 예를 들어. 우리 주위에는 수많은 남자 이름들이 있지만 이를 단순하게 'He(그)'라고 나타낼 수 있다.

2) 대명사의 종류

대명사는 그 특징에 따라 아래처럼 그 종류를 나눌 수 있다.

① 인칭대명사

인칭대명사는 문장 내에서 주어 역할을 하는 주격, 형용사 역할을 하는 소유격, 목적어 역할을 하는 목적격으로 나뉜다. **주격** 주어 자리에 사용하며 '~은/는/이/가'로 해석한다.

He is qualified for this position. 　그는 이 직책에 적격이다.

소유격 명사 앞에 쓰여 '소유격 + 명사'의 형태로 사용하며 '~의'로 해석한다.

Please confirm **your** reservation. 　예약을 확인해 주세요.

목적격 타동사의 목적어 자리, 전치사의 목적어 자리에 사용하며 '~을[를], ~에게'로 해석한다.

We will provide **you** with a full refund. 귀하께 전액 환불해 드리겠습니다. ▶ 타동사의 목적어
He is afraid of **them**. 　그는 그들을 두려워 한다. ▶ 전치사의 목적어

② 재귀대명사

재귀대명사는 인칭대명사의 소유격 또는 목적격에 −self / −selves를 붙여 주어 자신을 나타내거나 강조할 때 쓴다.

Mr. Miller showed **himself** to be a dependable person. ▶ 주어 자신을 나타냄
Miller 씨는 자신이 신뢰할 만한 사람임을 입증했다.

The manager **herself** reviewed the document. ▶ 주어를 강조
매니저가 직접 그 문서를 검토했다.

③ 부정대명사

특정한 사람이나 사물을 가리키지 않고, 막연히 어떤 사람이나 사물 또는 수량을 나타낼 때 쓴다.

부정대명사	뜻	부정대명사	뜻
both	둘 다	some	어떤 (것) (긍정)
either	둘 중의 하나	any	어떤 (것) (부정이나 의문)
neither	둘 다 아님	all	모든 (것)
none	아무도 ~않은	each	각자

* one, the other, another, the others, others의 차이

| one　the other | one　another | one　the others | some　the others | some　others |

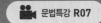

02 예제 풀어보기

괄호 안에 있는 두 단어 중 문장에 알맞은 단어를 고르시오.

1 Most employees complained that (their / they) didn't have time to examine the document.

2 I saw a fashion show yesterday, and (it / its) was amazing.

3 The firm has designed (its / it) newest product.

4 He always works hard so asked his manager to give (his / him) a raise.

5 Their proposal for the project was very smart, but (us / ours) needs to be revised.

03 예제 확인하기

1 Most employees complained that they didn't have time to examine the document.

대부분의 직원들은 그들이 서류를 검토할 시간이 없다고 불평했다.

▶ 앞에 쓴 명사 (employees)를 대신해서 대명사 (they)를 사용했다.

2 I saw a fashion show yesterday, and it was amazing.

나는 어제 패션쇼를 봤는데, 그것은 정말 멋졌다.

▶ 앞에 쓴 명사 (a fashion show)를 대신해서 대명사 (it)를 사용했다.

3 The firm has designed its newest product.

회사는 신제품을 디자인했다.

▶ 앞에 쓴 명사 (firm)를 대신해서 대명사 (its)를 사용했다.

4 Mr. Lamb always works hard so asked his manager to give him a raise.

Lamb 씨는 항상 열심히 일해서 그의 매니저에게 봉급인상을 요청했다.

▶ 앞에 쓴 명사(Mr. Lamb)를 대신해서 대명사(him)를 사용했다.

5 Their proposal for the project was very smart, but ours needs to be revised.

프로젝트에 대한 그들의 제안은 매우 훌륭했다. 하지만 우리 것은 수정이 필요하다.

▶ 앞에 쓴 'Their (소유격) + proposal (명사)'처럼 ours는 'our (소유격) + proposal(명사)'을 줄인 소유대명사다.

UNIT **19** PART 5&6
대명사 ❶ 대명사의 위치 1

Step **1** 실전 포인트

풀 이 전 략   선택지에 대명사의 격들이 나와 있으면 명사 앞 빈칸은 소유격으로 고른다.

★ 대표 문제

 R34

> All employees must first meet ------- supervisors to fill out the application forms.
>
> (A) they (B) themselves (C) their (D) them

 시나공 풀이법

All employees must first meet ------- supervisors to fill out the application forms.
주어 ∨ 동사   동사(meet)의 목적어   부정사구(부사적 용법, ~하기 위해)
부사
동사 + 소유격 + 명사
완전한 절

(A) they   (B) themselves   (C) their   (D) them
주격   재귀대명사   소유격   목적격

문장분석   형용사 all은 긍정문에 사용되면 '모든'이라는 뜻을 가지고 주로 가산 복수명사(employees) 앞에 사용한다.

해 설   선택지에 대명사의 격들이 나와 있고, 명사(supervisor) 앞에 빈칸이 왔다면 소유격을 빈칸에 넣어야 한다. 타동사(meet)만 보고 목적격(them)을 선택하지 않도록 주의한다. 따라서 정답은 (C)가 된다.

해 석   모든 직원들은 지원서를 작성하기 위해 먼저 그들의 관리자를 만나야 한다.

표현정리   **fill out** 작성하다   **application form** 지원서

정 답   (C)

✎ 시나공 POINT

선택지에 대명사의 격들이 나와 있으면 명사 앞 빈칸은 소유격 자리이다.

핵심 이론

대명사의 종류

인칭	수	주격	소유격	목적격
1인칭	단수	I	my	me
	복수	we	our	us
2인칭	단수 / 복수	you	your	you
3인칭	단수	he	his	him
		she	her	her
		it	its	it
	복수	they	their	them

• **주격**   **He** didn't realize that **he** had forgotten his file.

그는 파일을 빠뜨리고 왔다는 것을 알지 못했다.

▶ 동사 (didn't, had forgotten) 앞 주어 자리에는 주격(He)을 쓴다.

• **소유격**   **Her** position offers a lot of possibilities for advancement.

그녀의 지위는 많은 승진의 기회를 제공한다.

▶ 명사(position) 앞에는 소유격을 쓴다.

• **목적격**   The manager **instructed** them to work.

매니저는 그들에게 일을 하도록 지시했다.

▶ 동사(instructed) 뒤 목적어 자리에는 목적격(them)을 쓴다.

• **전치사의 목적어**   Most of the employees agreed with **them**.

대부분의 직원들은 그들의 의견에 동의했다.

▶ 전치사(with) 뒤 목적어 자리에는 목적격(them)을 쓴다.

1. His passport was confiscated by the police in an attempt to prevent ------- from leaving the country.

(A) he   (B) his   (C) himself   (D) him

2. The employees are able to look beyond ------- own jobs.

(A) they   (B) their   (C) them   (D) theirs

▶ 정답 및 해설은 해설집 72쪽 참고

UNIT
19

PART 5&6
대명사 ❷ 대명사의 위치 2

Step 1 실전 포인트

풀 이 전 략 　주어, 목적어, 보어 자리에 빈칸이 있고, 선택지에 소유대명사가 있다면 소유대명사가 정답이다.

★ 대표 문제

 R35

The executives of the company forgot to bring the contract, so the secretary who was
------- sent it by facsimile.

(A) them   (B) they   (C) theirs   (D) themselves

🖉 시나공 풀이법

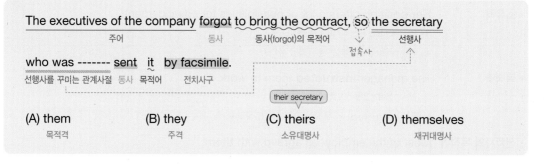

문장분석 　관계대명사절(who 이하) 앞에는 반드시 선행사(secretary)가 와야 한다. 선행사가 사람으로 왔으므로 관계대명사는 who를 써야 한다.

해　설 　be(was) 동사 뒤 빈칸은 보어 자리이다. 보어 자리에는 주격(they), 목적격(them), 소유격(their), 재귀대명사(themselves) 등은 올 수 없으며, 소유대명사(theirs)만 올 수 있다. 따라서 be동사 뒤 보어 자리에 빈칸이 오면 소유대명사만 정답이 될 수 있으므로 (C) theirs가 정답이다.

해　석 　회사 간부들이 계약서 가져오는 것을 잊었으나, 그들의 비서가 팩스로 보내주었다.

표현정리 　executive 간부, 임원　bring 가져오다　secretary 비서

정　답 　(C)

✗ 시나공 POINT

be동사 뒤 보어 자리에는 주격, 목적격, 소유격, 재귀대명사 등은 올 수 없다.

핵심 이론

소유대명사의 종류

인칭	수	주격	소유격	목적격	소유대명사
1인칭	단수	I	my	me	mine
	복수	we	our	us	ours
2인칭	단수 / 복수	you	your	you	yours
3인칭	단수	he	his	him	his
		she	her	her	hers
		it	its	it	X
	복수	they	their	them	theirs

• **주어 자리**

Your work is very dangerous. **Mine** isn't as dangerous as yours.

당신의 일은 매우 위험합니다. 저의 일은 당신의 일만큼 위험하지 않습니다.

▶ 소유대명사(Mine)는 주어 자리에 올 수 있으며, '소유격 + 명사'를 줄여 쓴 것으로 여기서 mine은 my work이다.

• **목적어 자리**

I forgot to bring my towel, but William and Kate were kind enough to lend me **theirs**.

나는 수건을 가지고 오는 것을 잊어버렸지만, William과 Kate가 친절하게도 그들의 것을 빌려주었다.

▶ 소유대명사(theirs)는 목적어 자리에 올 수 있으며, '소유격 + 명사'를 줄여 쓴 것으로 여기서 theirs는 their towel이다.

• **보어 자리**

That opportunity for advancement was **yours**.

승진의 기회는 당신의 것이었다.

▶ 소유대명사(yours)는 보어 자리에 올 수 있으며, '소유격 + 명사'를 줄여 쓴 것으로 여기서 yours는 your opportunity이다.

Step 3 실전 문제

1. The accommodation service the customers found more attractive was -------, for we provided free breakfast.

(A) we   (B) us   (C) our   (D) ours

2. The company tried to make a new product before the competing company could, but ------- have already been launched.

(A) them   (B) theirs   (C) their   (D) themselves

▶ 정답 및 해설은 해설집 72쪽 참고

PART 5&6
UNIT 19 대명사 ❸ 재귀대명사

실전 포인트

풀이전략   재귀대명사는 인칭대명사에 '-self(단수), -selves(복수)'를 붙여 '~자신'이라는 뜻을 가지며, 선택지에 재귀대명사가 있고, 완전한 절에 빈칸이 오면 재귀대명사를 고른다.

 **대표 문제**

 R36

> The mayor welcomed the guests ------- until the last day of the city festival.
>
> (A) himself   (B) he   (C) him   (D) his

시나공 풀이법

The mayor welcomed the guests ------- until the last day of the city festival.
주어   동사   목적어   전치사구   전치사구
완전한 문장   빈칸에는 부서의 역할을 하는 재귀   수식어구
대명사가 들어가 주어를 강조

(A) himself   (B) he   (C) him   (D) his
재귀대명사   주격   목적격   소유격

문장분석   앞의 절이 완전하고 뒤에는 수식어구만 있기 때문에 빈칸은 완전한 문장 뒤에 오는 부사가 와야 한다.

해 설   주어와 목적어를 모두 갖춘 완전한 절로 끝난 문장에 빈칸이 있으면 빈칸은 100% 재귀대명사 자리이다. 위 문장의 구조는 '주어(The mayor) + 동사(welcomed) + 목적어(the guests)'로 이루어진 완전한 절로 끝났다. 그리고 바로 뒤에 빈칸이 왔으므로 재귀대명사인 (A) himself가 정답이다. 이때 재귀대명사(himself)는 주어(The mayor)와 동격이며, 주어를 강조하는 부사의 역할을 한다.

해 석   시장은 시의 축제가 끝나는 마지막 날까지 직접 내빈들을 맞이했다.

표현정리   welcome 맞이하다, 환영하다   until ~까지   festival 축제

정 답   (A)

 시나공 POINT

완전한 절 뒤에 빈칸이 오면 주어와 목적어 뒤에 재귀대명사를 써야 한다.

핵심 이론

재귀대명사의 종류

인칭	수	주격	소유격	목적격	소유대명사	재귀대명사
1인칭	단수	I	my	me	mine	myself
	복수	we	our	us	ours	ourselves
2인칭	단수 / 복수	you	your	you	your	yourself
3인칭	단수	he	his	him	his	himself
		she	her	her	hers	herself
		it	its	it		itself
	복수	they	their	them	theirs	themselves

• **재귀 용법:** 주어와 목적어가 같은 대상을 가리킬 때는 재귀대명사를 쓴다.

He recently introduced **himself** to all of the senior employees.

그는 최근에 모든 상사들에게 그 자신을 소개했다.

▶ 주어(he)와 동사의 목적어(him)가 같은 대상이면 재귀대명사(himself)를 쓴다.

Ms. Connelly prefers to work by **herself** rather than with a team.

Connelly 양은 팀과 함께 일하기보다는 혼자서 일하는 것을 선호한다.

▶ 주어(Ms. Connelly)가 전치사(by)의 목적어와 같은 대상이면 재귀대명사(herself)를 쓴다. 참고로 by oneself는 '혼자서' 라는 의미로 시험에 자주 출제된다.

• **강조 용법:** 주어나 목적어를 강조하기 위해 주어나 목적어 바로 뒤나 문장 맨 뒤에 재귀대명사를 쓴다.

Subscribers should fill out the forms themselves.　　구독자들 자신이 양식을 작성해야 한다.

　　　　　　　　완전한 절

▶ 빈칸을 제외한 문장이 완전한 절이면 빈칸엔 100% 재귀대명사를 쓴다.

Step 3 　실전 문제

1. All the employees decided that we should move the office equipment ------- when we move to the new office.

　(A) our　　　　　　(B) ours　　　　　　(C) us　　　　　　(D) ourselves

2. The company prohibits its employees from attempting to make electrical repairs -------.

　(A) they　　　　　　(B) themselves　　　　　　(C) their　　　　　　(D) them

▶ 정답 및 해설은 해설집 72쪽 참고

UNIT
19　PART 5&6
대명사　❹ 부정대명사 1

Step 1　**실전 포인트**

풀 이 전 략　선택지에 some이 있고, 빈칸이 막연한 사람이나 사물을 나타낼 때는 some을 쓴다.

⭐ **대표 문제**

R37

------- of the most important people at our company attended the conference to discuss buying land.

(A) Few　　　　　(B) Every　　　　　(C) Some　　　　　(D) Much

📝 **시나공 풀이법**

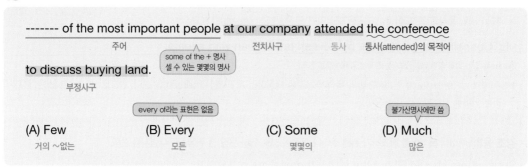

------- of the most important people at our company attended the conference
　　　　　　주어　　　　　　　　　　　　전치사구　　　　동사　　동사(attended)의 목적어

some of the + 명사
셀 수 있는 몇몇의 명사

to discuss buying land.
　　부정사구

every of라는 표현은 없음　　　　　　　　　　　불가산명사에만 씀

(A) Few　　　　　(B) Every　　　　　(C) Some　　　　　(D) Much
거의 ~없는　　　　　　모든　　　　　　　몇몇의　　　　　　많은

문 장 분 석　부정대명사(Some)는 가산명사와 불가산명사를 모두 취하므로 'some of the' 뒤 명사는 가산명사와 불가산명사에 모두 올 수 있다.

해 　 설　선택지는 모두 부정대명사이다. Few는 '거의 ~없는'이라는 부정의 의미가 있으며, 의미상 어울리지 않아 (A)는 정답이 될 수 없다. Every of라는 표현은 없고, 형용사이므로 (B)도 정답에서 제외된다. Much는 주로 셀 수 없는 것들을 나타낼 때 쓰이므로 (D)도 정답이 될 수 없다. 위 문제의 경우 긍정문이고, of 뒤 people이 막연한 사람들을 가리키므로 (C) Some이 적합하다.

해 　 석　우리 회사 고위 간부들 중 일부가 토지 매입 건을 논의하기 위해 회의에 참석했다.

표 현 정 리　**attend** 참석하다　**discuss** 논의하다

정 　 답　(C)

✎ 시나공 POINT

막연한 사람이나 사물을 나타낼 때는 대명사 some을 쓴다.

핵심 이론

some과 any의 차이

> 두 대명사 모두 '몇 개, 일부'의 뜻이지만 some은 주로 긍정문에, any는 부정문에 쓰인다.
>
> The company donated **some** money to charity.
> 회사는 자선단체에 약간의 돈을 기부했다.
>
> There is no difference in salary between **any** of the employees.
> 직원들 간의 급여 차이는 없다.

Some of the workers at the plant have been working there for at least 10 years.

공장의 직원 중 일부는 거기서 일한지 최소 10년이 넘었다.

▶ some은 '몇몇, 일부'라는 의미로 쓰이며, 'some + 명사' 형태로도 쓴다.

Any of our factories will not be closed despite the serious recession.

심각한 경기 침체에도 불구하고 우리 공장 중 어느 곳도 폐쇄하지 않을 것이다.

▶ any는 '어떤 ~라도'라는 의미로 쓰이며, 'any + 명사' 형태로도 쓴다.

Most of the employees have problems with the new reporting system.

대부분의 직원들이 새로운 보고 시스템으로 문제에 직면했다.

▶ most는 '대부분'이라는 의미로 쓰이며, 'most + 명사' 형태로도 쓴다.

All of the seats in the meeting room are full.

회의장의 모든 좌석이 꽉 찼다.

▶ all은 '모든'이라는 의미로 쓰이며, 'all + 명사' 형태로도 쓴다.

위의 대명사들은 형용사로도 쓰인다는 것을 기억하자.

1. ------- of the employees at our company have excellent educations.

    (A) Every   (B) Much   (C) Each   (D) Most

2. He was late for another meeting, so there were ------- of his colleagues left after the meeting.

    (A) much   (B) no   (C) nothing   (D) none

▶ 정답 및 해설은 해설집 72쪽 참고

UNIT
19

PART 5&6
대명사 ❺ 부정대명사 2

Step **1**   실전 포인트

풀 이 전 략   선택지에 another와 other가 나와 있으면 가산 단수명사 앞 빈칸엔 another를, 가산 복수명사 앞 빈칸엔 other를 쓴다.

 대표 문제

 R38

> ------- stockholders need to collaborate on developing safer alternatives.
>
> (A) Other   (B) The another   (C) Another   (D) The other

 시나공 풀이법

------- stockholders need to collaborate on developing safer alternatives.
　　　　　　주어　　　　　↓　　　동사　　　　　on의 목적어　동명사(developing)의 목적어
　　　　　　　　　　복수 동사

(A) Other   (B) The another   (C) Another   (D) The other
　　복수　　　　　　　　단수　　　　　　　　　단수　　　　　　　복수(불가산)

문장분석   일반명사 앞에 빈칸이 오면 관사나 형용사, 대명사 등의 한정사가 온다. other 다음에는 단수, 복수 모두 올 수 있고, another 뒤에는 단수만 올 수 있다. 동사 collaborate는 on과 같이 쓴다.

해 설   명사 앞에 빈칸이 오면 other와 another 둘 중 하나만 선택하는 문제이다. 이때 빈칸 뒤 명사가 단수이면 another를, 복수이면 other를 쓴다. 위 문제의 경우 복수명사(stockholders) 앞에 빈칸이 왔으므로 (A) Other를 써야 한다.

해 석   다른 주주들은 좀 더 안전한 대책들을 마련하는데 협력할 필요가 있다.

표현정리   stockholder 주주 collaborate on ~에 협력하다 safe 안전한 alternative 대안

정 답   (A)

✎ 시나공 POINT

another 다음의 명사는 단수를, other 다음의 명사는 복수를 써야 한다.

핵심 이론

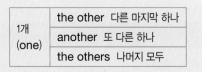

부정대명사 other의 구분

1개 (one)	the other 다른 마지막 하나
	another 또 다른 하나
	the others 나머지 모두

another vs. other

	가산명사	불가산명사
another	O (단수)	X
other	O (복수)	O

cf. other는 another와는 달리 대명사로 쓸 수 없다.

cf. another 뒤에 시간, 무게, 금액이 올 때는 복수명사가 가능하다.

ex) for another two weeks(앞으로 2주 동안), another 2 kilograms(2kg 더), another 10 dollars(10달러 더)

There is not **another** editor at the company.

회사에는 더 이상 다른 편집자가 없다.

▶ 단수명사(editor) 앞에는 another를 쓴다. 간혹 기간 (two weeks) 앞에서 '추가로'란 뜻으로 출제되기도 한다.

Other facilities at the company were also destroyed.

회사 내 다른 시설물들 역시 파괴되었다.

▶ 복수명사(facilities) 앞에서는 other를 쓴다. 간혹 불가산명사 앞 빈칸을 고르는 문제로도 출제된다.

If you have a problem with the copier, we will exchange it for **another**.

만약 복사기에 문제가 있다면, 우리는 그것을 다른 것으로 교체해 드리겠습니다.

▶ 언급된 것 외에 막연한 또 다른 하나를 나타낼 때 another를 쓴다.

Of the two copy machines, one is too expensive and **the other** is relatively affordable.

두개의 복사기 중 하나는 너무 비싸고 나머지는 상대적으로 저렴합니다.

▶ 정해진 두 개 중 하나는 one, 나머지는 the other를 쓴다.

1. The employees are able to go to ------- branch offices located overseas and have a wide variety of experiences.

(A) one 　　　　(B) another 　　　　(C) others 　　　　(D) other

2. This internship will broaden your knowledge of the field and help you to be active in ------- organization.

(A) each other 　　　　(B) another 　　　　(C) himself 　　　　(D) other

▶ 정답 및 해설은 해설집 73쪽 참고

UNIT 19 PART 5&6
대명사 ❻ 기타 빈출 대명사

풀 이 전 략　빈칸에 채워 넣어야 할 대명사는 of the 뒤에 온 명사와 수를 일치시켜야 한다.

 대표 문제　 R39

------- of the employees are being forced to move to the new office far from the city.

(A) Much　　　　(B) Little　　　　(C) Some　　　　(D) Every

시나공 풀이법

------- of the employees <u>are</u> being forced to move (to the new office far from the city.)
　　　　주어　　　　　↓　　동사　　　　보어　　　　　　수식어
　　　　　　　　　　동사

(A) Much　　　　(B) Little　　　　(C) Some　　　　(D) Every
불가산명사 수식　　불가산명사 수식　　가산, 불가산명사 수식　　형용사

해 설　대명사의 수일치 문제는 자주 출제된다. '------- + of the 명사' 구조에서 빈칸에 들어갈 대명사는 of the 뒤 명사와 수를 일치시켜야 한다. 명사가 복수로 왔다면 복수대명사를, 명사가 불가산명사로 왔다면 불가산대명사를 빈칸에 넣어야 한다. 위 문제의 경우 명사가 복수(employees)로 왔으므로 (C) Some을 쓴다. Some은 가산명사와 불가산명사를 모두 취한다. (A)와 (B)는 불가산명사와 일치시켜야 한다. (D)는 형용사이므로 대명사 자리에 올 수 없다.

해 석　직원들 중 일부는 도시로부터 멀리 떨어진 새로운 사무실로 옮기도록 강요받고 있다.

표 현 정 리　**be forced to** ~하도록 강요받다　**far** 먼

정 답　(C)

✏ 시나공 POINT
　'------- + of the 명사' 구조에서 빈칸에 채워 넣어야 할 대명사는 of the 뒤에 온 명사와 수일치시킨다.

핵심 이론

대명사의 단수, 복수 구분

단수 취급하는 대명사	one, either, neither, each, another, the other, much, little, someone, something, nobody, nothing, this, that 등
복수 취급하는 대명사	both, several, few, others, those, these, the others, many 등
단수 / 복수 모두 취급하는 대명사	most, some, any, all 등

Little has been done to reduce the difference.　차이를 줄이기 위해 어떤 조치도 취해지지 않았다.

▶ little은 형용사와 대명사가 모두 가능하며, 주어(대명사)로 쓰일 때 동사는 단수 취급한다.
　cf. little + 불가산명사 + 동사 단수 / little of the(소유격) + 불가산명사 + 동사 단수

Much of the success is due to the sales team.　성공의 많은 부분은 영업부 덕분이다.

▶ much는 형용사와 대명사가 모두 가능하며, 대명사로 쓸 경우 'much of the + 불가산 명사'의 형태로 쓸 수 있다. 이 때 동사는 단수 취급한다.
　cf. much + 불가산명사 + 동사 단수 / much of the(소유격) + 불가산명사 + 동사 단수

All of our salespeople always try to exceed sales targets.

우리 영업 사원 모두는 항상 판매 목표를 넘기려고 애쓴다.

▶ all은 형용사와 대명사가 모두 가능하며, 대명사로 쓸 경우 'all of the(소유격) + 가산명사 복수 / 불가산명사'의 형태로 쓸 수 있다. 이 때 of the 뒤에 오는 명사의 수에 동사를 수일치시킨다.

One of the employees is on sick leave because of health problems.

직원 중 한 명이 건강 문제로 병가 중이다.

▶ one은 형용사와 대명사가 모두 가능하며, 대명사로 쓸 경우 'one of the + 가산명사 복수'의 형태로 쓸 수 있다. 이때 동사는 무조건 단수로 쓴다.
　cf. one + 단수명사 + 동사 단수 / one of the + 가산 복수명사 + 동사 단수

1. ------- of the employees want to request time off this summer.

(A) Another　　　　(B) Anyone　　　　(C) Much　　　　(D) Some

2. In those times, ------- of the company's products were manufactured domestically.

(A) much　　　　(B) most　　　　(C) plenty　　　　(D) almost

▶ 정답 및 해설은 해설집 73쪽 참고

UNIT
20 PART 5&6
동사 ③

Step **1** 기출 100% 어휘 정리

061
□ **host** ⓥ 주최하다

   ⓝ host 주최자, 사회자

host a party   파티를 주최하다
host a talk show   토크쇼를 진행하다

062
□ **enhance** ⓥ 강화하다

   ⓝ enhancement 상승
   ⓐ enhanced 증대한

enhance working conditions   근로 환경을 개선하다
enhance the efficiency   효율성을 높이다

063
□ **settle** ⓥ 해결하다

   ⓝ settlement 해결
   ⓐ settled 확립된

settle the dispute   논쟁을 해결하다
settle a longstanding argument   오래된 언쟁을 해결하다

064
□ **operate** ⓥ 운영하다

   ⓝ operation 작동

operate the new equipment   새로운 장비를 가동시키다
operate more than 100 branch locations   100개가 넘는 지점을 운영하다

065
□ **accomplish** ⓥ 성취하다

   ⓝ accomplishment 성취
   ⓐ accomplished 성취된

accomplish one's goal   목표를 성취하다
accomplish one's task   과업을 완수하다

066
□ **allocate** ⓥ 할당하다, 배정하다

allocate funds   자금을 할당하다
allocate more resources   보다 많은 자원을 배정하다

067
□ **renew** ⓥ 갱신하다

renew the contract   계약을 갱신하다
renew the subscription   구독을 갱신하다

068
□ **consult** ⓥ 상의하다, 참조하다

consult with the legal team   법무팀과 상의하다
consult the e-mail   이메일을 참고하다

069
□ **release** ⓥ 공개하다, 발표하다

release a report   보고서를 공개하다
release a new line of products   신제품을 출시하다

070
□ **resume** ⓥ 재개하다

resume operation   다시 작동하다
resume regular activities   정규 활동을 재개하다

1	**follow** 따라가다 뒤를 따라서 이동하다	**precede** 앞서다 어떤 일이 있기 전에 먼저 발생하다
2	**answer** 대답하다 제안이나 질문에 대해 답변하다	**respond** 응답하다 어떤 질문에 대해 행동이나 서면으로 말하다
3	**indict** 기소하다 검사 등이 어떤 사람의 죄를 물어 고발하다	**sue** 고소하다, 소송을 제기하다 법률 관계를 확정하여 줄 것을 법원에 청구하다
4	**impede** 방해하다 일을 지연시킬 의도로 막다	**prevent** 막다 어떤 일이 발생하지 않도록 미리 예방하다
5	**fire** 해고하다 잘못에 대한 책임을 묻기 위해 일자리에서 몰아내다	**lay off** 해고하다 회사의 사정상 부득이하게 내보내다

Step **3**   이론 적용해 보기

1. Please read carefully and [follow / precede] the instructions on how to assemble your coffee table.

2. Please [answer / respond] to the questionnaire and return it before you leave.

3. The prosecutor refused to [indict / sue] him for fraud.

4. Some frantic fans [impeded / prevent] the movement of the performers.

5. The director had to [fire / lay off] 400 workers to cut the company's labor costs.

▶ 정답 및 해설은 해설집 73쪽 참고

UNIT
21
PART 7
문제유형 ❻ 문장 삽입 & 동의어 파악

풀 이 전 략   문장 삽입 문제는 그 문장의 뜻을 먼저 파악한 후 해당 번호에 각각 대입하여 가장 흐름이 자연스러운 위치를 찾아야 한다. 동의
어 문제는 한 가지 이상의 뜻을 가진 단어들이 나오므로, 그 앞뒤 문장까지 참고하여 문맥을 파악하는 것이 핵심이다.

Questions 1-2 refer to the following advertisement.

Pepperno Pizzeria is proud to announce that we will be introducing at least four new branches in Asia. Located in China, South Korea, Japan and Taiwan, these four locations will be the spearhead of our project. [1] Since we are venturing into new markets, we are in need of people that are willing to join our company. We will be acquiring the restaurant staff locally, but we have an entire new department that will deal with Asian affairs. [2]

For entry-level positions, we are mainly looking for applicants that have a degree in finance, economy, international relations, or anything related to those. Although experience in the field is preferred, it is not necessary. [3] For more information about the application process or the complete job listing, visit our Web site at www. peppernopizzeria.com. [4]

1. In which of the positions marked [1], [2], [3], and [4] does the following sentence best belong?

"However, for positions that involve being in charge, we require at least 5 years of experience."

(A) [1]
(B) [2]
(C) [3]
(D) [4]

2. The word "related" in paragrah 2, line 2 is closest in meaning to:

(A) concerned
(B) purposed
(C) made
(D) proposed

▶ 정답 및 해설은 해설집 73쪽 참고

1. 해당 문장을 살펴보면, "그러나 관리직은 적어도 5년 이상의 경력이 필요합니다."라는 뜻을 지니고 있다. '그러나'라는 단서가 있으므로 이 내용과 비교적 역접의 관계를 이룰 수 있는 부분을 찾아본다. [3]의 앞 문장을 보면 '해당 분야의 경력이 우대되지만 필수는 아니다.'라고 설명이 되어 있다. 따라서 이 뒤에 놓인다면 가장 자연스러운 흐름이 될 것이다.

2. 질문의 relate는 '~와 관련시키다, ~와 연관 짓다' 등의 뜻을 지니고 있으며, to와 결합하여 '~에 관련되다, ~에 연관이 있다'라는 뜻도 알아두어야 한다. 따라서 선택지 중에선 '관련된, 관심있는'이라는 의미의 (A)의 정답이다.

Step 3   출제되는 질문 패턴 & 핵심 공략법

문장 삽입 유형에서 출제되는 질문 패턴

• In which of the positions marked [1],[2],[3], and [4] does the following sentence best belong? 다음의 문장 "_____"은 [1], [2], [3], [4] 중 어느 곳에 속하는 것이 가장 적합한가?

"_____."

(A) [1]　　　　(B) [2]　　　　(C) [3]　　　　(D) [4]

핵심 공략법

❶ 주어진 문장의 뜻을 파악한다.
❷ 다른 문제들을 먼저 풀며 지문의 전체적 흐름을 파악한다.
❸ 제시된 문장이 들어가기에 가장 적합한 위치를 골라 그 주변 문맥을 살피고 그 자리가 적합한지 아닌지를 판단한다.

동의어 찾기 유형에서 출제되는 질문 패턴

The word "-------" in paragraph 1, line 4 is closest in meaning to:
첫 번째 단락 네 번째 줄의 단어 "-------"와 가장 가까운 뜻은?

핵심 공략법

❶ 지문에서 해당 단어가 포함된 문장을 찾아 문맥상의 의미를 파악한다.
→ 해당 단어의 동의어이지만 문맥에서 쓰인 뜻과 다른 의미를 가진 단어가 오답 선택지로 나오는 경우도 있으므로, 반드시 문맥을 통해 의미를 확인한다!
❷ 문맥상 가장 비슷한 의미의 선택지를 선택한다.
→ 단어의 의미를 파악했다면 가장 비슷한 의미를 가진 선택지를 선택한다!

Questions 3-4 refer to the following article.

Go To Margot's Financial Success

ABERDEEN(3 April)—Margot Robbie had intended to study fashion design when she first entered university in Manchester 30 years ago. But while working one summer at a small clothing boutique, she discovered a love for retail. —[1]—. To pursue her new dream, she earned a business degree instead and opened a small store in her hometown of Aberdeen called "Go To Margot."

Fast-forward to today, and Ms. Robbie's small store has expanded to a successful enterprise that earns millions of pounds each year. —[2]—. This success is in part due to the magic of Guy Pearce, whom Ms. Robbie hired four years ago to develop a parallel virtual store, gomargot.com. It was Mr. Pearce's idea to rename the flagship store "Go Margot" to match its digital identity.

Ms. Robbie is a strong proponent of personal interaction, and she loves engaging with her customers. —[3]—. However, she realizes that online presence is important. Go Margot expects earnings from online sales alone to rise to more than £140 million this year. Nearly two-thirds of these sales will come from outside Scotland, mainly the United States, Singapore, and Australia.

Go Margot's workforce has expanded accordingly. Besides hiring people with technical skills to update and run the Web site, the company has just added an in-house photography studio.

"The studio ensures that items are photographed in a timely fashion for online display," said Ms. Robbie. "This is a necessity, since new products are added every week." —[4]—.

3. In which of the positions marked [1], [2], [3], and [4] does the following sentence best belong?

"She still believes she can best meet their needs when they shop at her physical store."

(A) [1]
(B) [2]
(C) [3]
(D) [4]

4. The word "fashion" in paragraph 5, line 2, is closest in meaning to

(A) form
(B) style
(C) event
(D) manner

Questions 5-6 refer to the following notice.

February 7

Beverage Company to unveil its latest diet soda soon

Chicago-Monarch Beverage, an international brand, is set to unveil its largest diet soda on the market. —[1]—. Its new soda, called Spritzer, is set to hit markets on July 7th, the start of the summer season. Spritzer's aggressive advertising campaign will be launched on June 3rd with TV and print ads, first in major markets like New York, Chicago and Miami. Billboards along the highways will be put up at the end of June. —[2]—.

Monarch Beverage has introduced three new sodas in the past five years. Unlike the other two diet sodas which are only 10 calories each, Spritzer is said to have 0 calories and is sweetened with fruit juice and not artificial sweeteners. —[3]—. Monarch Beverage is said to be following the market trend where consumers are demanding more natural food consumption and less artificial materials in their foods. This is the first all natural soda. —[4]—.

5. In which of the positions marked [1], [2], [3], and [4] does the following sentence best belong?

"These will be seen in long stretches of highway in Ohio, Michigan and the Carolinas."

(A) [1]
(B) [2]
(C) [3]
(D) [4]

6. The word "artificial" in paragraph 2, line 5 is closest in meaning to:

(A) tasty
(B) fake
(C) real
(D) healthy

▶ 정답 및 해설은 해설집 74쪽 참고

REVIEW TEST

1. Please let me know your phone number or email address if ------- has changed.
   - (A) whatever
   - (B) nowhere
   - (C) others
   - (D) either

2. Sometimes there are situations in which employees have difficulty expressing themselves during ------- presentations on stage.
   - (A) theirs
   - (B) them
   - (C) they
   - (D) their

3. The companies rehired ------- old staff members after getting over its financial difficulties.
   - (A) theirs
   - (B) their
   - (C) they
   - (D) them

4. He didn't want to give up on the project, but ------- admitted that he could not finish it by the end of the month.
   - (A) he
   - (B) his
   - (C) himself
   - (D) him

5. The manager was always eager to help ------- as much as she could.
   - (A) their
   - (B) they
   - (C) them
   - (D) theirs

6. Of the two prototypes of the new product, one was disqualified, but ------- was qualified for sales.
   - (A) another
   - (B) the other
   - (C) ones
   - (D) both

7. When she finishes the course, Mary must return all the office equipment except the stapler, which is ------- to keep.
   - (A) hers
   - (B) her
   - (C) she
   - (D) herself

8. Salaries are consistently higher for night shift workers than the salaries of ------- who work the day shift.
   - (A) that
   - (B) whoever
   - (C) those
   - (D) such

9. ------- of the workers agreed that they should hold another meeting about the customer's complaint.
   - (A) Much
   - (B) Most
   - (C) Each
   - (D) Nothing

10. ------- of the candidates is having an interview with five interviewers in the Personnel Department.
    - (A) Each
    - (B) Most
    - (C) Every
    - (D) Much

▶ 정답 및 해설은 해설집 75쪽 참고

PART 5&6

GRAMMAR

UNIT 22   전치사

VOCABULARY

UNIT 23   동사 ❹

PART 7

READING

UNIT 24   지문유형 ❶ 이메일

REVIEW TEST

WARMING UP

1) 전치사의 개념

전치사는 극히 예외적인 경우를 제외하고는 단독으로 쓰일 수 없고, 명사나 명사형 앞에 쓰여 시간이나 장소, 방향 등과 관련된 일정한 의미를 나타낸다. 예를 들어 the desk라는 명사 앞에 on이 쓰이면 on the desk가 되어 '책상 위에'라는 장소를 나타내는 일정한 의미가 형성된다.

ex) Tuesday 화요일 ➡ on Tuesday 화요일에
　　 a house 집 ➡ in a house 집 안에서
　　 a mountain 산 ➡ to a mountain 산으로, 산을 향해

2) 전치사의 역할

전치사는 문장에서 명사나 명사형과 결합하여 크게 형용사와 부사의 역할을 수행한다.

① 형용사 역할을 하는 전치사구(전치사 + 명사)

명사 뒤에 놓여 명사를 꾸며주거나 be동사 뒤에 놓여 보어의 역할을 한다.

I want some information <u>about the item.</u>　그 상품에 관한 정보를 얻고 싶습니다.

▶ 명사 수식

The copier is <u>out of order.</u>　복사기가 고장 났다.

▶ 주어(명사) 서술

② 부사 역할을 하는 전치사구(전치사 + 명사)

동사, 형용사, 부사를 수식하거나 문장 전체를 수식하는 역할을 한다.

She called me <u>after lunch.</u>　그녀는 나에게 점심 후에 전화했다.

▶ 동사 수식

Breakfast is available <u>for free.</u>　아침 식사는 공짜로 이용할 수 있다.

▶ 형용사 수식

<u>In the end,</u> we agreed the proposal.　결국 우리는 그 제안에 동의했다.

▶ 문장 전체 수식

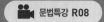

02 예제 풀어보기

괄호 안에 있는 두 전치사 중 문자에 알맞은 전치사를 고르시오

1 I have an appointment with Mr. Brown (at / in) 3 o'clock.

2 It was usually used (in / on) the offices.

3 James has left (for / by) the U.S.

4 (According to / Despite of) the report, SAM showed an increase its profits.

5 (In addition to / In accordance with) teaching yoga, David films yoga DVDs.

03 예제 확인하기

한 단어로 된 전치사

1 I have an appointment with Mr. Brown **at** <u>3 o'clock</u>. 나는 브라운 씨와 3시에 약속이 있다.

> ▶ 전치사 (at)는 목적어 (3 o'clock) 앞에서 시간을 나타낸다.

2 It was usually used **in** <u>the offices</u>. 그것은 주로 사무실에서 사용되었다.

> ▶ 전치사 (in)는 목적어 (the offices) 앞에서 장소를 나타낸다.

3 James has left **for** <u>the U.S.</u> James는 미국으로 떠났다.

> ▶ 전치사 (for)는 목적어 (the U.S.) 앞에서 방향을 나타낸다.

두 단어로 된 전치사

4 **According to** <u>the report</u>, SAM showed an increase its profits.

보고서에 따르면 SAM은 수익 증가를 보였다.

> ▶ 전치사 (according to)는 목적어 (the report) 앞에서 출처를 나타낸다.

세 단어로 구성된 전치사

5 **In addition to** <u>teaching</u> yoga, David films yoga DVDs.

David는 요가를 가르치는 일 외에도 요가 DVD를 만든다.

> ▶ 전치사 (in addition to)는 목적어 (teaching) 앞에서 추가를 나타낸다.

UNIT 22

PART 5&6
전치사 ❶ 전치사의 위치

Step 1 **실전 포인트**

풀 이 전 략　　선택지에 전치사가 있고 명사나 동명사 앞에 빈칸이 있으면 전치사 자리이다.

 대표 문제

 R40

All the employees came ------- the convention to attend the seminar this morning.

(A) shortly　　　　　(B) there　　　　　(C) to　　　　　(D) when

시나공 풀이법

All the employees came ------- the convention to attend the seminar this morning.

| 주어 | 동사 | 전치사구(for + 목적) | 부정사구(부사적 용법, 목적) |

완전한 문장
수식어구

> All the employees came까지 완전한 문장이기 때문에 빈칸엔 수식어구가 와야 한다.

(A) shortly　　　　　(B) there　　　　　(C) to　　　　　D) when
　　부사　　　　　　　　부사　　　　　　　전치사　　　　　　접속사

문 장 분 석　　형용사 all은 'all the + 명사' 형태로 사용하고, 'the all + 명사' 형태로 쓰지 않도록 주의한다.

해 설　　선택지에 전치사가 나와 있으면 명사, 동명사, 대명사 앞은 전치사 자리이다. 빈칸 뒤에 명사 목적어(the convention)가 왔으므로 전치사인 (C) to를 써야 한다. (A) 부사, (B) 부사, (D) 접속사 등은 전치사 자리에 쓸 수 없다.

해 석　　모든 직원들은 오늘 오전에 세미나에 참석하기 위해 총회에 왔다.

표 현 정 리　　convention 총회　attend 참석하다

정 답　　(C)

✗시나공 POINT

명사나 동명사 앞에는 전치사가 오며, 이때 명사나 동명사는 전치사의 목적어 역할을 한다.

핵심 이론

전치사의 위치와 역할

1. 전치사 + 명사 상당어구(명사, 대명사, 동명사)
▶ 전치사는 명사 앞에 오며, 여기서 명사는 전치사의 목적어이다.

2. 전치사에 명사가 붙은 〈전치사 + 명사〉는 문장에서 형용사, 부사 역할을 한다.
　형용사 역할 : I bought a **car** for the event. (앞의 car를 꾸며줌)
　　　　　　　나는 행사를 위한 차를 구입했다.
　부사 역할 : He **takes the subway** due to the heavy traffic.
　　　　　　그는 교통체증 때문에 지하철을 탄다. (앞의 takes the subway를 꾸며줌)

The employees usually use the reference books <u>at</u> the library.

직원들은 보통 도서관에서 참고도서를 이용한다.

▶ 명사 목적어(the library) 앞은 전치사(at) 자리이다.

I wonder if it would be possible <u>for</u> you to meet him this coming Monday.

저는 당신이 다가오는 월요일에 그를 만나실 수 있는지 궁금합니다.

▶ 대명사 목적격(you) 앞은 전치사(for) 자리이다.

The company solved the problem <u>by</u> expanding its use of waste paper.

회사는 폐지 사용을 늘림으로써 문제를 해결했다.

▶ 동명사(expanding) 앞은 전치사(by) 자리이다.

Step 3　실전 문제

1. He cannot apply for the job ------- getting a medical examination.

(A) even　　　　　　(B) though　　　　　(C) unless　　　　　(D) without

2. She wants to be friendly to the customers ------- the other members of the Sales Department.

(A) similarly　　　　(B) like　　　　　　(C) for instance　　　(D) together

▶ 정답 및 해설은 해설집 76쪽 참고

UNIT
22
PART 5&6
전치사 ❷ 시간 전치사

Step 1 실전 포인트

풀 이 전 략 　시간 전치사는 각각의 시간 전치사별로 용법을 잘 정리해서 알아두어야 혼동을 줄일 수 있다.

 대표 문제 R41

The meeting for the employees to discuss the new project will start ------- 10 o'clock.

(A) on　　　　　　(B) for　　　　　　(C) at　　　　　　(D) in

시나공 풀이법

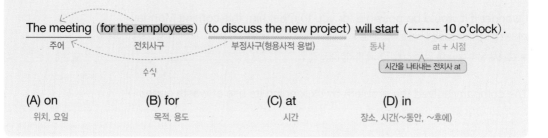

문장분석 　전치사 for는 목적의 의미로 '~을 위해'라는 뜻으로 가장 많이 사용된다.

해　설 　시간 전치사는 시간을 나타내는 전치사들을 서로 구별하여 빈칸을 고르는 문제로 출제된다. (A), (C), (D)는 모두 시간 전치사들이다. (A)는 날짜, 요일 앞에 써야 하고, (C)는 정확한 시점 앞에 써야 하고, (D)는 '월, 연도, ~시간 후에'에 써야 한다. 따라서 빈칸 뒤에 정확한 시점(10 o'clock)이 왔으므로 (C) at을 써야 한다. 이처럼 전치사 학습은 시간전치사 at, on, in 식으로 학습하는 것이 아니라 정확히 어떤 종류의 시간과 어울려 쓰는가를 알고 있어야 한다.

해　석 　새로운 프로젝트를 논의하기 위한 전 직원을 대상으로 한 회의가 10시에 시작할 예정이다.

표현정리 　meeting 모임, 미팅　discuss 논의하다

정　답 　(C)

시나공 POINT

on은 '날짜, 요일', at은 '정확한 시점', 그리고 in은 '월, 연도, ~시간 후에'를 나타낼 때 각각 쓴다.

핵심 이론

시간을 나타내는 전치사의 구분

시간	시점	~동안
at 짧은 시간, 시각 on 날짜, 요일 in 연도, 계절 등	since ~이래로 by / until ~까지	for + 기간 during + 행사, 사건 등

The interview will start **at** six o'clock.

면접은 6시에 시작될 예정이다.

▶ at(~에)은 정확한 시점(six o'clock, the end / beginning 등) 앞에 쓴다.

He has been working at this company **since** last year.

그는 작년부터 이 회사에서 근무하고 있다.

▶ since(~이래로)는 과거시점(last year, last week 등) 앞에 쓴다.

You should complete the budget report **by** the end of this month.

당신은 예산 보고서를 이달 말까지 끝마쳐야 합니다.

▶ 'by + 시점(늦어도 ~까지 완료)'은 완료동사(complete, finish, submit, inform 등)와 어울려 출제된다.

They have to postpone the employee training session **until** June.

그들은 직원교육을 6월까지 연기해야 했다.

▶ 'until + 시점(~까지 계속)'은 계속 동사(stay, remain), 연기 동사(postpone, delay) 등과 어울려 출제된다.

Step 3　실전 문제

1. All the candidates must submit their application forms to the Personnel Department ------- September 10.

(A) for　　(B) in　　(C) with　　(D) on

2. They have been working at this company ------- last year.

(A) toward　　(B) since　　(C) for　　(D) on

▶ 정답 및 해설은 해설집 76쪽 참고

UNIT 22 PART 5&6
전치사 ❸ 장소 전치사

Step 1 실전 포인트

풀 이 전 략   선택지에 전치사가 나와 있고, 고유명사 앞에 빈칸이 있으면 at을 고른다.

 대표 문제

 R42

> The site of the conference has been changed, so it will be held ------- Wall Street next Monday.
>
> (A) at　　　　　(B) from　　　　　(C) throughout　　　(D) after

시나공 풀이법

The site (of the conference) has been changed, so it will be held ------- Wall Street
　주어　　　　전치사구　　　　　동사　　　접속사 주어　동사　　　　전치사구
　　　　　　　　　　절　　　　　　　　　　　　　　　　완전한 절

> changed 뒤에 목적어가 없는 수동태

next Monday.
　부사

(A) at　　　　　　(B) from　　　　　(C) throughout　　　(D) after
　장소　　　　　　　위치　　　　　　　장소, 시간, 공간　　　위치, 시간

문 장 분 석   목적어가 없는 타동사(change, hold)는 수동태를 써야 하므로 두 개의 동사 모두 수동태를 사용했다.

해 설   전치사는 번지, 거리(Wall Street), 건물(academy building), 회사(trading company), 장소(press conference) 등 구체적인 장소 앞에 쓴다. 따라서 이들 구체적인 장소 앞 빈칸은 장소 전치사 at(~에)을 써야 한다. 따라서 (A) at이 정답이다.

해 석   회의 장소가 변경되었으며, 회의는 다음 주 월요일 Wall Street에서 열릴 예정이다.

표 현 정 리   change 변경하다   hold 개최하다

정 답   (A)

✎ 시나공 POINT
구체적인 장소(특히 고유명사) 앞에는 at을 쓴다.

핵심 이론

빈출 장소 전치사 정리

at	on	in
특정 지점	(어떤) 표면 위에	(어떤) 공간 안에

throughout		within
~동안 내내, ~전역에		~내에

She applied for a position **at** a trading company.

그녀는 무역회사에 지원하였다.

▶ at (~에)은 구체적인 장소(고유명사, 회사, 건물 등) 앞에 쓴다.

The company is expected to establish a new branch **in** Europe.

회사는 유럽에 새로운 지점이 개설되기를 기대하고 있다.

▶ in은 나라(Europe), 도시(New York) 등의 장소 앞에 쓴다.

They export their products to markets **throughout** the world.

그들은 전 세계 시장으로 상품을 수출한다.

▶ throughout은 '전역에, 도처에'라는 뜻으로 the world, the city, the country 등과 어울려 쓴다.

He has an important position **within** the company.

그는 회사 내에서 중요한 자리에 있다.

▶ within은 '~내에'라는 뜻으로 the company, the firm 등과 어울려 출제된다.

Step 3   실전 문제

1. Businesses such as restaurants and hotels are now a common sight ------- the country.

(A) next to   (B) into   (C) except   (D) throughout

2. Those wishing to transfer to different teams ------- the firm are asked to contact their supervisors first.

(A) on   (B) within   (C) beyond   (D) across

▶ 정답 및 해설은 해설집 76쪽 참고

UNIT **22** | PART 5&6
전치사 ❹ 구 전치사

 Step **1** | 실전 포인트

풀 이 전 략　　2개 이상 단어가 모여 하나의 의미를 이루는 전치사로, 구 전치사와 의미가 같은 접속사와 구별해서 암기해 두자.

 대표 문제

 R43

------- its failure to launch the new product, the company still remains in first place in the steel industry.

| (A) While | (B) Due to | (C) In spite of | (D) Although |

시나공 풀이법

------- its failure to launch the new product, the company still remains in first place

양보를 나타내는 전치사 in spite of　　명사구　　　　　　　　주어　　부사　동사(2형식)　보어(형용사 역할)

in the steel industry.
　　전치사구

| (A) While | (B) Due to | (C) In spite of | (D) Although |
| 접속사(~ 동안) | 전 치사(~ 때문에) | 전치사(~에도 불구하고) | 접속사~(에도 불구하고) |

문장분석　　[전치사 + 명사구, 주어 + 동사]의 구조로 시험에 매달 출제되는 구조이다.

해　설　　같은 의미를 가진 접속사와 전치사는 한데 묶어서 풀어야 한다. 전치사 뒤에는 목적어가 와야 하고, 접속사 뒤에는 절(주어 + 동사)이 와야 한다. 빈칸 뒤에 목적어(the failure)가 왔으므로 전치사인 (B) Due to와 (C) In spite of 중에 해석을 통해 풀어야 한다. 문맥상 신제품 출시에 실패했지만 여전히 선두자리를 유지한다는 내용이 어울리므로 '~에도 불구하고'라는 의미를 가지고 있는 (C) In spite of가 정답이다.

해　석　　신제품 출시에 실패했음에도 불구하고, 회사는 아직 철강업계 선두 자리를 유지하고 있다.

표현정리　　**failure** 실패　**in first place** 1등의, 우승의　**steel** 철강

정　답　　(C)

시나공 POINT

전치사 다음은 명사(구), 대명사, 동명사가 오고, 접속사 다음은 문장(주어 + 동사 + ~)이 온다.

핵심 이론

빈출 장소 전치사 정리

자주 나오는 구전치사

in case of ～의 경우에	as a result of ～의 결과로
instead of ～대신에	regardless of ～에 상관없이
on behalf of ～을 대신(대표)하여	such as ～와 같은
in addition to ～에 덧붙여	in recognition of ～을 인정하여
along with ～와 함께	according to ～에 따르면
in[with] regard to ～에 관하여	except for ～을 제외하고

같은 의미의 접속사와 전치사의 구별

의미	접속사	전치사(구)
접속사	because, since, as, now that	because of, due to, owing to
전치사(구)	(al)though, even though, even if	in spite of, despite
～한 경우에	in case (that), in the event (that)	in case of, in the event of

We have received many questions **in regard to** the new safety regulations.

우리는 새로운 안전 규정에 관한 많은 질문을 받았다.

▶ in regard to는 구 전치사로 '～관한'이라는 의미를 갖는다. 동의어로는 as to / regarding / concerning 등이 있다.

The company canceled the outdoor exhibition **because of** the bad weather.

회사는 나쁜 날씨 때문에 야외 전시회를 취소했다.

▶ 뒤에 명사구가 왔으므로 전치사가 와야 한다. 같은 의미의 접속사 because, since 등이 오답 선택지로 제시된다.

1. ------- building environmentally friendly facilities, the BICCO Center monitors all of its buildings' energy usage.

(A) In addition to　　(B) Regardless of　　(C) Furthermore　　(D) Due to

2. The company is currently seeking applicants who are bilingual in English and Spanish ------- the new overseas expansion project.

(A) in spite of　　(B) since　　(C) owing to　　(D) because

▶ 정답 및 해설은 해설집 77쪽 참고

UNIT 22 PART 5&6 전치사 ❺ 전치사 숙어

 실전 포인트

풀 이 전 략   전치사 관련 숙어 및 관용 표현은 단지 전치사 문제뿐 아니라 다른 문제들을 해결하는데도 중요한 연관성이 있으므로 반드시 알고 있어야 한다. 전치사에 주의해서 관련 표현들을 암기해 두자.

★ 대표 문제

> The meeting will be held soon because the increase ------- prices has driven away customers.
>
> (A) for   (B) with   (C) in   (D) to

🖉 시나공 풀이법

수식

The meeting will be held soon (because the increase ------- prices has driven away
    주어   동사   부사   접속사   주어   동사

        완전한 절   완전한 절

customers.) → driven away의 목적어

(A) for   (B) with   (C) in   (D) to
  목적, 용도   동반   증감   방향

문 장 분 석   이유접속사 (because)는 부사절 접속사로, 주어와 목적어를 모두 갖춘 완전한 절로 와야 한다.

해   설   증감 명사(increase, rise, decline)는 전치사 in과 어울려 '~의 증가, 상승, 하락'이라는 뜻으로 쓰이므로, 증감 명사 뒤 빈칸에는 전치사 in을 쓴다. 따라서 (C) in이 정답이다.

해   석   가격 인상으로 손님이 줄어들었기 때문에, 곧 회의가 열릴 것이다.

표 현 정 리   drive away ~을 쫓아버리다

정   답   (C)

✎ 시나공 POINT

증감 명사는 전치사 in과 어울려 '~의 증가, 상승, 하락'이라는 뜻을 나타낸다.

핵심 이론

• 〈동사 + 전치사〉 관용 표현

account for ~을 설명하다
register for ~에 등록하다
apply for ~에 지원하다
add to ~을 더하다
refer to ~을 참조하다
subscribe to ~을 구독하다
contribute to ~에 공헌하다

comply with ~을 지키다, 준수하다
interfere with ~을 방해하다
deal with ~을 다루다, 처리하다
refrain[abstain] from ~을 삼가다
depend[rely, count] on ~에 의존하다
concentrate[center] on ~에 집중하다
enroll in ~에 등록하다

• 〈동사 + A + 전치사 + B〉 관용 표현

add A to B A를 B에 더하다
attribute A to B A를 B의 탓으로 돌리다
return A to B A를 B에 반환하다
transfer A to B A를 B로 옮기다
provide A with B A에게 B를 공급하다

replace A with B A를 B로 대체하다
compare A with B A와 B를 비교하다
compensate A for B A에게 B를 보상하다
congratulate A on B A에게 B를 축하하다
prevent[prohibit] A from B A가 B를 못하게 하다

• 〈명사 + 전치사〉 관용 표현

access to ~에 접근
reaction to ~에 대한 반응
confidence in ~에 대한 자신감
increase[rise] in ~의 증가
advances in ~의 진보

demand for ~에 대한 수요
information about(on) ~에 관한 정보
take advantage of ~을 이용하다
at the latest 늦어도
upon request 요청 시

All applicants are required to **fill out** this form. 모든 후보자들은 이 양식을 작성해야 한다.

We are planning to visit your office **at your convenience**. 귀사가 편리한 시간에 방문하려고 계획 중입니다.

1. The manager trains the staff and keeps saying, "Do your best to keep our customers satisfied ------- all times."

(A) in   (B) from   (C) with   (D) at

2. He complained to the manager that she was interfering ------- his project, and asked her to stop doing that.

(A) to   (B) in   (C) from   (D) for

▶ 정답 및 해설은 해설집 77쪽 참고

UNIT 23 PART 5&6 동사 ④

Step 1 기출 100% 어휘 정리

071 ☐ **refuse** ⓥ 거절하다
ⓝ refusal 거절, 거부

refuse the invitation 초대를 거절하다
refuse to discuss the question 그 문제에 관해 논하려 하지 않다

072 ☐ **authorize** ⓥ 허가하다
ⓝ authorization 허가, 인가
ⓝ authority 권한, 허가

authorize the use of equipment 장비의 사용을 허가하다
authorize overtime payments 초과 근무수당을 허가하다

073 ☐ **address** ⓥ 처리하다
ⓝ address 주소, 연설

address customer requests 고객 요청사항을 처리하다
have yet to be **addressed** 아직 해결되지 않다

074 ☐ **join** ⓥ 참여하다, 무리에 속하다
ⓐ joint 공동의, 연합의

join the company 회사에 입사하다
join the membership 회원 가입을 하다

075 ☐ **assess** ⓥ 평가하다
ⓝ assessment 평가, 감정

assess the work 업무를 평가하다
assess the manufacturing process 제조 과정을 평가하다

076 ☐ **impose** ⓥ 부과하다
ⓝ imposition 부과

impose the tax 세금을 부과하다
impose a fine 벌금을 부과하다

077 ☐ **process** ⓥ 처리하다

process an order 주문을 처리하다
process data 자료를 처리하다

078 ☐ **accommodate** ⓥ 수용하다

accommodate larger parties 더 큰 단체를 수용하다
accommodate other facilities 다른 시설을 수용하다

079 ☐ **reach** ⓥ 도달하다, 이르다

reach capacity 용량을 채우다
reach a conclusion 결론에 도달하다

080 ☐ **adhere** ⓥ 고수하다
ⓝ adherence 고수

adhere to the regulations 규정을 준수하다
adhere to one's opinion 자기의 주장을 고수하다

1	**agree** 동의하다	**accept** 인정하다, 받아들이다
	어떤 대상의 의견이나 생각에 찬성하다	제안이나 요청 등을 허락하다

2	**reveal** 밝히다, 알리다	**admit** 인정하다
	새로운 정보나 사실을 말하다	이미 알려져 있는 사실에 대해 수긍하다

3	**assume** 추정하다	**assure** 단언하다
	사실이라고 추측하다	확신을 가지고 믿다

4	**multiply** 늘리다	**broaden** 넓히다
	수치를 배 이상으로 확대하다	넓이나 규모를 확장하다

5	**result** ~한 결과를 낳다	**cause** ~의 원인이 되다
	어떤 원인으로 인해 결과물이 나오다	좋지 않은 결과의 이유가 일어나다

Step 3　이론 적용해 보기

1. After visiting their factory, he decided to [agree / accept] the company's final offer.

2. It is believed that the study by Mr. Seo will [reveal / admit] the latest findings about stem cells.

3. I [assume / assure] you that your complaints will be sent to the investigator shortly.

4. We will continue to [multiply / broaden] our research activities and explore new programs.

5. Adverse weather can [result / cause] delays in the delivery of supplies.

▶ 정답 및 해설은 해설집 77쪽 참고

지문유형 ❶ 이메일 (E-mail)

풀 이 전 략   이메일은 앞부분은 이메일을 쓴 목적, 지문 중간은 첨부물, 그리고 지문의 맨 끝부분은 요청 사항이라는 기본 구성을 꼭 알아두어야 한다.

Questions 1-2 refer to the following e-mail.

To: Mrs. Laura Parker
From: Star Boutique
Subject: Grand-Opening Sale at the Third Star Boutique

We are pleased to inform you that the third branch of the Star Boutique has opened on Park Avenue. There is a whole new selection of party and bridal wear along with accessories. The store has its own designers; hence there is an exclusive selection of formal wear.

This coming July 7, we will hold a grand-opening sale along with a cocktail party, which will be a black dress affair. The items on sale will include all accessories, formal wear, and women's and men's wear. There will be discounts of up to 20%.

Please print the invitation which is attached to this e-mail and bring or wear something black to the event.

We are looking forward to your attending the party. Thank you.

Peter Stacy

---

1. Why was the e-mail sent to Mrs. Parker?

(A) To invite her to a new branch store
(B) To describe a bridal dress
(C) To provide information about some new items
(D) To inquire about some accessories

2. What is Mrs. Parker asked to do?

(A) Print an e-mail
(B) Arrive before 10 a.m.
(C) Attend a concert
(D) Come in a black outfit

▶ 정답 및 해설은 해설집 77쪽 참고

To: Mrs. Laura Parker   → 수신자
From: Star Boutique   → 발신자
Subject: Grand-Opening Sale at the Third Star Boutique   → 제목

1 We are pleased to inform you that the third branch of the   → 이메일의 목적
Star Boutique has opened on Park Avenue. There is a whole
new selection of party and bridal wear along with accessories.
The store has its own designers; hence there is an exclusive
selection of formal wear.

This coming July 7, we will hold a grand-opening sale along   → 세부 사항 및 첨부물
with a cocktail party, which will be a black dress affair. The
items on sale will include all accessories, formal wear, and
women's and men's wear. There will be discounts of up to 20%.

2 Please print the invitation which is attached to this e-mail and   → 요청 사항
bring or wear something black to the event.

1 We are looking forward to your attending the party. Thank you.

Peter Stacy

1. Why was the e-mail sent to Mrs. Parker?

'Why was ~ sent?'는 주제 문제이며, 이유 문제로 풀지 않도록 주의한다. 따라서 첫 단락을 잘 읽는다. 첫 단락에 inform 이 속한 문장은 주제 문장이라고 앞서 여러 차례 언급한 적이 있다. 이 문장 'We are pleased to inform you that the third branch of the Star Boutique has opened on Park Avenue.'에서 '새로운 매장의 오픈'을 알리고 있고, 하단 마지막 문장 'We are looking forward to your attending the party.'에서 참석해 주기를 기대한다고 했으므로 (A)가 정답이다.

2. What is Mrs. Parker asked to do?

'is 주어 asked'는 요청 문제이다. 요청 문제는 대부분 마지막 단락에 단서를 준다. 특히 if절 또는 명령문(Please + 동사 원형)에 단서를 제공해 준다. 따라서 요청 문제로 판단되면 즉시 마지막 단락에서 if 또는 명령문을 찾아 단서를 확인한다. 이 문제의 경우 명령문을 사용했다. 'Please print the invitation which is attached to this e-mail and bring or wear something black to the event.'에서 초대장을 출력하고 검정색 정장을 입거나 가져오라고 요청하고 있으므로 정 답은 (D)이다.

🏆 시나공 POINT

이메일의 목적, 첨부물, 요청 사항에 관한 문제는 관련 표현을 꼭 익혀 두어야 한다.

1. We are pleased to inform you that the third branch of the Star Boutique has opened on Park Avenue.

> We <u>are pleased to inform</u> you (that the third branch of the Star Boutique has
> 주어   동사구   간접목적어   직접목적어
>
> opened) (on Park Avenue).
>   전치사구

동사 inform, notify, tell, remind, advise, assure, convince 등은 '사람 + that절'을 취하는 4형식 동사들이다. 여기서 사람은 간접목적어(~에게), that절(that절을)은 직접목적어이다.

2. There is a whole new selection of party and bridal wear along with accessories.

> There <u>is</u> a whole new selection of party and bridal wear (along with
> 가주어 동사   주어   수식어(전치사구)
>
> accessories).

There는 유도부사라고 하는데 1형식 문장을 이끄는 가주어 구문이다. There는 'There + 동사(is, remain, exist) + 주어 + 수식어' 구조로 와야 한다. 이때 동사와 주어 간의 수가 일치되어야 한다는 것을 기억한다. 'There + be동사 + 명사 + 전치사구'에서 '~에 명사가 있다' 정도로 해석한다. 유도부사 there는 주의를 환기시키는 기능을 한다.

3. This coming July 7, we will hold a grand-opening sale along with a cocktail party, which will be a black dress affair.

> This coming July 7, we <u>will hold</u> a grand-opening sale (along with a cocktail
>   주어   동사   목적어   수식어(전치사구)
>
> party), (which will be a black dress affair).
>   관계사절

관계대명사는 반드시 그 앞에 선행사를 두어야 하고, 뒤에는 주어나 목적어가 빠진 불완전한 절이 와야 한다. 이때 관계대명사는 한정적 용법과 계속적 용법 두 가지로 나누어지는데 콤마가 없는 '선행사 + 관계대명사 + 불완전한 절'을 한정적 용법이라 하고, 콤마를 포함한 '선행사 + comma + 관계대명사 + 불완전한 절'을 계속적 용법이라 한다. 계속적 용법은 한정적 용법과는 달리 지문의 순서대로 해석한다. 위 문장은 '오늘 7월 7일, 저희는 새로운 아이템으로 할인 행사와 함께 칵테일 파티를 개최할 예정입니다. 그 파티는 검은색 정장을 입는 파티가 될 것입니다.' 식으로 해석한다.

Questions 3-4 refer to the following e-mail.

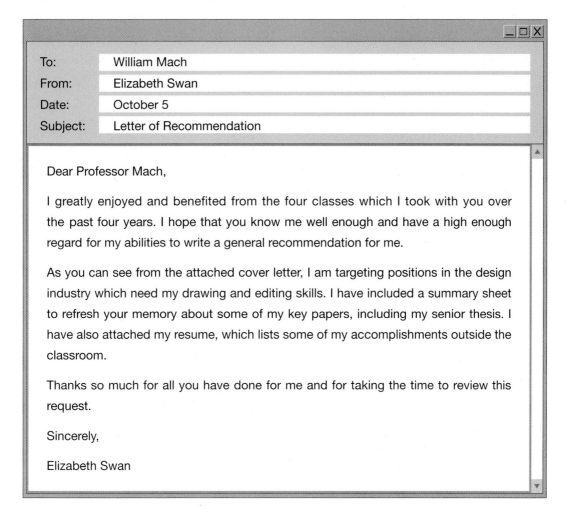

To: William Mach
From: Elizabeth Swan
Date: October 5
Subject: Letter of Recommendation

Dear Professor Mach,

I greatly enjoyed and benefited from the four classes which I took with you over the past four years. I hope that you know me well enough and have a high enough regard for my abilities to write a general recommendation for me.

As you can see from the attached cover letter, I am targeting positions in the design industry which need my drawing and editing skills. I have included a summary sheet to refresh your memory about some of my key papers, including my senior thesis. I have also attached my resume, which lists some of my accomplishments outside the classroom.

Thanks so much for all you have done for me and for taking the time to review this request.

Sincerely,

Elizabeth Swan

3. What is the purpose of the e-mail?

(A) To ask about a new position
(B) To inquire about a new class
(C) To report on an accomplishment
(D) To request a recommendation letter

4. What is being sent with the e-mail?

(A) A job description
(B) A summary of the papers
(C) A job application form
(D) A letter of recommendation

▶ 정답 및 해설은 해설집 78쪽 참고

REVIEW TEST

1. All employees are asked to attend the meeting ------- 7 o'clock in order to discuss the new project.
   (A) in
   (B) on
   (C) for
   (D) at

2. Except for those in the first and second rows, which are reserved for the presenters, employees may choose any of the seats ------- the auditorium.
   (A) to
   (B) in
   (C) of
   (D) by

3. The application of the company's newly changed policy concerning better employee benefits will start ------- Monday.
   (A) at
   (B) on
   (C) for
   (D) since

4. The manager is will soon be replaced to a new position, but he will remain with the Sales Department ------- next week.
   (A) by
   (B) at
   (C) until
   (D) from

5. When you take a flight to go to an overseas branch, all of your luggage should be stored ------- the seat in front of you.
   (A) beneath
   (B) over
   (C) next
   (D) under

6. Our company will open its third branch ------- the Walden Square, which will be the biggest trading company building in that area.
   (A) from
   (B) about
   (C) in
   (D) at

7. All employees in the Sales Department should finish their projects ------- the next two weeks.
   (A) within
   (B) along
   (C) into
   (D) through

8. The executive meetings concerning emergency situations usually occurs more than four times ------- the year.
   (A) throughout
   (B) except for
   (C) between
   (D) except

9. Anyone interested in this position should submit a resume to the human resources manager ------- next Monday.
   (A) during
   (B) by
   (C) up
   (D) until

10. The study suggests a number of possible solutions to the conflict ------- the fields of environmental and competition law.
    (A) among
    (B) of
    (C) below
    (D) between

▶ 정답 및 해설은 해설집 78쪽 참고

PART 5&6

GRAMMAR

UNIT 25   to부정사

VOCABULARY

UNIT 26   형용사 ❶

PART 7

READING

UNIT 27   지문유형 ❷ 기사 & 보도자료

REVIEW TEST

WARMING UP

1) 부정사의 개념

우리말에서 '가다'는 동사이다. 그런데 이 동사 '가다'를 우리말의 명사형으로 바꿔 보면 '가는 것'이 되고, 형용사형은 '갈', 그리고 부사형은 '가기 위해' 등으로 나타낼 수 있다. 그렇다면 영어에서는 '가는 것', '갈', ' 가기 위해'를 어떻게 표현할 수 있을까? 바로 동사 앞에 to를 붙여 주면 된다. 이렇듯 문장 내에서 어떤 동사가 명사나 형용사처럼 쓰이기도 하며, 또는 부사처럼 쓰이는 등 쓰임새가 다양하여 일정한 품사를 정할 수 없기 때문에 '정해지지 않은 품사'라는 뜻을 지니고 있는 것을 '부정사'라 한다.

2) 부정사의 역할

① 명사 역할

to부정사가 문장에서 명사처럼 쓰여 주어, 목적어, 보어 역할을 하는 경우에 해당하며 '~하는 것', '~하기' 등으로 해석한다.

To go shopping is fun. 쇼핑가는 것은 재미있다.

▶ 문장의 주어

I want to go **shopping with you.** 나는 너와 쇼핑가기를 원한다.

▶ 타동사의 목적어

Our next schedule is to go **shopping.** 우리의 다음 계획은 쇼핑가는 것이다.

▶ be동사의 보어

② 형용사 역할

to부정사가 형용사처럼 쓰여 명사를 뒤에서 수식하는 경우에 해당하며, '~할, ~하는'으로 해석한다.

I need a room to rest. 나는 쉴 수 있는 방이 하나 필요하다.

③ 부사 역할

to부정사가 부사처럼 쓰여서 형용사, 부사, 동사, 또는 문장 전체를 수식하는 경우에 해당한다. 주로 '~하기 위해, ~하게 되어' 등으로 해석한다.

He works to provide **for his family.** 그는 가족을 부양하기 위해서 일한다.

We are pleased to announce **the news.** 우리는 그 소식을 알려 드리게 되어 기쁩니다.

02 예제 풀어보기

다음 문장과 해석을 보고, 밑줄 친 부분이 문장에서 어떤 역할을 하는지 고르시오.

1 He promised <u>to call</u> me often.　　　　　　　(주어 / 목적어 / 보어)

그는 나에게 자주 전화하겠다고 약속했다.

2 <u>To obey</u> the business's bylaws is every employee's duty.　(주어 / 목적어 / 보어)

비즈니스 규정을 준수하는 것은 모든 직원들의 의무이다.

3 Her job is <u>to research</u> the market condition.　　(주어 / 목적어 / 보어)

그녀의 일은 시장 상황을 조사하는 것이다.

4 He has the right <u>to terminate</u> the agreement.　　　(부사 / 형용사)

그는 계약을 종료할 권리가 있다.

5 We decided to install an automatic system <u>to save</u> time.　(부사 / 형용사)

우리는 시간을 절약하기 위해 자동화 시스템을 설치하기로 결정했다.

03 예제 확인하기

1 He promise <u>to call</u> me often.　　그는 나에게 자주 전화하겠다고 약속했다.
　　　　　　　목적어

▶ 위 문장에서 to call은 동사 call에 to가 붙어 '전화하는 것'이라는 의미로 목적어 역할을 하고 있다. 이처럼 to와 동사 (call)가 결합하여 to부정사 (to call)를 만드는 것을 부정사라고 한다.

2 <u>To obey</u> the business's bylaws is every employee's duty.
　　　주어

비즈니스 규정을 준수하는 것은 모든 직원들의 의무이다.

▶ 부정사가 주어 자리에서 명사 역할을 하고 있다.

3 Her job is <u>to research</u> the market condition.　　그녀의 일은 시장 상황을 조사하는 것이다.
　　　　　　　　보어

▶ 부정사가 be동사 뒤에서 보어 역할을 하고 있다.

4 He has the right <u>to terminate</u> the agreement.　　그는 계약을 종료할 권리가 있다.
　　　　　　　　　형용사

▶ 부정사가 명사 뒤에 놓여 명사를 수식할 때 형용사적 용법이라 한다.

5 We <u>decided</u> <u>to install</u> an automatic system <u>to save</u> time.
　주어　동사　　목적어　　　　　　　　　　　부사
　　　　　　　　　　　완전한 문장

우리는 시간을 절약하기 위해 자동화 시스템을 설치하기로 결정했다.

▶ to부정사가 주어와 동사, 목적어를 모두 갖춘 완전한 절 앞 또는 뒤에 놓일 때 부사적 용법이라 한다.

PART 5&6

to부정사 ❶ 부정사의 위치 1

Step 1 실전 포인트

풀 이 전 략   to부정사는 주어와 보어 자리에는 거의 출제되지 않으며, 대부분 목적어 자리로 출제된다.

⭐ 대표 문제

 R45

I want ------- you a chance to stay at your present job, but at a higher salary.

(A) offered   (B) offering   (C) to offer   (D) offers

🖊 시나공 풀이법

I (want) ------- you a chance to stay at your present job, but at a higher salary.
주어 동사   간목   직목   부정사   전치사구   전치사구

4형식(offer는 4형식 동사)
to부정사를 목적어로 가지는 동사

(A) offered   (B) offering   (C) to offer   (D) offers
동사(과거), 과거분사   동명사   to부정사   동사, 명사

문장분석   등위접속사(but)는 구와 구를 병렬시킬 수 있다. 따라서 전치사구(at your present job)와 전치사구(at a higher
salary)끼리 병렬되었다.

해   설   선택지에 to부정사와 동명사가 등장하면 둘 중 하나를 선택하는 문제이다. 동사 want는 to부정사를 목적어로 취
하는 동사이다. 따라서 빈칸 앞에 want가 왔으므로 to부정사인 (C) to offer가 정답이다.

해   석   나는 당신이 현재 있는 직책에 더 높은 급여를 받고 근무하기를 원한다.

표현정리   **offer** 제공하다 **chance** 기회 **present** 현재의

정   답   (C)

📌 시나공 POINT

선택지에 to부정사의 동명사가 나와 있으면 둘 중 하나를 선택하며, 동사가 무엇을 목적어로 취하는지 파악하면 된다.

핵심 이론

to부정사는 명사처럼 주어, 목적어, 보어 자리에 온다.

명사 : ~하는 것	주로 주어, 목적어 자리에 쓰인다.
형용사 : ~할	주로 명사 뒤에서 명사를 수식한다.
부사 : ~하기 위해	동사, 형용사, 부사를 수식한다.

To buy a car is easy.   차를 구입하는 일은 쉽다.

I bought a book to read.   나는 읽을 책을 구입했다.

I worked hard to buy a house.   나는 집을 사기 위해 열심히 일했다.

• 주격 보어 역할

The aim of companies is **to maximize** their profits.

기업들의 목적은 이익을 극대화하는 것이다.

▶ 목적의 뜻을 가진 purpose, aim, goal과 임무의 뜻을 가진 mission 등은 'be + to부정사'와 동격으로 어울려 출제된다.

• 목적어 역할

The manager refused **to offer** special discounts for some products.

매니저는 일부 제품에 대해서는 특별 할인을 제공하기를 거절했다.

▶ to부정사는 명사처럼 목적어 자리에 온다.

• 목적격 보어 역할

The manager encouraged all the employees **to attend** the seminar.

매니저는 모든 직원이 세미나에 참석하도록 독려했다.

▶ to부정사는 명사처럼 목적보어 자리에 올 수 있다.

* 주어 역할을 하는 to부정사는 토익 시험에 출제되는 경우가 극히 드물기 때문에 기출 패턴으로는 다루지 않는다.

Step 3 실전 문제

1. The donation from the United Hospital Fund will allow Baltimore Children's Hospital ------- 6 more doctors to its current staff of 32.

(A) additional　　　　(B) addition　　　　(C) adding　　　　(D) to add

2. The purpose of the letter is ------- membership to those who wish to join our club.

(A) to offer　　　　(B) offering　　　　(C) offer　　　　(D) offered

▶ 정답 및 해설은 해설집 79쪽 참고

UNIT 25 PART 5&6
to부정사 ❷ 부정사의 위치 2

Step 1   실전 포인트

풀 이 전 략   문두에 빈칸이 있고, 그 뒤에 'comma + 완전한 절'로 오면 빈칸은 to부정사를 고른다.

⭐ **대표 문제** R46

> ------- strong relationships between its employees, the company had a two-day,
> one-night workshop.
>
> (A) Established   (B) Establish   (C) To establish   (D) Establishment

 **시나공 풀이법**

------- strong relationships between its employees, the company had
　　부정사구(~하기 위해)　　　　　　전치사구　　　　주어　　동사

a two-day, one-night workshop.
　　동사(had)의 목적어　　　　　→ To establish의 목적어

(A) Established   (B) Establish   (C) To establish   (D) Establishment
　동사(과거), 과거분사　　　현재 복수동사　　　　to부정사　　　　　　명사

문장분석   to부정사(To establish)가 타동사로 사용되어 그 뒤에 목적어(strong relationships)가 왔다.

해   설   문두에 빈칸이 있고, 그 뒤에 'comma + 완전한 절'이 뒤따르면 빈칸은 to부정사 자리이다. 이때 to부정사는 목적
　　　　　(~하기 위해서)의 뜻으로 부사적 용법에 속한다. (A)가 과거분사라면, 빈칸에 쓸 수는 있지만 과거분사는 목적어
　　　　　없이 써야 하므로 오답이다. 따라서 (C) To establish가 정답이다.

해   석   직원들간의 관계를 돈독히 하기 위해 회사는 1박 2일간의 워크숍을 가졌다.

표현정리   establish 설립하다, 확립하다 two-day, one-night 1박 2일

정   답   (C)

✏ 시나공 POINT

> '------- + 목적어 / 수식어, 완전한 문장' 구조에서 빈칸은 to부정사 자리이다.

핵심 이론

완전한 절 앞 또는 뒤 빈칸을 고르는 문제는 to부정사의 1순위 문제 중 하나이다.

to부정사의 부사 역할	
특징	to부정사구를 빼면 문장에 있어야 할 요소를 모두 갖추고 있다.
위치	문장의 맨 앞(~, 절), 문장의 끝
해석	~하기 위해서, ~하게 되어

We need a sufficient number of samples to give a reliable analysis.
주어 동사   목적어

           완전한 절
우리는 신뢰할 만한 분석을 하기 위해 충분한 표본이 필요하다.

▶ 주어와 목적어를 모두 갖춘 완전한 절 뒤 빈칸은 to부정사 자리이다. 이때 to부정사는 '목적'의 의미로 쓰인다.

To gain recognition, Kentanawa carved a unique image in its products.
                  주어   동사   목적어

                          완전한 절
인지도를 얻기 위해, 켄타나와는 제품에 독특한 이미지를 새겨 넣었다.

▶ 문두에 빈칸이 있고 그 뒤에 'comma + 완전한 절'로 왔다면 빈칸은 to부정사 자리이다.

In order to work efficiently, establish a schedule.   효율적으로 일하기 위해, 일정을 짜세요.

▶ 동사원형 앞 빈칸은 in order to를 쓴다. in order to부정사는 to부정사를 강조하는 표현으로 '목적'의 의미로 쓰인다.

1. ------- receive the best service, a customer must be polite and patient.

(A) In addition to　　　(B) As if　　　(C) So that　　　(D) In order to

2. The Maintenance Department has been working hard for weeks ------- its internal network system.

(A) update　　　(B) to update　　　(C) updated　　　(D) updates

▶ 정답 및 해설은 해설집 79쪽 참고

UNIT 25 PART 5&6
to부정사 ❸ 부정사를 취하는 동사 1

Step 1 실전 포인트

풀 이 전 략   to부정사를 목적어로 취하는 빈출 동사들을 모두 암기해 두어야 한다.

 대표 문제

 R47

> Despite the rainy weather, Allegheny County intended ------- the project on time.
>
> (A) to finish (B) finishing (C) to be finished (D) finishes

✎ 시나공 풀이법

Despite the rainy weather, Allegheny County intended ------- the project on time.

despite + 명사 | 전치사구 | 주어 | 동사 | 동사의 목적어 finish의 목적어 | 전치사구

to부정사를 목적어로 가지는 동사

(A) to finish   (B) finishing   (C) to be finished   (D) finishes
to부정사   동명사   to부정사 수동형   현재 단수동사

문장분석   intend는 to부정사 외에도 '목적어 + to부정사' 모두 사용하는 동사라는 것을 기억한다.

해   설   선택지에서 to부정사가 오답인 경우는 드물다. 따라서 선택지에 to부정사가 등장하면 우선순위 정답 후보로 고려
해야 한다. 특히 to부정사가 동명사와 함께 선택지에 등장한다면 이는 더 말할 것도 없다. to부정사를 목적어로 취
하는 동사는 암기해서 푸는 문제이므로 빈출 동사들을 필히 암기한다. 빈칸 앞 intend는 to 부정사를 목적어로 취
하는 동사이므로 (A), (C) 중에 고민한다. 그러나 빈칸 뒤에 목적어(project)가 왔으므로 능동태인 (A) to finish가
정답이다. 이처럼 부정사를 이용한 태 문제도 출제된다는 것을 기억한다.

해   석   비가 오는 날씨에도 불구하고, Allegheny County는 프로젝트를 일정대로 완공할 의도였다.

표현정리   **intend to** ~할 의도이다   **on time** 제 때에, 시간에 맞춰

정   답   (A)

✎ 시나공 POINT

'원하다, 계획하다, 약속하다' 등 미래의 일을 나타내는 동사 뒤에는 to부정사가 목적어로 쓰인다.

핵심 이론

1. to 부정사를 목적어로 취하는 동사

want to ~하는 것을 원하다	refuse to ~하는 것을 거절하다	strive to ~하려고 애쓰다
decide to ~하는 것을 결정하다	intend to ~하는 것을 의도하다	plan to ~할 계획이다
fail to ~하는 것을 실패하다	ask to ~하는 것을 요구하다	promise to ~을 약속하다

2. 'be동사 + 형용사 + to부정사' 덩어리 표현

be able to ~할 수 있다	be pleased to ~을 기쁘게 생각하다
be likely to ~할 것 같다	be willing to 기꺼이 ~하다
be proud to ~을 자랑스럽게 여기다	be eligible to ~할 자격이 있다
be ready to ~할 준비가 되다	be eager to ~하고 싶어하다

The company **decided** to reduce its employees to save labor costs.
회사는 인건비를 줄이기 위해 직원을 줄이기로 결심했다.

The company **plans** to increase productivity and efficiency by using new technology.
회사는 새로운 기술을 사용함으로써 생산성과 효율성을 높일 계획이다.

The company **was able** to complete the construction project in time.
회사는 제때에 건축 프로젝트를 끝낼 수 있었다.

We are **pleased** to introduce our new products in the market this week.
우리는 이번 주에 시장에 자사의 신제품을 발표할 수 있어서 기쁘다.

1. Idenis Pharmaceuticals will attempt ------- to any questions or complaints in a timely manner.

(A) responded   (B) respond   (C) response   (D) to respond

2. Some customers are willing ------- some products at significantly discounted prices.

(A) purchase   (B) purchasing   (C) to purchase   (D) to be purchased

▶ 정답 및 해설은 해설집 80쪽 참고

UNIT 25 PART 5&6
to부정사 ④ 부정사를 취하는 동사 2

 **실전 포인트**

풀 이 전 략   선택지에 to부정사가 있고, '동사 + 목적어 + -------' 구조라면 to부정사를 고른다.

⭐ **대표 문제** R48

> Since Miguel Perez objected to the previous budget, he has prepared a speech -------
> his support of the revisions.
>
> (A) explains   (B) explanation   (C) to explain   (D) explained

📝 **시나공 풀이법**

> Since Miguel Perez objected to the previous budget,
> 접속사   주어   자동사 덩어리   목적어
> 부사절
>
> '자동사 + 전치사'는 타동사처럼 뒤에 목적어를 가진다.
>
> he has prepared a speech (------- his support of the revisions.)
> 주어   동사   목적어   to부정사구(부사적 용법)
> 완전한 절
>
> (A) explains   (B) explanation   (C) to explain   (D) explained
> 현재 단수동사   명사   to부정사   동사(과거), 과거분사

문장분석   'since + 주어(Miguel Perez) + 과거동사(objected)'는 현재완료(has prepared)와 어울려 쓴다.

해 설   to부정사가 오답인 문제는 드물다. 따라서 선택지에 to부정사가 있으면 단서가 될 만한 것들을 찾아야 하는데, to 부정사의 단서는 모두 빈칸 앞쪽에 있다는 것을 기억한다. 동사(prepare)는 '목적어 + to부정사'를 취하는 동사이 므로 (C) to explain이 정답이다.

해 석   미구엘 페레즈가 이전 예산안을 반대한 후로, 그는 수정안에 대한 그의 지지를 설명하기 위해 발표를 준비했다.

표현정리   **object to** 명사 ~에 반대하다   **support** 지지하다, 지탱하다   **revision** 수정

정 답   (C)

✏️ 시나공 POINT

to부정사는 목적어뿐만 아니라 목적보어에도 쓰인다.

핵심 이론

to부정사를 목적보어로 취하는 동사

to부정사를 목적보어로 취하는 빈출 동사(동사 + 목적어 + to부정사)

require ~하라고 요청하다   allow ~하게 허락하다
invite ~하게 초대 / 권장하다   remind ~하라고 상기시키다
advise ~하라고 조언하다   ask ~하라고 요청하다
expect ~하기를 기대하다   prepare ~을 준비하다
enable ~을 가능하게 하다   permit ~을 허락하다

목적어와 목적보어로 to부정사를 취하는 동사

want ~하기를 원하다   need ~를 필요로 하다
expect ~을 기대하다   ask ~하라고 요청하다

The company **asked the customers** to fill out the online survey.
회사는 고객들에게 온라인 설문조사를 작성해 달라고 요청했다.

The manager **advised the employees** to keep the documents in the cabinet.
매니저는 직원들에게 문서를 캐비닛에 보관하라고 조언했다.

The manger **expects the employees** to submit the proposal on time.
매니저는 직원들이 제안서를 정시에 제출할 것으로 기대한다.

Step 3 실전 문제

1. A new training program would enable the factory workers ------- their scheduled projects much more efficiently.

(A) completed   (B) completion   (C) completing   (D) to complete

2. The new rule effective as of today will permit employees ------- their vehicles overnight in designated areas.

(A) parks   (B) to park   (C) for parking   (D) parking

▶ 정답 및 해설은 해설집 80쪽 참고

UNIT 26 | PART 5&6
형용사 ①

Step 1 기출 100% 어휘 정리

081

□ **steady** ⓐ 꾸준한   **steady** growth 꾸준한 성장

ⓐd steadily 꾸준히   a **steady** increase in productivity 생산성의 지속적인 증가

082

□ **efficient** ⓐ 능률적인   make **efficient** use of ~을 효율적으로 사용하다

ⓝ efficiency 능력, 효율   in an **efficient** manner 효율적인 방법으로
ⓐd efficiently 능률적으로

083

□ **eligible** ⓐ 적격의, 적임의   be **eligible** for health insurance 건강보험의 자격이 되다

ⓝ eligibility 적임   be **eligible** to receive the award 상을 받을 자격이 있다

084

□ **qualified** ⓐ 자격 있는   a **qualified** candidate 자격이 있는 후보자

ⓝ qualification 자격   be extremely well **qualified** for ~에 충분히 자격을 갖추고 있다
ⓥ qualify 자격을 주다

085

□ **responsible** ⓐ 책임이 있는   be **responsible** for the safety 안전을 책임지고 있다

ⓥ respond 응답하다   be held **responsible** for ~에 대해 책임이 있는 것으로 간주되다
ⓝ responsibility 책임, 의무

086

□ **temporary** ⓐ 일시적인, 임시의   a **temporary** inconvenience 일시적인 불편

a **temporary** discount 임시 할인

087

□ **adverse** ⓐ 반대하는, 부정적인   adverse effect 역효과, 부작용

adverse economic conditions 어려운 경제 상황

088

□ **subject** ⓐ 영향을 받기 쉬운   be **subject** to approval 승인을 받아야한다

ⓥ subject ~을 받게 하다   be **subject** to delay 연착될 수 있다
ⓐd subjectively 주관적으로

089

□ **regular** ⓐ 정기적인   during **regular** working hours 정규 근무 시간에

ⓐd regularly 정기적으로   on a **regular** basis 정기적으로(= regularly)
ⓝ regularity 규칙, 질서

090

□ **preferred** ⓐ 선호되는   **preferred** method of payment 선호하는 지불 방식

ⓥ prefer 선호하다   at one's **preferred** pace 선호하는 속도로
ⓝ preference 선호

1	**early** 초기의, 일찍이 특별히 정해진 시간 내의 앞쪽에	**previous** 이전의, 사전의 특별한 사건이 순서상으로 미리 존재하는
2	**marginal** 한계의, 중요하지 않은 어떤 것이 매우 작아 중요하지 않거나 이익이 거의 없는	**pretty** 사소한, 소규모의 문제나 사건이 작고 중요하지 않은
3	**discarded** 버려진 어떤 대상이 쓸모없는 상태로 된	**unoccupied** 비어 있는, 한가한 아무도 사용하지 않고 빈 상태로 남겨진
4	**connected** 연결된, 연루된 시스템이나 네트워크가 서로 이어진	**joined** 합류된, 가입된 어떤 단체나 그룹에 속해있는
5	**considerable** 상당한 크고 중요한	**considerate** 사려 깊은 남을 배려하는 마음이 큰

1. The employees only had a [marginal / pretty] interest in the news.

2. The terms and conditions of the renewal will be the same as the [early / previous] contract.

3. A [considerable / considerate] bonus will be provided when you reach three years of service.

4. Because the restaurant fills up quickly, only a few seats remain [discarded / unoccupied] at 6 p.m.

5. We will open a beginner's course for the newly [connected / joined] members.

▶ 정답 및 해설은 해설집 80쪽 참고

지문유형 ❶ 기사 & 보도자료
(Article & News Report)

실전 문제 먼저 풀기

풀 이 전 략 · 기사는 보도기사가 대부분인데, 주제문인 첫 단락을 잘 읽어야 하고 상당히 까다로운 어휘들이 많이 등장하는 만큼 어휘력 증진에 신경 써야 한다.

Questions 1-3 refer to the following press release.

New Britney Wilson Book Finally Becomes a Bestseller

LONDON - Britney Wilson's latest novel has quickly climbed up the bestseller lists now that it's finally available for purchase on Amazon.com. —[1]—.

Britney's romance novel True Love was in the top 100 by late Monday for both print and e-book sales. She wrote it under the pen name Olive Gratel. —[2]—.

Monday was the book's official publication date, but it couldn't be ordered from Amazon before then because the online retailer and Britney's U.K. publisher, the Suria Book Group, are arguing over e-book terms. —[3]—: Customers were told delivery of the book would likely take 2-4 weeks. —[4]—.

Ronnie's Web site currently ranks True Love number one for printed books and number 5 for e-books.

---

1. What is the purpose of the article?

(A) To announce that some novels can be purchased online

(B) To report that True Love is ranked number one by a Web site

(C) To inform readers that a novel has climbed up the bestseller lists

(D) To provide information on a new book

2. Who is Olive Gratel?

(A) A designer

(B) A writer

(C) A director

(D) An inspector

3. In which of the marked [1], [2], [3], and [4] does the following sentence best belong?

"In addition, buying True Love in hardcover comes with its own frustrations."

(A) A designer

(B) A writer

(C) A director

(D) An inspector

▶ 정답 및 해설은 해설집 80쪽 참고

New Britney Wilson Book Finally Becomes a Bestseller

LONDON — 1 Britney Wilson's latest novel has quickly climbed up the bestseller lists now that it's finally available for purchase on Amazon.com.

→ 주제

Britney's romance novel *True Love* was in the top 100 by late Monday for both print and e-book sales. 2 She wrote it under the pen name Olive Gratel.

→ 세부 사항

Monday was the book's official publication date, but it couldn't be ordered from Amazon before then because the online retailer and Britney's U.K. publisher, the Suria Book Group, are arguing over e-book terms. In addition, buying *True Love* in hardcover comes with its own frustrations: Customers were told delivery of the book would likely take 2-4 weeks.

Ronnie's Web site currently ranks *True Love* number one for printed books and number 5 for e-books.

1. What is the purpose of the article?

기사는 첫 단락이 중요하다. 첫 단락이 주제문이면서 전체 맥락을 파악할 수 있는 매개체이기 때문이다. 따라서 기사문의 주제는 첫 단락을 잘 읽는다. 첫 단락 'Britney Wilson's latest novel has quickly climbed up the bestseller lists now that it's finally available for purchase on Amazon.com.'에서 '마침내 Amazon.com에서 구입할 수 있다는 점에서 브리트니의 가장 최근 소설이 베스트셀러 리스트에 빠르게 오르고 있다.'는 내용의 홍보성 기사이므로 (A)가 정답이다.

2. Who is Olive Gratel?

기사문의 대상 파악 문제는 거의 대부분 두 번째 단락에 단서가 자주 언급된다. 따라서 기사문에서 '대상이 누구인가?'를 묻는 문제는 두 번째 단락에서 단서를 찾는다. 이 문제의 경우 첫 번째 단락에도 단서가 있지만 직접적인 단서는 두 번째 단락 'She wrote it under the pen name Olive Gratel.'에서 그녀는 작가라는 것을 알 수 있으므로 (B)가 정답이다.

3. In which of the marked [1], [2], [3], and [4] does the following sentence best belong?

"In addition, buying True Love in hardcover comes with its own frustrations."

주어진 문장을 지문의 네 곳 중 한 곳에 넣는 문장 넣기 문제다. 주어진 문장에 연결어 In addition(게다가)을 통해 앞서 언급된 내용에 추가적인 내용이어야 한다는 것을 알 수 있다. 주어진 문장은 True Love를 실제 책으로 구매하는데 불만이 있다는 내용인데 세 번째 단락에서 월요일에 공식 발매일이었으나 계약 문제로 인해 Amazon에서는 주문을 할 수 없다고 했고, 고객들이 책을 배송 받는데 2~3주가 걸린다는 내용에 자연스레 연결되는 (C) [3]이 정답이다. 참고로 이와 같은 주어진 문장 넣기 문제는 3~4문항짜리 단일 지문의 문제 중 하나로 출제된다.

시나공 POINT

기사문은 첫 번째 단락이 전체 흐름을 잡는 중요한 단락이므로 처음부터 잘 읽어야 한다.

1. Britney Wilson's latest novel has quickly climbed up the bestseller lists now that it's finally available for purchase on Amazon.com.

> Britney Wilson's latest novel <u>has quickly climbed up</u> the bestseller lists
> 주어   동사   목적어
>
> now that   it's finally available (for purchase on Amazon.com.)
> 접속사   주어 동사   보어   전치사구(전치사 + 명사)

최상급 하면 'the + 최상급(가장 ~한)'만 떠오르게 된다. 하지만 최상급 앞에 사용하는 the를 대신해서 소유격도 올 수 있다는 것을 꼭 기억한다. 예문에서처럼 the 최상급을 대신하여 'Britney Wilson's latest 또는 their latest'로도 쓸 수 있다는 것이다. 또한 now that은 because처럼 이유부사절 접속사로 쓰이는 접속사이다. 이외에도 since, as 또한 이유부사절 접속사라는 것을 알아두어야 한다.

2. Britney's romance novel *True Love* was in the top 100 by late Monday for both print and e-book sales.

> Britney's romance novel True Love <u>was</u> (in the top 100) (by late Monday)
> 주어   주어와 동격   동사   전치사구   전치사구
>
> (for both print and e-book sales).
> 전치사구

전치사 by는 토익에서 'by + 시점(~까지), by + 장소(~옆에), by + 수사(~쯤), by + -ing(~함으로써), be + 과거분사 + by(~에 의해)' 등 다섯 가지 용법으로 쓰인다. 이중 시점 앞에 사용되는 by가 가장 빈번하게 사용된다. 이때 by는 no later than과 같은 뜻으로 알아둔다.

3. buying True Love in hardcover comes with its own frustrations:

> buying *True Love* (in hardcover) comes (with its own frustrations):
> 주어   buy의 목적어   전치사구   동사   전치사구

동명사는 동사에 -ing을 붙여 명사처럼 주어, 목적어, 보어 자리에 올 수 있고, 동사처럼 목적어를 취할 수도 있다. 위 문장을 분석해 보면 동명사(buying)가 명사처럼 주어 자리에 온 것이고, 동사의 기능도 있기 때문에 동사처럼 그 뒤에 목적어(True Love)를 취한 것이다. 동명사가 주어 자리에 오게 되면 단수 취급되어 동사도 단수(comes)로 와야 한다는 것도 기억한다.

Questions 4-6 refer to the following article.

Summer has arrived early in Japan this year as the weather has been unusually warm in June. —[1]—. While it provides more opportunities for people to engage in outdoor activities and sports, the warm weather also increases the prevalence of summer diseases. —[2]—.

The Ministry of Health says it is particularly important to be aware of illnesses such as eye infections and mosquito-borne diseases as well as food-borne illnesses. —[3]—.

The best way to avoid eye infections and food-borne diseases is to wash your hands properly and regularly. In order to avoid catching these diseases, it is important to ensure that food is cooked thoroughly, the Ministry of Health said. —[4]—.

"Cook food thoroughly, especially meat and seafood," a spokesman for the Ministry of Health said. "Make sure that you wash your hands before you start cooking."

4. What is the main topic of the article?

(A) The dangers of outdoor activities
(B) The risk of being infected by mosquitoes
(C) Awareness of summer diseases
(D) The weather forecast for Japan

5. According to the article, what action will NOT prevent summer diseases?

(A) Washing one's hands on a regular basis
(B) Cooking meat until it is halfway done
(C) Cooking meat until it is completely done
(D) Washing one's hands before starting to cook

6. In which of the positions marked [1], [2], [3], and [4] does the following sentence best belong?

"In some cases, the initial symptoms may be followed by more serious symptoms, such as paralysis, later."

(A) [1]
(B) [2]
(C) [3]
(D) [4]

▶ 정답 및 해설은 해설집 81쪽 참고

REVIEW TEST

1. If you wish ------- this mailing service, you need to call a customer service representative and request to remove your name from the mailing list.
   (A) to cancelling
   (B) cancellation
   (C) to cancel
   (D) cancelling

2. I would like to invite all senior financial analysts ------- the meeting scheduled for April 11 in the conference room at the Botswana Corporation.
   (A) attended
   (B) attendance
   (C) attending
   (D) to attend

3. The ------- of the corporate wellness program is to give more encouragement to the newly established product development division.
   (A) source
   (B) objective
   (C) warranty
   (D) development

4. ABST support services help them ------- the needs of people who experience severe and persistent mental health problems.
   (A) meets
   (B) for meeting
   (C) meeting
   (D) meet

5. ------- the reservation of your preferred times, we recommend that you complete the registration procedure 3 weeks in advance.
   (A) To ensure
   (B) Ensured
   (C) To be ensured
   (D) To ensuring

6. You should ------- to take an alternate route because the Sacramento Bridge will be closed for repairs starting next Monday.
   (A) enjoy
   (B) plan
   (C) lead
   (D) account

7. Research shows that the average CEO in this industry took only 23.6 years ------- attain the top position.
   (A) in order to
   (B) such that
   (C) as though
   (D) regarding

8. The hospital is trying to make employees ------- their hands when the employees enters the room.
   (A) washed
   (B) washer
   (C) wash
   (D) washing

9. The notice reminds customers ------- these fragile products with care.
   (A) handles
   (B) handled
   (C) handling
   (D) to handle

10. The new CFO ------- to provide a more detailed version of the annual financial report before the next meeting.
   (A) promised
   (B) denied
   (C) discussed
   (D) canceled

▶ 정답 및 해설은 해설집 81쪽 참고

PART 5&6

GRAMMAR

UNIT 28   동명사

VOCABULARY

UNIT 29   형용사 ❷

PART 7

READING

UNIT 30   지문유형 ❸ 광고

REVIEW TEST

WARMING UP

1) 동명사의 개념

우리말에서 '가다'라는 동사는 '가는 것', '가기', '감' 등의 다양한 명사형으로 바꿀 수 있다. 영어에서는 이와 같이 동사를 명사처럼 나타낼 때, 동사에 −ing를 붙여 쓸 수 있는데, 이러한 형태를 '동명사'라 한다.

2) 동명사의 역할

to부정사와 마찬가지로, 동명사도 문장 내에서 주어, 목적어, 그리고 보어의 역할을 수행한다.

① Studying English everyday is important.   매일 영어 공부하는 것은 중요하다. ▶ 주어

② I continued studying English everyday.   나는 매일 영어 공부하는 것을 계속했다. ▶ 타동사의 목적어

③ We talked about studying English everyday.   우리는 매일 영어 공부하는 것에 대해서 이야기했다.

④ My hobby is studying English everyday.   나의 취미는 매일 영어 공부하는 것이다. ▶ 주격보어

3) 동명사가 명사와 다른 점

동명사는 문장 내에서 명사의 역할을 담당하지만 엄밀히 말하면 동사에서 파생된 품사이므로 동사의 성질을 내포하고 있다. 따라서 명사와는 다른 특징들을 지니고 있다.

① 명사는 관사를 붙일 수 있지만 동명사는 관사를 붙일 수 없다.

ex) I have a <u>book</u>.   나는 한 권의 책을 가지고 있다. (○)
    My hobby is a <u>drawing</u> a picture.   나의 취미는 그림 그리기이다. (X)

② 동명사는 동사처럼 목적어나 보어를 가질 수 있고, 부사의 꾸밈을 받을 수 있지만 명사는 그렇지 못하다.

ex) He likes studying <u>English</u>.   그는 영어를 공부하는 것을 좋아한다.

    ▶ English가 동명사 studying의 목적어로 쓰인다.

    Exercising <u>regularly</u> is difficult.   정기적으로 운동하는 것은 어렵다.

    ▶ regularly가 동명사 Exercising을 수식하고 있다.

02 예제 풀어보기

다음 문장과 해석을 보고, 밑줄 친 부분이 문장에서 어떤 역할을 하는지 고르시오.

1 <u>Hiring new employees</u> is my job. (주어 / 목적어)

신입사원들을 채용하는 것이 나의 업무이다.

2 <u>Taking advantage of your location</u> is important in strategy. (주어 / 목적어)

당신의 위치를 활용하는 것이 전략적으로 중요하다.

3 The company finished <u>printing the newspaper</u>. (주어 / 목적어)

회사는 신문 인쇄를 끝마쳤다.

4 They managed to finish the project by <u>conducting market research</u>. (주어 / 목적어)

그들은 시장조사를 함으로써 프로젝트를 끝낼 수 있었다.

03 예제 확인하기

1 Hiring new employees is my job.   신입사원들을 채용하는 것이 나의 업무이다.
　　동명사

▶ 위 문장에서 주어는 '채용하는 것'이라는 의미의 Hiring이다. Hiring은 동사 hire에 –ing이 붙은 것으로 명사처럼 주어 자리에 왔다. 이 hiring과 같은 형태를 동명사라고 한다. 동명사는 동사에 –ing을 붙인 것으로 동사처럼 목적어를 취할 수 있고, 명사처럼 주어, 목적어, 보어 자리에 올 수 있다.

2 Taking advantage of your location is important in strategy.
　　주어　　take의 목적어　　　　　　　단수동사

당신의 위치를 활용하는 것이 전략적으로 중요하다.

▶ 주어 자리에 명사처럼 동명사 (Taking)가 올 수 있고, 동명사는 동사처럼 목적어 (advantage)를 취할 수 있다. 또한 동명사 주어는 단수 취급되어 단수 동사 (is)로 받는다는 것도 기억하자.

3 The company finished printing the newspaper.   회사는 신문 인쇄를 끝마쳤다.
　　　　　　　　동사　　동명사　　print의 목적어

▶ 타동사 뒤 목적어 자리에 명사처럼 동명사 (printing)가 올 수 있고, 동명사는 동사처럼 목적어 (the newspaper)를 취할 수 있다.

4 They managed to finish the project by conducting market research.
　　　　　　　　　　　　　　　　　　전치사　　동명사　　　　목적어

그들은 시장조사를 함으로써 프로젝트를 끝낼 수 있었다.

▶ 전치사 뒤 목적어 자리에도 동명사가 올 수 있다.

UNIT 28 PART 5&6

동명사 ❶ 동명사의 위치 1

 **실전 포인트**

풀 이 전 략   문두에 '------ + 목적어 + (수식어)' 덩어리가 있고, 덩어리 뒤에 단수동사가 왔다면 빈칸은 동명사 자리이다.

★ 대표 문제

 R49

------ to a project with commitment is important for better organizational performance.

(A) Contributed   (B) Contributes   (C) Contributing   (D) Contributions

☑ 시나공 풀이법

------ to a project with commitment is important for better organizational performance.
동명사 주어   contribute to의 목적어   전치사구   동사   보어   전치사구

contribute는 전치사 to와 함께 쓰임

(A) Contributed   (B) Contributes   (C) Contributing   (D) Contributions
동사(과거), 과거분사   현재 단수동사   동명사   명사

문 장 분 석   자동사 contribute는 전치사 to와 어울려 '~에 기여하다'라는 뜻을 갖는다. '자동사 + 전치사'는 타동사와 같은
            의미가 되며, 그 뒤에 목적어를 취할 수 있다.

해   설   문두에 빈칸이 있고, 그 뒤에 동사가 왔다면 문두 빈칸은 주어 자리이다. 주어 자리에는 명사나 동명사가 올 수 있
            는데, 동명사는 단수 취급되어 단수동사로 와야 하며, '~하는 것'이란 뜻으로 쓴다. 따라서 문두에 '------ + 목적
            어 + (수식어)' 덩어리가 있고 덩어리 뒤에 단수동사가 왔다면 빈칸은 (C) 동명사가 와야 한다. (D) 역시 빈칸의 주
            어 자리에 올 수 있지만 동사와 수가 일치하지 않아 오답이다. 주의할 것은 '자동사(contribute) + 전치사 (to)'는
            타동사 덩어리라는 것을 기억한다.

해   석   프로젝트에 책임감을 가지고 노력하는 것은 더 나은 회사 실적을 위해 중요하다.

표 현 정 리   contribute to ~에 기여하다   with commitment 의지를 갖고   organizational 회사의, 조직의   performance
            성과, 실적

정   답   (C)

📌 시나공 POINT

동명사는 문장에서 주어, 목적어, 보어의 자리에 오지만 토익에선 대부분 주어와 목적어의 자리를 묻는 문제로 나온다.

핵심 이론

동명사는 명사처럼 주어, 목적어, 보어 자리에 오고, 동사처럼 뒤에 목적어를 취한다.

동명사의 특징

동사 + -ing 형태	동사원형에 '-ing'를 붙인다.
주어, 목적어, 보어 역할	문장에서 주어, 목적어, 보어 자리에 쓰인다.
	보어는 주어와 일치할 때만 쓴다.
동사의 성격을 유지한다.	일반동사처럼 뒤에 목적어를 가진다.

• 주어 자리

Making a copy is quite a simple procedure.　복사하는 것은 꽤 단순한 절차이다.
　　make의 목적어

▶ 동명사 (Making)는 명사처럼 단수동사 (is) 앞 주어 자리에 쓴다.

• 목적어 자리

Our company consultants suggested **reducing** unnecessary expenses.
저희 회사의 고문들은 불필요한 비용을 줄일 것을 제안했다.　　　　reduce의 목적어

▶ 동명사(reducing)는 명사처럼 동사(suggest) 뒤 목적어 자리에 쓴다.

We will hold a launching ceremony before **releasing** the new product.
저희는 신제품 출시 전에 설명회를 열 것이다.　　　　release의 목적어

▶ 동명사(releasing)는 명사처럼 전치사(before) 뒤 목적어 자리에 쓴다.

• 보어 자리

My hobby is **travelling** throughout the country.　나의 취미는 전국을 여행하는 것이다.

▶ 동명사(travelling)는 명사처럼 be동사 뒤 보어 자리에 쓴다. 주어(hobby)와 동명사 보어(travelling)는 동격이어야 한다.

1. A team of three researchers has finished ------- the first of five sets of data gathered in Colorado, New Mexico, and Brazil.

　(A) analyzed　　　　(B) analyzation　　　　(C) to analyze　　　　(D) analyzing

2. ------- the enclosed survey after reading the general instructions on the back of this page is the easiest way you can get involved in the growth of Casa Adalijao.

　(A) Completions　　　(B) Completing　　　(C) Completed　　　(D) Completes

▶ 정답 및 해설은 해설집 82쪽 참고

UNIT
28 PART 5&6
동명사 ❷ 동명사의 위치 2

풀 이 전 략   전치사와 목적어 사이의 빈칸에는 동명사가 온다.

★ 대표 문제

 R50

The Starlet safety key is now attached to a tether to discourage you from ------- the key.

(A) misplaced   (B) misplacement   (C) misplacing   (D) misplace

📝 시나공 풀이법

The Starlet safety key is now attached to a tether to discourage you from -------
　　　주어　　　　　　　동사 부사　　보어　　　전치사구　부정사구(부사적용법)　목적어 전치사구　동명사

the key.　　　　　be attached to는 따로 암기　　　　　전치사구(전치사 + 명사 상당어구)
동명사의 목적어

(A) misplaced   (B) misplacement   (C) misplacing   (D) misplace
동사(과거), 과거분사   명사   동명사   현재 복수동사

문장분석   동사 discourage는 prevent, keep 등과 더불어 '목적어 + from + V-ing' 형태로 '~을 못하게 하다'는 뜻으로 쓰인다.

해 설   전치사 뒤는 목적어 자리이다. 목적어 자리에는 명사와 동명사 모두 올 수 있다. 동명사는 동사의 성질이 있으므로 동사처럼 목적어를 취할 수 있다. 따라서 '전치사 + -------' 덩어리 뒤에 목적어가 있으면 빈칸에는 동명사가 오고, '전치사 + -------' 덩어리 뒤에 목적어가 없으면 빈칸에는 명사가 온다. 위 문제의 경우 '전치사 + -------' 덩어리 뒤에 목적어(the key)가 왔으므로 동명사인 (C) misplacing이 정답이다.

해 석   Starlet 안전키는 당신이 열쇠를 분실하는 것을 방지하도록 사슬에 연결되어 있습니다.

표현정리   **be attached to** ~에 달려 있다   **tether** 밧줄. 사슬   **discourage** (무엇을 어렵게 만들거나 반대하여) 막다. 의욕을 꺾다
misplace (제 자리에 두지 않아) 찾지를 못하다

정 답   (C)

✎ 시나공 POINT

동명사는 '전치사의 목적어' 역할을 할 수 있고, 그 자체가 뒤에 목적어를 취할 수도 있다.

핵심 이론

전치사의 목적어를 고르는 문제가 동명사 1순위 문제이다.

전치사 뒤의 명사와 동명사의 구분

전치사 뒤	명사와 동명사가 올 수 있다.
구분 기준	목적어의 유무(명사는 목적어를 취할 수 없고 동명사는 목적어를 취할 수 있다).
이유	동명사가 동사의 성격을 가지고 있기 때문이다.

We sincerely apologize for the delay in ~~deliver~~ your order.
　　　　　　　　　　　　　　　　　　delivering
우리는 당신의 주문을 배달하는데 지연이 된 점에 대해서 깊이 사과드립니다.

We can install the equipment without ~~interruption~~ the power supply.
　　　　　　　　　　　　　　　　　　interrupting
우리는 전기 공급을 차단하지 않고 장비를 설치할 수 있다.

▶ '전치사 + -------' 덩어리 뒤에 목적어(the power supply)가 있으므로 빈칸은 동명사(interrupting)를 쓴다.

Without ~~pressuring~~, you can try on anything you want in this store.
　　　　pressure
부담 없이 매장에 있는 원하는 옷들을 입어 보시기 바랍니다.

▶ '전치사 + -------' 덩어리 뒤에 목적어가 없으므로 빈칸은 명사(pressure)를 쓴다.

1. Richard Williamson, a spokesman for the Human Resources Department, objected to -------
staff next month due to the limited budget.

(A) adds　　　　　　(B) addition　　　　　　(C) added　　　　　　(D) adding

2. With the aim of ------- all of our guests, Marbella recently built some holiday villas
downtown, and they were designed with some very special features.

(A) satisfaction　　　(B) satisfying　　　(C) satisfied　　　(D) satisfactory

▶ 정답 및 해설은 해설집 83쪽 참고

UNIT
28

PART 5&6

동명사 ❸ 동명사를 취하는 동사

Step **1**   실전 포인트

풀 이 전 략   선택지에 동명사가 있고, 빈칸 앞에 동명사를 목적어로 취하는 동사가 있으면 동명사를 고른다.

⭐ **대표 문제**   🎥 R51

> A significant increase in sales allowed the company to consider ------- its profits.
>
> (A) investing   (B) invested   (C) invest   (D) investment

📝 **시나공 풀이법**

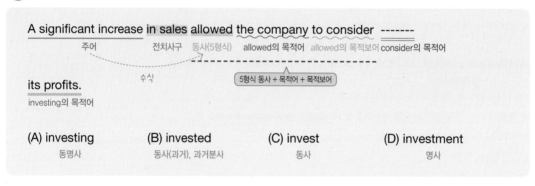

문 장 분 석   allow는 '목적어 + to부정사'를 취하는 동사이다. 이때 to부정사는 목적보어로 5형식 문장이다.

해   설   동명사를 목적어로 취하는 동사를 암기해야 한다. 동명사를 목적어로 취하는 대표적인 동사는 consider, include, suggest, recommend 등이 있다. 위 문제의 경우 빈칸 앞에 consider가 왔으므로 동명사인 (A) investing이 정답이다.

해   석   상당한 매출 증가는 회사로 하여금 신제품에 투자하는 것을 고려하도록 했다.

표 현 정 리   **significant** 상당한 **consider** 고려하다 **profit** 이익

정   답   (A)

✗ 시나공 POINT

> consider, include, suggest, recommend 등은 동명사를 목적어로 취한다.

핵심 이론

동명사를 목적어로 취하는 동사

avoid ~을 피하다	enjoy ~을 즐기다	mind ~을 꺼리다
consider ~을 고려하다	finish ~을 끝내다	postpone ~을 연기하다
deny ~을 부인하다	give up ~을 포기하다	recommend ~을 추천하다
discontinue ~을 중단하다	include ~을 포함하다	suggest ~을 제안하다

Mr. McDonnell is <u>considering</u> **applying** for the sales manager position.

McDonnell 씨는 영업부장 직에 지원할지를 고려 중이다.

The manager <u>suggested</u> **extending** the deadline to complete the project.

매니저는 프로젝트 마감일을 연장해 달라고 제안했다.

The manager <u>recommended</u> **using** the internet to reserve a meeting place.

매니저는 회의 장소를 예약하는데 인터넷을 사용하는 것을 추천했다.

cf. 동명사의 부정형

He suggested **not offering** customer service anymore.

그는 더 이상 고객 서비스를 제공하지 말 것을 제안했다.

▶ 동사 + ing 앞에 not을 붙여서 부정형을 만든다.

1. The manager suggested ------- late on Friday and Saturday nights during the peak season between June 1 and August 31.

(A) closed   (B) close   (C) to close   (D) closing

2. Our used ski shop is equipped with a wide selection and a great choice of equipment for kiers of every level who want to avoid ------- high retail prices.

(A) pay   (B) paying   (C) paid   (D) to pay

▶ 정답 및 해설은 해설집 83쪽 참고

Step 1 실전 포인트

풀 이 전 략 　 동명사와 관련된 빈출 패턴들을 최대한 많이 숙지하도록 하자.

★ 대표 문제

R52

> We look forward to ------- with you and hope that our relationship is mutually beneficial.
>
> (A) work　　　　　(B) works　　　　　(C) working　　　　　(D) worked

🗹 시나공 풀이법

> → 전치사(to 부정사 아님)
>
> We look forward to ------- with you and hope that our relationship is mutually beneficial.
>
> 주어　동명사의 관용적 표현　　　전치사구　접속사　동사　접속사　　　주어　　동사　부사　　　보어
>
> 전치사 뒤는 명사
> 선택지에서 명사 역할을 하는 것은 동명사

(A) work　　　　　(B) works　　　　　(C) working　　　　　(D) worked
현재 복수동사　　　현재 단수동사　　　　동명사　　　　동사(과거), 과거분사

문 장 분 석 　 and 뒤에는 앞에서 사용된 주어 We가 생략된 문장이다.

해 　 설 　 동명사의 관용적 표현은 필히 암기해야 한다. '~을 기대하다'는 'look forward to V-ing'로 나타내므로 (C) working을 써야 한다.

해 　 석 　 우리는 당신과 일하기를 고대하고 있으며, 우리의 관계가 서로에게 이롭기를 바랍니다.

표 현 정 리 　 **look forward to -ing** ~을 기대하다　**mutually** 상호간에, 서로　**beneficial** 이익이 되는

정 　 답 　 (C)

✎ 시나공 POINT

전치사 to와 부정사 to를 구분해서 알아두어야 한다.

핵심 이론

동명사 빈출 표현

be committed to -ing ~에 전념하다	be worth -ing ~할 가치가 있다
look forward to -ing ~하기를 고대하다	object to -ing ~에 반대하다
be accustomed[used]to -ing ~에 익숙하다	contribute to -ing ~에 공헌하다
have difficulty (in) -ing ~하는데 어려움을 겪다	keep (on) -ing 계속 ~하다
be busy (in) -ing ~하느라 바쁘다	on[upon] -in ~하자마자
be dedicated[devoted] to -ing ~에 헌신적이다	feel like -ing ~하고 싶다
spend 시간 / 돈 (in) -ing ~하는 데 시간 / 돈을 쓰다	go -ing ~하러 가다
cannot help -ing ~하지 않을 수 없다	

We are <u>looking forward to</u> **seeing** you soon.

우리는 당신을 곧 만나 뵙기를 고대합니다.

He is <u>considering</u> **accepting** the proposal.

그는 그 제안을 수용할지 고려 중이다.

All of them <u>were accustomed to</u> **working** overtime.

그들 모두 초과근무를 하는 것에 매우 익숙했다.

The founder of the organization <u>is still committed to</u> **expanding** his business.

회사 설립자는 아직도 사업을 확장하는데 매우 헌신적이다.

Step 3   실전 문제

1. The NCBA members of the beef industry are committed to ------- the safest possible products in Canada.

(A) produce   (B) production   (C) produced   (D) producing

2. Due to their sizes, small underground coal mining companies in New Zealand have difficulty ------- their productivity.

(A) increases   (B) increasing   (C) increase   (D) increased

▶ 정답 및 해설은 해설집 83쪽 참고

UNIT
29
PART 5&6
형용사 ②

Step 1 기출 100% 어휘 정리

091
☐ **comprehensive** ⓐ 종합적인 | **comprehensive** information 종합적인 정보
ⓥ comprehend 포함하다 | a **comprehensive** study 포괄적인 연구

092
☐ **affordable** ⓐ 가격이 알맞은 | at an **affordable** price 저렴한 가격으로
ⓥ afford ~할 여유가 있다 | **affordable** accommodation 적절한 가격의 숙박시설

093
☐ **promising** ⓐ 유망한 | the most **promising** candidate 가장 유망한 후보자
ⓝ promise 약속 | a **promising** company 전망 있는 회사
ⓥ promise 약속하다 |

094
☐ **damaged** ⓐ 손상된 | **damaged** luggage 파손된 수화물
ⓝ damage 손상, 손해 | **damaged** baggage report (항공) 수화물 파손 신고서
ⓥ damage 손해를 입히다 |

095
☐ **durable** ⓐ 내구성 있는, 튼튼한 | **durable** materials 내구성 있는 자재
ⓝ durability 내구성 | manufacture **durable** merchandise 내구성 있는 제품을 제조하다

096
☐ **dedicated** ⓐ 헌신적인 | a **dedicated** assistant 헌신적인 보조원
ⓝ dedication 헌신, 전념 | **dedicated** employees 헌신적인 직원들
ⓥ dedicate 바치다 |

097
☐ **rapid** ⓐ 빠른, 신속한 | **rapid** improvement 빠른 개선
ⓐⓓ rapidly 빨리, 신속히 | a **rapid** increase 급격한 증가
ⓝ rapidity 신속, 민첩 |

098
☐ **relevant** ⓐ 관련된, 적절한 | **relevant** experience 관련 경험
| a **relevant** receipt 관련 영수증

099
☐ **broad** ⓐ 폭넓은 | **broad** knowledge 폭넓은 지식
ⓥ broaden 넓히다 | a **broad** range of products 다양하고 폭넓은 상품
ⓐⓓ broadly 폭넓게 |

100
☐ **professional** ⓐ 전문적인 | **professional** assistance 전문적인 지원
ⓝ profession 직업 | seek **professional** advice 전문적인 조언을 구하다
ⓐⓓ professionally 전문적으로 |

1	**designated** 지정된, 임명된 특정한 목적을 달성하기 위해 선택된	**restricted** 제한된, 한정된 법률이나 규칙에 의해 일부만 허용된
2	**enormous** 막대한, 엄청난 수나 규모가 매우 큰	**dramatic** 감동적인, 극적인 어떤 것이 꽤 인상적인
3	**irrelevant** 관련성이 없는 특성 대상과 관계가 없는	**irrespective** 상관없는 특정한 상황 속에서 어떤 대상에 대해 영향을 주지 않는
4	**possible** 가능한, 할 수 있는 달성될 수 있고, 할 수 있는 가능성이 있는	**likely** ~일 것 같은 ~이 사실일 가능성이 높은
5	**prevalent** 유행하는, 널리 퍼진 특정 장소나 특정인들 사이에 공통적으로 퍼진	**leading** 일류의, 선도적인 가장 선도적이고 주도적인 위치에 있는

Step 3　이론 적용해 보기

1. Herne Technology Systems, one of the [prevalent / leading] companies in the world, is based in Essen, Germany.

2. Please be aware that to be reimbursed, you have to use a [designated / restricted] hotel.

3. Please do not include [irrelevant / irrespective] information in your report.

4. Because the company developed an efficient strategy, it could make an [enormous / dramatic] profit.

5. The concert in the stadium is [possible / likely] to be postponed due to the weather conditions.

▶ 정답 및 해설은 해설집 83쪽 참고

PART 7
지문유형 ❸ 광고 (Advertisement)

Step 1 실전 문제 먼저 풀기

풀 이 전 략   광고는 구인광고인지, 일반 상업광고인지부터 확인해야 한다. 구인광고라면 담당 업무와 지원 자격을 꼭 확인하고, 일반 상업광고라면 제목을 먼저 읽고 상품의 종류를 확인한 후, 상품의 특징, 할인혜택, 구입 방법 등을 확인한다.

Questions 1-2 refer to the following advertisement.

Studio/Project Manager at Luxury Interiors Studio

Luxury Interiors Studio is looking for an organized and diligent studio coordinator. The studio specializes in branding, interior architecture and design, and development for high-end hotels, restaurants, bars, and residences.

The studio/project manager will ensure that all projects run under budget and on schedule and will do the following:

- Assist in scheduling the studio's resources and booking external resources.
- Monitor hours spent on projects and ensure that the work is done under the budget.
- Be fully briefed at all times on the stages of all of the ongoing projects.

The manager should have an adaptable working style. Experience or a background in architecture or interior design is essential. The manager will be proficient at using AutoCAD, MS Project, Photoshop, Illustrator, and Excel.

If you meet these requirements, please apply on our Web site: www.STUDIO.com.

---

1. What is the purpose of the advertisement?

(A) To invite people to an opening ceremony

(B) To apply for a position

(C) To introduce a new product

(D) To seek a new staff member

2. What is NOT mentioned as a responsibility of the job?

(A) Making sure the projects are done under budget

(B) Planning the studio's resources

(C) Reporting on the completion of projects

(D) Helping to book external resources

▶ 정답 및 해설은 해설집 83쪽 참고

Studio/Project Manager at Luxury Interiors Studio → 제목

1 Luxury Interiors Studio is looking for an organized and diligent studio coordinator. The studio specializes in branding, interior architecture and design, and development for high-end hotels, restaurants, bars, and residences.
→ 구인 직종

The studio/project manager will 2 (A) ensure that all projects run under budget and on schedule and will do the following:
→ 담당 업무
- 2 (B), (D) Assist in scheduling the studio's resources and booking external resources.
- 2 (A) Monitor hours spent on projects and ensure that the work is done under the budget.
- 2 (C) Be fully briefed at all times on the stages all of the ongoing projects.

The manager should have an adaptable working style. Experience or a background in architecture or interior design is essential. The manager will be proficient at using AutoCAD, MS Project, Photoshop, Illustrator, and Excel.
→ 자격 요건

If you meet these requirements, please apply on our Web site: www.STUDIO.com.
→ 지원 방법

1. What is the purpose of the advertisement?

광고의 주제 및 목적은 첫 단락에 자주 언급되므로 광고의 주제 및 목적을 묻는 문제는 제목을 포함한 첫 단락에서 답을 찾는다는 것을 기억한다. (D)가 정답이다.

2. What is NOT mentioned as a responsibility of the job?

문제의 종류가 NOT이고 지문에 기호 및 문자가 등장한다면 그곳이 정답의 단서가 되는 문장이다. 더욱이 두 번째 단락은 업무 담당 단락에 속하고 업무 담당에 대해 묻고 있으므로 단서로써 모두 부합한다. NOT 문제는 가장 까다로운 문제 중 하나에 속하므로 꼼꼼하게 읽고 풀어야 하는데 우선 선택지부터 읽고 관련된 정보를 지문에서 찾는다. (A)는 ensure that all projects run under budget and on schedule and will do the following과 Monitor hours spent on projects and ensure that the work is done under the budget.에 언급된 사실 문장이고, (B)는 Assist in scheduling the studio's resources and booking external resources.에 언급된 사실 문장이다. 하지만 (C)는 Be fully briefed at all times on the stages of all of the ongoing projects.에서 '항상(at all times) 보고하라'고 언급되었으므로 (C)가 사실과 다르다. 따라서 (C)가 정답이다.

시나공 POINT

구인광고는 담당 업무와 지원 자격을 꼭 확인해야 한다.

1. The studio specializes in branding, interior architecture and design, and development for high-end hotels, restaurants, bars, and residences.

> The studio specializes in (branding, interior architecture and design, and
>   주어   동사   동사 덩어리의 목적어
>
> development) (for high-end hotels, restaurants, bars, and residences).
>   전치사구(전치사 + 명사)

specialize in은 '~을 전문적으로 하다'는 의미로 토익에 자주 등장하는 동사 덩어리이다. 자동사는 목적어를 취할 수 없지만, '자동사 + 전치사(specialize in)' 덩어리 표현은 일종의 타동사처럼 사용되어 덩어리 뒤에는 목적어를 취한다. 따라서 '자동사 + 전치사'는 타동사 덩어리로 묶어서 구조를 파악할 수 있어야 한다.

2. The studio/project manager will ensure that all projects under budget and on schedule and will do the following:

> The studio/project manager will ensure (that all projects run under budget
>   주어   동사   동사(ensure)의 목적어(명사절)
>   완전한 절(주절)
>
> and on schedule and will do the following):
>   동사   목적어

두 개의 절이 and를 통해 연결된 구문이다. 주어는 The studio / project manager이며, 그 뒤에 will ensure와 will do라는 두 개의 동사를 취하고 있다. 첫 번째 동사인 will ensure는 that all projects run under budget and on schedule이라는 명사절을, 그리고 두 번째 동사인 will do는 the following이라는 명사를 각각 별도의 목적어로 취하고 있다.

3. The manager will be proficient at using AutoCAD, MS Project, Photoshop, Illustrator, and Excel.

> The manager will be proficient at using AutoCAD, MS Project, Photoshop,
>   주어   동사   보어   전치사 동명사(at의 목적어)   동명사 using의 목적어
>
> Illustrator, and Excel.

전치사 뒤에는 반드시 목적어를 취한다. 목적어 자리에는 주로 명사와 동명사를 사용한다. 전치사 뒤 동명사를 현재분사로 혼동하지 않도록 주의한다. 이때 해석은 '완전한 절 + 전치사 + 동명사 + 동명사의 목적어' 구조에서 '완전한 절이다. 동명사의 목적어를 동명사하는데 말이다' 정도로 해석하면 된다.

즉, 여러분은 능숙해야 합니다. AutoCAD, MS Project, Photoshop, Illustrator, 그리고 Excel을 사용하는데 있어서 말이다.
    완전한 절   동명사의 목적어   동명사

Questions 3-5 refer to the following advertisement.

Do you want to start or build a career in exhibition and event sales?

We are looking for sales executives with 6-12 months of sales experience. It is your sales skills and ability we are the most interested in. It is not a requirement that you have any relevant experience. So this could be the perfect job if you are considering changing careers.

Selling high-value exhibition packages will be an exciting challenge for your sales skills.

Who is qualified? A person with:

• Innovative sales skills
• Ideally, 6-12 months of sales experience
• Competent communication skills
• An A-level education; a degree is preferred but not essential.

The salary is dependent on experience. It starts at £18,000 and can go as high as £35,000 for a more experienced person. This does not include commission!

Apply now by visiting our Web site at www.eae.co.uk.

---

3. What position is being advertised?

(A) Accountant
(B) Salesman
(C) Negotiator
(D) Cashier

4. What is NOT mentioned as a requirement for the position?

(A) An ability to make sales
(B) Experience in sales
(C) A degree
(D) Proficiency in communication skills

5. How should a candidate apply for the job?

(A) By mailing an application
(B) By meeting the person in charge
(C) By visiting a Web site
(D) By contacting the office

▶ 정답 및 해설은 해설집 84쪽 참고

REVIEW TEST

1. I would highly recommend ------- Paces Moving, Inc. to any business or individual that is planning to move.

   (A) using
   (B) usable
   (C) use
   (D) used

2. ------- some valid and meaningful data from surveys on behalf of a company takes time, energy, and resources.

   (A) Collecting
   (B) Collections
   (C) Collected
   (D) Collects

3. Most of the employees did not disagree with ------- parking guidelines that went into effect two weeks ago.

   (A) follower
   (B) following
   (C) followed
   (D) follow

4. The BBC reporters are accustomed to ------- all sorts of obstacles to meet their deadlines.

   (A) be surmounted
   (B) surmounts
   (C) surmounting
   (D) surmount

5. The company will be taking disciplinary action against the employee who went to the business conference without ------- his part of the presentation.

   (A) organize
   (B) organized
   (C) organization
   (D) organizing

6. Homeowners often ask what renovations are worth ------- in before selling their homes.

   (A) invest
   (B) investing
   (C) to invest
   (D) invested

7. The CEO of our company insists on ------- a new company building despite the board members' objection.

   (A) constructed
   (B) constructing
   (C) construction
   (D) constructs

8. Only authorized users identified by the Personnel Department have access to ------- about the customers.

   (A) informed
   (B) informs
   (C) information
   (D) informing

9. The Sales and Marketing Department is responsible for ------- the Sofia Hotel's unique amenities and services by advertising in the local newspaper.

   (A) promote
   (B) promoting
   (C) promoted
   (D) promotion

10. To apply for this position, remember ------- our Web site for details about the application requirements and deadlines.

   (A) reviews
   (B) reviewer
   (C) reviewing
   (D) to review

▶ 정답 및 해설은 해설집 85쪽 참고

PART 5&6

GRAMMAR

UNIT 31 분사

VOCABULARY

UNIT 32 형용사 ❸

PART 7

READING

UNIT 33 지문유형 ❹ 편지

REVIEW TEST

WARMING UP

1) 분사의 개념

'아름다운 꽃', '용감한 소년' 등 흔히 명사를 꾸며주는 대표적인 품사가 형용사이다. 하지만 '잠자는 사자', '수집된 우표들'처럼 형용사가 아닌 다른 표현이 명사를 꾸며줄 때가 있다. 이때의 '잠자는', '수집된'은 엄밀히 말하면 형용사가 아니라 동사이기 때문에 동사를 형용사형으로 바꿔줘야만 그 의미가 통하게 되는데, 이처럼 동사의 성질을 갖고 있지만 형용사의 역할을 하는 품사를 '분사'라 한다.

2) 분사의 종류

분사는 크게 현재분사와 과거분사로 나눌 수 있는데, 각각의 특징은 다음과 같다.

	현재분사		과거분사
능동	~하게 하는 ex) an exciting game 흥미진진한 경기	수동	~해진, ~하게 된 ex) a broken window 깨진 유리창
진행	~하고 있는 ex) a sleeping baby 잠자고 있는 아기	완료	~한 ex) fallen leaves 떨어진 낙엽

3) 분사의 역할

분사는 동사에서 파생되었지만 형용사 역할을 하기 때문에 기본적으로 형용사와 동일한 역할을 수행한다. 다만 동사의 성질도 지니고 있으므로 그 뒤에 목적어를 취할 수 있다.

The man is watching <u>TV</u>.   그 남자는 TV를 보고 있는 중이다.

▶ 형용사처럼 주격보어로 쓰였으나, 동사의 성질을 지니고 있으므로 뒤에 'TV'라는 목적어를 취하고 있다.

02 예제 풀어보기

다음 문장에 알맞은 분사를 고르시오.

1 Be sure to take care of the (remaining / remained) staff.

2 By tomorrow morning, you should submit the (revised / revising) copy.

3 You have to allow for guests (waiting / waited) for a long time.

4 Ships are only allowed to dock at (designating / designated) ports.

5 When (signing / sighed) the contract, read it carefully.

03 예제 확인하기

1 the **remaining** staff (남아 있는 직원)

2 the **revised** copy (수정된 사본)

> ▶ 위와 같이 동사원형 (remain)에 –ing가 붙거나 동사원형 (revise)에 –ed가 붙어 형용사처럼 명사를 수식하는 것을 분사라고 한다. 이때 분사는 동사원형에 –ing를 붙여 현재분사라고 부르고, 동사원형에 –ed를 붙여 과거분사라고 부른다.

> ▶ 현재분사는 수식받는 명사가 분사와 능동관계일 때 사용하고, 과거분사는 수식받는 명사가 분사와 수동관계일 때 사용한다. 그렇다면 능동관계란 무엇이고 수동관계란 무엇일까? 수식받는 '명사가 분사하다'는 의미이면 능동관계이고, '명사가 분사되다'는 의미이면 수동관계가 된다.

3 You have to allow for guests waiting for a long time.

당신은 오랫동안 기다리고 있는 고객들을 고려해야 합니다.

> ▶ 수식을 받는 '명사 (guests)가 기다린다.'는 의미이므로 능동관계이며, 현재분사인 waiting을 써야 한다.

4 Ships are only allowed to dock at designated ports. 배들은 지정된 항구에서만 정박이 가능하다.

> ▶ 수식을 받고 있는 '명사 (ports)가 지정된다.'는 의미이므로 수동관계이며, 과거분사인 designated를 써야 한다.

5 When signing the contract, read it carefully. 계약서에 서명할 때 주의 깊게 읽으세요.

> ▶ 접속사 다음 빈칸에서 빈칸 다음에 목적어가 있으면 현재분사, 목적어가 없으면 과거분사를 선택한다.

UNIT 31 PART 5&6
분사 ❶ 분사의 위치 1

Step 1 실전 포인트

풀 이 전 략   주어가 사람이면 주격보어 자리에 과거분사가 오고, 주어가 사물이면 주격보어 자리에 현재분사가 온다.

대표 문제

 R53

> We were extremely ------- with our stay although the hotel was beautiful and the people were friendly.
>
> (A) disappoint   (B) disappointing   (C) disappointed   (D) disappointment

시나공 풀이법

We were extremely ------- (with our stay)   보어 자리에는 형용사와 명사가 올 수 있음
주어   동사   부사   보어   전치사구
                주절

although (the hotel was beautiful) and (the people were friendly.)
접속사   주어   동사   보어   등위접속사   주어   동사   보어
              등위접속사(and)에 의한 절과 절의 병렬
                    부사절

(A) disappoint   (B) disappointing   (C) disappointed   (D) disappointment
    동사   현재분사   과거분사   명사

문 장 분 석   수식어구를 지우면 비교적 간단한 문장이 된다. 또한 과거분사는 'be disappointed with(~에 실망하다)'처럼 앞에 be동사, 뒤에 전치사와 결합하여 하나의 숙어를 이루는 경우가 많다.

해   설   보어 자리에 들어갈 분사는 감정을 나타내는 분사이다. 분사가 주격보어인 경우 주어와 보어가 능동관계이면 현재분사, 수동관계이면 과거분사를 쓰는 것이 원칙이지만 주어가 사람이면 과거분사, 주어가 사물이면 현재분사가 들어간다고 볼 수도 있다. 따라서 정답은 (C) disappointed가 된다.

해   석   비록 호텔이 아름답고 사람들도 친절했지만, 우리는 투숙에 매우 실망했다.

표 현 정 리   disappoint 실망시키다. 낙담시키다   stay 체류; 머물다   friendly 다정한, 친절한

정   답   (C)

시나공 POINT

감정분사의 경우 주어가 사람이면 보어에 과거분사, 주어가 사물이면 보어에 현재분사가 쓰인다.

핵심 이론

주어와 보어인 분사가 능동관계이면 현재분사, 수동관계이면 과거분사를 쓴다.

현재분사와 과거분사의 구분

현재분사	수식을 받는 명사와 분사의 관계가 능동
	the smiling girl
	웃고 있는 → 소녀
과거분사	수식을 받는 명사와 분사의 관계가 수동
	the offered goods
	제공된 → 물건

Mr. Scott was **disappointed** by the quality of the entries.

Mr. Scott은 출품작들의 수준에 실망했다.

▶ 분사가 주격보어인 경우 주어가 사람(Mr. Scott)이면 감정동사(disappoint)는 과거분사(disappointed)를 쓴다.

The initial holiday sales were **disappointing**. 초기 주말 판매량은 실망스러웠다.

▶ 분사가 주격보어인 경우 주어가 사물(holiday sales)이면 감정동사(disappoint)는 현재분사(disappointing)를 쓴다.

He found Kim **exhausted** from her constant writing. 그는 킴이 계속되는 글쓰기로 지쳐 있다는 것을 알았다.

▶ 분사가 목적보어인 경우 목적어가 사람(Kim)이면 감정동사(exhaust)는 과거분사(exhausted)를 쓴다.

Stacy found the process **exhausting**. 스테이시는 절차가 사람을 지치게 한다고 생각했다.

▶ 분사가 목적보어인 경우 목적어가 사물(process)이면 감정동사(exhaust)는 현재분사(exhausting)를 쓴다.

1. Current customers who are ------- with our products are likely to become regular customers.

(A) satisfy   (B) had satisfied   (C) satisfying   (D) satisfied

2. Eliot Dahl, an award-winning copywriter, once made a poster of his roommate running a marathon to keep his roommate ------- on race day.

(A) inspiration   (B) inspired   (C) inspiring   (D) been inspired

▶ 정답 및 해설은 해설집 86쪽 참고

UNIT
31
PART 5&6
분사 ❷ 분사의 위치 2

Step 1 | 실전 포인트

풀 이 전 략   선택지에 분사가 있을 때, 빈칸 앞과 뒤에 모두 명사가 있으면 현재분사, 빈칸 앞만 명사가 있으면 과거분사가 온다.

 대표 문제   R54

All employees ------- in the new project are advised to participate in the world trade fair.

(A) involve   (B) involving   (C) involvement   (D) involved

시나공 풀이법

All employees ------- in the new project are advised to participate in the world trade fair.
 주어   분사구   동사   to 부정사구

(A) involve   (B) involving   (C) involvement   (D) involved
현재 복수동사   현재분사   명사   동사(과거), 과분거사

문 장 분 석   문장의 주어는 all employees, 동사는 are advised이며, 빈칸부터 project까지는 분사구문이다.

해   설   선택지에 정동사와 분사가 있을 때, 빈칸 앞뒤에 동사가 있는지 확인한다. 동사가 있다면 빈칸은 분사 자리가 되고, 동사가 없다면 동사 자리가 된다. 분사 자리로 결정이 될 경우 빈칸 앞과 뒤에 모두 명사가 있으면 현재분사, 빈칸 앞만 명사가 있으면 과거분사가 들어간다. 빈칸 뒤에 동사(are advised)가 왔으므로 빈칸은 분사 자리이다. 또한 빈칸 바로 뒤에는 명사가 아닌 전치사구가 왔으므로 (D) involved가 정답이다.

해   석   새로운 프로젝트에 관련된 모든 직원들은 세계 무역박람회에 참석할 것을 권고 받았다.

표 현 정 리   be advised to ~하도록 권고되다 participate in ~에 참석하다 trade fair 무역 박람회

정   답   (D)

✎ 시나공 POINT

선택지에 정동사와 분사가 있을 때 빈칸이 정동사 자리인지 분사 자리인지를 구분한 후 분사 자리라면 현재분사와 과거분사를 구분한다.

핵심 이론

한 문장에는 중심이 되는 동사가 하나만 존재하며, 이 동사와 분사를 구분할 수 있어야 한다. 대부분 분사 뒤 목적어의 유무에 따라 구분하면 답을 고를 수 있다.

> **중심 동사와 분사의 구분**
>
> The employee conducting the survey took the day off today.
>   분사   진짜 동사
> 설문조사를 실시하고 있는 직원이 오늘 휴가를 냈다.
>
> The selected employee conducted the survey.
>   분사   진짜 동사
> 선택된 직원은 설문조사를 실시했다.

Kira Electronics delivers all orders ~~purchasing~~ through the online store within 7 days.
                                    purchased

Kira Electronics 사는 온라인 스토어를 통해 구매된 모든 주문품들을 일주일 이내에 배달합니다.

▶ 명사(all orders)와 수식어(through the online store) 사이 빈칸에는 과거분사(purchased)를 쓴다.

Richard starts his work by checking his company e-mail, ~~included~~ customer feedback every week.
                                                    including

Richard는 매주 고객 피드백을 포함한 회사 이메일을 확인하는 것으로 그의 업무를 시작한다.

▶ 명사(company e-mail)와 명사(customer feedback) 사이 빈칸에는 현재분사(including)를 쓴다.

1. Everyone ------- the USC School of Business is required to register his or her laptop on http://uscbusiness.edu.

   (A) has attended   (B) attends   (C) attendee   (D) attending

2. This paper is based on the outcomes of the 36 audit reports ------- by Massachusetts Printer over a period of 3 years.

   (A) publish   (B) published   (C) will publish   (D) publishing

▶ 정답 및 해설은 해설집 86쪽 참고

UNIT
31 PART 5&6
분사 ❸ V-ing과 V-ed의 구분

 실전 포인트

풀 이 전 략   분사가 명사를 수식하는 경우 수식받는 명사와 분사가 능동 관계이면 현재분사, 수동 관계이면 과거분사가 온다.

 대표 문제

> We request that you return the completed and signed forms in the ------- envelope as
> soon as possible but no later than Thursday, April 11.
>
> (A) enclosed   (B) enclose   (C) enclosing   (D) encloser

시나공 풀이법

> We request that you return the completed and signed forms in the ------- envelope (as
> 주어 동사   등위접속사절   전치사구
>
> soon as possible) but (no later than Thursday, April 11.)
> 부사 덩어리   등위접속사   부사 덩어리
>
> 관사(the)와 명사(envelope) 사이에는 형용사가 온다.

> (A) enclosed   (B) enclose   (C) enclosing   (D) encloser
> 동사(과거), 과거분사   현재 복수동사   현재분사   명사

문장분석   that절은 request의 목적어가 되는 명사절이며, 관사와 명사 사이의 빈칸에는 형용사가 와야 한다.

해 설   관사(a / the)와 명사 사이 빈칸은 분사 자리이다. 이때 분사가 명사를 수식하는 경우 수식받는 명사와 분사가 능동 관계면 현재분사, 수동 관계면 과거분사를 넣는다. 따라서 (A) , (C) 중에 고민한다. 수식받는 명사(envelope)와 분사가 수동 관계이므로 (A) enclosed가 정답이다.

해 석   우리는 당신이 동봉된 봉투에 있는 답변 양식을 작성하고 서명한 뒤 가능한 한 늦어도 4월 11일까지는 보내주시길 바랍니다.

표현정리   completed 완성된 signed 서명된 enclose 동봉하다, 에워싸다 envelope 봉투 no later than 늦어도 ~까지는 encloser 에워싸는 것, 봉하는 것

정 답   (A)

✎ 시나공 POINT
관사와 명사 사이에는 형용사가 오며, 분사도 형용사의 역할을 수행한다.

핵심 이론

현재분사나 과거분사로 굳어진 표현들을 암기해 두자.

• 현재분사로 굳어진 분사 표현	• 과거분사로 굳어진 분사 표현
existing equipment 기존 설비	attached document 첨부된 서류
leading company 일류 회사	detailed information 세부적인 정보
growing company 성장하는 회사	limited warranty 제한된 보증서
lasting impression 오래가는 인상	damaged item 파손된 물건
promising member 유망한 회원	discounted price 할인된 가격
demanding work 어려운 작업	merged companies 합병된 회사

We'll assist you in finding your **missing** luggage.

우리가 당신이 분실한 수화물을 찾을 수 있도록 도와드리겠습니다.

▶ 'missing luggage(분실된 수하물)'처럼 '현재분사 + 명사'로 굳어진 표현은 암기해 두어야 한다.

Submit the **revised** project plan sometime next week.

다음 주 언젠가 수정된 프로젝트 계획을 제출하시오.

▶ 'revised project(수정된 프로젝트)'처럼 '과거분사 + 명사'로 굳어진 표현은 암기해 두어야 한다.

Every applicant should complete the **attached** application form.

모든 지원자는 첨부된 신청 양식의 작성을 완료해야 한다.

▶ 'attached application form(첨부된 신청 양식)'처럼 '과거분사 + 명사'로 굳어진 표현은 암기해 두어야 한다.

1. The ------- size of an aperture coupled microstrip antenna provides compatibility with portable communications systems.

(A) reduce　　　　(B) reducing　　　　(C) reduction　　　　(D) reduced

2. In 1978, Granley Furniture organized the ------- company into three product lines and successfully expanded its business in Europe.

(A) grow　　　　(B) growing　　　　(C) grew　　　　(D) grown

▶ 정답 및 해설은 해설집 86쪽 참고

UNIT
31

PART 5&6
분사 분사구문

R56

Step **1**   **실전 포인트**

풀 이 전 략   목적어 앞 빈칸에는 현재분사, 목적어가 없는 빈칸에는 과거분사가 온다.

 **대표 문제**

------- the survey, you'll be provided with the opportunity to enter a monthly drawing to win a $100 BKT gift card.

(A) Completely   (B) Complete   (C) Completing   (D) Completed

시나공 풀이법

------- the survey, you'll be provided with the opportunity
분사   목적어   주어   동사 덩어리   목적어
------------------------------   -------------------------
분사구문 덩어리   완전한 절

(to enter a monthly drawing to win a $100 BKT gift card.)
부정사구(부사적 용법)

(A) Completely   (B) Complete   (C) Completing   (D) Completed
부사   현재 복수동사   현재분사   과거분사

문 장 분 석   원래 문장은 When you complete the survey, you'll ~인데, When you가 생략되고, 동사 complete가 분사 Completing으로 바뀐 문장이다.

해   설   '접속사 + 주어'를 생략한 '문두 빈칸 + 목적어' 또는 '수식어 + comma + 완전한 절'로 올 경우에는 분사구문이 된다. 이때 빈칸 뒤에 목적어가 있으면 현재분사, 목적어가 없으면 과거분사가 들어간다. 이 문제의 경우 빈칸 뒤에 목적어(the survey)가 왔으므로 현재분사인 (C) Completing이 정답이다.

해   석   설문지를 완성하면 당신은 100달러의 BKT 기프트카드를 얻게 되는 월별 경품행사에 응모할 기회가 주어집니다.

표 현 정 리   **complete** 완성하다, 마치다 **be provided with** ~을 제공받다 **enter** 참가하다, 들어가다 **drawing** 추첨, 복권

정   답   (C)

✎ *시나공 POINT*

분사구문의 경우 빈칸 뒤에 목적어가 있으면 현재분사, 목적어가 없으면 과거분사를 쓴다.

핵심 이론

분사구문은 부사절에서 접속사와 주어가 축약되어 분사가 오는 형태이며, 문장을 간결하게 쓰기 위해 사용한다.

While I drove the car carefully, I found a good restaurant beside the river.

①	접속사 없애기	~~While~~ I drove the car carefully, ~
②	주어 없애기	~~While I drove~~ the car carefully, ~
③	의미에 따라 동사를 분사로 고치기	Driving the car carefully, ~

• 접속사를 생략한 분사구문

Removing all the previous versions of Netapp, you can lock and unlock the toolbar.
<u>목적어</u>   <u>완전한 절</u>

Netapp의 모든 이전 버전들을 제거하면, 당신은 툴바를 잠그거나 열 수 있다.

▶ '------- + 목적어 + comma + 완전한 절'로 왔다면 빈칸에는 현재분사(Removing)를 쓴다.

Located in the city's center, the our hotel is within walking distance of places where people
<u>수식어</u>   <u>완전한 절</u>

can engage in cultural activities.   도심에 위치한 저희 호텔은 문화 활동을 할 수 있는 거리 내에 있다.

▶ '------- + 수식어 + comma + 완전한 절'로 왔다면 빈칸에는 과거분사(Located)를 쓴다.

• 접속사를 그대로 사용한 분사구문

When **pressing** the button on the panel, you can change the volume on the screen.

패널의 버튼을 누르면, 화면상의 볼륨을 변경할 수 있다.

▶ 시간접속사(when, while, after, before)는 'V-ing + 목적어'와 함께 자주 출제된다.

Unless otherwise **stated**, all of the images are the exclusive property of Pet Rock.

달리 언급이 없으면, 모든 사진들은 Pet Rock의 독점적인 자산이다.

▶ 조건접속사(if, unless)는 'V-ed'와 함께 자주 출제된다.

Step 3 실전 문제

1. Before ------- the device, ensure that the system power supply is switched off; otherwise, loose cable connections may result in personal in injury.

(A) check   (B) checked   (C) being checked   (D) checking

2. If ------- by a customer, Sonoma Landscape Construction will provide a personalized design of your home by a fully qualified consultant.

(A) desire   (B) desired   (C) desiring   (D) desirable

▶ 정답 및 해설은 해설집 86쪽 참고

UNIT 32 PART 5&6 형용사 ③

---

101 □ **satisfactory** ⓐ 만족스러운

ⓥ satisfy 만족시키다
ⓐ satisfying 만족을 주는

a **satisfactory** wage increase   만족스러운 임금 인상
satisfactory results   만족스런 결과

---

102 □ **extensive** ⓐ 광범위한, 넓은

ⓥ extend 연장하다, 넓히다
ⓝ extension 연장

perform an **extensive** review   광범위한 검토를 하다
extensive financial support   광범위한 재정 지원

---

103 □ **substantial** ⓐ 상당한

ⓐⒹ substantially 상당히

a **substantial** reduction   상당한 감소
a **substantial** amount of time   상당한 양의 시간

---

104 □ **considerable** ⓐ 상당한

ⓥ consider 고려하다
ⓐ considerate 사려 깊은
ⓝ consideration 고려, 사려

a **considerable** bonus   상당한 보너스
considerable effort   상당한 노력

---

105 □ **extended** ⓐ 장기간에 걸친, 연장한

ⓥ extend 연장하다, 늘리다
ⓝ extension 연장, 확장

work **extended** hours   연장 근무를 하다
the **extended** vacation request   장기 휴가 신청

---

106 □ **accessible** ⓐ 접근하기 쉬운

ⓝ access 접근, 이용권한
ⓥ access 접근하다

be **accessible** to members   회원들에게 이용 가능하다
readily **accessible**   쉽게 접근할 수 있는, 쉽사리 입수 가능한

---

107 □ **remarkable** ⓐ 두드러진, 현저한

ⓐⒹ remarkably 두드러지게, 현저하게

a **remarkable** growth   괄목할 만한 성장
all the more **remarkable**   더욱 더 놀라운

---

108 □ **indicative** ⓐ 나타내는, 암시하는

ⓥ indicate 나타내다
ⓝ indication 징후, 조짐

be **indicative** of   ~을 나타내다, ~을 보여주다
be **indicative** of the lack of interest   관심이 부족함을 보여주다

---

109 □ **worth** ⓐ ~의 가치가 있는

ⓐ worthy 가치 있는
ⓐ worthwhile ~할 가치가 있는

be **worth** $500.000   50만 달러의 가치가 되다
be well **worth** the expense   지출할 만한 가치가 있다

---

110 □ **motivated** ⓐ 의욕적인, 자극을 받은

ⓝ motivation 자극, 동기
ⓥ motivate 자극을 주다

motivated employees   의욕적인 직원들
seek **motivated** graphic artists   동기가 부여된 그래픽 아티스트를 구하다

1	**required** 필수적인 어떤 것을 하기 위해 꼭 필요한	**obliged** 의무적인 법이나 규칙을 꼭 따라야 하는
2	**preserved** 보존된 오염되거나 파괴되는 것으로부터 보호된	**reserved** 예약된 특별한 목적이나 특정한 사람들을 위해 미리 약속한
3	**superior** 우수한 뛰어나고 효과적인	**incompatible** 비길 데 없는 다른 것들보다 우월하여 비교할 수 없는
4	**outdated** 구식의 시대에 뒤떨어진	**overdue** 지불 기한이 지난 제출 또는 지불하기로 한 기간을 지나친
5	**modern** 현대의 지금 살고 있는 시대의	**recent** 최근의 얼마 되지 않는 시점부터 현재까지의

Step 3　이론 적용해 보기

1. If you fit the [required / obliged] profile for the job, please send an application to us.

2. The Carroll Historical Society will oversee the [preserved / reserved] historic buildings in the county.

3. I believe nothing is [superior / incompatible] with our existing system in terms of energy efficiency.

4. The Accounting Department sent a letter to request an [outdated / overdue] payment.

5. Boston Hospital was ranked first in position in the [modern / recent] evaluation of hospitals.

▶ 정답 및 해설은 해설집 87쪽 참고

UNIT 33 PART 7

지문유형 ❹ 편지문 (Letter)

Step 1 실전 문제 먼저 풀기

풀 이 전 략 편지의 기본 구성인 '보낸 사람 – 받는 사람 – 편지를 작성한 목적 – 세부 사항 및 첨부물 – 요청 사항 – 끝인사' 등을 알아두어 야 한다.

Questions 1-2 refer to the following letter.

J&J Store
42 Gaya Street, Sabah
Tel: 755-4254

June 20

Ms. Stella
20 Pitt Street, Sabah
Dear Ms. Stella,

Our records show that you have been a customer at J&J's since our grand opening last year. We would like to thank you for your support by inviting you to the opening of our second shop, which will happen on June 25.

As you know, our store offers a complete and diverse line of computers, software, and hardware packages for both personal and business applications. All of our stock, including all of electronic equipment and hardware & software packages, will be marked down by 30-50%. In addition, please accept the enclosed $20 gift voucher to use with your purchase of $200 or more worth of products at our store.

We look forward to seeing you at J&J's new shop this coming June 25. The opening sales event is invitation only. Please bring this invitation with you and present it at the door.

Lilly Lohan
Store Manager

1. What is the purpose of the letter?

(A) To describe a company's business

(B) To invite a person to the opening of a store

(C) To ask for an opinion

(D) To thank a customer

2. What is enclosed with the letter?

(A) $200 in cash

(B) $20 in cash

(C) A discount coupon

(D) An invitation card

▶ 정답 및 해설은 해설집 87쪽 참고

J&J Store
42 Gaya Street, Sabah
Tel: 755-4254

→ 발신자 정보

June 20

→ 편지 쓴 날짜

Ms. Stella
20 Pitt Street, Sabah

→ 수신자 정보

Dear Ms. Stella,

→ 편지를 작성한 목적

Our records show that you have been a customer at J&J's since our grand opening last year. 1 We would like to thank you for your support by inviting you to the opening of our second shop, which will happen on June 25.

As you know, our store offers a complete and diverse line of computers, software, and hardware packages for both personal and business applications. All of our stock, including all of electronic equipment and hardware & software packages, will be marked down by 30-50%. In addition, please accept 2 the enclosed $20 gift voucher to use with your purchase of $200 or more worth of products at our store.

→ 세부 사항 및 첨부물

We look forward to seeing you at J&J's new shop this coming June 25. The opening sales event is invitation only. Please bring this invitation with you and present it at the door.

→ 요청 사항

Lilly Lohan
Store Manager

→ 발신자 이름
→ 발신자 직함/회사

1. What is the purpose of the letter?

편지를 작성한 목적을 묻는 문제는 첫 단락에서 단서를 찾아야 한다. 첫 단락이 '편지의 목적'에 해당되기 때문이다. 첫 단락 두 번째 문장에서 '2번째 매장을 개업한다.'고 밝힌 후, 'We would like to thank you for your support by inviting you'에서 '당신을 초대하고 싶다'는 내용이 있으므로 '초대하기 위한 편지문'이라고 봐야 할 것이다. 따라서 (B)가 정답이다.

2. What is enclosed with this letter?

'is enclosed' 문제는 동봉 문제이다. 편지의 동봉에 대한 내용은 주로 두 번째 단락에 속한다. 따라서 이곳에서 단서를 찾아야 한다. 두 번째 단락 마지막 문장 'the enclosed $20 gift voucher'에서 할인권을 동봉했다는 것을 알 수 있다. 따라서 (C)가 정답이다.

시나공 POINT

편지를 작성한 목적, 첨부물, 요청 사항에 관한 문제의 관련 표현들을 필히 익혀 두어야 한다.

1. Our records show that you have been a customer at J&J's since our grand opening last year.

Our records show (that you have been a customer at J&J's since our grand
주어　　　　동사　　접속사 주어　　　동사　　　　　　보어　　　　　　　　　전치사구
└──────────── 동사(show)의 목적어(명사절) ────────────┘

opening last year.)
　　　부사

that의 용법은 상당히 중요하다. that은 명사절 접속사 또는 관계대명사로 쓰인다. 명사절 접속사로 쓰일 경우 '~라는 것'이란 뜻을 가지고 주어, 목적어, 보어 자리에 온다. 위 문장에서는 타동사(show) 뒤 목적어 자리에 위치해 있기 때문에 접속사로 쓰인 경우이다. 이때 that은 주어와 목적어 / 보어를 모두 갖춘 완전한 절로 와야 한다. 한편 that이 관계대명사인 경우 '선행사 + that + 주어나 목적어가 빠진 불완전한 절'로 와야 한다.

2. As you know, our store offers a complete and diverse line of computers, software, and hardware packages for both personal and business applications.

As you know, our store offers (a complete and diverse line of computers,
접속사 주어 동사　　주어　　동사　　　　　　　　　　　　　동사(offers)의 목적어

software, and hardware packages) (for both personal and business
　　　　　　　　　　　　　　　　　　　전치사구

applications).

등위상관접속사 both는 'A and B' 구조로 'AB 모두'라는 뜻이다. 이때 both는 부사, and는 등위접속사이다. 등위상관접속사는 이외에도 either A or B(AB 둘 중 하나), neither A nor B(AB 둘 다 아닌), not only A but also B(A뿐만 아니라 B도 또한) 등이 있다.

3. All of our stock, including all of electronic equipment and hardware & software packages, will be marked down by 30-50%. In addition, please accept the enclosed $20 gift voucher to use with your purchase of $200 or more worth of products at our store.

All of our stock, (including all of electronic equipment and hardware &
주어　　　　　　　　　　　　　　　　　　　　전치사구

software, packages,) will be marked down by (30-50%.) In addition, please
　　　　　　　　　　동사　　　　　　전치사구　　　접속부사

accept the enclosed $20 gift voucher to use (with your purchase)
동사　　　　　목적어　　　　　　부정사구　　전치사구

(of $200 or more worth of products at our store).
　　　　　전치사구

접속부사는 부사이다. 특히 however는 부사임에도 but과 뜻이 같아 접속사로 착각한다. 접속부사는 접속사처럼 절과 절 사이에 있는 경우가 많고 의미도 접속사처럼 쓰인다. in addition도 마찬가지로 접속사가 아니라 부사라는 것을 기억한다. in addition은 첨가부사로 앞 내용에 대해 덧붙이거나 추가할 때 사용한다. 위 문장의 경우 in addition 앞 내용이 할인에 대한 내용이고, 뒤에 이어지는 내용도 또한 할인에 대한 내용이므로 in addition을 쓴 것이다.

Questions 3-4 refer to the following letter.

Dear Ms. Stella,

We are pleased that you chose J&J's for your laptop purchase. Our sales staff was delighted to be of help you. We hope you are enjoying the convenience and quality of your new laptop.

Let us also remind you that we are offering some special gifts for anyone who buys the laptop you did. Your free laptop accessories, including a laptop case, screen protector and mousepad, have arrived. These accessories are a gift from us to you. Drop by any time this month to pick them up.

Are you aware that we sell bed tables for laptops? A new shipment of bed tables in many beautiful colors and elegant styles has just arrived. Come to see our selection. We would like to help you find the perfect table to match your laptop.

If you have ever have any questions, please call us at 755-4254.

Sincerely,

Michael Jones
Director of Sales

3. What is the main purpose of the letter?

(A) To describe some features of a product
(B) To remind a customer to stop by the store
(C) To ask for a customer's opinion
(D) To provide some information about a new laptop

4. What is indicated about Ms. Stella?

(A) She bought some accessories for her new laptop.
(B) She will visit J&J's soon.
(C) She recently purchased some electronic equipment.
(D) J&J's will provide her with a laptop table.

▶ 정답 및 해설은 해설집 87쪽 참고

REVIEW TEST

1. Unless otherwise -------, all rates are quoted in U.S. dollars and are subject to change without prior notice.

(A) mentioned   (B) mentioning

(C) mention   (D) to mention

2. To meet the ------- demand for a skilled engineering workforce within this region, the Finisar Training and Education Center has opened an office in Kuala Lumpur.

(A) risen   (B) rising

(C) rises   (D) rose

3. If you receive a ------- item, we will send you a replacement as soon as you have returned it.

(A) damagingly   (B) damaging

(C) damaged   (D) damage

4. Enclosed are ------- instructions on how to create a simulated device with the 3D Max program.

(A) detailing   (B) detail

(C) detailed   (D) details

5. Recent research says consistent, even daily incentives work better to keep employees ------- than promised rewards at some time in the future.

(A) motivate   (B) motivated

(C) motivation   (D) motivating

6. Stylized flowers, leaves, and butterflies are frequently used in a variety of decorations, ------- vases.

(A) included   (B) including

(C) are included   (D) includes

7. I regret to inform you that because of an ------- trip, this week's article will be delayed until Friday.

(A) unexpected   (B) expecting

(C) unexpecting   (D) expect

8. Information regarding the career fair location and interview schedule will be emailed to the ------- applicants prior to the event.

(A) inviting   (B) invite

(C) invited   (D) invitation

9. In the job market, competition can be fierce, and an interview can provide someone with the chance to leave a ------- impression.

(A) lasting   (B) lasted

(C) lasts   (D) will last

10. All employees ------- in the office after 7 p.m. are requested to use the rear exit when leaving.

(A) remain   (B) remaining

(C) have remained   (D) remained

▶ 정답 및 해설은 해설집 88쪽 참고

PART 5&6

PART 7

REVIEW TEST

WARMING UP

1) 비교구문의 개념

비교구문은 어떤 비교 대상이 서로 동등한지, 우월한지를 나타낼 때 쓰는 표현이며, 크게 원급, 비교급, 최상급의 3가지 종류가 있다.

2) 비교구문의 종류

① 원급

어떤 비교 대상이 서로 동등할 때 나타내는 표현이며, 아래와 같은 형식으로 쓰인다.

> 비교대상 1 + 동사 + as(so) + 비교의 성질 + as + 비교대상 2

The new copier works as well as the old one.   새로운 복사기는 오래된 복사기만큼 효율적으로 작동한다.
　비교대상 1　　　　　　　　비교의 성질　비교대상 2

이때 '비교의 성질' 부분엔 반드시 형용사나 부사가 올 수 있다. 형용사와 부사의 구분은 동사의 성질에 달려 있다. 즉, 동사가 보어가 필요 없는 완전 자동사이면 부사를, 보어가 필요한 불완전 자동사이면 형용사를 쓴다.

▶ 동사 work가 보어가 필요 없는 완전 자동사이므로 부사가 쓰였다.

② 비교급

어떤 비교대상이 다른 비교대상보다 우월하거나 열등할 때 쓰는 표현이다.

> 비교대상 1 + 동사 + more 형용사(부사) / 형용사(부사) -er + than + 비교대상 2

This project is more difficult than the previous one.   이 프로젝트는 이전 것보다 더 어렵다.
　비교대상 1　　　　　비교의 성질　　　비교대상 2

▶ '형용사(부사) + -er'은 형용사(부사)의 음절이 1음절 이하일 때, 'more + 형용사(부사)'는 형용사(부사)의 음절이 2음절 이상일 때 쓴다.

③ 최상급

셋 이상의 비교대상이 있을 때, 제일 우월하거나 열등한 것을 나타낼 때 쓰는 표현이다.

> 비교대상 + 동사 + the + most 형용사(부사) / 형용사(부사) - est + in + 비교집단

This copier is the most expensive in the store.   이 복사기는 가게에서 가장 비싸다.
　비교대상 1　　　　　　　비교의 성질　　비교집단

▶ '형용사(부사) + -est'는 형용사(부사)의 음절이 1음절 이하일 때, 'most + 형용사(부사)'는 형용사(부사)의 음절이 2음절 이상일 때 쓴다.

02 예제 풀어보기

다음 문장이 의미하는 것을 두 보기에서 고르시오.

1 This city is **as** large **as** Tokyo.

(1) 이 도시는 도쿄만큼 크다.

(2) 이 도시는 도쿄보다 크다.

2 The conference room is **larger than** its predecessor.

(1) 회의실이 이전 것보다 크다.

(2) 이전 회의실이 더 크다.

3 The new office is **more spacious than** the previous one.

(1) 새로운 사무실은 이전 것보다 넓다.

(2) 이전에 사무실이 새로운 사무실보다 넓다.

4 Mr. Kane designed **the largest** restaurant in New York.

(1) 이번에 만든 레스토랑은 케인 씨가 뉴욕에서 만든 레스토랑 중 제일 크다.

(2) 케인 씨는 뉴욕에서 가장 큰 레스토랑을 설계했다.

5 This fax machine is **the most expensive** one in the store.

(1) 이 팩스기는 가게에서 가장 비싼 것이다.

(2) 이 팩스기는 가게에서 가장 덜 비싼 것이다.

03 예제 확인하기

1 This city is **as** large **as** Tokyo. 이 도시는 도쿄만큼 크다.

▶ 비교하는 두 개의 대상이 동등함을 나타낼 때는 원급 구문을 사용한다. 이때, 원급은 'a s' + 형용사/부사 + as'로 나타낸다.

2 The conference room is **larger than** its predecessor. 회의실이 이전 것보다 더 크다.

▶ 둘 중 한쪽이 우월함을 나타낼 때는 비교급 구문 (-er than)을 사용한다. 이때, 비교급은 '형용사 + er + than 또는 more + 형용사 + than'으로 나타낸다.

3 The new office is **more spacious than** the previous one. 새로운 사무실은 이전 것보다 넓다.

▶ 둘 중 한쪽이 우월함을 나타낼 때는 비교급 구문을 사용한다. 이때, 비교급의 대상이 되는 형용사가 2음절 이상일 때는 more + 형용사 + than'으로 나타낸다.

4 Mr. Kane designed **the largest** restaurant in New York. 케인 씨는 뉴욕에서 가장 큰 레스토랑을 설계했다.

▶ 여럿 중 하나가 최고임을 나타낼 때는 최상급 구문을 사용한다. 이때, 최상급의 대상이 되는 형용사가 1음절일 때는 'the + 형용사 + est'로 나타낸다.

5 This fax machine is **the most expensive** one in the store. 이 팩스기는 가게에서 가장 비싼 것이다.

▶ 여럿 중 하나가 최고임을 나타낼 때는 최상급 구문을 사용한다. 이때, 최상급의 대상이 되는 형용사가 2음절 이상일 때는 'the most + 형용사'로 나타낸다.

UNIT 34 PART 5&6 비교 구문 ① 원급

풀 이 전 략   as와 as 사이 빈칸에 형용사 혹은 부사를 채워 넣는 문제로 출제되며, 빈칸 앞에 완전한 절이 왔으면 부사가 정답이고, 불완전한 절이 왔으면 형용사가 정답이다.

⭐ 대표 문제   R57

> Hopefully, the new chairs will be as ------- as the previous ones that lasted nearly 7 years.
>
> (A) reliably   (B) relies   (C) reliable   (D) reliance

 시나공 풀이법

> Hopefully, the new chairs will be as ------- as the previous ones that lasted nearly 7 years.
>
> 부사   주어   동사   형용사   수식어   수식   ones를 수식하는 관계사절
>
> 문두에 부사가   분사구문 덩어리   as + 형용사 + as
> 오려면 반드시 들어가야한다.   ~만큼 (형용사)한
>
> (A) reliably   (B) relies   (C) reliable   (D) reliance
>   부사   동사   형용사   명사

문 장 분 석   부정대명사 ones는 new chairs를 받는 대명사이다. last는 자동사로 '지속되다'라는 뜻이다.

해   설   as와 as 사이에 빈칸이 오면 빈칸 앞뒤 as를 모두 지운 후 빈칸 앞 문장이 완전한 문장인가 불완전한 문장인가를 확인해야 한다. 빈칸 앞 문장이 완전한 문장으로 왔다면 빈칸은 부사 자리이고, 불완전한 문장으로 왔다면 빈칸은 형용사 자리이다. 완전한 문장이라 함은 '주어 + 자동사 혹은 주어 + 타동사 + 목적어'를 말하는 것이고, 불완전한 문장이라 함은 '주어 + be동사'를 말한다. 위 문제의 경우 빈칸 앞뒤 as를 모두 소거하면, 빈칸 앞 문장이 '주어 + be동사'인 불완전한 문장으로 왔기 때문에 형용사인 (C) reliable이 정답이다.

해   석   새 의자들은 7년 동안 사용한 옛 의자만큼 믿음직스럽기를 바란다.

표 현 정 리   hopefully 바라건대, 희망하건대   reliable 믿음직한, 믿을 만한   last (기능이) 지속되다, (특정한 시간 동안) 계속되다

정   답   (C)

✎ 시나공 POINT

빈칸 앞뒤의 as를 모두 소거한 후 완전한 절이 남으면 빈칸에는 부사가 와야 하고, 불완전한 절이 남으면 빈칸에는 형용사가 와야 한다.

핵심 이론

원급 비교구문

1. 타동사 + 목적어 + as + 부사 + as + 비교대상 ▶ '~만큼 ~하게'
2. be동사 + as + 형용사 + as + 비교대상 ▶ '~만큼 ~한'
3. 5형식 동사(make / keep / find / leave) + 목적어 + as + 형용사 + as + 비교대상
4. once / twice / three times + as + 형용사 / 부사 + as + 비교대상
   ▶ '~에 비해 몇 배 ~한 / ~하게'
5. as many + 가산명사 복수 / as much + 불가산명사 + as + 비교대상 ▶ '~만큼 많은 명사'

The new engineer works as efficiently [~~efficient~~] as the former one.
<u>완전한 절</u>

새로운 기술자는 이전 기술자만큼 효율적으로 일을 한다.

▶ 주어와 자동사가 있는 완전한 문장이므로 as ~ as 사이에는 동사 works를 수식하는 부사가 들어간다.

This outdated copier is as efficient [~~efficiently~~] as the new one.
<u>불완전한 절</u>

이 구식 복사기는 새 것 못지않게 효율적이다.

▶ be동사의 보어 자리이므로 as ~ as 사이에는 주어의 상태를 서술하는 형용사가 들어간다.

The newest computer systems will be <u>twice</u> as efficient as the current ones.

최신 컴퓨터 시스템은 현재보다 2배 만큼 효율적일 것이다.

▶ 이 표현은 [~보다 …배 −한 / 하게]라는 의미의 표현으로 두 대상이 몇 배가 되는지 비교하는 표현이다.

People are purchasing twice as <u>many</u> [~~much~~] electronic products as they did 10 years ago.

사람들은 10년 전에 비해서 2배 만큼 많은 전자제품을 구매하고 있다.

▶ as ~ as 사이에는 명사 단독으로 올 수 없으며, many, much와 같은 형용사와 함께 온다. many 다음에는 가산명사의 복수형이, much 다음에는 불가산명사가 온다는 점에 유의해야 한다.

Step 3   **실전 문제**

1. After 6 months of extensive renovations, the remodeled gallery and artist studios will make the museum twice as ------- as it used to be.

(A) more large   (B) larger   (C) largely   (D) large

2. The part designed like an airplane's wing can cut through the air and withstand winds as ------- as anything else can.

(A) ease   (B) easily   (C) easy   (D) more easy

▶ 정답 및 해설은 해설집 89쪽 참고

UNIT
34

PART 5&6

비교 구문 ② 비교급

Step 1 실전 포인트

풀 이 전 략 비교급은 '형용사 + er, 혹은 more + 형용사'로 나타내며, 2음절 단어 또는 3음절 이상의 단어일 때는 'more + 형용사'로 비교급을 나타낸다.

★ 대표 문제

 R58

> Leather sofas are usually ------- and durable than sofas made of fabric because the leather can resist dirt and stains better.
>
> (A) comfort   (B) comforter   (C) more comfortable   (D) comfortably

 시나공 풀이법

수식

Leather sofas are usually ------- and durable (than sofas made of fabric)
　주어　　　동사　부사　　　보어　　　　　　　　　수식어

because the leather can resist dirt and stains better.
접속사　주어　　　동사　　　목적어
　　　　　　　　부사절

(A) comfort   (B) comforter   (C) more comfortable   (D) comfortably
　원급　　　　　　　명사　　　　　　　　비교급　　　　　　　　부사

문장 분석 부사 usually는 presently(현재), currently(현재)와 함께 주로 현재시제와 어울려 사용된다.

해 설 형용사나 부사가 1음절 단어일 때는 '형용사 / 부사 + er' 형태를 쓰지만, 형용사나 부사가 '–able, –ful, –ous, –ive'등으로 끝나는 2음절 단어이거나 3음절 이상의 단어일 때는 'more + 형용사'로 나타낸다. comfortable은 3음절 이상의 단어이므로 'more + 형용사'로 나타낸다. 따라서 (C) more comfortable을 쓴다. 기본적으로 'more + 형용사'와 '형용사 + er'를 구분하는 문제로 출제되기 때문에 혼동하지 않도록 한다.

해 석 가죽은 먼지나 얼룩에 견딜 수 있기 때문에 보통 천으로 만들어진 소파보다 더 안락하고 내구성이 있다.

표현 정리 **leather** 가죽 **be + 형용사 비교급 + than** ∼보다 더 (형용사)한 **durable** 오래가는, 내구성 있는 **fabric** 섬유 **resist** 저항하다, 견디다 **dirt** 먼지, 때 **stain** 얼룩

정 답 (C)

✏ 시나공 POINT
> 형용사나 부사가 '–able, –ful, –ous, –ive' 등으로 끝나는 2음절 단어이거나 3음절 이상의 단어일 때는 'more + 형용사'로 나타낸다.

핵심 이론

> '형용사 / 부사 + er + than'과 'more + 형용사 / 부사 + than'을 구분하여 빈칸을 채워 넣는 문제가 주로 출제된다.

비교급의 이해	
비교급의 형태	비교급 + than ~보다 더 ~하게 (= more + 원급 + than) 일단 비교할 것이 있어야 비교급을 쓸 수 있다.
비교급을 강조	much, even, far, still, a lot 등
비교급 앞에 the를 쓰는 경우	The + 비교급, the + 비교급 ~할 수록 더 ~하다 The more you practice, the better you will become. 당신이 연습하면 할수록 당신은 더 좋아지게 될 것이다.

The demand for organic produce among customers is **higher** than we expected.

고객들 사이에서 유기농 농산물에 대한 수요가 예상보다 높다.

▶ 형용사나 부사가 1음절 단어(high)일 때는 '형용사 / 부사 + er' 형태를 쓴다.

A cell phone with a camera is more **useful** than a camera.

카메라가 탑재된 전화기가 카메라보다 더 유용하다.

▶ 형용사나 부사가 '-able, -ful, -ous, -ive' 등으로 끝나는 2음절 단어이거나 3음절 이상의 단어일 때는 'more + 형용사' 형태를 쓴다.

The newly released model is **much** more popular than the one which was released in the past.

새로 출시된 모델은 과거에 출시된 것보다 훨씬 더 인기가 있다.

▶ 형용사나 부사의 비교급을 강조할 때는 비교급 앞에 much, even, still, far, a lot, by far 등을 쓴다. 토익에서는 주로 much, even이 출제되며, 모두 '훨씬'이라는 뜻을 지닌다.

Step 3 실전 문제

1. Lonsdale International reported that this quarter's revenue of approximately $78.4 million was ------- than it had expected to get.

   (A) high   (B) height   (C) highly   (D) higher

2. This car was ------- than the rest of the competition during the ambulance evaluation in Michigan.

   (A) more speed   (B) speedier   (C) speediest   (D) speed

▶ 정답 및 해설은 해설집 89쪽 참고

UNIT
34 PART 5&6
비교 구문 ❸ 최상급

풀 이 전 략   형용사나 부사가 2음절 단어이거나 3음절 단어 이상일 때는 'the most + 형용사'로 나타낸다.

⭐ **대표 문제** R59

> The ------- consideration when you choose your first job should not be the salary.
>
> (A) more importantly   (B) importantest   (C) most important   (D) importantly

📝 **시나공 풀이법**

> The ------- consideration (when you choose your first job) should not be the salary.
> 　　주어　　　　　　　　　　부사절(수식어)　　　　　　　　동사　　　　보어
>
> (A) more importantly   (B) importance   (C) most important   (D) importantly
> 　부사 비교급　　　　　　　　명사　　　　　　　　최상급　　　　　　　부사

문장분석   이 문장의 빈칸은 관사와 명사 사이에 있기 때문에 형용사가 와야 하며, 최상급은 'the most + 형용사' 또는 'the 형용사 + est'로 나타낸다.

해   설   형용사나 부사가 1음절 단어일 때는 '형용사 / 부사 + est' 형태를 쓰지만 형용사나 부사가 '-able, -ful, -ous, -ive' 등으로 끝나는 2음절 단어이거나 3음절 이상의 단어일 때는 'the most + 형용사'로 나타낸다. important는 3음절 이상의 단어로 'the most + 형용사'로 나타내므로 (C) most important를 쓴다.

해   석   당신이 첫 번째 직업을 선택할 때, 가장 중요한 고려사항이 연봉이 되어서는 안 된다.

표현정리   consideration 고려(사항) choose 선택하다

정   답   (C)

🖊 시나공 POINT

형용사나 부사가 1음절 단어일 때는 'the + 형용사 + est'로 나타내고, '-able, -ful, -ous, -ive' 등으로 끝나는 2음절 단어이거나 3 음절 이상의 단어일 때는 'the most + 형용사'로 나타낸다.

핵심 이론

'the most + 형용사'와 'the + 형용사 + est'를 구분하는 문제가 주로 출제된다.

최상급의 형태

1) 최상급 + of all (the) + 복수명사(대상) : ~중에 가장 ~한

2) 최상급 + in (the) + 단수명사(단체, 기관, 장소) : ~에서 가장 ~한

3) 최상급 + among / of + 복수명사 : ~중에서 최고로 ~한

4) 최상급 + ever : 이제껏(여태껏) 중에서 가장 ~한

5) 최상급 + (that) 주어 + have (ever) p.p. : '주어'가 ~했던 것 중에서 가장 ~한

최상급을 강조하는 부사에는 by far, quite, the very, much, only 등이 있다.

China has **the highest** growth potential in the world.

중국은 세계에서 가장 높은 성장 잠재력을 지닌 국가이다.

▶ 형용사나 부사가 1음절 단어(high)일 때는 '형용사 / 부사 + est' 형태를 쓴다.

The most interesting book I've ever read is definitely 'The Dart.'

내가 지금까지 읽은 것 중에 가장 흥미로운 책은 'The Dart'이다.

▶ 형용사나 부사가 '-able, -ful, -ous, -ive' 등으로 끝나는 2음절 단어이거나 3음절 이상의 단어일 때는 'the most + 형용사'를 쓴다.

This figures shows that the nation's economy is growing at **its** fastest pace in five years.

이 수치는 국내 경제가 5년 만에 가장 빠른 속도로 성장하고 있음을 보여줍니다.

▶ 'the + 최상급'을 대신하여 '소유격 + 최상급'을 쓸 수도 있다.

We are dedicated to providing **only** the best service every day.

우리는 매일 유일한 최고의 서비스를 제공하는데 전념한다.

▶ 형용사나 부사의 최상급을 강조할 때는 'the + 최상급' 앞에 by far / quite (단연코), only (오직) 등을 쓴다.

1. The ------- way to look for the nearest location is to type the name of the town on our Web site and to find the one you live in.

(A) more fast　　　　(B) fasten　　　　(C) most fast　　　　(D) fastest

2. IN People & Solutions is a recruitment company specializing exclusively in medical and hospital employees, and we have worked for some of the ------- international and local hospitals.

(A) reputablest　　　(B) most reputable　　　(C) most reputably　　　(D) reputably

▶ 정답 및 해설은 해설집 89쪽 참고

UNIT
35

PART 5&6
형용사 ④

121

☐ **reliable** ⓐ 믿을 만한

ⓥ rely 의지하다 (on)
ⓝ reliability 신뢰성

provide **reliable** service   믿을 만한 서비스를 제공하다
reliable inspection process   신뢰할만한 검사과정

122

☐ **protective** ⓐ 보호하는

ⓥ protect 보호하다
ⓐ protection 보호

take **protective** measures   보호 조치를 취하다
wear **protective** gear   보호 장비를 착용하다

123

☐ **specific** ⓐ 구체적인, 명확한

ⓥ specify 명확히 말하다
ⓝ specification 명세서

specific instructions   상세한 설명서
due to a **specific** security alert   특정 보안 경보때문에

124

☐ **detailed** ⓐ 상세한

ⓝ detail 세부

for **detailed** information   상세한 정보를 위하여
a **detailed** report   세부적인 보고서

125

☐ **transferable** ⓐ 양도할 수 있는

ⓥ transfer 양도하다

be **transferable** to   ~에게 양도 가능하다
This ticket is not **transferable**.   이 표는 양도가 안 된다.

126

☐ **persuasive** ⓐ 설득력 있는

ⓐⓓ persuasively 설득력 있게
ⓥ persuade 설득하다

a **persuasive** argument   설득력 있는 주장
persuasive evidence   설득력 있는 증거

127

☐ **numerous** ⓐ 많은

ⓝ number 수, 숫자
ⓐⓓ numerously 많이

report **numerous** problems   수많은 문제들을 보고하다
attend **numerous** events   수많은 행사에 참석하다

128

☐ **spacious** ⓐ 넓은

ⓐⓓ spaciously 넓게

the **spacious** dining area   넓은 주방
reserve a **spacious** room   넓은 방을 예약하다

129

☐ **conscious** ⓐ 알고 있는

ⓐⓓ consciously 의식적으로
ⓝ consciousness 자각, 의식

be **conscious** of   ~을 자각하다, 알고 있다
safety-**conscious** clients   안전을 중시하는 고객들

130

☐ **subsequent** ⓐ 그 이후의

ⓐⓓ subsequently 그 후에

in **subsequent** years   다음 해부터
subsequent to the appointment   임명 후

1	**imaginative** 상상력이 풍부한 상상하는 능력이 뛰어난	**imaginary** 상상의, 가상의 상상으로만 존재하거나 비현실적인
2	**averse** 반대하는, 싫어하는 멀리하거나 의견을 따르지 않는	**adverse** 부정적인, 불리한 상황이 안 좋거나 불리한
3	**dependable** 신뢰할 수 있는 어떤 힘이나 원조에 의지하는	**reliable** 믿을 수 있는 과거이 경험이나 객관적인 판단으로 신뢰하는
4	**expanded** 확장된 크기, 수, 양 등이 넓어진	**extended** 연장된 기간 등을 늘리거나 시간이나 공간이 더 늘어난
5	**injured** 손상된, 상처 입은 사고로 인해 부상을 당한	**damaged** 피해를 입은, 파손된 물리적으로 손상되거나 어떤 일로 인하여 타격을 받은

Step 3   이론 적용해 보기

1. We have an [imaginative / imaginary] and innovative manager who researches new ways to approach problems.

2. The Internet is convenient but not a [dependable / reliable] source of information when you search for health and diet tips.

3. Several [averse / adverse] effects were reported by people after taking the new drug.

4. He got out of his truck to check for [injured / damaged] goods.

5. Part-time workers often work [expanded / extended] hours on weekends.

▶ 정답 및 해설은 해설집 90쪽 참고

UNIT 36 | PART 7
지문유형 ❺ 회람(Memo)

Step 1 실전 문제 먼저 풀기

풀 이 전 략   회람의 기본 구성인 '수신자 – 발신자 – 제목 – 회람을 작성한 목적 – 세부 사항' 등을 알아두어야 한다.

Questions 1-2 refer to the following memo.

To: Marketing Teams
From: Richard Picker
Date: July 25
Re: Revised Marketing Plan Meeting

On July 28, we will hold a divisional meeting from 1:00-5:00 p.m. in the manager's conference room to discuss the revised strategic marketing plan that we have to submit to the president by August 15.

Please closely examine these documents and prepare your initial presentations in the following areas:

Product development manager: The needs of healthcare companies and their present levels of satisfaction and threats.

Marketing manager: The products, pricing, promotions, and distribution strategies of key competitors.

International sales manager: Sales organizations and strategies, including improvements in the relationships with other healthcare concerns.

---

1. What is the purpose of the memo?

   (A) To invite staff members to a seminar
   (B) To introduce a new employee
   (C) To inform people of the exact date of a meeting
   (D) To provide some details about a meeting

2. According to the memo, what are the managers asked to do?

   (A) Be on time at the meeting
   (B) Get their presentations ready
   (C) Submit some documents before the meeting
   (D) Complete a questionnaire about the meeting

▶ 정답 및 해설은 해설집 90쪽 참고

To: Marketing Teams　　　　　　　　　　　　　　　　→ 수신자
From: Richard Picker　　　　　　　　　　　　　　　　→ 발신자
Date: July 25　　　　　　　　　　　　　　　　　　　　→ 날짜
Re: Revised Marketing Plan Meeting　　　　　　　　　→ 제목

1 On July 28, we will hold a divisional meeting from 1:00-5:00 p.m. in the manager's conference room to discuss the revised strategic marketing plan that we have to submit to the president by August 15.　　　　　　　　　　　　　　　　　　→ 주제 단락

2 Please closely examine these documents and prepare your initial presentations in the following areas:　　　　　　→ 세부 사항 및 요청 사항

Product development manager: The needs of healthcare companies and their present levels of satisfaction and threats.

Marketing manager: The products, pricing, promotions, and distribution strategies of key competitors.

International sales manager: Sales organizations and strategies, including improvements in the relationships with other healthcare concerns.

1. What is the purpose of the memo?

회람을 작성한 목적을 묻고 있다. 목적을 묻는 문제는 특수한 경우가 아니면 거의 대부분 첫 단락에 단서가 등장한다는 것을 기억한다. 위 문제의 경우 첫 단락 도입부 'On July 28, we will hold a divisional meeting from 1:00–5:00 p.m. in the manager's conference room'에서 '회의 날짜, 시간, 회의 장소' 등을 부서 직원들에게 알리고 있다. 따라서 (C)가 정답이다.

2. According to the memo, what are managers asked to do??

요청(are asked) 사항 문제는 마지막 단락에서 정보를 찾는다. 회람의 마지막 단락이 요청 사항 단락이기 때문이다. 따라서 요청 문제는 마지막 단락 if절 또는 명령문에서 단서를 찾는다는 것을 기억한다. 위 문제의 경우 마지막 단락 첫 문장이 명령문이다. 따라서 이곳에서 단서를 찾아야 한다. 'Please closely examine these documents and prepare your initial presentations in the following areas:'에서 '프레젠테이션을 준비해 달라'고 요청하고 있으므로 (B)가 정답이다.

시나공 POINT

좌측 상단에 등장하는 수신자, 발신자, 제목 등을 참고하여 본문의 내용을 미리 예측하면서 읽는다.

1. On July 28, we will hold a divisional meeting from 1:00-5:00 p.m. in the manager's conference room to discuss the revised strategic marketing plan that we have to submit to the president by August 15.

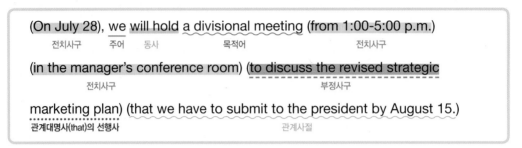

완전한 절 뒤는 부사 자리이다. 이 부사 자리에 위치한 to부정사를 부사적 용법이라 한다. 토익에서 부사적 용법은 목적, 결과, 이유 등 크게 세 가지로 사용되지만 '목적(~하기 위해)'이 자주 등장한다. 부사적 용법으로 사용되는 to부정사는 주절 앞 또는 주절 뒤에 올 수 있다. 또한 '목적'이라는 것을 강조하기 위해 'in order to부정사'를 쓰기도 하며, 목적의 접속사로는 so that, in order that 등이 있다.

2. Please closely examine these documents and prepare your initial presentations in the following areas:

Please (closely) examine these documents and prepare your initial
　　　　부사　　　동사　　　　목적어　　　　　　　　동사　　　목적어
　　　　　　　　└─────── 동사구 ───────┘　　　└──── 동사구 ────┘
presentations (in the following areas):
　　　　　　　　　　　　　부사구

등위접속사를 이용한 병렬구조는 흔히 볼 수 있는 구문이다. 등위접속사는 and, but, or, so 등이 있는데, and, but, or 등은 단어와 단어, 구와 구, 절과 절 모두 가능하지만, so는 절과 절만 가능하다. 위 문장에서와 같이 동사구와 동사구끼리 병렬로 왔으므로 등위접속사(and)를 사용한 것이다.

Questions 3-5 refer to the following memo.

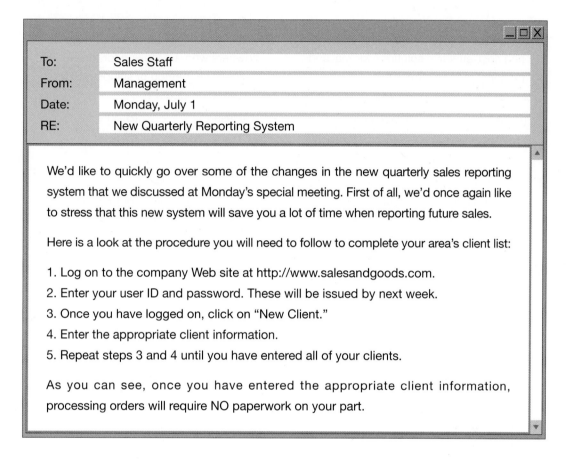

To: Sales Staff

From: Management

Date: Monday, July 1

RE: New Quarterly Reporting System

We'd like to quickly go over some of the changes in the new quarterly sales reporting system that we discussed at Monday's special meeting. First of all, we'd once again like to stress that this new system will save you a lot of time when reporting future sales.

Here is a look at the procedure you will need to follow to complete your area's client list:

1. Log on to the company Web site at http://www.salesandgoods.com.
2. Enter your user ID and password. These will be issued by next week.
3. Once you have logged on, click on "New Client."
4. Enter the appropriate client information.
5. Repeat steps 3 and 4 until you have entered all of your clients.

As you can see, once you have entered the appropriate client information, processing orders will require NO paperwork on your part.

3. What is the purpose of the memo?

(A) To advertise a new reporting system

(B) To give instructions on how to use a new reporting system

(C) To introduce the new reporting system

(D) To give some information about the company's Web site

4. According to the memo, when will each staff member get an ID and password?

(A) On July 1

(B) On July 8

(C) On July 18

(D) On July 28

5. What are the employees being asked to do?

(A) To fill out their client lists on a new system

(B) To create their IDs and passwords by themselves

(C) To write all of their client information on paper

(D) To provide some feedback on the new system

▶ 정답 및 해설은 해설집 90쪽 참고

REVIEW TEST

1. E-Tax delivers ------- the most efficient and cost-effective solutions for real and personal property tax needs.
   (A) since
   (B) only
   (C) hard
   (D) ever

2. The comprehensive analyses performed by experts during the evaluations of new machines allows us to calculate their value as ------- as possible.
   (A) precisely
   (B) precise
   (C) precision
   (D) more precise

3. The results of the test conducted by EXPKrobit indicate that a device by CHIA is likely to be damaged more ------- than any other devices.
   (A) ease
   (B) easy
   (C) easily
   (D) easier

4. This is the ------- restaurant I've ever been to but only the third busiest in the whole country.
   (A) busy
   (B) most busy
   (C) busily
   (D) busiest

5. Nakasa's ------- novel is currently out of stock because more people than we had expected bought it.
   (A) most recent
   (B) recently
   (C) even recent
   (D) more recently

6. This is mainly used by small business owners who are looking for the ------- expensive method of shipping their finished products.
   (A) less
   (B) little
   (C) more less
   (D) least

7. The company she work for pays her a low salary, but her working hours are as ------- as she can make them.
   (A) flexibly
   (B) flexibility
   (C) flexible
   (D) much flexible

8. Due to the city's limited water supply, you are advised to have a rose garden, which needs ------- water than a lawn.
   (A) little
   (B) less
   (C) least
   (D) even

9. YesPoint collects your personal information, which is kept secure in compliance with the ------- guidelines.
   (A) strictly
   (B) most strictly
   (C) most strict
   (D) strictest

10. Mr. Jung, one of the ------- jazz pianists since 1980, is planning to play at the Seoul Jazz Festival next week.
    (A) influentially
    (B) most influential
    (C) more influential
    (D) influential

▶ 정답 및 해설은 해설집 91쪽 참고

PART 5&6

GRAMMAR

UNIT 37   접속사 / 명사절 접속사

VOCABULARY

UNIT 38   부사 ❶

PART 7

READING

UNIT 39   지문유형 ❻ 공지

REVIEW TEST

WARMING UP

1) 접속사의 개념

접속사는 문장 내에서 어떤 단어와 단어나 문장과 문장을 연결하고자 할 때 쓰는 품사이다.

2) 접속사의 역할

① (대등한 성격의) 단어와 단어를 연결

Jane is healthy and beautiful.　　Jane은 건강하고 아름답다.

② (대등한 성격의) 구와 구를 연결

I will go to work by bus or by taxi.　　나는 버스나 택시를 타고 일하러 갈 것이다.

Learn More! '구'는 무엇일까요?

구는 주어나 동사 없이 두 개 이상의 단어가 모여 어떤 뜻을 나타내는 말이다. 그 종류는 아래와 같다.

명사구	주어 역할	To err is human, to forgive is divine.	잘못하는 것은 인간이요, 용서하는 것은 신이다.
	보어 역할	My hobby is playing baseball.	나의 취미는 야구하는 것이다.
	목적어 역할	I don't like going there.	나는 거기에 가는 것을 좋아하지 않는다.
형용사구	형용사 역할	The bread on the table is mine.	책상 위에 있는 그 빵은 나의 것이다.
부사구	시간	He will come back on time.	그는 제 시간에 돌아올 것이다.
	목적	I studied hard to pass the exam.	나는 그 시험에 합격하기 위해 열심히 공부했다.
	이유	Because of you, I can't see the movie.	너 때문에 나는 그 영화를 볼 수 없다.

③ 문장과 문장을 연결

He likes her, but she doesn't like him.　　그는 그녀를 좋아하지만, 그녀는 그를 좋아하지 않는다.

3) 명사절 접속사의 개념

'주어 + 동사'의 요소를 지니고 명사의 역할을 하는 절을 명사절이라 하며, 그 절을 이어주는 접속사를 일컫는다.

① I think.　　나는 생각한다. + ② He is a doctor.　　그는 의사이다.

두 개의 문장을 이어주려면 접속사가 필요하며, ①의 think는 타동사이므로, 목적어가 필요하다. 따라서 뒤에 나온 ②를 목적어로 만들어줘야 하는데, 이럴 경우 쓰는 품사가 that이며, 아래처럼 한 문장으로 바꿀 수 있다.

I think that he is a doctor.　　그가 의사라고 생각한다.

4) 명사절 접속사의 역할

명사절 접속사는 문장 내에서 다음과 같은 역할을 수행한다.

① 주어 역할

That the Earth is round is true.　　(= It is true that the Earth is round.)　　지구가 둥글다는 것은 사실이다.

② 보어 역할

His problem is that he is too lazy.　　그의 문제점은 게으르다는 점이다.

③ 목적어 역할

I believe that he is honest.　　나는 그가 정직하다고 생각한다.

02 예제 풀어보기

다음 문장의 밑줄 친 부분이 문장에서 어떤 역할을 하는지 쓰시오.

1 <u>What we need to do</u> is to hire a qualified employee. ( )

2 <u>Whether she can come to the party</u> is not decided. ( )

3 The directors know <u>that they must reach their targets</u>. ( )

4 We are still trying to figure out <u>what happened</u>. ( )

03 예제 확인하기

명사절 접속사는 명사처럼 주어, 목적어, 보어 자리에 위치한다. 명사절 접속사 중에는 완전한 절에 쓰는 것과 불완전한 절에 쓰는 것으로 나누어지는데, 이 두 가지를 꼭 구분해서 기억해야 한다.

주어 자리

1 (What we need to do) is to hire a qualified employee.
        주어

우리가 할 필요가 있는 것은 자격을 갖춘 직원을 고용하는 것이다.

> ▶ 명사절 접속사 what이 절과 함께 명사 역할을 하여 문장 전체의 동사 is 앞에서 주어 역할을 할 수 있다. 명사절이 문장에 주어로 쓰이면 동사는 무조건 단수 취급한다. 참고로 what은 불완전한 절에 사용한다.

2 (Whether she can come to the party) is not decided. 그녀가 파티에 올 수 있는지 여부는 결정되지 않았다.
        주어

> ▶ 명사절 접속사 whether가 절과 함께 명사 역할을 하여 문장 전체의 동사 is 앞에서 주어 역할을 할 수 있다. whether는 완전한 절 또는 불완전한 절 모두에 사용한다.

목적어 자리

3 The directors know (that they must reach their targets.) 임원들은 목표치를 달성해야 한다는 것을 안다.
                              목적어

> ▶ 명사절 접속사 that이 절과 함께 명사 역할을 하여 문장 전체의 동사 know 뒤에서 목적어 역할을 할 수 있다. that은 완전한 절에 사용하는데, '주어(they) + 동사(reach) + 목적어(their targets)'를 모두 갖춘 완전한 절로 왔다.

4 We are still trying to figure out (what happened.)
                                          목적어

우리는 무슨 일이 일어났는지를 밝히려고 여전히 애쓰고 있다.

> ▶ 명사절 접속사 what이 절과 함께 명사 역할을 하여 전치사 out 뒤에서 목적어 역할을 할 수 있다. what은 불완전한 절에 사용하는데 여기서는 주어가 빠진 불완전한 절로 왔다.

UNIT
37

PART 5&6
접속사 & 명사절 접속사
❶ 접속사의 위치 1

Step 1	실전 포인트

풀 이 전 략　　선택지에 접속사가 있고, 문두에 빈칸이 있다면 빈칸에는 종속접속사가 온다.

 대표 문제

 R60

------- Mr. Gensler arrived on schedule, there were unforeseen difficulties involving mechanical problems.

(A) But　　　　　　(B) So　　　　　　(C) Although　　　　　　(D) However

 **시나공 풀이법**

------- Mr. Gensler arrived on schedule, there were unforeseen difficulties involving
　접속사　　　주어　　　동사　　　　전치사구　　유도부사　동사　　　　　　　주어　　　　　　　분사

mechanical problems.
　　involving의 목적어

> 주어와 동사가 2개씩(절 2개)
> 있으므로 접속사가 필요

(A) But　　　　　　　　(B) So　　　　　　　　(C) Although　　　　　　(D) However
　등위접속사　　　　　　　접속사　　　　　　　부사절 접속사　　　　　　　부사

문 장 분 석　　there는 유도부사로 'there + 동사 + 주어 + 수식어' 형태의 도치 문장을 이끈다. involving은 분사구문으로, 원래 which were involving mechanical problems였던 문장에서 which were를 생략한 분사구문으로 줄여 쓴 문장이다.

해　　　설　　등위접속사는 문두에 올 수 없다. 따라서 문두에 빈칸이 있으면 등위접속사부터 소거한다. 따라서 (A), (B)는 모두 등위접속사이므로 소거한다. 절이 두 개가 왔으므로 (D) 부사도 소거한다. 따라서 (C) Although가 정답이다.

해　　　석　　Mr. Gensler는 일정에 맞게 도착했지만, 기계 장치상의 문제를 포함한 예상치 못한 어려움이 있었다.

표 현 정 리　　**on schedule** 예정보다 늦지 않게, 일정에 맞춰　**unforeseen** 예상하지 못한　**mechanical** 기계와 관련된, 기계장치의

정　　　답　　(C)

 시나공 POINT

등위접속사는 문두 자리에 올 수 없다.

핵심 이론

등위접속사는 문장 내에서 단어, 구, 절 등을 대등하게(등위) 연결해 주며, 같은 내용은 생략한다.

> He purchased a TV, and **he purchased a smart phon**e.
> → He purchased a TV, and **purchased a smart phone.**
> → He purchased a TV, and **a smart phone.**
> 그는 텔레비전과 스마트폰을 구입했다.

~~But~~ she was in poor health, she finished her duties.
Although

비록 건강이 좋지 않지만, 그녀는 일을 마쳤다.

~~And~~ Mr. Phil resigns, the position will be vacant.
  If

필 씨가 사직하면, 그 자리는 공석이 될 것이다.

▶ 등위접속사(and, but (= yet), or, so, for)는 문두에 올 수 없다.

We are going to promote **Mr. Davidson** ~~whether~~ **Mr. Nicolson**.

우리는 데이비슨이나 니콜슨 둘 중 한 사람을 승진시킬 예정이다.   or

He got **his driver's license** ~~although~~ **a parking permit** on the same day.
                                        and

그는 운전 면허증과 주차허가증을 같은 날에 받았다.

▶ 등위접속사 자리에 부사절 접속사, 명사절 접속사는 올 수 없다.

Step 3   실전 문제

1. ------- taxation still applies to online shopping, any shoes purchased during the buy-one-get-one-free sale are exempt from shipping charges.

   (A) Yet   (B) So   (C) Therefore   (D) Even though

2. Basic computer word processing skills are preferred ------- not required for a part-time assistant in the San Antonio office.

   (A) although   (B) but   (C) which   (D) however

▶ 정답 및 해설은 해설집 92쪽 참고

UNIT 37

PART 5&6

접속사 & 명사절 접속사
❷ 접속사의 위치 2

Step 1   실전 포인트

풀 이 전 략   선택지 4개 중 접속사가 한 개만 있는 경우 접속사가 정답일 가능성이 99%이므로 접속사를 빈칸에 넣어 문맥을 확인해 본다.

★ 대표 문제

 R61

------- the senior architect goes on a business trip, he is accompanied by his employees.

(A) Near   (B) Yet   (C) When   (D) Always

시나공 풀이법

------- the senior architect goes on a business trip, he is accompanied by his employees.

접속사   주어   동사   goes on의 목적어   주어   동사   전치사구

주어 2개(절 2개)를 연결하는
접속사가 필요   be accompanied by

(A) Near   (B) Yet   (C) When   (D) Always
전치사   부사   접속사   부사

문장분석   전치사 by는 '~에 의해서'라는 뜻으로 수동태에 사용될 경우 'be + 과거분사 + by + 행위자' 형태로 나타난다.

해   설   접속사 자리에 부사, 형용사, 전치사가 올 경우 모두 오답 처리한다. 4개의 선택지 중 한 개가 접속사이고 남은 3개의 선택지가 부사, 형용사 또는 전치사 등으로 구성된 경우 빈칸에 접속사를 채워 넣는 문제일 가능성이 99%이다. 따라서 신속히 절의 수를 확인한 후 절이 두 개로 왔다면 빈칸은 접속사 자리임을 알아야 한다. 위 문제의 선택지 구성인 (A) 전치사, (B) 부사, (C) 접속사, (D) 부사에서 볼 수 있듯이 선택지에는 접속사가 한 개만 있고, 절이 두 개가 왔으므로 접속사인 (C) When이 정답이다.

해   석   수석 건축가가 출장을 갈 때, 그는 그의 직원들을 동반한다.

표현정리   senior 고위의, 상급의   architect 건축가   be accompanied by ~를 동반하다. (어떤 현상이) ~에 수반되어 일어나다

정   답   (C)

✗ 시나공 POINT

절이 두 개이면 반드시 접속사가 들어가야 한다.

핵심 이론

부사절 접속사 자리에 형용사, 부사, 전치사는 올 수 없다.

- **부사절 접속사의 위치**

------- + 주어 + 동사(완전한 절), 주어 + 동사(완전한 절).

▶ 빈칸은 부사절 접속사 자리로, 오답 선택지로는 등위접속사 / 형용사 / 부사 등이 나열된다.

주어 + 동사(완전한 절) + ------- + 주어 + 동사(완전한 절).

▶ 빈칸은 부사절 접속사 또는 등위 접속사 자리로, 오답 선택지로는 부사 / 형용사절 접속사 / 전치사 등이 나열된다.

- **부사절 접속사의 위치**

시간	조건	양보	이유
when ~할 때	if 만약 ~라면	although / though	as / because
after ~이후에	unless 만약 ~않는다면	even if / even though	since / now (that)
while ~동안에	once 일단 ~하면	비록 ~일지라도	~ 때문에

~~During~~ the technician finishes installing the program, we can resume our work.
When

기술자가 그 프로그램을 끝낼 때 우리는 작업을 재개할 수 있다.

▶ 접속사 자리(when)에 전치사(during)가 올 수 없다.

The initial budge estimate was wrong ~~due to~~ it had inaccurate data.
                                        because

데이터가 부정확하기 때문에 초기 예산 견적서는 잘못되었다.

▶ 접속사 자리(because)에 전치사(due to)를 쓸 수 없다.

1. ------- you agree to the program and the total price, we will make a reservation and send you an invoice with payment options via Speedpost.

(A) Later   (B) Prior   (C) Instead   (D) Once

2. ------- there is no more space on your hard drive, your computer will run slowly, and some errors will occur.

(A) Since   (B) Owing to   (C) Then   (D) Moreover

▶ 정답 및 해설은 해설집 92쪽 참고

UNIT **37** PART 5&6
접속사 & 명사절 접속사
❸ 명사절 접속사의 종류 1

Step **1** **실전 포인트**

풀 이 전 략 완전한(주어, 동사, 목적어 / 보어 등 문장에 필요한 모든 요소가 빠지지 않고 모두 있는) 절 앞 빈칸에는 that이 오고, 불완전한 절 앞 빈칸에는 what이 온다.

 대표 문제

 R62

------- the new employees need to know regarding the company's benefits has been provided in the package.

(A) That   (B) Then   (C) What   (D) However

 시나공 풀이법

------- the new employees need to know (regarding the company's benefits)
접속사   주어   동사 목적어(to부정사)   전치사구

명사절(주어 자리): know의 목적어가 빠진 불완전한 절

has been provided (in the package).
동사(수동)   전치사구

> 명사절 + 동사의 간단한 구로,
> 명사절은 명사 역할을 한다.

(A) That   (B) Then   (C) What   (D) However
완전한 절이 옴   부사   완전한 절이 옴   부사

문 장 분 석 regarding은 concerning과 함께 '~에 관한'이란 뜻을 가진 전치사로 자주 등장한다.

해 설 먼저 4개의 선택지를 접속사인 선택지 (A), (C)와 그렇지 않은 선택지 (B), (D)로 구분한 다음 절이 두 개인지 한 개 인지를 확인한다. 절이 두 개가 왔으므로 부사인 (B) , (D)는 소거한 후 (A)와 (C) 중 고민한다. 완전한 절에는 that 을 써야 하고, 불완전한 절에는 what을 써야 한다. 빈칸 뒤에 동사(know)의 목적어가 빠진 불완전한 절이 왔으므 로 (C) What이 정답이다.

해 석 신입사원들이 회사의 복리후생에 관해 알아야 할 사항들이 팩키지와 함께 제공되었다.

표 현 정 리 **benefit** 혜택, (주로 복수로) 회사에서 급여 외에 받는 복지혜택

정 답 (C)

✎ 시나공 POINT

절이 2개가 오면 반드시 접속사가 들어가야 한다.

핵심 이론

that절을 목적어로 자주 취하는 동사

suggest	~을 제시하다	explain	~를 설명하다	think	~라고 생각하다
show	~을 보여주다	announce	~를 발표하다	ensure	~을 보증하다
indicate	~을 나타내다	state	~라고 진술하다	note	~에 주목[주의]하다

that절을 자주 취하는 형용사

aware	~을 알고 있는	glad	~이 기쁜	likely	~일 것 같은
confident	~에 자신 있는	delighted	~이 기쁜	certain	~임이 확실한
sure	~이 확실한	pleased	~이 기쁜	worried	~이 걱정스러운

Employees who took the contingency training course know **what** they have to do

do의 목적어가 빠진 불완전한 절

in case of fire.

위기상황 훈련코스를 수강한 직원들은 화재가 발생할 경우 무엇을 해야 할지 안다.

▶ what은 주어나 목적어가 빠진 불완전한 절 앞에 쓴다.

Ms. Vikander indicated **that** she is very interested in the position of director.

완전한 절

Vikander 양은 그녀가 이사직에 매우 관심이 있다고 말했다.

▶ that은 주어(she)와 동사(is interested), 전치사(in)의 목적어(the position of director)를 모두 갖춘 완전한 절 앞에 쓴다.

1. The Atlanta Farmer's Market announced yesterday ------- Mark Peebles, who led the state's third-largest supermarket for three decades, will retire from his position as president.

(A) it   (B) that   (C) about   (D) what

2. Please be sure ------- every product manufactured at Green Factory is inspected before it is shipped to retail stores.

(A) on   (B) that   (C) about   (D) what

▶ 정답 및 해설은 해설집 92쪽 참고

UNIT
37

PART 5&6

접속사 & 명사절 접속사
❹ 명사절 접속사의 종류 2

Step 1 **실전 포인트**

풀 이 전 략　선택지에 명사절 접속사가 있고, '------- + 주어 + 동사 + ~ + 동사'로 구성된 경우 빈칸은 명사절 접속사 자리이다.

 대표 문제

 R63

------- our store will be open during the holiday is up for discussion.

(A) If　　　　　　(B) Because　　　　　(C) Whether　　　　　(D) Although

📝 **시나공 풀이법**

------- our store will be open (during the holiday) is up for discussion.

접속사　　주어　　　동사　　　　　전치사구　　　동사　　　전치사구

명사절(주어 자리) – 완전한 절

(A) If　　　　　　　(B) Because　　　　(C) Whether　　　　(D) Although
　조건　　　　　　　　　　이유　　　　　　　선택　　　　　　　양보

문 장 분 석　Our store will be open during the holiday. That is up for discussion. 이 두 문장이 하나의 문장이 되면서 Whether라는 접속사를 필요로 하게 된 것이다. 전치사 during은 확정된 기간 명사 앞에 사용되는 전치사로 '~동안'이란 뜻을 갖는다.

해 　　설　접속사가 선택지에 있을 때, 명사절 접속사와 부사절 접속사를 구분해 두어야 한다. 그리고 빈칸이 명사 자리인지, 부사 자리인지를 구분한다. '------- + 주어 + 동사 + ~ + 동사'로 구성된 경우 빈칸은 명사절 접속사 자리이고, '------- + 절 (주어 + 동사) + comma + 절 (주어 + 동사)'로 구성된 경우 빈칸은 부사절 접속사 자리이다. 이 문제의 경우 전자에 속하므로 부사절 접속사인 (B), (D)부터 소거한다. (A)는 명사절 접속사로 쓰일 경우 주어 자리에 올 수 없으므로 오답이다. 따라서 (C) Whether가 정답이다.

해 　　석　휴가 중에 매장을 열 것인지가 논의할 사항이다.

표 현 정 리　**during** ~동안　**be up for discussion** 논의에 오르다, 논의 대상이 되다

정 　　답　(C)

✎ 시나공 POINT

'whether + 주어 + 동사' 절은 or와 어울려 출제되고, whether 뒤 '주어'가 생략되면 'whether + to부정사' 형태로 출제된다. if는 명사절 접속사이지만 주어, 보어 자리에 올 수 없고, 오직 타동사 뒤 목적어 자리에만 올 수 있다.

핵심 이론

접속사 whether와 if의 차이점

if	타동사의 목적어로만 가능하다.
whether	주어, 목적어, 보어 역할이 가능하다. 또한 or not과도 함께 쓰이는데 이때 or not 은 whether 바로 뒤나 문장 끝에 위치한다.

whether나 if를 목적어로 자주 취하는 동사

ask	물어보다	decide	결정하다	see	확인하다
find out	알아내다	wonder	궁금하다	determine	결정하다

Ms. Paulson didn't decide whether [if] (or not) he will apply for the sales position.

타동사(decide)의 목적어 자리

Paulson 양은 그녀가 그 영업직에 지원할지 결정하지 못했다.

They wanted to know whether [if] we were satisfied with the results (or not).

타동사(ask)의 목적어 자리

그들은 우리가 그 결과에 만족했는지 여부를 알길 원했다.

Whether [if] the president can accept the merger offer or not is unknown.

문장의 주어자리

사장이 그 합병 제안을 받아들일지 여부는 알 수 없다.

▶ 명사절로 쓰이는 if(~인지)는 주어, 보어 자리에 올 수 없고, 타동사 뒤 목적어 자리에만 쓸 수 있다.

1. ------- or not the subway company is suffering from the deficit is not the first priority the city considers.

(A) In case　　　　(B) If　　　　(C) Even though　　　　(D) Whether

2. Our highly experienced staffing agency can decide whether ------- to hire the five new candidates through its screening process.

(A) or not　　　　(B) but　　　　(C) and　　　　(D) it

▶ 정답 및 해설은 해설집 93쪽 참고

UNIT
37 PART 5&6
접속사 & 명사절 접속사
❺ 명사절 접속사의 종류 3

Step 1 실전 포인트

풀이전략 선택지에 의문대명사나 의문부사가 있고, 빈칸 뒤에 불완전한 절이 오면 의문대명사, 완전한 절이 오면 의문부사를 고른다.

 대표 문제

 R64

Everyone in the division knows ------- made the preparations for the retirement party.

(A) when   (B) how   (C) who   (D) where

 시나공 풀이법

Everyone (in the division) knows ------- (made the preparations for the retirement party).
주어   전치사구   동사 know의 목적어 동사   목적어   전치사구
수식
know는 목적어를 가지는 3형식 타동사
동사, 목적어 등이 왔으나 주어가 없음

(A) when   (B) how   (C) who   (D) where
시간   방법   사람   장소

문장분석   make는 '~을 하다'는 뜻을 가진 타동사로 'make + 목적어(preparations)' 형태를 취한다.

해 설   우선 who, which, what, when, where, how, why가 의문사인지 관계사인지를 구분할 수 있어야 한다. 빈칸 앞에 선행사가 있다면 이들은 관계사로 풀어야 하고, 선행사가 없다면 의문사로 풀어야 하기 때문이다. 또한 의문 대명사는 불완전한 절에 쓰고, 의문부사는 완전한 절에 쓴다. 위 문제의 경우 빈칸 뒤에 동사(made)의 주어가 빠진 불완전한 절이 왔으므로 의문대명사인 (C) who만 가능하다.

해 석   모든 부서원들은 누가 은퇴파티를 준비했는지 알고 있다.

표현정리   preparation 준비   retirement 은퇴

정 답   (C)

 시나공 POINT

의문대명사는 주어나 목적어가 빠진 불완전한 절에 써야 하고, 의문부사는 주어와 목적어를 모두 갖춘 완전한 절에 써야 한다.

핵심 이론

접속사 whether와 if의 차이점

의문대명사 who, what, which	의문사로 쓰이면서 동시에 대명사의 역할을 한다. 따라서 이러한 의문대명사 다음에는 주어나 목적어가 없는 불완전한 절이 온다.
의문형용사 whose, what, which	의문형용사는 바로 다음에 명사가 오며, 뒤따르는 문장은 완전한 절이 나온다.
의문부사 when, where, why, how	의문사로 쓰이면서 동시에 부사역할을 한다. 의문부사 다음에는 완전한 절이 온다.

Mr. White asked his immediate supervisor **who will lead the discussion on Monday**.

will lead의 주어가 빠진 불완전한 절

White 씨는 그의 직속상관에게 누가 월요일 토론회를 이끌 것인지를 물었다.

We are interested in **whose proposal will be reviewed at the board meeting**.

완전한 절

우리는 누구의 제안서가 이사회에서 검토될지에 대해 관심 있습니다.

We will notify you immediately when we are able to arrange the delivery.

완전한 절

운송 준비가 되는 대로 바로 알려 드리겠습니다.

1. The company newsletter writer asked a participant ------- she had found the most valuable at the recent business seminar.

(A) that   (B) how   (C) what   (D) when

2. Brendan Williams, the owner of the AOL Telemarketing Company, is ------- established a guideline stating that the average time for each call should be fewer than five minutes.

(A) how   (B) who   (C) regarding   (D) concerning

▶ 정답 및 해설은 해설집 93쪽 참고

UNIT
38 PART 5&6
부사 ①

111

□ **promptly** ⓐⓓ 즉시, 정각에

　ⓐ prompt 즉각적인
　ⓝ promptness 기민

answer **promptly**　즉시 응답하다
begin **promptly** at 1:00 p.m.　정각 오후 1시에 시작하다

112

□ **highly** ⓐⓓ 매우, 몹시

　ⓐ high 높은
　ⓥ heighten 강화하다

highly recommended　매우 추천되는
a **highly** profitable project　대단히 수익성 있는 프로젝트

113

□ **directly** ⓐⓓ 곧바로

　ⓥ direct 지도하다
　ⓝ direction 지도, 감독, 방향

report **directly** to　~로 바로 보고하다
leave **directly** after the show　공연 후 즉시 떠나다

114

□ **dramatically** ⓐⓓ 극적으로

　ⓐ dramatic 극적인, 인상적인

grow **dramatically**　급격히 성장하다
increase **dramatically**　상당히 증가하다

115

□ **immediately** ⓐⓓ 즉시, 곧바로

　ⓐ immediate 즉각적인

immediately 7 days from now　7일 후 즉시
must **immediately** report ~　~을 즉시 보고해야 한다

116

□ **otherwise** ⓐⓓ 그렇지 않으면, 달리

　ⓐ otherwise 다른

unless **otherwise** noted　달리 언급된 바 없으면
unless **otherwise** stated　별도의 지시사항이 없다면

117

□ **adequately** ⓐⓓ 적절히, 충분히

　ⓐ adequate 충분한, 알맞은

be **adequately** prepared　충분히 준비가 되다
wrap the package **adequately**　소포를 적절히 포장하다

118

□ **significantly** ⓐⓓ 상당히

　ⓐ significant 상당한, 중요한
　ⓝ significance 중요성

significantly improve　상당히 향상시키다
significantly contribute to　~에 상당히 기여하다

119

□ **heavily** ⓐⓓ 몹시, 심하게

　ⓐ heavy 무거운

rely **heavily** on　~에 몹시 의존하다
heavily discounted airfare rates　크게 할인된 항공료

120

□ **cautiously** ⓐⓓ 조심스럽게, 신중하게

　ⓝ caution 조심, 주의
　ⓐ cautious 신중한, 조심스런

be **cautiously** optimistic　조심스레 낙관하다
ask a question **cautiously**　조심스럽게 질문하다

1	**lastingly** 영구적으로 오랜 기간 동안 끝없이	**continually** 연속적으로 장기간에 걸쳐 꾸준히 반복되는
2	**accurately** 정확하게 모든 세부적인 내용들이 사실과 다르지 않게	**assuredly** 확실히, 틀림없이 의심할 여지없이 분명하게
3	**abruptly** 갑자기 예상치 못하게	**promptly** 즉시, 바로 주저함이나 지체 없이 신속하게
4	**recently** 최근에 가까운 과거에 (+ 현재완료)	**soon** 곧 현재를 기준으로 앞으로 상당히 짧은 시간 안에 (+ 미래)
5	**personally** 직접, 개인적으로 행위가 개개인에게만 영향을 미쳐	**respectively** 각자, 각각 어떤 행위를 개개인이 다르게

Step 3 이론 적용해 보기

1. I would like to [personally / respectively] welcome all of the new members to our club.

2. Please enter the clients' data [accurately / assuredly] into the information database after meeting them.

3. The factory admitted that they were [lastingly / continually] dumping pollutants into the lake.

4. The service representative [abruptly / promptly] answered the questions.

5. Gold and silver prices have [recently / soon] fallen sharply.

▶ 정답 및 해설은 해설집 93쪽 참고

지문유형 ❻ 공지 (Notice)

풀 이 전 략   전반부 공지의 목적, 중간 부분의 시간, 방법, 요청 사항, 끝부분의 연락 정보 및 문의처 등의 기본 구성을 알아 두어야 한다.

Questions 1-2 refer to the following notice.

Notice about Office Uniforms

Attention, all staff members. This notice is regarding staff uniforms. As mentioned last week, all staff members are required to wear their uniforms while in the office. Most staff members are complying with the regulation, however, there are still some staff members who are not wearing the proper uniform.

PROPER STAFF UNIFORMS ADD REPUTATION & DIGNITY TO THE OFFICE AND TO THE PERSONALITY OF STAFF, TOO.

All staff members are requested to strictly adhere to the dress code. Disciplinary action will be taken against offenders at the start of next month. All supervisors are also requested to send a daily report to the administration that states the names of the members of their departments who are not following the dress code.

Thank you for your help.

For any inquiries, contact the Human Resources Department at 386-2678.

1. What is the purpose of the notice?

(A) To notify staff members that they must wear their uniforms
(B) To provide information on how to purchase an office uniform
(C) To inform the staff about a company policy
(D) To advertise the company's new uniforms

2. What is mentioned in the notice?

(A) All staff members must send a report to the administration.
(B) Most staff members are not wearing their uniforms at work.
(C) Staff members will be penalized if they do not follow the dress code.
(D) Some staff members are required to wear uniforms.

▶ 정답 및 해설은 해설집 93쪽 참고

Notice about Office Uniforms

→ 제목

Attention, all staff members. This notice is regarding staff uniforms. 1 As mentioned last week, all staff members are required to wear their uniforms while in the office. Most staff members are complying with the regulation, however, there are still some staff members who are not wearing the proper uniform.

→ 주제 단락

PROPER STAFF UNIFORMS ADD REPUTATION & DIGNITY TO THE OFFICE AND TO THE PERSONALITY OF STAFF, TOO.

→ 세부 사항 및 요청 사항

All staff members are requested to strictly adhere to the dress code. 2 Disciplinary action will be taken against offenders at the start of next month. All supervisors are also requested to send a daily report to the administration that states the names of the members of their departments who are not following the dress code.

Thank you for your help.

For any inquiries, contact the Human Resources Department at 386-2678.

→ 연락처

1. What is the purpose of the notice?

공지의 목적을 묻고 있다. 공지를 작성한 목적은 첫 단락에 등장한다. 첫 단락 한두 줄만 읽으면 공지를 작성한 목적뿐만 아니라 전반적인 흐름을 파악하는데 상당한 도움이 되기 때문에 공지는 처음부터 잘 읽어야 한다. 첫 단락 두 번째 문장 'all staff members are required to wear their uniforms while in the office.'에서 모든 직원들이 회사에 맞는 적합한 옷차림으로 출근하도록 알리는 내용이라는 것을 알 수 있다. 따라서 (A)가 정답이다.

2. What is mentioned in this notice?

' is mentioned' 문제는 사실파악 문제이다. 독해 문제 중에서 까다로운 문제에 속하며, 특히 문제에 지문의 종류가 언급된 경우 정답의 단서가 어디에 등장하는지 알 수 없으므로 맨 마지막에 풀어야 한다는 것을 기억한다. 다른 모든 문제를 풀고 나면 이 문제에 대한 단서가 어느 정도 잡히기 때문이다. 두 번째 단락 두 번째 문장 'Disciplinary action will be taken against offenders at the start of next month.'에서 '다음 달 초부터 위반자에게 징계조치를 취할 것'이라고 했으므로 (C)가 정답이다.

시나공 POINT

첫 단락을 통해 공지를 작성한 목적을 파악한 후, 세부 사항 및 요청 사항이 무엇인지를 파악하며 흐름을 예측한다.

1. As mentioned last week, all staff members are required to wear their uniforms while in the office.

> As mentioned last week, all staff members are required to wear
> 　　접속사 + 과거분사　　　　　부사　　　　　　주어　　　　　　동사　　　　보어
>
> their uniforms (while in the office).
> 　　wear의 목적어　　　　　전치사구

as의 용법은 다양하다. 전치사인 경우 'as + 신분 / 자격(~로서)', 접속사인 경우 '양태접속사 + as + 과거분사(~한 대로)', '시간부사절 접속사(~할 때)', '이유부사절 접속사(~때문에)' 등으로 쓰인다. 위 문장은 양태부사절 접속사로 쓰인 경우인데 상당히 까다로운 구문이다. 접속사는 완전한 절 앞에 써야 하지만 양태부사절 접속사는 '주어 + be동사'를 생략한 분사구문 형태로 쓰인다. 즉 'as + 과거분사' 형태로만 쓰이는 것이다. 이때 as를 전치사로 혼동하는 독자들이 상당수 있다. 따라서 as 뒤 어휘가 '자격 / 신분'이 아니라면 as는 양태부사절 접속사일 가능성이 아주 높고 'as + 과거분사' 형태로 쓴다는 것에 주의한다.

2. Most staff members are complying with the regulation, however, there are still some staff members who are not wearing the proper uniform.

> Most staff members are complying with the regulation, however, there are
> 　　　주어　　　　　　　　동사　　　　　　　목적어　　　　　접속사　　　　동사
>
> still some staff members who are not wearing the proper uniform.
> 　　　선행사　　　　　관계대명사　　동사구　　　　　목적어

부사 however는 접속부사(그러나) 또는 복합관계부사(아무리 ~하더라도) 두 가지 용법으로 사용된다. 접속부사로 쓰일 경우 위 문장에서처럼 앞뒤 내용이 대조를 나타낼 때 사용한다. 이때 however는 접속사가 아니라 접속부사라는 것에 주의한다. however를 접속사로 혼동하는 경우가 많기 때문이다. 복합관계부사로 쓰일 경우 'however + 형용사 / 부사 + 주어 + 동사' 구조로 온다. however가 문장에 등장하면 '그러나'의 뜻을 가진 부사만 떠올려서는 안 되고, '아무리 ~하더라도'의 뜻을 가진 복합관계부사도 함께 떠올려야 한다는 것을 기억한다.

Questions 3-5 refer to the following notice.

Announcement for Employee Training

In order to continue improving our customer service and to expand your skills, an employee training session has been scheduled. This training will take place from September 10 to 13, and the training session will be repeated to start at 10 a.m.

Thank you for being a valued member of our team here at the 7 Days Company. We have been in this business for quite some time, and we have always managed to stay ahead of our competitors. This is not possible if now with all of your support to our business.

If you attend this training session and take notes, the things you learn will be a huge help to boost the productivity of our organization. In the meantime, thank you again for all you do on behalf of the 7 Days Company. I look forward to seeing you at the training session.

Department Manager

---

3. What is the purpose of the announcement?

(A) To ask for feedback on the training session

(B) To notify employees about the dates of their vacation

(C) To inform employees that they will have a training session

(D) To announce that a new employee has started working at the company

4. What is indicated about the employee training session?

(A) It will be held on January 10 and 13.

(B) It is for employees to improve their customer service.

(C) Only managers may attend it.

(D) It will be repeated at noon.

5. What are the employees asked to do?

(A) Prepare to give their presentations

(B) Leave early on the last day of the training session

(C) Arrive on time at the training session

(D) Leave a note during the training session

▶ 정답 및 해설은 해설집 94쪽 참고

REVIEW TEST

1. ------- Jimmy wants is to take a break because he has been inundated with calls and emails during the high season.
   (A) What
   (B) That
   (C) Instead
   (D) Ahead

2. After the Fukushima radioactive leaks, people in Korea became concerned about ------- seafood imported from Japan was safe.
   (A) if
   (B) whether
   (C) that
   (D) which

3. We are pleased to announce ------- Globe Electronics has won the bid to make air conditioning systems for thousands of schools across the Sudan.
   (A) this
   (B) that
   (C) on
   (D) what

4. When deciding ------- or not to invest in a company, you need to research the performance of the company and should speak with a trusted financial adviser.
   (A) if
   (B) that
   (C) who
   (D) whether

5. No one can tell ------- the Savannah branch manager will be able to arrive as scheduled because of the adverse weather conditions in Georgia.
   (A) what
   (B) which
   (C) instead
   (D) if

6. The Maintenance Department is required to check every cable and connection periodically to ensure ------- the emergency lighting equipment is working properly.
   (A) which
   (B) that
   (C) prior
   (D) before

7. After receiving several estimates, Mr. Kuten decided ------- company he would choose for the office renovation project.
   (A) how
   (B) which
   (C) when
   (D) who

8. ------- is necessary is to educate and train workers regularly for your company to maintain a high level of specialization.
   (A) What
   (B) There
   (C) How
   (D) As

9. City inspectors are considering ------- to permit developers to build a housing project in the farmland.
   (A) if
   (B) then
   (C) whether
   (D) and

10. ------- our business succeeds depends on us providing the best service of all hotels in the city.
    (A) If
    (B) Whereas
    (C) Whether
    (D) While

▶ 정답 및 해설은 해설집 94쪽 참고

PART 5&6

GRAMMAR

UNIT 40 형용사절 접속사 & 부사절 접속사

VOCABULARY

UNIT 41 부사 ❷

PART 7

READING

UNIT 42 지문유형 ❼ 메시지 대화문

REVIEW TEST

WARMING UP

1) 형용사절 접속사의 개념

① 형용사절 접속의 개념

형용사절 접속사는 '관계대명사' 또는 '관계부사'를 달리 일컫는 말이다. 즉 두 개의 문장에 어떤 공통적인 요소가 있을 때 그 요소를 매개로 하여 두 문장을 합칠 때 쓰는 품사가 바로 관계대명사 또는 관계부사이다.

The man is the doctor.   그 남자는 의사이다. + He lives in Incheon.   그는 인천에 산다.

위와 같은 두 문장이 있을 때, The man과 He는 동일한 사람을 나타낸다. 즉 두 문장에 서로 공통적인 요소가 있으므로 이 두 문장을 아래와 같이 합칠 수 있다.

He is the doctor who lives in Incheon.   그는 인천에 살고 있는 의사이다.

이때 who 이하의 'who lives in Incheon'을 형용사절 또는 관계사절이라 하고 who를 관계대명사라 한다. 그리고 who 이하의 관계대명사절의 수식을 받는 명사 the doctor를 '선행사'라고 한다.

② 형용사절 접속사의 역할

형용사절 접속사, 즉 관계대명사나 관계부사는 하나의 완전한 문장 뒤에 붙어 그 문장의 명사, 즉 선행사를 수식하는 형용사의 역할을 수행한다.

This is the document that I looked over.   이것은 내가 검토한 문서이다.

2) 부사절 접속사

① 부사절 접속사의 개념

부사절 접속사는 '주어 + 동사'의 형태를 갖춘 절이 부사의 역할을 할 때 그 절을 연결해 주는 접속사이다. 이때 부사절은 대개 '시간, 조건, 이유, 양보' 등의 뜻을 나타낸다.

• He will be happy.   그는 행복할 것이다. + She comes.   그녀가 온다.

▶ 이 두 문장의 관계로 보아 '시간, 조건, 이유, 양보' 중 어떤 의미로 연결되면 가장 자연스러울지 생각한다.

• If she comes, he will be happy.   그녀가 온다면 그는 행복할 것이다.

▶ 두 문장의 관계를 고려했을 때, '조건'의 의미로 연결하는 것이 가장 적합하다. 이때 If로 연결되는 절을 부사절이라 하고, 이 절을 이끄는 접속사 If를 '부사절 접속사'라 한다.

② 부사절의 형태

부사절은 '접속사 + 주어 + 동사'의 형태로 문장 내에서 부사 역할을 하여 주절의 내용을 추가 설명하는 절이다. 즉 부사절은 종속절로써 문장의 수식 성분이므로 단독으로 쓰이지 못하고 항상 문장의 중심이 되는 주절과 함께 쓰일 수 있다.

People arrived there early because there was no traffic.
　　　　주어　　　　　　　　　　부사절

교통체증이 없었기 때문에 사람들이 일찍 거기에 도착했다.

02 예제 풀어보기

다음 밑줄 친 부분의 절의 종류를 적으시오.

1 The man <u>who works in the Sales Department</u> is kind.
(   )

2 The staff member <u>whom Steven is speaking with</u> is the manager.
(   )

3 <u>While you are there</u>, Tom will keep you posted.
(   )

4 He couldn't control the machine properly <u>because he was not used to it.</u>
(   )

03 예제 확인하기

1 The man (who works in the Sales Department) is kind. 영업부에서 일하는 그 남자는 친절하다.
선행사(주어) ⋯⋯> 주격관계대명사   동사

  ▶ who 이하의 절이 명사인 the man을 수식한다. 이처럼 who works in the Sales Department가 앞의 명사를 수식하는 절을 형용사절 혹은 관계사절이라고 하고, 수식을 받는 명사 the man을 선행사라고 한다.

2 The staff member (whom Steven is speaking with) is the manager.
선행사   관계대명사 주어 동사1   동사1
                        관계사절
스티븐과 이야기를 나누고 있는 직원이 매니저이다.

  ▶ 관계대명사의 위치는 '선행사 + 관계대명사 + (주어) + 동사 1 + 동사 2 ~ .' 구조로 온다.
                        관계사절

3 While you are there, Tom will keep you posted.
부사절(부사 역할)   주어
그곳에 있는 동안, Tom은 계속 당신에게 소식을 전해 줄 것이다.

  ▶ 문장에서 중요한 것은 'Tom은 계속 당신에게 소식을 전해 줄 것이다 (Tom will keep you posted.)'는 주절의 내용이고, '그곳에 있는 동안에 (While you are there)'는 소식을 전해 줄 시점을 말해 주는 부가적인 내용이다.

4 He couldn't control the machine properly because he was not used to it.
주절   부사절(부사 역할)
그 기계에 익숙하지 않아서, 그는 기계를 제대로 제어하지 못했다.

Step 1   **실전 포인트**

풀 이 전 략   선행사가 사람이고, 주어가 빠진 '동사 + 목적어' 앞 빈칸에는 주격을 고르고, 목적어가 빠진 '주어 + 동사' 앞 빈칸에는 목적격을
고르며 '명사 + 동사 + 목적어 / 보어' 앞 빈칸에는 소유격을 고른다.

★ 대표 문제

 R65

Mr. Kim is the person ------- recently got promoted to team manager.

(A) whose   (B) whom   (C) who   (D) which

🗂 시나공 풀이법

Mr. Kim is the person (------- recently got promoted to team manager.)
주어   동사   선행사   주격관계대명사(주어 + 접속사)   동사   전치사구
완전한 문장   관계사절(주어가 빠진 불완전한 절)

> 명사 the person(선행사)을
> 수식하며, 형용사 역할을
> 하는 주격관계대명사절

(A) whose   (B) whom   (C) who   (D) which
소유격   목적격   주격   주격, 목적격

문 장 분 석   get promoted는 '승진하다'의 의미로 'get started, get settled' 등과 같이 be + p.p.의 형태를 이룬다.

해 설   선행사의 종류에 따라 관계대명사가 달라진다. 즉 선행사가 사람인지, 사물인지에 따라 관계대명사의 종류가 결정
되는 것인데, 선행사가 사람이면 who, whose, whom 중에 하나를 써야 한다. 이때, 관계대명사는 절 안에서 빠
져 있는 요소를 대신한다. 즉 주어가 빠져 있는 불완전한 절이면 관계계대명사는 주격을 써야 하고, 목적어가 빠져
있는 불완전한 절이면 관계대명사는 목적격을 써야 한다. 이 문제의 경우 선행사는 사람(person)이고, 빈칸 뒤 절
에는 주어가 빠져 있는 불완전한 절로 왔으므로 주격관계대명사인 who를 써야만 한다.

해 석   김 씨는 최근에 우리 팀 매니저로 승진한 사람이다.

표 현 정 리   **recently** 최근에   **promote** 승진하다

정 답   (C)

✏️ **시나공 POINT**

'사람 + ------- + 동사' 구조에서 빈칸에는 주격관계대명사인 who를 고른다.

핵심 이론

형용사절 접속사(= 관계대명사)의 종류

형용사절 접속사(= 관계대명사)의 종류	주격	목적격	소유격
사람	who	who / whom	whose
사물, 동물	which	who / which	whose / of which
사람, 사물, 동물	that	that	–

The project **which**(= that) is directed by Mr. Lee will be done by this weekend.

Mr. Lee가 맡고 있는 프로젝트는 이번 주말이면 끝날 것이다.

▶ 선행사가 사물(project)이고, 주어가 빠진 불완전한 절 앞 빈칸은 주격관계대명사 자리이다.

The countries **whose** economies are growing fast should be prepared for sudden pitfalls.

경제가 급속히 성장하고 있는 나라들은 갑작스러운 위험에 대비해야 한다.

▶ 선행사가 사물(countries)이고, 명사(economies) 앞 빈칸은 소유격관계대명사 자리이다.

These are the items **which**(= that) I bought from our shop's online mall.

이것들은 내가 우리 가게의 온라인 몰에서 구입한 제품들이다.

▶ 선행사가 사물(items)이고, 타동사(bought)의 목적어가 빠진 불완전한 절 앞 빈칸은 목적격관계대명사 자리이다. 이때 목적격관계대명사는 생략이 가능하다.

This is the copier, **which** was not easy to use due to its unfamiliar functions.

이것은 익숙하지 않은 기능들로 인해 사용하기 쉽지 않았던 복사기이다.

▶ 선행사와 관계대명사 사이에 comma가 있으면 계속적 용법이다. 계속적 용법의 관계사절은 선행사에 대해 부가적인 정보를 제공한다. '선행사(사물) + comma + ------- + 동사' 구조에서 빈칸은 주격관계대명사 자리이다.

Step **3** 실전 문제

1. The government announced a new project ------- will have a group of geologists investigating certain areas of the city which is not developed yet.

(A) which   (B) whose   (C) of which   (D) whom

2. Mr. Lee and Ms. Wong ------- new office building has been constructed near the former one, are now the co-representatives of the company.

(A) who   (B) whose   (C) which   (D) in which

▶ 정답 및 해설은 해설집 96쪽 참고

UNIT
40
PART 5&6
형용사절 접속사 & 부사절 접속사
❷ 형용사절 접속사의 종류 2

실전 포인트

풀 이 전 략   선행사가 사물이고, 주어가 빠진 '동사 + 목적어' 앞 빈칸에는 주격을 고르고, 목적어가 빠진 '주어 + 동사' 앞 빈칸에는 목적격을 고르며, '명사 + 동사 + 목적어 / 보어' 앞 빈칸에는 소유격을 고른다.

 대표 문제

 R66

> Job seekers these days are searching for firms ------- are solid and provide good jobs.
>
> (A) whose   (B) where   (C) which   (D) of which

 시나공 풀이법

Job seekers these days are searching for firms (------- are solid and provide good jobs).
주어   부사   동사 덩어리   선행사   관계사절(주어가 빠진 불완전한 절)

> 선행사가 사물일 경우
> 주격관계대명사로 which를 쓴다

(A) whose   (B) where   (C) which   (D) of which
소유격   관계부사   주격, 목적격   소유격

문 장 분 석   자동사 search는 전치사 for와 함께 search for 형태의 덩어리 타동사로 쓰인다. 이 덩어리 뒤에 목적어(firms)가 왔으므로 능동태를 사용한 것이다.

해   설   선행사가 사물(firms)이고, 주어가 빠진 동사(are) 앞 빈칸에는 (C) which를 쓴다.

해   석   요즈음 구직자들은 안정적이고 좋은 직업을 제공할 수 있는 회사를 찾는다.

표 현 정 리   **job seeker** 구직자   **search for** ~을 찾다   **solid** 탄탄한

정   답   (C)

✎ 시나공 POINT
'사물 선행사 + ------- + 동사' 구조에서 빈칸에는 주격관계대명사인 which를 고른다.

핵심 이론

> **형용사절이 만들어지는 원리**
>
> I know the man. + He is handsome. → I know **the man who** is handsome.
> → who절이 the man(명사)을 형용사처럼 꾸며주고 있다. (주격)
>
> I know the man. + She taught him. → I know **the man whom** she taught.
> → whom절이 the man(명사)을 형용사처럼 꾸며주고 있다. (목적격)

The artist **who**(= that) is working on the project is the owner of this company.

프로젝트를 진행 중인 예술가는 이 회사의 사장이다.

▶ 선행사가 사람(artist)이고, 주어가 빠진 불완전한 절 앞에는 주격관계대명사를 쓴다.

Our mechanics, **whose** responsibilities were to fix the drillship, failed due to the massive oil spill.   시추선을 수리하는 일을 책임졌던 우리 기술자들은 방대한 기름 유출로 인해 실패했다.

▶ 선행사가 사람(mechanics)이고, 명사(responsibilities) 앞에는 소유격관계대명사를 쓴다.

The tourists **whom**(= that) James guided were my colleagues.

James가 안내했던 관광객들은 내 동료들이었다.

▶ 선행사가 사람(tourists)이고, 타동사(guided)의 목적어가 빠진 불완전한 절 앞에는 목적격관계대명사를 쓴다. 이때 목적격 관계대명사는 생략이 가능하다.

That is the manager, **who** invited the clients to our plant.

저 분이 협력업체 고객들을 우리 공장으로 초대한 매니저이다.

▶ 선행사와 관계대명사 사이에 comma가 있으면 계속적 용법이라고 한다. 계속적 용법의 관계사절은 선행사에 대해 부가적인 정보를 제공한다. '선행사(사람) + comma + ------- + 동사' 구조에서 빈칸은 주격관계대명사 자리이다.

Step 3 실전 문제

1. She is the performer ------- was once well-known for her outstanding communication skills with her business associates of all time.

   (A) whom   (B) whose   (C) who   (D) which

2. We are looking for a staff member ------- thoughts are not only creative but also immediately practical.

   (A) whom   (B) whose   (C) who   (D) that

▶ 정답 및 해설은 해설집 96쪽 참고

UNIT
40
PART 5&6
형용사절 접속사 & 부사절 접속사
❸ 형용사절 접속사의 종류 3

Step 1 **실전 포인트**

풀 이 전 략   불완전한 절에 쓰이는 관계대명사와 완전한 절에 쓰이는 관계부사를 구분해 두어야 한다.

 대표 문제

 R67

> The new regulations were announced on the last day ------- our employees worked.
>
> (A) which   (B) whose   (C) when   (D) where

 **시나공 풀이법**

> The new regulations were announced on the last day ------- our employees worked.

| 주어 | 동사(수동태) | 선행사 | 접속사 | 주어 | 자동사(목적어 아님) |

수동태라 목적어가 없음

전치사구

완전한 절   완전한 절

(A) which   (B) whose   (C) when   (D) where
주격   소유격   관계부사(시간)   관계부사(장소)

문장분석   수동태가 나왔으므로 그 뒤에 목적어가 없다.

해   설   관계대명사는 주어나 목적어가 빠진 불완전한 절에 쓰고, 관계부사는 주어와 목적어를 모두 갖춘 완전한 절에 쓴
          다. 빈칸 뒤에 주어와 동사를 모두 갖춘 완전한 절(our employees worked)가 왔으므로 관계부사를 써야 한다.
          따라서 관계대명사인 (A), (B)는 소거한다. 선행사가 시간(the last day)으로 왔으므로 시간을 나타내는 관계부사
          인 (C) when을 써야 한다.

해   석   새로운 규정이 우리 직원들이 일을 한 마지막 날 발표되었다.

표현정리   regulation 규정 announce 발표하다

정   답   (C)

🖋️ 시나공 POINT

> 선행사와 완전한 절 사이의 빈칸에는 관계부사가 들어가야 한다.

핵심 이론

선행명사	관계부사
시간, 장소, 이유, 방법 관련 명사	시간 → when 이유 → why 장소 → where 방법 → how

This is <u>the reason</u> **why** he was late.   이것이 그가 늦은 이유이다.

▶ 관계부사의 앞뒤 절이 완전한 문장이며, why절이 the reason을 꾸며준다.

It was the <u>day</u> **when** he decided not to invest in that company anymore.

그날은 그가 더 이상 그 기업에 투자하지 않겠다고 결정한 날이었다.

▶ 시간 선행사(the day)는 관계부사 when을 쓴다.

We visited the <u>place</u> **where** we will soon start our vineyard.   우리는 곧 시작할 포도원에 방문했다.

▶ 장소 선행사(place)는 관계부사 where를 쓴다.

That is <u>the reason</u> **why** we can't do business with you.

그것이 우리가 당신과 함께 사업을 할 수 없는 이유입니다.

▶ 이유 선행사(the reason)는 관계부사 why를 쓴다.

The report showed us <u>(the way)</u> **how** we should target certain customers.

보고서는 우리가 어떻게 목표 고객들을 겨냥해야 하는지를 보여주었다.

▶ 방법 선행사(the way)는 관계부사 how를 쓴다. 하지만 관계부사 how는 선행사(the way)와 관계부사(how)를 함께 쓸 수 없고, 반드시 둘 중 하나만 써야 한다.

He finally got the <u>office</u>, **where** all the appliances he wanted are provided.

그는 마침내 그가 원했던 모든 집기들이 비치되어 있는 사무실을 갖게 되었다.

▶ 선행사와 관계부사 사이에 comma가 있으면 계속적 용법이다. 계속적 용법의 관계사절은 선행사에 대해 부가적인 정보를 제공한다. '선행사(장소) + comma + ------- + 완전한 절' 구조에서 빈칸은 관계부사(where) 자리이다.

1. Most of the industries were in the middle of a crisis ------- they all needed to set comprehensive and extensive but effective strategies.

(A) which   (B) whose   (C) where   (D) when

2. The J&W Corporation is the company ------- he worked as its in-house lawyer for five years and as the administrative consultant for the next twelve years.

(A) which   (B) where   (C) how   (D) whom

▶ 정답 및 해설은 해설집 96쪽 참고

UNIT 40

PART 5&6
형용사절 접속사 & 부사절 접속사
❹ 부사절 접속사의 종류 1

Step 1 실전 포인트

풀 이 전 략 시간이나 조건의 접속사가 선택지에 있고, 주절에 미래 동사(will)가 왔다면 빈칸은 시간 혹은 조건의 접속사를 고른다.

 대표 문제   R68

> ------- you make a long-distance call, you will need to dial 1 and the area code first.
>
> (A) So that   (B) Owing to   (C) When   (D) As though

 시나공 풀이법

------- you make a long-distance call,
접속사   주어   동사   목적어
                 부사절 ------→ 등위접속사

> 완전한 문장 앞, 뒤에 오는 부사처럼 부사절도 완전한 절(주절)의 앞, 뒤에 오며 주절의 동사를 수식한다.

you will need to dial 1 and the area code first.
주어   동사   목적어
             주절

(A) So that   (B) Owing to   (C) When   (D) As though
~하기 위하여   ~때문에   ~할 때   마치 ~인 것 처럼

문 장 분 석 동사 need는 'to부정사' 또는 '목적어 + to부정사'에 모두 사용할 수 있는 동사이다.

해   설 시간이나 조건의 부사절에서 미래 의미를 나타낼 때 현재시제를 쓴다. 따라서 '------- + 주어 + 현재동사, 주어 + will + 동사원형' 구조라면 빈칸에는 시간 또는 조건 접속사를 채워 넣는다. 선택지에 시간 혹은 조건 접속사가 등장할 경우 해석으로 풀려고 하지 말고 단서를 찾아 풀어야 하는데, 그 단서가 주절의 미래 동사인 will이라는 것이다. 따라서 선택지에 시간 혹은 조건 접속사가 있고, 주절에 미래 동사(will)가 있으면 시간 혹은 조건 접속사가 정답이다. 따라서 정답은 (C) When이다.

해   석 장거리 전화를 할 때, 1번과 지역코드를 먼저 누르세요.

표 현 정 리 **make a call** 전화를 걸다   **dial** 다이얼을 돌리다, 전화를 걸다

정   답 (C)

📌 시나공 POINT

시간이나 조건부사절에서는 현제시제가 미래시제 대신 쓰인다.

핵심 이론

접속사(= 관계대명사)의 종류

시간, 조건 부사절에서 미래를 나타내기 위해서 현재시제를 쓴다.

시간 접속사	before ～하기 전　after ～한 이후　when ～할 때　while ～하는 동안 until ～할 때까지　once 일단 ～하면　as soon as ～하자마자
조건 접속사	if 만약 ～라면　unless 만약 ～하지 않는다면　in case ～한 경우를 대비해 as long as ～하는 한　provided / providing ～을 조건으로 하여

When you leave tonight, the in-house technician **will inspect** the computers.
_____
　　　부사절

오늘 밤 당신이 퇴근할 때, 사내 기술자가 컴퓨터를 검사할 것이다.

▶ 시간(when)의 부사절에서는 미래를 나타낼 때 미래시제 대신 현재시제를 쓴다.

All new hires will meet the CEO while they are attending the orientation session.
_____
　　　　　　부사절

모든 신입 직원들은 오리엔테이션에 참석하는 동안 사장님을 만나게 될 것이다.

▶ 시간(while) 부사절에서는 미래를 나타낼 때 미래시제 대신 현재시제를 쓴다.

If you leave a message, I **will return** your call as soon as possible.
_____
　　　부사절

메시지를 남기시면 곧 전화 드리겠습니다.

▶ 조건(if) 부사절에서는 미래를 나타낼 때 미래시제 대신 현재시제를 쓴다.

Unless all of the products are packed carefully, they will not be shipped.
_____
　　　　　　부사절

모든 제품들이 주의 깊게 포장되지 않으면, 배송될 수 없을 것이다.

▶ 조건(unless) 부사절에서는 미래를 나타낼 때 미래시제 대신 현재시제를 쓴다

1. ------- a new telephone is installed, we will send all of our customers a text message to let them know what it is.

(A) Shortly　　　(B) Moreover　　　(C) Though　　　(D) As soon as

2. ------- the marketing director is on a business trip, all e-mails and calls will be forwarded to his assistant.

(A) While　　　(B) Since　　　(C) When　　　(D) Therefore

▶ 정답 및 해설은 해설집 96쪽 참고

UNIT 40 PART 5&6
형용사절 접속사 & 부사절 접속사
❺ 부사절 접속사의 종류 2

Step 1 실전 포인트

풀 이 전 략 | 부사절 접속사는 양보, 이유, 목적, 결과, 복합관계부사 등이 있으며, 그 중 양보부사절 접속사는 문두에 위치해 부사 still과 자주 어울려 출제된다.

⭐ **대표 문제**

 R69

> ------- Mr. Watanabe was offered a job by a competitor, he still wants to stay at our company.
>
> (A) But　　　　　(B) Because　　　　(C) Although　　　　(D) Ever

> ------- Mr. Watanabe was offered a job by a competitor, he still wants to stay
> 접속사　　주어　　　　동사　　　목적어　　　전치사구　　주어 부사　동사 동사 want의 목적어
> 　　　　　　　　　　　부사절(4형식 수동태)　　　　　　　　　　　　　　주절
>
> 　　　　　　　　　　　　　　4형식 동사 offer의
> 　　　　　　　　　　　　　　간접목적어, 직접목적어를 확인해 보자.
>
> at our company.
> 　전치사구
> 　주절
>
> (A) But　　　　　(B) Because　　　　(C) Although　　　　(D) Ever
> 　그러나　　　　　　왜냐하면　　　　　비록 ～일지라도　　　언제나, 항상

문장분석 | 동사 offer는 4형식 동사로 '주어 + offer + 간접목적어(사람) + 직접목적어(사물)'로 쓰이는 동사이지만, 수동태로 바뀌면 '사람 + be offered + 사물' 형태를 취한다.
　　　　 예 A competitor offered Mr. Watanabe (간접목적어) a job (직접목적어).

해 설 | 양보부사절 접속사의 몇 가지 특징으로는 문두에 자주 온다는 것, 부사 still과 자주 어울려 다닌다는 것, 진행형을 즐겨 쓴다는 것 등이다. 문제에 절이 두 개가 왔으므로 부사 (D)는 소거한다. 등위접속사(But)는 문두에 올 수 없으므로 (A)도 소거한다. 결국 문두에 빈칸이 왔고, 주절에 still이 왔으므로 (C) Although가 정답이다.

해 석 | Mr. Watanabe는 다른 경쟁업체로부터 일자리를 제의받았음에도 불구하고, 그는 우리 회사에 머물기를 원한다.

표현정리 | offer 제안하다, 제의하다, 제공하다　competitor 경쟁자, 경쟁업체

정 답 | (C)

 시나공 POINT

> 기대했던 것과는 반대의 내용을 나타낼 때는 양보부사절 접속사를 쓴다.

핵심 이론

빈출 부사절 접속사 정리

양보부사절 접속사	although, though, even if, even though 비록 ~이지만
이유부사절 접속사	because, as, since, now that ~이기 때문에
목적부사절 접속사	so that, in order that ~하기 위해

Although I was supposed to receive my shipment on April 11th, it has <u>still</u> not arrived.

내가 택배를 4월 11일에 받기로 되어있었음에도 불구하고, 아직도 도착하지 않았다.

▶ 양보부사절 접속사(Although, Though, Even though, Even if)는 기대했던 것과는 반대의 내용을 나타낼 때 쓰인다.

Because Mr. Taylor was <u>late</u>, the meeting couldn't start on time.

Mr. Taylor가 지각해서 회의는 제시간에 시작될 수 없었다.

▶ 이유부사절 접속사(Because, Now that, Since, As)는 인과관계를 설명할 때 쓰는데, 4가지 종류의 접속사가 비교적 골고루 출제된다. 주요 특징으로는 보통 부정의 뜻을 가진 절을 자주 동반하며, 문두에 자주 위치한다는 점이다.

Ms. Ryu turned on the lamp so **that** she <u>could</u> read a book.   Ms. Ryu는 책을 읽을 수 있도록 램프를 켰다.

▶ 목적부사절 접속사(so that, in order that)는 '~하도록'이라는 뜻이며, so that 중심으로 출제된다. 또한 목적부사절 접속사의 특징으로는 절에 조동사(can, may 등)를 동반하며, so that, in order that 모두 that을 생략할 수 없다.

My business keeps me so <u>busy</u> **that** I can't talk to my colleague.

일이 너무 바빠 동료에게 전화할 시간이 없다.

▶ 'so + 형용사 + that (매우 ~해서 …하다)' 용법은 'so + 형용사 + -------' 구조에서 빈칸을 that으로 채워 넣는 문제로 출제된다.

Step 3   실전 문제

1. The communications channel between employees and employers should be open ------- employees can feel free to ask questions, to suggest ideas, and to point out errors.

(A) in order   (B) such   (C) even so   (D) so that

2. ------- effective a diet program is, it is essential to have healthy eating habits.

(A) But   (B) However   (C) In as much as   (D) No matter

▶ 정답 및 해설은 해설집 97쪽 참고

UNIT 41

PART 5&6

부사 ②

Step 1 **기출 100% 어휘 정리**

121

☐ **temporarily** ⓐⓓ 일시적으로

ⓐ temporary 일시적인

be **temporarily** suspended 일시적으로 중단되다

be **temporarily** closed 일시적으로 폐쇄되다

122

☐ **efficiently** ⓐⓓ 효율적으로

ⓐ efficient 효율적인
ⓝ efficiency 효율

work **efficiently** 효율적으로 일하다

operate more **efficiently** 보다 효율적으로 운영하다

123

☐ **carefully** ⓐⓓ 신중히, 주의 깊게

ⓐ careful 주의 깊은

carefully review 주의 깊게 검토하다

read the safety procedures **carefully** 안전규정을 신중히 읽다

124

☐ **approximately** ⓐⓓ 대략

ⓐ approximate 대략의

approximately 9:00 a.m. 대략 오전 9시에

approximately 500 employees 약 500명의 직원

125

☐ **aggressively** ⓐⓓ 적극적으로

ⓐ aggressive 적극적인

aggressively pursue new customers 적극적으로 고객들을 유치하다

aggressively marketed products 공격적인 마케팅을 벌이고 있는 상품

126

☐ **currently** ⓐⓓ 현재

ⓐ current 현재의

currently under construction 현재 공사 중인

be **currently** seeking temporary helps 현재 임시 직원들을 찾고 있다

127

☐ **regularly** ⓐⓓ 정기적으로, 자주

ⓐⓓ regular 정기적인
ⓐ regulaton 규정, 규제

a **regularly** scheduled event 정기적으로 예정된 행사

regularly perform maintenance checks 정기적으로 유지보수 점검을 하다

128

☐ **rapidly** ⓐⓓ 빠르게

ⓐ rapid 신속한
ⓝ rapidity 신속

grow **rapidly** 빠르게 성장하다

a **rapidly** growing economy 빠르게 성장하는 경제

129

☐ **lately** ⓐⓓ 최근에

ⓐ late 늦은

a **recently** installed generator 최근에 설치된 발전기

recently hired a full-time employee 최근에 정규 직원을 채용했다

130

☐ **markedly** ⓐⓓ 현저히, 두드러지게

ⓐ marked 두드러진, 현저한

rise **markedly** 상당히 오르다

differ very **markedly** from ~와 크게 다르다

1	**high** 높이 아래에서 위까지의 길이가 길게	**highly** 매우, 아주 보통보다 훨씬 더
2	**adequately** 충분히, 적당히 모자람 없이 넉넉하게	**tightly** 단단히, 정확하게 튼튼하고 세게
3	**apart** 떨어져 거리나 위치 등이 분리되어	**distant** 먼 거리가 상당히 떨어져 있는
4	**sparsely** 희박하게, 드문드문 분포도가 극히 낮은	**barely** 겨우, 간신히 매우 힘들게
5	**numerously** 아주 많이 수나 정도가 일정 기준을 훨씬 넘어	**dramatically** 확연히, 엄격하게 변화나 증감의 차이가 상당히 뚜렷하게

Step 3   이론 적용해 보기

1. A flight attendant asked passengers to make sure their seat belts were [adequately / tightly] fastened.

2. The last customer service training was [high / highly] beneficial.

3. Our company predicts that revenue will increase [numerously / dramatically] by early June.

4. The bus stop is far [apart / distance] from the hotel we stay at.

5. The factory is located in a [sparsely / barely] populated area.

▶ 정답 및 해설은 해설집 97쪽 참고

UNIT
42
PART 7
지문유형 ❼ 메시지 대화문
(text message chain)

Step 1 **실전 문제 먼저 풀기**

풀 이 전 략   회의, 일정, 업무 등에 대해 사내 또는 회사 간 직원들이 주고받는 메시지 대화문 / 온라인 채팅 대화문으로 평소 구어체 표현을 숙지하고 지문에서 대화자를 식별하여 대화의 흐름을 파악해야 한다.

Questions 1-2 refer to the following text message chain.

Sarah Paulson	[11:23 A.M.]
Bruce, this is just let you know I'll be in Amsterdam next Friday.	

Bruce Greenwood	[11:25 A.M.]
What's going on?	

Sarah Paulson	[11:26 A.M.]
Our Amsterdam office requested a safety training for its employees. One of their instructors has to take unexpected business trip, and they need a substitute.	

Bruce Greenwood	[11:26 A.M.]
Did you manage to book a flight?	

Sarah Paulson	[11:27 A.M.]
Not on such short notice. I'll drive.	

Bruce Greenwood	[11:28 A.M.]
OK, good luck!	

1. What will Ms. Paulson do next Friday?

(A) Teach a training course
(B) Meet an instructor
(C) Go on a trip
(D) Apply for a job

2. At 11:27 A.M. what does Ms. Paulson mean when she writes "Not on such short notice."?

(A) She will not arrive on time.
(B) She will not travel by plane.
(C) She cannot accept an invitation.
(D) She cannot make a payment.

▶ 정답 및 해설은 해설집 97쪽 참고

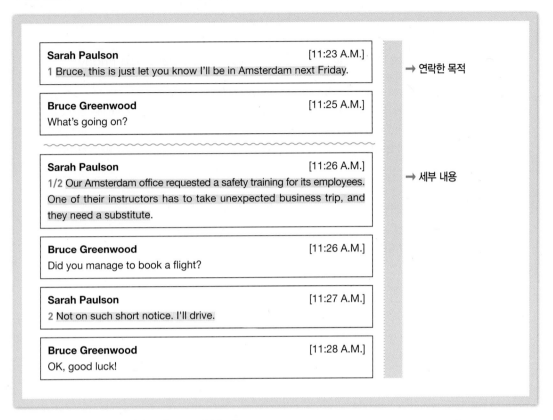

1. What will Ms. Paulson do next Friday?

추론 문제다. 질문의 핵심 어구인 Ms. Paulson에 대해 다음 주 금요일에 무엇을 할 것인지 추론하는 문제다. 11시 26분에 Sarah Paulson이 보낸 메시지 'Our Amsterdam office requested a safety training for its employees. One of their instructors has to take unexpected business trip, and they need a substitute.'에서 암스테르담 사무실에서 강사 중 한명이 갑작스러운 출장으로 인해 안전교육 요청이 왔다고 했고, 대체자가 필요하다고 했으므로 Paulson 양이 거기에 가서 교육을 할 것이라는 것을 예측할 수 있다. 따라서 (A) Teach a training course가 정답이다.

2. At 11:27 A.M. what does Ms. Paulson mean when she writes "Not on such short notice."?

의도 파악 문제이다. Not on such short notice를 통해 Ms. Paulson이 의도한 것을 파악하는 문제이다. 'Did you manage to book a flight?'에서 Bruce Greenwood가 비행편을 예약했냐는 질문에 Ms. Paulson이 'Not on such short notice.(너무도 급하게 요청받은 거라 못했다.)'는 말에 이어서 'I'll drive.(운전을 할 것이다.)'라고 응답했으므로 비행기로 가지 않겠다는 (B) She will not travel by plane이 정답이다.

✗ 시나공 POINT

1. 메시지 대화문의 흐름을 정확하게 파악해야 한다.
2. 대화자 요청 및 제안 사항은 관련 표현을 익혀두면 보다 쉽게 파악할 수 있다.

1. Bruce, this is just let you know I'll be in Amsterdam next Friday.

> Bruce, this is just let you know (that) I'll be in Amsterdam next Friday.
> 주어   사역동사   동사원   명사절

사역동사 let은 '~하게 하다'라는 뜻으로 남에게 무언가를 시킬 때 쓸 수 있는 어휘이다. let은 강제나 부탁이 아닌 허락의 뉘앙스가 있다. 예를 들어 Just let me ~'는 '~ 좀 하게 해줘요' 라는 뜻으로 명령문보다는 직접적인 느낌이 덜하다. 명령문 앞에 'just'가 붙으면 좀 더 부드러운 어조로 허락이나 동의를 구할 때 쓰인다. 이때 주의할 점은 Just let me 뒤에는 동사원형을 넣어 주어야 한다.

2. Our Amsterdam office requested a safety training for its employees.

> Our Amsterdam office requested a safety training for its employees.
> 주어   동사   목적어   전치사구

request는 형태의 변화 없이 명사와 동사가 모두 가능한 어휘로 동사로 쓰이는 경우에는 [request + 목적어 + to부정사] 또는 [request that 주어 + (should) 동사원형] 패턴으로 자주 쓰인다. 특히 to부정사를 목적보어로 쓰는 [request + 목적어 + to부정사]의 경우에는 수동태 형태인 [be requested to부정사]의 패턴으로도 자주 쓰인다. 명사로 쓰이는 경우에는 upon(on) request '요청 시' 또는 address customers' requests '고객들의 요청 사항들을 다루다' 등으로도 자주 쓰이는 토익 빈출 어휘이다.

3. One of their instructors has to take unexpected business trip, and they need a substitute.

> One of their instructors has to take unexpected business trip, and they
> 대명사   전명구   동사구   목적어   등위접속사 주어
>
> need a substitute.
> 동사   목적어

one of the(소유격) + 복수명사는 '~중에 하나'로 라는 뜻으로 문장에서 주어로 쓰이면 주어는 one이므로 동사는 단수 취급한다. 토익에서는 all / some / most of the(소유격) + 복수명사 / 불가산명사 패턴이 자주 출제되며 주의해야 할 것은 one을 제외한 all / some / most는 대명사로 쓰일 때 of the(소유격) 다음 복수 가산명사 또는 불가산명사 모두 나올 수 있으며, 문장의 주어로 쓰이는 경우에는 of the(소유격) 뒤의 명사에 수를 일치시켜야 한다는 것을 알아두어야 한다.

Questions 3-6 refer to the following online chat discussion.

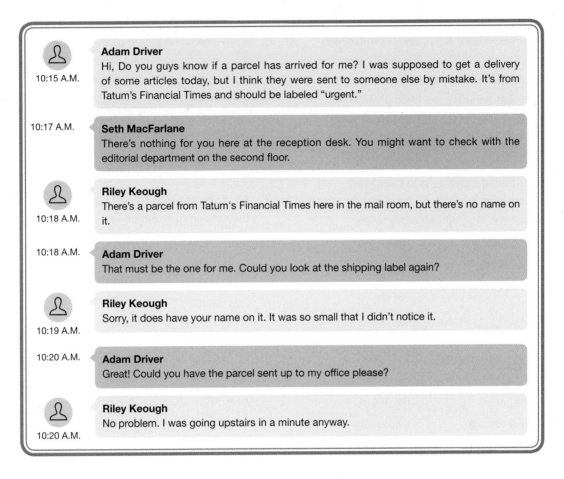

Adam Driver 10:15 A.M.
Hi, Do you guys know if a parcel has arrived for me? I was supposed to get a delivery of some articles today, but I think they were sent to someone else by mistake. It's from Tatum's Financial Times and should be labeled "urgent."

Seth MacFarlane 10:17 A.M.
There's nothing for you here at the reception desk. You might want to check with the editorial department on the second floor.

Riley Keough 10:18 A.M.
There's a parcel from Tatum's Financial Times here in the mail room, but there's no name on it.

Adam Driver 10:18 A.M.
That must be the one for me. Could you look at the shipping label again?

Riley Keough 10:19 A.M.
Sorry, it does have your name on it. It was so small that I didn't notice it.

Adam Driver 10:20 A.M.
Great! Could you have the parcel sent up to my office please?

Riley Keough 10:20 A.M.
No problem. I was going upstairs in a minute anyway.

3. Why did Mr. Driver start the online chat discussion?

(A) He received a damaged parcel.

(B) He has a meeting with a client soon.

(C) He is expecting some important articles.

(D) He delivered a shipment to the wrong person.

4. What does Mr. MacFarlane recommend doing?

(A) Calling Tatum's Financial Times

(B) Changing a meeting place

(C) Going to the reception desk

(D) Checking a different location

5. At 10:19 A.M., what does Ms. Keough most likely mean when she writes, "Sorry"?

(A) She misplaced a delivery slip.

(B) She arrived late to work today.

(C) She would like Mr. Driver to repeat his instructions.

(D) She made a mistake reading a label.

6. What will Ms. Keough probably do with the package?

(A) Take it to Mr. Driver

(B) Send it out by express mail

(C) Leave it at the reception desk

(D) Remove the items from it

▶ 정답 및 해설은 해설집 97쪽 참고

REVIEW TEST

1. Please wear a suit and tie with dress shoes at the business meeting ------- uncomfortable you may be.

   (A) provided
   (B) given
   (C) however
   (D) considered

2. The organization is in charge of maintaining historic castles in Scotland ------- tourists can enjoy them.

   (A) such as
   (B) so that
   (C) even so
   (D) so as

3. We expect to have a record harvest this year ------- the weather conditions in the western province have been favorable for the maturation of grapes.

   (A) only
   (B) unless
   (C) since
   (D) during

4. ------- you want to sign out a book or photocopied material from this office, please contact Linda and get her permission.

   (A) That
   (B) Whether
   (C) As if
   (D) If

5. The price includes the consultation fee, so please feel free to contact us ------- you want to know the details of our products.

   (A) whenever
   (B) that
   (C) whether
   (D) either

6. ------- he has traveled to Taiwan for business several times, this is the first time he has been accompanied by his employees.

   (A) While
   (B) Because
   (C) As if
   (D) Although

7. All of the new employees have to attend the welcome reception ------- they have an urgent personal matter to attend to.

   (A) in order
   (B) since
   (C) unless
   (D) without

8. This technology is so innovative ------- you will fall behind the competition if you don't use it for your products.

   (A) what
   (B) that
   (C) which
   (D) such

9. ------- the new medicine has been approved by the FDA for use by adults, it is not recommended for pregnant females and children less than 1 year of age.

   (A) Rather than
   (B) As long as
   (C) Following
   (D) Even though

10. Mr. Bae is going to visit the store and ask for a replacement machine or a refund ------- the copy machine purchased two days ago doesn't work properly now.

   (A) moreover
   (B) now that
   (C) besides
   (D) owing to

▶ 정답 및 해설은 해설집 98쪽 참고

PART 5&6

GRAMMAR

UNIT 43   기타접속사 & 복합관계대명사

VOCABULARY

UNIT 44   부사 ❸

PART 7

READING

UNIT 45   지문유형 ❽ 이중 지문

REVIEW TEST

WARMING UP

1) 등위접속사의 개념

① 등위접속사의 개념

등위접속사란 단어와 단어, 구와 구, 절과 절을 대등하게 연결해주는 접속사를 일컫는 말이다. 따라서 항상 동일한 형태의 문장 성분끼리 연결해주어야 한다.

② 등위접속사의 역할

- (대등한 성격의) 단어와 단어를 연결

  Jane is healthy and beautiful.   Jane은 건강하고 아름답다.

- (대등한 성격의) 구와 구를 연결

  I will go to work by bus or by taxi.   나는 버스나 택시를 타고 일하러 갈 것이다.

- (대등한 성격의) 문장과 문장을 연결

  He likes her, but she doesn't like him.   그는 그녀를 좋아하지만, 그녀는 그를 좋아하지 않는다.

2) 상관접속사

① 상관접속사의 개념

상관접속사란 두 단어가 서로 짝을 이루어 함께 쓰이는 접속사를 일컫는 말이다.

② 상관접속사의 종류

- both A and B A와 B 둘 다
- neither A nor B A도 아니고 B도 아닌
- not A but B A가 아니라 B
- either A or B A나 B 중의 하나
- not only A but also B A뿐만 아니라 B도
- between A and B A와 B 사이에

3) 복합관계대명사

복합관계대명사란 관계대명사에 ?ever가 붙어 명사절에서는 '～하는 사람은 누구나', 부사절에서는 '누가 ～하더라도'의 뜻을 나타내는 말이다.

Whoever solves this problem must be a genius.   이 문제를 푸는 사람은 천재임이 틀림없다.

Whoever telephones, don't tell him I'm in.   누가 전화를 하더라도 내가 있다고 말하지 마라.

02 예제 풀어보기

다음 문장에 알맞은 접속사를 고르시오.

1 They performed the test slowly (and / but) accurately.

2 Visit our Web site (but / and) read the guidelines.

3 (Whatever / Whoever) the teachers says, you must write about it.

4 (Whatever / Whoever) needs a pen can get it.

03 예제 확인하기

접속사는 등위접속사, 명사절 접속사, 부사절 접속사, 형용사절 접속사 등 다양하며, 등위접속사는 단어와 단어, 구와 구, 절과 절을 대등하게 연결해 주는 역할을 한다.

1 They performed the test slowly **but** accurately.　　그들은 느리지만 정확하게 임무를 수행했다.
　　　　　　　　　　　　　　　　　부사　　　　　부사

2 Visit our Web site **and** read the guidelines.　　웹사이트를 방문해 안내서를 읽어보세요.
　　　동사구　　　　　　　　　　　동사구

복합관계대명사는 명사절과 양보를 나타내는 부사절에서 쓰일 수 있다.

3 Whatever the teacher says, you must write about it.　　선생님이 무엇을 말하더라도 너는 모두 적어야 한다.
　　　　　　　부사절

　▶ 주절 앞에서 whatever가 '…가 ~하더라도'의 뜻을 지니며 양보 부사절을 이끌고 있다.

4 Whoever needs a pen can get it.　　펜을 원하는 사람은 누구든지 가져갈 수 있다.
　　　　　명절

　▶ whoever가 문장의 주어 역할을 하며 명사절을 이끌고 있다.

UNIT
43

PART 5&6
기타접속사 & 복합관계대명사
❶ 등위접속사

Step **1**	실전 포인트

풀 이 전 략　　빈칸 뒤에 대조되는 어휘가 오면 but이 정답일 가능성이 높다.

★ 대표 문제

 R70

> He started his own business with great expectations, ------- it turned out to be a failure.
>
> (A) but　　　　　(B) and　　　　　(C) or　　　　　(D) for

 시나공 풀이법

He started his own business with great expectations, ------- it turned out to be afailure.
주어　동사　　목적어　　　　　　전치사구　　　　　　　주어　동사　　　보어
　　　　　　　　　　　　　　　　절이 2개이므로 접속사가 필요　앞문장 전체를 가리킴

(A) but　　　　　　　(B) and　　　　　　(C) or　　　　　(D) for
　역접　　　　　　　　순접　　　　　　　선택　　　　　등위 접속

문 장 분 석	own은 '~자신의'라는 뜻을 가지고 소유격을 강조할 때 쓰이며, '소유격 + own + 명사' 형태로 사용한다.
해　　설	등위접속사 중 but이 출제빈도가 가장 높다. but은 앞뒤 문장이 대조일 때 써야 한다. 따라서 빈칸 앞뒤에서 서로 대조되는 어휘를 찾는다. 빈칸 앞 명사 (expectations)와 빈칸 뒤 명사 (failure)가 대조이므로 (A) but이 정답이다. (B)는 순접, (C)는 선택, (D)는 등위접속사인 것은 맞지만 거의 오답으로 출제된다.
해　　석	그는 많은 기대를 가지고 자신의 사업을 시작했지만 실패로 끝났다.
표 현 정 리	great expectation 큰 기대　turn out to be ~로 결말이 나다　failure 실패
정　　답	(A)

✎ 시나공 POINT

　빈칸 앞뒤의 단어와 단어, 구와 구, 절과 절이 순접 관계이면 and, 대조나 역접 관계이면 but, 선택 관계이면 or를 쓴다.

핵심 이론

> 등위 접속사는 그 앞뒤의 단어, 구, 절이 대등하게 와야 한다.
>
> 단어, 구, 절 + 등위접속사 + 단어, 구, 절
>
> **등위 접속사의 종류**
>
> and 그리고(추가)　　or 또는(선택)　　but / yet 그러나, 하지만(반대)　　so 그래서(결과)

All employers **and** employees should be mutually respectful.　모든 고용주와 고용자는 상호존중해야 한다.
　　　　명사　　　　　　명사

This comes with instructions for safe **and** effective use.　이것은 안전하고 효과적인 사용을 위한 설명서가 포함됩니다.
　　　　　　　　　　　　형용사　　　　형용사

The prices of materials are slowly **but** surely recovering along with demand.
　　　　　　　　　　　부사　　　　부사
자재가격은 수요증가와 함께 천천히, 그러나 확실하게 회복하고 있다.

▶ 등위접속사는 명사와 명사, 형용사와 형용사, 부사와 부사 등의 단어와 단어를 병렬시킨다.

Please complete the application **and** submit it within a week.　지원서를 작성해 1주일 내로 제출하세요.
　　　　동사구　　　　　　　　　동사구

They agreed to expand their business **and** to strengthen their competitive position.
　　　　　　부정사구　　　　　　　　　　　　　부정사구
그들은 사업체를 확장하고 경쟁력 있는 지위를 강화하는데 동의했다.

▶ 등위접속사는 동사구와 동사구, to부정사구와 to부정사구 등의 구와 구를 병렬시킨다.

He was sick, **so** he couldn't go to work.　그는 아파서 출근할 수 없었다.
　　　절　　　　　　　절

▶ 등위접속사 so는 단어와 단어, 구와 구는 연결해 줄 수 없고, 절과 절만 병렬시킨다.

Step 3 　실전 문제

1. Your customer ratings ------- comments are shared with the public and will immediately have an effect on the sales of your products and services.

   (A) though　　　　(B) but　　　　(C) else　　　　(D) and

2. Stringent ------- necessary security measures at the hotel hosting the heads of SARC will be activated on March 29.

   (A) otherwise　　　(B) but　　　　(C) hence　　　　(D) so

▶ 정답 및 해설은 해설집 99쪽 참고

UNIT 43 PART 5&6
기타접속사 & 복합관계대명사
❷ 상관접속사

Step 1 실전 포인트

풀이전략   문장에서, both, either, neither, between, not only 등이 나오면 짝을 이루는 상관접속사를 찾아본다.

 대표 문제 R71

> PNS Officedoor can fulfill your desire to make your entrance ------- functional and beautiful.
>
> (A) between   (B) nor   (C) both   (D) also

 시나공 풀이법

> <u>PNS Officedoor</u> <u>can fulfill</u> <u>your desire</u> to make your entrance ------- functional and
>   주어   동사   목적어   부정사구
>
> beautiful.
>   5형식 동사(make) + 목적어(your entrance) + 목적보어(both functional and beautiful)
>
> **(A) between**   **(B) nor**   **(C) both**   **(D) also**
> (2개) 사이   neither A nor B   both A and B   또한

문장분석   주어와 목적어를 모두 갖춘 완전한 절(PNS Officedoor can fulfill your desire)에는 to부정사를 쓴다. 이때 to 부정사는 부사적 용법이다.

해 설   상관접속사는 both가 가장 많이 출제되고, 다음으로 either, neither 순으로 출제된다. both를 묻는 문제에서는 between과 함께 선택지에 자주 등장하는 것이 특징인데, between, both 모두 and를 사용하기 때문이다. 따라서 between과 both가 함께 등장한 경우에는 해석으로 풀어야 한다. both A and B는 'AB 모두', between A and B는 'AB (둘) 사이에'라는 뜻으로 쓰이므로 의미상 정답은 (C)이다.

해 석   저희 PNS Officedoor는 귀하의 출입문을 실용적이면서 아름답게 만들려는 희망을 충족시켜 드릴 수 있습니다.

표현정리   **fulfill** 실현하다, 성취하다   **desire** 욕구, 욕망   **entrance** (출)입구, 문, 입장   **functional** 실용적인

정 답   (C)

✎ 시나공 POINT

> 상관접속사는 맞는 짝과 어울림을 묻는 문제로 출제되며, either는 or와, neither는 nor와, both와 between은 and와, not only 는 but(also)와 단짝이다.

핵심 이론

빈출 상관 접속사

	both		and		A와 B 모두
상관 접속사	either	A	or	B	A 또는 B 중의 하나
	neither		nor		A도 B도 아닌
	not only		but (also)		A뿐만 아니라 B도 (= B as well as A)
	not		but		A가 아니라 B
	between		and		A와 B 사이

I need **both** a TV <u>and</u> a computer in my kitchen.   나는 주방에 TV와 컴퓨터 모두 필요하다.

▶ both는 and와 단짝으로 출제된다.

You must return it by **either** e-mail <u>or</u> fax.   당신은 이메일 또는 팩스로 그것을 반송해야 한다.

▶ either는 or와 단짝으로 출제된다.

His car is **neither** black <u>nor</u> silver.   그의 차량은 은색도 검정색도 아니다.

▶ neither는 nor와 단짝으로 출제된다.

They are **not only** delicious <u>but also</u> nutritious.   그것들은 맛도 좋을뿐 아니라 영양가도 높다.

▶ not only는 but also와 단짝으로 출제된다.

This product is still prevalent in Korea **as well as** the U.S.A.

이 제품은 한국뿐 아니라 미국에서도 널리 사용되고 있다.

▶ as well as는 단어와 단어, 구와 구만 연결할뿐 절과 절을 연결해 줄 수 없는 접속사라는 것을 기억한다.

1. If you have any inquiries, please contact ------- Jill McCarty or the Human Resources Department.

(A) only   (B) not   (C) either   (D) so

2. Infiniti Patrol Solutions ------- monitors and sends alerts about potential bottlenecks in your system but also analyzes the system's activity in real time.

(A) no   (B) not only   (C) neither   (D) rather

▶ 정답 및 해설은 해설집 100쪽 참고

UNIT
43

PART 5&6
기타접속사 & 복합관계대명사
❸ 복합관계대명사

 Step **1** | 실전 포인트

풀 이 전 략 선택지에 복합관계대명사나 복합관계부사가 있을 때, 주어나 목적어가 빠진 불완전한 절 앞 빈칸에는 복합관계대명사를 고르고, 주어와 목적어를 모두 갖춘 완전한 절 앞 빈칸에는 복합관계부사를 골라야 한다.

★ 대표 문제

 R72

------- orders one of the first 50 copies of the newly released book will get a free gift.

(A) Whoever   (B) Wherever   (C) Whenever   (D) Whichever

시나공 풀이법

------- orders one of the first 50 copies of the newly released book will get a free gift.

동사   명사절(주어 자리) (주어가 빠진 불완전한 절)   동사   동사(get)의 목적어

주어 없이 동사와 목적어만 있으므로   목적어
주어 역할을 하며 문장을 연결하는 접속사가 와야한다.

(A) Whoever   (B) Wherever   (C) Whenever   (D) Whichever
누구든지   어디에나, 어디든지   언제든지   어느 것이든지

문장분석 부정대명사 one은 'one of the + 복수명사' 형태로 '~중에 하나'라는 뜻으로 사용한다. 이때 one 앞에 the를 써서는 안 된다는 것을 기억한다.

해 설 복합관계대명사와 복합관계부사를 구분한다. 복합관계대명사는 명사 자리에 위치하고, 복합관계부사는 부사 자리에 위치한다. 또한 복합관계대명사는 주어나 목적어가 빠진 불완전한 절에 써야 하고, 복합관계부사는 주어와 목적어를 모두 갖춘 완전한 절에 써야 한다. 이 문제의 경우 동사(ordered)의 주어가 빠진 불완전한 절이고, 빈칸이 주어 자리이므로 복합관계부사인 (B), (C)는 소거한다. 그리고 주문하는 주체는 사람이어야 하므로 (A) Whoever가 정답이다.

해 석 최근에 출시된 책을 주문한 사람은 누구든지 바디용품 중 하나를 받을 수 있습니다.

표현정리 **order** 주문하다, 명령하다 **newly released** 신상의, 새로 출시된

정 답 (A)

✍ 시나공 POINT

복합관계대명사는 '관계대명사 + ever'의 합성어로 명사 역할을 한다. 선행사가 없고 불완전한 절 앞 빈칸에는 복합관계대명사가 온다.

핵심 이론

복합관계대명사는 주어나 목적어가 빠진 불완전한 절에 쓴다.

| whoever 누구든지 | whatever 무엇이든지 | whichever 어느 것이든지 |

People can find ~~whenever~~ they are seeking online these days.
　　　　　　　 whatever 　　　　　　 (find의 목적어 자리)

사람들은 요즘 그들이 온라인에서 구하려는 것은 무엇이든지 찾을 수 있다.

▶ 복합관계대명사와 복합관계부사를 구분하는 문제가 출제된다. 복합관계대명사는 주어나 목적어가 빠진 불완전한 절에 쓰지만 복합관계부사는 주어와 목적어를 모두 갖춘 완전한 절에 쓴다.

I'll take ~~some~~ is left after you make a choice.
　　　　 whichever 　　　　(take의 목적어 자리)

당신이 선택한 후 남는 것은 어느 것이든 내가 택할 것이다.

▶ 복합관계대명사와 일반대명사 자리를 구분하는 문제가 출제되며, 절이 두 개가 왔으므로 대명사는 쓸 수 없다.

The workshop is open to ~~who~~ wishes to improve their computer skills.
　　　　　　　　　　　 whoever 　　　　 전치사(to)의 목적어 자리

그 워크숍은 컴퓨터 기술을 향상시키고자 하는 모든 이들에게 개방되어 있습니다.

▶ whoever는 anyone who로 바꾸어 쓸 수 있다.

1. ------- has a Bellasium membership card can receive airline miles for staying at hotel chains across the world.

(A) This　　　　　　(B) He　　　　　　(C) Everyone　　　　　(D) Whoever

2. Music in the Zukebox 8.1 program will play randomly, or you can choose ------- songs you prefer to hear with the program.

(A) when　　　　　　(B) whichever　　　　(C) however　　　　　(D) whoever

▶ 정답 및 해설은 해설집 100쪽 참고

UNIT
44
PART 5&6
부사 ③

121

☐ **appropriately** (ad) 적절하게
  (a) appropriate 적절한

appropriately address 적절하게 해결하다
appropriately respond 적절하게 응답하다

122

☐ **routinely** (ad) 정기적으로, 일상적으로
  (a) routine 일상적인

visit the factory **routinely** 정기적으로 공장을 방문하다
requires feedback from customers **routinely**
정기적으로 고객에게 피드백을 요구하다

123

☐ **closely** (ad) 면밀히, 엄밀히
  (a) close 가까운

examine **closely** 면밀히 살피다
be **closely** related to ~와 밀접하게 관련이 있다

124

☐ **exclusively** (ad) 독점적으로, 오직 ~만
  (a) exclusive 독점적인
  (n) exclusion 독점

deal with **exclusively** 오직 ~만 취급하다
exclusively to the healthcare industry 오로지 건강관리산업에만

125

☐ **politely** (ad) 예의바르게
  (a) polite 공손한, 예의 바른
  (n) politeness 공손함

interact **politely** with customers 고객들과 공손하게 대화하다
politely tell customers that 고객들에게 ~를 정중히 말하다

126

☐ **increasingly** (ad) 점점, 더욱 더
  (a) increasing 증가하는
  (a) increased 증가된

become **increasingly** popular 점점 더 인기를 끌다
be **increasingly** reliant on donations 점점 더 기부에 의존하다

127

☐ **particularly** (ad) 특히
  (a) particular 특정한

particularly small business owners 특히 소규모 자영업자들
in **particularly** stressful situations 특히 스트레스 받는 상황에서

128

☐ **entirely** (ad) 완전히, 전적으로
  (a) entire 전체의, 완전한

entirely optional 전적으로 선택사항인
be made **entirely** of recycled materials 재활용 재료만으로 제작되다

129

☐ **previously** (ad) 이전에
  (a) previous 이전의

previously purchased items 이전에 구입한 제품들
as **previously** scheduled 전에 계획한 대로

130

☐ **nearly** (ad) 거의
  (a) near 가까운

nearly impossible 거의 불가능한
be **nearly** complete 거의 완료되다

1	**exclusively** 독점적으로 특정인이나 단체에게만 허락하여	**extremely** 극도로 매우 심각하게
2	**consecutively** 연속적으로 어떤 행위가 순차적으로	**increasingly** 점점 더 점차적으로 증가하여
3	**only** 오직 유일하게	**exceptionally** 이례적으로 다른 대상과 비교할 수 없을 정도로 특별하게
4	**primarily** 주로 대부분, 거의	**firstly** 무엇보다도, 첫째로 순서상 맨 앞에
5	**quite** 꽤, 상당히 정도나 수량이 심하거나 많게	**heavily** 아주, 심하게 정도나 부담이 감당하기 힘들 정도로

Step 3   이론 적용해 보기

1. The dress will be [exclusively / extremely] designed for you after measuring your exact size.

2. Most of the workers at the company commute [only / exceptionally] by car.

3. We need to change the management system to survive in an [consecutively / increasingly] competitive market.

4. Even though it was raining [quite / heavily], the conference started on time.

5. The company's event was rescheduled [primarily / firstly] because of budget concerns.

▶ 정답 및 해설은 해설집 100쪽 참고

UNIT
45

PART 7
지문유형 ❽ 이중 지문 (Double Passages)

실전 문제 먼저 풀기

풀 이 전 략
1. 두 개의 지문을 읽고 5문제를 푸는 유형으로, 매회 총 2세트 10문제(176–180번 / 181–185번)로 구성된다.
2. 주로 이메일(편지), 공고, 광고, 기사, 양식 등의 지문이 서로 연계되어 출제된다.
3. 질문 중 3문제 정도는 단일 지문 문제, 1–2문제 정도는 연계 지문 문제로 출제된다.
4. 지문의 전개 순서와 질문의 순서가 거의 동일하게 제시되므로, 질문의 순서에 따라 본문에서 답을 찾아간다.

Question 1 refers to the following notice.

To whom it may concern,

I have made many purchases from Vitra Furnishings in the past and I am consisently pleased with the high level of quality the product. However, one of the pieces I ordered(#39293) didn't come with any instructions. My order ID is 3929 and my customer ID is 2324. You'll find a copy of my invoice enclosed with this letter.

If you could send the appropriate directions to my e-mail address at aperry@bmail.com, it would be appreciated.

Regards,
Amanda Perry

Vitra Furnishings
859, Maplethorpe Avenue, Chicago
CUSTOMER INVOICE

ORDER DATE : May 4
ORDER ID : 39293
DATE : May 10

Products Purchased

Item No.	Item Description	Quantity	Unit Price	Total Price
12421	Bedside Table	1	$150	$150
34789	Table Lamp	2	$70	$140
39293	Clothing Chest	1	$350	$350
72648	Drawing Table	1	$280	$280

Subtotal : $920
Shipping : $50

1. What item purchased by Ms. Perry is specifically referred to in the letter?

(A) Bedside Table
(B) Table Lamp
(C) Clothing Chest
(D) Drawing Table

▶ 정답 및 해설은 해설집 100쪽 참고

To whom it may concern,

I have made many purchases from Vitra Furnishings in the past and I am consisently pleased with the high level of quality the product. ❷ However, one of the pieces I ordered(#39293) didn't come with any instructions. My order ID is 3929 and my customer ID is 2324. You'll find a copy of my invoice enclosed with this letter.

If you could send the appropriate directions to my e-mail address at aperry@bmail.com, it would be appreciated.

Regards,
Amanda Perry

Vitra Furnishings
859, Maplethorpe Avenue, Chicago
CUSTOMER INVOICE

ORDER DATE : May 4
ORDER ID : 39293
DATE : May 10

Products Purchased

Item No.	Item Description	Quantity	Unit Price	Total Price
12421	Bedside Table	1	$150	$150
34789	Table Lamp	2	$70	$140
❸ 39293	Clothing Chest	1	$350	$350
72648	Drawing Table	1	$280	$280

Subtotal : $920
Shipping : $50

1. ❶ Of the pieces Mr. Perry ordered, what items didn't come with any instructions?
   Perry 씨가 주문한 품목 중 어떤 것이 설명서와 함께 오지 않았는가?

   (A) Bedside Table
   (B) Table Lamp
   (C) ❹ Clothing Chest
   (D) Drawing Table

❷ 첫 번째 단서를 찾는다.
Perry 씨가 요구하는 제품 번호를 알 수 있다.

❸ 두 번째 단서를 찾는다.
송장에 나와 있는 제품 목록에서 #39293에 해당하는 것이 Clothing Chest라는 사실을 알 수 있다.
❶ 문제의 요지를 먼저 파악한다.
Perry 씨가 주문한 품목 중 설명서가 없는 것을 묻고 있다.
❹ 각 지문의 단서를 종합하여 정답을 고른다.
첫 번째와 두 번째 단서를 통해 설명서가 오지 않은 품목이 (C)라는 것을 알 수 있다.

▶ 두 지문을 연계해서 풀어야 하는 문제이다. 먼저 문제를 보고 문제의 요지를 익힌다. 이후에 먼저 어떤 지문에 단서가 있는지 파악해야 한다. 연계 지문 문제에서는 대개 한 지문에서 첫 번째 단서가, 다른 지문에서 두 번째 단서가 제시되어 있다. 그리고 그 단서들을 종합하여 가장 적합한 선택지를 고른다.

▶ 먼저 ❶을 통해 문제의 요지를 파악한 다음, 첫 번째 지문에서 ❷를 통해 첫 번째 단서를, 두 번째 지문에서 ❸을 통해 두 번째 단서를 각각 찾아 결국 설명서가 함께 오지 않은 품목이 ❹ Clothing Chest라는 사실을 알 수 있다. 따라서 정답은 (C)가 된다.

Questions 2-6 refer to the following e-mails.

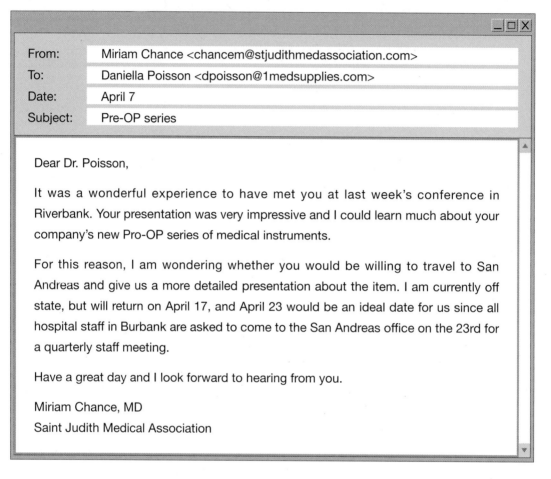

From:	Miriam Chance <chancem@stjudithmedassociation.com>
To:	Daniella Poisson <dpoisson@1medsupplies.com>
Date:	April 7
Subject:	Pre-OP series

Dear Dr. Poisson,

It was a wonderful experience to have met you at last week's conference in Riverbank. Your presentation was very impressive and I could learn much about your company's new Pro-OP series of medical instruments.

For this reason, I am wondering whether you would be willing to travel to San Andreas and give us a more detailed presentation about the item. I am currently off state, but will return on April 17, and April 23 would be an ideal date for us since all hospital staff in Burbank are asked to come to the San Andreas office on the 23rd for a quarterly staff meeting.

Have a great day and I look forward to hearing from you.

Miriam Chance, MD
Saint Judith Medical Association

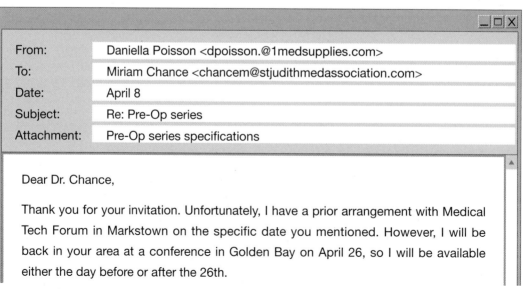

From:	Daniella Poisson <dpoisson.@1medsupplies.com>
To:	Miriam Chance <chancem@stjudithmedassociation.com>
Date:	April 8
Subject:	Re: Pre-Op series
Attachment:	Pre-Op series specifications

Dear Dr. Chance,

Thank you for your invitation. Unfortunately, I have a prior arrangement with Medical Tech Forum in Markstown on the specific date you mentioned. However, I will be back in your area at a conference in Golden Bay on April 26, so I will be available either the day before or after the 26th.

I am excited to realize that the Pre-Op series caught your interest, so I have attached a file that shows the dimensions of the instruments. I will be more than happy to present these instruments at your office for you and your colleagues. Contact me anytime and let's come up with an appropriate date.

Sincerely,

Daniella Poisson, MD

2. What is indicated about Saint Judith Medical Association?

(A) It has offices in more than one location.
(B) One of its dentists is a designer of medical instruments.
(C) Its dentists organized a conference in Riverbank recently.
(D) Its staff meetings occur once a month.

3. Where is Dr. Poisson scheduled to be on April 23?

(A) In San Andreas
(B) In Burbank
(C) In Markstown
(D) In Golden Bay

4. What has been included with the second e-mail?

(A) A list of Dr. Poisson's professional accomplishments
(B) A document showing the sizes of dental instruments
(C) A draft of an agenda for an upcoming forum
(D) A recording of a presentation given by Dr. Poisson

5. Why was the first e-mail written?

(A) To place an order for new equipment
(B) To promote a doctor's services
(C) To publicize a professional conference
(D) To propose an informational meeting

6. How did Dr. Chance first learn about the Pre-Op series?

(A) By visiting a medical practice in another state
(B) By hearing about it from another doctor at her medical practice
(C) By attending a presentation by Dr. Poisson
(D) By participating in a survey for doctors

▶ 정답 및 해설은 해설집 101쪽 참고

REVIEW TEST

1. Comcast is seeking a customer support manager to lead the ------- the customer relations and quality assurance teams.

(A) between   (B) both

(C) or   (D) neither

2. Some cleaning products have ingredients that can be hazardous to users at home ------- in the office.

(A) also   (B) nor

(C) or   (D) but

3. The staff members were disappointed that ------- Ms. Suwarto nor Mr. Jung was able to attend the annual dinner party.

(A) and   (B) neither

(C) with   (D) either

4. Public schools are generally, ------- not always, less expensive than private institutions in South Dakota.

(A) but   (B) for

(C) so   (D) and

5. Both of these homes offer outstanding modern facilities ------- beautiful furnishings, including elegant glass lamps.

(A) in addition to   (B) even though

(C) instead of   (D) as well as

6. If you ordered by phone, please allow ------- one or two business days for express shipping.

(A) both   (B) either

(C) yet   (D) or

7. ------- you log in to use Shanghai Bank's Internet banking system, you will be asked to enter your email address in the box.

(A) Almost   (B) Soon

(C) Still   (D) When

8. The new product appeals not only to customers who initially bought it ------- to those who had previously paid more for a drill.

(A) and then   (B) or else

(C) but also   (D) other than

9. Our customer representative will contact the Shipping Department ------- the shipment fails to arrive by the date specified in the order confirmation.

(A) instead   (B) if

(C) moreover   (D) besides

10. His role in finance is to make sure all payments are processed not only promptly ------- also correctly and to take care of the registration of new clients.

(A) like   (B) but

(C) even   (D) however

▶ 정답 및 해설은 해설집 102쪽 참고

PART 5&6

GRAMMAR

UNIT 46 연결어 넣기 / 알맞은 문장 고르기

VOCABULARY

UNIT 47 부사 ❹

PART 7

READING

UNIT 48 지문유형 ❾ 삼중 지문

REVIEW TEST

1) 접속부사의 개념

접속부사란 접속사와 부사의 성격을 모두 지닌 채, 문장과 문장 사이에서 독립적으로 쓰여 그 관계를 연결시켜주는 부사를 일컫는 말이다. 문장과 문장을 연결하는 점에서 접속사의 성격을 지니고 있고, 독립적으로 쓰일 수 있다는 점에서 부사의 성격을 지닌다.

2) 접속부사의 위치

① S + V; 접속부사 S + V

John tried to cut down on consumption; However, he still has a deficit.

존은 소비를 줄이려고 노력하였으나, 여전히 적자를 벗어나지 못하고 있다.

② S + V. 접속부사 S + V

The result is definitely not satisfying. Nevertheless, we can't help accepting it.

결과는 만족스럽지 못했다. 하지만 인정하지 않을 수 없었다.

③ S + 접속부사 + V

We, however, support this proposal.

우리는 그러나 이 제안을 지지합니다.

④ ~, and / but 접속부사 S + V

Guide fees are included in your travel expenses, and therefore you don't have to give them a separate fee.

당신의 여행비용에 가이드 수수료도 포함되었으므로 그들에게 따로 그것을 주지 않으셔도 됩니다.

02 예제 풀어보기

다음 문장에 알맞은 접속부사를 고르시오.

1. The patient had insurance; (Therefore / However), he can get the surgery without cost.

2. I studied hard to pass the exam. (Nevertheless / Otherwise), I failed the exam.

3. He had a lot of work experience. (Furthermore / Therefore), he also had several certificates.

4. I had a good interview last week. and (therefore / moreover) I was notified of acceptance.

03 예제 확인하기

1. The patient had insurance; Therefore, he can get the surgery without cost.
   　　　　　　　　　　　　　　　　　접속부사 (결과)
   그 환자는 보험이 있었다. 그래서 비용을 들이지 않고 수술을 받을 수 있었다.

2. I studied hard to pass the exam. Nevertheless I failed the exam.
   　　　　　　　　　　　　　　　　　접속부사 (양보)
   나는 시험에 합격하기 위해 열심히 공부했다. 그럼에도 불구하고 나는 시험에 떨어졌다.

3. He had a lot of work experience. Furthermore, he also had several certificates.
   　　　　　　　　　　　　　　　　　접속부사 (첨가)
   그는 업무 경험이 많았다. 게다가 그는 자격증도 몇 개 보유하고 있었다.

4. I had a good interview last week. and therefore I was notified of acceptance.
   　　　　　　　　　　　　　　　　　접속부사 (결과)
   나는 지난주에 면접을 잘 치렀다. 그래서 나는 합격통보를 받았다.

UNIT
46

PART 6
연결어 넣기 & 알맞은 문장 고르기
❶ 연결어 넣기

Step 1   **실전 포인트**

풀 이 전 략   연결어 넣기 문제는 빈칸 앞뒤 문장의 관계 파악이 핵심이다.

 대표 문제 R73

> Milton Allison Magazine's new head office was eventually completed last week.
> Each employee's move-in time can be checked on the company's Web site.
> Even though it is expected to take over two months to relocate, employees can take
> advantage of a number of benefits. -------, those employees in divided offices do not
> have to move across town for interdepartmental meetings anymore, which will lead to an
> even more efficient business.
>
> **Q.** (A) Therefore
>   (B) Nevertheless
>   (C) For example
>   (D) However

시나공 풀이법

해 설   선택지의 구성으로 미루어 문장과 문장을 이어주기에 적절한 접속부사를 선택하는 문제로 파악할 수 있다. 빈칸 앞에 서는 이전하는 데 많은 시간이 걸리겠지만 직원들이 많은 혜택을 받을 수 있다고 했으며, 빈칸 뒤에서는 직원들이 더 이상 부서간 회의를 위해 시를 오갈 필요가 없다는 구체적인 예시를 들고 있으므로 (C) For example이 정답이다.

해 석   Milton Allison 매거진의 새 본사가 마침내 지난주 완공되었습니다. 각 직원의 입주 시기는 회사 웹사이트에서 확 인할 수 있습니다. 비록 이전하는 데 2개월 이상이 소요될 것으로 예상되지만, 직원들은 많은 혜택을 볼 수 있습니 다. 예를 들어, 분리된 사무실에 있던 직원들은 더 이상 부서 간 회의를 위해 시를 오갈 필요가 없으며, 이는 훨씬 더 효율적인 업무가 가능하도록 해줄 것입니다.

표현정리   **move-in** 입주 **relocate** 이전하다 **take advantage of** ~을 이용하다 **interdepartmental** 부서[부처] 간의 **lead to** ~을 이끌다, 초래하다

정 답   (C)

✎ 시나공 POINT

1. 선택지를 보고 연결어 문제라고 판단되면 앞뒤 문장을 정확하게 해석한다.
2. 앞뒤 문장의 관계를 따져 선택지 중 알맞은 연결어를 선택한다.

핵심 이론

PART 6의 총 4개의 지문 중 1-2지문에서 꾸준히 출제되고 있다.

연결어(접속 부사)는 두 문장의 관계를 통해서 답을 결정한다.

대조 관계	however 그러나, in contrast 그에 반해서, on the other hand 다른 한편으로는
인과 관계	therefore = hence 그러므로, as a result 결과적으로, consequently 따라서, eventually 결국
부연 관계	moreover = furthermore 더욱이, in addition = besides 게다가, in fact 사실상
전환 관계	meanwhile 그 동안에, 한편, in the meantime 그 동안에, 한편
양보 관계	nevertheless = nonetheless 그럼에도 불구하고
선택 관계	otherwise 만약 그렇지 않으면, instead 대신에
예시 관계	for example = for instance 예를 들면

Milton Allison Magazine's new head office was eventually completed last week. Each employee's move-in time can be checked on the company's Web site. Even though it is expected to take over two months to relocate, employees can take advantage of a number of benefits. -------, those employees in divided offices do not have to move across town for interdepartmental meetings anymore, which will lead to an even more efficient business.

새로운 본사의 이전이 완료됐음을 알리는 정보와 빈칸 바로 앞에서 비록 이전하는데 시간은 걸리지만 많은 혜택을 누릴 수 있다는 정보가 있다. -------, 직원들이 앞으로 부서 간에 회의를 할 때 더 이상 시를 오갈 필요가 없다는 예를 들고 있다. 즉, 앞서 언급한 직원들의 혜택 중 하나로 볼 수 있다.

Q. (A) Therefore　그러므로(인과관계)　　(B) Nevertheless　그럼에도 불구하고(대조관계)
　 (C) For example　예를 들면(예시관계)　　(D) However　그러나(대조관계)

Dear customer,

Thank you for purchasing the Gusto Espresso Coffee Machine ITL200. When it is accompanied with a valid receipt, the product is warranted for twelve months from the date of purchase. According to the terms of the warranty, we will repair or replace your product free of charge. -------, the warranty does not cover defects caused by improper use, incorrect maintenance, or unauthorized modifications to the original product.

(A) Therefore　　　　(B) Thus　　　　(C) However　　　　(D) as a result

▶ 정답 및 해설은 해설집 103쪽 참고

UNIT
46 PART 5&6
연결어 넣기 & 알맞은 문장 고르기
❷ 알맞은 문장 고르기

풀 이 전 략   빈칸의 앞뒤 문맥을 파악한 후 선택지와의 관계를 살핀다.

 대표 문제 R74

> PIONEER (21 July) - Pioneer Natural Resources (NYSE) and Eagle Ford Shale (EFS) will be merging into one company. The merger is effective as of 1 September. The newly created company will be operating under the name Enterprise Products Partners. -------. In a joint statement, the CEOs, Kristine Solis of NYSE and Donna Fields of EFS, assured customers they will see no service changes. They also said there will be no employee layoffs.
>
> **Q.** (A) Enterprise Products Partners expects to hire more employees.
>
> (B) The energy sector is vital to Enterprise's development.
>
> (C) Both companies have a grasp of the international financial market.
>
> (D) Both companies have an excellent reputation in their respective industries.

📝 **시나공 풀이법**

해   설   빈칸 앞 문장에 두 개의 회사 이름이 제시되므로 두 개의 회사를 가리키는 내용이 이어지는 것이 논리상 적절하다. 그런데 (B)는 두 회사의 업종이 금융이라고 하므로 사실과 다르다. 따라서 (D)가 정답이며, 앞의 명사들을 받는 형용사 Both가 핵심 키워드이다.

해   석   PIONEER (7월 21일) – Pioneer Natural Resources (NYSE)와 Eagle Ford Shale (EFS)은 한 회사로 합병이 된다. 합병은 9월 1일부터 유효하다. 새로 생성된 회사는 Enterprise Products Partners라는 이름으로 운영된다. 두 회사 모두 업계에서 훌륭한 평판을 자랑한다. 공동 성명에서 NYSE의 사장인 Kristine Solis 씨와 EFS의 사장인 Donna Fields 씨는 고객에게 서비스 변화가 없음을 확인했고 그들은 또한 직원 해고도 없을 것이라고 말했다.

표 현 정 리   **merge** 합병하다 **effective** 유효한, 효력이 있는 **as of** ~일자로 **operate** 운영하다 **under the name** ~라는 이름으로 **joint statement** 공동 성명 **assure** 분명히 말하다 **layoff** 해고 **energy sector** 에너지 분야 **vital** 필수적인 **development** 개발 **grasp** 장악, 지배 **international** 국제적인 **financial market** 금융 시장 **excellent** 우수한 **reputation** 평판 **respective** 각각의 **industry** 업계

정   답   (D)

✎ 시나공 POINT

1. 선택한 지문을 빈칸에 넣을 경우 지문의 흐름이 자연스러운지를 파악한다.

2. 지시대명사(it, that, these 등) 또는 연결어(however, therefore, also 등)를 확인하여 앞 문장과의 관계를 파악한다.

핵심 이론

1. 문제 유형
❶ 빈칸이 지문 처음에 제시되는 경우
❷ 빈칸이 지문 중간에 제시되는 경우
❸ 빈칸이 지문 마지막에 제시되는 경우

▶ 빈칸이 지문 처음에 제시되는 경우는 극히 드물며, 대부분 지문 중간에 많이 등장한다.

2. 실전 공략
❶ 빈칸의 앞뒤 문장을 파악하여 빈칸에 들어갈 내용을 예상한다.
❷ 빈칸 다음에 나오는 문장의 (지시)대명사나 연결어 또는 키워드가 단서가 되는 경우가 많다.
❸ 각 선택지의 내용을 확인하며 빈칸에 알맞은 문장을 선택한다.
❹ 선택지에 지문과 관련된 어휘를 함정으로 놓는 경우를 주의해야한다.

PIONEER (21 July) — Pioneer Natural Resources (NYSE) and Eagle Ford Shale (EFS) will be merging into one company. The merger is effective as of 1 September. The newly created company will be operating under the name Enterprise Products Partners. -------. In a joint statement, the CEOs, Kristine Solis of NYSE and Donna Fields of EFS, assured customers they will see no service changes. They also said there will be no employee layoffs.

(A) Enterprise Products Partners expects to hire more employees.
Enterprise Products Partners 사는 더 많은 직원들을 고용할 예정이다.

(B) The energy sector is vital to Enterprise's development.　에너지 부문은 Enterprise사의 발전에 필수적이다.

(C) Both companies have a grasp of the international financial market.　두 회사는 국제금융시장을 장악하고 있다.

(D) Both companies have an excellent reputation in their respective industries.
두 회사 모두 업계에서 훌륭한 평판을 자랑한다.

▶ 빈칸 앞 문장에 두 개의 회사 이름이 제시되므로 두 개의 회사를 가리키는 내용이 나올 것임을 예상한다.
▶ 지문의 흐름상 빈칸에는 두 회사를 both로 받고 이 두 회사가 업계에서 평판이 좋다는 내용이 들어가야 한다.
▶ 제시된 빈칸에 (D)문장을 넣었을 때 문장이 자연스럽게 연결되는 것을 확인한다.

Bath (7 May) - Although only 20 percent of the cars on Bath city streets are electric, this number is changing at a rapid pace. This is due to the city's generous tax benefits offered to electric car drivers. According to Martin Freeman, President of Bath Green Businesses, more attractive designs and longer-lasting batteries have also made a difference. Mr. Freeman predicts the number of electric cars in Bath will more than double in the coming years. -------.

Q (A) Moreover, he likes the convenience of having recharging stations on highways.

(B) In fact, he believes that in 20 years only electric cars will be sold here.

(C) Therefore, he feels that the price of electric cars is too high.

(D) He notes that the population of Bath has been decreasing steadily.

▶ 정답 및 해설은 해설집 103쪽 참고

UNIT
47
PART 5&6
부사 ④

131
☐ **clearly** ⓐⓓ 명확히
ⓐ clear 명확한

speak **clearly** 명확하게 말하다
be **clearly** visible 또렷이 보이다

132
☐ **securely** ⓐⓓ 단단하게, 튼튼하게
ⓐ secure 안전한
ⓝ security 안전

securely mounted 단단하게 고정된
lock the door **securely** 문을 확실히 닫다

133
☐ **briefly** ⓐⓓ 잠시, 간결하게

be delayed **briefly** 잠시 연기되다
speak **briefly** and clearly 간단명료하게 말하다

134
☐ **severely** ⓐⓓ 심하게, 엄격하게
ⓐ severe 엄격한, 가혹한

be **severely** damaged 심하게 손상되다
a **severely** critical report 혹독하게 비판적인 보고서

135
☐ **thoroughly** ⓐⓓ 철저하게
ⓐ thoroughly 철저한

research the company **thoroughly** 회사를 철저히 조사하다
be **thoroughly** inspected 철저하게 검사받다

136
☐ **consistently** ⓐⓓ 일관되게, 항상
ⓐ consistent 시종일관된

be **consistently** late for work 계속 지각하다
at prices **consistently** lower than our competitors
우리 경쟁사들보다 줄곧 더 낮은 가격으로

137
☐ **relatively** ⓐⓓ 상대적으로
ⓐ relative 상대적인

relatively low compensation 상대적으로 적은 보상
a **relatively** new firm 비교적 새로운 회사

138
☐ **instantly** ⓐⓓ 즉시, 긴급히
ⓐ instant 즉시의

take effect **instantly** 즉시 효과를 보다
an **instantly** recognizable landmark 즉시 식별할 수 있는 표지물

139
☐ **strictly** ⓐⓓ 엄격히
ⓐ strict 엄격한

be **strictly** limited 엄격히 제한되다
be **strictly** enforced by ~에 의해 강력하게 실행되다

140
☐ **evidently** ⓐⓓ 분명히, 명백히
ⓐ evident 분명한
ⓝ evidence 증거

underestimate **evidently** 분명히 과소평가하다
drop **evidently** 명백하게 하락하다

1	**rapidly** 빠르게 어떤 동작을 하는데 걸리는 시간이 짧게	**extremely** 극도로 더할 수 없이 심하게
2	**strongly** 강력히 강도가 매우 세게	**stringently** 엄밀하게, 엄중하게 법이나 규칙 등을 철저히
3	**but** 그러나 역접 접속사로써 단어나 구, 혹은 절끼리 연결	**however** 그러나 부사로써 세미콜론 뒤나 and, 마침표 뒤에 위치
4	**yet** 아직 부정문에서 부정어 다음에 위치	**still** 아직도, 여전히 주로 긍정문에 쓰이나 부정문에서 부정어 앞에 위치
5	**normally** 보통 특별하지 않게 (현재시제와 결합)	**once** 한때 어느 한 시기에 (과거시제와 결합)

Step 3   이론 적용해 보기

1. The supply of office space in Tokyo is [rapidly / extremely] decreasing.

2. Safety precautions must be [strongly / stringently] observed.

3. The blue shoes you ordered are not in stock now; [but / however], black is available in your size.

4. They have [yet / still] not released the much anticipated test results.

5. An opinion survey is [normally / once] conducted after the regular seminar.

▶ 정답 및 해설은 해설집 103쪽 참고

UNIT **48** PART 7

지문유형 ❾ 삼중 지문 (Triple Passages)

풀 이 전 략
1. 3개의 지문을 읽고 5문제를 푸는 유형으로, 매회 총 3세트 15문제(186–190번 / 191–195번 / 196 – 200번)로 구성된다.
2. 일반 지문과 함께 송장, 양식, 스케줄 등 정보 파악이 비교적 용이한 지문이 섞여서 출제된다.
3. 이중 지문과 마찬가지로 총 5문제 중 3 ~ 4문제가 단일 지문, 1 ~ 2문제가 연계 지문에서 출제된다.
4. 지문의 전개 순서와 질문의 순서가 거의 동일하게 제시되므로, 질문의 순서에 따라 본문에서 답을 찾아간다.

Question 1 refers to the following letter & invoices.

Kitchenware Utopia Food Processor - Model C3

Our best-selling model, the C3, is made of high-quality plastic and easy-to-clean stainless steel.

Features: The unique blade design and powerful motor make this a professional-grade appliance, ideal for busy restaurants of all sizes.

Warranty: We include a seven-year warranty on all parts and labor.
Regular purchase price: $319.00 / KU Club Members: $299.00

www.kitchenwareutopia/review/c3/454			
HOME	**PRODUCTS**	**REVIEW**	**FAQ**

Rating : ★★★★★

This product is amazing. I'm a caterer, and I've used a lot of food processors, but this is by far the best one. The price is a little expensive, but it is worth the investment. Since I have a membership, I got the discount. The only complaint I have about it is that it is heavy, so it wasn't as portable as I had hoped. However, overall, I am very satisfied with the product.

Posted by Ellis Perls
March 27

www.kitchenwareutopia/review/c3/CR121			
HOME	**PRODUCTS**	**REVIEW**	**FAQ**

We are glad to hear you are happy with our C3 food processor. We would like to respond to your complaint and provide a suggestion regarding your concerns. Our C2 processor might be better suited to your professional needs. The C2 offers the same motor size as the C3, but it is much smaller than the C3. However, this model does cost slightly more than the C3.

Posted by Kitchenware Utopia Customer Service on March 28.

---

1. Why would the C2 processor likely be recommended as more suitable for Mr. Perls?

(A) It is inexpensive.
(B) It is dishwasher proof.
(C) It is easy to assemble.
(D) It is lightweight.

▶ 정답 및 해설은 해설집 104쪽 참고

Kitchenware Utopia Food Processor - Model C3

Our best-selling model, the C3, is made of high-quality plastic and easy-to-clean stainless steel.

Features: The unique blade design and powerful motor make this a professional-grade appliance, ideal for busy restaurants of all sizes.

Warranty: We include a seven-year warranty on all parts and labor.
Regular purchase price: $319.00 / KU Club Members: $299.00

www.kitchenwareutopia/review/c3/454			
HOME	PRODUCTS	REVIEW	FAQ

Rating : ★★★★★

This product is amazing. I'm a caterer, and I've used a lot of food processors, but this is by far the best one. The price is a little expensive, but it is worth the investment. ❷ Since I have a membership, I got the discount. The only complaint I have about it is that it is heavy, so it wasn't as portable as I had hoped. However, overall, I am very satisfied with the product.

Posted by Ellis Perls
March 27

❷ 첫 번째 단서를 찾는다.
Perls 씨가 갖고 있는 유일한 불만이 제품이 무겁다는 것임을 파악할 수 있다.

www.kitchenwareutopia/review/c3/CR121			
HOME	PRODUCTS	REVIEW	FAQ

We are glad to hear you are happy with our C3 food processor. We would like to respond to your complaint and provide a suggestion regarding your concerns. Our C2 processor might be better suited to your professional needs. ❸ The C2 offers the same motor size as the C3, but it is much smaller than the C3. However, this model does cost slightly more than the C3.

Posted by Kitchenware Utopia Customer Service on March 28.

❸ 두 번째 단서를 찾는다.
C2가 C3보다 더 가볍다는 정보를 제공하고 있다.
❶ 문제의 요지를 먼저 파악한다.
C2 조리기구가 Perls 씨에게 적합한 이유를 묻고 있다.
❹ 각 지문의 단서를 종합하여 정답을 고른다.
첫 번째 단서와 두 번째 단서를 통해 C2 조리기구가 추천될 수 있는 요인이 (D)라는 사실을 알 수 있다.

1. ❶ Why would the C2 processor likely be recommended as more suitable for Mr. Perls?
   왜 C2 조리기구가 Perls 씨에게 더 적합한 것으로 추천될 수 있는가?

   (A) It is inexpensive.
   (B) It is dishwasher proof.
   (C) It is easy to assemble.
   (D) ❹ It is lightweight.

▶ 삼중 지문이긴 하지만 세 지문이 모두 연계되는 문제로는 나오지 않으며, 이중 지문처럼 3 ~ 4문제는 단일 지문에서, 1 ~ 2문제는 연계 지문 문제로 출제된다. 따라서 지문도 이중 지문의 풀이 과정대로 밟아나가면 된다.

▶ 이 문제는 연계 지문 문제이다. 먼저 ❶을 통해 문제의 요지를 파악한 다음, 어느 지문에서 먼저 단서를 찾을지 결정한다. C2 processor와 Mr. Perls가 키워드이므로, Perls씨가 게재한 지문부터 살펴본다. 두 번째 지문에서 ❷를 통해 첫 번째 단서를, 세 번째 지문에서 ❸을 통해 두 번째 단서를 찾을 수 있다. 또한 이 두 단서를 종합하여 C2가 C3보다 적합한 이유가 ❹라는 사실을 알 수 있다.

Questions 2-6 refer to the following article, schedule, and e-mail.

City to Upgrade Aging Gas Pipes

(September 1) - During the month of October, Nairobi Energy Services, Inc., plans to replace two kilometers of cast-iron underground gas pipes with plastic-coated steel pipes as a part of its commitment to maintaining the city's energy infrastructure.

"The increase in pressure provided by the new pipes will better support today's high-efficiency furnaces, water heaters, clothes dryers, and other gas appliances," said Ms. Esther Cheptumo, the gas company's vice president. "The new system will ensure safe and reliable gas delivery for years to come."

Some streets in Nairobi will be closed to traffic between 11:00 A.M. and 4:00 P.M. while pipes are replaced. The gas company is working with city officials to develop a schedule that will minimize the inconvenience. The schedule will be updated daily on the company's Web site as well as in all local newspapers. Customers who experience a significant problem due to the work schedule should contact the gas company with their concerns.

Gas Service Upgrade Schedule

Monday	Oct. 16	Wallastone Street
Tuesday	Oct. 17	Moringa Street
Wednesday	Oct. 18	Blackstone Avenue
Thursday	Oct. 19	Stainwood Street
Friday	Oct. 20	No work scheduled (National holiday)

When work on your street has been completed, a NESI technician will come to your house to connect your service line.

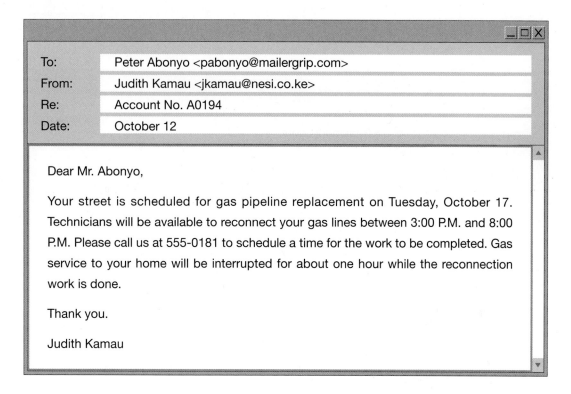

To:	Peter Abonyo <pabonyo@mailergrip.com>
From:	Judith Kamau <jkamau@nesi.co.ke>
Re:	Account No. A0194
Date:	October 12

Dear Mr. Abonyo,

Your street is scheduled for gas pipeline replacement on Tuesday, October 17. Technicians will be available to reconnect your gas lines between 3:00 P.M. and 8:00 P.M. Please call us at 555-0181 to schedule a time for the work to be completed. Gas service to your home will be interrupted for about one hour while the reconnection work is done.

Thank you.

Judith Kamau

2. According to the article, what is true about the pipes?

(A) They will help new appliances run better.
(B) They will be installed more quickly than cast-iron pipes.
(C) They will be replaced in several years.
(D) They will be installed at night.

3. What does the article indicate about the work schedule?

(A) It will not be approved by city officials.
(B) It has been posted by Ms. Cheptumo.
(C) It contains several errors.
(D) It has not been finalized.

4. What will happen on October 16?

(A) A meeting of NESI officials will be held.
(B) A national holiday will be celebrated.
(C) A street will be closed to traffic.
(D) A NESI customer's complaint will be resolved.

5. What is suggested about Mr. Abonyo?

(A) He requested some information.
(B) He lives on Moringa Street.
(C) He recently spoke with Ms. Kamau.
(D) He is not home in the evening.

6. Who is most likely Ms. Kamau?

(A) A city official
(B) An NESI employee
(C) An appliance technician
(D) An executive at a factory

▶ 정답 및 해설은 해설집 104쪽 참고

REVIEW TEST

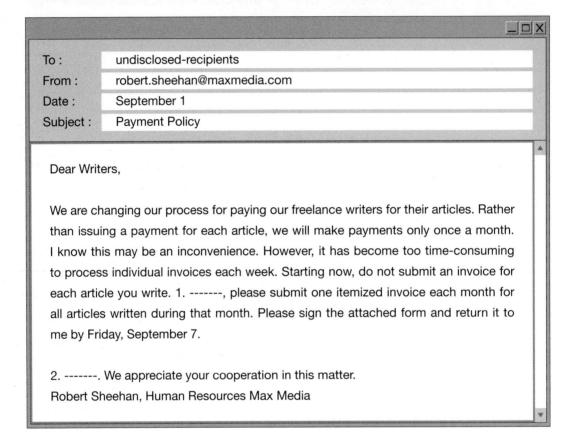

To : undisclosed-recipients
From : robert.sheehan@maxmedia.com
Date : September 1
Subject : Payment Policy

Dear Writers,

We are changing our process for paying our freelance writers for their articles. Rather than issuing a payment for each article, we will make payments only once a month. I know this may be an inconvenience. However, it has become too time-consuming to process individual invoices each week. Starting now, do not submit an invoice for each article you write. 1. -------, please submit one itemized invoice each month for all articles written during that month. Please sign the attached form and return it to me by Friday, September 7.

2. -------. We appreciate your cooperation in this matter.
Robert Sheehan, Human Resources Max Media

1. (A) In that case
   (B) Instead
   (C) Based on that
   (D) Likewise

2. (A) This is necessary because we want to make sure that you agree to our new process.
   (B) Articles will be reviewed by our editorial team.
   (C) Your payment will be remitted immediately after you submit your article.
   (D) There are some small details that have been overlooked.

▶ 정답 및 해설은 해설집 105쪽 참고

시험에 나오는 것만 공부한다!

시나공 토익 BASIC

독학용
'토막강의'
무료 제공!

정답 및 해설

한 권으로 끝내자!

시나공 토익연구소, 조강수, 김부로, 김정은, 엄대섭 지음

" 4주 만에 토익
BASIC 마스터! "

LC+RC

 책 전체
MP3 무료
다운로드

+

 듣기 실력을
길러주는
'받아쓰기 훈련'

+

 오답까지
파헤진
친절한 해설

+

 실전 모의고사
1세트 무료
다운로드

 길벗
이지:톡
www.gilbut.co.kr

시험에 나오는 것만 공부한다!

시나공 토익 BASIC

시나공 토익연구소, 조강수, 김부로, 김정은, 엄대섭 지음

LC+RC

정답
및
해설

LC

DAY 01

PART 1
UNIT 01 1인 등장 사진

Step 3 실전 문제

1. (A) He is reaching for a file.
▶ 1인 상반신 노출 사진이므로 주어는 모두 같다. 따라서 동사와 명사 중심으로 듣는다. 파일을 집기 위해 손을 뻗고 있는 동작이며, 동사(reach)의 동작과 명사(file)가 모두 사진과 일치하므로 정답이다.

(B) He is opening a cabinet.
▶ 동사의 동작(open)과 명사(cabinet)가 사진에 없으므로 오답이다.

(C) He is sealing an envelope.
▶ 동사(seal)와 명사(envelope)가 사진에 없으므로 오답이다.

(D) He is drawing a picture.
▶ 동사(draw)와 명사(picture)가 사진에 없으므로 오답이다.

해석
(A) 그는 파일을 집기 위해 손을 뻗고 있다.
(B) 그는 캐비닛을 열고 있다.
(C) 그는 봉투를 봉하고 있다.
(D) 그는 그림을 그리고 있다.

표현 정리 reach for ~을 잡으려 손을 뻗다 open 열다 seal 봉하다 envelope 봉투 draw 그리다

정답 (A)

2. (A) The bicycle is leaning against the railing.
▶ 사진에는 동사(lean against)의 동작과 명사(railing)가 없으므로 오답이다.

(B) The bicycle is being pulled by the woman.
▶ 1인 전신 사진으로 인물의 행위에 초점을 맞추어 듣는다. 자전거가 여자에 의해 끌려가고 있으므로 정답이다.

(C) A woman is resting on a beach.
▶ 사진에는 동사의 동작(rest)이 없으므로 오답이다.

(D) A woman is chaining a bicycle to a tree.
▶ 사진에는 동사(chain)의 동작이 없고, 명사(tree)도 없으므로 오답이다.

해석
(A) 자전거가 난간에 기대어 있다.
(B) 자전거가 여자에게 끌려가고 있다.
(C) 여자가 해변에서 쉬고 있다.
(D) 여자가 자전거를 나무에 쇠사슬로 매고 있다.

표현 정리 lean against ~에 기대다 railing 난간 pull 끌다 rest 쉬다 beach 해변 chain 쇠사슬로 매다

정답 (B)

UNIT 02 2인 이상 등장 사진

Step 3 실전 문제

1. (A) They are sitting next to a brick wall.
▶ 사진 속 인물의 공통된 동작을 잘못 표현한 오답이다.

(B) They are entering a building.
▶ 공통된 동작(enter)이 틀리고, 사진에 명사(building)가 없는 오답이다.

(C) They are working on a construction project.
▶ 주어가 복수이므로 사진 속 인물의 공통적인 동작을 묻는 문제이다. 두 명의 남자가 공통적으로 일하고 있는 장면이므로 정답이다.

(D) They are lifting a ladder.
▶ 공통된 동작(lift)이 틀리고, 사진에 명사(ladder)가 없는 오답이다.

해석
(A) 그들은 벽돌담 옆에 앉아 있다.
(B) 그들은 건물로 들어가고 있다.
(C) 그들은 공사장에서 일하고 있다.
(D) 그들은 사다리를 들어 올리고 있다.

표현 정리 next to ~옆에 brick wall 벽돌담 enter ~로 들어가다 lift ~을 들어 올리다 ladder 사다리

정답 (C)

2. (A) A man is putting on his glasses.
▶ 남자의 동작(put on)이 틀리고, 사진에 없는 명사(glasses)가 등장한 오답이다.

(B) Customers are buying books.
▶ 고객들의 공통된 동작(buy)이 틀리고, 사진에 없는 명사(books)가 등장한 오답이다.

(C) A salesperson is assisting a customer.
▶ 주어가 점원 한 명을 가리키므로 점원의 동작에 집중한다. 점원이 고객의 계산을 돕기 위해 카드를 받고 있으므로 정답이다.

(D) A woman is handing a business card to the man.
▶ 사진에 없는 명사(business card)가 등장한 오답이다. business card는 명함이지 계산에 쓰는 카드가 아니다. 헷갈리지 말자.

해석
(A) 남자는 안경을 착용하려 하고 있다.
(B) 고객들은 책을 구입하고 있다.
(C) 점원이 고객을 돕고 있다.
(D) 여자가 남자에게 명함을 주고 있다.

표현 정리 put on ~을 착용하다 glasses 안경 salesperson 점원 assist 돕다 hand ~을 건네다 business card 명함

정답 (C)

UNIT 03 사물, 풍경 사진

Step 3 실전 문제

1. (A) All of the balcony doors have been left open.
▶ all, both가 들리는 보기는 거의 오답이다. 대부분의 발코니 창문은 닫혀 있다.

(B) There are stairs in the building's entrance.
▶ 사진에 없는 명사(stairs)가 들리는 보기는 오답이다.

(C) The house is covered with flowers.
▶ 사진에 없는 명사(flowers)가 들리는 보기는 오답이다.

(D) There are different styles of railings on the balcony.

▶ 각 층의 난간들의 모양이 서로 다르므로 정답이다.

해석
(A) 모든 발코니의 문이 열려 있다.
(B) 건물 입구에 계단이 있다.
(C) 집이 꽃들로 덮여 있다.
(D) 발코니 난간의 모양이 다르다.

표현 정리 entrance 입구 stairs 계단 be covered with ~ ~로 덮여 있다 railing 난간

정답 (D)

2. (A) Boats are sailing along the shoreline.
▶ 동사의 동작(sail)이 틀리고, 사진에 없는 명사(shoreline)가 나온 오답이다.

(B) Buildings overlook a harbor.
▶ 많은 건물들이 항구를 내려다보고 있는 사진이므로 정답이다.

(C) Rocks have been piled along the shore.
▶ 사진에 없는 명사(rock)가 왔으므로 오답이다.

(D) A bridge extends across the water.
▶ 사진에 없는 명사(bridge)가 왔으므로 오답이다.

해석
(A) 배들이 해안선을 따라 항해하고 있다.
(B) 건물들이 항구를 내려다보고 있다.
(C) 돌이 해변을 따라 쌓여 있다.
(D) 다리가 물을 가로질러 뻗어 있다.

표현 정리 shoreline 해안선 harbor 항구 be piled 쌓여 있다 extend 뻗다 있다

정답 (B)

UNIT 04 인물, 배경 사진

Step 3 실전 문제

1. (A) They are boarding up the windows of a house.

▶ 사진에 없는 동사(board)와 명사(window)가 들리는 보기는 오답이

(B) One of the men is painting a balcony.
▶ 사진에 없는 동사(paint)와 명사(balcony)가 들리는 보기는 오답이다.

(C) Ladders of different heights are propped against the wall.
▶ 높이가 다른 두 개의 사다리가 벽에 기대어 있으므로 정답이다.

(D) There is a patio between the buildings.
▶ 사진에 없는 명사(patio)가 들리는 보기는 오답이다.

해석
(A) 그들이 집 창문을 판자로 대고 있다.
(B) 한 남자가 발코니에 페인트칠을 하고 있다.
(C) 다른 높이의 사다리들이 벽에 기대 세워졌다.
(D) 건물 사이에 마당이 있다.

표현 정리 board up 판자로 대다 height 높이 prop ~에 기대 놓다 patio 안뜰, 베란다

정답 (C)

2. (A) A sail is being raised above a boat.
▶ 사진에 없는 명사(sail)가 들리는 보기는 오답이다.

(B) A passenger is waving a flag in the air.
▶ 사진에 없는 동사(wave)와 명사(flag)가 들리는 보기는 오답이다.

(C) Some people are riding on boats.
▶ 사람들이 보트에 타고 있으므로 정답이다.

(D) Water is splashing onto a boat deck.
▶ 사진만을 보고 알 수 없는 추상적인 문장으로 오답이다.

해석
(A) 돛이 보트 위에 올려지고 있다.
(B) 승객이 공중에 기를 흔들고 있다.
(C) 사람들이 보트에 타고 있다.
(D) 물이 보트 갑판에 튀고 있다.

표현 정리 sail 돛 raise 올리다 wave 흔들다 flag 깃발 in the air 공중에 splash 튀다 boat deck 보트 갑판

정답 (C)

REVIEW TEST

1. 1인 등장 사진

(A) She is writing on a notepad.
▶ 동사(write)와 명사(notepad)가 사진에 없는 오답이다.

(B) She is pushing a file cabinet.
▶ 동사(push)의 묘사가 적절치 않은 오답이다.

(C) She is turning off a light.
▶ 동사(turn off)와 명사(light)가 사진에 없는 오답이다.

(D) She is typing on a keyboard.
▶ 상반신만 노출된 1인 등장 사진은 동사와 명사에 집중해서 듣는다. 사진 속 여자가 키보드를 치고 있으므로 정답이다.

해석
(A) 그녀는 노트패드에 쓰고 있다.
(B) 그녀는 서류보관함을 밀고 있다.
(C) 그녀는 등을 끄고 있다.
(D) 그녀는 키보드를 치고 있다.

표현 정리 notepad 노트패드, 메모장 push 밀다 file cabinet 서류함 turn off 끄다 light 등 type 타이프를 치다

정답 (D)

2. 2인 등장 사진

(A) They are photocopying a document.
▶ 동사(photocopy)와 명사(document)가 사진에 없는 오답이다.

(B) They are pointing at the board.
▶ 명사(board)가 사진에 없는 오답이다.

(C) They are looking at a computer monitor.
▶ 주어가 they이므로 공통된 동작과 명사에 집중해서 듣는다. 사진 속 두 사람이 공통적으로 모니터를 보고 있으므로 정답이다.

(D) They are sitting at the table.
▶ 남자만 앉아 있으므로 공통적인 동작이 아니므로 오답이다.

해석
(A) 그들은 문서를 복사하고 있다.
(B) 그들은 칠판을 가리키고 있다.
(C) 그들은 컴퓨터 모니터를 보고 있다.
(D) 그들은 테이블에 앉아 있다.

표현 정리 photocopy 사진 복사하다 document 문서 point 가리키다 blackboard 칠판 look at ~을 보다

정답 (C)

3. 사물, 풍경 사진

(A) Rugs have been rolled up against the wall.
▶ 양탄자의 위치(wall)이 틀리다.

(B) A sofa is next to a cabinet.
▶ 사진에 없는 명사(cabinet)가 들리는 보기는 오답이다.

(C) The blinds are drawn.
▶ 사진에 없는 명사(blinds)가 들리는 보기는 오답이다.

(D) The lamps have been turned on.
▶ 사물 및 배경 묘사 문제이므로 사물의 중앙을 먼저 확인한 후 주변을 확인한다. 뒤쪽 벽면에 두 개의 램프가 켜져 있으므로 정답이다.

해석
(A) 양탄자가 벽에 기대어 말려 있다.
(B) 소파가 캐비닛 옆에 있다.
(C) 블라인드가 쳐져 있다.
(D) 램프가 켜져 있다.

표현 정리 rug 양탄자 roll up 말다 blind 블라인드 draw (커튼을) 치다 lamp 램프 turn on 켜다

정답 (D)

4. 인물, 배경 사진

(A) People have gathered for an outdoor event.
▶ 사진만을 보고 알 수 없는 추상적인 문장은 오답이다. 이벤트를 위해 모였는지 알 수 없다.

(B) Workers are installing glass doors.
▶ 사진에 없는 동사의 동작(install)이 들리는 보기는 오답이다.

(C) There are tools in the middle of the hallway.
▶ 사진에 없는 명사(tools)가 들리는 보기는 오답이다.

(D) Windows extend from the floor to the ceiling.
▶ 공통적인 사람의 동작과 주변 사물을 확인하면서 들어야 한다. 창문이 바닥에서 천장까지 뻗어 있으므로 정답이다.

해석
(A) 사람들이 야외활동을 위해 모였다.
(B) 근로자들이 유리문을 설치하고 있다.
(C) 복도 중앙에 도구들이 있다.
(D) 창문이 바닥에서 천장까지 뻗어 있다.

표현 정리 gather 모이다 outdoor event 야외활동 install 설치하다 glass 유리 tool 도구 hallway 복도 extend 뻗어 있다 ceiling 천장

정답 (D)

5. 인물, 배경 사진

(A) A man is being handed a piece of artwork.
▶ 사진에 없는 동사의 동작(hand)이 들리면 오답이다. 'hand'는 동사로 '건네주다'의 뜻이다.

(B) Pottery has been arranged on the shelf.
▶ 도자기가 선반에 진열되어 있으므로 정답이다. 진열, 전시되어 있는 사진에서는 display, lay out, arrange 등이 들리면 정답이다.

(C) A man is walking into a workshop.
▶ 사진에 없는 동사의 동작(walk)이 들리면 오답이다.

(D) A picture has been hung on the wall.
▶ 사진에 없는 명사(picture)가 들리는 보기는 오답이다.

해석
(A) 남자가 공예품을 건네받고 있다.
(B) 도자기가 선반에 진열되어 있다.
(C) 남자가 작업장 안으로 걸어가고 있다.
(D) 그림이 벽에 걸려 있다.

표현 정리 hand 건네다 artwork 공예품 pottery 도자기 arrange 진열하다 workshop 작업장 hang 걸다

정답 (B)

6. 사물, 풍경 사진

(A) Chairs are arranged on either side of a sofa.
▶ 의자는 소파 양쪽이 아니라 테이블 양쪽에 있다. 사물의 위치가 틀리다.

(B) Some cups are being removed from a table.
▶ 사진에 없는 명사(cups)가 들리면 오답이다. 또한 사람이 없는 사진이

므로 수동태는 오답이다.

(C) There are many books on the table.
▶ 책은 테이블에 있는 것이 아니라 책장에 있으므로 오답이다.

(D) Light fixtures are suspended above the table.
▶ 사물 및 풍경 사진은 사물 중앙을 먼 확인 후 주변을 확인한다. 조명기구가 테이블 위 천장에 매달려 있으므로 정답이다.

해석
(A) 의자가 소파 양쪽에 정돈되어 있다.
(B) 컵들이 테이블에서 치워지고 있다.
(C) 테이블에 많은 책이 있다.
(D) 조명이 테이블 위에 매달려 있다.

표현 정리 arrange 정돈하다 on either side of ~의 양쪽에 remove 치우다 light fixture 조명기구 suspend 매달다

정답 (D)

DAY
02

PART 2
UNIT 05 Who 의문문

(Step 3 실전 문제)

1. Who is the director's new secretary?

(A) Betty Rodman.
▶ 사람 이름을 사용한 정답

(B) Sending an email.
▶ What 의문문에 적합한 오답

(C) On the table.
▶ Where 의문문에 적합한 오답

해석
이사님의 새 비서가 누구인가요?
(A) Betty Rodman이에요.
(B) 이메일을 보내는 거요.
(C) 탁자 위에요.

표현 정리 director 이사, 임원 secretary 비서

정답 (A)

2. Who's coming to the staff meeting tomorrow?

(A) In the museum.
▶ Where 의문문에 적합한 오답

(B) The design team.
▶ Who 의문문에서 '부서 이름'이 들리면 정답

(C) Yes, 2 o'clock.

▶ 의문사 의문문에 Yes 보기는 오답

해석
누가 오늘 오후 프로젝트 회의에 오나요?
(A) 박물관에서요.
(B) 디자인 팀요.
(C) 네, 2시에요.

표현 정리 staff 직원 meeting 회의 museum 박물관

정답 (B)

3. Who decorated the restaurant?

(A) The supervisor.
▶ Who 의문문에서 '직책 이름'이 들리면 정답

(B) No, she didn't.
▶ 의문사 의문문에 No 보기는 오답

(C) In red.
▶ Which color~ ?에 적합한 오답

해석
누가 사무실을 장식했나요?
(A) 관리자가요.
(B) 아니오, 그녀는 안 했어요.
(C) 빨간색으로요.

표현 정리 decorate 장식하다, 꾸미다 supervisor 상사, 관리자

정답 (A)

4. Who should I call to reserve a meeting room?

(A) It's in the cinema.
▶ Where 의문문에 적합한 오답

(B) Ask Andy to do it.
▶ 다른 사람에게 시키라는 회피성 정답

(C) For dinner.
▶ Why 의문문에 적합한 오답

해석
회의실을 예약하려면 누구에게 전화해야 하나요?
(A) 극장 안에 있어요.
(B) Andy에게 하라고 요청해요.
(C) 저녁식사를 위해서요.

표현 정리 reserve 예약하다 meeting room 회의실 cinema 극장

정답 (B)

UNIT 06 When 의문문

(Step 3 실전 문제)

1. When's the concert?

(A) A singer.

▶ who 의문문에 적합한 오답

(B) On Friday.

▶ 요일을 사용한 징답

(C) Five tickets.

▶ 지문에 나온 단어와 직접적으로 연관된(concert – tickets) 보기는 거의 오답

해석

콘서트가 언제 열리나요?

(A) 가수요.

(B) 금요일에요.

(C) 티켓 5장요.

표현 정리 concert 연주회 ticket 표, 티켓

정답 (B)

2. When will the office supplies be delivered?

(A) Within three days.

▶ 기간을 이용한 정답

(B) The professor asked them.

▶ Who 의문문에 적합한 오답

(C) To my home address.

▶ Where 의문문에 적합한 오답

해석

사무용품이 언제 배송되나요?

(A) 3일 이내로 도착합니다.

(B) 교수님이 그들에게 물어봤습니다.

(C) 집 주소로요.

표현 정리 deliver 배송하다, 배달하다 home address 자택주소

정답 (A)

3. When was Mr. Erickson supposed to arrive?

(A) Near the park.

▶ Where 의문문에 적합한 오답

(B) Yes, she drove.

▶ 의문사 의문문에 Yes, No 보기는 오답

(C) At one o'clock.

▶ '전치사 + 시점'을 사용한 정답

해석

Mr. Erickson은 언제 도착할 예정이었나요?

(A) 공원 근처에요.

(B) 네, 그녀가 운전했어요.

(C) 1시 정각에요.

표현 정리 be supposed to ~하기로 되어 있다, ~해야 한다

정답 (C)

4. When should I submit the travel expense report?

(A) Yes, be sure to do it as soon as possible.

▶ 의문사 의문문에서는 Yes/no 답변이 제시되면 오답

(B) Before leaving the office today.

▶ 오늘 퇴근 전까지 라는 구체적인 제출 기한을 밝힌 정답

(C) I'm going on a business trip next Monday.

▶ 다음 주 월요일이라는 시점이 언급되긴 하지만 보고서 제출 시점이 아니라 출장을 가는 시점이므로 오답

해석

출장 경비 보고서는 언제 제출해야 하나요?

(A) 네, 되도록 빨리 해주세요.

(B) 오늘 퇴근하기 전에요.

(C) 저는 다음 주 월요일에 출장을 갑니다.

표현 정리 submit ~을 제출하다 travel expense report 출장 경비 보고서 be sure to do 꼭 ~을 하세요 as soon as possible 되도록 빨리 leave the office 퇴근하다 go on a business trip 출장가다

정답 (C)

UNIT 07 Where 의문문

Step 3 실전 문제

1. Where can I find our office supplies?

(A) We close at 6 o'clock.

▶ When 의문문에 적합한 오답

(B) In that cabinet by the door.

▶ 'in + 장소'를 이용한 정답

(C) No, I haven't been there.

▶ 의문사 의문문에 No 보기는 오답

해석

사무용품을 어디서 찾을 수 있습니까?

(A) 저희는 6시 정각에 문을 닫습니다.

(B) 문 옆에 있는 캐비닛에 있습니다.

(C) 아니요, 아직 가보지 못했습니다.

표현 정리 office supply 사무용품 cabinet 보관함, 캐비닛

정답 (B)

2. Where should I send this package?

(A) By international mail.

▶ how 의문문에 적합한 오답

(B) After 5 P.M.

▶ When 의문문에 적합한 오답

(C) To the new office.

▶ '전치사 + 장소'를 사용한 정답

해석

이 소포를 어디로 보내야 하나요?

(A) 국제우편으로요.

(B) 오후 5시 이후에요.

(C) 새로운 사무실로요.

표현 정리 **package** 소포 **international mail** 국제우편

정답 (C)

3. Where are you taking our clients after the seminar?

(A) To a Chinese restaurant.

▶ 'to + 장소'를 이용한 정답

(B) About equipment instructions.

▶ What 의문문에 적합한 오답

(C) I'll show you a demonstration.

▶ 연상 단어(seminar – demonstration)가 들리는 오답

해석

세미나 이후에 우리 고객들을 어디로 데려갈 건가요?

(A) 중국 식당으로요.

(B) 장비 설명에 대해서요.

(C) 시연회를 보여드리겠습니다.

표현 정리 **client** 고객 **equipment** 장비 **instructions** 설명 **demonstration** 시범 설명, 시연

정답 (A)

4. Where should I file the report?

(A) Anytime before you leave.

▶ When 의문문에 적합한 오답

(B) On the second bookshelf.

▶ '전치사+장소'를 사용한 정답

(C) I heard from him.

▶ 연관된(report – heard) 보기로 혼동을 준 오답

해석

어디에 이 보고서를 보관해야 하나요?

(A) 당신이 떠나기 전 아무 때나요.

(B) 두 번째 책꽂이에요.

(C) 그에게서 들었어요.

표현 정리 **file** (문서 등을 정리하여) 보관하다 **bookshelf** 책꽂이

정답 (B)

REVIEW TEST

1. **When** 의문문

When will the merger take place?

(A) Many companies.

▶ 연관된(merger – companies) 단어로 혼동을 준 오답

(B) Sometime in November.

▶ 'in + 날짜'를 사용한 정답

(C) No, not yet.

▶ 의문사 의문문에 Yes, No 보기는 오답

해석

언제 합병할 건가요?

(A) 많은 회사들이요.

(B) 11월 중으로요.

(C) 아니요, 아직은 아니에요.

표현 정리 **merger** 합병 **take place** 개최되다, 일어나다 **sometime** 언젠가

정답 (B)

2. **Who** 의문문

Who's designing the new office building?

(A) The Merch architectural firm.

▶ 회사 이름을 사용한 정답

(B) In the storage area.

▶ Where 의문문에 적합한 오답

(C) A new design.

▶ 유사한 단어(designing – design)가 들리는 오답

해석

누가 새 사무실 건물을 설계하나요?

(A) Merch 건축회사에서요.

(B) 창고에서요.

(C) 새로운 디자인이요.

표현 정리 **design** 설계하다, 디자인하다 **architectural firm** 건축회사 **storage area** 창고

정답 (A)

3. **Where** 의문문

Where did Nelson leave the agenda?

(A) By two o'clock.

▶ When 의문문에 적합한 오답

(B) On the desk.

▶ 'on + 장소'를 사용한 정답

(C) From Chicago.

▶ 출신에 적합한 오답

해석

Nelson은 어디에 안건을 두었나요?

(A) 2시 정각까지요.

(B) 책상 위에요.

(C) Chicago로부터요.

표현 정리 **leave** 남기다, 두다 **agenda** 안건

정답 (B)

4. Who 의문문

Who will be giving the presentation?

(A) In the meeting room.

▶ Where 의문문에 적합한 오답

(B) Ms. Miranda.

▶ 사람 이름을 사용한 정답

(C) In December.

▶ When 의문문에 적합한 오답

해석
누가 프레젠테이션을 할 것인가요?
(A) 회의실에서요.
(B) Ms. Miranda요.
(C) 12월에요.

표현 정리 give a presentation 발표를 하다, 프레젠테이션을 하다

정답 (B)

5. Where 의문문

Where did you put my book?

(A) A bestseller.

▶ 연관된(book – bestseller) 단어로 혼동을 준 오답

(B) Isn't it on the chair?

▶ 반문하는 표현으로 정답

(C) I will leave soon.

▶ When 의문문에 적합한 오답

해석
내 책을 어디에 두었나요?
(A) 베스트셀러에요.
(B) 의자 위에 있지 않나요?
(C) 나는 곧 떠날 예정이에요.

표현 정리 put 두다, 놓다 bestseller 베스트셀러

정답 (B)

6. When 의문문

When do we get reimbursed for travel expenses?

(A) One thousand dollars.

▶ How much 의문문에 적합한 오답

(B) The prices are fixed.

▶ 연관된(expense – price) 표현으로 정답을 유도한 오답

(C) After the form's been approved.

▶ 'after + 주어 + 동사'인 시간부사절을 이용한 정답

해석
언제 출장비를 환급 받을 수 있나요?
(A) 1,000달러요.
(B) 정찰제입니다.
(C) 양식이 승인된 후에요.

표현 정리 get reimbursed 변상 받다, 돌려받다 travel expense 출장비 approve 승인하다

정답 (C)

7. Who 의문문

Who's in charge of the order?

(A) We only need an invoice.

▶ 연관된(charge – invoice) 표현으로 정답을 유도한 오답

(B) Mr. Park is.

▶ 사람 이름을 이용한 정답

(C) It's too expensive.

▶ 연관된(charge – expensive) 표현으로 정답을 유도한 오답

해석
누가 주문을 담당하나요?
(A) 저희는 청구서만 필요합니다.
(B) Mr. Park입니다.
(C) 너무 비싸네요.

표현 정리 be in charge of ~을 맡다, 담당하다 order 주문; 주문하다 invoice 송장, 청구서

정답 (B)

8. Where 의문문

Where should I put those bills?

(A) He isn't.

▶ 3인칭을 사용한 오답

(B) Not until tomorrow.

▶ When 의문문에 적합한 오답

(C) Ask the accountant.

▶ '모른다, 회피성 보기'로 정답

해석
이 영수증들은 어디에 두어야 하나요?
(A) 그는 아니에요.
(B) 내일까지는 안돼요.
(C) 회계사에게 물어보세요.

표현 정리 bill 계산서, 청구서 accountant 회계사

정답 (C)

9. Who 의문문

Who's responsible for this department?

(A) Julie is.

▶ 사람 이름을 이용한 정답

(B) This apartment is too small.

▶ 유사한 단어(department – apartment)가 들리는 보기는 오답

(C) He responded to it.

▶ 유사한 단어(responsible – responded)가 들리는 보기는 오답

해석
누가 이 부서를 책임지나요?
(A) Julie입니다.
(B) 이 아파트는 너무 작아요.
(C) 그는 그것에 응답했어요.

표현 정리 **responsible** 책임지고 있는, 책임이 있는 **department** 부서

정답 **(A)**

10. When 의문문

When does the new manager begin the project?

(A) For a week.
▶ How long 의문문에 적합한 오답

(B) In the meeting room.
▶ Where 의문문에 적합한 오답

(C) On August 30.
▶ 'on + 날짜'를 사용한 정답

해석
신임 매니저는 언제 프로젝트를 시작하나요?
(A) 1주일 동안요.
(B) 회의실에서요.
(C) 8월 30일에요.

표현 정리 **begin** 시작하다 **meeting room** 회의실

정답 **(C)**

PART 2
UNIT 08 What, Which 의문문

Step 3 실전 문제

1. What's the registration deadline?

(A) It's a week from today.
▶ 'What ~ deadline?'에 대해 시점을 이용한 정답

(B) One of the staff members finished it.
▶ 연관된 표현의 (deadline – finished) 보기로 혼동을 유발한 오답

(C) On the corner of Bull Street.
▶ Where 의문문에 적합한 오답

해석
등록 마감일이 언제죠?
(A) 일주일 후요.
(B) 직원 중 한 명이 그것을 끝마쳤어요.
(C) 불 스트리트 모퉁이에요.

표현 정리 **registration** 등록, 등록서류 **deadline** 기한, 마감시간 **corner** 모서리, 모퉁이

정답 **(A)**

2. Which copier should I use?

(A) Only a hundred copies.
▶ 유사한 단어(copier – copies)가 들리는 보기는 오답

(B) The manager has arrived.
▶ 3인칭으로 응답한 오답

(C) The one next to the door.
▶ 'Which + 명사' 의문문에 the one 보기는 정답

해석
어떤 복사기를 사용해야 하나요?
(A) 100부만요.
(B) 매니저가 도착했어요.
(C) 문 옆에 있는 거요.

표현 정리 **copier** 복사기 **copy** 복사 **next to** ~옆에

정답 **(C)**

3. What's the registration fee?

(A) By next Monday.
▶ When 의문문에 적합한 오답

(B) Cash will be better.
▶ 연관된 표현의 (fee – cash) 보기는 거의 오답

(C) It's $20.
▶ 'What's ~ fee?'는 How much 의문문으로 이해한다. 금액이 들리면 정답

해석
등록비는 얼마인가요?
(A) 다음 월요일까지요.
(B) 현금이 더 좋을 것 같네요.
(C) 20달러입니다.

표현 정리 **registration fee** 등록비 **cash** 현금

정답 **(C)**

4. What are the papers in the meeting room?

(A) In the first hall beside the stairs.
▶ Where 의문문에 적합한 오답

(B) A report I'm writing.
▶ 정확하게 무엇인지 말한 정답

(C) I will bring it later.
▶ When 의문문에 적합한 오답

해석
회의실에 있는 서류들은 뭐죠?
(A) 계단 옆에 있는 첫 번째 복도요.

(B) 제가 쓴 보고서예요.
(C) 이따가 제가 가져올게요.

표현 정리 paper 종이, 서류 hall 현관, 복도 stairs 계단

정답 (B)

UNIT 09 How 의문문

(Step 3 실전 문제)

1. How long will it take us to get downtown?

(A) I'm leaving town.
▶ 유사한 단어(downtown – town)가 들리는 보기는 오답

(B) It starts at seven P.M.
▶ When 의문문에 적합한 오답

(C) About an hour.
▶ 소요 시간을 사용한 정답

해석
저희가 시내까지 가는데 얼마나 걸립니까?
(A) 저는 도시를 떠나요.
(B) 저녁 7시에 시작합니다.
(C) 한 시간쯤 걸립니다.

표현 정리 downtown 시내, 시내로 leave 떠나다

정답 (C)

2. How may I help you?

(A) I'm looking for the mailroom.
▶ 우편물을 찾고 있는 것을 도와달라는 표현으로 정답

(B) Oh, you're welcome.
▶ thank you에 적합한 답변으로 오답

(C) It will be helpful for you.
▶ 유사단어(help – helpful)가 들리는 오답

해석
어떻게 도와드릴까요?
(A) 우편물실을 찾고 있습니다.
(B) 아, 천만에요.
(C) 당신에게 도움이 될 거예요.

표현 정리 mailroom 우편물실 helpful 도움이 되는

정답 (A)

3. How can I make sure Bruce gets this form?

(A) I will pay for it.
▶ Who 의문문에 적합한 오답

(B) Put it in his mailbox.
▶ 명령문으로 가이드를 준 정답

(C) He is in New York now.
▶ Where 의문문에 적합한 오답

해석
어떻게 Bruce가 이 양식을 받을 수 있게 할까요?
(A) 제가 계산하겠습니다.
(B) 그의 우편함에 넣어두세요.
(C) 그는 지금 New York에 있어요.

표현 정리 form 양식 pay 지불하다, 계산하다 mailbox 우편함

정답 (B)

4. How long will it take to process my order?

(A) Only one day.
▶ 소요 시간을 이용한 정답

(B) No, it already arrived.
▶ 의문사 의문문에 No 보기는 오답

(C) Yes, more than I expected.
▶ 의문사 의문문에 Yes 보기는 오답

해석
제 주문을 처리하는데 얼마나 걸릴 예정인가요?
(A) 하루면 됩니다.
(B) 아니요, 이미 도착했습니다.
(C) 네, 기대했던 것 이상이에요.

표현 정리 process 처리하다 arrive 도착하다 expect 기대하다, 예상하다

정답 (A)

UNIT 10 Why 의문문

(Step 3 실전 문제)

1. Why did you leave the office early yesterday?

(A) I had another meeting.
▶ 이유를 적절히 제시한 정답

(B) I lost it this morning.
▶ 유사 단어(yesterday – this morning)가 들리는 오답

(C) Just before the end.
▶ When 의문문에 적합한 오답

해석
어제 왜 일찍 퇴근했나요?
(A) 다른 회의가 있었어요.
(B) 오늘 아침에 잃어 버렸어요.
(C) 끝나기 전에요.

표현 정리 meeting 회의 leave the office 퇴근하다

정답 (A)

2. Why is there a billing delay?

(A) The computer system is down.
▶ 문제점을 밝힌 정답(because를 생략했음)

(B) I just saw it today.
▶ 연관된 표현의 (delay – today) 선택지로 오답

(C) Yes, I guess so.
▶ 의문사 의문문에 Yes, No 선택지는 오답

해석
왜 계산서가 지연되고 있죠?
(A) 컴퓨터 시스템이 고장 났습니다.
(B) 오늘 봤어요.
(C) 네, 그렇게 생각해요.

표현 정리 delay 미루다, 지연시키다 **be down** 고장 난 **delay** 지연

정답 (A)

3. Why did you throw away that calendar?

(A) Yes, I'm planing to go to the meeting.
▶ 의문사 의문문에 Yes 보기는 오답

(B) It was outdated.
▶ 이유를 적합하게 설명한 정답

(C) Once a month, I think.
▶ How often에 적합한 오답

해석
왜 그 달력을 버렸나요?
(A) 네, 회의에 가려고 계획하고 있어요.
(B) 오래된 달력이에요.
(C) 제 생각에는 한 달에 한번이에요.

표현 정리 outdated 구식인

정답 (B)

4. Why is the J&J office closing?

(A) Because they're remodeling.
▶ because를 이용해 이유를 말한 정답

(B) The restaurant is open.
▶ 반대 어휘(closing – open)가 들리는 보기는 거의 오답

(C) The new staff.
▶ Who 의문문에 적합한 오답

해석
J&J 사무실은 왜 문을 닫습니까?
(A) 리모델링을 할 예정이기 때문입니다.
(B) 식당이 문을 열었어요.
(C) 새로운 직원이에요.

표현 정리 close 문을 닫다 **remodeling** 개조, 리모델링

정답 (A)

1. What 의문문

What kind of experience do you have in sales?

(A) I sold furniture for five years.
▶ 경력에 대한 기간을 이용한 정답

(B) The sale will begin next weekend.
▶ 유사한 단어(sales – sale)로 혼동을 유발한 오답

(C) It will be a good experience.
▶ 같은 단어(experience)가 들리는 선택지는 거의 오답

해석
어떤 종류의 판매 경험이 있습니까?
(A) 5년 동안 가구를 판매했습니다.
(B) 할인은 다음 주말에 시작됩니다.
(C) 좋은 경험이 될 것입니다.

표현 정리 furniture 가구 **begin** 시작하다 **experience** 경험, 경력

정답 (A)

2. Why 의문문

Why was the seminar rescheduled?

(A) On Tuesday.
▶ When 의문문에 적합한 오답

(B) Whenever you like.
▶ When 의문문에 적합한 오답

(C) Because the manager hasn't arrived yet.
▶ because를 이용한 정답

해석
세미나는 왜 일정이 변경되었습니까?
(A) 화요일요.
(B) 당신이 좋을 때에요.
(C) 매니저가 아직 도착하지 않았기 때문이에요.

표현 정리 reschedule 일정을 변경하다 **whenever** ~할 때는 언제든지

정답 (C)

3. What 의문문

What's your manager's name?

(A) For three years now.
▶ How long에 적합한 오답

(B) Yes, it was him.
▶ 의문사 의문문에 yes 보기는 오답

(C) It's Monica Ben.
▶ 'What ~ name?'은 Who 의문문으로 이해한다. 이름을 사용한 정답이다.

해석
당신의 매니저 이름은 무엇입니까?

(A) 지금까지 3년 동안입니다.
(B) 네, 그였어요.
(C) Monica Ben입니다.

표현 정리 manager 경영자, 관리자

정답 (C)

4. Which 의문문

Which cafe has the fastest service?

(A) From here to the bank.
▶ How far에 적합한 오답

(B) French Coffee House.
▶ 명사(cafe)에 해당되는 카페의 이름을 이용한 정답

(C) A variety of cakes.
▶ 연관된 표현의 (cafe – cake) 보기로 오답

해석
어떤 카페가 제일 빠른 서비스를 제공하나요?
(A) 여기서부터 은행까지요.
(B) French Coffee House요.
(C) 다양한 케이크요.

표현 정리 fast 빠른 variety 여러 가지, 각양각색

정답 (B)

5. How 의문문

How do I call the front desk?

(A) It's only for guests.
▶ Who 의문문에 적합한 오답

(B) Just dial 0.
▶ 명령문으로 가이드를 준 정답

(C) Yes, it's at the front desk.
▶ 의문사 의문문에 No 보기는 오답

해석
어떻게 프런트 데스크에 전화하나요?
(A) 오직 손님들을 위한 것입니다.
(B) 0번을 누르세요.
(C) 네, 프런트 데스크에 있습니다.

표현 정리 front desk 프런트 데스크, 안내 데스크 guest 손님, 고객 dial 전화를 걸다, 다이얼을 돌리다(누르다)

정답 (B)

6. 제안문

Why don't you ask Mr. Roy if you can leave early tomorrow?

(A) A scheduled meeting.
▶ What 의문문에 적합한 오답

(B) No, it isn't.
▶ 일반의문문에 적합한 오답

(C) Yes, we'd like that.
▶ 제안의문문에 'Yes, we'd like that.'으로 긍정적으로 답변한 정답

해석
Mr. Roy에게 당신이 내일 일찍 떠날 수 있는지 물어보는 것이 어때요?
(A) 회의 일정요.
(B) 아니오, 아니에요.
(C) 네, 그게 좋겠네요.

표현 정리 leave 떠나다 schedule 일정, 일정을 잡다

정답 (C)

7. Which 의문문

Which switch turns off the heater?

(A) I sent him yesterday.
▶ When 의문문에 적합한 오답

(B) The one on the right.
▶ 'Which + 명사' 의문문에 the one 보기는 정답

(C) No, I won't be there.
▶ 의문사 의문문에 No 보기는 오답

해석
어떤 스위치로 난방기를 끄나요?
(A) 어제 그에게 보냈어요.
(B) 오른쪽에 있는 거요.
(C) 아니오, 저는 거기 없을 거예요.

표현 정리 turn off ~을 끄다 heater 난방기

정답 (B)

8. Why 의문문

Why did you decide to move to Moil Village?

(A) Yes, very decisive.
▶ 의문사 의문문에 Yes 보기는 오답

(B) It's closer to my office.
▶ 이사의 이유를 구체적으로 밝힌 정답(because는 생략)

(C) Since last month.
▶ When 의문문에 적합한 오답

해석
왜 Moil 마을로 이사할 결정을 했나요?
(A) 네, 정말 결단력 있네요.
(B) 제 사무실과 가깝거든요.
(C) 지난달부터요.

표현 정리 move 움직이다, 옮기다 since ~부터, ~이후

정답 (B)

9. What 의문문

What are the advantages of using a membership card?

(A) Yes, it's expired.
▸ 의문사 의문문에 Yes 보기는 오답

(B) You can receive special discounts.
▸ 멤버십 카드의 장점이 할인을 받을 수 있는 것이라고 말한 정답

(C) You have to pay here.
▸ 연관된(card – pay) 보기는 거의 오답

해석
회원카드를 사용하는 이점은 무엇입니까?
(A) 네, 만료되었습니다.
(B) 특별 할인을 받을 수 있습니다.
(C) 여기에서 지불하셔야 합니다.

표현 정리 advantage 유리한 점, 이점 membership 회원 expire 만료되다, 끝나다

정답 (B)

10. How 의문문

How do I clean the computer screen?

(A) If you want to come.
▸ 유사한 단어(computer – come)가 들리는 선택지로 오답

(B) I like your keyboard.
▸ 연관된 표현의 (computer – keyboard) 선택지로 오답

(C) With a dry cloth.
▸ 수단이나 방법을 묻는 문제는 주로 by, through, with 등의 전치사를 이용해 답변한다.

해석
컴퓨터 화면을 어떻게 청소하죠?
(A) 만약 당신이 오고 싶다면요.
(B) 당신의 키보드가 마음에 드네요.
(C) 마른 천으로요.

표현 정리 screen 화면 clean 청소하다 cloth 천

정답 (C)

DAY 04

PART 2
UNIT 11 일반의문문

Step 3 실전 문제

1. Have you found an apartment to rent?

(A) Yes, I just have to sign the contract.
▸ 찾아서 벌써 계약까지 했다고 말한 정답

(B) It's in the Sales Department.
▸ 유사한 단어(apartment – department)가 들리는 선택지는 거의 오답

(C) He asked me yesterday.
▸ 3인칭으로 답한 오답

해석
임차할 아파트를 찾았나요?
(A) 네, 방금 계약했어요.
(B) 영업부에 있어요.
(C) 그가 어제 제게 물어봤어요.

표현 정리 rent 임대하다 sign a contract 계약을 맺다 Sales Department 영업부

정답 (A)

2. Isn't Paul going to the train station?

(A) No, it's not raining.
▸ 유사한 단어(train – raining)가 들리는 보기는 거의 오답

(B) Attend the training session.
▸ How 의문문에 적합한 오답

(C) He was planning to go.
▸ 행위의 주체(He)를 적절히 사용한 정답

해석
Paul이 기차역에 가지 않았나요?
(A) 아니오, 비가 오지 않습니다.
(B) 교육에 참석하세요.
(C) 그는 갈 계획이었어요.

표현 정리 train station 기차역 attend 참석하다 training session 교육

정답 (C)

3. Didn't Mr. Smith send the papers to us yesterday?

(A) Anywhere around here.
▸ Where 의문문에 적합한 오답

(B) From a newspaper article.

▶ Where 의문문에 적합한 오답

(C) Yes, they're right here.

▶ 이미 도착해 여기 있다고 말하는 우회적 표현의 정답

해석

Mr. Smith가 어제 우리에게 서류를 보내지 않았나요?

(A) 이 근처 아무 곳이나요.

(B) 신문 기사에서요.

(C) 네, 여기 있습니다.

표현 정리 paper 종이, 서류 **anywhere** 어디든, 아무데나

정답 (C)

4. Will the weather be nice today?

(A) I hope so.

▶ '그러기를 바래요.'라고 우회적으로 표현한 정답

(B) Whenever you can.

▶ When 의문문에 적합한 오답

(C) I'm sorry.

▶ 제안 의문문에 적합한 오답

해석

오늘 날씨가 좋을까요?

(A) 그러기를 바래요.

(B) 가능한 언제든지요.

(C) 죄송합니다.

표현 정리 weather 날씨 **whenever** 언제든지

정답 (A)

UNIT 12 선택의문문

Step 3 실전 문제

1. Do you want my home or work address?

(A) Yes, I will be there.

▶ 선택의문문에 Yes 선택지는 오답

(B) He will leave the office soon.

▶ 3인칭으로 응답한 오답

(C) Could I have both?

▶ 선택의문문에서 both가 들리면 무조건 정답

해석

저의 집 주소를 원하시나요, 아니면 직장 주소를 원하시나요?

(A) 네, 그곳으로 갈 거예요.

(B) 그는 곧 퇴근할 거예요.

(C) 모두 알 수 있을까요?

표현 정리 address 주소 **both** 둘 다

정답 (C)

2. Are you buying a house or renting?

(A) 110 Main Street.

▶ Where 의문문에 적합한 오답

(B) We're renting for two years.

▶ renting을 선택한 정답

(C) No, it is.

▶ 선택의문문에 No 선택지는 오답

해석

집을 구입하실 건가요, 아니면 임차하실 건가요?

(A) 110 Main가요.

(B) 2년 동안 임차할 예정이에요.

(C) 아니오, 맞습니다.

표현 정리 buy 사다 **rent** 임대하다

정답 (B)

3. Would you like dessert or coffee?

(A) He sent it yesterday.

▶ 3인칭으로 응답한 오답

(B) She will like it.

▶ 3인칭으로 응답한 오답

(C) I'll have coffee.

▶ 둘 중 하나를 선택한 정답

해석

후식을 드시겠습니까, 아니면 커피를 드시겠습니까?

(A) 그가 어제 보냈어요.

(B) 그녀가 좋아할 거예요.

(C) 커피 주세요.

표현 정리 dessert 후식 **send** 보내다

정답 (C)

4. Are the best seats in front or in the balcony?

(A) At the ticket counter.

▶ Where 의문문에 적합한 오답

(B) I'll send them back later.

▶ 연상된(front – back) 단어로 정답을 유도한 오답

(C) You can see better from the balcony.

▶ 둘 중 하나를 선택한 정답

해석

앞좌석과 발코니석 중 어떤 좌석이 제일 좋은가요?

(A) 매표소에서요.

(B) 그것들을 돌려보내겠습니다.

(C) 발코니에서 더 잘 보이실 겁니다.

표현 정리 seat 좌석 **ticket counter** 매표소

정답 (C)

1. 일반의문문

Have you hired a receptionist yet?

(A) Yes. He'll start next month.
▶ 긍정으로 답한 후 부가설명을 한 정답

(B) I will call you later.
▶ 연상된(receptionist – call) 단어로 혼동을 준 오답

(C) It is the newest one.
▶ 인칭이 맞지 않아 오답

해석
접수 담당자를 벌써 고용했나요?
(A) 네. 그는 다음 달부터 시작할 거예요.
(B) 나중에 전화 드리겠습니다.
(C) 가장 최신 것입니다.

표현 정리 hire 고용하다 receptionist 접수 담당자

정답 (A)

2. 일반의문문

Does this building have more storage space?

(A) Yes, there's more on the top floor.
▶ 수납공간의 위치를 사용한 정답

(B) I bought a new wardrobe.
▶ 연상된(storage – wardrobe) 단어로 혼동을 준 오답

(C) He will send an email.
▶ 주어가 맞지 않아 오답

해석
이 건물에 더 많은 수납공간이 있습니까?
(A) 네, 맨 위층에 있습니다.
(B) 새로운 옷장을 구입했습니다.
(C) 그는 이메일을 보낼 것입니다.

표현 정리 storage 창고 space 공간 on the top 정상에, 맨 위에 wardrove 옷장

정답 (A)

3. 선택의문문

Is this a full-time or part-time position?

(A) About three years ago.
▶ When 의문문에 적합한 오답

(B) We're hoping to hire someone full time.
▶ 둘 중 하나를 선택한 정답

(C) James is the general manager.
▶ 연상된(position – manager) 단어는 오답

해석
이 자리는 정규직입니까, 아니면 파트타임입니까?
(A) 3년 전쯤에요.

(B) 우리는 정규직을 고용하기를 원합니다.
(C) James는 총지배인이에요.

표현 정리 full-time 정규직 part-time 파트타임 position 위치, 자리 general manager 총지배인

정답 (B)

4. 일반의문문

Don't we have an appointment tomorrow?

(A) Once a day.
▶ How often에 적합한 오답

(B) Sorry, I have to cancel.
▶ appointment 질문에 cancel을 이용한 정답

(C) Mary was appointed president.
▶ 유사(appointment – appointed) 단어는 오답

해석
우리 내일 약속이 있지 않나요?
(A) 하루에 한 번요.
(B) 죄송합니다. 취소해야 할 것 같습니다.
(C) Mary는 사장으로 임명되었어요.

표현 정리 appointment 약속 appoint 임명하다, 지명하다

정답 (B)

5. 일반의문문

Did you pay for the order in advance?

(A) Yes, here's the receipt.
▶ 긍정으로 답한 후 증거를 보여준 정답

(B) No, there is no advantage.
▶ 유사(advance – advantage) 단어는 거의 오답

(C) She didn't make an order.
▶ 3인칭으로 응답한 오답

해석
앞서 주문한 것은 지불했나요?
(A) 네, 영수증 여기 있습니다.
(B) 아니오, 이득이 없습니다.
(C) 그녀는 주문하지 않았습니다.

표현 정리 order 주문 in advance 앞서, 사전에 receipt 영수증 advantage 이점, 장점, 이득

정답 (A)

6. 선택의문문

Which would you prefer, soup or salad?

(A) I hope so.
▶ 평서문에 적합한 오답

(B) In the office.
▶ Where 의문문에 적합한 오답

(C) Neither, thank you.
▶ 선택의문문에서 either, whichever, whatever, it doesn't, matter, both, each, neither 들리면 무조건 정답

해석
스프와 샐러드 중 어느 것을 좋아하세요?
(A) 그랬으면 좋겠네요.
(B) 사무실 안에서요.
(C) 둘 다 원하지 않습니다. 감사합니다.

표현 정리 prefer ~을 더 좋아하다 neither 어느 것도 ~아니다

정답 (C)

---

7. 일반의문문

Do you have the secretary's phone number?

(A) Ten copies of a document.
▶ How many에 적합한 오답

(B) Check the directory.
▶ '모른다, 다른 사람(출처)에 확인해 보아라' 유형은 무조건 정답

(C) Nobody is here.
▶ Where 의문문에 적합한 오답 비서의 전화번호를 아십니까?

해석
비서의 전화번호를 갖고 있나요?
(A) 서류 10부요.
(B) 책자를 확인해 볼게요.
(C) 여기에는 아무도 없습니다.

표현 정리 secretary 비서 directory 안내책자

정답 (B)

---

8. 일반의문문

Did you know that the concert will be outdoors?

(A) I hope it doesn't rain.
▶ Yes를 생략하고 부가설명만으로 답한 정답. 보통 I hope, I think 같이 바람이나 생각을 말하면 정답

(B) No, I have never heard that song.
▶ 연상된(concert – song) 단어로 혼동을 준 오답

(C) I will leave for a business trip.
▶ Where 의문문에 적합한 오답

해석
음악회가 야외에서 열린다는 것을 알고 있었나요?
(A) 비가 오지 않았으면 좋겠네요.
(B) 아니요, 그 음악은 들어본 적이 없어요.
(C) 출장을 떠날 예정이에요.

표현 정리 outdoor 옥외의, 야외의 business trip 출장

정답 (A)

---

9. 일반의문문

Have you already booked a room?

(A) Yes, there is.
▶ 인칭이 맞지 않는 오답

(B) No, not yet.
▶ 예약했느냐는 질문에 not yet을 이용한 정답

(C) I'll read it.
▶ 연상된(book – read) 단어로 혼동을 준 오답

해석
방을 이미 예약했나요?
(A) 네, 있어요.
(B) 아니요, 아직요.
(C) 읽을 거예요.

표현 정리 book 예약하다 already 이미, 벌써

정답 (B)

---

10. 선택의문문

Is the chairperson arriving this week or next?

(A) Oh, the new staff member.
▶ Who 의문문에 적합한 오답

(B) He'll be here on the 25th.
▶ 둘 중 하나를 선택하지 않고 제3의 단어를 이용한 정답

(C) Yes, all of these chairs.
▶ 선택의문문에 yes 보기는 오답

해석
의장은 이번 주에 도착합니까, 아니면 다음 주에 도착합니까?
(A) 아, 새로운 직원이요.
(B) 25일에 이곳에 도착합니다.
(C) 네, 모든 의자들요.

표현 정리 chairperson 의장 staff 직원

정답 (B)

DAY 05

PART 2
UNIT 13 제안(요청)문

Step 3 실전 문제

1. Would you like to see our latest catalog?

(A) I'll bring it.
▶ Who 의문문에 적합한 오답

(B) In five categories.

▶ 유사단어(catalog – categories)가 들리는 보기는 거의 오답

(C) Do you have a copy?
▶ 반문하는 유형으로 보고 싶다는 표현을 돌려 말한 정답

해석
저희의 최신 목록을 보시겠습니까?
(A) 제가 가져오겠습니다.
(B) 다섯 가지의 카테고리예요.
(C) 사본이 있나요?

표현 정리 catalog 목록 category 범주

정답 (C)

2. May I suggest an idea for a new product?

(A) It's for you.
▶ Who 의문문에 적합한 오답

(B) I have an idea for you.
▶ 같은 단어(idea)로 혼동을 유도한 오답

(C) I'd be glad to consider your ideas.
▶ 동의 표현 I'd be glad to를 이용한 정답

해석
신상품에 대해 아이디어를 하나 제안해도 되겠습니까?
(A) 당신을 위한 것이에요.
(B) 당신을 위한 안건이 하나 있어요.
(C) 당신의 아이디어를 고려해 보겠습니다.

표현 정리 suggest 제안하다, 제의하다 consider 고려하다

정답 (C)

3. Why don't we travel together?

(A) At the bus station.
▶ Where 의문문에 적합한 오답

(B) When are you leaving?
▶ 같이 여행가자는 제안에 언제 갈 것이라고 되묻는 정답

(C) I don't want to call him.
▶ Why 의문문에 적합한 오답

해석
여행을 함께 가시겠어요?
(A) 버스정류장에서요.
(B) 언제 떠나세요?
(C) 그에게 전화하고 싶지 않아요.

표현 정리 bus station 버스 정류장

정답 (B)

4. Can you give me a hand with this project?

(A) Sure, I'll be right there.
▶ sure를 이용한 긍정형의 정답

(B) We handed him a document.
▶ 유사단어(hand – handed)로 혼동을 유도한 오답

(C) I don't remember.
▶ 엉뚱하게 답 한 오답. 거절형으로 착각하지 말자.

해석
이 프로젝트를 좀 도와주시겠어요?
(A) 물론이죠, 바로 갈게요.
(B) 우리는 그에게 서류를 넘겼어요.
(C) 기억나지 않아요.

표현 정리 give a hand 거들어주다 hand 건네주다, 넘겨주다

정답 (A)

UNIT 14 평서문

Step 3 실전 문제

1. Today's meeting shouldn't take too long.

(A) I have some.
▶ 제안문에 적합한 오답

(B) What will we be talking about?
▶ 반문하는 보기는 거의 정답

(C) This is the longest river.
▶ 유사단어(long – longest)로 혼동을 유도한 오답

해석
오늘 회의는 오래 걸리지 않을 거예요.
(A) 조금 있습니다.
(B) 무엇에 관한 것이죠?
(C) 이것이 가장 긴 강입니다.

표현 정리 meeting 회의 river 강

정답 (B)

2. The copy machine is making loud noises.

(A) I waited for you.
▶ 인칭이 맞지 않은 오답

(B) You have to come.
▶ 인칭이 맞지 않은 오답

(C) I think it's broken.
▶ Yes를 대신하는 I think를 사용해 생각을 전달한 정답

해석
복사기에서 너무 큰 소음이 나네요.
(A) 기다렸습니다.
(B) 꼭 오셔야 합니다.
(C) 제 생각에는 고장 난 것 같아요.

표현 정리 copy machine 복사기 make noise 소리가 나다, 시끄럽다

정답 (C)

3. Maybe we should extend the deadline.

(A) It's in the office.

▶ Where 의문문에 적합한 오답

(B) Okay, let's do that.

▶ 동의 표현 Okay, let's는 거의 정답

(C) No, I don't want to attend.

▶ 유사단어(extend – attend)로 혼동을 유도한 오답

해석

아마도 우리는 마감일을 연장해야 할 것 같아요.

(A) 사무실에 있어요.

(B) 좋아요, 그렇게 하죠.

(C) 아니요, 참석하고 싶지 않아요.

표현 정리 extend 연장하다 deadline 기한, 마감 시간 attend 참석하다

정답 (B)

4. I can't open this window latch.

(A) They close around 7 P.M.

▶ 반대 단어(open – close)가 들리는 보기는 오답

(B) I sent it with an attachment.

▶ 연관 표현(open this window – attachment)으로 혼동을 유도한 오답

(C) Let me take a look.

▶ 본인이 알아보겠다고 제안을 하는 정답

해석

이 창문의 걸쇠를 열 수 없어요.

(A) 그들은 저녁 7시쯤 문을 닫습니다.

(B) 첨부파일과 함께 보냈어요.

(C) 제가 한번 보겠습니다.

표현 정리 latch 걸쇠, 자물쇠 attachment 첨부파일

정답 (C)

REVIEW TEST

1. 평서문

The directory is in the filing cabinet.

(A) In the top drawer?

▶ 반문하는 보기는 거의 정답

(B) The files are missing.

▶ 유사단어(filing – files)가 들리는 오답

(C) No, the director left the office.

▶ 유사단어(directory – director)가 들리는 오답

해석

안내책자는 서류 정리장 안에 있어요.

(A) 맨 위 서랍이요?

(B) 서류들이 없어졌어요.

(C) 아니요, 이사님은 사무실을 나가셨어요.

표현 정리 directory 안내책자 filing cabinet 서류 정리장 top drawer 맨 위 서랍 director 임원, 이사

정답 (A)

2. 제안문

Could you put together an inventory of our merchandise?

(A) I'll buy it.

▶ 연상 단어(merchandise – buy)가 들리는 오답

(B) Sure, I have some time.

▶ sure를 이용한 긍정형의 정답

(C) The new inventory will arrive.

▶ 같은 단어(inventory – inventory)를 사용한 함정 오답

해석

우리 제품의 재고를 모아 놓아 주실래요?

(A) 그것을 살 거예요.

(B) 물론입니다, 시간이 좀 있어요.

(C) 새로운 상품 목록들이 도착할 거예요.

표현 정리 inventory 물품 목록, 재고 merchandise 상품, 물품

정답 (B)

3. 평서문

I need ten copies of this document by this afternoon.

(A) Where should I leave them for you?

▶ 반문하는 표현으로 정답

(B) He is the leader of that club.

▶ Who 의문문에 적합한 오답

(C) No, I have it already.

▶ 부정 후 부가설명 내용이 적절하지 않아서 오답

해석

오늘 오후까지 이 서류의 복사본이 10부 필요해요.

(A) 어디에 그것들을 두면 될까요?

(B) 그는 그 동호회의 대표예요.

(C) 아니요, 이미 가지고 있습니다.

표현 정리 copy 복사본 leader 대표, 지도자 club 동호회, 클럽

정답 (A)

4. 제안문

Can I fax my job application to you?

(A) No, there is no tax on education.

▶ 유사단어(fax – tax)가 들리는 오답

(B) Yes, that would be fine.

▶ 제안의문문에 수락 표현으로 정답

(C) The interview will start soon.

▶ 연상 단어(job – interview)가 들리는 오답

해석
저의 구직신청서를 팩스로 보내 드려도 될까요?
(A) 아니오, 교육에는 세금이 없습니다.
(B) 네, 좋습니다.
(C) 면접이 곧 시작됩니다.

표현 정리 job application 구직신청서 tax 세금 education 교육
interview 면접

정답 (B)

5. 평서문

I'll introduce you to the new cashier.

(A) No, we paid with cash.
▶ 유사단어(cashier – cash)가 들리는 오답

(B) It's the old one I have.
▶ 반대 단어(new – old)가 들리는 오답

(C) Thanks, but we've already met.
▶ 이미 만난 적이 있다며 소개를 정중히 거절한 정답

해석
당신을 새 점원에게 소개시켜 드리겠습니다.
(A) 아니오, 현금으로 계산했습니다.
(B) 내가 가지고 있는 것은 오래된 것이에요.
(C) 고맙지만, 우리는 이미 만난 적이 있습니다.

표현 정리 introduce 소개하다 cashier 출납원, 계산원

정답 (C)

6. 제안문

Would you like a copy of our newsletter?

(A) I'm feeling better.
▶ How 의문에 적합한 오답

(B) That would be nice.
▶ 제안의문문에 수락한 표현으로 정답

(C) In the newspaper.
▶ Where 의문에 적합한 오답

해석
뉴스레터 한 부를 보시겠습니까?
(A) 좀 좋아졌어요.
(B) 네, 좋습니다.
(C) 신문에서요.

표현 정리 newsletter 소식지 newspaper 신문

정답 (B)

7. 제안문

Could you give me the blueprints for the Liael Project?

(A) It is one of our branches.

▶ What 의문에 적합한 오답

(B) Those come from here.
▶ Where 의문에 적합한 오답

(C) I think Bob has them.
▶ 제3자가 가지고 있다고 말하는 정답

해석
Liael 프로젝트의 청사진을 나에게 주시겠어요?
(A) 우리 지사 중에 하나에요.
(B) 그것들은 여기에서 나온 것이에요.
(C) Bob이 가지고 있는 것 같아요.

표현 정리 blueprint 청사진, 계획 branch 지사

정답 (C)

8. 평서문

I think we should hire Mr. Davidson.

(A) About 1 hour later.
▶ When 의문에 적합한 오답

(B) Our profits need to be higher.
▶ 유사단어(hire – higher)가 들리는 오답

(C) Unfortunately, he withdrew his application.
▶ 부정하며 이유를 설명한 정답

해석
제 생각에는 Mr. Davidson을 고용해야 할 것 같습니다.
(A) 1시간 쯤 뒤에요.
(B) 우리 수익이 높아지길 바랍니다.
(C) 안타깝게도, 그는 그의 지원서를 철회했어요.

표현 정리 hire 고용하다 withdraw 취소; 철회하다 application
지원서

정답 (C)

9. 제안문

Could you make me a copy of this receipt?

(A) Yes, I received a good job offer.
▶ 유사단어(receipt – receive)가 들리는 오답

(B) I have to take the bus.
▶ 유사단어(make – take)가 들리는 오답

(C) I'm afraid the copy machine is broken.
▶ 제안을 정중하게 거절하며 이유를 설명한 정답

해석
이 영수증을 복사해 주시겠습니까?
(A) 네, 좋은 일자리 제의를 받았어요.
(B) 버스를 타야해요.
(C) 복사기가 고장인 것 같아요.

표현 정리 receipt 영수증 take the bus 버스를 타다

정답 (C)

10. 평서문

I'd like to see last year's sales figures.

(A) I have to go to the bookstore.

▶ 연상 단어(sales – bookstore)가 들리는 오답

(B) Would you like me to print you a copy?

▶ 평서문에 제안을 다시하는 정답

(C) It's too expensive.

▶ 연상 단어(sales – expensive)가 들리는 오답

해석

작년 판매 수치를 좀 보고 싶은데요.

(A) 서점에 가야 해요.

(B) 제가 사본을 출력해 드릴까요?

(C) 너무 비싸네요.

표현 정리 figure 수치, 숫자 print 인쇄하다, 출력하다

정답 (B)

PART 3
UNIT 15 문제유형 공략 ❶ 주제 & 목적

Step 3 실전 문제

Question 1 refers to the following conversation.

문제 1번은 다음 대화를 참조하시오.

> M : ¹ How are you doing with the computer program you use to enter customer data?
> ▶ 주제 문제이므로 첫 대화를 잘 들어야 한다. 남자의 대화를 통해 '컴퓨터 프로그램 사용'에 관한 대화 내용이라는 것을 알 수 있으므로 (A)가 정답이다.
>
> W : I'm quite familiar with it. I did the same kind of data entry at my last job.
> M : That sounds really great! If you have any problems, don't hesitate to call me.
> -
> 남 : 고객자료를 입력하기 위해 사용하는 컴퓨터 프로그램은 어떻게 잘돼 가나요?
> 여 : 네, 제가 그건 꽤 잘 알아요. 전 직장에서 같은 종류의 데이터 입력을 했었거든요.
> 남 : 잘 됐네요! 혹시 무슨 문제가 있으면 주저하지 말고 연락주세요.

표현 정리 enter 입력하다 be familiar with ~에 익숙하다
hesitate 주저하다

1. 대화는 무엇에 관한 것인가?

(A) 컴퓨터 프로그램 사용

(B) 새로운 컴퓨터 구입

(C) 고객 초대

(D) 고용 조건

정답 (A)

Question 2 refers to the following conversation.

문제 2번은 다음 대화를 참조하시오.

> W : ² Hello. I bought a refrigerator at your store this morning, and I heard from the store that you'll be delivering my new refrigerator today.
> ▶ 목적 문제이므로 첫 대화를 잘 들어야 한다. 여자의 대화를 통해 '배송을 확인하기 위한 대화' 내용이라는 것을 알 수 있으므로 (D)가 정답이다.
>
> M : Yes, we will. You are Mrs. Jackson, right?
> W : Yes, I am. Can you take away my old refrigerator as well?
> M : Sure. There will be an additional cost for that service though.
> -
> 남 : 여보세요, 오늘 아침에 귀하의 매장에서 냉장고를 구입했는데, 냉장고를 오늘 배달해 줄 것이라고 들었습니다.
> 여 : 네, 맞습니다. 잭슨 씨 맞으시죠?
> 남 : 네, 맞아요. 제 예전 냉장고도 가져가 주시겠어요?
> 여 : 물론입니다. 하지만 그에 대한 추가 비용이 있을 겁니다.

표현 정리 refrigerator 냉장고 delivery 배달 as well ~도
additional 추가의, 부가의

2. 여자가 전화를 건 목적은 무엇인가?

(A) 주문을 하기 위해

(B) 수리를 요청하기 위해

(C) 새로운 냉장고를 구입하기 위해

(D) 배송을 확인하기 위해

정답 (D)

UNIT 16 문제유형 공략 ❷ 대화 장소

Step 3 실전 문제

Question 1 refers to the following conversation with three speakers.

문제 1번은 다음 대화를 참조하시오.

> W : James, ¹ can I get past you to the fridge? I need some water.
> ▶ 여자의 첫 번째 대사에서 남자에게 냉장고 쪽으로 지나가도 될지 (can I get past you to the fridge?) 물었으므로 정답은 (C)이다.
>
> M1 : Sure. Have you tried this soda?
> W : No, I'm not big on soda. I like the coffee they give us, though.
> M1 : Yeah, I love working here. There are so many benefits! Did you hear about the new leave policy?
> W : Yes, it's great, isn't it? Oh, hello Tom. Tom, have you

ever met James? Tom just started this week.

M2: Nice to meet you, James.

M1: You too, Tom. Glad to have you with us.

M2: Thanks. Oh, we're out of coffee?

W: No, there's some here. Oops, I'm late. Tom, I'll stop by later to show you how to use the time entry system.

여: 제임스, 냉장고 쪽으로 지나가도 될까요? 물이 좀 필요해서요.

남1: 물론이죠. 이 음료수는 드셔 보셨어요?

여: 아니요, 음료수는 그다지 좋아하지 않아서요. 하지만 회사에서 주는 커피는 괜찮던데요.

남1: 맞아요, 여기서 근무해서 정말 좋아요. 좋은 혜택이 많잖아요! 새 휴가 방침에 대한 얘기 들었어요?

여: 네, 좋더라고요. 그렇지 않아요? 오, 안녕하세요. 톰, 제임스를 예전에 본 적 있나요? 톰은 이번 주에 근무를 시작했어요.

남2: 만나서 반가워요, 제임스.

남1: 저도요, 톰. 저희와 함께 근무하게 되어 기쁩니다.

남2: 고마워요. 오, 커피가 떨어졌나요?

여: 아니요, 여기 좀 있어요. 이런, 늦었네요. 톰, 제가 나중에 들러서 시간 입력 시스템 사용법을 알려 드릴게요.

표현 정리 **get past** 지나가다 **fridge** 냉장고 **be big on** ~을 아주 좋아하다 **benefit** 혜택 **be out of** ~이 떨어지다 **stop by** ~에 들르다 **entry** 입력

1. 대화를 나누고 있는 장소는 어디일 것 같은가?

(A) 취업 박람회
(B) 회의실
(C) 사무실 주방
(D) 커피숍

정답 **(C)**

Question 2 refers to the following conversation.

문제 2번은 다음 대화를 참조하시오.

W: I can't believe the trouble we had coming up with the design for our new logo. It seems to have taken forever.

M: Yes, but the results are worthwhile. It sums up exactly what our company stands for: it looks both sporty and dependable.

W: Yes, and it comes out well both small on our letterhead and large on our store signs and products. ² Look at these badminton rackets and our new treadmills. They look fantastic!

▶ 여자의 마지막 대사(Look at these badminton rackets and our new treadmills.)에서 답을 찾을 수 있다. badminton rackets와 mountain bikes를 만드는 회사는 스포츠용품 제조회사로 볼 수 있다. 회사의 로고에 대한 이야기를 하고 정답을 (A)로 혼동하지 않도록 한다. (B)의 피트니스 센터도 운동 용품과 관련이 있으므로 혼동하지 않도록 한다.

여: 우리 회사 새 로고 디자인이 이렇게 힘들 줄은 몰랐어요. 도대체 끝이 날 것 같지 않았어요.

남: 그러게요. 그래도 결과는 좋잖아요. 우리 회사를 정확히 표현하고 있어요. 활동적이면서도 신뢰를 주는 것 같아요.

여: 맞아요, 그리고 회사 편지지에 작게 나온 것과, 매장 간판과 제품에 크게 나온 것 둘 다 잘된 것 같아요. 배드민턴 라켓과 신형 러닝머신 좀 보세요. 진짜 멋진데요!

표현 정리 **come up with** ~을 제안하다 **logo** 로고, (회사 / 단체 등을 나타내는) 이미지 **seem to** ~인 것 같다 **take forever** 시간이 오래 걸리다 **result** 결과 **worthwhile** ~한 보람이 있는 **sum up** 요약하다 **exactly** 정확히 **stand for** ~을 나타내다 **sporty** 화려한, 민첩한 **dependable** 믿음직한 **come out well** (일 등이) 잘되다 **letterhead** 편지지 위쪽의 인쇄문구, 문구가 적힌 편지지 **store sign** 매장 간판 **treadmill** 러닝머신

2. 화자들은 어떤 회사에서 일하겠는가?

(A) 그래픽 디자인 회사
(B) 피트니스 센터
(C) 인쇄소
(D) 스포츠용품 제조회사

정답 **(D)**

UNIT 17 문제유형 공략 ❸ 미래 행동

Step 3 실전 문제

Question 1 refers to the following conversation.

문제 1번은 다음 대화를 참조하시오.

M: Hi, Rhonda. I just heard from Jordan Mitts, one of the speakers. He said that he cannot make it to the training session for our new employees.

W: Oh, that's really short notice. We only have ten days left before the training session. What should we do?

M: Well, why don't we ask Andrew Ling in the Marketing Department? He gave a speech about time management last year. The audience response was very positive. I also thought it was a very good speech.

W: That's a great idea. ¹ I'll give him a call right now.

▶ 다음에 할 일을 묻는 마지막 문제의 단서는 대화의 후반부에 등장한다. 마지막 문장을 통해 여자는 Andrew Ling에게 전화를 할 것임을 알 수 있다. (C)가 정답이다.

남: Rhonda 씨, 안녕하세요? 연설자 중에 한 분인 Jordan Mitts 씨께서 방금 연락하셨는데 신입사원 훈련 프로그램에 참석할 수 없다고 말씀하셨어요.

여: 아, 너무 임박해서 알려주셨네요. 신입사원 교육까지 열흘 밖에 남지 않았어요. 어떻게 해야 할까요?

남: 글쎄요, 마케팅 부서에 Andrew Ling에게 부탁해보는 것은 어떨까요? 지난해에 그는 시간 관리에 대해 연설을 했었어요. 청중의 반응이 매우 호의적이었어요. 저 또한 매우 좋은 연설이었다고 생각했어요.

여: 좋은 생각이에요. 지금 당장 그에게 연락 할게요.

표현 정리 **make it** 약속을 지키다, 시간 내에 오다 **notice** 통지, 통보 **give a speech** 연설하다 **management** 관리 **audience** 청중 **response** 반응 **positive** 긍정적인

1. 여자가 다음에 할 일은?

(A) 매니저에게 보고
(B) 연설
(C) 전화 연락
(D) 회의

정답 (C)

Question 2 refers to the following conversation.
문제 2번은 다음 대화를 참조하시오.

> M : Doris, did you know that the post office on Park Avenue has relocated? Now, a restaurant is being built in its place.
> W : Yes. The post office just moved to a new location on Main Street two weeks ago.
> M : Oh, really? Do you know the address? I have to send this parcel today.
> W : No, I don't, but ² I can make you a rough map.
> ▶ next 문제이므로 마지막 대화에 집중해서 들어야 한다. 남자가 '우체국에 가려고 주소를 물었지만' 여자는 '약도를 만들어 주겠다.'고 대답하고 있으므로 (D)가 정답이다.
> -
> 남 : 도리스 씨, 파크 가에 있는 우체국이 이전하는 거 알았어요? 지금 그곳에 식당이 건축 중에 있어요.
> 여 : 네. 2주 전에 메인 가에 있는 새로운 위치로 옮겼어요.
> 남 : 아, 그래요? 주소 알고 있어요? 오늘 이 소포를 보내야 하거든요.
> 여 : 아니요, 하지만 약도를 드릴 수는 있어요.

표현 정리 rough map 대략적인 지도, 약도

2. 여자는 다음에 무엇을 할 것 같은가?

(A) 주소를 줄 것이다.
(B) 시내지도를 보여줄 것이다.
(C) 우체국으로 데려다 줄 것이다.
(D) 약도를 그릴 것이다.

정답 (D)

UNIT 18 문제유형 공략 ❹ 세부 사항

(Step 3 실전 문제)

Questions 1-3 refer to the following conversation.
문제 1–3번은 다음 대화를 참조하시오.

> M : Hello there. I moved in to the apartment complex last month. ¹ I'd like to register for the fitness center.
> ▶ 남자가 원하는 것을 묻는 첫 번째 질문이므로 대화 초반부의 남자의 이야기를 통해 단서를 파악한다. 남자는 헬스클럽에 등록하고 싶다고 해서 정답은 (C)이다.
>
> W : No problem. ² I'll need a copy of your lease or a utility bill anything that proves you are currently living in your

apartment.
> ▶ 세부 사항 문제로 순서가 두 번째로 나왔으므로 중반부 여자의 이야기에서 정답의 단서가 나온다. 여자는 남자에게 이 아파트에 거주하고 있다는 것을 증명할 수 있는 자료를 요구하고 있다.
>
> M : Unfortunately, I didn't bring anything with me. Can I come back after work?
> W : Of course. We close early on Wednesdays though, so try to make it by 7 o'clock. ³ This information brochure lists our gym hours and the office hours.
> ▶ 남자가 여자에게서 받은 것을 묻는 세부사항 문제다. 세 번째로 나왔으므로 대화 후반부에 등장하는 여자의 이야기에서 남자에게 주는 것이 무엇인지 파악한다. 여자는 남자에게 브로셔를 보여주며 헬스클럽의 운영 시간과 사무실 운영 시간이 나와 있다고 알려준다. 대화에서 information brochure가 선택지에서 schedule information으로 패러프레이징 되었다. 정답은 (C)이다.
> -
> 여 : 그러시죠. 현재 아파트에 거주 중임을 입증할 수 있는 임대 계약서나 공과금 고지서의 사본이 필요합니다.
> 남 : 안타깝게도 아무것도 가지고 오질 않았네요. 퇴근 후에 다시 들러도 될까요?
> 여 : 물론입니다. 하지만 수요일에는 일찍 문을 닫기 때문에 7시까지는 오세요. 이 안내책자에 저희 체육관 운영 시간과 사무실 업무 시간이 나와 있어요.

표현 정리 apartment complex 아파트 단지 register for ~에 등록하다 fitness center 헬스클럽 lease 임대 utility bill 공과금 고지서 prove ~을 증명하다, ~을 입증하다 currently 현재 make a copy 복사하다 information brochure 안내책자 gym 헬스클럽, 체육관 office hours 영업시간, 업무 시간

1. 남자가 원하는 것은 무엇인가?

(A) 계약서에 서명하는 것
(B) 아파트를 찾는 것
(C) 헬스클럽에 등록하는 것
(D) 복사하는 것

정답 (C)

2. 여자가 요구하는 것은 무엇인가?

(A) 거주 증빙 자료
(B) 임대 보증금
(C) 늦은 등록에 따른 수수료
(D) 운동 기구

정답 (A)

3. 남자가 여자로부터 받은 것은?

(A) 서명한 임대 계약서
(B) 신청서
(C) 일정 정보
(D) 공과금 고지서

정답 (C)

REVIEW TEST

Questions 1-3 refer to the following conversation.

문제 1-3번은 다음 대화를 참조하시오.

W : Hi, Mr. Anderson. I'm sorry. ¹ I was late for the meeting this morning because of the traffic jam. What did I miss?

▶ 이유 문제는 전반부에 단서가 등장한다. traffic jam을 stuck in traffic 표현으로 바꾼 (C)가 정답이다.

M : Oh, ² on Thursday, we are going to install a new program for all of the computers in the Sales Department.

▶ 요일, 시간 등의 특정 시점을 묻는 세부사항 문제는 문제 순서가 중요한데, 두 번째 문제이므로 중반부에 단서가 나온다. 목요일에 컴퓨터 프로그램을 설치한다고 했으므로 (D)가 정답이다.

W : So is there anything we have to do to prepare for it?

M : No, but ³ I suggest that you come early on that day. We will have a lot of work to do.

▶ 요구, 제안 문제 등은 후반부에서 suggest, ask, please, could you 등이 언급된 곳에 단서가 등장한다. that day는 on Thursday를 가리킨다. (A)가 정답이다.

여 : 안녕하세요, 앤더슨 씨. 죄송합니다. 교통체증 때문에 오늘 아침 미팅에 늦었습니다. 제가 놓친 것이 있나요?

남 : 아, 목요일에 우리는 영업부의 모든 컴퓨터에 새로운 프로그램을 설치할 거예요.

여 : 그럼, 준비해야 할 사항이 있나요?

남 : 아니요, 하지만 그날 할 일이 많으니 일찍 오는 것이 좋을 겁니다.

표현 정리 traffic jam 교통체증 install 설치하다 Sales Department 영업부

1. 여자는 왜 회의에 늦었는가?

(A) 대중교통을 이용하였다.

(B) 휴가에서 방금 돌아왔다.

(C) 교통 체증에 갇혀 있었다.

(D) 회사에서 먼 곳에 산다.

정답 (C)

2. 화자들은 언제 새로운 프로그램을 설치할 것인가?

(A) 월요일

(B) 화요일

(C) 수요일

(D) 목요일

정답 (D)

3. 대화에 따르면, 여자는 무엇을 제안하는가?

(A) 목요일에 일찍 오라고

(B) 영업부를 방문하라고

(C) 비행기 표를 구매하라고

(D) 출장가라고

Questions 4-6 refer to the following conversation with three speakers.

문제 4-6번은 다음 3명의 대화를 참조하시오.

M1 : ⁴ Have you guys visited the new company fitness room on the 15th floor?

▶ 대화가 일어나는 장소를 묻는 문제로, 남자가 회사에 새로 생긴 피트니스 센터에 가본 적 있냐고 물었다. 대화 전반적으로 세 사람이 직장 동료들이라는 것을 알 수 있으므로 정답은 (A) 사무실이다. 지금 현재 헬스장 안에서 나누는 대화는 아니므로 (C)는 답이 될 수 없다.

W : I haven't been there yet, but I heard that it's gotten much better than before.

M2 : Yeah, it has. I started working out there this Monday, and ⁵ I was really impressed by all the cutting-edge equipment.

M1 : ⁵ And don't forget the view. It's fantastic! You can see the entire city while you're on a bicycle.

▶ 새로운 장비에 대한 남자들의 의견을 묻는 문제로, 두번째 순서로 나왔으므로 대화 중반부에 힌트가 나온다. 여기서 질문이 What does the man이 아니고, What do the men(남자들)이므로 두 남자 모두의 말에 주목해야 한다. 한 남자는 최첨단 기계들에 감명 받았다고 했고, 다른 남자는 높은 층으로 옮겨서 경치도 정말 좋다는 얘기를 했으므로, 두 얘기를 종합해 보면 여러 가지로 헬스장이 좋아졌음을 알 수 있다. 정답은 (C)다.

M2 : I know. It was a great idea to move the facility up from the first floor.

W : Wow, it sounds amazing. ⁶ I'm definitely stopping by there after work today.

▶ 세 번째 문제는 후반부에 정답의 단서가 주로 나오므로, 여자가 후반부에서 하는 말에 주목한다. 남자들의 얘기를 쭉 듣다가 마지막에 퇴근 후 피트니스 센터에 가볼 거라고 얘기 했으므로 정답은 (B)다.

여1 : 15층에 있는 새로운 회사 피트니스룸 가봤어요?

남 : 전 아직 안 가봤는데, 이전보다 훨씬 좋아졌다고 들었어요.

여2 : 맞아요. 이번 주 월요일부터 저는 거기서 운동을 시작했는데, 최첨단 장비에 정말 감명 받았어요.

여1 : 경치도 빼먹지 마요. 진짜 대단해요! 자전거 타면서 도시 전체를 볼 수 있어요.

여2 : 그러니까요. 그 시설을 1층에서 위로 옮긴 건 훌륭한 아이디어였던 것 같아요.

남 : 와, 대단할 것 같네요. 오늘 퇴근 후에 무조건 가봐야겠어요.

표현 정리 be impressed by ~에 감명 받다 cutting-edge 최신식의 definitely 반드시 stop by 들르다 facility 시설

4. 어디에서 이루어지는 대화인가?

(A) 사무실에서

(B) 건강관리 세미나에서

(C) 피트니스 센터에서

(D) 스포츠용품 가게에서

정답 (A)

5. 남자들이 새로운 시설에 대해 뭐라고 얘기하는가?

(A) 중고 스포츠 기구들을 가지고 있다.

(B) 1층에 있을 때 더 북적거렸다.
(C) 여러 면에서 업그레이드 되었다.
(D) 이전보다 더 비싼 기계들을 가지고 있다.

정답 (C)

6. 여자는 무엇을 하겠다고 말하는가?

(A) 1층을 방문할 것
(B) 시설에 가볼 것
(C) 공원에서 운동할 것
(D) 피트니스센터에 전화할 것

정답 (B)

PART 3
UNIT 19 문제유형 공략 ❺ 요청 & 제안

Step 3 실전 문제

Question 1 refers to the following conversation.
문제 1번은 다음 대화를 참조하시오.

W: David, I've been trying to access my e-mail, but when I enter my password, I get a message that it's invalid.
M: Did you ask the technician about that?
W: I already tried calling technical support, but it appears that no one is working there now.
M: There is a 24-hour technical service you can call. ¹ I can look up the phone number for you.
▶ 제안 문제는 후반부에 등장한다. 제안 문제에 대한 단서는 'I can~ '으로 시작하는 문장이 정답의 단서이다. 남자의 두 번째 대화에서 '아마도 24시간 운영하는 곳의 전화번호가 있을 테니 찾아주겠다.'고 했으므로 (D)가 정답이다.

여: 데이빗 씨. 제가 이메일에 접속하려고 비밀번호를 입력하면, 없는 비밀번호라고 메시지가 뜹니다.
남: 그것에 대해 기술자에게 물어봤어요?
여: 기술지원 팀에 이미 전화를 했지만, 이미 업무 시간이 지난 것 같아요.
남: 아마도 24시간 운영하는 곳의 전화번호가 있을 겁니다. 제가 찾아 드릴게요.

표현 정리 access 접속, 접근 password 비밀번호 invalid 효력 없는, 무효한 technical support 기술지원팀 appear ~인 것처럼 보이다

1. 남자는 무엇을 하라고 제안하는가?

(A) 내일까지 기다리라고
(B) 다른 지원팀에게 전화하라고
(C) 비밀번호 찾는 것을 도와주라고
(D) 전화번호를 찾아 보겠다고

정답 (D)

Question 2 refers to the following conversation.
문제 2번은 다음 대화를 참조하시오.

W: I was almost late again this morning. I got stuck in a terrible traffic jam.
M: Really? It's even worse than taking the subway.
W: I wish I could take the subway, too, but my house is quite far from the subway station.
M: Maybe someone who lives near you would like to carpool to the station. ² Why don't you talk with our colleagues?
▶ 제안(suggest) 문제이므로 Why don't ~? 문장을 잘 들어야 한다. '역까지 차로 데려다 줄 사람이 있을지도 모르니 동료하고 얘기해 보는 것이 어때요?'라고 제안하고 있으므로 (C)가 정답이다.

여: 오늘 아침에 또 지각할 뻔 했어요. 끔찍한 교통체증에 갇혀 있었어요.
남: 정말요? 그건 지하철 타는 것보다 더 고역이야.
여: 저도 지하철을 탈 수 있다면 좋을 텐데, 지하철역이 집에서 너무 멀어요.
남: 근처에 사는 사람 중에 역까지 차로 데려다 줄 사람이 있을지도 몰라요. 동료들하고 얘기해 보는 것이 어때요?

표현 정리 get stuck 갇히다, 막히다 traffic jam 교통체증 quite 꽤, 상당히 carpool 승용차 함께 타기, 합승 colleague 동료

2. 남자는 여자에게 무엇을 하라고 제안하는가?

(A) 차를 구입하라고
(B) 지하철을 타라고
(C) 동료들과 얘기하라고
(D) 걸어서 통근하라고

정답 (C)

UNIT 20 문제유형 공략 ❻ 화자의 직업 & 신분

Step 3 실전 문제

Question 1 refers to the following conversation.
문제 1번은 다음 대화를 참조하시오.

W: Excuse me. I'd like to go to the Central Shopping Mall. ¹ Will your bus take me there?
▶ 남자의 직업을 묻고 있으므로 첫 대화를 잘 듣는다. 여자가 '이 버스가 센트럴 쇼핑몰로 가나요?'라고 묻고 있는 것으로 보아 남자는 버스 기사임을 알 수 있다. 따라서 (B)가 정답이다.

M: No, it won't. You'll have to take the number 50 bus. It will bring you there.
W: Thank you. Does the bus stop at this station? I totally have no idea about taking the bus.
M: You have to go across the road. You can see the bus station with the yellow roof.

W: 실례합니다, 센트럴 쇼핑몰로 가려고 합니다. 이 버스가 그곳으로 가나요?

M: 아니요. 안 갑니다. 50번 버스를 타셔야 합니다. 그쪽으로 갈 거예요.

W: 감사합니다. 버스가 이곳에서 정차하는 것이 맞나요? 버스 타는 것에 대해서는 아는 것이 없어서요.

M: 길을 건너면 노란지붕의 버스 정류장이 보일 겁니다.

표현 정리 totally 완전히 have no idea 전혀 모르다 go across the road 도로를 건너다 bus station 버스정류장

1. 남자는 누구인 것 같은가?

(A) 보행자
(B) 버스 운전기사
(C) 판매원
(D) 관광 안내원

정답 (B)

Question 2 refers to the following conversation with three speakers.

문제 2번은 다음 대화를 참조하시오.

W: Hi, Tom. How's the design work for our new brochure going?

M1: I've completed most of it. I can e-mail you the final design within a couple of hours.

W: Sounds good. Then we can send it to the printing office tomorrow at the latest. ² Come to think of it, we should put some customer reviews on the last page.

▶ 여자는 새로운 브로셔에 고객 후기를 첨가할 것을 제안하고 있으므로 put some customer reviews를 패러프레이징한 표현인 (B)가 정답이다.

M1: That makes sense. I'll add some testimonials from our satisfied customers on the back page.

W: Daniell, please contact B&M Printers and find out how long the printing will take and how much it will cost. I have always been happy with its high-quality work.

M2: Okay, I'll call the store right away.

여: Tom, 안녕하세요? 우리 회사의 새 책자 디자인 작업은 어떻게 진행되고 있어요?

남1: 거의 다 끝나갑니다. 한 두 시간 내에 최종 디자인을 이메일로 보내드릴 수 있어요.

여: 잘 됐군요. 그러면 늦어도 내일은 인쇄소에 보낼 수 있겠네요. 생각해보니 고객 후기를 마지막 장에 추가해야 할 것 같아요.

남1: 맞는 말씀인 것 같아요. 만족도가 높은 고객의 후기를 마지막 장에 첨가할게요.

여: Daniell, B & M 인쇄소에 연락해서 인쇄가 얼마나 걸릴지 그리고 비용이 얼마나 들지 알아봐주겠어요? 저는 그 인쇄소의 품질 높은 서비스에 항상 만족하고 있어요.

남2: 네, 지금 바로 인쇄소에 연락하겠습니다.

표현 정리 brochure 소책자, 브로셔 complete 끝마치다 most

대부분 final 최종적인 within ~이내에 printing office 인쇄소 at the latest 늦어도 come to think of it 생각해보니 review 후기 make sense 이치에 맞다 add 추가하다 testimonial 후기 satisfied 만족한 contact 연락하다 find out 알아내다 cost 비용이 들다 high-quality 고급의, 고품질의 right away 즉시, 당장

2. 화자들이 진행하고 있는 업무는?

(A) 의류 디자인
(B) 브로셔 제작
(C) 광고 예산
(D) 안전 설명서

정답 (B)

UNIT 21 문제유형 공략 ❼ 의도 파악

Step 3 실전 문제

Question 1 refers to the following conversation with three speakers.

문제 1번은 다음 3인의 대화를 참조하시오.

M1: Did you hear the radio yesterday about the blue jazz concert?

W: Yes, I did. I thought the show would definitely sell out. ¹ How shocking!

▶ 여자는 공연이 매진될 줄 알았다며 "How shocking"이라 말했다. 여기까지만 듣고서 정확한 "How shocking!의 의미를 알 수 없다.

M2: ¹ I know. Everyone was so excited about the concert. Who would've imagined that so few people would attend?

▶ 다른 남자가 여자 말에 동의하며 이렇게 적은 인원이 올 줄 상상도 못했다고 이야기한다. 결국 공연의 낮은 참석률을 듣고 여자가 놀란 것임을 알 수 있다. 적은 참석률을 a low turnout이라 표현한 (C)가 정답이다.

W: What do you think the reason was?

M1: Well, the critics are saying that the tickets were way overpriced. The venue, the Golden Lion Theater, does have high prices.

남1: 블루 재즈 콘서트에 대해서 어제 라디오 들었니?

여: 응, 들었어. 공연이 당연히 매진될 줄 알았는데. 충격적이야!

남2: 그러니까. 모두들 콘서트를 정말 기대하고 있었는데. 그렇게 적은 사람들이 갈 거라고 누가 상상이나 했겠어.

여: 이유가 뭐였던 것 같니?

남1: 글쎄. 비평가들의 말에 의하면 티켓 가격이 지나치게 높아. 그 공연장, 골든 라이언 극장이 높은 가격대를 갖고 있긴 하지.

표현 정리 sell out 매진되다 critic 비평가 overpriced 너무 비싼 venue (콘서트, 스포츠 등의) 장소 personally 개인적인 의견을 말하자면 breakup 해체 overbooked 초과 예약 turnout 참가자의 수 critics 평론가들 overpriced 비싸다

1. 여자가 "How shocking"이라고 말한 이유는 무엇인가?

(A) 공연의 질이 좋지 않았다고 생각한다.
(B) 공연이 초과 예약 되었다고 들었다.
(C) 낮은 참석률에 대해 알게 되었다.
(D) 콘서트가 취소되었다고 들었다.

정답 (C)

Question 2 refers to the following conversation with three speakers.
문제 2번은 다음 세 명의 대화를 참조하시오.

W : Hello. I'd like to discuss a mortgage application. Could I speak to Marianne Lemoute, please?

M1 : I'm sorry, but Ms. Lemoute no longer works here.

W : Really? ² I can't believe it! I have always gotten excellent advice and service from her as my financial advisor.

▶ 남자가 앞 문장에서 르모테씨는 더 이상 이곳에서 일하지 않는다고 알려주자 여자가 "믿을 수 없다"고 말하며 그에게 조언과 서비스를 받았던 사실을 말하는 것으로 보아, 르모테씨가 회사를 떠난 사실을 알고서 안타까움과 놀라움을 표시한 것을 알 수 있다. 따라서 정답은 (A)이다.

M2 : She doesn't work in the banking industry anymore from what I understand.

W : Oh, that's too bad. Well, then who can I talk to about my mortgage?

M2 : It's best if you consult with Flooder. He is the new regional manager.

여 : 안녕하세요. 대출신청에 대해 얘기하고 싶어서요. 마리안 르모테와 얘기 나눌 수 있을까요?

남1 : 죄송하지만, 르모테 씨는 더 이상 이곳에서 일하지 않아요.

여 : 정말요? 믿을 수가 없군요! 저는 항상 그녀에게 저의 재정자문가로서 훌륭한 조언과 서비스를 받았거든요.

남2 : 제가 알기론 그분은 더 이상 금융계에서 일하지 않아요.

여 : 안타깝군요. 그럼, 제 대출에 대해서는 누구랑 얘기하면 될까요?

남2 : 플루더와 말씀 나누시면 가장 좋을 겁니다. 그분은 새로 오신 지역 매니저입니다.

표현 정리 mortgage 대출, 융자 application 신청, 적용 no longer 더 이상 ~가 아니다 consult with ~와 상의하다

2. 여자는 왜 "믿을 수가 없군요"라고 말하는가?

(A) 직원이 회사를 떠났다는 사실에 놀랐다.
(B) 남자를 신뢰하지 않는다.
(C) 거짓 정보를 받았다.
(D) 어떤 소식을 듣게 되어 기쁘다.

정답 (A)

UNIT 22 문제유형 공략 ❽ 시각 자료

Step 3 실전 문제

Question 1 refers to the following conversation and list.
문제 1번은 다음 대화와 목록을 참조하시오.

W : Charles, I'm really looking forward to the marathon we're sponsoring next month. I bet it'll be great publicity.

M : Yeah, I'm excited, too. We need to hire a company to design the tumblers that we'll give out to the participants. Have you looked over the list of design firms? We have to decide one by the end of this week.

W : I know. I think Fine Art does a very good job, but I heard it is quite pricy. And management has reduced our budget to spend on souvenirs this year.

M : That's true. ¹ Let's just give the job to the firm here in San Diego. We can reduce the shipping costs, and its prices are pretty reasonable, too.

▶ Fine Art는 비싸다고 대화를 나누며 남자는 "Let's just give the job to the firm here in San Diego."라며 같은 지역인 샌디에고에 있는 업체에 맡기자고 이야기하고 있다. 표에서 샌디에고에 위치한 업체를 확인하면 정답은 (C)이다.

여 : 찰스, 우리가 다음 달에 후원하는 마라톤이 정말 기대돼요. 상당한 홍보가 될 것 같아요.

남 : 네, 저도 기대돼요. 참가자들에게 나누어줄 텀블러들을 디자인할 업체를 고용해야 하는데요. 디자인 회사 목록 살펴봤어요? 받으려면 이번 주 중으로 결정을 해야 해요.

여 : 알아요. 파인아트가 일을 아주 잘 하는 것 같긴 한데, 꽤 비싸다고 들었어요. 경영진에서 올해에는 기념품에 쓸 수 있는 예산을 줄였잖아요.

남 : 맞아요. 그냥 여기 샌디에고에 있는 업체에게 맡깁시다. 배송비도 줄일 수 있고, 그 회사 가격대도 꽤 합리적이에요.

표현 정리 sponsor 후원하다 bet 틀림없다 publicity 홍보 participant 참가자 souvenir 기념품 pricy 비싼 reduce 줄이다 reasonable 합리적인

1. 시각 자료를 보시오. 화자들은 어느 업체와 거래를 할 것인가?

(A) 파인아트
(B) W 디자인
(C) 베리존
(D) 그리피노

회사	위치
파인아트	뉴지
W 디자인	샌프란시스코
베라존	샌디에고
그라피노	로스앤젤레스

정답 (C)

Question 2 refers to the following conversation and map.
문제 2번은 다음 대화와 지도를 참조하시오.

M : Excuse me, Amanda. I have a problem with my ID. It doesn't open the doors to the building, so I have to get someone on the front desk staff to let me in. Could you add my information to the security system?

W : Well, the staff in Human Resources is only in charge of IDs for our building, ² Why don't you go to the personnel office? Someone there should be able to save you on the database.

▶ 남자는 인사과로 가보라고 권유 받고 있는데, 인사과는 3번 방이다.

M : Okay. I'll try. Thanks.

남 : 실례합니다. Amanda. 문제가 있는데요. 제 신분증이 건물의 문을 열지 못해서 프런트 데스크 직원에게 들어가게 해달라고 해야 합니다. 보안 시스템에 제 정보를 추가해 줄 수 있나요?

여: 음, 아마도요. 인사과 직원들만이 건물 신분증을 담당하고 있어요. 인사과에 가보는 게 어떠세요? 그곳의 누군가가 데이터베이스에 당신을 저장해줄 수 있을 거예요.

남: 알겠습니다. 그렇게 해볼게요. 감사합니다.

표현 정리 **Human Resources** 인사과 **personel office** 인사과 사무실

2. 시각 자료를 보시오. 남자는 어떤 장소로 갈 것을 당부 받는가?

(A) 방 1
(B) 방 2
(C) 방 3
(D) 방 4

정답 (C)

REVIEW TEST

Questions 1-3 refer to the following conversation.
문제 1-3번은 다음 대화를 참조하시오.

M: Welcome back to Music Hour. Let's continue the interview with our special guest, Michelle O'Conner. Michelle, can you tell us more about your newly released album?

W: Sure! It's a contemporary crossover album of pop and jazz, and [1] I think the best part is that you can all enjoy the songs no matter how old you are.

▶ 첫 번째로 나온 세부사항 문제로, 초반부 여자의 대화에서 단서를 찾는다. 여자가 자신의 앨범에 대해 설명하면서 나이에 상관 없이 모두 즐길 수 있는 노래들이라고 했으므로 정답은 (A). 전통 재즈가 아닌 재즈와 팝의 현대적인 크로스오버 장르라고 했으므로 (C)는 답이 될 수 없다.

M: That sounds great. Now, [2] I heard that you're planning to hold a nationwide tour concert. Which states will you be visiting?

▶ 여자가 할 일을 묻는 두 번째 문제로 중반부 남자가 여자에게 '콘서트를 계획 중이라고 알고 있다'라고 말하며 다음은 어디를 갈 예정이냐고 묻고 있다. 여자의 콘서트를 give performance로 표현한 (B)가 정답이다.

W: [3] Thanks for asking. Right now, we're still deciding which cities to visit. The details will be announced next week.

▶ 의도 파악 문제로 대화의 흐름을 알고 있어야 문제가 풀린다. 앞 대화에서 남자가 어디에서 전국투어 콘서트를 하냐고 질문했고, 여자가 물어봐줘서 고맙다고 말하면서, 아직 어느 도시를 방문할 지 고민 중이라고 말하고 있다. 따라서 여자의 속뜻은 아직 몰라서 대답할 수 없다는 것이다. 따라서 정답은 (D)이다.

남: "Music Hour"와 함께하고 계십니다. 우리 특별 게스트 미셸 오코너 씨와의 인터뷰를 계속해 봅시다. 미셸, 당신의 새로 출시된 앨범에 대해 더 설명해 줄래요?

여: 물론이죠! 팝과 재즈의 현대적인 크로스오버 앨범이고요, 가장 좋은 부분은 나이에 상관없이 노래들을 모두 즐기실 수 있다는 점이라고 생각합니다.

남: 그거 좋네요. 자, 전국 투어 콘서트를 계획 중이라고 들었어요. 어느 주들을 방문하실 건가요?

여: 물어봐 주셔서 감사합니다. 지금은 아직 어느 도시들을 방문할지 결정하고 있는 중이고, 자세한 사항은 다음 주중에 발표될 거예요.

표현 정리 **release** 출시하다 개봉하다 **contemporary** 현대적인 **no matter how** ~에 상관없이 **be planning to** ~할 계획이다 **nationwide** 전국적인

1. 여자는 자신의 앨범에 대해 어떤 부분을 좋아하는가?

(A) 모든 연령대를 끌 수 있다.
(B) 역대 가장 많이 팔린 앨범이다.
(C) 전통 재즈 음악만을 다룬다.
(D) 그녀의 첫 번째 앨범이다.

정답 (A)

2. 여자는 무엇을 계획하고 있는가?

(A) 다음 앨범 출시하는 것
(B) 공연하는 것
(C) 고향에 방문하는 것
(D) 휴식을 취하는 것

정답 (B)

3. 여자는 "물어봐 주셔서 감사합니다"라고 말하는 것은 무엇을 의미하는가?

(A) 그녀는 같은 질문을 물어보고 싶어 한다.
(B) 그녀는 새로운 주제에 대해 얘기하게 되어 기쁘다.
(C) 그녀는 그 질문을 여러 번 들었다.
(D) 그녀는 지금 질문에 대답을 할 수가 없다.

정답 (D)

Questions 4-6 refer to the following conversation and directory.
문제 4-6번은 다음 대화와 안내도를 참조하시오.

W: Hello. I'm here for a job interview at noon. The person I spoke to told me I need to sign in at the reception desk to gain access to the building.

M: [4] Well, you're in the right place. Please sign your name here and show me your ID. Which suite are you going to?

▶ 직업을 예측할 수 있는 단서는 주로 초반부에 나오는데 면접을 보려고 방문한 여자에게 남자가 제대로 왔다고 하며 이름을 적고 ID 카드를 보여 달라고 했으므로, 남자는 안내 데스크 직원이다. 따라서 정답은 (C)이다.

W: [5] Office 406. I'm meeting with Mr. Landon.

▶ 여자가 Office 406으로 간다고 했고 그 방을 안내도에서 확인하면 Carson's 법률 사무소로 되어 있으므로 변호사 사무실에서 면접이 있음을 알 수 있다. 따라서 정답은 (D)이다.

M: Okay, you can use the elevator. Our building is repainting the walls in the hallway right now, and there's a lot of equipment on the floor. Hold on... [6] Let me move this ladder out of your way. Otherwise, you might bump into it.

▶ 남자가 바닥에 물건이 많다면서 바닥의 사다리를 치워주겠다고 하고 있다.

여: 안녕하세요. 정오에 면접을 보기 위해 왔어요. 저와 이야기한 분이 건물에 들어오려면 프런트에서 이름을 써야 한다고 말씀하셨어요.
남: 음, 제대로 오셨군요. 여기 성함 적고 신분증을 보여주세요. 어떤 방으로 가실 건가요?
여: 406호요. Mr. Landon을 만날 거예요.
남: 알겠습니다. 엘리베이터를 이용하세요. 지금 우리 건물은 복도 벽을 다시 칠하고 있는 중이라 바닥에 장비가 많이 있어요. 잠시만요… 이 사다리를 치워 드릴게요. 그렇지 않으면 부딪힐 수도 있으니까요.

표현 정리 reception desk = front desk (호텔·사무실 건물 등의) 프런트, 안내 데스크 sign in 도착 서명을 하다. 이름을 기록하다 gain access 접근하다 suite 호, 방 bump into ~에 부딪힘

4. 남자는 누구인 것 같은가?

(A) 면접관
(B) 수리 기술자
(C) 안내데스크 직원
(D) 화가

정답 **(C)**

5. 시각 자료를 보시오. 여자는 어디에서 면접을 하겠는가?

(A) 진료소에서
(B) 마케팅 회사에서
(C) 건축회사에서
(D) 변호사 사무실에서

안내	
호수	
401	Dr.Young's 병원
402	Reed and Ken 마케팅
403	R&J 건축
405	임대
406	Carson's 법률 사무소

정답 **(D)**

6. 남자는 다음에 무엇을 할 것인가?

(A) 사다리 옮기기
(B) 이름 서명하기
(C) 벽 다시 칠하기
(D) 계단 이용하기

정답 **(A)**

DAY 08

PART 3
UNIT 23 주제별 공략 ❶ 식당

Step 3 실전 문제

Questions 1-3 refer to the following conversation.
문제 1~3번은 다음 대화를 참조하시오.

M: Excuse me. ² Do you have any special spaces for large groups? I want to bring about 10 clients who are visiting my company this weekend here for dinner.
▶ 남자의 요청 / 제안에 대해 묻고 있으므로 남자의 대화를 잘 들어야 한다. 요청 / 제안 문제는 제안(I want)하는 문장에 집중해서 들어야 한다. 남자의 첫 번째 대화에서 10명을 수용할 만한 좌석이 있는지를 묻고 있으므로 2번은 (A)가 정답이다.

W: Yes, we have a private ¹ dining area that seats up to 20 people.
▶ dining area를 듣고 식당에서 이루어지는 대화임을 확신할 수 있다.

M: That's great. But before I make a reservation, I need to check the prices first.
W: Then ³ you should consider getting our course menu for groups. It's limited in its selection, but the price is affordable.
▶ 여자의 제안을 묻는 문제이므로 여자 대화에서 제안하는 표현(you should, you could, why don't you)를 잘 들어야 한다. 여자는 '식당의 단체를 위한 코스메뉴를 고려해 보세요.'라고 제안하고 있으므로 (C)가 정답이다.

남: 실례합니다. 단체를 위한 특별한 공간이 있나요? 저는 이번 주말에 저희 회사를 방문하는 10명 정도의 고객을 데려오고 싶습니다.
여: 네, 저희는 20명까지 앉을 수 있는 전용 식사 공간이 있습니다.
남: 잘 됐군요. 하지만 예약하기 전에 가격을 확인하고 싶군요.
여: 그럼, 저희 식당의 단체를 위한 코스메뉴를 고려해 보세요. 메뉴는 한정되어 있지만, 합리적인 가격입니다.

표현 정리 space 공간 client 손님, 고객 private 사적인, 전용의 dining 식사 up to ~까지 consider 고려하다 affordable 알맞은

1. 화자들은 어디에 있는 것 같은가?

(A) 식당
(B) 사무실
(C) 극장
(D) 서점

정답 **(A)**

2. 대화에 의하면, 남자는 무엇을 요청하는가?

(A) 적당한 자리
(B) 특별한 메뉴
(C) 할인

(D) 적당한 가격

정답 (A)

3. 여자는 무엇을 제안하는가?

(A) 아이들을 위한 메뉴
(B) 신 메뉴
(C) 특별한 세트 메뉴
(D) 특별할인 시간대 메뉴

정답 (C)

UNIT 24 주제별 공략 ❷ 호텔

Step 3 실전 문제

Questions 1-3 refer to the following conversation.
문제 1–3번은 다음 대화를 참조하시오.

W : ¹ Our overseas clients are here next week. I'd like to book some rooms in the Manchester Hotel for them. What do you think about that hotel?
▶ 문제에 고유명사가 등장할 경우 대화에 고유명사가 들리는 곳에 단서가 나온다는 것을 기억한다. 고객들을 맨체스터 호텔로 데려가고 싶다고 했으므로 (D)가 정답이다.

M : I like it, but ² I want to know about the facilities at the hotel.
▶ 반전을 기하는 대조 접속사(but) 뒤는 항상 집중해야 한다. 남자는 호텔의 부대시설에 대해 알고 싶어 하므로 (C)가 정답이다.

W : ³ We can check them online to find out about them. We can use the computer in my office if you don't mind.
▶ 제안 문제는 제안하는 대화(I/we can~)에 정답의 단서가 등장한다. 여자는 사무실로 가서 컴퓨터를 사용해 볼 것을 제안하고 있으므로 (A)가 정답이다.

여: 우리의 해외 고객들이 다음 주에 이곳에 옵니다. 저는 그들을 위해서 맨체스터 호텔을 예약하고 싶어요. 그 호텔에 대해서 어떻게 생각하세요?
남: 저도 그곳을 좋아해요. 하지만 그 호텔에서 어떤 부대시설을 제공하는지 알고 싶어요.
여: 그럼, 확실히 하기 위해서 인터넷에서 확인해 보죠. 괜찮으시다면 저희 사무실로 가서 컴퓨터를 사용하시죠.

표현 정리 overseas 해외, 해외의 client 고객 facility 부대시설

1. 여자는 누구를 맨체스터 호텔에서 머물게 하고 싶어 하는가?

(A) 동료들
(B) 가족
(C) 친구들
(D) 고객들

정답 (D)

2. 남자는 호텔의 어떤 것에 대해 알고 싶어 하는가?

(A) 위치

(B) 수익
(C) 시설
(D) 가격

정답 (C)

3. 여자는 왜 그녀의 사무실로 가자고 제안하는가?

(A) 홈페이지를 확인하기 위해
(B) 고객을 초대하기 위해
(C) 예약을 하기 위해
(D) 회의를 준비하기 위해

정답 (A)

REVIEW TEST

Questions 1-3 refer to the following conversation.
문제 1–3번은 다음 대화를 참조하시오.

W : Hi. Before we order our meal, ¹ could you please check this coupon that I printed out from the Web site? It indicates that if we order at least two meals, we can get some free drinks.
▶ 출처와 연관된 세부 사항 문제로 첫 번째 문제로 나왔으므로 초반부에 단서가 나온다. 웹사이트에서 쿠폰을 얻었으므로 (D)가 정답이다.

M : ² I'm so sorry, but that coupon is only good during lunch.
▶ but 다음에는 중요한 힌트가 자주 나오는데 쿠폰은 점심에만 유효하다고 했으므로 (A)가 정답이다.

W : Really? I thought I can use this coupon. That's a shame.
M : But don't be disappointed. ³ We are having a special offer today, so you can get 20% off any meal.
▶ 남자에 대해 묻고 있고 세 문제 중 마지막 문제에 속하므로 후반부에 집중해야 한다. special offer를 제공한다고 했으므로 (D)가 정답이다.

여: 안녕하세요. 식사를 주문하기 전에, 제가 홈페이지에서 출력해 온 쿠폰을 확인해 주시겠어요? 쿠폰에 최소 두 개의 식사를 주문하면 무료 음료를 받을 수 있다고 나와 있는데요.
남: 죄송합니다만, 그 쿠폰은 점심식사에만 사용하실 수 있습니다.
여: 정말요? 저는 이 쿠폰을 사용할 수 있을 줄 알았어요. 아쉽네요.
남: 하지만 아직 실망하지 마십시오. 오늘 저희는 특가 판매가 있어서, 어떤 식사든 20퍼센트 할인을 받으실 수 있습니다.

표현 정리 meal 식사 print out 출력하다, 인쇄하다 indicate 나타내다 disappoint 실망하다 special offer 특가 할인

1. 여자는 어디에서 쿠폰을 얻었는가?

(A) 책
(B) 잡지
(C) 신문
(D) 홈페이지

정답 (D)

2. 남자가 쿠폰에 대해 언급한 문제는 무엇인가?

(A) 점심식사만 가능하다.
(B) 주말에만 가능하다.
(C) 만료되었다.
(D) 다른 식당용이다.

정답 (A)

3. 남자는 지금 그들이 무엇을 하고 있다고 말하는가?

(A) 개업 기념 할인
(B) 재고 정리 할인
(C) 특별 할인 시간대
(D) 특별가 제공

정답 (D)

Questions 4-6 refer to the following conversation.
문제 4–6번은 다음 대화를 참조하시오.

> M: Hello. ⁴/⁵ The fridge in my room is making a strange noise. I can't put up with the noise. I think it's broken.
> ▶ 대화 장소의 근거는 첫 대화에 주로 나온다. in my room(내가 묵고 있는 방)이라는 남자의 말을 통해 호텔에서 발생하는 대화임을 알 수 있으므로(B)가 정답이다.
>
> W: I'm very sorry about inconvenience. I'll send one of our maintenance workers to check it out. Is there anything else I can do for you?
> ▶ 대화 초반부의 내용을 통해 남자가 냉장고에서 발생하는 소음을 참을 수 없어 한다는 것을 알 수 있으므로 해당 문장은 냉장고가 신속하게 수리되기를 바라는 의도로 한 말임을 알 수 있다. 따라서 (A)가 정답이다.
>
> M: ⁶ Can you bring me a bottle of ice water? All the water in the fridge is getting warm.
> W: ⁶ Of course. I'll get that for you right away.
> ▶ 다음에 할 일을 묻는 마지막 문제의 단서는 대화의 후반부에 등장한다. 차가운 물 한 병을 가져다 달라는 남자의 요청에 여자는 바로 가져다 주겠다고 답하고 있으므로 (C)가 답이다.
> ‑
> 남: 제가 묵고 있는 방의 냉장고에서 이상한 소리가 들려요. 소음을 참을 수가 없어요. 냉장고가 고장 난 것 같아요.
> 여: 불편을 드려 정말 죄송합니다. 확인 차 관리직원을 보내드리겠습니다. 그외 더 필요한 것이 있으신가요?
> 남: 차가운 물 한 병을 좀 갖다 주시겠어요? 냉장고 안에 있는 모든 물이 미지근해지고 있습니다.
> 여: 물론입니다. 바로 가져다 드릴게요.

표현 정리 fridge 냉장고 make a noise 소음을 내다 put up with 참다, 인내하다 broken 고장 난 inconvenience 불편 maintenance 유지, 보수, 관리 check out 확인하다 bring 가져다주다, 가지고 오다 right away 바로, 즉시 electronics 전자제품 fix 고치다 immediately 바로, 즉시 for long 오랫동안 be satisfied with ~로 만족하다 reservation 예약

4. 화자들이 있는 장소는?

(A) 식당
(B) 호텔

(C) 사무실
(D) 전자제품 매장

정답 (B)

5. 남자가 "소음을 참을 수가 없어요"라고 말한 의도는?

(A) 냉장고가 바로 수리되기를 바란다.
(B) 여성과 오랫동안 대화할 수 없다.
(C) 룸 서비스에 만족한다.
(D) 호텔 예약을 취소할 것이다.

정답 (A)

6. 여자가 다음에 할 일로 가장 적절한 것은?

(A) 디저트를 제공한다.
(B) 주문을 취소한다.
(C) 물을 가져다 준다.
(D) 일정을 확인한다.

정답 (C)

DAY
09

PART 3
UNIT 25 주제별 공략 ❸ 상품 구매

Step 3 실전 문제

Questions 1-3 refer to the following conversation.
문제 1–3번은 다음 대화를 참조하시오.

> W: I am looking for a new digital camera. ¹ Can you tell me what kind of battery this one uses?
> ▶ 여자가 카메라에 대해 알고 싶어하는 것을 묻고 있는 세부 사항 문제로 초반 여자 대화를 들어야 한다. '여자는 배터리 종류'를 알고 싶어 하므로 (B)가 정답이다.
>
> M: It use a rechargeable battery. And the battery is free with the purchase of any digital camera.
> W: Wow, that's what I want. Do you have any special events that are going on now?
> M: Yes, ² we are giving away camera cases in various colors for free.
> ▶ 여자가 카메라 구입 시 받을 수 있는 것을 묻고 있고 남자가 '무료로 주는 카메라 케이스를 가지고 있다.'고 말하고 있으므로 (D)가 정답이다.
>
> ³ They are displayed at the front of the store. Let me show you where they are.
> ▶ next 문제이므로 마지막 대화를 집중해서 들어야 한다. 남자가 여자에게 '다양한 색의 카메라 케이스가 가게 앞쪽에 진열되어 있는데 그것을 보여드리겠다.'고 제안하므로 (B)가 정답이다.
> ‑

여: 새로운 디지털 카메라를 찾고 있습니다. 어떤 건전지를 쓰는지 말해 주시겠어요?

남: 충전지를 사용합니다. 그리고 건전지는 디지털카메라를 구매하시면 무료로 드립니다.

여: 와, 제가 원하던 일이네요. 그럼, 지금 어떤 특별한 행사가 진행되고 있나요?

남: 네, 다양한 색상의 카메라 케이스가 있는데 무료로 드리고 있습니다. 가게 앞쪽에 진열되어 있습니다. 어디 있는지 보여드리죠.

표현 정리 rechargeable 재충전되는 purchase 구매 various 여러가지의, 다양한 display 진열하다

1. 여자는 카메라에 대해 무엇을 알고 싶어 하는가?

(A) 얼마인지
(B) 어떤 건전지를 사용하는지
(C) 무슨 색상인지
(D) 어디서 만들어 졌는지

정답 (B)

2. 여자가 카메라를 사면 무엇을 받을 수 있는가?

(A) 회원 카드
(B) 영화 티켓
(C) 할인권
(D) 무료 상품

정답 (D)

3. 여자는 다음에 무엇을 할 것 같은가?

(A) 카메라 값을 지불한다.
(B) 케이스를 본다.
(C) 친구에게 연락한다.
(D) 다른 상품을 쇼핑한다.

정답 (B)

UNIT 26 주제별 공략 ❹ 티켓 구매

Step 3 실전 문제

Questions 1-3 refer to the following conversation.

문제 1~3번은 다음 대화를 참조하시오.

W: Hello. ¹ I'm calling to buy tickets for the concert tomorrow. Can I buy them over the phone?

▶ 'I'm calling ~.'으로 시작하는 대화는 늘 전화 건 목적이 등장하는 문장이므로 주의해서 들어야 한다. 여자는 티켓 구매를 원하고 있으므로 (D)가 정답이다.

M: I'm sorry, but ² we don't sell tickets over the phone. Why don't you come and buy them tomorrow?

▶ 이유를 묻는 문제는 처음 두 문장에 단서가 나온다. 남자는 '전화상으로는 표를 구매할 수 없으니 직접 와서 구매하라'고 말하고 있으므로 (B)가 정답이다.

W: Then can I get a discount on them?

M: Sure, but you had better come early tomorrow. ³ The discounted tickets are limited in number.

▶ 남자에 대해 묻고 있으므로 이곳을 집중해서 듣는다. 할인 티켓의 수가 한정되어 있다고 말하고 있으므로 (B)가 정답이다.

여: 안녕하세요, 내일 연주회의 티켓을 사려고 전화했습니다. 전화상으로 구입할 수 있을까요?

남: 죄송합니다만, 저희는 전화상으로 티켓을 판매하지 않습니다. 내일 오셔서 구매하는 것은 어떠십니까?

여: 그럼, 할인 받을 수 있나요?

남: 물론이죠, 하지만 내일 일찍 오시는 것이 좋습니다. 할인티켓은 매수가 한정되어 있거든요.

표현 정리 concert 연주회 discount 할인 be limited in number 수가 한정되어 있다

1. 여자는 무엇을 하고 싶어 하는가?

(A) 예약하기
(B) 인터넷 쇼핑하기
(C) 티켓 취소하기
(D) 티켓 구매하기

정답 (D)

2. 남자는 왜 여자를 도울 수 없다고 말하는가?

(A) 그는 지난주부터 휴가 중이다.
(B) 그는 오직 티켓 판매소에서만 판매할 수 있다.
(C) 그는 티켓 판매 담당이 아니다.
(D) 그는 매니저로부터 승인을 받아야한다.

정답 (B)

3. 남자는 여자에게 무엇에 대해 상기시키는가?

(A) 한정된 좌석
(B) 한정된 티켓
(C) 예약 시스템
(D) 지불 방법

정답 (B)

REVIEW TEST

Questions 1~3 refer to the following conversation.

문제 1~3번은 다음 대화를 참조하시오.

M: Hello. ¹ I'm calling to book a ticket to go to Chicago on October 1.

▶ 전화를 건 이유는 전화를 건 사람의 첫 번째 대화에 답이 나온다. 특히 I'm calling ~, I hope/wish ~ 문장을 잘 듣는다. (A)가 정답이다.

W: Okay, let me check to see if any seats are available. Sometimes it's full because of groups of tourists.

M: Oh, and ² could you please check whether a window seat is available or not?

▶ 요청, 제안 문제는 후반부에 등장한다. 특히 Could you ~?, Why don't you ~? 문장을 잘 듣는다. 창가 쪽 좌석이 있는지 묻고 있으므로 (B)가 정답이다.

W : Sure. But before I do that, ³ could you please give me your full name, passport number, and phone number?
▶ 다음에 할 일(next) 문제는 후반부 마지막 대화를 잘 들어야 한다. 여자가 인적 정보를 요청하고 있으므로 남자가 이에 응할 것이다. (A)가 정답이다.

––––––––––––––––––––––––––––––––––––––
남 : 안녕하세요, 10월 1일 Chicago로 가는 티켓을 예약하려고 전화했습니다.
여 : 네, 좌석이 있는지 알아보겠습니다. 가끔 단체 관광객으로 인해 만석이거든요.
남 : 아, 그리고 창가좌석이 아직 남아있는지 확인해 주시겠습니까?
여 : 물론이죠, 그 전에 이름, 여권 번호, 그리고 전화번호를 알려주시겠습니까?

표현 정리 book a ticket 표를 예약하다 seat 좌석 available 구할 수 있는, 이용할 수 있는 passport number 여권 번호

1. 남자는 왜 전화를 하는가?

(A) 예약하기 위해
(B) 좌석을 변경하기 위해
(C) 예약을 확정하기 위해
(D) 지불하기 위해

정답 (A)

2. 남자는 무엇을 요청하는가?

(A) 할인
(B) 창가 좌석
(C) 통로 쪽 좌석
(D) 채식주의 식사

정답 (B)

3. 대화에 따르면, 남자는 다음에 무엇을 할 것 같은가?

(A) 개인정보를 준다.
(B) 비행기 표 값을 지불한다.
(C) 공항으로 간다.
(D) 다른 항공사에 전화한다.

정답 (A)

Questions 4-6 refer to the following conversation.
문제 4~6번은 다음 대화를 참조하시오.

W : Hi. ⁴ I need to get a new laptop for my daughter, and my friend recommended your store.
▶ 대화 장소는 전반부에 특정 장소 어휘가 제시된다. laptop을 들었다면 (C)가 정답임을 알 수 있다.

M : You are lucky ⁵ because a special promotion just started yesterday. You can get 30% off everything.
▶ 구체적인 정보는 중반부에 등장하는데 남자에 대해서 묻고 있으므로 남

자의 대화인 이곳을 집중해서 들어야 한다. 어제부터 행사가 진행되고 있어서 할인을 받을 수 있다고 말하고 있으므로 (D)가 정답이다.

W : Wow, that sounds great! So ⁶ could you recommend the newest product?
▶ 요구, 제안 문제는 후반부에 등장하는 제안의문문을 들어야 한다. 여자는 최신 상품을 요구하고 있으므로 (A)가 정답이다.

M : Sure. Let me show you the laptop that just arrived. I'm sure you'll love it.

––––––––––––––––––––––––––––––––––––––
여 : 안녕하세요, 제 딸을 위해 새로운 노트북이 필요한데, 제 친구가 당신의 가게를 추천해 주었어요.
남 : 운이 좋으시네요. 저희 특별행사가 어제 막 시작되었거든요. 어떤 제품이든 30퍼센트 할인을 받으실 수 있습니다.
여 : 와, 잘 됐네요. 그럼 최신 상품으로 추천해 주시겠어요?
남 : 물론이죠, 막 도착한 노트북들을 보여드리겠습니다. 분명 좋아하실 겁니다.

표현 정리 laptop 노트북 recommend 추천하다 special promotion 특별행사 newest 최신의

4. 대화가 일어나고 있는 장소는 어디인가?

(A) 슈퍼마켓
(B) 가구점
(C) 전자매장
(D) 옷가게

정답 (C)

5. 남자는 무엇을 한다고 하는가?

(A) 보수공사
(B) 개업 기념 세일
(C) 재고 정리 세일
(D) 특별 행사

정답 (D)

6. 여자는 노트북에 대해 무엇을 요구하는가?

(A) 최신 상품
(B) 저렴한 상품
(C) 가벼운 상품
(D) 작은 사이즈의 상품

정답 (A)

DAY 10

PART 3
UNIT 27 주제별 공략 ❺ 채용 & 퇴직

Step 3 실전 문제

Questions 1-3 refer to the following conversation.
문제 1-3번은 다음 대화를 참조하시오.

> M: Hello. My name is Jason, and [1] I'm calling about the sales position you advertised on your Web site.
> ▶ 주제 문제이므로 첫 번째 대화를 잘 들어야 한다. 첫 번째 남자의 대화 'I'm calling about the sales position you advertised on your website'에서 '구인 광고'를 보고 전화를 걸었으므로 (D)가 정답이다.
>
> W: Thank you for calling. As you read in the advertisement, [2] we're looking for someone with experience selling computers.
> ▶ 장소 문제이므로 장소 어휘를 집중해서 들어야 한다. 여자의 대화 'we're looking for someone with experience selling computers'에서 '컴퓨터 판매 경력자'를 모집하고 있다는 것을 알 수 있으므로 '전자매장'에서 근무한다는 것을 알 수 있다. 따라서 (C)가 정답이다.
>
> M: Don't worry about that. I've worked at a computer shop as a salesman for 3 years.
> W: That's really good news! [3] Why don't you send us your resume?
> ▶ 제안 / 요청 문제이므로 제안의문문이 등장하는 대화에 집중해야 한다. 제안의문문은 대부분 후반부에 등장한다. 마지막 대화 'Why don't you send us your resume?'에서 '이력서를 보내 달라.'고 요청하고 있으므로 (D)가 정답이다.
>
> ---
>
> 남: 안녕하십니까. 저는 제이슨이라고 하는데요, 홈페이지에 광고하신 판매직을 보고 전화 드렸습니다.
> 여: 전화 주셔서 감사합니다. 광고에서 보셨듯이, 우리는 컴퓨터 판매에 경력이 있는 사람을 찾고 있습니다.
> 남: 그거라면 걱정 안하셔도 됩니다. 판매원으로 3년 동안 컴퓨터 매장 에서 근무했습니다.
> 여: 정말 좋은 소식이군요! 이력서를 보내주시겠습니까?

표현 정리 call about ~일로 전화를 걸다 look for 찾다 resumeb이력서

1. 화자들은 주로 무엇에 대해 논의하고 있는가?

(A) 컴퓨터 문의
(B) 직원에 대한 항의
(C) 컴퓨터 구매
(D) 일자리 지원

정답 (D)

2. 여자는 어디서 일하는 것 같은가?

(A) 슈퍼마켓
(B) 사무실

(C) 전자제품 매장
(D) 컴퓨터 공장

정답 (C)

3. 여자는 남자에게 무엇을 하라고 요청하는가?

(A) 매장을 방문하라고
(B) 다른 날 전화하라고
(C) 면접을 보러 오라고
(D) 서류를 제출하라고

정답 (D)

UNIT 28 주제별 공략 ❻ 사업 계획

Step 3 실전 문제

Questions 1-3 refer to the following conversation.
문제 1-3번은 다음 대화를 참조하시오.

> W: Did you already sign the contract with the agent for your new restaurant?
> M: Well, I sent an email to the agent yesterday [1] to get some information about the renovations. But I still haven't got a response.
> ▶ 남자가 요청한 것을 묻고 있으므로 남자 대화에 집중한다. 남자는 보수에 대한 정보를 얻고자 이메일을 발송 했으므로 (A)가 정답이다.
>
> W: [2] I think you should give her a call.
> ▶ 요청 문제이므로 제안(you should) 문장에서 단서를 찾는다. 전화를 걸어보도록 제안하고 있으므로 (C)가 정답이다.
>
> Anyway, [3] I'm worried that buying it is going to be complicated.
> ▶ 여자가 걱정하고 있는 것을 묻고 있으므로 감정 어휘, 부정 뉘앙스 어휘가 등장하는 곳에 단서가 나온다. 여자는 '식당을 사는데 많은 복잡한 일들이 있을 것 같아 걱정이 된다.'고 말하고 있으므로 (B)가 정답이다.
>
> ---
>
> 여: 그 중개인과는 새로운 식당에 대해 이미 계약했나요?
> 남: 수리와 관련해 정보를 얻으려고 어제 중개인에게 이메일을 보냈는데 아직 연락을 못받았어요.
> 여: 그녀에게 전화를 해야 할 것 같네요. 그건 그렇고, 식당을 매입하는데 많은 복잡한 일들이 있을 것 같아 걱정이 되네요.

표현 정리 renovations 개조, 보수 still 아직 anyway 그런데, 그건 그렇고 complicated 복잡한

1. 남자는 무엇을 요청했는가?

(A) 보수 정보
(B) 주인 연락처
(C) 식당 위치
(D) 건물 가격

정답 (A)

2. 여자는 남자에게 무엇을 제안하는가?

(A) 영업시간을 바꾸라고
(B) 초대장을 만들라고
(C) 부동산에 연락하라고
(D) 내일까지 중개인을 방문하라고

정답 (C)

3. 여자는 무엇에 대해 걱정하는가?

(A) 실내 장식가를 찾는 것
(B) 식당을 구매히는 것
(C) 오래된 가구를 버리는 것
(D) 새로운 직원을 고용하는 것

정답 (B)

REVIEW TEST

Questions 1-3 refer to the following conversation.

문제 1~3번은 다음 대화를 참조하시오.

M: Hello, Ms. Vera. ² I'm John from the Human Resources Department at TACC.
▶ 직업, 회사, 부서 등은 초반부에 등장한다. 인사부 직원이라고 했으므로 회사원임을 알 수 있다. (B)가 정답이다.

I was very impressed with your resume, ¹ and I want you to come in for an interview on Friday.
▶ 인터뷰에 대해 얘기하고 있다. (C)가 정답이다.

W: Thank you. I was waiting for your call. Do I need to bring anything for the interview?
M: ³ You need to come with a printed copy of your resume.
▶ 세부사항 문제로 남자가 이력서가 필요하다고 했으므로 여자는 이력서를 가져가야 한다. (A)가 정답이다.

- -

남: 안녕하세요, Ms. Vera. 저는 TACC 인사부의 John이라고 합니다. 당신의 이력서가 굉장히 인상 깊어서 금요일 면접에 와 주셨으면 합니다.
여: 감사합니다. 연락을 기다리고 있었어요. 그럼, 면접에 가져가야 할 것이 있습니까?
남: 출력한 이력서를 가지고 오시면 됩니다.

표현 정리 Human Resources Department 인사부 impressed 인상 깊게 생각하는, 감명을 받은 interview 면접 printed 인쇄된, 출력한

1. 화자들은 주로 무엇에 대한 이야기를 하는가?

(A) 연례 파티
(B) 특별 행사
(C) 면접
(D) 강연

정답 (C)

2. 남자의 직업은 무엇인가?

(A) 변호사
(B) 사무실 직원
(C) 판매원
(D) 강사

정답 (B)

3. 여자는 무엇을 가져가야 하는가?

(A) 이력서
(B) 사무실 용품
(C) 추천서
(D) 사진

정답 (A)

Questions 4-6 refer to the following conversation with three speakers.

문제 4~6번은 다음 3자 대화를 참조하시오.

W: ⁴ Our magazine is planning a special feature on newly listed companies in the state next month. Are you interested in this assignment?
▶ 대화의 주제를 묻는 문제로, 초반부에서 단서를 잡아야 하는데, 특집 기사 취재에 대한 대화임을 알 수 있다. 다음 달에 있을 특집 기사, 즉, 다가오는 프로젝트에 대해 이야기하므로 정답은 (C)이다.

M1: Yes, I am. ⁵ I want to write about the IT firm Stargate. It won the new company of the year award at last year's industry conference.
▶ Stargate에 대한 어떤 언급이 있었는지 묻는 세부사항 문제다. 키워드인 Stargate라는 회사 명칭이 들리는 부분에 주목해야 한다. 남자가 작년 산업 회의에서 상을 탄 Stargate를 취재하고 싶다고 말하고 있다. 따라서 정답은 (B)이다.

W: Okay, Ken. That sounds great. ⁶ And, Andrew, why don't you go along and take some photos for the article?
▶ Andrew가 요청 받은 것을 묻는 세 번째 문제로 대화 후반부 Andrew의 상대방이 하는 말에 주목한다. 여자가 기사 쓰는 직원과 함께 가서 사진을 찍어오라고 시키고 있으므로 정답은 (D)이다.

M2: Sure, I'd be glad to. When are you planning to visit the company, Ken?
M1: I'll check my schedule and get back to you right away.

- -

여: 우리 잡지사는 이 주에서 새롭게 상장한 회사들에 대한 특별 기사를 다음 달에 계획 중이에요. 이 과제에 관심 있으신가요?
남1: 네, 있습니다. 저는 Stargate라는 IT 회사에 대해 쓰고 싶어요. 그들은 작년 산업 회의에서 올해의 회사 상을 탔어요.
여: 좋아요, Ken. 그리고, Andrew, 같이 가서 기사를 위한 사진을 좀 찍어 오는 게 어때요?
남2: 네, 기꺼이. 회사에 언제 방문할 계획인가요, Ken?
남1: 제 스케줄을 확인해보고 바로 연락드릴게요.

표현 정리 feature 특집 listed company 상장 회사 assignment 과제

4. 화자들은 무엇에 대해 이야기하는가?

(A) 새로운 출판 회사
(B) 사진 상
(C) 다가오는 프로젝트
(D) 최근에 있었던 산업 회의

정답 (C)

5. Stargate에 대해 언급된 것은 무엇인가?

(A) 구조조정을 겪었다.
(B) 최근에 상을 받았다.
(C) 새로운 직원들을 고용했다.
(D) 다가오는 회의에 참석할 것이다.

정답 (B)

6. Andrew는 무슨 요청을 받았는가?

(A) 기사를 쓰라고
(B) IT 회사에 전화를 하라고
(C) 점심을 사라고
(D) 사진을 찍으라고

정답 (D)

PART 3
UNIT 29 주제별 공략 ❼ 시설 & 네트워크 관리

Step 3 실전 문제

Questions 1-3 refer to the following conversation.
문제 1–3번은 다음 대화를 참조하시오.

> M: Do you know [1] when the mechanic will come to fix the air conditioner?
> ▶ 남자의 요청사항에 대해 묻고 있으므로 남자의 대화를 잘 듣는다. 남자는 '에어컨 수리 문제 건'에 대해 말하고 있으므로 (C)가 정답이다.
>
> W: Tomorrow afternoon, I guess. Is there a problem?
> M: I'm concerned about my meeting. [2] If it isn't working by today, I'll have to reschedule my meeting. I'd rather postpone it.
> ▶ 남자가 무엇을 미루는지를 묻고 있다. 남자는 회의를 미루겠다고 말하고 있으므로 (D)가 정답이다.
>
> W: Don't worry about it. [3] I can call someone else and check whether he can fix it by this afternoon or not.
> ▶ 다음에 할 일을 묻고 있으므로 마지막 대화를 잘 들어야 한다. '다른 정비사에게 전화할 수 있다.'고 말하고 있으므로 (B)가 정답이다.

남: 정비사가 언제 에어컨을 수리하러 오는지 알고 있나요?

여: 제가 알기로는 내일 오후입니다. 무슨 문제 있으십니까?
남: 회의 때문에요. 오늘까지 작동되지 않는다면, 미팅일정을 다시 잡아야 해요. 차라리 미뤄야겠네요.
여: 걱정하지 마세요. 제가 다른 정비사에게 전화해서 오늘 오후까지 고칠 수 있는지 없는지 확인해 보겠습니다.

표현 정리 be concerned about ~가 걱정이다 fix 수리하다 guess 추측하다, 알아맞히다 reschedule 일정을 다시 세우다 postpone 미루다, 연기하다

1. 남자는 무엇을 요청하는가?

(A) 직원회의
(B) 새로운 비서
(C) 수리 문제
(D) 국제회의

정답 (C)

2. 남자는 무엇을 미루겠다고 말하는가?

(A) 예약
(B) 교육
(C) 출장
(D) 회의

정답 (D)

3. 여자는 다음에 무엇을 할 것인가?

(A) 보고서를 제출한다.
(B) 관리부 직원에게 전화한다.
(C) 회의를 준비한다.
(D) 창문을 연다.

정답 (B)

UNIT 30 주제별 공략 ❽ 회계 & 예산

Step 3 실전 문제

Questions 1-3 refer to the following conversation.
문제 1–3번은 다음 대화를 참조하시오.

> M: Tracy, I just heard that we have to [1] reduce our expenses by 20 percent. How do you think we can do that?
> ▶ 주제를 묻고 있으므로 첫 대화에 집중한다. 대화 내용이 주로 '경비 삭감'에 관한 것이므로 (B)가 정답이다.
>
> W: Really? I haven't heard that yet. How are we going to pay for the dinner for our department?
> M: Hmm, [2] I think we need to reconsider the budget for it again. We have to look for another supplier.
> ▶ 제안 문제이므로 제안 문장(We need to)이 언급된 곳을 집중해서 들어야 한다. '예산을 다시 짜야 할 것 같다.'고 말하고 있으므로 (B)가 정답이다.

W : ³ I should call the supplier as soon as possible to notify them that we have to break the contract.

▶ next 문제이므로 마지막 대화에 집중한다. '저녁 공급업체에 전화를 하겠다.'고 말하고 있으므로 (A)가 정답이다.

남: 트레이시, 방금 우리 경비를 20퍼센트까지 줄여야 한다는 소식을 들었어요. 우리가 할 수 있을 거라고 생각하나요?
여: 정말요? 전 아직 못 들었어요. 그럼, 우리 부서를 위한 저녁을 어떻게 마련하죠?
남: 흠, 내 생각에는 우리가 예산을 다시 짤 필요가 있을 것 같아요. 다른 공급처를 찾아봐야겠어요.
여: 제가 그 공급업체에 전화해서 최대한 빨리 우리가 계약을 파기해야 할 것 같다고 알려야겠어요.

표현 정리 reduce 줄이다, 축소하다 expense 비용, 경비 reconsider 재고하다, 다시 생각하다 budget 예산 notify 알리다, 통보하다 break 깨다, 파기하다 contract 계약

1. 화자들은 무엇을 논의하는가?

(A) 예약하기
(B) 저녁 비용 절감
(C) 저녁 시간 변경
(D) 식당 보수

정답 (B)

2. 남자는 무엇을 제안하는가?

(A) 다른 회의장 예약하기
(B) 다시 예산 세우기
(C) 기부 요청하기
(D) 저녁 취소하기

정답 (B)

3. 여자는 다음에 무엇을 할 것인가?

(A) 식당에 연락한다.
(B) 직원들에게 알린다.
(C) 다른 부서를 방문한다.
(D) 예약을 취소한다.

정답 (A)

REVIEW TEST

Questions 1-3 refer to the following conversation.
문제 1-3번은 다음 대화를 참조하시오.

M : ¹ Hi. This is Martin from the technical support team. ² I got a call from someone in your staff that a computer isn't working.

▶ 직업, 회사, 부서 등은 초반부에 등장한다. 기술 지원팀 사람이라고 했으므로 (D)가 정답이다.

W : Thanks for coming. 2 Suddenly, the computer shut down when I was about to complete my project. After

that, I couldn't turn it back on.

▶ 문제점, 불평 사항 등은 초반부에 등장한다. 남자 대화와 여자 대화를 종합해 보면 컴퓨터가 고장이 난 것이므로 (B)가 정답이다.

M : I think I should take your computer to my office to check it out.
W : Okay. ³ But can you fix it by tomorrow? I have to finish my work before this weekend.

▶ 요구나 제안은 제안(can you, could you, why don't you~) 문장을 들어야 한다. (D)가 정답이다.

남: 안녕하세요, 저는 기술지원팀의 Martin입니다. 컴퓨터가 작동하지 않는다고 직원에게 연락을 받았습니다.
여: 와 주셔서 감사합니다. 제가 프로젝트를 완성할 때쯤 갑자기 꺼졌습니다. 그 뒤에는 컴퓨터를 켤 수 없어요.
남: 제 생각에는 컴퓨터를 제 사무실로 가져가서 확인해야 할 것 같네요.
여: 알겠습니다. 하지만 내일까지 고쳐주실 수 있나요? 제 일을 이번 주말까지 끝내야 하거든요.

표현 정리 technical support team 기술지원팀 suddenly 갑자기 shut down (컴퓨터를) 끄다, 꺼지다 complete 완성하다, 끝마치다 fix 고치다, 수리하다

1. 남자는 누구인 것 같은가?

(A) 회계사
(B) 건축가
(C) 은행원
(D) 기술자

정답 (D)

2. 여자의 문제는 무엇인가?

(A) 그녀는 최근 직장동료와 다퉜다.
(B) 그녀는 컴퓨터가 고장 났다.
(C) 그녀는 프로젝트를 끝내기 위해 참고자료가 필요하다.
(D) 그녀는 기술지원팀 때문에 서류를 잃어버렸다.

정답 (B)

3. 여자는 무엇을 요청하는가?

(A) 새로운 프로그램을 설치해 달라고
(B) 국제 세미나에 그녀를 초대해 달라고
(C) 회의에 그녀를 대신하여 참석해 달라고
(D) 내일까지 컴퓨터를 수리해 달라고

정답 (D)

Questions 4-6 refer to the following conversation and chart.
문제 4-6번은 다음 대화와 차트를 참조하시오.

W : Hi, Steve. Sorry to interrupt. ⁴ I just got out of a budget meeting. I heard that we would scale down our corporate fitness programs due to the recent budget cuts.

▶ 행사의 종류와 주제는 대화의 초반부에 힌트가 나온다. 여자가 방금 예산회의에 다녀왔다고 말하고 있으므로 (C)가 정답이다.

M : I also heard that. ⁵ Mr. Olson said we are going to cut the most expensive class to operate.

W : That doesn't make sense. ⁵ According to the survey we took last month, that is the most popular class with employees.

▶ Mr. Olson씨로부터 운영비가 가장 많이 드는 수업을 중단할 거라는 말을 전해 들었다는 남자의 말에 대해 여자는 조사결과를 보면 그 수업이 직원들 사이에서 가장 인기가 많다고 응답하고 있다. 표를 통해 직원들 사이에서 가장 인기가 많은 프로그램은 라틴댄스임을 알 수 있으므로 (B)가 정답이다.

M : I know what you're saying. ⁶ Many employees will be disappointed to learn that we are not going to offer the program anymore.

▶ 남자는 회사측에서 라틴댄스를 제공하지 않으면 많은 직원들이 실망할 것을 걱정하고 있으므로 (D)가 정답이다.

여: Steve, 안녕하세요? 잠깐 실례할게요. 방금 예산회의에 다녀왔는데요. 최근 예산삭감으로 인해 사내 운동 프로그램 규모를 축소할 예정이라고 들었어요.
남: 저도 들었어요. Olson 씨께서 말씀하시길 운영비가 가장 많이 드는 수업을 중단할 거라고 하더군요.
여: 말도 안돼요. 지난달에 실시했던 조사에 따르면 그 수업이 직원들에게 가장 인기 있는 수업이었어요.
남: 그러게 말이에요. 회사에서 그 프로그램을 더 이상 제공하지 않을 계획이라는 것을 알게 되면 많은 직원들이 실망할 거예요.

표현 정리 interrupt 방해하다 budget 예산 scale down 규모를 축소하다 corporate 기업의 fitness 신체단련, 건강 due to ~ 때문에 recent 최근의 budget cut 예산 삭감 operate 운영하다, 작동하다 make sense 이치에 맞다, 일리가 있다 according to ~에 따르면 survey 조사 be disappointed 실망하다 trade fair 무역박람회 award 상 ceremony 의식, 격식 be concerned 걱정하다 behind schedule 일정에 뒤처진 upcoming 곧 있을 be ready for ~를 위한 준비를 하다 let down 실망시키다

4. 여자가 방금 참석했던 행사는?

(A) 세미나
(B) 무역 박람회
(C) 회의
(D) 시상식

정답 (C)

5. 도표를 보시오. 어떤 수업이 중단될 예정인가?

(A) 요가
(B) 라틴 댄스
(C) 에어로빅
(D) 발레

정답 (B)

6. 남자가 걱정하는 것은?

(A) 조사가 많이 지연되었다.

(B) 그는 곧 있을 회의에 늦을 것이다.
(C) 그는 발표준비가 되어 있지 않다.
(D) 최근의 결정이 일부 직원들을 실망시킬 것이다.

정답 (D)

PART 4
UNIT 31 주제별 공략 ❶ 사내 공지

Step 3 실전 문제

Questions 4-6 refer to the following announcement.
문제 4-6번은 다음 공지를 참조하시오.

Attention, all employees. ¹⸴² I'd like to remind you that some of the printers in our department will be replaced with new ones this afternoon.

▶ 인사, 장소, 공지의 목적은 초반부에 등장한다. 따라서 인사말 (Attention, all employees.) 다음을 집중해서 듣는다. '프린터가 새 것으로 교체될 예정'임을 공지하고 있으므로 장소는 사무실임을 알 수 있다. 따라서 4번 문제는 (A)가 정답이다.

▶ 장소가 언급된 곳에 청자가 누구인지를 알려주기도 한다. 따라서 장소와 대상 문제는 한데 묶어서 풀어야 한다는 것도 기억한다. 대화의 정황상 사무실 직원들의 대화임을 알 수 있다. 따라서 5번 문제는 (C)가 정답이다.

³ A maintenance man will come to replace them this afternoon.

▶ 일정 및 변경사항은 중반에 등장한다. 시점(this afternoon)을 묻는 문제는 시점이 언급된 곳을 잘 들어야 한다. 오후에는 프린터 교체가 있다고 공지하고 있으므로 따라서 6번 문제는 (B)가 정답이다.

All employees should step out of the office while the replacement work is going on. If you have any further questions, please call the Maintenance Department.

직원 여러분께 알려드립니다. 우리 부서의 일부 프린터가 오늘 오후에 최신 제품으로 교체될 예정입니다. 기술자가 오늘 오후에 프린터 교체를 위해 올 것입니다. 모든 직원들은 오후에 있을 이 교체작업을 위해 잠시 사무실을 비워 주셔야 합니다. 질문이 있으시면 관리팀으로 연락바랍니다.

표현 정리 attention 주의, 주목 remind 상기시키다 replace 교체하다 step out (잠깐) 나가다 Maintenance Department (유지, 보수) 관리부

4. 청자들은 어디에 있는가?

(A) 사무실
(B) 공항
(C) 슈퍼마켓
(D) 박물관

정답 (A)

5. 누구에게 공지하는 것인가?

(A) 기술자들
(B) 고객들
(C) 사무실 직원들
(D) 상점 매니저들

정답 **(C)**

6. 공지에 따르면, 오늘 오후에 무엇이 시작되는가?

(A) 개조
(B) 물품 교체
(C) 점검
(D) 수리

정답 **(B)**

UNIT 32 주제별 공략 ❷ 공공장소 공지

(Step 3 실전 문제)

Questions 4-6 refer to the following announcement.
문제 4–6번은 다음 공지를 참조하시오.

---

² Attention, visitors.
▶ 인사말을 통해서 공지 대상이 방문객들, 즉 고객들이라는 것을 알 수 있으므로 (A)가 정답이다.

¹ Our gallery will be closing in 1 hour.
▶ 시점을 묻는 문제는 초반부나 후반부에 등장하는데 세 문제 중 첫 번째 문제이므로 초반부에 나올 것으로 추정해야 한다. 매장 폐점 시간은 한 시간 후이므로 (C)가 정답이다.

The coffee shop and restaurant will remain open until 8 p.m. for your convenience. Once again, since the gallery will be closing in 1 hour, ³ all visitors are asked to leave the main lobby.
▶ 요청 문제이므로 후반부에서 단서를 찾아야 하는데 '모든 방문객 여러분은 메인 로비에서 나가 달라.'고 요청하고 있으므로 (A)가 정답이다.

If you checked your personal belongings at the information counter, do not forget to get them back. We hope to see all of you again soon.

방문객들께 안내 말씀 드립니다. 저희 화랑은 1시간 후에 문을 닫을 예정입니다. 여러분의 편의를 위해 카페와 식당은 8시까지 영업할 예정입니다. 다시 한 번 알려드립니다. 저희 화랑은 1시간 후에 문을 닫기 때문에 모든 방문객들은 메인 로비에서 나가주시기 바랍니다. 입장하실 때 안내 창구에 맡긴 개인 소지품이 있으시다면 잊지 마시고 찾아가시기 바랍니다. 조만간 다시 뵙기를 바랍니다.

표현 정리 gallery 화랑 **convenience** 편의, 편리 **belongings** 소지품, 개인물품

4. 화랑은 언제 문을 닫을 것인가?

(A) 10분 후에
(B) 30분 후에
(C) 1시간 후에

(D) 2시간 후에

정답 **(C)**

5. 누구에게 이야기하고 있는가?

(A) 고객
(B) 직원
(C) 사서
(D) 화가

정답 **(A)**

6. 청자들은 무엇을 하도록 요청 받는가?

(A) 로비에서 나가도록
(B) 카페로 이동하도록
(C) 식당에서 나가도록
(D) 상점에서 선물을 사도록

정답 **(A)**

REVIEW TEST

Questions 1-3 refer to the following announcement.
문제 1–3번은 다음 공지를 참조하시오.

Good morning, employees. I'd like to announce that we're going to move to our company's new building next Monday. 1 I'm sure that everyone is expecting to see a pleasant environment to work in. ² The movers will be transporting everything this Friday.
▶ 일정 및 변경 공지 사항에 대한 문제는 초반부나 중반부를 잘 듣는다. 쾌적한 환경이라고 언급하므로 1번 문제는 (B)가 정답이고, 2번 문제는 이전하는 날짜는 월요일이라고 하므로 (D)가 정답이다.

It's a good opportunity for us to throw away unnecessary office supplies. ³ Please make sure you have done this by Thursday.
▶ 요청에 대한 문제는 후반부 'Please ~.' 문장을 잘 들어야 한다. 물건을 치워달라고 하고 있으므로 (C)가 정답이다.

직원 여러분 안녕하십니까? 다음 주 월요일 우리 회사가 새 건물로 이전하는 것에 대해 알려드리고자 합니다. 모든 분들이 사무실의 쾌적한 분위기에 대해 기대하고 계실 겁니다. 이삿짐 직원들이 금요일에 모든 짐을 옮길 예정입니다. 이번에 불필요한 사무용품을 치우기에 좋은 기회이므로 목요일까지 이것을 마무리해 주시기 바랍니다.

표현 정리 expect to ~하기를 기대하다 **a pleasant environment** 쾌적한 환경 **opportunity** 기회 **throw away** 치우다, 버리다 **unnecessary** 불필요한

1. 화자에 따르면, 새 사무실은 어떠한가?

(A) 갖춰진 회의 공간
(B) 쾌적한 환경
(C) 아름다운 전망

(D) 넓은 회의실

정답 **(B)**

2. 회사는 언제 새 건물로 이사하는가?

(A) 금요일
(B) 토요일
(C) 일요일
(D) 월요일

정답 **(D)**

3. 청자들은 무엇을 하도록 요청받는가?

(A) 사무용품을 주문하도록
(B) 오래된 가구를 없애도록
(C) 서류를 정리하도록
(D) 자신들의 서류를 옮기도록

정답 **(C)**

Questions 4-6 refer to the following announcement.
문제 4–6번은 다음 공지를 참조하시오.

Attention, ⁴ all passengers on Sky Airlines' Flight 302 to Paris.

▶ 인사, 장소, 소개에 대한 문제는 초반부에 등장한다. Sky Airlines' Flight을 참고하면 (D)가 정답이다.

⁵ Due to unexpected bad weather conditions, all flights have been delayed.

▶ 공지의 목적은 인사, 장소, 소개 뒤에 등장한다. 악천후로 비행기가 연기되었으므로 (A)가 정답이다.

⁶ This flight was originally scheduled to depart at 7 a.m., but it has been rescheduled and will now leave at 11 a.m., so it will be delayed by four hours.

▶ 공지의 목적 다음에는 안내사항이 등장한다. 비행기 출발 시간이 뒤로 밀렸으므로 (B)가 정답이다.

Thank you for your understanding. We sincerely apologize for this inconvenience. We will provide all passengers with meal coupons which you can use at any of the restaurants at the airport.

Paris 행 Sky 에어라인 302편 승객 여러분들께 알립니다! 예상치 못한 악천후로 인하여 모든 항공기들이 지연되었습니다. 이 항공편은 원래 아침 7시에 출발 예정이었지만 일정이 조정되어 4시간 후인 오전 11시에 이륙할 예정입니다. 양해해 주셔서 감사드리며, 불편을 드려 진심으로 사과드립니다. 대신 저희는 공항 내 모든 식당에서 사용할 수 있는 식사 쿠폰을 제공할 것입니다.

표현 정리 passenger 승객 originally 원래 departure 출발
delay 지연, 지체 inconvenience 불편 meal coupon 식권

4. 이 안내방송은 어디에서 이루어지고 있나?

(A) 비행기
(B) 버스 정류장

(C) 유람선
(D) 공항

정답 **(D)**

5. 문제의 원인은 무엇인가?

(A) 악천후
(B) 기계 결함
(C) 이전 항공기의 지연
(D) 활주로 보수

정답 **(A)**

6. 안내방송에 따르면, 무엇이 바뀌었는가?

(A) 도착 시간
(B) 출발 시간
(C) 여행 일정
(D) 식권

정답 **(B)**

DAY 13

PART 4
UNIT 33 주제별 공략 ❸ 음성 메시지

Step 3 실전 문제

Questions 4-6 refer to the following telephone message.
문제 4–6번은 다음 전화메시지를 참조하시오.

Hello. ¹, ² This is Mary Johnson, the sales manager at the Star Dress Boutique.

▶ 전화를 건 사람에 대한 정보는 메시지 맨 처음에 나오므로 이름, 부서, 회사의 종류에 대해 잘 들어야 한다. 4번, 5번 문제 모두 이곳에서 단서를 찾아야 하는데 4번은 (A), 5번은 (B)가 정답임을 알 수 있다.

I'm calling because you sent me the wrong products instead of what I ordered. The shipment you sent me contained shirts, not skirts. I'd appreciate it if you could send the correct order as soon as possible, and I don't want you to make a mistake again. ³ We're having a special promotion next weekend.

▶ 미래에 대한 일정은 후반부에 등장한다. 다음 주에는 홍보행사가 있다고 했으므로 (C)가 정답이다.

As for the wrong shipment, I will send it back to you by this weekend.

안녕하세요. Star Dress Boutique의 판매 매니저 Mary Johnson입니다. 제가 주문한 제품과 다른 제품을 보내셔서 전화드렸습니다. 보내주신 배송품은 모두 치마가 아닌 셔츠였습니다. 시

간이 촉박하니 가능한 빨리 맞는 제품을 보내주신다면 감사하겠고, 다시는 이런 실수를 하지 않으셨으면 합니다. 저희는 다음 주말에 특별 프로모션이 있습니다. 잘못 배송된 물품은 이번 주말에 반송하도록 하겠습니다.

표현 정리 instead of ~대신에 order 주문하다 shipment 수송품, 적하물 contain 포함하다 correct 올바른 as soon as possible 되도록(가능한) 빨리 make a mistake 실수하다

4. 전화를 건 사람은 누구인가?

(A) 판매직원
(B) 기술자
(C) 부동산 중개업자
(D) 납품업자

정답 (A)

5. 화자는 어디에서 근무하는가?

(A) 우체국
(B) 옷가게
(C) 은행
(D) 식당

정답 (B)

6. 홍보는 언제 시작되는가?

(A) 주말마다
(B) 다음 주
(C) 다음 주말
(D) 다음 주 월요일

정답 (C)

UNIT 34 주제별 공략 ❹ ARS

Step 3 실전 문제

Questions 4-6 refer to the following recorded message.
문제 4~6번은 다음 녹음 메시지를 참조하시오.

Thank you for calling the Victory Zoo. [1] Our zoo is internationally famous for our wide variety of animals.
▶ 메시지 초반부는 회사 소개가 언급된 곳으로 다양한 동물을 보유하고 있다고 한다. (B)가 정답이다.

We're open every day from 10 a.m. to 5 p.m. Entrance tickets can only be booked by phone. [2] If you want to make a reservation now, press 1.
▶ 서비스 안내 번호는 'press + 번호'에 단서가 등장한다. 예매, 등록을 원하면 1번을 누르라고 했으므로 (A)가 정답이다.

Cash and credit cards are accepted, and you can pay at the ticket booth near the entrance. [3] For more information, please call one of our customer service representatives at 999-6738.
▶ 요청 및 당부사항은 후반부에 나오는데 추가 정보를 원하면 전화를 달

라고 했다. (C)가 정답이다.

Victory 동물원에 전화 주셔서 감사합니다. 저희 동물원은 다양한 동물들로 세계적으로 유명합니다. 저희는 오전 10시부터 오후 5시까지 매일 문을 엽니다. 입장권은 전화로만 예매하실 수 있습니다. 지금 예매를 원하시면 1번을 눌러주십시오. 현금과 신용카드로 결제가 가능하며, 입구 근처에 있는 티켓 창구에서 지불할 수 있습니다. 자세한 사항은 999-6738번으로 전화해 고객서비스 직원에 문의 바랍니다.

표현 정리 internationally 국제적으로, 세계적으로 famous 유명한 variety 다양성, 여러 가지 book 예약하다 reservation 예약 credit card 신용카드 accept 받다

4. 메시지에 의하면, Victory 동물원은 무엇으로 유명한가?

(A) 맛있는 음식
(B) 다양한 동물
(C) 다양한 곤충
(D) 희귀식물

정답 (B)

5. 왜 청자들은 1번을 눌러야 하는가?

(A) 티켓 예매를 위해
(B) 티켓을 구매하기 위해
(C) 예약을 취소하기 위해
(D) 정보를 물어보기 위해

정답 (A)

6. 청자들은 어떻게 더 많은 정보를 얻을 수 있는가?

(A) 1번을 누른다.
(B) 홈페이지를 방문한다.
(C) 주어진 번호로 전화한다.
(D) 안내책자를 요청한다.

정답 (C)

REVIEW TEST

Questions 1-3 refer to the following telephone message.
문제 1~3번은 다음 전화 메시지를 참조하시오.

Good morning. [1] This is Linda Rey from Star Realty.
▶ 발신자, 수신자, 직업, 업종, 회사 정보에 대한 문제는 초반부 인사말에 나온다. Realty를 들었다면 부동산임을 알 수 있다. (C)가 정답이다.

[2] I'm calling to let you know that an office which you might be interested in has become available.
▶ 목적, 문제점, 상황에 대한 문제는 'I'm calling ~.'으로 시작되는 문장을 잘 들어야 한다. 관심 있어 할 만한 사무실이 있다고 했으므로 (B)가 정답이다.

It's near the bus station, bank, and post office. The rent is $1,000 per month. I'm sure you must be interested in seeing the office. [3] Please get in touch with me as soon

---

as possible, and I'll ask the owner of the building whether you can have a look at it tomorrow or not. ³ You can call me on my mobile phone. Thanks, Mr. Anderson.

▶ next에 대한 문제는 후반부에 등장한다. 문의사항은 전화달라고 했으므로 청자가 곧 전화할 것이라 추측가능하다. (C)가 정답이다. Linda Rey는 부동산 중개인이지 건물주가 아니므로 (D)는 오답이다.

I hope to hear from you soon.

안녕하세요, 저는 스타 부동산의 Linda Rey입니다. 당신이 찾고 있던 사무실이 나왔다는 것을 알려드리기 위해 전화 드립니다. 그곳은 버스정류장, 은행, 그리고 우체국에 가깝습니다. 임대료는 한 달에 1,000달러입니다. 분명 당신이 관심 있을 것이라고 생각합니다. 가능한 빨리 저에게 알려주시면, 내일 볼 수 있을지 없을지 건물주인에게 물어보겠습니다. 제 휴대전화로 연락 주십시오. 감사합니다, Anderson 씨. 연락 기다리겠습니다.

표현 정리 available 구할 수 있는, 이용할 수 있는 bus station 버스 정류장 get in touch with ~와 연락하다 owner 주인, 소유주 whether ~인지 mobile phone 휴대전화

1. 전화를 건 사람은 누구인가?

(A) 아파트 세입자
(B) 정비사
(C) 부동산 중개인
(D) 집주인

정답 (C)

2. 이 메시지의 목적은 무엇인가?

(A) 사무실의 위치를 제공하기 위해
(B) 사무실이 임대 가능하다는 것을 알려주기 위해
(C) 건설 공사를 알리기 위해
(D) 새로운 건물을 광고하기 위해

정답 (B)

3. 청자는 다음에 무엇을 할 것인가?

(A) 계약서에 서명한다.
(B) 새 사무실로 옮긴다.
(C) Linda Rey에게 연락한다.
(D) 건물주에게 전화한다.

정답 (C)

Questions 4-6 refer to the following recorded message.
문제 4-6번은 다음 녹음 메시지를 참조하시오.

Thank you for calling the Blackberry Online Store, the best online shopping mall in the U.K. ⁴, ⁵ Blackberry is known for selling unique designs of clothes and accessories.

▶ 회사소개는 'Thank you for calling ~.' 문장 또는 그 다음 문장에 등장한다. 옷과 악세서리를 언급하는 것으로 보아 4번 문제는 (B)가 정답이고, 독특한 디자인이 유명하다고 했으므로 5번 문제는 (B)가 정답이다.

Please listen carefully to the following options. ⁶ Please press 1 to check the current status of a delivery. Press 2 to check the status of an order.

▶ 서비스 안내에 대한 문제는 'Press + 번호'에 등장한다. 1번으로 배송 정보를 알 수 있다고 했으므로 (A)가 정답이다.

For all other inquiries, please press 0, and one of our customer service representatives will help you soon.

UK에서 최고의 온라인 쇼핑몰인 Blackberry 인터넷 매장에 전화 주셔서 감사합니다. Blackberry는 독특한 디자인의 옷과 액세서리를 판매하는 것으로 유명합니다. 다음의 선택 사항들을 주의 깊게 들어주시기 바랍니다. 배송 현황을 확인하시려면 1번을 누르십시오. 주문 상황을 확인하시려면 2번을 누르십시오. 모든 다른 문의 사항은 0번을 누르신 후 전화를 끊지 말고 기다려 주시면 고객 서비스 직원이 곧 도와드릴 것입니다.

표현 정리 known for ~로 알려진 unique 독특한 option 선택, 옵션 current status 현재 상황 customer service representative 고객 서비스 직원 soon 곧

4. 청자는 어떤 종류의 회사에 전화를 걸었는가?

(A) 가구점
(B) 옷가게
(C) 컴퓨터 가게
(D) 문구점

정답 (B)

5. 이 온라인 매장은 무엇으로 유명한가?

(A) 튼튼한 가구
(B) 특이한 옷
(C) 현대적인 디자인
(D) 쉬운 지불 시스템

정답 (B)

6. 청자들은 왜 1번을 눌러야 하는가?

(A) 배송 확인을 위해
(B) 위치를 알기 위해
(C) 제품을 주문하기 위해
(D) 직원과 이야기하기 위해

정답 (A)

PART 4

UNIT 35 주제별 공략 ❺ 일기예보

Step 3 실전 문제

Questions 4-6 refer to the following radio broadcast.
문제 4-6번은 다음 라디오 방송을 참조하시오.

Good morning. There will be no rain for a few days. Through the morning, [1] the temperature will increase rapidly, there will be scorching hot weather along with humid air.

▶ 현재 날씨는 인사 및 프로그램 소개 후 전반부에 등장한다는 것을 기억한다. 오전 내내 찜통더위가 있을 거라고 예보하고 있으므로 (C)가 정답이다.

However, I have some good news for you. The wind will blow on Saturday, and it will be a perfect day for surfing. [2] But it looks like a big typhoon is coming our way on Sunday. We'll keep you posted.

▶ 미래의 날씨는 But, However 뒤에 자주 언급된다. 태풍이 불 것이라고 예보하고 있으므로 (B)가 정답이다.

[3] Now, let's go to Jane Watson for an update on today's top sports news.

▶ next 문제는 후반부를 잘 들어야 한다. 뉴스가 끝난 직후 스포츠 뉴스가 진행될 예정이므로 (C)가 정답이다.

좋은 아침입니다. 앞으로 며칠 동안은 다시 비가 오지 않을 것입니다. 오전 내내, 온도가 급격히 올라가서 찜통더위와 함께 습한 공기가 있을 것입니다. 하지만 여러분에게 좋은 소식이 있습니다. 토요일에 바람이불어 서핑을 하기에 좋은 날이 될 것입니다. 하지만 일요일에는 큰 태풍이 다가올 것 같습니다. 계속해서 여러분께 공지해 드리겠습니다. 다음은 Jane Watson의 오늘의 톱 스포츠 소식이 있겠습니다.

표현 정리 temperature 온도 rapidly 급격히 scorching 맹렬한, 태워버릴 듯이 더운 humid air 습한 공기 surfe 서핑을 하다 typhoon 태풍

4. 오늘 날씨는 어떻게 될 것인가?

(A) 눈이 내릴 것이다.
(B) 추워질 것이다.
(C) 더워질 것이다.
(D) 안개가 낄 것이다.

정답 (C)

5. 일요일에는 무슨 일이 일어날 것인가?

(A) 기온이 올라갈 것이다.
(B) 거센 바람이 불 것이다.
(C) 눈이 올 것으로 예상된다.

(D) 현재 기온을 유지할 것이다.

정답 (B)

6. 청취자들은 다음에 무엇을 들을 것인가?

(A) 교통 소식
(B) 광고
(C) 스포츠 보도
(D) 경제뉴스

정답 (C)

UNIT 36 주제별 공략 ❻ 교통방송

Step 3 실전 문제

Questions 4-6 refer to the following radio broadcast.
문제 4-6번은 다음 라디오 방송을 참조하시오.

Good evening. This is Mary Cooper with your PPB traffic report. [1,2] Many cars are stuck in a traffic jam around the shopping mall and in the downtown area. Even the outer road is full of cars due to people celebrating Christmas Eve.

▶ 정체 이유는 인사 후 초반부를 잘 들어야 한다. 정체 이유와 정체 경로를 이야기하고 있다. 4번 문제는 (A)가 정답이고, 5번 문제는 (B)가 정답이다.

Drivers may need 30 minutes to go from the outer road to the downtown area. [3] We recommend avoiding the outer road and taking Highway 22 since traffic is clear on this road.

▶ recommend가 등장하는 곳이 대안 제시 문장이다. 6번 문제는 (C)가 정답이다.

Stay tuned for Minn's international business news today.

좋은 저녁입니다. 여러분의 PPB 교통방송의 Mary Cooper입니다. 대부분의 자동차들이 쇼핑몰과 도심지역 근처의 교통체증에 갇혀 있습니다. 외곽도로 마저도 크리스마스이브를 기념하기 위한 차들로 가득 차 있습니다. 운전자들은 외곽도로에서 도심 지역까지 오는데 30분 정도 걸릴 것입니다. 22번 도로는 교통체증이 풀렸으므로 이 고속도로를 이용하시기를 권합니다. Minn의 오늘의 국제 경제 뉴스를 위해 채널 고정하세요.

표현 정리 stuck in 막히다, 갇혀 있다 downtown area 도심지역 outer road 외곽도로 celebrate 기념하다, 축하하다 avoid 피하다

4. 청취자들은 어디서 정체를 예상할 수 있는가?

(A) 외곽도로
(B) 22번 고속도로
(C) 역 근처
(D) 교외지역

정답 (A)

5. 정체 원인은 무엇인가?

(A) 교통사고
(B) 크리스마스이브 축하행사
(C) 많은 교통량
(D) 출구폐쇄

정답 (B)

6. 화자가 제안하는 것은 무엇인가?

(A) 감속하여 운전하라고
(B) 뉴스 속보를 청취하라고
(C) 다른 도로를 이용하라고
(D) 경찰에게 전화하라고

정답 (C)

REVIEW TEST

Questions 1-3 refer to the following broadcast.
문제 1–3번은 다음 방송을 참조하시오.

Good morning. This is Caroline Mack at WABC. ¹ Starting next Monday, Highway 10 will be closed due to road repairs.
▶ 교통방송의 초반부에 인사 및 프로그램명이 나온 후 교통상황과 정체 이유가 등장한다. (C)가 정답이다.

Traffic jams around the airport area will become unavoidable when the roadwork starts.
² It is recommended that drivers take Route 27 until the roadwork is completed next month.
▶ 요구사항은 recommend로 시작되는 문장을 잘 들어야 한다. 교통 체증으로 우회로로 갈 것을 권유하고 있다. (D)가 정답이다.

³ Please visit our website at www.abcstation.com to check out the news about the construction.
▶ 대안 제시 및 다음 방송 안내는 후반부에 등장한다. 홈페이지에서 추가로 공사 상황을 확인하라고 했다. (C)가 정답이다.

- -

안녕하십니까, 저는 ABC 방송국의 Caroline Mack입니다. 다음 주 월요일을 시작으로, 10번 고속도로는 도로공사로 인해 폐쇄될 것입니다. 도로공사가 시작되면, 공항지역은 교통체증을 피할 수 없을 것 같습니다. 다음 달 공사가 마무리될 때까지 운전자들은 27번 도로를 이용하시기를 권장합니다. 저희 웹사이트 www.abcstation.com으로 방문하여 공사에 대한 소식을 확인하시기 바랍니다.

표현 정리 road repairs 도로공사(= roadwork) **traffic jam** 교통체증 **unavoidable** 불가피한, 어쩔 수 없는 **roadwork** 도로 보수작업

1. 보도의 주요 목적은 무엇인가?

(A) 날씨 정보를 제공하려고
(B) 시 축제에 대해 알리려고
(C) 공사에 관한 정보를 제공하려고
(D) 새로운 자동차를 광고하려고

정답 (C)

2. 화자는 무엇을 권장하는가?

(A) 뉴스 속보를 듣는 것
(B) 주의하여 운전하는 것
(C) 대중교통을 이용하는 것
(D) 다른 도로를 이용하는 것

정답 (D)

3. 청자들은 어떻게 최신 정보를 얻을 수 있는가?

(A) 라디오 청취를 통해서
(B) TV 시청을 통해서
(C) 홈페이지를 방문함으로써
(D) 특정 번호로 전화함으로써

정답 (C)

Questions 4-6 refer to the following broadcast and chart.
문제 4–6번은 다음 방송과 도표를 참조하시오.

For people living in and around the Southeast Coastal areas, ⁴˒⁵ thunderstorms are starting to form in the region.
▶ 공지가 나오고 있는 요일을 그림과 연결시켜 고르는 문제인데, 초반에 번개를 언급했으므로 기상예보에서 해당하는 요일을 고르면 목요일이다. 정답은 (C)다.

⁴ Some of them are expected to be severe during the afternoon, bringing very heavy rainfall that may cause localized flash flooding.
▶ 공지의 목적을 묻는 문제로 첫 번째 문장 "thunderstorms are starting to form in the region"에서 날씨에 대한 이야기를 하는 것을 알 수 있다. 특히 홍수(flash flooding)에 대해 경고하고 있다. 정답은 (C)다.

The State Emergency Service advises that people in the areas should seek shelter, preferably indoors and never under trees. Try to avoid using cell phones in the thunderstorm. Be ware of fallen trees and power lines, and ⁶ avoid driving, walking, or riding through floodwaters.
▶ 조언, 요청하는 내용은 주로 공지 마지막에 나온다. 해당 지역 사람들에게 여러 조언을 했는데 선택지와 일치하는 것은 운전을 하지 말라는 내용이다. 따라서 정답은 (D)이다.

For more updated weather forecasts, please continue to tune in to FM 107.7.

- -

남동쪽 해안 지역에 사는 주민들에게 알립니다. 이 지역에서 천둥 번개가 치기 시작하고 있습니다. 일부 지역에서는 오후에 극심한 폭우를 동반하여 국지적으로 갑작스런 홍수가 발생할 수도 있습니다. 주 비상센터는 지역 주민들은 가급적이면 실내의 대피처를 찾고 나무 밑을 피해야 한다고 조언했습니다. 뇌우 속에 서는 휴대폰을 사용하는 것을 피해야 합니다. 넘어진 나무와 전선을 경계하고, 홍수 속에서 차를 몰거나, 걷거나, 자전거를 타는 것은 피해야 합니다. 최신 일기 예보를 위해서 FM107.7을 계속해서 열심히 들어 주시기 바랍니다.

표현 정리 thunderstorm 뇌우 be expected to ~할 예정이다 severe 극심한, 심각한 rainfall 강우 localized 국지적인 flash flooding 돌발 홍수 shelter 대피처, 피신처 beware of ~에 주의하다 floodwaters 홍수로 인한 물

4. 공지의 목적은 무엇인가?

(A) 토네이도에 대해 경고하기 위해
(B) 주민들에게 눈이 내릴 때 외출하지 말라고 경고하기 위해
(C) 사람들에게 홍수에 대한 주의를 주기 위해
(D) 주말의 날씨를 알려주려고

정답 (C)

5. 도표에 보시오. 이 공지가 나오는 요일은 언제인가?

(A) 월요일
(B) 화요일
(C) 수요일
(D) 목요일

주간 예보						
월요일	화요일	수요일	목요일	금요일	토요일	일요일
18°	25°	26°	21°	18°	22°	27°

정답 (D)

6. 해당 지역의 사람들은 무엇을 하지 말라고 조언 받는가?

(A) 실내에 머무는 것
(B) 911에 신고하는 것
(C) 차량을 은폐하는 것
(D) 홍수 속에 운전하는 것

정답 (D)

DAY 15

PART 4
UNIT 37 주제별 공략 ❼ 소개

Step 3 실전 문제

Questions 4-6 refer to the following instruction.
문제 4–6번은 다음 소개를 참조하시오.

Thank you for coming to our annual awards ceremony. ¹ I'm pleased to announce this year's best salesperson is Jinny.
▶ 초반부는 '인사말, 자기소개, 모임의 목적'이 등장하는 곳이다. 최우수 판매직원을 소개하려 한다. 따라서 (C)가 정답이다.

² She joined the Sales Department nearly three years ago.
▶ 목적 뒤에 이어지는 문장이 수상자를 구체적으로 소개하는 곳이다. 그녀는 판매부에서 3년간 일해 왔다. 따라서 (D)가 정답이다.

³ She has worked on many projects, and they were all very successful. Our sales have also increased dramatically.
▶ 수상자의 업적은 중후반부에 등장한다. 많은 프로젝트를 수행했다고 하고 있다. 직접적인 판매를 했다고 언급하지 않았으므로 (C)는 정답이 아니고 (B)가 정답이다.

And now I would like to invite Jinny to come onto the stage to receive her award. Let's give a big hand for Jinny, who has worked tirelessly to contribute to our company.

연례 수상식에 참석해 주셔서 감사드립니다. 올해의 최우수 판매직원인 Jinny를 소개하게 되어 기쁩니다. 그녀는 거의 3년 전에 판매부에 합류했습니다. 그녀는 많은 프로젝트를 해 왔고, 그 프로젝트들은 매우 성공적이었으며, 우리의 판매는 극적으로 증가해 왔습니다. 자, 이제 저는 수상을 위해 Jinny를 무대 위로 초대하고자 합니다. 지칠 줄 모르고 우리 회사에 공헌한 Jinny에게 큰 박수를 보내 주시기 바랍니다.

표현 정리 award ceremony 시상식 announce 발표하다 dramatically 극적으로 invite 초대하다 stage 무대 give a big hand 큰 박수를 보내다 tirelessly 지칠 줄 모르고, 끊임없이 contribute to ~에 대한 기여

4. 이 연설의 주목적은 무엇인가?

(A) 프로젝트를 제안하려고
(B) 직원회의를 공지하려고
(C) 직원의 성과를 인정하려고
(D) 보너스를 지급하려고

정답 (C)

5. Ms. Jinny는 영업부에서 얼마나 일해 왔는가?

(A) 반년
(B) 1년
(C) 2년
(D) 3년

정답 (D)

6. 화자에 따르면, Ms. Jinny는 무엇을 했는가?

(A) 많은 나라를 방문했다.
(B) 많은 프로젝트를 끝냈다.
(C) 많은 제품을 판매했다.
(D) 계약을 성사시켰다.

정답 (B)

UNIT 38 주제별 공략 ❽ 안내

Step 3 실전 문제

Questions 4-6 refer to the following instruction.
문제 4–6번은 다음 소개를 참조하시오.

All right, everyone, now we are at the most remarkable and attractive cathedral in Europe. ¹ This cathedral was built nearly a century ago.
▶ 인사, 주제, 장소에 대한 단서는 초반부에 등장한다. 대성당이 1세기(100년) 전에 지어졌다고 하고 있다. (B)가 정답이다.

In addition, this place is well-known for being the most beautiful cathedral in the world. ² You have three hours to have lunch and to enjoy looking around the cathedral.

▶ 특징, 장점, 절차 등의 세부사항은 중반에 등장한다. 밥 먹고 성당 근처를 둘러보는데 3시간을 준다고 했다. (D)가 정답이다.

Remember that our tour bus will be waiting for you right here, and ³ you must return to the airport by this bus. You must be at the airport on time.

▶ 당부/요청 사항은 후반부 'Please ~, If절, must + 동사원형'을 잘 들어야 한다. 버스를 타고 공항으로 오라고 당부하고 있다. (C)가 정답이다.

여러분, 우리는 지금 유럽에서 가장 주목할 만하고 매력적인 대성당에 도착했습니다. 이 성당은 거의 1세기 전에 지어진 것입니다. 또한 이곳은 세계에서 가장 아름다운 성당으로 잘 알려져 있습니다. 여러분은 3시간 동안 점심식사를 하고 대성당을 둘러보실 수 있습니다. 저희 관광버스가 이곳에서 여러분을 기다리고 있음을 기억하시고, 꼭 이 버스를 타고 공항으로 돌아오셔야 합니다. 공항에 제 시간에 오셔야합니다.

표현 정리 remarkable 주목할 만한, 눈에 띄는 attractive 매력적인 cathedral 대성당 century 세기, 100년 well-known 유명한, 잘 알려진

4. 대성당에 대해 뭐라고 말하는가?

(A) 박물관 중의 하나이다.
(B) 약 100년 전에 지어졌다.
(C) 세계에서 가장 역사적인 건물이다.
(D) 동남아시아에 위치해 있다.

정답 (B)

5. 관광객들은 대성당 주변에 얼마나 있을 것인가?

(A) 30분
(B) 1시간
(C) 2시간
(D) 3시간

정답 (D)

6. 사람들은 어디로 돌아오라고 요청 받는가?

(A) 대성당
(B) 기차
(C) 공항
(D) 호텔

정답 (C)

REVIEW TEST

Questions 1-3 refer to the following instruction.
문제 1-3번은 다음 소개를 참조하시오.

Ladies and gentlemen, ¹ welcome to the Hospitality Management Conference.

▶ 소개가 이루어진 장소는 초반부에 등장한다. conference가 나왔으므로 (A)가 정답이다.

²⋅³ I'd like to introduce our special guest, the general manger of the Brington Hotel, Michael Rupin.

▶ 초반부 인사말, 목적이 끝난 후 게스트가 소개된다. 게스트의 이름과 신분 / 직책 등은 항상 붙어 다닌다는 것을 기억한다. 새로운 호텔 지배인인 Michael Rupin을 소개하고 있다. 2번 문제는 (C)가 정답이고, 3번 문제역시 (C)가 정답이다.

I'm sure all of you know his recent book on hospitality management, which has sold more than two million copies. Many people are eager to hear about his experiences in the hospitality industry because of his good reputation. Now, everyone, please welcome Mr. Michael Rupin.

신사, 숙녀 여러분, 저희 호텔경영 회의에 오신 것을 환영합니다. 저희 특별 손님이신, Brington 호텔의 총 지배인이신 Michael Rupin을 소개합니다. 여러분은 호텔경영에 관한 그의 최근 책이 2백만 부 이상 팔렸다는 것을 아실 것이라 생각합니다. 그의 명성에 따라, 서비스업에서의 그의 경험에 대해 듣고 싶어 하는 사람들이 많습니다. 자 여러분, Rupin 씨를 환영해 주시기 바랍니다.

표현 정리 hospitality management 호텔경영 conference 회의 reputation 명성, 평판 hospitality industry 서비스업

1. 이 소개는 어디에서 이루어지고 있는가?

(A) 회의
(B) 시상식
(C) 직원 교육
(D) 지방 방송국

정답 (A)

2. 이 담화의 목적은 무엇인가?

(A) 직원회의를 알리기 위해
(B) 새로운 책을 광고하기 위해
(C) 초청연사를 소개하기 위해
(D) 새로운 매니저를 선발하기 위해

정답 (C)

3. Michael Rupin은 누구인가?

(A) 판매원
(B) 회의 기획자
(C) 호텔 총지배인
(D) 회계사

정답 (C)

Questions 4-6 refer to the following instruction.
문제 4-6번은 다음 소개를 참조하시오.

Good morning. ⁴ I'll be your guide today. First, we will start our tour by looking at some mosques.

▶ 인사말, 자기소개는 초반부에 등장한다. 가이드라고 밝히고 있으므로 (D)가 정답이다.

Please look to the right. You can see a mosque that looks quite different than the other mosques. It is called the B.P. Mosque. It was built by the famous architect Bryan Peter. [5] He always sought to make a unique design for each of his structures. If anyone wants to know more about this mosque, we will come back here and look around tomorrow.

▶ 관광지 소개 및 방문 일정 안내는 중반부에 등장한다. B.P. 사원의 독특한 디자인에 대해 설명하고 있다. 따라서 5번 문제는 (D)가 정답이다.

[6] After that, our next stop on the tour will be another one of Mr. Peter's unique designs.

▶ next 문제는 후반부 마지막 문장에 등장한다. (B)가 정답이다.

- -

안녕하세요, 저는 오늘 여러분의 가이드 역할을 하게 될 겁니다. 먼저, 사원을 둘러보면서 우리의 여행을 시작하겠습니다. 오른쪽을 보시면 다른 사원들과는 상당히 다르게 보이는 사원이 있습니다. 이것은 B.P. 사원으로 불립니다. 이것은 유명한 건축가 Bryan Peter가 지은 것입니다. 그는 항상 그의 모든 건축물에 독특한 디자인을 추구해 왔습니다. 누구든 이 사원에 대해 더 알고 싶으시다면, 우리는 내일 다시 이곳으로 와서 둘러볼 것입니다. 이제, 이 관광의 다음 목적지는 Mr. Peter의 독특한 디자인이 반영된 다른 건물입니다.

표현 정리 mosque (이슬람) 사원 **architect** 건축가 **structure** 구조물, 건축물 **unique** 독특한

4. 화자는 누구인가?

(A) 사진작가
(B) 기술자
(C) 건축가
(D) 관광가이드

정답 (D)

5. 담화에 따르면, B.P. 사원은 다른 사원들과 어떻게 다른가?

(A) 다른 사원과는 다른 색상이다.
(B) 다른 사원들보다 오래 되었다.
(C) 다른 사원들보다 크다.
(D) 다른 사원들과는 다른 디자인이다.

정답 (D)

6. 청자들은 다음에 무엇을 할 것인가?

(A) 다른 사원을 보러간다.
(B) Mr. Peter의 다른 건축물을 둘러본다.
(C) 사원에서 짧은 휴식을 취한다.
(D) 관광버스를 타고 호텔로 돌아간다.

정답 (B)

DAY 16

PART 4
UNIT 39 주제별 공략 ❺ 제품 광고

Step 3 실전 문제

Questions 4-6 refer to the following advertisement.
문제 4–6번은 다음 광고를 참조하시오.

[1] The UCA Company's new digital camera looks very cute, and it has many functions.

▶ 광고하는 제품이나 서비스 관련 문제는 초반부에 등장한다. 카메라는 전자기기의 일종으로 (C)가 정답이다.

[2] First, it's easy to use. It has an auto-system, so you only have to set up the camera the way you like it once.

▶ 초반부에 광고 대상 및 광고 제품이 나온 후 제품의 특징과 장점이 등장한다. 사용이 쉽다고 했으므로 (A)가 정답이다.

It uses Wi-Fi as well, and it can be connected to a personal computer without any wires. This adorble camera is easy for anyone to use. [3] For more information, visit our website at www.ucaelectronics.com.

▶ 추가 정보에 관한 문제는 마지막 문장을 잘 들어야 한다. 홈페이지를 방문해 정보를 얻으라고 했으므로 (D)가 정답이다.

- -

우리 UCA 회사의 새로운 디지털 카메라는 귀엽게 보이지만, 많은 기능이 있습니다. 첫째, 사용하기 쉽습니다. 자동시스템이 있어, 사람들은 처음에만 필요한 설정을 하고 매번 다시 하지 않아도 됩니다. 무선 인터넷 기능도 갖고 있어 개인용 컴퓨터에 케이블 없이 연결할 수 있습니다. 이 사랑스런 카메라는 어떤 사람이든 쉽게 사용할 수 있습니다. 추가 정보는 저희 홈페이지 www.ucaelectronics.com 로 방문하세요.

표현 정리 function 기능 **set up** 설정하다 **connect** 연결하다, 잇다 **personal computer** 개인용 컴퓨터 **without** ~없이 **wire** 전선 **adorble** 사랑스런

4. 무엇을 위한 광고인가?

(A) 네트워크 시스템
(B) 가구
(C) 전자기기
(D) 주방용품

정답 (C)

5. 새로운 디지털 카메라의 장점으로 언급된 것은 무엇인가?

(A) 사용하기 아주 쉽다.
(B) 작년 모델보다 더 저렴하다.
(C) 세계에서 가장 작은 카메라이다.
(D) 색상이 다양하다.

정답 (A)

6. 화자들은 어떻게 더 많은 정보를 얻을 수 있는가?

(A) 매장을 방문해서
(B) 이메일을 보내서
(C) 특별한 번호로 전화해서
(D) 홈페이지를 방문해서

정답 (D)

UNIT 40 주제별 공략 ⑩ 할인 광고

(Step 3 실전 문제)

Questions 4-6 refer to the following advertisement.
문제 4–6번은 다음 광고를 참조하시오.

> Winter is just around the corner. [1] The summer season has ended, so we are having a summer clearance sale in preparation for the winter season. [2] We have everything from swimming suits to short-sleeved shirts.
> ▶ 광고하는 물건이나 서비스는 초반부에 등장한다. 여름옷 재고 정리 세일을 하는데 특히 수영복과 반팔을 구비하고 있다고 한다. 따라서 4번 문제는 (C)가 정답이고, 5번 문제는 (D)가 정답이다.
>
> We are offering up to 50% off summer items. Furthermore, [3] if you spend more than $200, we'll give you a free beach bag.
> ▶ 사은품, 할인 혜택을 받기 위해서 할 일은 후반부에 등장한다. 200달러 이상을 구매하면 비치백을 준다고 했다. 따라서 (B)가 정답이다.
>
> Don't hesitate. This offer will only last for a week. Start saving now!
>
> -
>
> 겨울이 다가왔습니다. 여름시즌이 끝나고, 우리는 겨울시장 준비를 위한 여름 재고정리 세일을 실시할 예정입니다. 수영복부터 반팔까지 모든 제품을 취급합니다. 여름 상품은 50퍼센트까지 할인을 제공합니다. 뿐만 아니라 200달러 이상 구매 시, 무료로 비치백을 제공합니다. 망설이지 마세요. 이 혜택은 이번 주까지만 제공됩니다. 지금부터 할인을 받으세요!

표현 정리 swimming suit 수영복 short-sleeved 반팔
furthermore 더욱이, 게다가

4. 무슨 제품이 할인 중인가?

(A) 신상품
(B) 겨울 옷
(C) 여름 옷
(D) 여름 신발

정답 (C)

5. 광고에 따르면, 어떤 제품이 할인되는가?

(A) 속옷
(B) 스키복
(C) 스웨터
(D) 수영복

정답 (D)

---

6. 손님들은 어떻게 무료 비치백을 받을 수 있는가?

(A) 적어도 5개 제품을 구매함으로써
(B) 200달러 이상 구매함으로써
(C) 현금으로 지불함으로써
(D) 쿠폰을 지참함으로써

정답 (B)

REVIEW TEST

Questions 1-3 refer to the following advertisement.
문제 1–3번은 다음 광고를 참조하시오.

> [1, 2] Luxury Apartments will be available to rent next month.
> ▶ 광고하는 제품은 초반부에 등장한다. Apartment가 등장하는 것으로 보아 부동산 광고다. 1번 정답은 (A)가 정답이며, 세일 / 판매 시작일은 초반부나 후반부에 등장하는데 다음 달부터 진행한다고 했으므로 2번 정답은 (A)이다.
>
> This is an eco-friendly apartment complex. The property is located in the city center, and there are several restaurants nearby.
> [3] All residents of Luxury Apartments will be able to enjoy free facilities such as a gym, a swimming pool, and a tennis court 24 hours a day.
> ▶ 제품의 특징과 장점은 중반/후반부에 등장한다. 체육관, 수영장, 테니스장이 무료라고 했다. (B)가 정답이다.
>
> To look around Luxury Apartments, please call 3451-1156.
>
> -
>
> 럭셔리 아파트가 다음 달부터 임대가 가능해졌습니다. 이 아파트는 친환경적으로 건축되었습니다. 이 아파트 단지는 시내 중심가에 위치해 있으며, 주변에는 식당들도 있습니다. 럭셔리 아파트의 모든 입주자들은 체육관, 수영장, 테니스 코트와 같은 무료 시설을 24시간 즐기실 수 있습니다. 럭셔리 아파트를 둘러보기를 원하시면, 3451-1156으로 전화주세요.

표현 정리 eco-friendly 친환경적인 property 재산, 토지 resident 거주자, 입주자 facility 시설 such as ~와 같은 gym 체육관 look around ~을 둘러보다

1. 무엇이 광고되는가?

(A) 부동산
(B) 스포츠 용품점
(C) 가구 공장
(D) 페인트 가게

정답 (A)

2. 아파트는 언제 임대가 가능한가?

(A) 다음 달
(B) 내년
(C) 다음 주 금요일
(D) 연말에

정답 (A)

3. 럭셔리 아파트의 입주자 전원에게 무료인 것은 무엇인가?

(A) 슈퍼마켓
(B) 헬스 시설
(C) 놀이터
(D) 주차장

정답 **(B)**

Questions 4-6 refer to the following advertisement and price table.

문제 4~6번은 다음 광고와 요금표를 참조하시오.

---

⁴ It's the most special peak season here at Raymond Hotel London!

▶ 광고 대상을 묻는 문제로 담화 초반에 힌트를 찾을 수 있다. 호텔의 성수기 시즌임을 알리고 있다. 뒤에는 할인된 호텔 객실 가격을 홍보하는 내용을 광고하는 것을 보아 광고의 대상은 호텔에서 묵을 투숙객들이다. 따라서 선택지 중에서는 여행객들이 가장 적합하다. 따라서 정답은 (C)이다.

⁵ To celebrate our renovation, we are providing our guests with all-time special deals.

▶ 특별 할인 가격을 제공하는 이유를 묻는 문제로, Renovation(개조, 수리)을 기념하기 위해서 역대 최고 가격을 제공한다고 말하고 있으므로, 정답은 remodeling(리모델링)을 기념하기 위해서인 (D)이다.

Spend your holidays in our newly remodeled suite rooms at a discounted price. This month only, our Executive Suite will be available for the price of the Executive Standard room, and ⁶ the Luxury Suite room will be available for the price of our Executive Suite.

▶ 럭셔리 특실이 이그제큐티브 특실 가격으로 제공된다고 했으므로, 표에서 이그제큐티브 특실 가격을 찾으면 된다. 정답은 (C)의 245 유로다.

Hurry up and make your booking, to take advantage of these special rates!

여기 레이몬드 호텔 런던의 가장 특별한 성수기 시즌입니다! 저희의 개조를 기념하기 위해, 역대 최고 가격을 게스트들에게 제공하려고 합니다. 할인된 가격으로 저희의 새롭게 리모델링된 스위트룸에서 휴가를 보내십시오. 이번 달만, 저희의 이그제큐티브 특실은 이그제큐티브 일반실 가격으로, 그리고 럭셔리 특실은 이그제큐티브 특실 가격으로 이용 가능합니다. 이 특별 가격 혜택을 보시려면 서둘러 예약하십시오!

표현 정리 **peak season** 성수기 **renovation** 개조 **special deal** 특별한 혜택 **discounted price** 할인된 가격 **Suite** 스위트룸 **Standard room** 스탠다드룸 **available** 이용 가능한 **early sell-out** 조기 마감 **take advantage of** ~의 혜택을 보다

4. 누구를 의도한 광고인가?

(A) 회사 중역들
(B) 수리업체 직원들
(C) 여행객들
(D) 호텔 직원들

정답 **(C)**

5. 왜 이 사업체는 특별 가격을 제공하는가?

(A) 그들의 기념일을 축하기 위해
(B) 사업체의 개업을 홍보하기 위해
(C) 개조를 위한 기금을 모으기 위해
(D) 리모델링을 기념하기 위해

정답 **(D)**

6. 표를 보시오. 럭셔리 특실은 이번 달에 얼마에 제공되는가?

(A) 190 유로
(B) 215 유로
(C) 245 유로
(D) 270 유로

방 유형	가격표
슈페리어 객실	190 유로
이그제큐티브 일반실	215 유로
이그제큐티브 특실	245 유로
럭셔리 특실	270 유로

정답 **(C)**

RC

DAY 01

PART 5&6
UNIT 01 문장의 5형식

① 1형식

실전 문제 1

해설 빈칸 뒤에 전치사구(on the food)가 왔으므로 자동사인 (B) depends가 정답이다. (A), (C), (D) 모두 타동사이다. 타동사는 목적어를 취한다.

해석 식당의 성공은 음식, 경험, 가격, 그리고 위치에 의해 좌우된다.

표현 정리 success 성공 experience 경험 location 위치

정답 (B)

실전 문제 2

해설 전치사구 혹은 부사 앞 빈칸은 자동사 자리이다. 빈칸 뒤에 부사 (competently)가 왔으므로 (D) function이 정답이다. (A), (B), (C) 모두 타동사이므로 오답이다.

해석 남성 중심적인 새 회사 정책 하에서는 일부 여직원들이 그들의 능력을 십분 발휘할 수 없을 것이라고 생각하는 직원들이 있기 때문에 모든 직원들이 만족해하지는 않는다.

표현 정리 function 기능하다, 작용하다 competently 유능하게 male-centered 남성 중심적인 request 요청하다 support 지지하다 release 공개하다

정답 (D)

② 2형식

실전 문제 1

해설 빈칸 앞뒤 부사(extremely)는 주로 함정으로 제시되기 때문에 항상 소거하고 푼다. be동사 뒤 빈칸은 형용사 자리이므로 (D) successful 이 정답이다.

해석 회사는 기부 행사를 개최했으며, 상당한 기부금을 모은 성공적인 행사였다.

표현 정리 hold 개최하다 charity 자선 substantial 상당한

정답 (D)

실전 문제 2

해설 빈칸 앞뒤 부사는 소거한 후 풀어야 한다. 부사(fully)를 소거하면,

become 뒤 빈칸은 형용사 자리이므로 (A) operational이 정답이다.

해석 중국 공장의 오랜 공사가 끝난 뒤, 생산 라인이 완벽하게 작동 가능해졌다.

표현 정리 finally 마침내 production line 생산라인 operational (기계 따위가) 운전[운행] 가능한 operation 운영, 작동 operationally 기능을 다하여

정답 (A)

③ 3형식

실전 문제 1

해설 provide는 '사람(them) + with + 사물(a banquet hall)'을 취한다. 따라서 (D) provide가 정답이다. (A), (B), (C)는 모두 자동사이므로 오답 처리한다.

해석 호텔은 그들에게 내일 회의를 위한 연회장, 무료 음료, 그리고 전화 서비스를 제공할 예정이다.

표현 정리 banquet hall 연회장

정답 (D)

실전 문제 2

해설 엇비슷한 뜻을 가진 동사 한 쌍(deal, address)이 왔으므로 둘 중에서 고민한다. 빈칸 뒤에 목적어(the problem)가 왔으므로 빈칸은 타동사 자리이다. (A)는 자동사, (B)는 타동사이므로 (B) address가 정답이다.

해석 최근 재무 보고서에 따르면, 직원들의 임금을 줄이는 것이 회사의 적자 문제를 다루는 올바른 방법은 아니다.

표현 정리 recent 최근의 reduce 줄이다 address 다루다, 고심하다

정답 (B)

④ 4형식

실전 문제 1

해설 빈칸 뒤에 '사람(David) + 사물(the contracts)' 덩어리가 왔으므로 4형식 동사인 (D) send가 정답이다.

해석 지금 제가 사무실에 없으므로 빅토리아가 데이빗에게 곧 계약서를 보낼 겁니다.

표현 정리 right now 지금 contract 계약(서)

정답 (B)

실전 문제 2

해설 빈칸 뒤에 '사물(the plans) + to + 사람(you)'이 왔으므로 4형식 동사인 (B) show가 정답이다. (A)는 'assign A as B' 형태로 'A를 B로 지정하다'는 뜻이며, (C)와 (D)는 자동사이다.

해석 월요일까지 새 브랜드 런칭에 대한 디자인을 보여드릴 수 있을 것 같습니다.

표현 정리 be able to do ~할 수 있다 launching 런칭, 출시

정답 (B)

---

⑤ 5형식

실전 문제 1

해설 빈칸 뒤에 '목적어 + 목적보어(investors even more dependent)' 덩어리가 왔으므로 (D) made가 정답이다.

해석 금융시장의 변화로 투자가들은 양질의 정보에 더욱 의존하게 되었다.

표현 정리 financial market 금융 시장 investor 투자가 dependent 의존적인

정답 (D)

실전 문제 2

해설 빈칸 앞에 5형식 동사(make)가 왔고, 목적보어 자리에 빈칸이 왔으므로 형용사인 (B) special이 정답이다.

해석 그의 뛰어난 판매 실적은 그를 회사에서 특별하게 만들었다.

표현 정리 success 성공 speciality 전문성, 특성

정답 (D)

UNIT 02 명사 ❶

Step 3 이론 적용해 보기

1. benefit   2. replacement   3. attention
4. authority   5. choices

PART 7
UNIT 03 주제 & 목적

Step 1 실전 문제 먼저 풀기

문제 1번은 이메일에 관한 문제입니다.

> 선라이즈 라디오 방송국
> 423 웨스트민스터 플레이스
> 프린스톤, 뉴저지, 56001
>
> 리빙스톤 귀하
> 2643 아일랜드 가
> 필라델피아, 펜실베니아, 19103
>
> 8월 15일
>
> 리빙스톤 씨 귀하
>
> 귀하에게 선라이즈 라디오 방송국의 기업 정보통신 부장 직책을 제의하게 되어 매우 기쁩니다. 인터뷰에서 상의했듯이, 만약 이 제의

> 를 수락하신다면 귀하는 회사 내외의 모든 교신을 담당하여 운영 국장인 애드리안 루카스에게 직접 업무보고를 하게 됩니다.
>
> 저희는 귀하가 10월 1일부터 근무를 시작하시길 바라며, 이전을 준비할 수 있는 충분한 시간이 되실 거라 생각합니다. 인터뷰에서 말씀드렸듯이 인사부의 르윈 로이드가 귀하의 이전을 도와드릴 것입니다. 그의 연락처는 1272-2258입니다.
>
> 귀하와 함께 근무하게 되기를 고대합니다.
>
> 그럼 안녕히 계십시오.
>
> 벤틀리 카루
> 인사부 이사
> SRS(선라이즈 라디오 방송국)

표현 정리 be pleased to V ~해서 기쁘다 offer 제안하다, 제공하다 position 직위, 직책 choose 선택하다 accept 받아들이다, 수용하다 be responsible for ~에 책임을 지다 internal 내부의 external 외부의 communication 교신, 의사소통 report 보고하다 directly 바로, 직접 discuss 논의하다 arrange 준비하다 relocation 이전 as mentioned 언급했듯이

1. 이 편지의 목적은 무엇인가?

(A) 프로젝트의 새로운 이사를 소개하기 위하여
(B) 어떤 사람에게 이 회사에 합류할 것을 청하기 위하여
(C) 리빙스톤 씨의 자질을 명확히 하기위하여
(D) 라디오 방송국의 이전을 확인하기 위하여

정답 (B)

Step 4 이론 적용해 보기

문제 2번은 이메일에 관한 문제입니다.

> 받는 사람: Marley Shelton
> 보내는 사람: P.J. Byrne
> 날짜: 6월 25일
> 주제 : 사과
>
> Shelton 씨께
>
> 저희 고객센터에 시간을 내어 전화 주셔서 감사합니다.
>
> ² 먼저 6월 18일에 저희 MGM Grand Hotel의 Gregg' 레스토랑을 방문하여 불쾌한 경험을 하셨다니 먼저 사과의 말씀을 드립니다.
>
> 이번 일은 제가 별도로 처리하였으며, 다시는 이런 일이 일어나지 않을 것입니다. 하지만 그날 고객님과 가족 분들에게 일어났던 일을 되돌릴 수 없기에, 다시 방문하신다면 무료 식사 3인분을 제공하겠습니다.
>
> 저희는 워싱턴 지역에서 20년 넘게 식당을 운영해 오고 있습니다.
>
> 앞으로 더 나은 서비스를 보실 수 있으실 것이며, 혹시 어떠한 문제가 생기 거든 주저하지 말고 바로 전화 주십시오.
>
> 안녕히 계세요,
> P.J. Byrne Gregg's 레스토랑, F&B 매니저

표현정리 take the time 시간을 내다 would like to do ~하고 싶다, ~하는 것을 바라다 apologize for ~에 대해 사과하다

horrible experience 최악의 경험 **personally** 개인적으로 **handle** 다루다, 취급하다 **situation** 상황 **further** 더 이상의, 추가의 **issue** 문제 **happen** 발생하다 **free meal** 무료 식사 **more than** ~이상 **in the future** 앞으로, 장차 **hesitate** 주저하다 **directly** 바로, 직접 F&B(=food and beverage) 식료품

2. 이메일의 주목적은 무엇인가?

(A) 무료식사를 제공하기 위해

(B) 고객에게 사과하기 위해

(C) 식당의 최근 사업을 설명하기 위해

(D) 고객의 의견에 감사하기 위해

해설 글의 주제나 글을 쓴 목적이 무엇인지를 묻는 문제이다. 주제와 목적은 지문의 첫 부분에 나와 있는 경우가 많으므로 우선 지문의 첫 단락을 읽고 정답을 찾는다. 보통 'I am writing to + 동사원형'이나 'This letter is to + 동사원형', 'I would like to + 동사원형' 등의 표현을 통해 직접적으로 명시되는 있는 경우가 대부분이다. 제목(Apology)과 첫 단락 두 번째 문장 'I would like to apologize for the horrible experience you had'가 모두 사과에 관한 내용이므로 고객에게 보내는 사과 이메일이라는 것을 알 수 있다. 따라서 (B)가 정답이다.

표현정리 customer 고객 describe 설명하다 recent 최근의 thank 감사하다 provide 제공하다 feedback 의견

정답 (B)

문제 3번은 메모에 관한 문제입니다.

보내는 사람: 제인-안 텡그렌, 관리부장

받는 사람: 고객 서비스 팀

안녕하세요,

고객 서비스 팀의 많은 직원들이 사무 비품을 낭비하고 있다는 점을 알게 되었습니다. 지난 두 달 동안에만 이 팀에서 600달러 이상의 새로운 문구류를 주문했습니다.

³ 그 결과 경영진은 사무 비품 요청에 관해 새로운 시스템을 갖추기로 결정했습니다. 관리 부서에 직접 주문을 하는 대신 여러분들은 직속상관에게 승인을 받아야 하는 요청서를 제출해야 합니다. 저희에게 전달하기 전에 그들이 주문을 자세히 살펴보고 필요한 부분을 수정할 것입니다.

이 새로운 절차에 관해 질문이 있으시면 관리자에게 연락하시기 바랍니다.

감사합니다.

표현정리 come to one's attention that ~라는 점을 알게 되다, 발견하다 stationery 문구류 instead of doing ~하는 대신 directly 직접 administrative 관리의, 행정의 immediate supervisor 직속상관 thoroughly 철저히, 자세히

3. 메모의 주된 내용은?

(A) 회사 부동산의 사용

(B) 회사 인력의 변화

(C) 사무 비품에 관한 새로운 정책

(D) 다음 분기 예산 전망

해설 지문의 전반적인 주제를 묻고 있다. 지문 첫 번째 단락에서 사무용품을 두 달 동안 600달러 이상을 쓴 부분을 지적하며 두 번째 단락 'As a

result, the management has decided that there will be a new system for requesting office supplies.(그 결과 경영진은 사무 비품 요청에 관해 새로운 시스템을 갖추기로 결정했습니다.)'를 쓰며 다음에 이어지는 글은 그 시스템을 안내하고 있으므로 주된 내용으로 알맞은 보기 중 정답은 (C)가 된다.

표현정리 property 부동산, 재산 change 변화 policy 정책 budget forecast 예산 전망

정답 (C)

REVIEW TEST

1. 동사를 고르는 문제

해설 빈칸 뒤에 '목적어(employees) + 목적보어(inspired)' 덩어리가 왔으므로 빈칸은 5형식 동사인 (D) keeps가 정답이다. (A), (B)는 타동사, (C)는 자동사이다.

해석 매니저는 그들의 회사가 서비스 업계에서 최고라는 자부심을 가질 수 있도록 직원들을 격려한다.

표현 정리 inspired 고무된 organization 회사, 단체, 조직 hospitality industry 서비스 업계

정답 (D)

2. 동사를 고르는 문제

해설 빈칸 뒤에 '사람(everyone) + 사물(a copy of the report)'이 왔으므로 4형식 동사인 (A) gave가 정답이다. (B)는 '~을 보내다'라는 뜻을 가진 타동사이고, (C)는 '미루다, 연기하다'라는 뜻을 가진 타동사, (D)는 '분배하다'라는 뜻을 가진 타동사들로 빈칸에는 올 수 없다.

해석 제니는 회의에서 지난 한 주 동안 자신이 만든 보고서를 모든 사람들에게 나눠 주었다.

표현 정리 forward 보내다 distribute 배포하다, 나눠주다

정답 (A)

3. 형용사를 고르는 문제

해설 become 동사 뒤 빈칸은 보어 자리이므로 형용사인 (B) angry가 정답이다. 형용사 보어자리에 (A) 명사, (C) 부사, (D) 전치사구는 쓸 수 없다.

해석 고객들이 느린 서비스에 분노하기 전에 홀에서 서빙할 직원을 더 채용해야 합니다.

표현 정리 hire 고용하다 serve 봉사하다

정답 (B)

4. 동사를 고르는 문제

해설 빈칸 앞에 5형식 대표 동사(make)가 왔으므로 빈칸은 목적보어 자리이며, 따라서 형용사 (A) accessible이 정답이다. 목적보어 자리에 (B) 동사, (C) 부사는 올 수 없으며, (D) 명사는 목적어(history)와 동격일 때 사용한다.

해석 상해의 구도심 중심가에 위치한 상해 관광청은 모든 사람들에게 지

역 역사를 체험할 수 있게 해 준다.

표현 정리 locate ~에 위치하다

정답 (A)

5. 동사를 고르는 문제

해설 목적어(responsibility) 앞에 빈칸이 왔으므로 자동사인 (C)부터 소거한다. assume responsibility for는 '~에 대한 책임을 지다'라는 의미이므로 (A) assume이 정답이다. assume 자리에 take, accept, hold, have 등도 올 수 있다.

해석 회사는 고객들이 자사 제품의 사용 중에 발생한 문제에 대해 책임을 지겠다고 발표했다.

표현 정리 problem 문제 occur 발생하다

정답 (A)

6. 동사를 고르는 문제

해설 타동사 문제를 풀 때는 목적어만 확인하지 말고, 목적어 뒤에 있는 단어까지 확인한 후 정답을 고르는 습관을 들여야 한다. '목적어 + to'를 쓸 수 있는 타동사는 match밖에 없으므로 (C) match가 정답이다.

해석 작년 말까지의 매출액과 올해 매출액을 일치시켜 차이를 알아낸 후 새로운 사업 계획을 세운다.

표현 정리 record 기록 difference 차이 draw up 기획하다, 세우다

정답 (C)

7. 동사를 고르는 문제

해설 빈칸 뒤에 전치사(from)가 왔으므로 빈칸은 자동사 자리이다. 자동사는 varied뿐이다. varied는 from과 어울려 '다르다, 다양하다'는 뜻으로 쓰인다. 따라서 (A) varied가 정답이다.

해석 회사가 신제품에 대한 정보를 수집하기 위해 실시한 설문조사에 대한 응답자들은 다양한 나라 사람들이다.

표현 정리 response 응답 create 만들다 vary from A to B A에서 B에 이르기까지 다양하다

정답 (A)

8. 동사를 고르는 문제

해설 빈칸 뒤에 '사물 + to + 사람'이 왔으므로 4형식 동사인 (B) showed 가 정답이다. (A), (C), (D)는 모두 빈칸에 올 수 없는 동사들이다.

해석 회사는 외국 디자이너가 특별히 디자인한 새 유니폼을 직원들에게 보여줬고, 좋은 반응을 얻었다.

표현 정리 positive 긍정적인 response 반응

정답 (B)

9. 동사를 고르는 문제

해설 빈칸 뒤에 '사람 + that'이 왔으므로 (C) inform이 정답이다. (A)는 자동사, (B), (D)는 모두 타동사로 '사람 + that절' 형태로 사용할 수 없는

타동사이다.

해석 국제 세미나 협회 회장은 당신이 세미나를 위해 준비한 특별한 프레젠테이션을 기대하고 있다는 것을 알려 드립니다.

표현 정리 look forward to ~을 기대하다 special 특별한 prepare 준비하다

정답 (C)

10. 동사를 고르는 문제

해설 빈칸 뒤에 전치사구(in networks and software)가 왔으므로 빈칸은 자동사 자리이다. 빈칸 앞쪽에 전치사가 있을 경우 전치사와 연관된 동사가 정답이라는 것을 기억한다. specialize in은 '~을 전문으로 하다'는 뜻으로 정답은 (D) specialize이다.

해석 우리는 네트워크와 소프트웨어를 전문으로 하며, 직원들이 소프트웨어 사용법을 익히도록 돕고 있습니다.

표현 정리 utilize 활용하다

정답 (D)

DAY 02

PART 5&6
UNIT 04 명사

① 명사의 위치 1

실전 문제 1

해설 타동사(make) 뒤는 목적어 자리이므로 명사인 (D) payments가 정답이다. 이때 빈칸 앞에는 한정사가 없다는 것을 기억한다. 목적어 자리에 (A) 동사, (B) 형용사, (C) 부사 등은 올 수 없다.

해석 워크숍에 등록하고 싶은 관리자들은 수수료를 즉시 납부해야 한다.

표현 정리 register for ~에 등록하다 make payments 지불하다, 납부하다 promptly 즉시

정답 (D)

실전 문제 2

해설 '------- + 수식어(to the Walk to Work campaign) + 동사(are)' 구조로 왔으므로 빈칸은 주어 자리이다. 따라서 (B) Contributions가 정답이다. 이때는 빈칸 앞에는 한정사가 없다는 것을 기억한다. 주어 자리에 (A) 동사, (C) 분사, (D) 전치사구 등은 올 수 없다.

해석 Walk to Work 캠페인에 기여한 사람들은 시상을 받게 되고, CEO가 연말 송년회에서 올해의 직원을 발표한다.

표현 정리 honor 존경하다, ~에게 베풀다 year-end dinner 연말 만찬, 송년회

정답 (B)

실전 문제 1

해설 형용사(final) 뒤에 빈칸이 왔으므로 명사인 (D) approval이 정답이다. 명사 자리에 (A) 동사, (B) 현재분사, (C) 과거분사 등은 올 수 없다.

해석 직원들은 본사 매니저로부터 최종 승인을 받을 때까지 결정을 연기해야 한다.

표현 정리 get approval 승인받다　head office 본사　postpone 연기하다

정답 (D)

실전 문제 2

해설 복합명사(명사 + 명사)의 첫 번째 명사는 한정사에 속한다. 한정사인 명사(customer) 뒤에 빈칸이 왔고, 문맥상 '고객만족'이라는 뜻이므로 (B) satisfaction이 정답이다. 명사 자리에 (A) 과거분사, (C) 형용사, (D) 현재분사 등은 올 수 없다.

해석 우리 서비스에 대한 고객만족은 레스토랑과 웹사이트에서 설문조사를 실시함으로써 정기적으로 평가받게 될 것이다.

표현 정리 evaluate 평가하다　regularly 정기적으로　conduct 수행하다, 실시하다　survey 설문조사

정답 (B)

③ 명사의 형태

실전 문제 1

해설 형용사(any) 뒤에 빈칸이 왔으므로 빈칸은 명사 자리이다. 접미사가 -ence로 끝난 (D) difference가 정답이다. 명사 자리에 (A) 현재분사, (B) 형용사, (C) 동사 등은 올 수 없다.

해석 판매직원의 설명에도 불구하고, Alice 씨는 두 모델간의 차이를 알 수 없었다.

표현 정리 sales representative 판매직원　explanation 설명

정답 (D)

실전 문제 2

해설 소유격(His) 뒤 빈칸은 명사 자리이다. -sm은 명사형 접미사이므로 (B) enthusiasm이 정답이다. 명사 자리에 (A) 형용사, (C) 부사, (D) 동사 등은 올 수 없다.

해석 영화에 대한 그의 열정은 젊은 감독들이 그들 작업에 스스로 전념하도록 만들었다.

표현 정리 enthusiasm 열정　encourage 고무하다, 용기를 주다　dedicate 헌신하다, 열중하다　enthusiastic 열성적인

정답 (B)

④ 가산명사 vs 불가산명사

실전 문제 1

해설 형용사(more) 뒤 빈칸은 명사 자리이다. 문맥상 (A)와 (B)가 어울리는데, (A)는 불가산명사이고 (B) 가산명사이다. 그러나 빈칸 앞에 부정관사(a)가 없으므로 (A) information을 써야 한다. (B)는 가산명사이므로 반드시 a 또는 복수형 접미사(-s)를 써야 한다.

해석 컴퓨터 보안에 대해 걱정된다면, 더 많은 정보를 위해 저희 웹사이트를 방문해 주세요.

표현 정리 be anxious about ~에 대해 걱정하다　security 보안

정답 (A)

실전 문제 2

해설 타동사(consider) 뒤에 빈칸이 왔으므로 빈칸은 명사 자리이다. 따라서 (A) discount와 (B) discounts 중 고민한다. discount는 가산명사이고, 빈칸 앞에는 a/an이 없으므로 복수형인 (B) discounts가 정답이다.

해석 경쟁사가 공격적인 판매 계획을 시작했으므로 우리는 최대 70%까지 할인을 고려해야 한다.

표현 정리 consider 고려하다　discount 할인　up to ~까지　competitor 경쟁자　aggressive 적극적인, 공격적인

정답 (B)

⑤ 기타 자주 출제되는 명사

실전 문제 1

해설 명사(employee) 뒤에 빈칸이 왔으므로 복합명사 구조가 알맞다. '명사 1(employee) + 명사 2(productivity)' 구조에서 '명사 1을 위한 명사 2', 즉 '직원을 위한 생산성'이라는 해석이 가능한 복합명사 자리이므로 (D) productivity가 정답이다.

해석 최근 보고서는 새롭게 도입한 시스템이 직원 생산성을 향상시켰다는 것을 보여 준다.

표현 정리 latest 최신의　improve 향상시키다　employee productivity 직원 생산성

정답 (D)

실전 문제 2

해설 빈칸은 문장의 주어 자리이다. 문장의 주어는 명사 형태가 와야 하므로 (C) instructors와 (D) instruction 중 하나가 정답이 된다. 그런데 '강사가 Burn Gorman 씨의 의사소통 능력을 향상시키는 것을 도왔다'가 문맥상 적합하므로 (C) instructors가 정답이 된다.

해석 Femi Business Institute 강사들은 Burn Gorman 씨가 그의 의사소통 능력을 향상시키도록 도왔다.

표현 정리 instructor 강사　improve 향상시키다　communication skills 의사소통 능력

정답 (C)

Step 3 이론 적용해 보기

1. figures   2. fines   3. airfares
4. form   5. establishment

PART 7
UNIT 06 문제유형 ❶ 세부 사항

Step 1 실전 문제 먼저 풀기

문제 1~2번은 편지에 관한 문제입니다.

> Krause 씨에게
>
> Children's Defense Fund에 후한 기부금을 주셔서 감사합니다. 지난주의 밀란 미술품 경매 행사에서 모금한 금액이 거의 500만 달러에 달합니다.
>
> 당신도 아시다시피 우리 Children's Defense Fund는 투명한 경영으로 정평이 나 있습니다. 우리 웹사이트 www.childrensdefense.org를 방문하시면 기부금이 얼마나 투명하게 필요한 사람들에게 쓰이고 있으며 자선행사를 통해 모금한 수익금이 잘 수립된 계획에 근거하여 얼마나 잘 사용되고 있는지 확인이 가능합니다.
>
> 감사의 표시로 우리 후원 업체인 Adelphi 극장이 제공하는 할인쿠폰을 보내드립니다.
>
> 다시 한 번 후원에 감사드립니다.
>
> 진정으로
> William Jackson Harper
> Children's Defense Fund

표현 정리 express (감정·의견 등을) 나타내다, 표(현)하다 appreciation 감사 generous 후한, 넉넉한 contribution 헌신, 전념 raise (자금·사람 등을) 모으다 auction 경매 be renowned for ~로 유명하다 transparent 투명한 management 경영, 관리 transparently 투명하게 donation 기부(금) distribute 나누다, 배부하다 the needy 어려운 사람들 revenue 수익 charity drive 자선 운동 utilize 이용하다, 사용하다 based on ~에 근간[기초]을 둔 well-organized plan 잘 수립된 계획 as a token of thanks 고마움의 표시로 address 보내다 sponsor 후원하다 sponsorship 후원

1. Krause 씨는 누구인가?

(A) 경매 담당자
(B) 극장의 후원자
(C) 밀란 미술 경매 행사 주최자
(D) 재단의 후원자

정답 (D)

2. 편지에 동봉된 것은 무엇인가?

(A) 쿠폰
(B) 전단지
(C) 책자
(D) 추천서

정답 (A)

Step 4 이론 적용해 보기

문제 3~4번은 이메일에 관한 문제입니다.

> 발신: Paul McGill 〈paul@hotmail.com〉
> 수신: Kristy Flores 〈kristy@gmail.com〉
> 제목: Wadestown 지사
> 날짜: 10월 14일
>
> Kristy 씨에게,
>
> 지난주 Northland에서 당신을 만나게 되어 아주 기뻤습니다. 제 여행을 준비해주시고 Northland 사무실에서 제가 생산적인 시간을 보낼 수 있게 해주신 것에 대해 다시 한 번 감사드립니다.
>
> ³ 따님의 대학 근처에 살 수 있도록 Wadestown 사무실에서 근무하시고 싶다고 말씀하셨습니다. 이 이메일을 보내는 목적은 Wadestown 사무실의 마케팅 팀의 한 자리에 대한 공고가 곧 있을 것이라는 것을 알려드리기 위함입니다. 그 공석은 2주 안에 공개될 것이지만 다음 주에 사내 지원을 받게 됩니다.
>
> 당신이 이 자리에 아주 적합하다고 생각합니다. 이는 당신의 마케팅 이력과 현 직무가 그 자리의 프로필과 완전히 일치한다고 생각하기 때문입니다. ⁴ 만약 지원에 관심이 있으시면 저에게 알려주십시오. 그러면 지원 서류를 바로 이메일로 보내드리겠습니다.
>
> 감사합니다.
>
> Paul 드림

표현 정리 organize 준비하다 ensure 반드시 ~하게 하다 productive 생산적인 in the vicinity of ~의 가까이에 be advertised 광고되다 vacancy 공석(일자리) publicly 공개적으로 internal application 사내 지원 be suited to ~에 적합하다 marketing background 마케팅 이력 job responsibility 직무 application materials 지원 서류 immediately 곧 바로

3. 이메일에 의하면 Flores 씨가 Wadestown으로의 이전에 관심을 갖는 이유는 무엇인가?

(A) 새로운 회사에 근무하기 위해
(B) Wadestown의 생활방식을 즐기기 위해
(C) 가족 한 구성원과 가까이 있기 위해
(D) McGill 씨와 함께 마케팅 부서를 만들기 위해

해설 두 번째 단락 'You mentioned that you would be happy to work at the Wadestown office so that you could live in the vicinity of your daughter's university.(따님의 대학 근처에 살 수 있도록 Wadestown 사무실에서 근무하시고 싶다고 말씀하셨습니다.)'에서 in the vicinity of(~근처에)의 의미를 알면 가족과 가까이 지내기 위해 Wadestown 사무실 근무를 희망한다는 것을 알 수 있다. 따라서 (C)가 정답이 된다.

정답 (C)

4. Flores 씨를 위해 McGill 씨가 무엇을 해주겠다고 하는가?

(A) 그녀에게 몇 가지 양식을 보낸다.
(B) 대학에 있는 그녀의 딸을 방문한다.
(C) 그녀의 Wadestown으로의 이사를 준비해준다.
(D) 마케팅 팀을 Northland로 이전한다.

해설 마지막 단락 'If you are interested in applying, just let me know and I'll e-mail the application materials immediately.(만약 지원에 관심이 있으시면 저에게 알려주십시오. 그러면 지원 서류를 바로 이메일을 보내드리겠습니다.)'에서 지원 서류를 보내주겠다고 제안하고 있다. 따라서 (A)가 정답이 된다.

정답 (A)

문제 5~6번은 공지에 관한 문제입니다.

사업 리더들을 위한 세미나

우리 Business Development Committee (BDC)는 사업 지도 자들을 위한 제 10회 연례 세미나를 알리게 되어서 기쁩니다. BDC 의 모든 회원들은 세미나에 참석할 자격이 있습니다. 다가오는 세 미나의 주제는 "선진 기업가 정신"이고 유명한 기업가와 혁신적인 관리자들을 포함한 특별 초청 강연자를 중심으로 진행될 것입니다. 그들은 여러분께 경영과 관리를 위한 실질적인 전략들을 제시해 줄 것입니다. 이번 행사는 7월 2일부터 7월 22일까지 진행될 것입니다.

⁵ 이번 행사에 관심이 있는 분들은 다음 주 월요일(7월 2일) 오전 9 시에 웹사이트 www.BDC.com 방문을 통해 등록하실 수 있습니 다.

세미나 장소는 잠정적으로 작년 행사가 열렸던 Bombay 컨벤션 센터로 정해졌음을 알리는 바입니다. ⁶ 그러나 만약 참석자의 수가 증가한다면 모든 참석자들을 수용할만한 더 넓은 장소를 섭외할 것 입니다.

표현 정리 be pleased to V ~해서 기쁘다 announce 발표하다 be eligible to V ~할 자격이 있다 participate in ~에 참석하다 upcoming 다가올 theme 주제 entrepreneurship 기업가 정신 feature ~을 특집으로 다루다 including ~을 포함하여 renowned 유명한 entrepreneur 기업가 innovative 혁신적인 present 발표하다 practical 실질적인 tactic 전략 management 경영 supervision 관리 be held 열리다 those who ~하는 사람들 be interested in ~에 관심이 있다 attend 참석하다 register 등록하다 be aware that ~을 인지하다 tentatively 잠정적으로 take place 발생하다 however 그러나 participant 참석자 increase 증가하다 accommodate 수용하다 attendee 참석자

5. 언제 온라인 등록이 가능한가?

(A) 7월 2일
(B) 7월 5일
(C) 7월 12일
(D) 7월 22일

해설 선택지에 날짜가 있으면 이를 키워드로 잡아서 지문에서 정보를 찾으면 된다. 두 번째 단락 'Those who are interested in attending the event can register next Monday(July 2) at 9:00 A.M. by visiting our Web site, www.BDC.com.(이번 행사에 관심이 있는 분들은 다음 주 월요일(7월 2일) 오전 9시에 웹사이트 www.BDC.com 방

문을 통해 등록하실 수 있습니다.)'을 통해 정답이 (A)가 된다는 것을 알 수 있다.

정답 (A)

6. 참석자를 수용할 정도로 장소가 넓지 않다면 무슨 일이 일어날 것인 가?

(A) 행사가 취소될 것이다.
(B) 행사 장소가 변경될 수 있다.
(C) 직원이 추가 좌석을 준비할 것이다.
(D) 세미나가 연기될 것이다.

해설 질문에 조건문이 포함되어 있다면 지문에서도 조건문이 나와 있을 가능성이 높다. 지문에서는 if절로 표현했지만 질문에서는 in case로 묻고 있다. 또한 place라는 표현이 venue(장소)로 패러프레이징되어 있다. 따라서 정답은 (B)가 된다.

정답 (B)

REVIEW TEST

1. 형용사 뒤 명사를 고르는 문제

해설 형용사(persuasive) 뒤 빈칸은 명사 자리이므로 (D) argument가 정답이다.

해석 Harris 씨는 에이전시와의 협상을 빨리 끝내기 위해 이전의 것보다 더 설득력 있는 주장을 찾길 기대했다.

표현 정리 persuasive 설득력 있는 previous 이전의 negotiation 협상

정답 (D)

2. 복합명사를 고르는 문제

해설 명사(travel) 뒤에 빈칸이 왔으므로 명사인 (A)뿐만 아니라 분사 인 (C), (D)도 가능하다. 그러나 명사 뒤 빈칸은 분사나 형용사보다는 복 합명사인 명사가 정답일 가능성이 90% 이상이다. '명사 1(travel) + 명사 2(arrangements)' 구조에서 '여행을 준비하다'로 해석이 가능하므로 빈 칸은 복합명사로 채워야 한다. 따라서 (A) arrangements가 정답이다.

해석 BST Guide의 전문 직원들은 귀가 요청하는 모든 여행 준비를 훌륭히 처리해 드릴 것을 보장합니다.

표현 정리 assure 보장하다 professional 전문적인 take care of ~을 처리하다 travel arrangements 여행 준비

정답 (A)

3. 동사 뒤 명사를 고르는 문제

해설 타동사(make) 뒤 빈칸은 명사의 목적어 자리이므로 (B), (D) 중에 고민한다. 그런데 change는 가산명사이고, 빈칸 앞에 부정관사(a)가 없 으므로 복수명사인 (B) changes가 정답이다.

해석 주방장은 고객들이 몇 달 동안 요청해 왔던 새로운 채식요리를 개 발한 뒤 메뉴를 변경할 것이다.

표현 정리 chef 요리사 vegetarian 채식주의자의 request 요청하다

정답 (B)

4. 형용사 뒤 명사를 고르는 문제

해설 형용사(defective) 뒤 빈칸은 명사 자리이므로 (A), (B) 중에 고민한다. product는 가산명사인데, 빈칸 앞에 부정관사(a)가 왔으므로 (A) product가 정답이다.

해석 Jessica는 결함 있는 상품이 배송됐다는 것을 알고, 교환 시 필요한 영수증을 찾아야 했다.

표현 정리 notice 알아채다 defective 결함 있는 receipt 영수증 exchange 교환 productive 생산적인

정답 (A)

5. 타동사 뒤 명사를 고르는 문제

해설 타동사(leave) 뒤 빈칸은 명사 목적어 자리이므로 (A) suggestions가 정답이다. (B) 현재분사, (C) 동사, (D) 과거분사 모두 목적어 자리에 올 수 없다.

해석 게시판에 붙은 지시사항은 프로젝트에 관해 온라인으로 제안하는 방법을 알려준다.

표현 정리 instruction 지시사항 bulletin board 게시판 leave 남기다

정답 (A)

6. 형용사 뒤 명사를 고르는 문제

해설 선택지에 비슷한 뜻을 가진 명사가 한 쌍이 왔으면 둘 중 한 개는 가산명사이고, 남은 한 개는 불가산명사이다. (B)는 가산명사이고, (C)는 불가산명사이다. 빈칸 앞에 부정관사(a)가 없으므로 빈칸은 불가산명사 자리이다. 따라서 (C) advice가 정답이다.

해석 유명한 미국 TV 쇼에 출연 중인 Judy 판사는 시청자들에게 변호사로부터 구체적인 조언을 들을 수 있는 기회를 제공한다.

표현 정리 provide A with B A에게 B를 제공하다 specific 구체적인 lawyer 변호사

정답 (C)

7. 명사를 고르는 문제

해설 관사(the)와 전치사(of) 사이 빈칸은 명사 자리이므로 (A) population이 정답이다. (B) 동사. (C) 형용사. (D) 부사 모두 빈칸에 올 수 없으므로 오답 처리한다.

해석 호주의 인구는 증가하는 이민자들 때문에 매우 빠르게 증가해 왔다.

표현 정리 population 인구 extremely 매우 due to ~ 때문에 increasing 증가하는 immigrant 이민자

정답 (A)

8. 형용사 뒤 명사를 고르는 문제

해설 형용사(further) 뒤 빈칸은 명사 자리이므로 (B) reference가 정답이다. 명사 자리에 동사, 분사는 올 수 없으므로 나머지 선택지는 모두 오

답 처리한다.

해석 추후 참조를 위해, 경리과 직원들은 파일들을 정리할 때 몇몇 중요한 문서들은 복사해 두는 것이 바람직하다.

표현 정리 further 추후의, 더 멀리 reference 참조 advisable 바람직한 duplicate 복사하다 file 서류를 철하다

정답 (B)

9. 명사를 고르는 문제

해설 문두에 빈칸이 왔고, 뒤에 동사(have)가 왔으므로 빈칸은 명사 주어 자리이다. 따라서 (C) Applications가 정답이다. 동명사(Applying)도 주어 자리에 올 수 있지만 동명사는 '~하는 것'의 뜻으로 문맥상 어색하므로 (A) 동명사는 오답 처리한다. 주어 자리에 동사나 분사는 올 수 없으므로 (B), (D) 또한 오답 처리한다.

해석 비서직에 대한 지원은 다음 주까지 제출되어야 한다.

표현 정리 application for ~에 대한 지원 secretary 비서 submit 제출하다

정답 (C)

10. 명사를 고르는 문제

해설 타동사(receive) 뒤 빈칸은 명사 목적어 자리이므로 (D) compensation이 정답이다. 목적어 자리에 동사인 (A), 분사인 (B), (C)는 올 수 없다.

해석 직원들이 직장에서 발생한 부상에 대한 보상을 받는 것은 당연하며, 비용 또한 회사가 부담해야 한다.

표현 정리 mandatory 의무적인 compensation 보상 cover 대다, 다루다 injury 부상 at work 직장에서

정답 (D)

DAY
03

PART 5&6
UNIT 07 동사

① 주어와 동사의 일치 1

실전 문제 1

해설 동사 어형 문제이므로 '태 – 시제 – 수일치' 순으로 풀어야 한다. 자동사(become)는 수동태를 만들 수 없으므로 (B)는 소거한다. 시제에 대한 단서는 없지만 주어(company)가 단수이므로 단수 동사인 (D) has become이 정답이다.

해석 회사는 공급품을 주의 깊게 엄선하고, 새로운 서비스 개발에 집중한 덕분에 가장 경쟁력 있는 식품 유통업체가 되었다.

표현 정리 competitive 경쟁력 있는 distributor 배급자 supply

공급(품) **concentrate on** ~에 집중하다

정답 (D)

실전 문제 2

해설 plan은 to부정사를 목적어로 취하는 동사이다. 따라서 빈칸 뒤 to participate는 plan의 목적어이므로 수동태인 (D)는 소거한다. 시제에 대한 단서가 없으므로 곧 바로 수일치를 확인한다. 주어(Employees of Wowmart)가 복수로 왔으므로 복수동사인 (A) plan이 정답이다.

해석 세계에서 가장 큰 마트들 중 하나인 Wowmart의 직원들은 다음 분기부터 대형마트에 대한 세금인상 반대 파업에 참여할 계획이다.

표현 정리 **retail corporations** 소매 기업 **participate in** ~에 참여하다 **strike** 파업 **against** ~에 맞서 **tax increase** 세금인상 **major** 주요한 **starting** ~부터 **quarter** 분기

정답 (A)

---

② 주어와 동사의 일치 2

실전 문제 1

해설 선택지가 have 동사와 be동사로 제시된 경우 태 혹은 수일치 문제라는 것을 알아야 한다. 그런데 4개의 선택지 모두 수동태는 없으므로 수일치문제라는 것을 알 수 있다. 주어(board members)로 복수가 왔으므로 (A) have가 정답이다.

해석 오직 이사회의 일원들만이 회사의 가장 중요한 비밀들이 담긴 데이터 베이스를 볼 수 있는 권한을 가지고 있다.

표현 정리 **have access to** ~에 접근할 수 있다 **contain** 포함하다

정답 (A)

실전 문제 2

해설 동사 어형 문제이다. 우선 거품 수식어를 괄호로 묶어 소거하고 '태 – 시제 – 수일치' 순으로 풀어야 한다. 수식어인 관계사절(who is overseeing the construction project)을 괄호로 묶어 둔다. 빈칸 뒤에 목적어(a sick leave)가 왔으므로 수동태인 (A)는 소거하고 동사 자리이므로 (D)도 소거한다. (B)는 단수 동사, (C)는 복수 동사로 왔으므로 바로 수일치시키면 된다. 주어(manager)가 단수로 왔으므로 복수 동사인 (C)를 소거한다. 따라서 단수동사인 (B) has taken이 정답이다.

해석 건설공사를 감독하고 있는 관리자가 병가를 냈다. 그래서 그는 3월 21일부터 31일까지 쉰다.

표현 정리 **oversee** 감독하다 **sick leave** 병가

정답 (B)

---

③ 동사의 능동태와 수동태

실전 문제 1

해설 will be와 함께 동사의 형태를 완성하는 문제로 빈칸 뒤 목적어가 없으므로 수동태를 완성하는 (C) closed가 정답이다.

해석 Steak & Lobster Marble Arch는 리모델링 공사가 진행되는 동안 일시적으로 문을 닫습니다.

표현 정리 **temporarily** 일시적으로 **while** ~동안 **take place** 발생하다, 일어나다

정답 (C)

실전 문제 2

해설 동사 어형 문제이므로 '태 – 시제 – 수일치' 순으로 푼다. rise는 자동사이므로 수동태를 만들 수 없다. 주어(stock price)가 단수로 왔으므로 (B), (C)도 소거한다. 따라서 (D) has risen이 정답이다.

해석 다양한 기능을 탑재한 신형 복사기 출시 덕분에 Ashley Printers의 주가가 상승한 것으로 보인다.

표현 정리 **stock price** 주가 **rise** 오르다 **due to** ~때문에 **release** 출시; 출시하다 **brand-new** 신형의 **various** 다양한 **function** 기능; 작동하다

정답 (D)

---

④ 4형식 수동태

실전 문제 1

해설 동사 어형 문제이므로 '태 – 시제 – 수일치' 순으로 풀어야 한다. 4형식 동사는 '사람 + 사물' 덩어리 앞 빈칸에 능동태를 쓰고, '사람 + 사물' 덩어리가 없는 빈칸에는 수동태를 쓴다. 빈칸 뒤에 '사람 + 사물' 덩어리가 없으므로 수동태인 (D) were sent이 정답이다.

해석 Walton's Warehouse에서 일하는 전기기사들은 관리부장으로부터 새로운 절차에 관한 모든 세부사항들을 전달받았다.

표현 정리 **electrician** 전기기사 **warehouse** 창고 **detail** 세부사항 **procedure** 절차 **head** 책임자

정답 (D)

실전 문제 2

해설 동사 어형 문제로 '태 – 시제 – 수일치' 순으로 풀어야 한다. award(주다, 수여하다)는 4형식 동사로 쓰이며 빈칸 뒤 사물이 나왔으므로 의미상 '보너스를 받다'의 의미를 완성하는 (C) awarded가 정답이다.

해석 MacDowell 양은 프로젝트의 끊임없는 기여를 인정하여 특별 보너스를 받았다.

표현 정리 **award** 수여하다, (상을) 주다 **in recognition of** ~을 인정하여 **constant** 끊임없는 **contribution** 기여, 헌신

정답 (C)

---

⑤ 5형식 수동태

실전 문제 1

해설 동사 어형 문제로 '태 – 시제 – 수일치' 순으로 풀어야 한다. permit은 목적보어로 to부정사를 취하는 5형식 동사이므로 수동태(be permitted)

뒤에는 to부정사가 남는다. 따라서 수동태 문장을 이루는 (A) permitted 가 정답이다.

해석 허가받지 않은 직원들은 매니저의 승인 없이는 기밀 고객 정보에 접근할 수 없습니다.

표현 정리 unauthorized 허가받지 않은 access 접근하다, 이용하다 confidential 기밀의, 비밀의 approval 승인

정답 (A)

실전 문제 2

해설 동사 어형 문제이므로 '태 – 시제 – 수일치' 순으로 풀어야 한다. 5형식 동사 뒤에는 '목적어 + 목적보어' 덩어리가 와야 한다. 그러나 빈칸 뒤에 명사만 남아 있으면 수동태를 써야 한다. 따라서 수동태인 (B) has been appointed가 정답이다.

해석 올해의 사원 상을 수상한 Chris Jeong은 기업 커뮤니케이션 전략 분야에서 주도적인 권위자로 임명되었다.

표현 정리 winner 우승자 leading 선도하는 authority 권위자

정답 (B)

---

⑥ 수동태 + 전치사의 형태

실전 문제 1

해설 be동사와 전치사(on) 사이에 빈칸이 왔으므로 전치사(on)와 어울리는 과거분사를 선택하는 문제이다. 따라서 (D) based가 정답이다.

해석 임금 인상은 직원들의 실적과 그들의 상사들이 격월로 시행하는 평가 보고에 기초한다.

표현 정리 pay raise 임금 인상 be based on ~에 기초하다, 근거하다 performance 실적, 성능 bimonthly 격월로, 2달마다 evaluation 평가 supervisor 상사

정답 (D)

실전 문제 2

해설 수동태의 관용/숙어 표현은 주로 과거분사로 출제된다. 그러나 'be + 과거분사 + to' 형태의 표현들은 to와 관련되어 출제된다는 것도 알아두어야 한다. to가 전치사면 빈칸은 명사/동명사가 와야 하고, to부정사라면 동사가 와야 한다. 빈칸 앞 to는 전치사이므로 (B) promoting이 정답이다.

해석 설립 이래 Animals' Friends는 전세계적으로 동물 보호의 중요성을 알리고, 사람들이 유기견을 입양할 수 있도록 돕는 일에 기여해 왔다.

표현 정리 foundation 설립 be committed to ~에 기여하다 protection 보호 worldwide 전세계적으로 adopt 입양하다 abandoned 버려진

정답 (B)

UNIT 08 명사 ❸

Step 3 이론 적용해 보기

1. investigation
2. improvement
3. knowledge
4. schedule
5. ingredient

PART 7
UNIT 09 문제유형 ❷ 요청 & 제안

Step 1 실전 문제 먼저 풀기

문제 1번은 다음 공지를 참조하시오.

발신: 린다 에몬드 〈lemond@advertisers.com〉
수신: 더글라스 호지 〈dhodge@advertisers.com〉
제목: 멜리사 레이드 퇴임식
날짜: 10월 15일

안녕하세요, 더글라스 씨.

아시겠지만, 저희는 멜리사를 위한 퇴임식을 열려고 합니다. 멜리사는 지난 30년 동안 우리 회사에서 큰 역할을 해 왔습니다. 저는 당신이 퇴임식에서 그녀를 위한 연설을 해 주시길 바랍니다.

멜리사는 광고부의 팀장으로서 당신의 조수 역할을 했기 때문에, 당신이 멜리사를 위한 고별송사를 해 줬으면 합니다. 다음 이메일에서 퇴임식에 대한 자세한 내용을 보내드리겠습니다.

궁금하신 점이 있으시면 제 비서인 테오도라 미란에게 내선 3242로 전화 주십시오.

감사합니다.

린다 에몬드
부사장

표현 정리 as you know 아시다시피 retirement celebration 퇴임식 essential 필수적인, 중요한 part 역할 speakers 연사, 연설가, 발표자 celebration 기념[축하] 행사 assistant 비서, 보조사 advertising department 광고부서 on one's behalf ~을 대신하여 details 세부 사항 secretary 비서 extension 구내번호

1. 호지 씨는 무엇을 하라고 요청되는가?

(A) 오찬에 참석한다.
(B) 회의실을 예약한다.
(C) 파티를 위한 음식을 주문한다.
(D) 발표를 한다.

정답 (D)

Step 4 이론 적용해 보기

문제 2번은 이메일에 관한 문제입니다.

받는 사람: Jaden Michael
보내는 사람: Edward Lachman
날짜: 5월 3일
제목: 파트너십 세미나 초대

Michael 씨께,

6월 10일 오전 10시 Blackfriars 호텔에서 열리는 파트너십 세미나에 초대합니다. 귀하를 저희 고객으로 맞이하게 되어 영광이며, 저희 회사의 파트너로서 또한 감사드립니다. 저희도 귀사로부터 같은 지지를 받았으면 하는 바램입니다.

이번 행사는 저희 회사에 가장 중요한 파트너 분들에 대한 답례를 보여 드리기 위해 준비되었습니다. 그러므로 이번은 귀하의 사업에 감사를 표할 수 있는 저희에게 중요한 기회가 될 것이며, 동시에 우리의 협력을 강화시킬 수 있는 기회가 될 것입니다.

저희가 귀하를 위해 편한 자리를 마련할 수 있도록 일찍 와주시기 바랍니다. 저희 회사 최고의 파트너인 만큼 꼭 참석해 주시면 감사하겠습니다. ² 혹시 행사에 오시지 못할 경우, 5월 20일까지 연락 바랍니다.

그날 뵙겠습니다.

안녕히 계세요.
Edward Lachman

표현 정리 partnership 동업자 seminar 연구회 invite 초대하다 intention 의도, 목적 acknowledge 답례하다, 감사를 표하다 outstanding 뛰어난, 중요한 appreciation 감사 strengthen 강화하다 cooperation 협력 comfortable 편안한 attend 출석하다, 참석하다

2. Michael 씨는 5월 20일까지 무엇을 하도록 요청받는가?

(A) Blackfriars 호텔에서 열리는 세미나에 참석한다.
(B) Edward Lachman에게 전화한다.
(C) Edward Lachman에게 세미나에 참석할지 여부를 통보한다.
(D) 모든 동료들을 위해 편안한 자리를 찾는다.

해설 요청 & 제안 문제는 마지막 단락에 요청한 내용이 언급된다는 것과 마지막 단락의 if 또는 명령문이 단서 문장이 된다. 마지막 단락 명령문 'Please let us know if you will attend the event by May 20.'에서 '혹시 행사에 오시지 못할 경우, 5월 20일까지 연락 바랍니다.'라고 요청하고 있으므로 (C)가 정답이다.

정답 (C)

문제 3번은 광고에 관한 문제입니다.

Energy Total Fitness

수상 경력이 있는 트레이너 Don Johnson이 저희 센터로 돌아왔고, Energy Total Fitness에서 4개의 새로운 흥미진진한 수업을 진행할 것입니다!

수업	요일	시간	비용
짐 볼	월요일	오후 6시 – 오후 7시 45분	$55
에어로빅 – 초급자	화요일	오전 11시 – 오전 11시 45분	$70
심장 강화운동 – 초급자	목요일	오전 11시 15분 – 오후 12시	$70
프리 웨이트 – 상급자	토요일	오후 6시 30분 – 오후 7시 15분	$80

각 수업은 10월 1일에 시작하여 2개월 동안 진행될 예정입니다. 저희는 9월 3일부터 등록을 받기 시작할 것이며 인원이 모두 채워지면 수업을 시작할 것입니다. ³ 자리를 확보하기 위해 가능한 빨리 등록하는 것이 좋습니다. 모든 등록은 직접 하셔야합니다. 수강료는 현금이나 카드로 지불할 수 있습니다. 개인 수표는 받지 않습니다.

표현 정리 award winning 수상 경력이 있는 lead 이끌다 gym ball 공기를 채운 큰 공을 이용한 수업 cardio workout 심장 강화운동 be scheduled to V ~하기로 예정되다 last 지속하다 accept 받아들이다 registrations 등록 guarantee 보장하다 recommend 추천하다 register 등록하다 in person 직접

3. 관심을 갖는 사람들은 무엇을 하도록 요청되는가?

(A) 강사와 직접 이야기한다.
(B) 수업에 일찍 신청한다.
(C) 곧 전화로 수업에 등록한다.
(D) 개인 수표로 지불한다.

해설 광고의 마지막에 'In order to guarantee a space, we recommend that you register as soon as possible.'을 통해 조기 수업 등록을 권하고 있으므로 이 광고에 관심이 있는 사람들은 수업에 일찍 참석할 것을 요구한다는 내용인 (B)가 정답이 된다.

정답 (B)

REVIEW TEST

1. 태를 고르는 문제

해설 동사 어형 문제이다. 따라서 '태 – 시제 – 수일치' 순으로 푼다. 빈칸 뒤에 목적어가 없으므로 (B) are posted가 정답이다.

해석 복사 관련 지시사항은 복사기 위쪽에 붙어 있으며, 만약 도움이 필요하면 복사기 옆에 있는 번호로 연락해 주세요.

표현 정리 instructions 지시사항 make a copy 복사하다 above 위쪽에 dial 전화를 걸다 next to ~옆에

정답 (B)

2. 태를 고르는 문제

해설 동사 어형 문제이다. 우선 동사 자리이므로 명사인 (C)는 소거하고, 빈칸 뒤에 목적어(contracts)가 왔으므로 수동태인 (A)도 소거한다. 조동사(must) 뒤 빈칸은 동사원형 자리이므로 (D) sign이 정답이다.

해석 두 회사는 다른 경쟁업체들이 미국 시장을 장악하기 전에 그들의 인수를 신속히 처리하기 위한 계약을 체결해야 한다.

표현 정리 sign contract 계약을 체결하다 expedite 신속히 처리하다 merger 인수 competitor 경쟁자 dominate 지배하다

정답 (D)

3. 태를 고르는 문제

해설 동사 어형 문제이므로 '태 – 시제 – 수일치' 순으로 푼다. try는 to 부정사(to keep)를 목적어로 취한다. 따라서 빈칸 뒤에 목적어가 왔으므로 수동태인 (C)는 소거한다. (D)는 동사원형(be)이 와야 할 근거가 없으므로 소거한다. 주어가 복수(executives)로 왔으므로 (A)도 소거한다. 따라서 (B) have tried가 정답이다.

해석 생산관리와 관련된 임원들은 뒤처지지 않기 위해 전 세계의 새로운 기술과 유행들을 따라잡으려 노력했다.

표현 정리 executive 임원 involved in ~에 연관된 keep up (to date) with ~를 따라잡다 get left behind 뒤처지다

정답 (B)

4. 태를 고르는 문제

해설 5형식 동사(keep) 수동태 뒤에는 형용사 보어(secure)가 남는다. 따라서 (C) is kept가 정답이다.

해석 우리는 연락처 세부사항과 ID 번호와 같이 민감한 정보들을 예외 없이 안전하게 보관할 것을 보장합니다.

표현 정리 assure ~을 보장하다 sensitive 민감한 such as ~와 같이 detail 세부사항 secure 안전한 with no exceptions 예외 없이

정답 (C)

5. 태를 고르는 문제

해설 동사 어형 문제이다. 빈칸 뒤에 목적어가 없으므로 수동태인 (A) are published가 정답이다. 빈칸 뒤 online은 부사이다.

해석 John Harrison의 연구 결과는 사람들이 쉽게 접근할 수 있고, 그가 즉각적인 피드백을 받을 수 있기 때문에 주로 학술지가 아닌 온라인에 게재된다.

표현 정리 publish 게재하다, 출판하다 journal 학술지 so that ~할 수 있도록 prompt 즉각적인 access 접근하다

정답 (A)

6. 태를 고르는 문제

해설 동사 어형 문제이다. 빈칸 뒤에 목적어(beverages and a main dish)가 왔으므로 수동태인 (B)와 (D)는 소거한다. 그런데 주어가 단수 (meal)로 왔으므로 (C) includes가 정답이다.

해석 승객들에게 제공되는 식사는 일반적으로 믹스샐러드 또는 수프와 함께 주요리와 음료가 제공되지만 다른 선택사항들은 추가로 돈을 내야 한다.

표현 정리 meal 식사 serve 대접하다 passenger 승객 beverage 음료 additional 추가적인 charge 부과

정답 (C)

7. 태를 고르는 문제

해설 4형식(offer) 동사 어형 문제이다. 4형식 동사 능동태는 '사람 + 사물' 앞에 쓰지만, '사람 + 사물'이 없으면 수동태를 써야 한다. 빈칸 뒤에 사람이 빠진 사물(a discounted rate)만 남았으므로 수동태인 (D) have been offered가 정답이다.

해석 추첨에 의해 무작위로 선발된 사람들은 우리 호텔의 Deluxe Suit Package를 할인된 가격에 이용할 수 있었고, 로마행 왕복티켓 2매도 받게 되었다.

표현 정리 randomly 무작위로 by lot 추첨으로 discounted 할인된 rate 가격 in addition to ~외에도 round-trip 왕복

정답 (D)

8. 태를 고르는 문제

해설 동사 어형 문제이다. 빈칸 뒤에 목적어가 없으므로 수동태인 (B) are being ordered가 정답이다.

해석 Playtime에서 출시한 한정판 장난감들은 전 세계에서 주문되고 있으며, 크리스마스 시즌 동안 판매량이 엄청나게 증가했다.

표현 정리 limited edition 한정판 release 출시하다 sales volume 판매량 extraordinarily 엄청나게, 매우 rise 오르다, 증가하다

정답 (B)

9. 태를 고르는 문제

해설 동사 어형 문제이다. 우선 빈칸 앞에 agree는 to부정사를 취하는 동사이므로 (B)와 (D) 중에 고민한다. 빈칸 뒤에 목적어(their primary goals)가 왔으므로 능동태인 (D) examine이 정답이다.

해석 그들 모두는 2주 후로 예정된 평가 전에 그들의 주요 목표를 점검하는데 동의했다.

표현 정리 agree 동의하다 examine 검사하다 primary 주요한 goal 목표 evaluation 평가

정답 (D)

10. 태를 고르는 문제

해설 동사 어형 문제이다. 빈칸 뒤에 목적어가 없으므로 수동태인 (A) have been added가 정답이다.

해석 인력 부족으로 마감기한을 맞추기 어려운 관계로 새로운 편집자인 William과 Alice가 우리 부서에 투입되었다.

표현 정리 editor 편집자 add 추가하다 have difficulty -ing ~하는데 어려움을 겪다 meet a deadline 마감기한을 맞추다 due to ~때문에 shortage 부족

정답 (A)

DAY 04

PART 5&6

UNIT 10 시제 & 가정법

① 현재 시제

실전 문제 1

해설 문미에 현재시점 부사(at the moment)가 왔으므로 현재인 (B) are가 정답이다.

해석 Francis Coast Hotel의 3대의 업무용 승강기가 현재 고장이 나 있다.

표현 정리 service elevator 업무용 승강기 out of order 고장 난

at the moment 지금

정답 (B)

해설 절(주어 + 동사)이 한 개이므로 문두나 문미에서 시제에 대한 단서를 찾는다. 문미에 미래시점 부사(shortly)가 왔으므로 (B) will participate가 정답이다.

해석 많은 임시 직원들은 고용부가 주최하는 직업박람회에 곧 참석할 것이다.

표현 정리 **temporary** 임시의 **participate in** ~에 참가하다 **job fair** 고용박람회 **host** 주최하다 **the Ministry of Employment and Labor** 고용부 **shortly** 곧

정답 (B)

실전 문제 2

해설 빈칸 앞에 현재시점을 나타내는 부사(often)가 왔으므로 (D) inquire가 정답이다. (A) inquires는 주어가 단수일 때의 형태로 customers 뒤에는 쓰일 수 없다.

해석 매장 고객들은 당일에 어떤 무료 상품이 제공되는지, 그리고 그것을 받기 위해 사용해야 하는 금액이 얼마인지 종종 물어본다.

표현 정리 **inquire about** ~에 관하여 묻다 **spend** (돈, 시간 따위를) 쓰다 **in order to** ~하기 위해서 **be eligible for** ~에 자격이 있다

정답 (D)

---

② 과거 시제

실전 문제 1

해설 절이 한 개이므로 문두나 문미에서 과거시점 부사를 찾는다. 문미에 과거시점 부사(last year)가 왔으므로 과거시제인 (D) reached가 정답이다.

해석 최근 연구결과에 따르면, 저가항공사들 중 하나인 Delot Air를 이용하는 여행객 수가 작년에 최고치를 기록했다.

표현 정리 **according to** ~에 따르면 **recent** 최근의 **result** 결과 **low-cost airline** 저가항공사 **reach** 도달하다 **peak** 정점

정답 (D)

---

④ 현재완료 시제

실전 문제 1

해설 빈칸 뒤에 기간(during the past three months)이 왔으므로 시제는 현재완료인 (D) has ranked를 써야 한다.

해석 그의 최신 앨범 Feel Your Move with James는 지난 3개월 동안 빌보드 차트는 물론 영국 가요 차트에서도 1위를 차지했다.

표현 정리 **rank at the top** 1위를 하다 **as well as** ~뿐만 아니라 **past** 지난, 과거

정답 (D)

실전 문제 2

해설 절이 두 개이므로 주절의 동사와 종속절의 동사를 일치시켜야 한다. 종속절의 동사가 과거시제이므로 과거 또는 과거완료를 써야 한다. 그런데 과거완료는 없으므로 과거시제인 (B) wanted가 정답이다.

해석 Henry Kim 씨가 플로리다 주립대에서 공학학위를 취득했음에도 불구하고 그는 영화감독이나 영화대본 작가로 일하기를 원했다.

표현 정리 **even though** ~에도 불구하고 **earn a degree** 학위를 취득하다 **engineering** 공학 **work as** ~로서 일하다

정답 (B)

실전 문제 2

해설 빈칸 뒤에 'since + 과거시점(the company failed)'이 왔으므로 현재 완료인 (B) has been suspended를 써야 한다.

해석 회사가 Tamia 씨의 계좌로부터 출금을 할 수 없게 된 이후로 그녀의 신용카드는 사용정지 상태가 되었다.

표현 정리 **credit card** 신용카드 **suspend** 정지하다 **fail to** ~하는데 실패하다 **withdraw** 출금하다 **payment** 지급액 **bank account** 은행계좌

정답 (B)

---

③ 미래 시제

실전 문제 1

해설 절(주어 + 동사)이 한 개이므로 문두나 문미에서 시제에 대한 단서를 찾는다. 문미에 미래시점 부사(next year)가 왔으므로 (D) will come이 정답이다.

해석 기술지원팀에 의해 수정된 지침들이 내년에 발효될 것이다.

표현 정리 **guideline** 지침 **revise** 수정하다 **come into effect** 효력이 발생하다

---

⑤ 과거완료 시제

실전 문제 1

해설 주절의 동사에 과거(were informed)가 왔으므로 빈칸에는 과거 또는 과거완료를 써야 한다. 그런데 선택지에 과거는 없으므로 과거완료 시제인 (D) had already been issued가 정답이다.

해석 참석자들은 그들을 위한 신분증이 이미 발급되었음을 통보받았다.

표현 정리 **attendee** 참석자 **inform** 알리다 **issue** 발급하다

정답 (D)

해설 부사절이 과거시제(turned)로 왔으므로 빈칸은 과거 또는 과거 완료를 써야 한다. 선택지에 과거는 없고 과거완료만 있으므로 (B) had arrived가 정답이다.

해석 Smart Connection의 판매직원들은 외국바이어들이 국제공항에 모습을 나타내기 30분 전에 그들을 환영하기 위해 도착했다.

표현 정리 sales representative 판매직원 arrive 도착하다 welcome 환영하다 foreign 외국의 half an hour 30분 turn up (모습을) 나타내다

정답 (B)

---

⑥ 미래완료 시제

실전 문제 1

해설 빈칸 뒤에 'by the time + 주어 + 현재동사(launches)'가 왔으므로 (D) will have ended가 정답이다.

해석 Fly Walk가 주최할 특별 홍보행사는 신제품 여성용 워킹화를 출시할 때쯤에 끝날 것이다.

표현 정리 promotional 홍보의 hold 주최하다, 열다 launch 출시하다 a new line of 새로운, 신제품의

정답 (D)

실전 문제 2

해설 빈칸 앞에 미래완료시제(will have been solved)가 왔으므로 (A) by the time이 정답이다.

해석 일부 부서의 예산 문제는 다음 분기에 JC Sesco와 Betty Patisserie 사이의 협상이 끝날 때쯤에 해결될 것이다.

표현 정리 budget 예산 solve 해결하다 negotiation 협상 come to an end 끝나다, 종결되다 quarter 분기

정답 (A)

---

⑦ 가정법

실전 문제 1

해설 if절이 'If + 주어 + had + 과거분사'로 왔으므로 가정법 과거완료 문장이다. 따라서 주절에는 조동사 과거완료(would/could have + 과거분사)를 써야 하므로 (D) would have noticed가 정답이다.

해석 광고 포스터들이 눈에 잘 띄는 공간에 붙여졌더라면, 더 많은 고객들이 우리 쇼핑센터에서 곧 진행할 세일에 대해 알 수 있었을 텐데.

표현 정리 post 붙이다 conspicuous 눈에 띄는 notice 알아채다 upcoming 다가오는 shopping complex 쇼핑 복합단지

정답 (D)

실전 문제 2

해설 if절에서 if가 생략된 가정법 과거완료(Had they fixed)로 왔으므로 빈칸에는 (B) wouldn't have been을 써야 한다.

해석 그들이 공사장에서 쓰는 중장비를 제때 고쳤더라면, 수리비용이 그렇게 비싸진 않았을 텐데.

표현 정리 fix 고치다 heavy machinery 중장비 construction site 공사장 repair cost 수리비용 costly 비싼

정답 (B)

UNIT 11 명사 ④

Step 3 이론 적용해 보기

1. advice   2. reproduction   3. recollection
4. product   5. worth

PART 7
UNIT 12 문제유형 ❸ 유추 & 추론

Step 1 실전 문제 먼저 풀기

문제 1번은 공지에 관한 문제입니다.

공지

중요한 비즈니스 모임이 우리 본사 건물에서 열릴 예정이기 때문에 우리 회사는 5월 한 달간 본사 건물의 개조 공사를 시행할 것입니다. 그래서 이번 주에는 몇 가지 불편사항(방해)이 있을 것입니다. 모든 직원들은 다음 지시사항에 협조해주시기를 요청하는 바입니다.

사무실 건물의 새로운 단장을 위해서 경영진은 로비를 다시 디자인하기로 결정했습니다. 본사 건물 관리팀은 오래된 로비에 몇 가지 수리 공사를 실시할 것입니다. 공사는 5월 15일부터 6월 5일까지 3주간 지속될 것입니다. 그 기간에 로비가 폐쇄되기 때문에 모든 직원들은 입구를 사용할 수 없습니다. 대신 건물의 후문을 이용해 주시기 바랍니다.

더불어 엘리베이터 정기 점검은 다음 주 월요일에 진행될 것입니다. 이는 오전 8시부터 11시까지 세 시간 정도 걸릴 예정입니다.

협조해 주셔서 감사합니다.

표현 정리 implement 시행하다, 이행하다 renovation 수리, 혁신 maintenance 유지, 보수 be allowed to V ~하는 것을 허가하다

1. 이 공지는 누구를 대상으로 한 것인가?

(A) 관리팀 직원
(B) 보안 직원
(C) 비지니스 행사 회원들
(D) 본사의 직원들

정답 (D)

문제 2번은 광고에 관한 문제입니다.

> ² **아티스트가 되고 싶습니까?**
> **저희가 도와드리겠습니다.**
>
> 만화가나 삽화가가 되고 싶은 꿈을 가진 분들이 꿈을 이룰 수 있도록 저희가 도와드릴 수 있습니다. 편안한 집에서 작업하고, 그림을 그리고 보수를 받고 싶지 않습니까? 저희가 꿈을 이루도록 도와드리겠습니다. 바로 artist.com에 방문하셔서 온라인 강좌 리스트를 살펴보십시오.
>
> 저희 과정은 1회 8주 동안 진행됩니다. 저희는 3학기 패키지에 등록하실 것을 권하는데, 이것이 여러분의 예술적 잠재력을 충분히 개발하기까지 걸리는 시간이기 때문입니다. 수업은 전문 만화가와 삽화가를 통해 온라인으로 진행되며, 이들은 여러분을 가르치고 여러분들이 기술을 갈고 닦을 수 있도록 조언을 아끼지 않을 것입니다. 또한 여러분들은 여러분들의 같은 반 수강생들과 드로잉과 아이디어를 비교해보고 싶다면, 이들을 만날 기회도 갖게 될 것입니다.
>
> 자, 무엇을 망설이십니까? 오늘 등록하십시오! 9월 7일 학기가 시작될 때까지 등록하는 학생들은 3학기 등록에 대해 20퍼센트 할인을 받게 될 것입니다. 오십시오. 저희가 여러분의 창의력을 가둔 자물쇠를 열어드리겠습니다. artist.com에 가셔서 "등록" 링크를 클릭하십시오.

표현 정리 accomplish 성취하다, 해내다 cartoonist 만화가 illustrator 삽화가 comfort 편안 위로, 위안 drawing 그림 at a time 한번에, 바로 encourage 격려[고무]하다, 용기를 북돋우다 sign up for ~을 신청(가입)하다 semester 학기 artistic potential 예술적인 잠재력 conduct 수행하다, 이행하다 professional 전문적인 guide 설명하다 advice 충고, 조언 hone (특히 기술을) 연마하다 craft 기술[기교] opportunity 기회 compare 비교하다 beginning 시작 enrollment 등록 creative side 창의적인 면

2. 이 광고는 누구를 위한 것인가?

(A) 웹사이트 디자이너
(B) 출판업자
(C) 연기에 관심 있는 사람
(D) 그림을 그리고 싶은 사람

해설 광고문의 시작 Have you Always Wanted to be an Artist? We are the ones for you.(아티스트가 되고 싶습니까? 저희가 도와드리겠습니다.)를 통해서도 유추해 볼 수 있으며, 첫 번째 단락 'We can help you accomplish your dreams of becoming a cartoonist or illustrator.(만화가나 삽화가가 되고 싶은 꿈을 가진 분들이 꿈을 이룰 수 있도록 저희가 도와드릴 수 있습니다.)'를 통해 그림을 그리는 사람들을 대상으로 한 광고라는 것을 알 수 있다. 따라서 (D가 정답이다.

정답 (D)

문제 3번은 이메일에 관한 문제입니다.

> 수신: Terry Arnold 〈tarnold@M&R.com〉
> 발신: Mary Masters 〈mmasters@M&R.com〉
> 날짜: 10월 1일 수요일
> 제목: 컨퍼런스

안녕하세요, 테리

저는 결국 이틀 동안 광고 컨퍼런스에 참여하기로 결정했습니다. 저는 귀하가 10월 7일 다음 주 화요일, 컨퍼런스가 시작되기 하루 전날에 떠나는 비행기를 예매해 주셨으면 합니다. 그리고 하와이에 3일 정도 추가로 머물 생각이어서 돌아오는 것은 일요일 밤이 될 것 같습니다. ³ 저는 마지막 날에는 가능한 해변에서 많은 시간을 보내고 싶으니 제가 밤 비행기를 타고 필라델피아로 돌아올 수 있도록 하실 수 있는지 알아봐 주시기 바랍니다. 비행기 표를 구하기에 너무 늦지 않기를 바랍니다. 이 날짜가 가능하지 않으면 제게 전화해서 알려주십시오.

감사합니다.

메리

표현 정리 decide to V ~할 것을 결정하다 attend 참석하다 after all 결국 book 예약하다 flight 비행편 see if ~인지의 여부를 알다, ~인지 확인하다 red-eye 야간 항공편 possibly 아마

3. 메리 마스터스는 어디에서 일하겠는가?

(A) 캘리포니아
(B) 디트로이트
(C) 뉴욕
(D) 필라델피아

해설 'Please see if you could get me on the red-eye back to Philadelphia, as I would like to spend as much time on the beach as I possibly can, on my last day.(저는 마지막 날에는 가능한 해변에서 많은 시간을 보내고 싶으니 제가 밤 비행기를 타고 필라델피아로 돌아올 수 있도록 하실 수 있는지 알아봐 주시기 바랍니다.)'를 통해 메리 마스터스 씨가 일하는 곳은 필라델피아라는 것을 유추해 볼 수 있다. 따라서 (D)가 정답이다.

정답 (D)

REVIEW TEST

1. 현재시제를 고르는 문제

해설 부사절이 'If + 주어 + -------'로 왔고, 주절이 미래시제(will 동사)로 왔으므로 빈칸은 현재시제인 (D) decides가 정답이다. 나머지 선택지는 시제가 일치하지 않아 오답 처리한다.

해석 음악가가 시내에 위치한 Luise Concert Hall을 대여하기로 결정한다면, 그녀는 할인된 가격과 함께 추가 시간을 제공받을 것이다.

표현 정리 decide 결정하다 situate 위치시키다 downtown 시내 reduced 할인된, 감소된 additional 추가적인

정답 (D)

---

2. 과거시제를 고르는 문제

해설 절이 두 개가 왔으므로 동사끼리 시제를 일치시켜야 한다. 한쪽의 동사가 과거(heard)로 왔으므로 주절은 과거 또는 과거완료를 써야 한다. 그런데 과거완료는 없고 과거만 있으므로 (D) gathered가 정답이다.

해석 행정팀 직원들은 최종안이 수정될지 모른다는 소식을 듣자마자 가능한 변경 사항에 대해 의논하기 위해 함께 모였다.

표현 정리 administrative 행정의 gather 모이다 discuss ~를 의논하다 possible 가능한 as soon as ~하자마자 final draft 최종안 modify 수정하다

정답 (D)

3. 현재시제를 고르는 문제

해설 절(주어 + 동사)이 한 개이므로 문두, 문미, 빈칸 앞뒤에서 시점 부사를 찾는다. 빈칸 앞에 현재시점을 나타내는 부사(usually)가 왔으므로 (B) commute가 정답이다.

해석 싱가포르의 공무원들은 매우 비싼 연료비에도 불구하고 대중교통보다는 주로 자가용으로 통근한다.

표현 정리 city official 공무원 commute 통근하다 public transportation 대중교통 in spite of ~에도 불구하고 extremely 매우

정답 (B)

4. 과거시제를 고르는 문제

해설 절이 두 개가 왔으므로 동사끼리 시제를 일치시켜야 한다. 불필요한 라벨을 없앤 시점이 발견한 시점 이전에 이루어졌으므로 주절은 과거분사가 쓰였다. 따라서, 부사절은 과거시제인 (B) found가 정답이다.

해석 배송품에 붙어있는 불필요한 라벨들은 감독관들이 검사하는 동안 찾아내기 전에 제거되었다.

표현 정리 unnecessary 불필요한 label 라벨, 상표 shipment 배송(품) remove 제거하다 inspector 감독관 during ~동안에 examination 검사

정답 (B)

5. 가정법 과거를 고르는 문제

해설 문두에 가정법 과거(If you were to call)가 왔으므로 주절에도 가정법 과거를 써야 한다. 따라서 (A) would give가 정답이다.

해석 귀하가 오늘 아침 일찍 부동산에 전화하셨다면, Taylor 씨가 건물과 주변 시설을 둘러보게 해줬을 겁니다.

표현 정리 real estate 부동산 early 일찍 give ~ a tour ~에게 구경시켜주다 property 건물, 재산 nearby 근처의, 인근의 facility 시설

정답 (A)

6. 미래시제를 고르는 문제

해설 절이 한 개이므로 문두나 문미에서 단서를 찾아 풀어야 한다. 문미에 미래시점 부사(next week)가 왔으므로 (C) will rehearse가 정답이다.

해석 새 레이저프린터의 시연을 준비하기 위해 직원들은 다음 주에 리허설을 할 것이다.

표현 정리 prepare for ~에 대해 준비하다 demonstration 시연 representative 직원 rehearse 리허설하다

정답 (C)

7. 과거시제를 고르는 문제

해설 절이 한 개이므로 문두나 문미에서 단서를 찾는다. 우선 빈칸 뒤에 목적어가 없으므로 수동태인 (B), (D) 중 고민한다. 그런데 문두에 과거시점 부사(three weeks ago)가 왔으므로 (D) was installed가 정답이다.

해석 약 3주 전에 특별히 고안된 보안소프트웨어가 위험한 바이러스 감염을 막기 위해 모든 컴퓨터에 설치되었다.

표현 정리 ago ~전에 designed 고안된, 만들어진 security 보안 install 설치하다 get infected with ~에 감염되다

정답 (D)

8. 과거완료시제를 고르는 문제

해설 절이 두 개로 왔으므로 동사끼리 시제를 일치시켜야 한다. 동사 어형문제이므로 '태 – 시제 – 수일치' 순으로 풀어야 한다. 우선 빈칸 뒤에 목적어가 없으므로 수동태인 (A), (B) 중에 고민한다. 그런데 주절의 동사가 과거(informed)로 왔으므로 빈칸은 과거 또는 과거완료를 써야 한다. 따라서 (A) had been booked가 정답이다.

해석 직원은 기업가들과 함께 하는 무료상담 모임이 예상보다 빨리 예약 마감되었음을 참가자들에게 알렸다.

표현 정리 inform 알리다 participant 참가자 consultation 상담 business leader 기업주, 사업가 book 예약하다 expect 기대하다

정답 (A)

9. 가정법 과거완료를 고르는 문제

해설 문두에 if절이 가정법 과거완료(If Ms. Turner had checked)로 왔으므로 빈칸에도 가정법 과거완료에 해당하는 표현을 써야 한다. 따라서 (B) wouldn't have attended가 정답이다.

해석 Turner 씨가 미리 날씨 상황을 확인했다면, 눈이 내리는 날에 Rosa County에서의 야외 벼룩시장에 참가하지 않았을 것이다.

표현 정리 check 확인하다 weather condition 날씨 상황 ahead of time 미리 outdoor 야외의 flea market 벼룩시장 snowy 눈오는

정답 (B)

10. 미래완료시제를 고르는 문제

해설 문두에 'By the time + 주어 + 현재동사(is)'가 왔으므로 미래완료시제인 (B) will have performed가 정답이다.

해석 뮤지컬 Titanic에서 30분간의 휴식 시간이 있을 때쯤이면 배우들은 이미 1시간 동안 공연을 했을 것이다.

표현 정리 intermission 중간 휴식 시간 perform 공연하다

정답 (B)

DAY 05

PART 5&6
UNIT 13 형용사

① 형용사의 위치

실전 문제 1

해설 be동사 뒤 빈칸은 형용사 보어 자리이므로 (D) exclusive가 정답이다.

해석 이번 선거와 관련해 Janet Ayre가 쓴 기사는 독점적이기 때문에 전보다 더 많은 독자들을 사이트로 이끌 것으로 예상된다.

표현 정리 presidential election 대통령 선거 exclusive 독점적인 be expected to ~할 것으로 기대되다 draw 끌어 모으다

정답 (D)

실전 문제 2

해설 명사(booklet) 앞 빈칸은 형용사 자리이므로 (B) informative가 정답이다. 형용사와 분사가 함께 등장할 경우 형용사를 선택하는 문제라는 것을 기억한다.

해석 유용한 소책자는 여러분이 장학금, 등록금, 교환 학생프로그램에 대해 알 수 있도록 도움을 주고 신입생들에게 도움이 될 만한 많은 조언들을 제공한다.

표현 정리 informative 유용한 scholarship 장학금 tuition 등록금 exchange student 교환 학생 helpful 도움이 되는

정답 (B)

② 형용사의 형태

실전 문제 1

해설 명사(clients) 앞 빈칸은 형용사 자리이다. –ial로 끝나는 접미사는 형용사를 만드는 접미사이므로 (D) potential이 정답이다. potential(잠재력)은 명사로도 쓰인다는 것을 알아 두자.

해석 이번 야외행사의 목적은 잠재적인 고객들에게 우리의 새로운 화장품을 써 본 뒤 피드백을 제공할 수 있는 기회를 제공하려는 것이다.

표현 정리 purpose 목적 outdoor 야외의 potential 잠재적인, 잠재력 client 고객 try 써보다, 시도하다 cosmetic 화장품 feedback 피드백, 반응

정답 (D)

실전 문제 2

해설 be동사(is) 뒤 빈칸은 형용사 자리이다. –ent로 끝나는 접미사는 형용사를 만드는 접미사이므로 (B) prevalent가 정답이다.

해석 모든 출장비용은 관련 영수증들이 제출된 후에 회사가 상환해 주는 방식이 일반적이다.

표현 정리 process 절차, 처리 reimburse 상환하다 business travel 출장 expense 비용 receipt 영수증 submit 제출하다 prevalent 일반적인, 만연한

정답 (B)

③ 형용사 + 명사 형태

실전 문제 1

해설 빈칸 뒤 명사(damage)와 어울리는 형용사는 (D) extensive 이다. extensive damage는 '광범위한 피해'라는 뜻으로 쓰인다. evaluation(평가), training(교육), knowledge(지식), experience(경험), selection(품목), public transportation system(대중교통 시스템) 등의 명사와 자주 어울려 출제된다.

해석 퀸즐랜드에서 발생한 기록적인 폭우는 거주 지역과 많은 농가에 막대한 피해를 초래했다.

표현 정리 record-breaking 기록적인 result in ~을 가져오다 residential area 주택가, 거주 지역

정답 (D)

실전 문제 2

해설 빈칸 뒤 명사(price)와 어울리는 형용사는 (B) affordable이다. affordable은 '(가격이) 알맞은, 감당할 수 있는' 뜻으로 가격(rates, prices) 명사와 어울려 출제된다.

해석 AOS 쇼핑몰이 메이플 가에서 최고 매장이 될 수 있었던 이유 중 하나는 고객들이 저렴한 가격에 높은 품질의 제품을 구매할 수 있도록 했기 때문이다.

표현 정리 reason 이유 purchase 구매하다 high-quality 고품질의 good 상품 affordable 저렴한

정답 (B)

④ be + 형용사 형태

실전 문제 1

해설 빈칸 뒤 전치사(with)와 어울리는 형용사는 comparable이다. be comparable with는 '~와 비교할 만하다'는 뜻이다. 따라서 (D) comparable이 정답이다.

해석 오랜 기간에 걸친 부단한 노력을 통해, GNS Health의 브랜드 파워는 호주 내 다른 경쟁업체들과 비교할 만하다.

표현 정리 continuous 지속적인 effort 노력 over ~동안 period 기간 competitor 경쟁자(업체)

정답 (D)

해설 빈칸 뒤 전치사(to)와 어울리는 형용사는 (B) accessible이다. (A), (C)는 to부정사와 어울리는 형용사이다.

해석 고객 명단 및 재무제표와 같은 일부 기밀문서들은 오직 담당 직원들만 접근할 수 있다.

표현 정리 confidential 기밀의 such as ~와 같은 financial statement 재무제표 accessible 접근(이용) 가능한 in charge 담당하는

정답 (B)

UNIT 14 동사 ❶

1. anticipate　　2. borrow　　3. compensate
4. condense　　5. contract

PART 7
UNIT 15 문제유형 ❹ 사실 확인

문제 1번은 다음 공지를 참조하시오.

모든 직원들에 대한 공지

폴 씨에게 경의를 표하는 은퇴식은 7월 30일 오후 9시에 식당 내의 직원 룸에서 열릴 것입니다. 샌드위치가 칵테일과 함께 준비될 것입니다. 7월 31일부로 메인 주방장 자리에서 은퇴한 폴 씨를 축하하기 위해 모여 주십시오. 은퇴 후, 폴 씨는 그의 이탈리안 식당을 개업한다고 합니다. 그가 인생에서 새로운 단계로 들어갈 때 우리의 정성을 담아 환영해 줍시다.'

폴 씨는 우리 메이 호텔에 있는 리틀 이탈리아 식당에서 1984년 하급사원으로 시작하였고, 결국 메인 주방장까지 올라갔습니다. 나는 지난 수년간 그와 함께 일하는 것을 즐겼고, 많은 행사에서 그의 우정과 지원에 대한 소중함을 느꼈습니다. 모두가 똑같이 말할 것이라 믿습니다. 이 멋진 동료이자, 친구이자, 선배이며, 우리 모두가 그리워할 이 사람을 축하해 주기 위해 여러분 모두를 볼 수 있기를 기대합니다. 폴 씨는 우리기 항상 그리워할 사람입니다.

표현 정리 hold 개최하다 retirement ceremony 은퇴식 in honor of ~에 경의를 표하여 along with ~와 함께 congratulate 축하하다 retire 은퇴하다 extend 전하다 junior 하급의 eventually 마침내 value 소중하다, 아끼다 occasion 경우, 행사 co-worker 동료

1. 폴 씨에 대해 언급된 것은 무엇인가?

(A) 그는 1984년부터 메인 주방장으로 일하기 시작했다.
(B) 그는 식당을 위해 20년 이상 일해 왔다.
(C) 그는 이탈리아 식당을 열기 위해 은퇴한다.
(D) 그는 리틀 이탈리아 식당에서 하급직원으로 시작하고 싶어 한다.

정답 (B)

문제 2번은 다음 정보를 참조하시오.

아몬드 호텔은 고객이 호화 호텔로부터 기대하는 모든 시설을 갖추고 있습니다. 고객님이 사업이나 여가를 위해 머물든, 행사 참석 또는 행사 개최를 하든 다양한 최상의 편의시설과 서비스를 힘들지 않게 이용하고, 즐겁게 머무르실 수 있습니다.

- 2(A) 호텔에서 이용 가능한 무선 인터넷 접속으로 집, 회사, 그리고 더 넓은 세상과 쉽게 소통할 수 있습니다.
- 2(D) 매일 24시간 동안 모든 저희 고객들에게 제공하는 다양한 범위의 식사와 음료가 객실에서 가능합니다.
- 2(B) 아몬드 호텔은 무료로, 이용에 제한이 없는, 고객을 위한 체육관이 있습니다.
- 2(C) 호텔과 공항간의 이동을 지하철이나 택시 대신, 리무진으로 스스로의 품격을 높이는 것은 어떻습니까?

리무진 서비스에 관한 자세한 사항은 호텔의 안내원에게 문의해 주십시오. 고객님이 아몬드 호텔에서 조금 더 편하게 머무르실 수 있도록 저희가 할 수 있는 것이라면 무엇이든, 주저하지 말고 저희 팀 직원에게 얘기해 주십시오.

표현 정리 facility 시설 luxury 사치, 호화로움 leisure 여가 superb 최상의, 훌륭한 amenity (호텔의) 편의시설 effortless 쉬운, 노력이 필요 없는 access 접근, 접속 concierge (호텔의) 안내원 hesitate 주저하다

2. 안내에 따르면, 호텔에서 이용할 수 있는 것 중 언급되지 않은 것은?

(A) 무료 인터넷 서비스
(B) 무료, 무제한의 체육관 사용
(C) 호텔에서 시내까지 리무진 서비스
(D) 매일 24시간 동안 룸서비스

해설 NOT 문제는 기호, 문자 등이 있는 곳이 단서이다. 'With free Wi-Fi Internet access available'은 (A)에 언급된 사실이고, 'In-room dining is available 24 hours a day for all our guests.'는 (D)에 언급된 사실이고, 'The Almond Hotel has its own gym, and, as a guest, you will have free, unlimited access.'는 (B)에 언급된 사실이다. 하지만 'Instead of taking the subway or a taxi, why not treat yourself to a limousine ride between the Almond Hotel and the airport?'에서 '호텔과 공항간의 이동을 지하철 혹은 택시 대신, 리무진으로 스스로를 대우하시는 것은 어떻습니까?' 즉 투숙객이 지불하라고 되었으므로 (C)가 잘못된 정보이다.

정답 (C)

문제 3번은 다음 보도 기사를 참조하시오.

라마다 호텔에서 전용 요트를 출시하다

라마다 호텔에서 호화로운 여행 경험을 찾는 고객들을 위해 전용 요트 서비스를 시작했다. ³ 전용 요트는 승객수를 20명에서 10명으로 줄이는 개조 작업을 했다. 좌석수를 줄이는 대신, 라마다 호텔은 몇 개의 푹신한 매트리스를 두어 고객들이 바다 한가운데서 여행을

즐길 수 있도록 하였다.

요트는 라마다 호텔을 상징하는 시설과 서비스를 반영하여 개조되었다. 개별적으로 손으로 세공한 가죽 좌석, 국제적인 요리, 그리고 특별한 라마다의 서비스를 자랑한다. 호텔은 요트를 출시하는 동시에 두 가지의 여행 패키지를 발표했다.

노을 유람선 패키지 여행은 다섯 곳의 이국적인 섬에 정박한다. 패키지는 두 잔의 레드와인, 또는 두 잔의 마티니와 몇 가지 간식을 포함하여 아름다운 노을을 선상에서 즐길 수 있다. 무제한 와인 패키지 여행은 한 곳의 이국적인 섬에 멈춰, 작은 뷔페, 무제한의 와인과 생맥주를 선상에서 제공한다.

질문과 예약은 전화 000-1456 또는 홈페이지 www.lamadahotel.com을 방문하면 된다.

표현 정리 launch 개시하다, 출시하다 private yacht 전용 요트 renovate 개조하다, 보수하다 seating capacity 좌석수, 수용력 reflect 반영하다 iconic ~의 상징이 되는 boast 뽐내다, 자랑하다 handcrafted 수공예품인, 손으로 만든 leather 가죽 cuisine 요리 significant 중요한, 특별한 coincide 동시에 일어나다 destination 목적지 sunset 일몰, 노을 exotic 이국적인 draft beer 생맥주

3. 요트에 대해 언급된 것은?

(A) 이국적인 섬을 반영하여 개조되었다.
(B) 호텔이 제작한 완전히 새로운 요트이다.
(C) 10명을 수용할 정도로 적당한 크기이다.
(D) 호화로운 여행을 원하는 고객만을 위한 것이다.

해설 'is indicated about'는 사실 파악 문제로 the yacht에 대해 묻고 있다. 두 번째 문장 'The private yacht was renovated to have its seating capacity reduced from 20 passengers to 10.'에서 '전용 요트는 승객수를 20명에서 10명으로 줄이는 개조 작업을 했다.'고 했으므로 (C)가 정답이다.

정답 (C)

REVIEW TEST

1. 형용사를 고르는 문제

해설 형용사 comprehensive는 '광범위한, 종합적인'이란 뜻이 있으며, 명사 'knowledge(지식), interview(면접), summary(요약)' 등의 명사와 어울려 출제된다. 따라서 (B) comprehensive가 정답이다. (A)는 '의무적인', (B)는 '종합적인, 포괄적인', (C)는 '각각의', (D)는 '우아한'이라는 뜻이다.

해석 그녀의 폭넓은 지식과 4년간의 경험을 고려해 볼 때, Ana Paulson 씨가 판매부의 공석에 가장 적합할 것 같다.

표현 정리 considering ~을 고려하면 comprehensive 폭넓은, 포괄적인 knowledge 지식 experience 경험 be suited for ~에 적합하다 open position 공석 Sales 판매부, 영업부

정답 (B)

2. 형용사를 고르는 문제

해설 복합명사(shipment date) 앞 빈칸은 형용사 자리이므로 (B) exact가 정답이다. 형용사 자리에 (A) 부사, (C) 분사, (D) 명사는 올 수

없다.

해석 배송업체의 최우선 순위는 정확한 배송일자를 지키는 것과 어떤 파손이나 분실 없이 소포를 배달하는 일이다.

표현 정리 top priority 최우선 사항, 최우선 과제 shipping company 배송업체 exact 정확한 date 날짜 parcel 소포 breakage 파손 loss 분실

정답 (B)

3. 형용사를 고르는 문제

해설 명사(qualification) 앞 빈칸은 형용사 자리이므로 일단 (C)를 소거한다. (A)와 (D)는 주로 사물을 수식하고, (B)는 주로 사람을 수식한다. 빈칸 뒤에 사물(qualifications)이 왔으므로 (A), (D) 중에서 고민해야 하는데, 문맥을 보니 (A) impressive가 더 적합하다.

해석 인사부장은 현재 갑작스러운 통보에도 출장을 갈 수 있는 인상적인 자격과 의지를 갖춘 지원자들을 찾고 있다.

표현 정리 currently 현재 seek 찾다 candidate 지원자 impressive 인상적인 qualification 자격요건 willingness 의지, 의향 on short notice 갑작스러운 통보로, 급히

정답 (A)

4. 형용사를 고르는 문제

해설 빈칸 앞 부사(more)는 소거하고 푼다. be동사 뒤 빈칸은 형용사 보어 자리이므로 (D) creative가 정답이다. 형용사 자리에 (A) 명사, (B) 명사, (C) 동사는 올 수 없다.

해석 Ailack Lab이 수행했던 연구결과는 짧은 휴식을 취하는 직원들이 그렇지 않은 직원들보다 더 창의적이라는 것을 보여줬다.

표현 정리 result 결과 conduct 수행하다, 실시하다 take a break 휴식을 취하다 creative 창의적인

정답 (D)

5. 형용사를 고르는 문제

해설 빈칸 뒤 전치사(to)와 어울리는 형용사는 (A) integral이다. be integral to는 '~에 필수적이다'라는 뜻이다. (C)와 (D)는 to부정사를 써야 하므로 주의한다.

해석 휴대전화로 돈을 이체할 때마다 어플리케이션의 보안을 확인하는 것은 해킹을 방지하는데 필수적이다.

표현 정리 transfer 이체하다 security 보안 be integral to ~에 필수적이다 prevent 예방하다 hacking 해킹

정답 (A)

6. 형용사를 고르는 문제

해설 빈칸 뒤 전치사(with)와 어울리는 형용사는 (C) associated이다. be associated with는 '~와 관련되다'는 뜻이다. (A)는 '시간을 엄수하는', (B)는 '구체적인, 명확한', (D)는 '동등한'이라는 뜻이다.

해석 많은 회사들의 임금 삭감과 상승하는 실업률은 최근 호주와의 무역정책에 대한 협의가 실패한 것과 관련이 있을지도 모른다.

표현 정리 wage cut 임금 삭감 firm 회사 rising 상승하는 unemployment rate 실업률 be associated with ~와 연관되다 failure 실패

정답 (C)

---

7. 형용사를 고르는 문제

해설 명사(supervisor) 앞 빈칸은 형용사 자리이므로 (B) immediate가 정답이다.

해석 만약 이번 달에 유급휴가를 떠나고 싶은 직원이 있다면 필요한 양식을 사내 인트라넷에서 다운 받아 직속상사에게 메일로 전송해야 합니다.

표현 정리 paid leave 유급휴가 necessary form 필요한 양식 intranet (사내) 인트라넷 immediate 직속의, 즉각적인 supervisor 상사

정답 (B)

---

8. 형용사를 고르는 문제

해설 빈칸 뒤 전치사(with)와 어울리는 형용사는 (A) faced이다. (A)는 '직면한', (B)는 '공식적인', (C)는 '연속적인', (D)는 '나타내는'이라는 뜻이다.

해석 TLS Agency는 재정적인 문제에 직면할 수도 있다는 사실에도 불구하고, TLS Turbo를 주요 포털사이트에 적극적으로 광고했다.

표현 정리 despite ~에도 불구하고 fact 사실 be faced with ~에 직면하다 financial 재정적인 advertise 광고하다 aggressively 적극적으로

정답 (A)

---

9. 형용사를 고르는 문제

해설 be동사 뒤 빈칸은 형용사 보어 자리이므로 (B) complete가 정답이다. complete는 동사로만 쓰이는 것이 아니라 형용사로도 쓰인다는 것을 알아 두자.

해석 대부분의 직원들이 참가할 예정인 회사 야유회를 위한 모든 준비가 우리의 예상보다 빠르게 끝날 것 같다.

표현 정리 arrangement 준비, 배열 be supposed to ~할 예정이다 complete 완전한 sooner than ~보다 빨리 estimate 추정하다

정답 (B)

---

10. 형용사를 고르는 문제

해설 빈칸 뒤에 전치사 about와 어울리는 형용사는 (D) optimistic이다. be optimistic about는 '~에 대해 낙관하다'는 뜻이다. (A) be aware of는 '~을 알다', (B) be complete with는 '~을 갖추고 있다', (C) be proficient in은 '~에 능숙하다'라는 뜻이다.

해석 시기적절하지 않다는 많은 교수들의 주장과 달리 일부 시장전문가들은 중동투자에 대해 여전히 낙관적이다.

표현 정리 unlike ~와 다르게 argue 주장하다 timely 시기적절한

---

market expert 시장전문가 optimistic 낙관적인 Middle East 중동 investment 투자

정답 (D)

DAY 06

PART 5&6
UNIT 16 부사

① 부사의 위치 1

실전 문제 1

해설 be동사와 과거분사 사이에 빈칸이 왔으므로 부사인 (C) conveniently 가 정답이다.

해석 우리 호텔은 다행히 우리가 환승하기 편리한 역과 가까이 있기 때문에 우리는 교통 혼잡에 대해 걱정하지 않아도 된다.

표현 정리 fortunately 운 좋게도 conveniently 편리하게 be located ~에 위치하다 transfer 환승하다 traffic jam 교통 혼잡 convenient 편리한 convenience 편의, 편리 inconvenient 불편한

정답 (C)

실전 문제 2

해설 동사 앞에 단독으로 빈칸이 왔으므로 부사인 (B) eventually가 정답이다.

해석 우리는 회사의 현재 상황에 대해 걱정해 왔지만 나라의 경제가 안정화됨에 따라 결국 회사도 안정될 것이다.

표현 정리 concern 걱정하다 current 현재의 stabilize 안정되다 eventually 결국 eventual 궁극적인 eventuality 만일의 사태 eventuate 결국 ~이 되다

정답 (B)

---

② 부사의 위치 2

실전 문제 1

해설 '현재분사(emerging) + 명사(real estate market)' 앞에 빈칸이 왔으므로 부사인 (D) rapidly가 정답이다.

해석 부동산 투자 전문 그룹의 도움으로 그는 최근에 급성장하는 신흥 부동산 시장에 투자하고 있다.

표현 정리 real estate 부동산 investment 투자 rapidly 급속도로 emerging market 신흥시장 rapidity 급속, 신속 rapid 빠른

정답 (D)

해설 '형용사(new) + 명사(luxury apartment complexes)' 앞에 빈칸이 왔으므로 부사인 (B) relatively가 정답이다.

해석 시의 도시개발부는 비교적 새로운 호화 아파트 복합시설을 이용해 타 지역 주민들을 끌어들이는 아이디어를 내놓았다.

표현 정리 urban 도시의 come up with ~을 찾아내다, 내놓다 lure 꾀다, 끌어들이다 resident 거주자 relatively 상대적으로 luxury 호화, 사치 complex 복합단지, 복합시설 related 관련된 relation 관계 relative 친척

정답 (B)

해설 '수사(six) + 명사(years)' 앞에 빈칸이 왔으므로 (C) more than이 정답이다.

해석 그의 회사는 6년 동안 싱가포르와 거래해 왔는데, 이것이 자신의 전자 상거래에 큰 도움이 되었다.

표현 정리 do business 사업을 하다 e-commerce 전자상거래

정답 (C)

해설 '수사(20) + 명사(participants)' 앞에 빈칸이 왔으므로 (D) up to가 정답이다. up to는 '~까지', furthermore는 '게다가', at times는 '가끔, 때때로'라는 뜻이다.

해석 1,000명의 지원자들 중, 우리는 이번 프로젝트에 참여할 최대 20명의 참가자만 뽑을 것임을 알려드리게 되어 매우 미안합니다.

표현 정리 truly 매우, 진정으로 inform 알리다, 전하다 applicant 지원자 participant 참가자 take part in ~에 참가하다

정답 (D)

해설 빈칸은 접속부사 자리이므로 (A) 전치사, (C) 접속사부터 소거한다. 앞문장(우리 영업팀은 지난주에 놀랄 만한 기록을 세웠다.)에 대한 결론 내용이 빈칸 뒤에(게다가 사장님은 우리를 올해의 팀으로 지명할 것이다.) 언급되었으므로 (D) Moreover가 정답이다.

해석 우리 영업팀은 지난주에 놀랄 만한 기록을 세웠다. 게다가 사장님은 우리를 올해의 팀으로 지명할 것이다.

표현 정리 set a record 기록을 세우다 remarkable 놀랄 만한 designate A as B A를 B로 지명하다

정답 (D)

해설 세미콜론(;)과 콤마(,) 사이 빈칸은 접속부사 자리이므로 접속사 (A), (C)는 소거한다. 문맥상 '~하지 않으면 ~할 수 있다'는 의미가 적합하므로 (B) otherwise가 정답이다.

해석 보안과에 미리 전화하는 것이 좋을 것 같다. 그렇지 않으면 출입카드를 받기 위해 며칠이 걸릴 수도 있다.

표현 정리 security 보안 in advance 미리 pass card 출입 카드

정답 (B)

해설 부정어(not) 앞에 빈칸이 왔으므로 (C) still이 정답이다.

해석 인사부는 아직도 젠킨스 씨의 승진 여부를 결정하지 못했다.

표현 정리 whether or not ~할지 안 할지 promote 승진하다

정답 (C)

해설 have와 to do 사이에 빈칸이 왔으므로 (B) yet이 정답이다.

해석 몇 시간 후면 전체 회의가 시작되는데, 일부 팀들은 이번 회의의 주제에 관한 그들의 조사를 아직 마치지 못했다.

표현 정리 general meeting 전체 회의 have yet to do 아직 ~하지 않다 session 회의 agenda 주제

정답 (B)

해설 빈칸 뒤에 이유전치사(due to)와 어울리는 부사는 (D) mainly이다.

해석 회사의 성공은 주로 사장이 지속적으로 주장하는 제품의 질에 대한 그의 철학 때문이다.

표현 정리 mainly 주로 due to ~때문에 philosophy 철학 constant 지속적인 persistence 고집, 주장

정답 (D)

해설 normally, usually, generally, often 등의 부사는 현재시제와 어울린다. 빈칸 뒤에 현재동사(experience)가 왔으므로 (B) normally(보통)가 정답이다.

해석 근로자들은 보통 갑작스런 변화가 아님에도 불구하고 작업 시스템에 변화가 생기면 혼란을 겪는다.

표현 정리 normally 일반적으로, 보통 confusion 혼란 suddenly 갑자기

정답 (B)

UNIT 17 동사 ❷

1. contact
2. demonstrate
3. separate
4. enclosed
5. adhere

PART 7
UNIT 18 문제유형 ❺ 의도 파악

문제 1번은 문자 메시지에 관한 문제입니다.

> **Sophie Okonedo** [오전 10시 41분]
> 안녕, 제임스 밥 해리스 씨가 방금 2500 Presley Street에 들르시는 것을 취소하셨어요.
>
> **James Harkness** [오전 10시 42분]
> 유감이네요. 그 아파트는 그에게 딱 적합했는데. 일정을 다시 잡았나요?
>
> **Sophie Okonedo** [오전 10시 44분]
> 네, 금요일로 잡았어요. 버클리씨 가족에게 Rockledge Place를 보여주기 전으로요. 두 곳은 서로 매우 가까워서요.
>
> **James Harkness** [오전 10시 45분]
> 좋아요. 오늘 버클리 씨와 약속 시간을 확인해 주시겠습니까?
>
> **Sophie Okonedo** [오전 10시 47분]
> 물론이죠.

표현 정리 cancel 취소하다 walk-through 단계적인 (현장) 설명 reschedule 일정[예정]을 다시 세우다 property 부동산, 건물 close 가까운 confirm 확인하다

1. 10시 45분경에, 하크니스 씨가 "좋아요"라고 썼을 때 이것은 무엇을 의미하는가?

(A) 그는 자신의 작업 결과에 대해 만족한다.
(B) 그는 회사의 새로운 위치에 만족한다.
(C) 그는 Okonedo 씨가 한 일에 대해 만족한다.
(D) 그는 해리스 씨에게 연락하는 데 관심이 있다.

정답 (C)

문제 2번은 다음 문자 메시지를 참조하시오.

> **Sophie Nelisse** [오전 10시 32분]
> Nathan, 기차가 한 시간 정도 연착이 되서 저서 발표에 늦을 수도 있을 것 같습니다. 제가 2시 전에 도착하지 못하면 준비해서 먼저 시작해 주실 수 있을까요?
>
> **Nathan Morlando** [오전 10시 33분]
> 물론이죠. 언제쯤 도착하실 수 있을까요?

> **Sophie Nelisse** [오전 10시 35분]
> 1시 20분이 되야서 웸블리 파크 역까지 갈 수 있을 것 같습니다. [2] 그곳에서 사무실로 가는 첫 번째 버스를 타려고 합니다.
>
> **Nathan Morlando** [오전 10시 37분]
> 그러실 필요 없어요. 제가 당신을 데리러 갈게요. 저희는 2시 전에 사무실에 도착할 겁니다.
>
> **Sophie Nelisse** [오전 10시 39분]
> 좋아요, 고마워요! 하지만 프레젠테이션 할 수 있도록 컴퓨터 설정을 해 놓으셔야 합니다.

표현 정리 be delayed 지연되다 presentation 발표 set up 준비하다 be due ~할 예정이다 pick somebody up ~를 (차에) 태우러 가다

2. 10시 37분에 Morlando 씨가 "그러실 필요 없어요."라고 썼을 때, 그가 의도한 것은?

(A) 그들은 Wembley Park 역에 갈 필요가 없을 것이다.
(B) 그들은 컴퓨터가 필요 없을 것이다.
(C) Nelisse 씨는 버스를 탈 필요가 없다.
(D) Nelisse 씨는 사무실에 올 필요가 없다.

해설 10시 35분에 Nelisse 씨가 '웸블리 파크 역에서 사무실로 가는 첫 번째 버스를 타려고 합니다(I'll try to get the first bus from there to the office)'에 대한 대답이므로, 거기서 버스를 탈 필요가 없다는 의미이므로 정답은 (C)이다.

정답 (C)

문제 3번은 다음 온라인 채팅문을 참조하시오.

> **Emilia Clarke** [오전 10시 11분]
> Clint Industries사의 Emilia입니다. 귀하의 데스크톱 컴퓨터 서비스 요청(GX9162)과 관련하여 연락드립니다. 제가 정오부터 오후 2시 사이에 갈 수 있는데 괜찮으실까요?
>
> **Thandie Newton** [오전 10시 13분]
> 네, 제가 퇴근해서 집에 가야하니 더 정확한 시간을 알 수 있을까요?
>
> **Emilia Clarke** [오전 10시 14분]
> [3] 제가 댁에 방문하기 전에 Brighton과 New York에서 컴퓨터를 수리해야 하는데 그 수리가 얼마나 오래 걸릴지 모르겠습니다. 댁에 가는 길에 전화 드리겠습니다. 도착 30분 전에는 연락드리겠습니다.
>
> **Thandie Newton** [오전 10시 16분]
> 네 알겠습니다. 그러면 도움이 되겠습니다.
>
> **Emilia Clarke** [오전 10시 17분]
> 연수생을 한명 데리고 방문 할 것입니다. 제가 수리하는 동안 그가 중앙 처리 장치를 교체하는 방법을 보고 배울 것입니다.
>
> **Thandie Newton** [오전 10시 18분]
> 좋습니다. 괜찮습니다.
>
> **Emilia Clarke** [오전 10시 18분]
> 귀하의 주소는 1390 Belden Street, Petit 맞습니까?
>
> **Thandie Newton** [오전 10시 19분]
> 네 맞습니다. 곧 뵙겠습니다.

표현 정리 contact 연락하다 with regard to ~에 관해 request 요청 exact 정확한 repair 수리(하다) take 시간이 걸리다 phone 전화하다 on one's way ~하는 중에 trainee 수습(직원) visit 방문 how to ~하는 방법 replace 교체하다 a central processing unit 중앙 처리 장치

3. 10시 16분에 Newton 씨가 "그러면 도움이 되겠습니다"라고 썼을 때 그녀가 의도한 것은?

(A) 그녀는 Clarke 씨가 Brighton에 가지 말 것을 권한다.
(B) 그녀는 Clarke 씨가 도착하기 전에 전화를 주실 길 바란다.
(C) 그녀는 무료로 30분의 상담을 받는 것에 감사한다.
(D) 그녀는 그녀의 중앙 처리 장치가 교체 될 때까지 일할 수 없다.

해설 10시 14분에 Clarke 씨가 '제가 댁에 방문하기 전에 Brighton과 New York에서 컴퓨터를 수리해야 하는데 그 수리가 얼마나 오래 걸릴지 모르겠습니다. 댁에 가는 길에 전화 드리겠습니다. 도착 30분 전에는 연락드리겠습니다.(I will be servicing a computer in Brighton and one in New York before yours. I'm not sure how long those repairs will take, but I will phone you on my way. That should give you 30-minutes' notice.)'에 대한 대답이므로 (B)가 정답이다.

정답 (B)

REVIEW TEST

1. 부사를 고르는 문제

해설 형용사(unavailable) 앞 빈칸은 부사 자리이므로 (A) permanently 가 정답이다.

해석 당신이 요청한 이 특정 서비스를 영구적으로 이용할 수 없게 돼 정말 유감입니다.

표현 정리 truly 진심으로 particular 특정한 permanently 영구적으로

정답 (A)

2. 부사를 고르는 문제

해설 'be동사 + ------- + 과거분사(recommended)' 구조이므로 빈칸은 부사 자리이다. 하지만 선택지 4개 모두 부사로 왔으므로 해석으로 해결해야 한다. is highly recommended는 '매우/적극적으로 추천된다'라는 뜻으로 단짝 표현으로 어울려 쓰인다. 따라서 (D) highly가 정답이다.

해석 이 제품은 매주 신선한 식자재가 필요한 사람들에게 강력히 추천된다.

표현 정리 highly 매우, 강력히 recommend 추천하다 ingredient 재료

정답 (D)

3. 부사를 고르는 문제

해설 '동사(hired) + 목적어(her)' 뒤에 빈칸이 왔으므로 빈칸은 부사 자리이다. 따라서 (C) immediately가 정답이다.

해석 Rouja 씨는 그녀의 이력서와 추천서를 읽어 본 후에 그녀를 즉시 고용했다.

표현 정리 resume 이력서 letter of recommendation 추천서 immediately 즉시

정답 (C)

4. 부사를 고르는 문제

해설 전치사구(for card purchases)를 강조하는 부사는 only를 쓴다. 따라서 (B) only가 정답이다. (A)는 형용사나 부사 원급에 사용하고, (C)는 과거시제와 어울리며, (D)는 주로 형용사 앞에 쓴다.

해석 정부의 새 규정에 따라 오직 카드결제에만 세금 환급을 제공한다.

표현 정리 tax refund 세금 환급 purchase 구매 due to ~ 때문에, ~에 따라 legislation 규제 enact 제정하다

정답 (B)

5. 부사를 고르는 문제

해설 동사(agreed) 앞 부사 자리이므로 (B) originally가 정답이다.

해석 상기 계약은 처음부터 모든 임원들의 폭넓은 의견을 반영함으로써 균형 잡힌 경영을 하는데 동의했다.

표현 정리 originally 본래, 애초 lead 이끌다 balanced 균형 잡힌 extensively 광범위하게 board members 임원, 이사

정답 (B)

6. 부사를 고르는 문제

해설 부정어 앞에 빈칸이 왔으므로 (D) still이 정답이다.

해석 업계의 일부 기업들은 지난달 직원들의 파업으로부터 아직 회복하지 못했다.

표현 정리 several 몇몇의 still 아직 recover 회복하다 walkout 파업

정답 (D)

7. 부사를 고르는 문제

해설 세미콜론(;)과 콤마(,) 사이에 빈칸이 왔으므로 접속부사 자리이다. 따라서 접속사인 (A), (D)는 소거한다. 그런데 빈칸 앞뒤 문장이 대조로 왔으므로 (B) however가 정답이다.

해석 회사는 올해 기업 공개를 하려고 계획 중이다; 그러나, 이러한 구조로 기업이 성공하는 사례는 드물다.

표현 정리 go public 기업 공개를 하다, 상장시키다 structure 구조

정답 (B)

8. 부사를 고르는 문제

해설 수사(half) 앞에 빈칸이 왔으므로 (B) nearly가 정답이다.

해석 2017년도에 있었던 뉴욕의 파업때문에 우리의 시장 점유율은 작년까지 거의 절반 가까이 동결되었다.

표현 정리 due to ~때문에 strike 파업 nearly 거의 market share 시장 점유율

정답 (B)

9. 부사를 고르는 문제

해설 빈칸 뒤에 대조접속사(but)가 왔으므로 now와 대조되는 부사를 선택해야 한다. 빈칸 앞이 과거시제(was)로 왔으므로 (B) previously가 정답이다.

해석 프로그램은 이전에는 업로드와 다운로드 모두 쉬웠으나 지금은 변경된 저작권 침해 정책으로 인해 단순한 클릭만으로는 불가능하다.

표현 정리 previously 이전에, piracy 저작권 침해, 불법 복제, 해적판

정답 (B)

10. 부사를 고르는 문제

해설 빈칸은 접속부사 자리이므로 접속사인 (A)부터 소거한다. 그런데 빈칸 뒤가 빈칸 앞 문장에 대한 결론이므로 (C) Therefore가 정답이다.

해석 그 직책은 이제 적임자에게 영구적으로 배정되었다. 따라서, 추후 공지가 있을 때까지 어떠한 채용도 없을 것이다.

표현 정리 position 직책, permanently 영구적으로, assign to ~에게 배정하다, well-gualified 자격을 갖춘, therefore 그러므로, recruitment 채용, further notice 추후 공지

정답 (C)

DAY
07

PART 5&6
UNIT 19 대명사

① 대명사의 위치 1

실전 문제 1

해설 타동사(prevent) 뒤에 빈칸이 왔으므로 목적격인 (D) him이 정답이다.

해석 출국을 금지시키기 위한 시도로 경찰은 그의 여권을 압수했다.

표현 정리 confiscate 압수하다, attempt 시도, prevent A from -ing ~을 못하게 하다

정답 (D)

실전 문제 2

해설 'own + 명사(jobs)' 앞 빈칸은 소유격 자리이므로 (B) their가 정답이다.

해석 직원들은 자신들의 일을 멀리 볼 수 있다.

표현 정리 look beyond 멀리 보다, 앞을 생각하다

정답 (B)

② 대명사의 위치 2

실전 문제 1

해설 be동사(was) 뒤에 빈칸이 왔으므로 소유대명사인 (D) ours가 정답이다. ours는 accommodation service의 줄임말이다. be동사 뒤는 보어 자리이므로 (A) 주격, (B) 목적격, (C) 소유격은 모두 올 수 없다.

해석 우리 숙소에서는 무료 아침식사를 제공했으므로, 고객들이 더 마음에 들어 한 숙소는 우리 숙소였다.

표현 정리 accommodation 숙소, attractive 매력적인, provide 제공하다

정답 (D)

실전 문제 2

해설 주어 자리에 빈칸이 왔으므로 소유대명사인 (B) theirs가 정답이다. theirs는 their product의 줄임말이다. 주어 자리는 주격 자리이므로 (A) 목적격, (C) 소유격, (D) 재귀대명사는 쓸 수 없다.

해석 회사는 경쟁업체보다 먼저 신제품을 만들려고 했으나, 그들이 출시하려던 제품은 이미 출시되었다.

표현 정리 launch 출시하다

정답 (B)

③ 재귀대명사

실전 문제 1

해설 빈칸을 빼고도 완전한 절(we should move the office equipment)이 오면 빈칸은 100% 재귀대명사를 써야 하므로 (D) ourselves가 정답이다.

해석 모든 직원들은 우리가 새로운 사무실로 옮길 때 우리 자신이 직접 사무집기를 옮기기로 했다.

표현 정리 decide 결정하다, move 이전하다

정답 (D)

실전 문제 2

해설 빈칸을 빼고도 완전한 절(The comapany prohibits its employees)이 왔으므로 빈칸은 재귀대명사 (B) themselves가 적합하다.

해석 회사는 직원들이 직접 전기수리를 하는 것을 금지한다.

표현 정리 prohibit 금지하다, attempt 시도하다, repair 수리

정답 (B)

④ 부정대명사 1

실전 문제 1

해설 most는 'of the + 가산 복수명사/불가산명사' 형태로 쓴다. 따라

서 빈칸 뒤가 of the employees로 왔으므로 (D) Most가 정답이다. (A) 형용사는 대명사 자리에 올 수 없고, (B)는 of the 뒤 명사가 복수명사 (employees)로 왔으므로 수가 일치하지 않는다. (C)는 그 뒤에 'of the + 복수명사 + 단수동사' 형태로 와야 하는데 동사가 복수(have)로 왔으므로 수가 일치하지 않는다. 따라서 복수대명사인 (D) Most가 정답이다.

해석 우리 회사 대부분의 직원들은 높은 수준의 교육 배경을 가지고 있다.

표현 정리 education 교육

정답 (D)

실전 문제 2

해설 우선 'there + 동사 + 주어' 구조를 파악해야 한다. 빈칸은 주어 자리이고, 동사가 복수(were)로 왔으므로 복수대명사를 선택하는 문제이다. none은 단수와 복수에 모두 쓰이므로 (D) none이 정답이다. (A), (C)는 단수 취급해 오답이고, no는 형용사이므로 주어 자리에 올 수 없다.

해석 그는 회의에 또 늦었고, 회의 후에 남은 사람은 아무도 없었다.

표현 정리 late 늦은

정답 (D)

---

⑤ 부정대명사 2

실전 문제 1

해설 복수명사(branch offices) 앞에 빈칸이 왔으므로 (D) other가 정답이다.

해석 직원들은 해외에 있는 회사의 다른 지사로 가서 다양한 경험을 할 수 있다.

표현 정리 branch office 지사 locate 위치시키다 overseas 해외에 a wide variety of 다양한

정답 (D)

실전 문제 2

해설 단수동사(organization) 앞에 빈칸이 왔으므로 (B) another가 정답이다.

해석 이 인턴 과정 경험은 당신의 전문 분야 지식을 넓혀 주고, 당신이 다른 조직에서 활동하는데 도움을 줄 것이다.

표현 정리 broaden 넓히다 knowledge 지식 field 분야 active 활동적인 organization 조직

정답 (B)

---

⑥ 기타 빈출 대명사

실전 문제 1

해설 빈칸 뒤에 'of the + 복수명사(employees)'가 왔으므로 복수대명사인 (D) Some이 정답이다. some은 단수/복수가 모두 가능하다. (A), (B), (C)는 모두 단수로 취급한다.

해석 일부 직원들은 이번 여름에 더 많은 휴가일을 요청하기를 원한다.

표현 정리 request 요청하다 time off 휴가, 휴일

정답 (D)

실전 문제 2

해설 of the 뒤 명사가 복수(products)로 왔으므로 빈칸은 복수대명사인 (B) most가 정답이다. most는 단수 / 복수에 모두 쓴다. (A)는 불가산 명사에 써야 하고, (B)는 the가 빠진 'plenty of + 명사'로 와야 하므로 오답이며, (D)는 부사이므로 대명사 자리에 올 수 없다.

해석 그 당시에는, 그 회사 제품의 대부분이 국내에서 생산되었다.

표현 정리 manufacture 생산하다 domestically 국내에서

정답 (B)

UNIT 20 동사 ③

Step 3 이론 적용해 보기

1. follow	2. respond	3. indict
4. impeded	5. lay off	

PART 7
UNIT 21 문제유형 ⑥ 빈칸추론 & 동의어 파악

Step 1 실전 문제 먼저 풀기

문제 1–2번은 다음 광고를 참조하시오.

페페르노 피저리아에서 아시아에 적어도 네 개의 새로운 지점을 개설하게 된 것을 자랑스럽게 알려드립니다. 중국, 한국, 일본, 대만에 위치한 이 네 지점들은 저희 프로젝트의 첨병이 될 것입니다. 우리가 새로운 시장에 진입하게 되었으므로 우리와 함께 하고자 하는 인력이 필요합니다. 레스토랑 직원들은 현지에서 모집할 것이지만, 아시아 업무를 처리할 완전히 새로운 부서를 마련할 것입니다.

하급직으로는 주로 재무, 경제, 국제 관계 혹은 이런 분야에 관련된 학위 소지자를 찾고 있습니다. 해당 분야의 경력이 우대되지만 필수는 아닙니다. 그러나 관리직은 적어도 5년 이상의 경력이 필요합니다. 지원 절차 혹은 완전한 구인 목록에 관한 정보는 우리 웹사이트 www.peppernopizza.com에 나와 있습니다.

표현 정리 branch 지부, 지점 spearhead 첨병, 선봉 venture into (위험을 무릅쓰고) ~로 진입하다 be in need of ~이 필요하다 be willing to do 기꺼이 ~하다 deal with ~을 다루다 entry level positions 하급직, 신입직 applicant 지원자 degree 학위 finance 재무, 금융 international relations 국제 관계 experience in the field 업계 경력 be preferred 우대되다 involve 수반하다, 포함하다 in charge 책임지는 application process 지원 절차

1. [1], [2], [3], [4]로 표시된 위치 중 다음 문장이 들어가기에 가장 적절

한 곳은?

"그러나 관리직은 적어도 5년 이상의 경력이 필요합니다."

(A) [1]
(B) [2]
(C) [3]
(D) [4]

정답 (C)

2. 두 번째 단락 두 번째 줄의 "related"와 가장 가까운 의미는?

(A) 관련된
(B) 의도된
(C) 만들어진
(D) 제안된

정답 (A)

Step 4 이론 적용해 보기

문제 3~4번은 기사에 관한 문제입니다.

Go To Margot의 재정적인 성공

애버딘(4월 3일) – 마고 로비는 30년 전 맨체스터 있는 대학에 처음 입학했을 때는 패션 디자인을 공부하기 위해서였다. 그러나 그녀는 어느 여름 작은 옷가게에서 일하면서 소매업에 대한 관심을 가지게 되었고 그녀는 새로운 꿈을 실현하기 위해 비즈니스 학위를 취득하고 고향인 애버딘에 "Lets Go To Margot"라는 작은 매장을 오픈했다.

현재 로비 양의 소규모 매장은 매년 수백만 파운드의 수입을 올리는 성공적인 기업으로 확장되었다. 이 성공은 로비 양이 4년 전에 gomargot.com에서 가상 상점을 개발하기 위해 고용한 가이 피어스 씨의 능력 때문이다. 디지털 정체성과 일치하도록 본점의 이름을 "Go Margot"으로 바꾸는 것은 피어스 씨의 생각이었다.

로비 씨는 개인적인 상호 교류를 중요시하며 고객과의 관계를 맺는 것을 좋아한다. ⁴ 그녀는 고객들이 오프라인 매장에서 쇼핑할 때 그들의 요구를 가장 잘 충족시킬 수 있다고 여전히 믿는다. 그러나 그녀는 온라인 존재가 중요하다는 것을 알고 있다. Go Margot는 온라인 판매만으로도 올해 1억 4천만 파운드 이상의 수익을 올릴 것으로 기대하고 있다. 이 판매량의 거의 3분의 2가 스코틀랜드 이외의 지역인, 미국, 싱가포르 및 호주에서 주로 발생한다.

이로 인해 Go Margot 사의 직원은 늘었으며, 회사는 웹 사이트를 업데이트하고 운영하기 위해 기술자들을 고용하고 사내 스튜디오를 오픈했다.

"스튜디오는 온라인 디스플레이를 위해 제품들이 ³ 적시에 촬영될 수 있도록 할 것이고, 매주 새로운 제품이 추가되기 때문에 꼭 필요한 것입니다."라고 로비 양은 말했다.

표현 정리 intend to V ~할 작정이다, ~하려고 생각하다 **study** 연구하다 **clothing boutique** 양품점, 옷가게 **retail** 소매업 **pursue** 추구하다, (붙잡기 위해) 뒤쫓다 **earn** 얻다, 받다 **degree** 학위 **instead** 대신에 **fast-forward to today** 오늘로 빨리 와서 **expand** 확장하다 **successful enterprise** 성공적인 기업 **in part** 부분적으로는, 어느 정도는 **due to** ~때문에 **parallel virtual store**

가상 상점 **flagship store** (체인점의) 본점, 주력 상점 **identity** 정체성 **proponent** 지지자 **interaction** 상호 교류 **engage with** ~와 관계를 맺다 **presence** 존재 **earnings** 수익 **nearly** 거의 **accordingly** 그에 따라 **besides** ~이외에도 **in-house** 사내의 **photograph** 사진을 찍다 **in a timely fashion** 적시에 **necessity** 필수품, 불가피한 일

3. 다섯 번째 단락 두 번째 줄의 fashion과 가장 가까운 뜻은?

(A) 서식, 종류
(B) 유행, 스타일
(C) 행사, 사건[일]
(D) 방식

해설 지문 속 'in a timely fashion'은 '시기적절한 방법으로'라는 의미로 in a timely manner와 동의어로 알아두면 쉽게 문제를 풀 수 있다. 따라서 (D)가 정답이 된다. 참고로 in an orderly manner(fashion) '질서정연하게'도 함께 알아두자.

정답 (D)

4. 다음의 문장은 [1], [2], [3], [4] 중 어느 곳에 속하는 것이 가장 적합한가?

"그녀는 고객들이 오프라인 매장에서 쇼핑할 때 그들의 요구를 가장 잘 충족시킬 수 있다고 여전히 믿는다."

(A) [1]
(B) [2]
(C) [3]
(D) [4]

해설 주어진 문장을 정확히 파악하고 빈칸의 앞문장과 뒷문장이 논리적으로 잘 연결되는 자리를 찾아야 한다. 위와 같은 경우는 주어진 문장에서 still(여전히)이 단서가 될 수 있고 뒷문장의 however(그러나)가 정답의 단서가 된다. 즉, 주어진 문장은 여전히 오프라인 가게를 선호한다는 뉘앙스이므로 앞에서 Robbie 씨가 손님들과의 직접적인 교류를 좋아 한다는 내용 뒤인 [3]의 위치에 들어가기에 적합하고 바로 다음 문장에서 연결어인 however를 통해 Robbie 씨는 온라인 매장의 존재도 중요하다고 말하고 있으므로 (C)가 정답이다.

정답 (C)

문제 5~6번은 공지에 관한 문제입니다.

2월 7일
음료 업체에서 새롭게 선보일 다이어트 탄산음료

시카고 – 세계적인 브랜드 모나크 음료 사는 새로 나온 다이어트 탄산음료를 곧 시장에 선보일 것이다. 슈프라이처라고 하는 새로 나온 탄산음료는 여름 시즌이 시작되는 7월 7일에 시중에 나올 것이다. 슈프라이처의 공력적인 마케팅은 6월 3일 뉴욕, 시카고, 마이애미와 같은 주요 시장을 필두로 TV 광고와 인쇄 매체 광고를 통해 이루어질 것이다. 고속도로의 옥외광고판은 6월 말에 설치될 것이다. ⁶ 이들 광고는 오하이오, 미시건, 캐롤라이나 주 등의 고속도로에 길게 늘어설 것이다.

모나크 음료 사는 지난 5년 동안 세 가지의 새로운 탄산음료를 선보였다. 10칼로리를 함유한 다른 두 개의 다이어트 음료와는 달리 슈플라이처는 칼로리가 0이고, 인공 감미료가 아닌 과일 주스로 단

맛을 냈다고 한다. 모나크 음료 사는 소비자들이 자연 식품을 선호하고 ⁵ 가공된 재료를 기피하는 시장의 흐름을 따르고 있다고 한다. 이는 최초로 나온 천연 탄산음료이다.

표현 정리 beverage 음료 unveil (새로운 계획·상품 등을) 발표하다 be set to V ~하도록 예정되어 있다 aggressive 공격적인 advertising campaign 광고 캠페인 be launched 출시되다 print ads (신문·잡지 등에) 인쇄된 광고 be put up 게시되다 introduce 소개하다 sweeten 달게 하다 artificial sweeteners 인공 감미료 demand 요구하다 consumption 소비

5. 두 번째 단락, 네 번째 줄의 artificial과 가장 가까운 뜻은?

(A) 맛있는
(B) 가짜의
(C) 진짜인
(D) 건강한

해설 해당되는 단어는 artificial 즉, '인공[인조]의, 거짓된'이라는 뜻으로 문장에서는 '가공된 재료를 기피하다'의 의미이므로 선택지 중 (B) fake(가짜의, 거짓된)가 가장 의미가 가깝다.

정답 (B)

6. 다음의 문장은 [1], [2], [3], [4] 중 어느 곳에 속하는 것이 가장 적합한가?

"이들 광고는 오하이오, 미시건, 캐롤라이나 주 등의 고속도로에 길게 늘어설 것이다."

(A) [1]
(B) [2]
(C) [3]
(D) [4]

해설 주어진 문장을 정확히 파악하고 빈칸의 앞문장과 뒷문장이 논리적으로 잘 연결되는 자리를 찾아야 한다. 위와 같은 경우는 주어진 문장에서는 These(이것들)가 단서가 된다. 즉, 주어진 문장의 대명사 these는 앞 문장의 Billboards along the highways(고속도로의 옥외광고)를 나타내므로 고속도로의 옥외광고판은 6월 말에 설치될 것이라는 내용 뒤인 [3]의 위치에 들어가기에 적합하다.

정답 (C)

REVIEW TEST

1. 대명사를 고르는 문제

해설 동사가 단수(has)로 왔으므로 (D) either가 정답이다. 빈칸 앞에 접속사(if)가 왔으므로 접속사인 (A)는 오답 처리한다. (B)는 부사이다.

해석 만약 전화번호나 이메일 주소 중 하나가 바뀐다면 알려주십시오.

표현 정리 email address 이메일 주소 change 바꾸다

정답 (D)

2. 대명사를 고르는 문제

해설 명사(presentations) 앞 빈칸은 소유격 자리이므로 (D) their가 정답이다.

해석 직원들은 가끔 무대에서 프레젠테이션을 할 때 자신을 표현하는데 어려움을 겪는 경우가 있다.

표현 정리 situation 상황, 경우 have difficulty -ing ~에 어려움을 겪다 express 표현하다

정답 (D)

3. 대명사를 고르는 문제

해설 'old + 명사(staff)' 앞 빈칸은 소유격 자리이므로 (B) their가 정답이다.

해석 기업들은 재정난을 극복한 후, 그들의 직원을 다시 고용했다.

표현 정리 hire 고용하다 financial 재정의

정답 (B)

4. 대명사를 고르는 문제

해설 동사(admits) 앞 빈칸은 주어 자리이므로 주격인 (A) he가 정답이다.

해석 그는 이 프로젝트를 포기하고 싶지 않았지만, 이번 달까지 프로젝트를 끝낼 능력이 없음을 인정했다.

표현 정리 give up 포기하다 admit 인정하다

정답 (A)

5. 대명사를 고르는 문제

해설 타동사(help) 뒤 빈칸은 목적어 자리이므로 (C) them이 정답이다.

해석 매니저는 항상 그들을 최대한 도와주는 일을 기꺼이 할 준비가 되어 있었다.

표현 정리 be eager to 기꺼이 ~하다

정답 (C)

6. 대명사를 고르는 문제

해설 전채 개수가 몇 개(two)인지 언급되었고, 단수동사(was) 앞에 빈칸이 왔으므로 (B) the other가 정답이다.

해석 2개의 신제품 샘플 중에서 하나는 실격되었으나 다른 하나는 판매할 만한 자격을 얻었다.

표현 정리 prototype 샘플 disqualified 실격 받은 qualified 적격한

정답 (B)

7. 대명사를 고르는 문제

해설 be동사(is) 뒤 보어 자리 빈칸은 소유대명사 자리이다. 따라서 (A) hers가 정답이다. be동사 뒤 빈칸에 (B) 목적격, (C) 주격, (D) 재귀대명사는 올 수 없다.

해석 강좌가 끝나면, 메리는 자신이 보관해야 할 스테이플러를 제외한 모든 사무기기를 반납해야 한다.

표현 정리 office equipment 사무기기 stapler 스테이플러

정답 (A)

8. 대명사를 고르는 문제

해설 수식어(who) 앞에 빈칸이 왔으므로 (C) those가 정답이다. those who는 '~한 사람들'이란 뜻이다.

해석 항상 주간에 근무하는 사람들보다 야간에 근무하는 사람들의 급여가 더 높다.

표현 정리 consistently 일관되게, 지속적으로 night shift 야간 근무 day shift 주간 근무

정답 (C)

9. 대명사를 고르는 문제

해설 주어가 복수로 왔으므로 복수대명사인 (B) Most가 정답이다. most는 단수/복수에 모두 쓰인다. (A), (C), (D)는 모두 단수로 취급된다.

해석 대부분의 사람들이 고객의 불만을 논의하기 위한 회의를 다시 소집해야 한다는데 동의했다.

표현 정리 agree 동의하다 another 또 다른 complaint 불평

정답 (B)

10. 대명사를 고르는 문제

해설 'of the + 복수명사(candidates) + 단수동사(is)' 앞 빈칸은 (A) Each를 쓴다. (B)는 'Most of the + 복수명사 + 복수동사'로 와야 하므로 오답이고, (C)는 형용사이므로 대명사 자리에 올 수 없으며, (D)는 'of the + 불가산명사'로 와야 하므로 오답이다.

해석 각 지원자들이 인사과에서 다섯 명의 면접관과 함께 면접을 보고 있다.

표현 정리 candidate 후보(자)

정답 (A)

DAY 08

PART 5&6
UNIT 22 전치사

① 전치사의 위치

실전 문제 1

해설 동명사(getting) 앞에 빈칸이 왔으므로 전치사인 (D) without이 정답이다. (A) 부사, (B) 접속사, (C) 접속사 등은 전치사 자리에 올 수 없다.

해석 그는 건강검진을 받지 않고는 그 일에 지원할 수 없다.

표현 정리 medical examination 건강검진

정답 (D)

실전 문제 2

해설 명사 목적어(the other members) 앞 빈칸은 전치사 자리이므로 (B) like가 정답이다. (A), (C), (D) 모두 부사이며, 부사는 전치사 자리에 올 수 없다.

해석 그녀는 판매부의 다른 직원들처럼 고객들을 친절하게 대하기를 원한다.

표현 정리 friendly 친절한, 우호적인 Sales Department 영업부

정답 (B)

② 시간 전치사

실전 문제 1

해설 날짜(September 10) 앞에 빈칸이 왔으므로 (D) on이 정답이다. (A), (B)는 기간 앞에 써야 하며, (C)는 날짜와 쓰이지 않는다.

해석 모든 지원자들은 9월 10일에 지원서를 인사과로 제출해야 한다.

표현 정리 submit 제출하다 application form 지원서

정답 (D)

실전 문제 2

해설 'since + 과거시점(last year)'은 현재완료(have been working) 시제와 어울려 쓴다. 따라서 (B) since가 정답이다.

해석 그들은 작년부터 이 회사에서 일해 오고 있다.

표현 정리 work at ~에 근무하다, ~을 위해 일하다

정답 (B)

③ 장소 전치사

실전 문제 1

해설 빈칸 뒤에 장소(the country))가 왔으므로 (D) throughout이 정답이다. (A)는 '~옆에'라는 뜻의 위치 전치사이다.

해석 식당, 호텔과 같은 사업은 이제 전국에서 흔히 볼 수 있다.

표현 정리 such as ~와 같은 common 흔한, 보통의 sight 광경, 풍경

정답 (D)

실전 문제 2

해설 빈칸 뒤에 장소(the firm)가 왔으므로 (B) within을 써야 한다.

해석 회사 내의 다른 팀으로 이동하고 싶은 사람은 먼저 상사에게 연락해야 한다.

표현 정리 transfer 옮기다, 전근시키다 different 다른 supervisor

상사, 감독관

정답 (B)

정답 (B)

---

④ 구 전치사

실전 문제 1

해설 빈칸 뒤에 동명사가 왔으므로 (C) 부사는 정답이 될 수 없다. 전치사 (A), (B), (D) 중 문맥상 'BICCO Center가 시설을 짓는 것 외에 모든 건물의 에너지 사용을 점검한다'가 어울리므로 '~이외에도'의 의미를 가지고 있는 (A) In addition to가 정답이다.

해석 친환경시설을 짓는 것 외에도 BICCO Center는 모든 건물의 에너지 사용을 모니터한다.

표현 정리 in addition to ~외에도 **build** 짓다 **environmentally friendly** 친환경적인 **monitor** 모니터하다 **energy use** 에너지 사용

정답 (A)

실전 문제 2

해설 빈칸 뒤 명사구(the new overseas expansion project)가 왔으므로 전치사 자리이다. (B), (D)는 접속사이므로 정답이 될 수 없고, 문맥상 '새로운 확장 프로젝트 때문에 2개 국어 언어를 구사하는 지원자를 찾는다'가 어울리므로 (C) owing to가 정답이다.

해석 회사는 새로운 해외 확장 프로젝트로 인해 영어와 스페인어를 구사하는 지원자를 찾고 있습니다.

표현 정리 currently 현재 seek 구하다 applicant 지원자 bilingual 두개 언어를 할 줄 아는 overseas 해외의 expansion 확장

정답 (C)

---

⑤ 전치사 숙어

실전 문제 1

해설 '항상'이라는 의미는 at all times로 나타내므로 (D) at이 정답이다.

해석 관리자는 직원들을 교육시키면서 '우리의 고객들을 항상 만족시키기 위해 최선을 다하라.'고 말한다.

표현 정리 do one's best 최선을 다하다 at all times 항상

정답 (D)

실전 문제 2

해설 interfere는 그 뒤에 전치사 in과 with 모두 올 수 있지만 정확하게 구분해 사용해야 한다. interfere in은 누군가의 일에 참견하는 것을 나타내고 interfere with는 장애물 등으로 방해하는 것을 나타낸다. 따라서 (B) in이 정답이다.

해석 그는 매니저가 프로젝트를 간섭하는 것에 대해 불평하면서 그녀에게 간섭을 그만하라고 요구했다.

표현 정리 complain 불평하다 interfere 간섭하다

정답 (B)

UNIT 23 동사 ④

Step 3 이론 적용해 보기

1. accept   2. reveal   3. assure
4. broaden   5. cause

PART 7
UNIT 24 지문유형 ❶ 이메일

Step 1 실전 문제 먼저 풀기

문제 1~2번은 다음 이메일을 참조하시오.

받는 사람: 로라 파커
보내는 사람: 스타 부티끄
제목: 세 번째 스타 부티끄에서의 바겐세일

고객님께 저희 Star Boutique의 세 번째 분점이 Park Avenue에 오픈하게 된 것을 알리게 되어 기쁩니다. 완전히 새롭고 다양한 파티복, 예복과 그에 따른 액세서리들이 구비되어 있습니다. 저희 매장은 디자이너들이 직접 디자인한 옷으로 유일한 디자인의 정장을 만나보실 수 있습니다.

오늘 7월 7일, 저희는 새로운 아이템으로 할인 행사와 함께 칵테일 파티를 개최할 예정이며, 검은색의 정장을 입는 파티가 될 것입니다. 할인하는 품목은 액세서리, 정장, 여성복과 남성복을 포함하며, 20%까지 할인될 것입니다.

저희가 이메일에 첨부한 초대장을 출력하시고, 검은색 아이템을 입거나 가져와 주십시오.

파티에 참여하시기를 기대하겠습니다. 감사합니다.

피터 스테이시

표현 정리 inform 정보를 제공하다 whole 완전한 bridal 신부의 hence 따라서, 그러므로 exclusive 독점적인, 한정된 formal 격식을 차린 dress affair 정장이 필요한 행사 print 출력하다 be attached to ~에 첨부되다

1. 왜 파커 씨에게 이메일을 보냈는가?

(A) 새로운 지점으로 초대하려고
(B) 신부 드레스를 설명하려고
(C) 새로운 물건에 대해 정보를 제공하려고
(D) 어떤 액세서리에 대해 물어보려고

정답 (A)

2. 파커 씨는 무엇을 하도록 요청 받는가?

(A) 이메일을 출력하라고
(B) 오전 10시 전에 도착하라고
(C) 콘서트에 참석하라고
(D) 검정색 정장을 입고 오라고

정답 (D)

Step 4 이론 적용해 보기

문제 3~4번은 다음 이메일을 참조하시오.

받는 사람: 윌리엄 마흐
보내는 사람: 엘리자베스 스완
날짜: 10월 5일
³ 제목: 추천서

마흐 교수님께,

저는 지난 4년 동안 교수님의 수업을 통해 많은 것을 즐기고 배웠습니다. 교수님께서 저에 대해 잘 아실 것이라 생각하며, 제 능력을 높이 평가하여 ³ 추천서를 써 주시기를 희망합니다.

첨부한 자기소개서를 보시면 아시다시피, 저의 그림과 편집기술을 필요로 하는 디자인 업계를 목표로 하고 있습니다. ⁴ 교수님께서 저의 기억을 되살리실 수 있도록 저의 논문들을 포함한 핵심 졸업논문에 관한 요약문을 첨부하였습니다. 또한 교외에서의 업적이 담긴 이력서를 같이 첨부합니다.

저에게 해 주신 모든 것들과, 저의 요청을 검토하시는데 시간을 내주셔서 감사합니다.

진심으로,

엘리자베스 스완

표현 정리 benefit 혜택을 입다 **regard** ~로 여기다, 평가하다 **recommendation** 추천 **attach** 첨부하다 **industry** 산업 **editing** 편집 **summary sheet** 요약문 **refresh** ~의 기억을 되살리다 **thesis** 학위 논문 **accomplishment** 업적, 성취 **review** 검토하다

3. 주제 찾기 문제

해설 이메일을 작성한 목적을 묻고 있으므로 제목을 포함한 첫 단락을 잘 읽는다. 제목은 'Letter of Recommendation'이고 첫 단락 마지막 문장 'write a general recommendation'에서 추천서를 써 달라고 요청하고 있으므로 (D)가 정답이다.

해석 이메일의 목적은 무엇인가?
(A) 새로운 자리를 요청하려고
(B) 새로운 수업에 대해 문의하려고
(C) 업적에 대해 보고하려고
(D) 추천서를 요청하려고

정답 (D)

4. 세부 사항 문제

해설 'be sent with'는 동봉 문제라는 것을 기억한다. 질문의 'be sent with, be enclosed, be attached, be included' 등은 동봉 문제이다. 따라서 두 번째 단락이 동봉을 언급한 단락이고, 이 단락에 'be sent with, be enclosed, be attached, be included' 중 한 개가 등장하는데 이 동사가 등장한 문장이 단서이다. 두 번째 단락 두 번째 문장 include가 포함된 'I have included a summary sheet to refresh your memory about some of my key papers, including my senior thesis.'에서 '졸업 논문'을 첨부했다고 언급했으므로 (B)가 정답이다.

해석 이메일에 동봉된 것은?
(A) 업무 설명서
(B) 논문 요약문
(C) 입사 지원서
(D) 추천서

정답 (B)

REVIEW TEST

1. 전치사를 고르는 문제

해설 정확한 시점(7 o'clock) 앞에 빈칸이 왔으므로 (D) at이 정답이다. (A), (C)는 기간 앞에, (B)는 날짜, 요일 앞에 쓴다.

해석 모든 직원들은 새로운 프로젝트에 대한 논의를 위해 7시에 회의에 참석하라는 통고를 받았다.

표현 정리 attend 참석하다 **in order to do** ~하기 위해 **discuss** 논의하다

정답 (D)

2. 전치사를 고르는 문제

해설 공간 내 위치, 장소(auditorium) 앞에 빈칸이 왔으므로 (B) in이 정답이다.

해석 발표자를 위해 남겨 둔 첫 번째와 두 번째 줄을 제외하고, 모든 직원들은 강당의 어느 자리에 앉아도 된다.

표현 정리 row 줄 **reserve** 예약한다, 남겨두다 **choose** 선택하다 **auditorium** 강당

정답 (B)

3. 전치사를 고르는 문제

해설 요일(Monday) 앞에 빈칸이 왔으므로 (B) on이 정답이다.

해석 회사의 더 나은 직원복지를 위해 새롭게 바뀐 정책은 월요일부터 적용될 것이다.

표현 정리 application 적용 **policy** 정책 **benefit** 혜택

정답 (B)

4. 전치사를 고르는 문제

해설 계속 동사(remain)가 왔고, 시점(next week) 앞에 빈칸이 왔으므로 (C) until이 정답이다. (A)는 완료동사와 어울리고, (B)는 정확한 시점 앞에, (D)는 출발점에 쓴다.

해석 매니저는 새로운 직책으로 옮길 예정이며, 그녀는 다음 주까지 판매부에 남을 예정이다.

표현 정리 replace 교체하다 **remain** 남아 있다

정답 (C)

5. 전치사를 고르는 문제

해설 문맥상 '~밑에'라는 뜻이 어울리며, 위치 명사(the seat)가 목적어

로 올 경우 (D) under가 알맞다. (C)가 쓰이려면 next to가 되어야 한다.

해석 비행기를 타고 해외 지사로 갈 때 모든 짐은 앞에 있는 의자 밑에 보관해야 한다.

표현 정리 take a flight 비행기를 타다 **store** 보관하다 **in front of** ~앞에

정답 (D)

6. 전치사를 고르는 문제

해설 구체적인 장소, 특히 고유명사(회사, 단체, 번지, 건물) 앞에 있는 빈칸에는 at을 쓴다. 따라서 (D) at이 정답이다.

해석 우리 회사는 Walden Sguare에 세 번째 지점을 열 예정인데, 그 지역에서 가장 큰 무역회사 건물이 될 것이다.

표현 정리 open 열다 **branch** 지점, 지사

정답 (D)

7. 전치사를 고르는 문제

해설 기간(the next two weeks) 앞에 빈칸이 왔으므로 (A) within이 정답이다. (B)는 street 등의 명사와 어울리고, (D)는 '~을 통하여'라는 뜻을 가지고 '수단'을 나타낼 때 쓴다.

해석 판매부의 모든 직원들은 그들의 프로젝트를 향후 2주 이내에 끝내야 한다.

표현 정리 department 부서 **finish** 끝내다

정답 (A)

8. 전치사를 고르는 문제

해설 기간(the year) 앞에 빈칸이 왔으므로 (A) throughout이 정답이다.

해석 긴급 상황과 관련한 중역들의 회의는 보통 1년에 4번 이상 열린다.

표현 정리 occur 일어나다, 발생하다

정답 (A)

9. 전치사를 고르는 문제

해설 완료 동사(submit)가 왔고, 시점(next Monday) 앞에 빈칸이 왔으므로 (B) by가 정답이다. (D) until은 계속 동사와 어울려 출제된다.

해석 이 자리에 관심 있는 사람은 이력서를 인사부 매니저에게 월요일까지 제출해야 한다.

표현 정리 resume 이력서

정답 (B)

10. 전치사를 고르는 문제

해설 빈칸 뒤에 'A and B'가 왔으므로 (D) between이 정답이다.

해석 연구조사는 이 분야에서의 환경과 경쟁법 간의 갈등 상황에 대한 가능한 해결책들을 제시해 준다.

표현 정리 suggest 제안하다 **a number of** 많은 **possible** 가능한

solution 해결 **conflict** 갈등

정답 (D)

PART 5&6
UNIT 25 to부정사

① 부정사의 위치 1

실전 문제 1

해설 빈칸 앞에 allow가 왔으므로 (D) to add가 정답이다.

해석 이 유나이티드 호스피틀 재단 기부금은 현재 볼티모어 아동병원에 근무하는 32명의 직원에 추가해 6명의 의사를 채용할 수 있게 해 줄 것이다.

표현 정리 donation 기부 **current** 기존의

정답 (D)

실전 문제 2

해설 명사 주어 자리에 오는 목적(purpose)의 뜻을 가진 명사들은 'be to부정사'와 단짝으로 출제된다. 이때 목적의 뜻을 가진 명사 주어와 be + to부정사는 동격관계이다. 따라서 (A) to offer가 정답이다.

해석 이 편지의 목적은 우리 클럽에 참석하기를 원하는 사람들을 위하여 회원 기회를 제공해 주려는 것이다.

표현 정리 purpose 목적, 의도, 취지 **offer** 제의하다, 제공하다 **membership** 회원자격, 회원신분

정답 (A)

② 부정사의 위치 2

실전 문제 1

해설 빈칸 뒤에 동사원형이 왔으므로 (D) In order to가 정답이다. (A) 전치사, (B) 접속사, (C) 접속사 모두 동사원형 앞에 쓸 수 없다.

해석 최상의 서비스를 받기 위해서는 고객 역시 정중하고 침착해야 한다.

정답 (D)

실전 문제 2

해설 완전한 절 뒤에 빈칸이 왔으므로 목적의 뜻을 가진 to부정사가 정답이다. 따라서 (B) to update가 정답이다.

해석 관리부는 내부 네트워크시스템의 업데이트를 위해 몇 주 동안 열심히 작업했다.

표현 정리 Maintenance Department 관리부 **work hard** 열심히 일하다 **internal** 내부의

정답 (B)

③ 부정사를 취하는 동사 1

실전 문제 1

해설 동사 attempt는 to부정사를 목적어로 취하는 동사이므로 (D) to respond가 정답이다.

해석 Idenis 제약사는 적절한 때에 어떤 질문이나 불평에 응대하기 위해 노력하겠습니다.

표현 정리 pharmaceuticals 제약회사 attempt 시도하다, 꾀하다 respond 반응하다 complaint 불만 불평 in a timely manner 시기적절한 때에, 적시에

정답 (D)

실전 문제 2

해설 be willing to 부정사는 하나의 숙어로 암기한다. 따라서 정답은 (C) to purchase가 된다. (D) to be purchased는 to부정사의 수동형이므로 빈칸 뒤에 목적어가 없어야 한다.

해석 일부 고객들은 매우 할인된 가격의 일부 상품들은 기꺼이 구매할 것이다.

표현 정리 customer 고객 significantly 상당히, 매우 discounted 할인된

정답 (C)

④ 부정사를 취하는 동사 2

실전 문제 1

해설 빈칸 앞에 동사 enable이 왔으므로 (D) to complete가 정답이다.

해석 새 교육 프로그램은 공장 직원들이 다음 예정된 프로젝트를 더욱 효율적으로 끝낼 수 있게 해 줄 것이다.

표현 정리 enable A to B A가 B하게 해 주다 efficiently 효율적으로

정답 (D)

실전 문제 2

해설 빈칸 앞에 동사 permit이 왔으므로 (B) to park가 정답이다.

해석 오늘부로 시행될 새 규정은 직원들이 그들의 차량을 지정된 곳에 밤샘 주차하는 것을 허용할 것이다.

표현 정리 effective 효과적인, 발효되는 as of ~부로, ~일 자로 permit 허락하다, 허가하다 designated area 지정된 장소

정답 (B)

UNIT 26 형용사 ❶

Step 3 이론 적용해 보기

1. marginal   2. previous   3. considerable
4. unoccupied   5. joined

PART 7
UNIT 27 지문유형 ❷ 기사 & 보도자료

Step 1 실전 문제 먼저 풀기

문제 1-3번은 다음 보도 자료를 참조하시오.

브리트니 윌슨의 신간 드디어 베스트셀러에 등극

런던 – 마침내 Amazon.com에서 구입할 수 있다는 점에서 브리트니 윌슨의 가장 최근 소설이 베스트셀러 리스트에 빠르게 오르고 있다.

브리트니의 연애소설 True Love는 늦은 월요일 활자본과 전자책에서 모두 100위를 차지했다. 그녀가 사용한 필명은 Olive Gratel이다.

월요일은 공식적인 출판일이었으나, 온라인 소매업자와 브리트니의 U.K. 출판사인 Suria Book Group과의 전자책 계약조건에 대한 논쟁으로 Amazon을 통해서는 주문을 할 수 없었다. 게다가 True Love를 실제 책으로 구매하기에는 아직 불만이 없지는 않다: 배송이 2–4주 정도 걸린다고 고객들이 얘기했다.

현재 Ronnie의 웹사이트에서 True Love의 순위는 활자본이 1위, 그리고 전자책이 5위이다.

표현 정리 novel 소설 climb up ~에 오르다 purchase 구매하다 e-book 전자책 official 공식적인 publication 출판, 발행 retailer 소매업자 publisher 출판인, 출판사 argue 논쟁하다 frustration 불만

1. 기사의 목적은 무엇인가?

(A) 소설을 온라인상에서 살 수 있다는 것을 알리기 위해
(B) True Love가 홈페이지에서 1등한 것을 보고하기 위해
(C) 소설이 사람들에게 베스트셀러로 올라간 것을 알려주기 위해
(D) 새로운 책에 대한 정보를 제공하기 위해

정답 (A)

2. Olive Gratel은 누구인가?

(A) 디자이너
(B) 작가
(C) 감독
(D) 조사관

정답 (B)

3. [1], [2], [3] 그리고 [4]로 표시된 것 중에서 다음 문장이 들어가기에 가장 적절한 곳은 어디인가?

"게다가 True Love를 실제 책으로 구매하기에는 아직 불만이 없지는 않

다."

(A) [1]
(B) [2]
(C) [3]
(D) [4]

정답 (C)

문제 4-6번은 다음 기사를 참조하시오.

보통 6월에는 날씨가 따뜻하지 않았던 반면, 올해에는 일본에 여름이 일찍 찾아왔습니다. ⁴ 따뜻한 날씨는 야외 활동과 스포츠를 위한 기회를 제공하지만, 여름에 유행하는 병을 증가시키기도 합니다. 보건부에서는 눈병과 모기에게 감염되는 질병뿐 아니라 음식으로 인한 질병까지 특별히 조심해야 한다고 전했습니다. ⁶ 경우에 따라, 간단한 초기증상이 잇달아 마비와 같은 심각한 증상으로 이어질 수 있습니다.

눈병과 음식으로 인한 질병을 피하는 가장 좋은 방법은 ⁵⁽ᴬ⁾ 손을 올바르게 주기적으로 씻는 것입니다. 질병을 막기 위해서는, ⁵⁽ᶜ⁾ 반드시 음식을 철저히 익혀야 한다고 보건부는 말했습니다.

"음식, 특히 육류와 해산물을 완전히 익히세요." 보건부에서는 말했습니다. ⁵⁽ᴰ⁾ "요리를 시작하기 전에는 반드시 손을 씻으세요."

표현 정리 unusually 평소와 달리 opportunity 기회 engage in ~에 참여하다 outdoor 야외의 prevalence 유행, 보급 disease 병, 질환 particularly 특히 aware 알고 있는, 지각하고 있는 illness 병 infection 감염 borne ~로 전달됨(전염병) initial 처음의, 초기의 symptom 증상, 징후 serious 심각한, 진지한 paralysis 마비 properly 알맞게, 적절히 regularly 규칙적으로 ensure 반드시 ~하다, 보장하다 thoroughly 완전히, 철저히

4. 주제 찾기 문제

해설 기사의 주제를 묻고 있으므로 첫 단락을 잘 읽는다. 첫 단락 두 번째 문장 'While it provides more opportunities for people to engage in outdoor activities and sports, the warm weather also increases the prevalence of summer diseases.'에서 '따뜻한 날씨는 야외 활동과 스포츠를 위한 기회를 제공하지만, 여름에 유행하는 병을 증가시키기도 합니다.'라고 언급되었으므로 (C)가 정답이다.

해석 기사의 주제는?
(A) 야외 활동의 위험성
(B) 모기 감염에 대한 위험
(C) 여름 유행병에 대한 인식
(D) 일본의 일기예보

정답 (C)

5. 사실 파악 문제

해설 (NOT) TRUE 문제이고 선택지가 절로 구성되면 단서가 흩어져 있다는 것을 기억한다. 두 번째 미래(will) 문제는 마지막 단락 또는 미래문장(will)에 단서가 있다는 것을 기억한다. 마지막 단락이 질병을 예방하기 위한 방법들이 제시된 단락이다. (A) Washing one's hands on a regular basis는 첫 문장 'wash your hands properly and regularly'에 언급되었고, (C) Cooking meat until it isl completely

---

done은 두 번째 문장 'ensure that food is cooked thoroughly'에 언급되었고, (D) Washing one's hands before starting to cook은 마지막 문장 'wash your hands before you start cooking'에 언급된 사실이지만 (B)는 (C)와 정반대로 기술하고 있으므로 잘못된 정보이다. 따라서 (B)가 정답이다.

해석 기사에 따르면, 어떤 행동이 여름 질병을 예방하려는 조치가 아닌가?
(A) 손을 제대로 규칙적으로 씻는다.
(B) 고기가 설익을 때까지 요리한다.
(C) 고기가 완전히 익을 때까지 요리한다.
(D) 요리를 시작하려면 손을 씻는다.

정답 (B)

6. 빈칸 추론 문제

해설 주어진 문장을 지문의 네 곳 중 한 곳에 넣는 문장 넣기 문제. 주어진 문장은 경우에 따라 나중에 심각한 증상으로 이어질 수 있다는 내용이므로 특정한 질병을 조심해야 한다고 주의를 주는 두 번째 단락의 내용 다음으로 이어지는 것이 가장 적합하다. 따라서 (C) [3]이 정답이다.

해석 [1], [2], [3] 그리고 [4]로 표시된 것 중에서 다음 문장이 들어가기에 가장 적절한 곳은 어디인가?

"경우에 따라, 간단한 초기증상이 잇달아 마비와 같은 심각한 증상으로 이어질 수 있습니다."

(A) [1]
(B) [2]
(C) [3]
(D) [4]

정답 (C)

REVIEW TEST

1. to부정사를 고르는 문제

해설 빈칸 앞 동사 wish는 to부정사를 목적어로 취하는 동사이므로 (C) to cancel이 정답이다.

해석 만약 당신이 이 우편서비스를 취소하고자 한다면, 고객서비스 상담원에게 전화해 당신의 이름을 목록에서 삭제해 줄 것을 요청해야 합니다.

표현 정리 customer service representative 고객서비스 상담원 remove 제거하다, 없애다

정답 (C)

2. to부정사를 고르는 문제

해설 빈칸 앞 동사 invite는 '목적어 + to부정사'를 취하는 동사이므로 (D) to attend가 정답이다.

해석 나는 모든 선임 금융 분석가들이 Botswana 사 회의실에서 4월 11일로 예정된 회의에 참석하도록 초대하고자 합니다.

표현 정리 senior (직위, 계급이) 고위의, 선임의, 선배의 invite 목적어 to부정사 ~를 ~에 초청하다 financial analyst 금융 분석가

정답 (D)

3. 명사를 고르는 문제

해설 목적(objective)의 뜻을 가진 명사는 'be + to부정사'와 동격으로 사용되므로 (B) objective가 정답이다.

해석 회사 웰니스 프로그램의 목적은 새로 설립된 제품개발부에 더 많은 격려를 해주기 위함이다.

표현 정리 objective 목적, 목표 encouragement 격려, 고무시킴 product development division 제품개발부

정답 (B)

4. 목적보어(동사원형)를 고르는 문제

해설 빈칸 앞 동사(help)는 '목적어(them) + 동사원형'을 취해야 하므로 (D) meet이 정답이다.

해석 ABST 서포트 서비스는 심각하고도 지속적인 정신건강 문제를 겪는 사람들의 필요를 충족시키는 것을 돕는다.

표현 정리 meet (기대, 요구 조건)에 부응하다, 충족시키다 severe 극심한, 심각한 persistent 집요한, 지속되는

정답 (D)

5. to부정사를 고르는 문제

해설 문두에 빈칸이 왔고 그 뒤에 'comma + 완전한 절'로 왔으므로 (A) To ensure가 정답이다. (B) 과거분사와 (C) 부정사 수동태는 모두 그 뒤에 목적어가 없어야 하므로 오답이다.

해석 당신이 가장 선호하는 시간대를 예약하려면 3주 전에 등록 절차를 마칠 것을 권합니다.

표현 정리 ensure 보장하다, 확보하다 preferred 선호되는 in advance 미리, 사전에

정답 (A)

6. 동사를 고르는 문제

해설 빈칸 뒤에 to부정사가 목적어로 왔으므로 (B) plan이 정답이다.

해석 다음 주 월요일부터 Sacramento Bridge 다리가 공사로 폐쇄되기 때문에 다른 길을 이용할 계획을 세워야 합니다.

표현 정리 alternate 대체의, 대신의 close 닫다, 폐쇄하다 repair 수리 starting ~부터

정답 (B)

7. to부정사의 강조

해설 빈칸 뒤에 동사원형(attain)이 왔으므로 (A) in order to가 정답이다.

해석 조사에 따르면 이 업종의 평균 CEO는 최고 직책에 오르기 위해서 23.6년이 걸렸음을 보여준다.

표현 정리 average 평균의, 보통의, 일반적인 attain 획득하다, 얻다

정답 (A)

8. 목적보어(동사원형)를 고르는 문제

해설 빈칸 앞에 사역동사(make)가 왔으므로 (A)와 (C) 중에 고민한다. 목적어(employees)와 목적보어(wash)가 능동관계이므로 (C) wash가 정답이다.

해석 병원은 직원들이 입실할 때 그들의 손을 씻게 하기 위해 노력한다.

표현 정리 enter 들어오다, 입력하다

정답 (C)

9. to부정사를 고르는 문제

해설 빈칸 앞 동사(remind)는 '목적어 + to부정사'를 취하는 동사이므로 (D) to handle이 정답이다.

해석 안내문은 고객들이 깨지기 쉬운 제품들을 주의해 취급하도록 상기시켜준다.

표현 정리 notice 안내문 remind 상기시키다 fragile 깨지기 쉬운 with care 조심해서

정답 (D)

10. 동사를 고르는 문제

해설 promise는 to부정사를 목적어로 취하는 동사이므로 (A) promise가 정답이다.

해석 신임 CFO는 다음 회의가 열리기 전에 더 자세한 연례 재무보고서를 제공하겠다고 약속했다.

표현 정리 CFO 최고 재무책임자(= Chief Financial Officer) detailed 상세한 annual 매년의, 연례의

정답 (A)

DAY
10

PART 5&6
UNIT 28 동명사

① 동명사의 위치 1

실전 문제 1

해설 동사 finish는 동명사(analyzing)를 목적어로 취하기 때문에 (D) analyzing이 정답이다. 선택지에 동명사와 부정사가 함께 나오면 대부분 to부정사를 사용하는 동사인지 동명사를 사용하는 동사인지를 묻는 문제이다.

해석 3명의 연구자로 구성된 한 팀이 콜로라도, 뉴멕시코, 브라질에서 모은 다섯 세트의 자료 중 첫 번째 자료 분석을 마쳤다.

표현 정리 finish 끝내다, 완성하다 analyze 분석하다

정답 (D)

실전 문제 2

해설 문두에 '------ + 목적어 + (수식어)' 덩어리가 있고 덩어리 뒤에 단수 동사가 왔으므로 빈칸에는 동명사를 고른다. 따라서 (B) Completing이 정답이다. (A) 명사도 빈칸에 쓸 수는 있지만 동사와 수가 일치하지 않아 오답 처리한다.

해석 이 페이지 뒷면에 있는 일반 지시사항을 읽은 후, 동봉된 설문조사를 완성하는 것은 당신이 Casa Adalijao의 성장에 관여할 수 있는 가장 쉬운 방법이다.

표현 정리 enclose 동봉하다 instruction 지침, 설명서 get involved in ~에 관여하다

정답 (B)

② 동명사의 위치 2

실전 문제 1

해설 object to는 '~에 반대하다'의 의미로 그 뒤에 동명사를 목적어로 취한다. 따라서 (D) adding이 정답이다. 여기서 to는 to부정사를 나타내는 to가 아니라 전치사 to라는 점에 유의해야 한다.

해석 인적자원부의 대변인인 리처드 윌리엄슨은 제한된 예산 때문에 다음 달에 직원을 추가 채용하는 것에 반대했다.

표현 정리 object to ~에 반대하다 due to ~ 때문에 limited 제한된, 한정된 budget 예산

정답 (D)

실전 문제 2

해설 '전치사(of) + ------' 뒤에 목적어(all of our guests)가 왔으므로 동명사인 (B) satisfying이 정답이다.

해석 모든 회원들을 만족시킬 목적으로 Marbella가 최근에 시내에 건축한 휴가 별장은 매우 특별한 기능들로 디자인되었다.

표현 정리 aim 목표 recently 최근에 feature 기능, 특징

정답 (B)

③ 동명사를 취하는 동사

실전 문제 1

해설 빈칸 앞 동사(suggest)는 동명사를 목적어로 취하기 때문에 (D) closing이 정답이다.

해석 매니저는 6월 1일에서 8월 31일 사이 성수기 동안에는 금요일과 토요일에 문을 늦게 닫자고 제안했다.

표현 정리 suggest 제안하다 late 늦게 peak season 성수기

정답 (D)

실전 문제 2

해설 빈칸 앞 동사(avoid)는 동명사를 목적어로 취하기 때문에 (B)

해석 우리 중고 스키 매장은 많은 제품들을 갖추고 있으며, 높은 소매 가격을 피하고자 하는 스키어들에게는 훌륭한 선택이다.

표현 정리 be equipped with ~을 갖추다 retail price 소매가

정답 (B)

④ 동명사 빈출 표현

실전 문제 1

해설 'be committed to V-ing'은 '~에 전념하다'는 뜻이므로 (D) producing이 정답이다. 이때 to는 전치사라는 것을 기억한다.

해석 소고기 업계의 NCBA 회원들은 캐나다에서 가능한 가장 안전한 제품을 생산하는데 최선을 다한다.

표현 정리 beef 소고기 be committed to ~에 헌신하다, 전념하다

정답 (D)

실전 문제 2

해설 'have difficulty V-ing'은 '~하는데 어려움을 겪다'는 의미이므로 (B) increasing이 정답이다.

해석 그들의 생산 규모의 한계로 뉴질랜드의 작은 지하 탄광업체는 생산성 향상에 어려움을 겪고 있다.

표현 정리 coal 석탄 mining 채광, 채굴 productivity 생산성

정답 (B)

UNIT 29 형용사 ❷

Step 3 이론 적용해 보기

1. leading
2. designated
3. irrelevant
4. enormous
5. possible

PART 7
UNIT 30 지문유형 ❸ 광고

Step 1 실전 문제 먼저 풀기

문제 1-2번은 다음 광고를 참조하시오.

> ### 럭셔리 인테리어 스튜디오의 스튜디오 / 프로젝트 관리자
>
> Luxury Interiors Studio에서 조직적이고, 성실한 스튜디오 코디네이터를 찾습니다. 저희는 고급호텔, 레스토랑과 바, 그리고 주택의 브랜드화, 실내 건축과 디자인, 그리고 개발을 전문으로 하는 스튜디오입니다.
>
> 스튜디오 / 프로젝트 관리자는 모든 프로젝트를 예산, 일정, 업무 개요에 맞춰 진행해야 하며, 담당 업무는 다음과 같습니다.

- 스튜디오 내의 일정관리와 외부 작업 예약을 지원한다.
- 프로젝트에 사용된 시간을 확인하고, 그 시간이 예산에 맞는지 확인한다.
- 모든 작업은 프로젝트의 단계에 맞춰 항상 보고한다.

귀하의 업무 스타일에 맞는지의 여부, 건축학 또는 실내디자인 분야의 경험이나 지식은 필수입니다. AutoCAD, MS Project, Photoshop, Illustrator와 Excel의 사용에 능숙해야 합니다.

위 조건에 부합한다면, 웹사이트 www.STUDIO.com으로 지원해 주세요.

표현 정리 luxury 고급의 look for ~을 찾다 specialize in ~을 전문으로 하다 architecture 건축 residence 주택 ensure ~을 확실히 하다, 보증하다 budget 예산 schedule 일정 assist in ~을 돕다 scheduling 일정(관리) at all times 항상 adaptable 적응의 essential 필수의 proficient 능숙한 apply 지원하다, 신청하다

1. 광고의 목적은 무엇인가?

(A) 개업식에 초대하기 위해
(B) 자리에 지원하기 위해
(C) 신제품을 소개하기 위해
(D) 직원을 찾기 위해

정답 (D)

2. 이 직책의 담당 업무로 언급된 것이 아닌 것은?

(A) 프로젝트를 예산에 맞추는 것
(B) 스튜디오의 작업을 계획하는 것
(C) 프로젝트의 완성 시에 보고하는 것
(D) 외부 작업 예약을 돕는 것

정답 (C)

Step 4 이론 적용해 보기

문제 3~5번은 다음 광고를 참조하시오.

> ### 저희 exhibition and event sales에서 직장생활을 시작하거나 경력을 쌓으시겠습니까?
>
> ³ 저희 회사에서는 6-12개월 경험이 있는 판매책임자를 찾고 있습니다. 저희가 제일 관심 있어 하는 부분은 판매기술과 능력이며, 판매와 관련 있는 경험이 필수 요구사항은 아닙니다. 만약 직업을 바꾸려 생각해 봤다면 이번이 완벽한 기회입니다.
>
> 고가의 전시회 패키지를 판매하는 것은 당신의 판매기술에 흥미로운 도전이 될 것입니다.
>
> 우리가 필요로 하는 것은?
> – 4(A) 획기적인 판매기술
> – 4(B) 이상적으로는, 6-12개월 판매경력을 원합니다.
> – 4(D) 유능한 의사소통 기술
> – 4(C) A 레벨 교육을 받고, 학위 소지자를 우대하나 필수는 아님
>
> 급여는 경력에 따라 18,000파운드에서 시작하여 35,000 파운드까지이며, 기본급은 수당을 포함하지 않습니다.
>
> ⁵ 지금 홈페이지 www.eae.co.uk에서 지원하세요.

표현 정리 build ~을 쌓다, 구축하다 career 경력 exhibition 전시회 executive 이사, 임원 experience 경험 skill 기술 ability 능력 interested 관심 있는 requirement 필요, 요구 relevant 관련된 perfect 완벽한 consider 고려하다 career 경력 value 가치 있는 challenge 도전 innovative 혁신적인 ideally 이상적으로 competent 유능한 preferred 선호된 essential 필요한 dependent on ~에 달려 있는 commission 커미션, 수수료

3. 주제 찾기 문제

해설 광고의 주제를 묻고 있으므로 첫 단락에서 단서를 찾아야 한다. 첫 단락 도입부 'We are looking for sales executives with 6-12 months of sales experience.'에서 '저희 회사에서는 6-12개월 경험이 있는 판매책임자를 찾고 있습니다.'라고 언급되었으므로 (B)가 정답이다.

해석 어떤 일자리가 광고되고 있는가?
(A) 회계사
(B) 영업사원
(C) 협상가
(D) 계산원

정답 (B)

4. 사실 파악 문제

해설 NOT 문제이므로 기호나 문자가 언급된 곳에서 단서를 찾아야 한다. 문제는 자격조건을 묻고 있다. 주로 두 번째 단락이 자격조건 단락이고 동시에 이곳에 문자나 기호가 언급되었으므로 단서로 가장 적합한 단락이다. (A) An ability to make sales(판매 능력)는 'Innovative sales skills(획기적인 판매기술)'에 언급된 사실이고, (B) Experience in sales(판매 경력)는 'Ideally, 6-12 months of sales experience(이상적으로, 6-12개월 판매 경력을 원합니다)'에 언급된 사실이고, (D) Proficiency in communication skills(의사소통 능력)는 'Competent communication skills(능숙한 대화 기술)'에 언급된 사실이다. (C) A degree(학위)는 'An A-level education; a degree is preferred but not essential.'에서 필수사항은 아니라고 언급되었으므로 (C)는 사실이 아니다. 따라서 (C)가 정답이다.

해석 이 일자리의 자격조건으로 언급되지 않은 것은?
(A) 판매 능력
(B) 판매 경력
(C) 학위
(D) 의사소통 능력

정답 (C)

5. 세부 사항 문제

해설 지원 방법을 묻고 있다. 지원 방법은 마지막 단락에서 단서를 찾는다. 맨 마지막 문장 'Apply now by visiting our Web site at www.eae.co.uk.'에서 웹사이트를 통해 지원하라고 요청하고 있으므로 (C)가 정답이다.

해석 지원자는 이 일자리에 어떻게 지원해야 하는가?
(A) 지원서를 보낸다.
(B) 담당자를 만난다.
(C) 온라인 사이트를 방문한다.
(D) 사무실에 전화한다.

정답 (C)

1. 동명사를 고르는 문제

해설 빈칸 앞 동사(recommend)는 동명사를 목적어로 취하는 동사이므로 (A) using이 정답이다. (B) 형용사, (C) 명사 또는 동사, (D) 분사는 문맥상 어색하다.

해석 이전할 계획이 있는 기업 또는 개인에게 Paces Moving 사를 이용해볼 것을 강력히 추천합니다.

표현 정리 highly 매우 recommend 추천하다 plan 계획하다

정답 (A)

2. 동명사를 고르는 문제

해설 문두에 '------- + 목적어 / 수식어' 덩어리가 있고, 덩어리 뒤에 단수동사(takes)로 왔으므로 빈칸은 주어 자리이다. 따라서 (A), (B) 중에 고민한다. (B) 명사는 동사(takes)와 수가 일치하지 않고, 빈칸 뒤에 목적어가 왔으므로 오답 처리한다. 따라서 동명사 주어인 (A) Collecting이 정답이다.

해석 회사를 대신하여 유효하고 의미 있는 설문조사 자료를 수집하는 데에는 시간, 에너지, 자원을 필요로 한다.

표현 정리 valid 유효한 meaningful 의미 있는 on behalf of ~를 대신하여, 대표하여

정답 (A)

3. 동명사를 고르는 문제

해설 '전치사(with) + -------' 덩어리 뒤에 목적어가 오면 빈칸은 동명사를 고르고, 덩어리 뒤에 목적어가 없으면 명사를 골라야 한다. 따라서 덩어리 뒤에 목적어(parking guidelines)가 왔으므로 동명사인 (B) following이 정답이다.

해석 대부분의 직원들은 2주 전에 시행된 새로운 주차 안내지침을 따르는 것에 반대하지 않았다.

표현 정리 disagree with ~에 반대하다 guideline 안내지침 go into effect 시행에 들어가다

정답 (B)

4. 동명사를 고르는 문제

해설 빈칸 앞 to는 부정사 to가 아닌 전치사라는 것에 주의한다. 따라서 전치사의 목적어로 동명사인 (C) surmounting이 와야 한다.

해석 BBC 기자들은 마감 시간을 지키기 위해 모든 종류의 장해물을 이겨내는데 익숙하다.

표현 정리 surmount 극복하다 meet one's deadlines 마감일을 맞추다

정답 (C)

5. 동명사를 고르는 문제

해설 '전치사(without) + -------' 덩어리 뒤에 목적어가 오면 빈칸은 동명사를, 목적어가 없으면 빈칸은 명사를 써야 한다. 빈칸 뒤에 목적어(the

jobs)가 왔으므로 동명사인 (D) organizing이 정답이다.

해석 회사에서는 아무런 발표 업무 준비 없이 비즈니스 회의에 참석한 직원에게 징계조치를 내릴 것이다.

표현 정리 take action 조치를 취하다 disciplinary 징계 organize 준비하다

정답 (D)

6. 동명사를 고르는 문제

해설 'be worth V-ing'은 '~할 만한 가치가 있다'라는 뜻이다. 따라서 (B) investing이 정답이다.

해석 집 주인들은 그들의 집을 팔기 전에 주택 개조를 할 가치가 있는지 종종 묻는다.

표현 정리 homeowner 집 주인 renovation 수리, 개조

정답 (B)

7. 동명사를 고르는 문제

해설 전치사(on)와 목적어(a new company building) 사이에 빈칸이 왔으므로 동명사인 (B) constructing이 정답이다.

해석 우리 회사의 최고경영자는 이사회의 반대에도 불구하고 회사 신축을 주장한다.

표현 정리 insist 주장하다, 우기다 despite ~에도 불구하고 objection 반대

정답 (B)

8. 명사를 고르는 문제

해설 have access to는 '~에 접근하다, ~을 이용하다'는 뜻으로 to는 전치사이다. '전치사(to) + -------' 덩어리 뒤에 목적어가 없으므로 명사인 (C) information이 정답이다.

해석 인사부에 의해 신분이 확인된 사용자들만이 고객에 관한 정보를 이용할 수 있다.

표현 정리 authorized 허가를 받은 identify 신분을 확인하다 have access to ~에 접근하다

정답 (C)

9. 동명사를 고르는 문제

해설 '전치사(for) + -------' 덩어리 뒤에 목적어(the Sofia Hotel's unique amenities and services)가 왔으므로 동명사인 (B) promoting이 정답이다.

해석 영업 및 마케팅부는 지역 신문광고를 통해 소피아 호텔의 독특한 편의시설과 서비스 홍보를 담당하고 있다.

표현 정리 unique 독특한 amenities (주로 복수로 쓰임) 편의시설

정답 (B)

10. 동명사, 부정사를 구분해 고르는 문제

해설 빈칸 앞 동사(remember)는 부정사, 동명사 모두 가능하다. 하지만 의미상 앞으로 지원할 경우의 미래 상황을 나타내고 있으므로 to부정사를 써야 한다. 따라서 (D) to review가 정답이다.

해석 이 직책에 지원하려면 지원 자격요건과 마감일에 관한 세부사항을 저희 홈페이지를 통해 확인하기 바랍니다.

표현 정리 apply for ~에 지원하다 position 직위, 직책 application 지원 requirements 요구사항, 자격요건

정답 (D)

PART 5&6
UNIT 31 분사

① 분사의 위치 1

실전 문제 1

해설 분사가 주격보어인 경우 주어가 사람(customers)으로 왔으므로 감정동사(satisfy)는 과거분사를 써야 하므로 (D) satisfied가 정답이다.

해석 우리 제품에 만족하는 기존 고객들은 단골 고객이 될 가능성이 있다.

표현 정리 current 현재의, 기존의 be likely to ~일 수 있다 regular 규칙적인, 정기적인

정답 (D)

실전 문제 2

해설 5형식 동사(keep)의 목적보어 자리에 감정동사(inspire)가 왔고 목적어가 사람(his roommate)으로 왔으므로 과거분사인 (B) inspired가 정답이다.

해석 수상 경력이 있는 카피라이터인 Eliot Dahl은 마라톤에 출전하는 룸메이트를 격려하기 위하여 경기 일에 그 룸메이트의 포스터를 만들었다.

표현 정리 award-winning 수상 경력이 있는 inspire 격려하다, 영감을 주다, 북돋우다

정답 (B)

② 분사의 위치 2

실전 문제 1

해설 빈칸 뒤에 정동사(is)가 왔으므로 빈칸은 분사 자리이다. 따라서 (D) attending이 정답이다.

해석 USC 비즈니스스쿨에 다니는 사람들은 http://uscbusiness.edu 를 통해 그들의 노트북 컴퓨터를 등록해야 한다.

표현 정리 be required to ~이 요구되다 register 등록하다 attendee 참석자

정답 (D)

실전 문제 2

해설 빈칸 앞에 진짜 동사(is)가 왔으므로 빈칸은 분사 자리이다. 따라서 (B), (D) 중에 고민한다. 그런데 빈칸 뒤에 목적어가 빠져 있으므로 수동태인 과거분사 (B) published가 정답이다.

해석 이 논문은 3년 동안 매사추세츠 출판사에 의해 출판된 36개의 회계감사 보고서 결과를 기초로 하고 있다.

표현 정리 paper 서류, 논문, 과제물 be based on ~에 기초하다 outcome 결과, 성과 audit 회계감사 printer 프린터, 출판사

정답 (B)

③ V-ing과 V-ed의 구분

실전 문제 1

해설 수식받는 명사(size)와 분사가 수동 관계이므로 (D) reduced가 정답이다.

해석 개구 결합의 마이크로스트립 안테나의 줄어든 사이즈는 휴대용 커뮤니케이션 시스템에 호환성을 가져다준다.

표현 정리 aperture coupled 개구 결합의 antenna 안테나 compatibility 양립(공존) 가능성, 양립성, 호환성 portable 들고 다닐 수 있는, 휴대가 쉬운, 휴대용의

정답 (D)

실전 문제 2

해설 'growing company(성장하는 회사)'는 현재분사로 굳어진 표현이므로 (B) growing이 정답이다.

해석 1978년에 그래닐리 가구 사는 성장하고 있는 회사를 3개의 제품군으로 정리하고 유럽에서 사업을 성공적으로 확장했다.

표현 정리 organize 조직하다, 구성하다, 체계화하다 product lines 제품군, 제품 종류 expand 확대하다, 확장하다

정답 (B)

④ 분사구문

실전 문제 1

해설 시간접속사(Before)와 목적어(the device) 사이에 빈칸이 왔으므로 현재분사인 (D) checking이 정답이다.

해석 장치를 점검하기 전에 전력공급을 확실히 차단했는지 확인하시오. 그렇지 않으면 느슨한 전선연결은 인명 피해를 낳을 수도 있습니다.

표현 정리 ensure 확실하게 하다 power supply 전원 공급 switch off / on (스위치 등을 눌러) 끄다 / 켜다 otherwise 그렇지 않으면,

달리 **result in** ~의 결과를 낳다 **injury** 상해

정답 (D)

해설 조건접속사(If)와 수식어(by a customer) 사이에 빈칸이 왔으므로 과거분사인 (B) desired가 정답이다. 분사구문을 강조할 경우 접속사를 생략하지 않기도 한다.

해석 고객이 원한다면, 소노마 조경공사는 귀하의 집을 위해 완전한 자격을 갖춘 상담사가 맞춤 디자인을 제공합니다.

표현 정리 **personalized** 개인이 원하는 대로 할 수 있는, 개별 맞춤의 **qualified** (지식, 기술 등을 갖춰) 자격이 있는 **desire** 바라다, 원하다 **desirable** 바람직한

정답 (B)

UNIT 32 형용사 ❸

Step 3 이론 적용해 보기

1. required   2. preserved   3. incompatible
4. outdated   5. recent

PART 7
UNIT 33 지문유형 ❹ 편지문

Step 1 실전 문제 먼저 풀기

문제 1-2번은 다음 편지를 참조하시오.

> J&J 매장
> 가야 42번가, 사바
> 연락처: 755-4254
>
> 6월 20일
>
> 스텔라
> 피트 20번가, 사바
>
> 스텔라 씨께,
>
> 저희 회사의 기록에 따르면 귀하는 작년 저희 개업일로부터 J&J의 고객이 되셨습니다. 격려에 감사드리며 다가오는 6월 25일 개업하는 저희의 2번째 매장으로 고객님을 초대합니다.
>
> 아시다시피 저희 매장은 개인이나 기업용 응용프로그램을 위해 완벽하고 다양한 계통의 컴퓨터, 소프트웨어, 그리고 하드웨어 패키지를 제공하고 있습니다. 전자기기, 하드웨어 & 소프트웨어 패키지를 포함한 모든 저희 제품을 30~50%까지 할인합니다. 또한, 200달러 이상 구매 시 동봉된 20달러 할인권을 사용하시기 바랍니다.
>
> 다가오는 25일 J&J의 새로운 매장에서 뵙기를 기대합니다. 개업 할인행사는 초대장을 소지하신 분에 한에 진행됩니다. 문 앞에서 초대장을 제시해 주세요.
>
> 릴리 로한
> 매장 매니저

표현 정리 **record** 기록 **customer** 손님, 고객 **since** ~부터 **opening** 개막식, 개원식 **offer** 제공, 제안 **complete** 완벽한 **diverse** 다양한 **application** 응용프로그램(컴퓨터) **mark down** 가격인하 **in addition** 또한 **enclose** 동봉하다 **voucher** 할인권 **look forward to -ing** ~을 기대하다 **present** 보여주다, 제시하다

1. 편지의 목적은 무엇인가?

(A) 회사 사업을 설명하기 위해
(B) 매장 개업에 초대하기 위해
(C) 고객의 의견을 요청하기 위해
(D) 고객에게 감사하기 위해

정답 (B)

2. 편지에 동봉된 것은 무엇인가?

(A) 200달러 지폐
(B) 20달러 지폐
(C) 할인권
(D) 초대장

정답 (C)

Step 4 이론 적용해 보기

문제 3-4번은 다음 편지를 참조하시오.

> 스텔라 씨께,
>
> ⁴ 저희 J&J를 선택하고 노트북을 구매해 주신 것에 대해 감사 말씀을 드립니다. 저희 직원들도 고객님을 만나게 되어 기뻤습니다. 고객님의 새 노트북에 대한 편리함과 양질에 만족하셨길 바랍니다.
>
> ³ 고객님이 구입한 노트북을 산 어느 분에게나 특별 선물을 드리고 있다고 다시 한번 알려드립니다. 노트북 부속품인 파우치 가방, 보호 필름, 그리고 마우스 패드가 도착했습니다. 이 부속품들은 고객님께 드리는 선물입니다. ³ 이번 달 어느 때라도 들러서 가져가세요.
>
> 그리고 저희가 노트북용 베드 테이블을 판매 중인 것을 알고 계셨나요? 예쁘고 다양한 색상에 우아한 스타일의 새로운 제품이 지금 막 도착했습니다. 와서 구경하세요. 저희가 고객님께 가장 완벽하고 노트북과 잘 어울리는 테이블을 찾아드리겠습니다.
>
> 문의 사항이 있으시면 755-4254로 전화주세요.
>
> 마이클 존스
>
> 영업 이사

표현 정리 **delighted** 아주 기뻐하는 **convenience** 편의 **quality** 품질, 특성 **remind** 상기시키다 **accessory** 부속물, 장신구 **mousepad** 마우스 패드 **drop by** 잠깐 들르다 **pick up** ~을 찾다, 찾아오다 **shipment** 선적, 발송 **elegant** 우아한, 멋진 **selection** 재고품, 보유 제품 **match** 아주 잘 어울리다

3. 주제 찾기 문제

해설 주제 문제이므로 우선 첫 번째 단락에서 단서를 찾아본다. 첫 단락에 주제에 대한 단서를 제공하는 경우가 90% 정도 되기 때문이다. 나머지는 remind, inform, announce 등의 동사가 속한 문장 또는 단락이 주제 문장 또는 주제 단락이라는 것도 추가로 알아두어야 한다. 이 문제의 경우 두 번째 단락에 remind가 등장하는 것을 볼 수 있다. 따라서 두 번

째 단락이 주제 단락이 되는 것이다. 첫 문장 'Let us also remind you that we are offering some special gifts for anyone who buys the laptop you did.'와 마지막 문장 'Drop by any time this month to pick them up.'을 종합해볼 때 매장에 들를 것을 상기시켜 주고 있다는 것을 알 수 있다. 따라서 (B)가 정답이다.

해설 편지의 주된 목적은?
(A) 제품 특징을 설명하려고
(B) 고객에게 가게를 방문하라고 상기시키려고
(C) 고객의 의견을 물어보려고
(D) 새로운 노트북에 대한 정보를 제공하려고

정답 (B)

4. 사실파악 문제

해설 'is indicated about'는 사실파악 문제이다. 사실파악 문제는 about 뒤 명사(구)를 찾아 그 주변에서 단서를 찾아야 한다. 스텔라는 수신자이고, 수신자를 you로 나타내고 있으므로 you를 찾아 그 주변을 확인한다. 첫 단락 도입부 'We are pleased that you chose J&J's for your laptop purchase.'를 통해 laptop을 최근에 구매했음을 알 수 있으므로 (C)가 정답이다. laptop을 electric equipment로 표현했다.

해석 스텔라 씨에 대해 언급된 것은 무엇인가?
(A) 그녀는 새로운 노트북에 필요한 부속품을 샀다.
(B) 그녀는 곧 J&J를 방문할 예정이다.
(C) 그녀는 최근에 전자기기를 구입했다.
(D) J&J는 그녀에게 노트북 탁자를 제공할 것이다.

정답 (C)

REVIEW TEST

1. 과거분사를 고르는 문제

해설 빈칸 앞의 부사(otherwise)는 소거한 후 푼다. 빈칸 뒤에 목적어가 없고 조건접속사(Unless)로 왔으므로 과거분사인 (A) mentioned가 정답이다.

해석 달리 언급이 없다면 모든 요금은 U.S.달러 기준이며, 가격은 사전 통보 없이 변동될 수 있습니다.

표현 정리 rate 속도, 요금; 평가하다, 등급을 매기다 quote (상품의) 시세를 매기다, 시가를 말하다 be subject to 명사 ~를 받다, ~의 대상이다

정답 (A)

2. 현재분사를 고르는 문제

해설 관사(the)와 명사(demand) 사이에 빈칸이 왔으므로 분사 자리이다. 자동사(rise)는 수동태와 과거분사를 만들 수 없다. 따라서 자동사는 현재분사만 가능하므로 (B) rising이 정답이다.

해석 지역 내 숙련된 엔지니어 인력의 수요 증가를 충족시키기 위해 피니사르 교육센터가 쿠알라룸푸르에 사무실을 열었다.

표현 정리 skilled 숙련된 workforce 인력

정답 (B)

3. 과거분사를 고르는 문제

해설 수식받는 명사(item)와 분사가 수동 관계이므로 (C) damaged가 정답이다.

해석 파손된 제품을 받으면, 고객님이 그것을 반품하자마자 곧 다른 제품을 보내드리겠습니다.

표현 정리 replacement 대체물 return 반품하다

정답 (C)

4. 과거분사를 고르는 문제

해설 '세부적인, 상세한'을 의미하는 분사로는 과거분사인 detailed를 써야 한다. 따라서 (C) detailed가 정답이다.

해석 3D Max 프로그램에서 모의 장치를 만들 수 있는 방법을 기술한 설명서가 동봉되어 있습니다.

표현 정리 enclose 동봉하다 instruction 설명서 create 만들다 simulated 모조의, 모의의

정답 (C)

5. 과거분사를 고르는 문제

해설 5형식 동사(keep) 뒤 목적보어 자리에 올 감정분사는 목적어가 사람이면 과거분사, 사물이면 현재분사를 쓴다. 목적어(employees)로 사람이 왔으므로 (B) motivated가 정답이다.

해석 최근 연구에 따르면 꾸준한, 심지어 매일의 인센티브가 미래의 특정 시점에 약속한 보상보다 직원을 더욱 의욕적으로 만든다고 한다.

표현 정리 consistent 한결 같은, 일괄된 incentive 장려금, 보상물 work 작용하다 motivate 동기를 부여하다

정답 (B)

6. 현재분사를 고르는 문제

해설 '완전한 절 + comma + -------'이 왔으므로 빈칸은 분사 자리이다. 빈칸 뒤에 목적어(vases)가 왔으므로 현재분사인 (B) including이 정답이다.

해석 꽃병을 포함한 양식화된 꽃, 잎사귀들, 그리고 나비들은 다양한 장식품에 주로 이용된다.

표현 정리 stylized 양식화된 decoration 장식, 장식품

정답 (B)

7. 과거분사를 고르는 문제

해설 수식받는 명사(trip)와 분사가 수동 관계이므로 과거분사인 (A) unexpected가 정답이다.

해석 예상치 못한 출장으로 인해 이번 주 기사는 금요일까지 연기하게 되었음을 알려드리게 되어 유감입니다.

표현 정리 regret 후회하다, 유감이다 inform 알리다 article 기사 delay 연기하다

정답 (A)

8. 과거분사를 고르는 문제

해설 수식받는 명사(applicants)와 분사가 수동 관계이므로 과거분사인 (C) invited가 정답이다.

해석 취업박람회 장소와 인터뷰 일정에 관한 정보는 행사 전에 초청받은 지원자들에게 이메일로 발송됩니다.

표현 정리 career fair 취업박람회 applicant 지원자 prior to ~전에

정답 (C)

9. 현재분사를 고르는 문제

해설 자동사(last)는 수동태 및 과거분사를 만들 수 없으므로 현재분사인 (A) lasting이 정답이다.

해석 구직 시장에서 경쟁은 치열할 수 있으며, 인터뷰는 오래 남는 인상을 남길 기회가 될 수 있다.

표현 정리 job market 취업시장, 구직시장 fierce 치열한 last 지속되다, 계속되다 impression 인상

정답 (A)

10. 현재분사를 고르는 문제

해설 빈칸 뒤에 정동사(are)가 왔으므로 빈칸은 분사 자리이다. 자동사(remain)는 과거분사를 만들 수 없으므로 현재분사인 (B) remaining이 정답이다.

해석 오후 7시 이후에 사무실에 남아 있는 직원들은 퇴근할 때 후문을 이용해야 한다.

표현 정리 be requested to ~이 요구되다 rear exit 뒤쪽 출구

정답 (B)

DAY 12

PART 5&6
UNIT 34 비교 구문

① 원급

실전 문제 1

해설 빈칸 앞뒤 as를 모두 소거한 후 문맥을 따져본다. make는 5형식 동사이므로 make 뒤는 '목적어 + 목적보어' 구조로 와야 한다. 따라서 빈칸 앞에 목적보어가 빠진 불완전한 절(artist studios will make the museum)이 왔으므로 형용사인 (D) large가 정답이다.

해석 6개월간의 대대적인 공사가 마무리되면 리모델링된 갤러리, 예술가 작업실들이 박물관을 과거보다 두 배는 크게 만들 것이다.

표현 정리 extensive 아주 넓은, 광범위한, 대규모의 renovation 수리, 보수

정답 (D)

실전 문제 2

해설 빈칸 앞뒤 as를 모두 소거한 후, 주어(The part)와 동사(can cut through), 목적어(the air and withstand winds)를 모두 갖춘 완전한 절이 왔으므로 부사인 (B) easily가 정답이다.

해석 비행기 날개처럼 디자인된 이 부품은 가능한 한 쉽게 공기를 가르고 바람의 저항을 견뎌낼 수 있다.

표현 정리 part 부분, 부품 withstand 저항하다, 맞서다, 견뎌내다, 이겨내다

정답 (B)

② 비교급

실전 문제 1

해설 빈칸 뒤에 than이 왔으므로 (D) higher가 정답이다.

해석 Lonsdale International은 이번 분기에 올린 약 7천 8백 4십만 달러의 분기 수익은 그들이 예상했던 것보다 높은 것이었다고 보도했다.

표현 정리 quarter 분기 revenue 수익 approximately 약, 대략

정답 (D)

실전 문제 2

해설 speed는 1음절 형용사이고, 빈칸 뒤에 than이 왔으므로 (B) speedier가 정답이다.

해석 이 차는 Michigan에서 열린 구급용 차량 평가 기간 동안 다른 경쟁자보다 훨씬 빨랐다.

표현 정리 rest 나머지 competition 경쟁 evaluation 평가, 감정

정답 (B)

③ 최상급

실전 문제 1

해설 형용사나 부사가 1음절 단어일 때는 '형용사/부사 + est' 형태를 써야 하므로 (D) fastest가 정답이다.

해석 가장 가까운 지점을 찾기 위한 가장 빠른 방법은 우리 웹사이트에서 도시 이름을 치고, 당신이 사는 도시를 찾으면 된다.

표현 정리 look for ~을 찾다 near 가까운, 근처의 location 위치, 지점

정답 (D)

실전 문제 2

해설 형용사나 부사가 '-able, -ful, -ous, -ive' 등으로 끝나는 2음절 단어이거나, 3음절 이상의 단어일 때는 'the most + 형용사'를 써야 하므로

(B) most reputable이 정답이다.

해석 N People & Solutions는 의학과 병원 직종에 국한된 전문 채용업체이며, 우리는 최고로 명성 있는 국제 또는 국내 병원들을 위해 일해 왔다.

표현 정리 specialize in ~을 전문으로 하다 exclusively 오직, 배타적으로, 독점적으로 reputable 평판이 좋은

정답 (B)

UNIT 35 형용사 ❹

Step 3 이론 적용해 보기

1. imaginative   2. reliable   3. adverse
4. damaged   5. extended

PART 7
UNIT 36 지문유형 ❺ 회람

Step 1 실전 문제 먼저 풀기

문제 1-2번은 다음 회람을 참조하시오.

> 받는 사람: 마케팅 팀
> 보내는 사람: 리처드 피커
> 날짜: 7월 25일
> 제목: 변경된 마케팅 계획 회의
>
> 7월 28일, 오후 1시부터 5시까지 매니저 회의실에서, 8월 15일 사장님께 제출할 변경된 전략적 마케팅 계획을 논의하기 위해 부서 회의가 열릴 예정입니다.
>
> 이 서류들을 주의 깊게 검토하여 다음 사항에 따라 여러분의 첫 프레젠테이션을 준비해 주시기 바랍니다.
>
> 상품 개발 부장: 헬스케어 회사들과 그 회사들의 만족과 위험 수준에 대한 평가가 필요합니다.
>
> 마케팅 부장: 제품, 가격, 홍보, 그리고 중심 경쟁사에 대한 유통전략이 필요합니다.
>
> 해외 영업 부장: 다른 헬스케어 문제들과의 관련 사항에 대한 개선을 포함한 영업 조직과 전략이 필요합니다.

표현 정리 hold 개최하다 conference room 회의실 discuss 논의하다 revised 수정된 strategic 전략적인 submit 제출하다 closely 면밀히 examine 점검하다 document 문서, 서류 prepare 준비하다 initial 처음의 presentation 발표 following 다음의 present 현재의 pricing 가격 distribution 유통 competitor 경쟁자 including ~을 포함한 improvement 향상, 개선 relationship 관계

1. 회람의 목적은?

(A) 직원을 세미나에 초대하기 위해
(B) 새로운 직원을 소개하기 위해
(C) 정확한 미팅 날짜에 대해 알리기 위해
(D) 미팅에 대한 자세한 내용을 제공하기 위해

정답 (C)

2. 회람에 따르면, 매니저들은 무엇을 하도록 요청받는가?

(A) 미팅 시간을 엄수하라고
(B) 프레젠테이션을 준비하라고
(C) 미팅 전에 서류를 제출하라고
(D) 미팅에 대한 설문지를 작성하라고

정답 (B)

Step 4 이론 적용해 보기

문제 3-5번은 다음 회람을 참조하시오.

> 받는 사람: 판매 사원
> 보내는 사람: 경영진
> ⁴ 날짜: 7월 1일, 월요일
> 제목: 새로운 분기 보고 시스템
>
> 월요일 특별 미팅에서 상의했던 새로운 분기 판매 보고시스템에 대해 빠르게 검토하겠습니다. 우선, 다시 한 번 강조하자면, 이 새로운 시스템이 앞으로 여러분의 판매보고 시간을 많이 절약해 드릴 것입니다.
>
> ³ 다음 절차를 보시고, 여러분의 고객리스트를 완료하셔야 합니다:
>
> 1. 회사 웹사이트에 접속하십시오. http://www.salesandgoods.com.
> 2. ID와 비밀번호를 입력하십시오. ⁴ ID와 비밀번호는 다음 주에 생성될 것입니다.
> 3. 접속 후, "New Client"를 클릭하십시오.
> 4. ⁵ 적절한 고객 정보를 입력하십시오.
> 5. 모든 고객을 입력할 때까지 3번과 4번을 반복하십시오.
>
> 보시는 것처럼, 필요한 고객의 정보를 한 번 입력하면, 주문 과정에서 더 이상 여러분의 작업을 요구하지 않습니다.

표현 정리 quickly 빨리 quarterly 분기의 discuss 논의하다 stress 강조하다 log on 접속하다 enter 치다, 입력하다 password 비밀번호 issue 발행하다, 발급하다 appropriate 적절한 paperwork 서류작업

3. 주제 찾기 문제

해설 회람을 작성한 목적을 묻고 있다. 새로운 시스템에 대한 절차가 5가지 나온다. 1번 절차 바로 앞에는 'Here is a look at the procedure you will need to follow to complete your area's client list.' 문장이 있다. 이 문장에 follow가 보일 것이다. 회람의 주제를 묻는 문제에서 이와 같이 어떤 절차가 언급된 바로 앞 문장에 follow가 언급되면 이 문장이 주제 문장이라는 것을 기억해라. 이 주제 문장에서 '다음 절차를 보시고 여러분의 고객리스트를 완료하셔야 합니다.'라고 언급된 것으로 보아 '새로운 보고 시스템의 사용법을 알려주기 위해' 작성된 회람임을 알 수 있으므로 (B)가 정답이다.

해석 회람의 목적은 무엇인가?

(A) 새로운 보고 시스템을 광고하기 위해
(B) 새로운 보고 시스템의 사용법을 알려주기 위해
(C) 새로운 보고 시스템을 소개하기 위해
(D) 회사 홈페이지에 대한 정보를 주기 위해

정답 (B)

4. 세부 사항 문제

해설 시점(When) 문제이다. 시점 문제는 지문에 언급된 시점을 찾아 풀어야 한다. 특히 날짜를 묻는 문제에서는 좌측 상단에 명시된 회람 작성 날짜를 참고해야 한다는 것을 기억한다. 문제는 '직원은 언제 아이디와 비밀번호를 받을 수 있는가?'라고 묻고 있고, 회람을 작성한 날짜는 '7월 1일, 월요일'이고, 절차 2번 항목 'These will be issued by next week.'에서 'ID와 비밀번호는 다음 주에 생성될 것'이라고 했으므로 선택지에서 가장 적합한 (B) On July 8가 정답이다.

해석 회람에 따르면, 직원은 언제 아이디와 비밀번호를 받을 수 있는가?
(A) 7월 1일
(B) 7월 8일
(C) 7월 18일
(D) 7월 28일

정답 (B)

5. 요청 문제

해설 요청 문제이므로 지문 후반부 명령문에서 단서를 찾는다. 절차 4번 항목 'Enter the appropriate client information.'에서 적절한 고객의 정보를 입력하라고 했으므로 (A)가 정답이다.

해석 직원들은 무엇을 하도록 요청받는가?
(A) 새로운 시스템에 고객 리스트를 입력한다.
(B) 스스로 아이디와 비밀번호를 만든다.
(C) 모든 고객들의 정보를 종이에 써서 완성한다.
(D) 새로운 시스템에 대한 의견을 제공한다.

정답 (A)

REVIEW TEST

1. 최상급 강조 부사를 고르는 문제

해설 최상급(the most efficient)을 강조하는 부사는 only밖에 없으므로 (B) only가 정답이다.

해석 E-Tax는 부동산과 개인 재산세에 관해 가장 효율적이고 비용을 절감할 수 있는 해결책을 제공합니다.

표현 정리 deliver ~을 전하다 efficient 효율적인 cost-effective 비용 효과적인

정답 (B)

2. 원급을 고르는 문제

해설 빈칸 앞뒤 as를 모두 소거한 후 빈칸 앞에 완전한 절이 오면 부사가 와야 한다. 따라서 (A) precisely가 정답이다.

해석 새로운 기계의 평가기간 동안 전문가가 수행한 종합 분석은 우리가 기계의 가치를 가능한 한 정확하게 계산할 수 있도록 해 준다.

표현 정리 comprehensive 종합적인 expert 전문가 evaluation 평가 calculate 계산하다

정답 (A)

3. 비교구문을 고르는 문제

해설 빈칸 앞뒤 more와 than을 모두 소거한 후 빈칸 앞에 완전한 절이 오면 부사가 와야 한다. 따라서 (C) easily가 정답이다.

해석 EXPKrobit에 의해 시행된 시험 결과는 CHIA에서 개발된 장치가 다른 장치들보다 더 쉽게 손상을 입을 가능성이 있다고 한다.

표현 정리 device 장치 be likely to ~일 것 같다, ~의 가능성이 있다 damage 손상시키다, 해치다

정답 (C)

4. 최상급을 고르는 문제

해설 형용사나 부사가 1음절 단어일 때는 '형용사/부사 + est' 형태를 써야 하므로 (D) busiest가 정답이다.

해석 여기는 내가 가 본 식당 중 가장 붐비지만 전국적으로 보면 단지 세 번째일 뿐이다.

표현 정리 whole 전체의

정답 (D)

5. 최상급을 고르는 문제

해설 'the + 최상급'을 대신해서 '소유격 + 최상급'을 쓸 수도 있으므로 (A) most recent가 정답이다.

해석 우리가 예상했던 것보다 더 많은 사람들이 구입해서 Nakasa의 신작 소설은 현재 재고가 없다.

표현 정리 recent 최근의 currently 현재 out of stock 재고가 없는

정답 (A)

6. 최상급을 고르는 문제

해설 the 뒤에 빈칸이 왔으므로 최상급인 (D) least가 정답이다.

해석 이것은 완제품을 배송하기 위한 가장 저렴한 방법을 찾는 소상공인들에 의해 주로 이용된다.

표현 정리 mainly 주로 finished products 완제품

정답 (D)

7. 원급을 고르는 문제

해설 빈칸 앞뒤 as를 모두 소거한 후, 빈칸 앞에 불완전한 절(working hours are)이 오면 형용사가 와야 한다. 따라서 형용사인 (C) flexible이 정답이다.

해석 그녀가 최근 일하는 회사는 저임금을 지불하지만 근무시간대는 그녀가 조정할 수 있는 만큼 융통성이 있다.

표현 정리 low salary 저임금 working hour 근무시간 flexible 융통성 있는, 유연한

정답 (C)

8. 비교구문을 고르는 문제

해설 빈칸 뒤에 than이 왔으므로 (B) less가 정답이다.

해석 시의 제한된 물 공급으로 인하여, 잔디 정원보다 물이 덜 필요한 장미 정원을 가꾸도록 권유 받는다.

표현 정리 supply 공급 **be advised to** ~라고 권유 받다. ~라고 조언 받다

정답 **(B)**

9. 최상급을 고르는 문제

해설 형용사나 부사가 1음절 단어일 때는 '형용사/부사 + est' 형태를 써야 하므로 (D) strictest가 정답이다.

해석 YesPoint는 가장 엄격한 가이드라인을 준수해 안전하게 보호되는 귀하의 개인정보를 수집합니다.

표현 정리 in compliance with ~를 준수하여

정답 **(D)**

10. 최상급을 고르는 문제

해설 빈칸 앞에 the가 왔고, influential이 3음절 이상이므로 형용사 최상급인 (B) most influential이 정답이다.

해석 1980년 이래 가장 영향력 있는 재즈 피아니스트 중 한 사람인 Mr. Jung이 다음 주에 서울 재즈 페스티벌에서 연주할 계획이다.

표현 정리 influential 영향력 있는

정답 **(B)**

DAY
13

PART 5&6
UNIT 37 접속사 / 명사절 접속사

① 접속사의 위치 1

실전 문제 1

해설 문두에 빈칸이 왔으므로 등위접속사인 (A)와 (B)부터 소거한다. 절이 두 개가 왔으므로 부사인 (C)도 오답 처리한다. 따라서 (D) Even though가 정답이다.

해석 과세가 여전히 온라인 쇼핑에 적용되고는 있지만, 1+1 세일 기간 동안 구매한 신발은 배송비가 면제될 수 있다.

표현 정리 taxation 과세, 세제 **apply to** ~에 적용되다
buy-one-get-one sale 하나를 사면 또 다른 하나를 더 주는 세일, 1+1 세일 **exempt from** ~가 면제되는

정답 **(D)**

실전 문제 2

해설 빈칸 뒤에 절이 없으므로 접속사인 (A), (C)는 오답 처리한다. 또한 빈칸 뒤에 완전한 문장이 오지 않았으므로 (D)도 오답 처리한다. 등위접속사 but은 빈칸 앞 또는 뒤에 부정어(no, not)를 동반해서 자주 출제된다는 것을 기억한다. 따라서 앞뒤 대조를 나타내므로 (B) but이 정답이다.

해석 기본적인 컴퓨터 문서처리 능력이 선호되지만 San Antonio 사무실의 파트타임 보조로서 요구되는 필수조건은 아니다.

표현 정리 preferred 선호되는 **reguire** 요구하다 **assistant** 보조원

정답 **(B)**

② 접속사의 위치 2

실전 문제 1

해설 절이 두 개가 왔으므로 빈칸에는 접속사가 들어가야 한다. 따라서 접속사인 (D) Once가 정답이다. 형용사 (A), (B), 부사 (C) 등은 접속사 자리에 올 수 없다.

해석 일단 귀하가 프로그램과 총액에 동의한다면, 우리는 예약할 것이며, 스피드포스트를 통해 지불 선택사항이 있는 계산서를 발송해 드리겠습니다.

표현 정리 make a reservation 예약하다 **invoice** 계산서 **via** ~를 통해, ~를 경우해

정답 **(D)**

실전 문제 2

해설 절이 두 개가 왔으므로 빈칸에는 접속사가 들어가야 한다. 따라서 (A) Since가 정답이다. 전치사 (B), 부사 (C), (D) 등은 접속사 자리에 올 수 없다.

해석 당신의 하드디스크에 저장될 공간이 없기 때문에, 컴퓨터는 느리게 작동될 것이고, 일부 에러가 발생할 것이다.

표현 정리 run 구동하다, 작동하다 **occur** 일어나다, 발생하다

정답 **(A)**

③ 명사절 접속사의 종류 1

실전 문제 1

해설 절이 두 개가 왔으므로 (A) 대명사, (C) 전치사는 소거한다. 빈칸 뒤에 주어와 목적어를 모두 갖춘 완전한 절이 왔으므로 (B) that이 정답이다. that절은 동사(announce)의 목적어로 사용되었다.

해석 Atlanta Farmer's Market은 어제 주에서 세 번째 규모인 슈퍼마켓을 30년 동안 이끌어온 마크 피블스가 대표직에서 은퇴한다고 발표했다.

표현 정리 decade 10년 **retire** 은퇴하다 **as** ~로서

정답 **(B)**

실전 문제 2

해설 빈칸 뒤에 절이 왔으므로 전치사인 (A), (C)는 소거한다. 빈칸 뒤가 문장 형태이면서 동시에 be sure의 목적어인 구조이므로 빈칸은 명사절 접속사 자리이다. that과 what은 둘 다 명사절 접속사이나 빈칸 뒤가 완전한 문장(item이 주어, is inspected는 목적어가 필요 없는 수동태)이므로 완전한 문장과 결합하는 (B) that이 정답이다.

해석 Green Factory에서 생산된 모든 상품은 소매점으로 운송 전에 검사되도록 반드시 확인해 주세요.

표현 정리 be sure that S+V 반드시 ~하다 manufacture 제조하다 inspect 검사하다 retail 소매

정답 (B)

---

④ 명사절 접속사의 종류 2

실전 문제 1

해설 빈칸 뒤에 or not이 왔으므로 (D) Whether가 정답이다. 빈칸은 명사 자리이므로 부사절 접속사인 (A), (C)는 오답 처리한다. (B)는 명사절로 쓰인 경우 주어 자리에 올 수 없다.

해석 지하철 회사가 적자를 보고 있는지 아닌지는 시가 고려하는 최우선 순위는 아니다.

표현 정리 suffer from ~로 어려움을 겪다 deficit 적자 priority 우선순위

정답 (D)

실전 문제 2

해설 빈칸 앞에 접속사 whether가 왔으므로 (A) or not이 정답이다. 드물지만 or not을 묻는 문제도 출제된다.

해석 우리의 매우 경험이 많은 채용업체가 심사과정을 거쳐 다섯 명의 새 후보자를 채용할지를 결정할 수 있다.

표현 정리 highly experienced 매우 경험이 많은 staffing agency 채용업체 candidate 후보(자) screening process 심사과정

정답 (A)

---

⑤ 명사절 접속사의 종류 3

실전 문제 1

해설 빈칸 뒤에 동사(found)의 목적어가 빠진 불완전한 절이 왔으므로 의문대명사인 (C) what이 정답이다. (A)는 명사절 접속사이며, 그 뒤에 완전한 절을 써야 하므로 오답이다. (B), (D) 또한 의문부사로 완전한 절에 써야 한다.

해석 사보 작가는 참석자에게 최근 비즈니스 세미나에서 가장 가치 있다고 생각되는 것이 무엇이었는지를 물었다.

표현 정리 company newsletter 사보 participant 참석자 valuable 가치 있는

정답 (C)

실전 문제 2

해설 빈칸 뒤에 동사(established)의 주어가 빠진 불완전한 절이 왔으므로 (B) who가 정답이다. 절이 두 개가 왔으므로 전치사인 (C), (D)는 모두 오답이며, (A)는 그 뒤에 완전한 절을 써야 한다.

해석 AOL 텔레마케팅 회사 소유주인 Brendan Williams는 모든 전화의 평균 시간은 5분 이내가 좋다는 내용의 지침서를 만든 사람이다.

표현 정리 establish 수립하다, 설정하다 guideline 지침서 average 평균

정답 (B)

UNIT 38 부사 ❶

Step 3 이론 적용해 보기

1. personally   2. accurately   3. continually
4. promptly   5. recently

PART 7
UNIT 39 지문유형 ❺ 공지

Step 1 실전 문제 먼저 풀기

문제 1-2번은 다음 공지를 참조하시오.

> ### 사무실 복장에 대한 공지
>
> 직원 유니폼에 대해 전 직원에게 알립니다. 모든 직원들은 지난주에 언급한 바와 같이 적절한 유니폼을 입고 회사에 나와야 합니다. 그러나 대부분의 직원들은 위의 지시를 따르는 반면, 아직도 일부 직원들은 올바르지 않은 옷차림으로 회사에 나오고 있습니다.
>
> 제대로 된 직원 유니폼은 회사의 평판과 품위를 더하고, 직원 개인에게도 마찬가지입니다.
>
> 모든 직원들은 다시 한 번 위의 복장 규정을 준수해 주시기 바랍니다. 다음 달 초부터 위반자를 대상으로 징계조치를 취할 것입니다. 모든 관리자들은 부서에서 올바르지 않은 복장으로 출근하는 직원들의 이름을 비밀 보고를 통해 매일 관리부로 보내야 합니다.
>
> 도움에 감사드립니다.
>
> 문의 사항이 있으면 인사부 386-2678로 연락 주십시오.

표현 정리 attention 주목, 관심 regarding ~에 관한 be required to ~이 요구되다 comply with ~을 준수하다 however 그러나 proper 적절한 reputation 평판 dignity 품위 strictly 엄격히 adhere to ~을 준수하다 dress code 복장규정 disciplinary 징계의 supervisor 감독관 administration 행정 state 언급하다 inquiry 문의

1. 공지의 목적은 무엇인가?

(A) 직원들에게 적절한 복장으로 출근하도록 알리기 위해
(B) 회사 유니폼 구입에 대한 정보를 제공하기 위해
(C) 직원들에게 회사의 정책에 대해 알리기 위해
(D) 새로운 유니폼에 대해 광고하기 위해

정답 (A)

2. 이 공지에서 언급된 것은 무엇인가?

(A) 모든 직원들은 반드시 행정부에 보고서를 보내야 한다.
(B) 대부분의 직원들이 회사에 올바르지 않은 복장으로 나온다.
(C) 복장 규정에 반하는 직원들은 처벌을 받을 것이다.
(D) 일부 직원들은 적절한 복장차림을 요구받았다.

정답 (C)

Step 4 이론 적용해 보기

문제 3-5번은 다음 공지를 참조하시오.

직원 교육에 대한 공지

³·⁴ 계속해서 고객을 향한 우리의 서비스를 향상시키고, 기술을 발전시키기 위하여 직원교육기간 일정을 잡았습니다. 이 교육은 9월 10일부터 13일까지로 정해졌고, 교육기간은 오전 10시부터 반복되어 시작될 것입니다.

저희 7 Days 사의 소중한 회원이 되어 주셔서 감사합니다. 우리는 꽤 오랫동안 이 사업을 해 왔고 경쟁업체들 사이에서 항상 최고를 유지해 왔습니다. 이것은 우리 사업에 대한 모든 여러분들의 지지가 없다면 불가능할 것입니다.

⁵ 여러분이 이 교육에 참석해 배우는 것을 메모한다면, 우리 조직의 생산성을 증가시키는데 큰 도움이 될 것입니다. 한편, 7 Days 사를 대신하여 여러분들이 해 주신 모든 것에 대해 다시 한 번 감사의 말씀을 드립니다. 교육 기간에 뵙기를 기대합니다.

부서장

표현 정리 in order to ~하기 위해 improve 향상시키다 expand 확장하다 training 교육 take place 일어나다, 실시하다 stay ahead of ~에 앞서 있다 support 지원 attend 참석하다 take notes 메모하다 boost 신장시키다 productivity 생산성 organization 조직, 단체 in the meantime 한편 on behalf of ~을 대표해서

3. 주제 찾기 문제

해설 주제 문제는 첫 단락을 잘 읽어야 한다. 첫 문장 'In order to continue improving our customer service and to expand your skills, an employee training session has been scheduled.'에서 '계속해서 고객을 향한 우리의 서비스를 향상시키고 기술을 발전시키기 위하여, 직원교육 일정을 잡았다.'는 것을 공지하고 있다. 따라서 (C)가 정답이다.

해석 이 공지의 목적은 무엇인가?
(A) 직원 교육에 관한 의견을 물어보려고
(B) 직원들에게 휴가 날짜에 대해 알려주려고
(C) 직원 교육이 시작될 것이라는 것을 알려주려고
(D) 회사에 새로운 직원이 왔다고 알려주려고

정답 (C)

4. 사실 파악 문제

해설 사실(is indicated about) 파악 문제이다. employee training

에 대한 사실을 묻고 있으므로 employee training을 찾아 그 주변에서 단서를 찾아야 한다. 첫 단락 주제 문장에 언급되었다. 'In order to continue improving our customer service and to expand your skills, an employee training session has been scheduled.'에서 '교육을 시키는 이유는 고객을 위한 서비스를 향상시키기 위한 것'이라 하므로 (B)가 정답이다.

해석 직원교육에 대해 언급된 것은?
(A) 1월 10일과 13일에 개최될 것이다.
(B) 직원들이 고객에게 서비스를 향상시키기 위한 것이다.
(C) 오직 매니저들만 참석이 가능하다.
(D) 반복해서 정오에 시작할 것이다.

정답 (B)

5. 요청 문제

해설 요청사항 문제이다. 따라서 마지막 단락 if절 또는 명령문에서 단서를 찾는다. 마지막 단락 if가 언급된 'If you attend this training session and take notes, the things you learn will be a huge help'에서 교육 기간 동안 배운 것들이 우리 조직의 생산성을 증가시키는데 큰 도움이 될 것이므로 받아 적으라고 요청하고 있으므로 (D)가 정답이다.

해석 직원들은 무엇을 하도록 요청받는가?
(A) 프레젠테이션을 준비하라고
(B) 교육 마지막 날에 일찍 떠나라고
(C) 교육에 시간에 맞춰 도착하라고
(D) 교육 기간 동안 메모를 하라고

정답 (D)

REVIEW TEST

1. 접속사를 고르는 문제

해설 절이 두 개가 왔으므로 부사인 (C)와 (D)는 소거한다. 동사(wants)의 목적어가 빠진 불완전한 절이 왔으므로 (A) What이 정답이다. That은 완전 한 절과 함께 써야 한다.

해석 지미가 원하는 것은 성수기 동안 폭주하는 전화와 이메일 때문에 잠깐 쉬는 것이다.

표현 정리 take a break 휴식을 취하다 inundate 감당 못할 정도로 주다, 침수시키다 high season 성수기

정답 (A)

2. 접속사를 고르는 문제

해설 전치사(about) 뒤 빈칸은 목적어 자리이므로 빈칸은 명사절 접속사 자리이다. (A)는 타동사 뒤 목적어 자리에 와야 하므로 오답 처리하고, (C)는 전치사 뒤에 쓸 수 없는 접속사이므로 오답 처리하며, (D)는 불완전한 절에 와야 하므로 오답 처리한다. 따라서 (B) whether가 정답이다.

해석 후쿠시마 방사성 누출 이후, 한국 사람들은 일본에서 수입된 해산물이 안전할지에 대한 걱정을 한다.

표현 정리 radioactive 방사성의 leak (액체, 기체가) 새다, (비밀을) 발설하다 about whether ~인지의 여부에 대해, ~인지에 대해서 import 수입하다

정답 (B)

3. 접속사를 고르는 문제

해설 절이 두 개가 왔으므로 (A)와 (C)는 소거한다. 빈칸 뒤에 주어 (Globe Electronics)와 목적어(the bid)를 모두 갖춘 완전한 절이 왔으므로 (B) that이 정답이다. what은 불완전한 절에 써야 한다.

해석 Globe Electronics가 수단 전역의 수 천여 개의 학교에 에어컨을 설치하는 입찰을 따냈다는 소식을 전하게 되어 기쁩니다.

표현 정리 win (경기, 경쟁에서) 이기다, (계약, 입찰을) 따내다, 획득하다, (상, 경품에서) 당첨되다 bid 입찰 thousands of 수천의

정답 (B)

4. 접속사를 고르는 문제

해설 빈칸 뒤에 or not to부정사가 왔으므로 (D) whether가 정답이다.

해석 어떤 회사에 투자할지 결정하는 것은 회사의 실적에 대해 적절한 조사와 함께 믿을 만한 금융 조언자와 논의할 필요가 있다.

표현 정리 invest in ∼에 투자하다 performance 업무 실적, 연주, 공연 adviser 고문, 조언자

정답 (D)

5. 접속사를 고르는 문제

해설 절이 두 개가 왔으므로 부사인 (C)부터 소거한다. 빈칸 뒤에 주어와 목적어를 모두 갖춘 완전한 절이 왔으므로 (D) if가 정답이다. (A)와 (B)는 불완전한 절에 써야 한다.

해석 조지아 주의 악천후로 인해 사바나 지사장이 예정대로 도착할 수 있을지 아무도 장담할 수 없다.

표현 정리 as schedule 일정대로 adverse 부정적인, 불리한, 반대의 condition 조건

정답 (D)

6. 접속사를 고르는 문제

해설 절이 두 개가 왔으므로 형용사인 (C)부터 소거한다. 타동사(ensure) 뒤 빈칸은 명사절 자리이므로 부사절로 쓰이는 (D)는 오답 처리한다. (A) 는 불완전한 절에 써야 하므로 오답이다. 타동사(ensure) 뒤는 목적어 자리이고, 빈칸 뒤에 완전한 절이 왔으므로 (B) that이 정답이다.

해석 관리부는 비상등 장치가 제대로 작동하고 있는지를 확실히 하기 위해 모든 케이블과 연결 상태를 정기적으로 확인하도록 요구받는다.

표현 정리 periodically 정기적으로, 주기적으로 ensure ∼를 확실히 하다 properly 제대로, 적절히

정답 (B)

7. 의문형용사를 고르는 문제

해설 '명사 + 주어 + 동사' 앞 빈칸은 which만 가능하다. 이때 which는 의문 형용사라고 하는데 which 외에도 what, whose가 있다. '명사 + 주어 + 동사' 앞 빈칸은 의문형용사 외에 어떤 접속사도 올 수 없다. 따라

서 (B) which가 정답이다.

해석 견적서를 몇 개 받아본 후, 쿠텐 씨는 사무실 개조공사를 위해 어떤 업체를 선택해야 할지 결정했다.

표현 정리 estimate 견적(서) renovation 수리, 보수

정답 (B)

8. 접속사를 고르는 문제

해설 절이 두 개가 왔으므로 (B)부터 소거한다. 빈칸 뒤에 동사(is)의 주어가 빠진 불완전한 절이 왔으므로 (A) What이 정답이다. 빈칸은 주어 자리이므로 명사절 접속사를 써야 하지만 (C)와 (D)는 부사절 접속사이므로 빈칸에 들어갈 수 없다.

해석 당신의 회사가 높은 수준의 전문성을 유지하기 위해 필요한 것은 직원을 정기적으로 교육시키고 훈련시키는 것이다.

표현 정리 educate 교육시키다 regularly 규칙적으로, 정기적으로 specialization 전문화, 전문 분야

정답 (A)

9. 접속사를 고르는 문제

해설 whether는 to부정사와 어울려 자주 출제된다. 따라서 (C) whether 가 정답이다. (A)는 to부정사를 쓸 수 있는 접속사가 아니고 (B) 부사 또한 to부정사를 수식할 수 없다. (D)는 등위접속사로 빈칸 뒤 to부정사와 병렬로 연결시킬만한 동사가 없으므로 오답이다.

해석 시 조사단원들은 개발업자들이 농지 지역에 주택을 개발하도록 승인할지 고려 중이다.

표현 정리 inspector 조사자 developer 개발업자 housing 주택 farmland 농지

정답 (C)

10. 접속사를 고르는 문제

해설 빈칸은 주어 자리이므로 명사절 접속사를 넣어야 한다. (B)와 (D)는 부사절 접속사이므로 오답 처리한다. (A)는 명사절 접속사로 쓰이지만 주어 자리에 올 수 없으므로 오답이다. 따라서 정답은 (C) Whether가 정답이다.

해석 우리의 사업이 성공할 것인지는 도시에서 최고의 서비스를 제공하는 호텔이 되느냐에 달려 있다.

표현 정리 depends on ∼에 달려 있다 provide 제공하다

정답 (C)

DAY 14

PART 5&6
UNIT 40 형용사절 접속사 & 부사절 접속사

① 형용사절 접속사의 종류 1

실전 문제 1

해설 사람 선행사(performer)와 주어가 빠진 동사(was) 사이에 빈칸이 왔으므로 주격관계대명사인 (C) who가 정답이다.

해석 그녀는 그녀의 동료들과 뛰어난 의사소통 능력으로 잘 알려졌던 최고의 직원이다.

표현 정리 be well-known for ~로 잘 알려지다 outstanding 뛰어난 associate 동료(주로 복수)

정답 (C)

실전 문제 2

해설 사람 선행사(a staff member)와 명사(thoughts) 사이에 빈칸이 왔으므로 소유격관계대명사인 (B) whose가 정답이다.

해석 우리는 참신할 뿐만 아니라 당장에 현실적인 생각을 가진 직원을 찾고 있다.

표현 정리 not only A but also B A 뿐만 아니라 B도 creative 창의적인 immediately 즉각 practical 실용적인

정답 (B)

② 형용사절 접속사의 종류 2

실전 문제 1

해설 선행사(project)가 사물이고, 동사(will have) 앞에 빈칸이 왔으므로 주격인 (A) which가 정답이다.

해석 정부는 지질학자들이 아직 개발되지 않은 특정 도시의 지역들을 조사하도록 할 계획을 발표했다.

표현 정리 announce 발표하다 geologist 지질학자 investigate 조사하다 certain 특정한

정답 (A)

실전 문제 2

해설 선행사가 사물(new office building)이고, 명사 앞에 빈칸이 왔으므로 소유격인 (B) whose가 정답이다.

해석 Mr. Lee와 Ms. Wong은 이제 이 회사 공동 대표인데, 그들의 새 건물은 이전의 회사 근처에 새로 지어졌다.

표현 정리 construct 건축하다 former 이전의 co-representative 공동대표

정답 (B)

해설 선행사에 시간(middle of a crisis)이 왔고, 빈칸 뒤에 주어(they)와 동사(needed to set), 목적어(comprehensive and extensive but effective strategies)를 모두 갖춘 완전한 절이 왔으므로 관계부사인 (D) when이 정답이다.

해석 대부분의 산업들은 종합적이고 광범위하면서도 효과적인 전략을 세워야 하는 최악의 위기에 처해 있었다.

표현 정리 crisis 위기, 최악의 고비 comprehensive 종합적인 extensive 포괄적인 effective 효과적인

정답 (D)

③ 형용사절 접속사의 종류 3

실전 문제 1

실전 문제 2

해설 선행사가 장소(company)로 왔고, 빈칸 뒤에 완전한 절이 왔으므로 관계부사인 (B) where가 정답이다.

해석 J&W 사는 그가 처음 5년 간은 법률 고문으로서, 그리고 나중 12년 간은 경영 자문위원으로 일해 온 기업이다.

표현 정리 in-house lawyer 사내 변호사 administrative 경영의 consultant 자문위원

정답 (B)

④ 부사절 접속사의 종류 1

실전 문제 1

해설 절이 두 개가 왔으므로 부사 (A), (B)는 모두 소거한다. 선택지에 시간부사절 접속사가 왔고, 주절의 동사에 미래시제(will)가 왔으므로 (D) As soon as가 정답이다.

해석 새 전화가 설치되자마자, 우리는 모든 고객들에게 이 번호를 알려주기 위해 문자 메시지를 보낼 것이다.

표현 정리 install 설치하다 text message 문자 메시지 moreover 더욱이, 게다가

정답 (D)

실전 문제 2

해설 절이 두 개가 왔으므로 접속부사 (D) Therefore는 소거한다. 나머지 선택지는 모두 어법상 적절하므로 문맥상 알맞은 것을 선택해야 한다. '마케팅 이사가 출장 가 있는 동안 모든 연락들이 그의 비서에게 연결될 것이다'가 문맥상 적절하므로 (A) While이 정답이다.

해석 마케팅 이사가 출장 가 있는 동안 모든 이메일과 전화는 그의 비서에게로 연결될 것이다.

표현 정리 on a business trip 출장 중인 forward 보내다, 전송하다 assistant 비서

정답 (A)

---

⑤ 부사절 접속사의 종류 2

실전 문제 1

해설 빈칸 뒤에 조동사(can, may)가 왔으므로 목적부사절 접속사 (D) so that이 정답이다.

해석 직원이 마음 놓고 질문하고, 아이디어를 제안하고, 잘못된 점을 지적할 수 있도록 직원과 고용주 사이의 의사소통 경로는 열려 있어야 한다.

표현 정리 communications channel 의사소통 경로 point out 지적하다

정답 (D)

실전 문제 2

해설 '형용사(effective) + 주어(a diet program)' 앞에 빈칸이 왔으므로 (B) However가 정답이다. (A) 등위접속사는 문두에 올 수 없고, (C) 접속사 뒤에는 형용사가 빠진 '주어 + 동사'가 와야 한다.

해석 아무리 다이어트 프로그램이 효과적이라 하더라도 건강한 식습관은 필수이다.

표현 정리 effective 효과적인 essential 필수적인 eating habit 식습관

정답 (B)

UNIT 41 부사 ❷

Step 3 이론 적용해 보기

1. tightly   2. highly   3. dramatically
4. apart   5. sparsely

PART 7
UNIT 42 지문유형 ❼ 메시지 대화문

Step 1 실전 문제 먼저 풀기

문제 1-2번은 다음 문자 메시지 대화를 참조하시오.

> Sarah Paulson   [오전 11시 23분]
> 브루스, 난 다음 주 금요일 암스테르담에 있을 겁니다.
>
> Bruce Greenwood   [오전 11시 25분]
> 무슨 일 있어요?
>
> Sarah Paulson   [오전 11시 26분]
> 암스테르담 사무소에서 직원들을 위한 안전교육을 요청해 왔습니다. 강사 중 한명이 갑작스러운 출장을 가야 되서 대체할 사람이 필요하다고 합니다.
>
> Bruce Greenwood   [오전 11시 26분]
> 비행기는 예약하셨어요?

> Sarah Paulson   [오전 11시 27분]
> 너무도 급하게 요청받은 거라 운전해서 가려고요.
>
> Bruce Greenwood   [오전 11시 28분]
> 알겠습니다. 조심히 다녀오세요!

표현 정리 request 요청하다 safety training 안전 교육 instructor 강사 unexpected 예상치 못한 business trip 출장 substitute 대리인, 대체 manage to 간신히 ~하다 book a flight 비행 편을 예약하다

1. Paulson 씨는 다음 주 금요일에 무엇을 할 것인가?

(A) 교육 과정을 가르친다.
(B) 강사를 만난다.
(C) 휴가를 간다.
(D) 취업 원서를 낸다.

정답 (A)

2. 오전 11시 27분에 Paulson 씨가 "Not on such short notice."라고 썼을 때, 그녀가 의도한 것은?

(A) 그녀는 정시에 도착하지 않을 것이다.
(B) 그녀는 비행기로 이동하지 않을 것이다.
(C) 그녀는 초대를 거절할 것이다.
(D) 그녀는 비용을 지불하지 않을 것이다.

정답 (B)

Step 4 이론 적용해 보기

문제 3-6번은 다음 온라인 채팅 토론을 참조하시오.

> Adam Driver   [오전 10시 15분]
> 안녕, 라일리. 저에게 온 소포가 있나요? ³ 제가 오늘 몇 개의 물건을 배달받기로 했는데 실수로 다른 사람에게 보내진 것 같습니다. Tatum's Financial Times 사에서 온 것이고 "긴급"이라고 표시되어 있을 겁니다.
>
> Seth MacFarlane   [오전 10시 17분]
> 접수처에는 귀하의 소포가 없습니다. ⁴ 2층에 있는 편집부서에 알아보세요.
>
> Riley Keough   [오전 10시 18분]
> 여기 우편함에 Tatum's Financial Times 사에서 온 소포는 하나 있는데 받는 사람의 이름이 없네요.
>
> Adam Driver   [오전 10시 18분]
> 그것이 저를 위한 것일 겁니다. ⁵ 배송 라벨을 다시 한 번 봐 주실 수 있습니까?
>
> Riley Keough   [오전 10시 19분]
> 죄송합니다. 이름이 있군요. ⁵ 그것은 내가 그것을 알아차리지 못할 정도로 작네요.
>
> Adam Driver   [오전 10시 20분]
> 다행이네요! 내 사무실로 그 소포 좀 가져다주시겠습니까?
>
> Riley Keough   [오전 10시 20분]
> ⁶ 문제없습니다. 곧 위층으로 올라갔습니다.

표현 정리 **parcel** 짐, 소포 **arrive** 도착하다 **be supposed to**
~하기로 예정되다 **delivery** 배달 **article** 물건 **by mistake** 실수로
urgent 긴급의 **reception desk** 안내처 **editorial department**
편집부 **shipping label** 배송 라벨 **notice** 알아차리다 **upstairs**
위층으로 **in a minute** 즉각, 당장

3. 주제 찾기 문제

해설 Adam Driver가 오전 10시 15분 메시지에서 소포를 받기로 했지만
받지 못해서 다른 사람에게 보내진 것 같다는 내용을 통해 (C)가 정답인
것을 알 수 있다.

해석 Driver 씨가 왜 온라인 채팅 토론을 시작했는가?
(A) 그는 파손된 소포를 받았다.
(B) 그는 곧 고객과 회의를 가질 것이다.
(C) 그는 몇 가지 중요한 짐들을 기다리고 있다.
(D) 그는 다른 사람에게 소포를 배달했다.

정답 (C)

4. 요청 문제

해설 Seth MacFarlane의 오전 10시 17분 메시지에서 'You might
want to check with the editorial department on the second
floor.'를 통해 다른 곳을 알아보라는 (D)가 정답이라는 것을 알 수 있다.

해석 MacFarlane 씨는 무엇을 권하고 있는가?
(A) Tatum's Financial Times 사에 전화하기
(B) 회의 장소를 변경하기
(C) 접수처로 가기
(D) 다른 장소를 알아보기

정답 (D)

5. 의도 파악 문제

해설 Adam Driver가 오전 10시 18분에 보낸 메시지 'Could you look
at the shipping label again?'의 Riley Keough의 답변으로 'Sorry'
라고 했고 바로 이어 너무 작아서 알아볼 수 없다고 메시지를 이어나갔으
므로 "Sorry"는 배송 라벨을 읽는 것을 실수했다는 의미를 나타내는 (A)
가 정답이다.

해석 오전 10시 19분에, Keough 양이 "Sorry"라고 썼을 때, 그녀가 의도
한 것은?
(A) 그녀는 배달 전표를 잘못 놓았다.
(B) 그녀는 오늘 늦게 출근했다.
(C) 그녀는 Driver 씨가 설명을 다시 해주길 바란다.
(D) 그녀는 배송 라벨을 읽는 것을 실수했다.

정답 (A)

6. 추론 문제

해설 Adam Driver의 오전 10시 20분 메시지, 'Could you have the
parcel sent up to my office please?'에 대한 Riley Keough의 10
시 20분 답변, 'No problem, I was going upstairs in a minute
anyway.'를 통해 Adam Driver에게 소포를 가져갈 것이라는 것을 알
수 있다. 따라서 (A)가 정답이다.

해석 Keough 양은 소포를 가지고 무엇을 할 예정인가?
(A) 소포를 Driver 씨에게 가져간다.

(B) 소포를 속달 우편으로 보낸다.
(C) 소포를 접수처에 둔다.
(D) 소포에서 물건을 옮긴다.

정답 (A)

REVIEW TEST

1. 접속사를 고르는 문제

해설 '형용사(uncomfortable) + 주어(you) + 동사(are)' 앞에 빈칸이
왔으므로 (C) however가 정답이다. (A), (B)는 모두 that을 생략한 접속
사로 형용사를 뺀 '주어 + 동사' 앞에 써야 한다.

해석 아무리 불편하더라도 회의에서는 정장을 입으세요.

표현 정리 **dress shoes** 신사화, 정장구두 **uncomfortable** 불편한

정답 (C)

2. 목적부사절 접속사를 고르는 문제

해설 빈칸 뒤에 조동사(may, can)가 왔으므로 목적부사절 접속사인 (B)
so that이 정답이다. (A)는 전치사로 절 앞에 올 수 없고, (C) 부사는 두
개의 절을 연결할 수 없다.

해석 그 기관은 관광객이 즐길 수 있도록 하기 위해 스코틀랜드에 있는
역사적인 성을 관리하는 일을 맡고 있다.

표현 정리 **be in charge of** ~를 책임지다 **maintain** 유지하다,
관리하다, 보수하다 **historic** 역사적인, 역사적으로 중요한 **castle** 성

정답 (B)

3. 이유부사절 접속사를 고르는 문제

해설 절이 두 개가 왔으므로 (A) 부사, (D) 전치사는 올 수 없다. 이유부
사절 접속사는 부정 표현 앞에 주로 쓰고 기상 관련 표현과 자주 어울려
출제된다. 따라서 (C) since가 정답이다.

해석 서부지방의 날씨 상황이 포도가 익는데 유리하기 때문에 우리는 기
록적인 수확의 해가 될 것이라 예상한다.

표현 정리 **record harvest** 기록적인 수확 **favorable** 호의적인,
유리한, 순조로운 **maturation** (과일, 술 등이) 익음, 성숙

정답 (C)

4. 조건부사절 접속사를 고르는 문제

해설 '------ + 주어 + 동사, 주어 + 동사' 구조에서 빈칸은 부사절 접속
사 자리이다. 따라서 명사절 접속사인 (A), (B)부터 소거한다. (C)는 '마치
~처럼'이라는 뜻으로 거의 대부분 오답으로 출제되는 접속사 중 하나이
다. 주절에 쓰인 명령문에는 시간 또는 조건부사절 접속사를 쓴다는 것을
알아두어야 하며, (D) If가 정답이다.

해석 이 사무실에서 책 또는 복사물을 빌리고 싶다면 Linda에게 알리고
그녀의 허락을 구하세요.

표현 정리 **sign out** 서명하고 대출받다 **photocopied material**
복사물

정답 (D)

5. 부사절 접속사를 고르는 문제

해설 빈칸은 부사 자리이므로 명사절 접속사인 (B)와 (C)를 소거하고 부사인 (D)도 소거한다. 따라서 두 개의 절을 연결할 부사절 접속사인 (A) whenever가 정답이다.

해석 소비자 가격에는 상담료가 포함되어 있으니 언제라도 우리 제품에 대한 세부사항에 대해 알고 싶으면 편안하게 연락해 주세요.

표현 정리 feel fee to 마음대로 ~을 하다 **details** 세부 사항

정답 (A)

6. 양보부사절 접속사를 고르는 문제

해설 우선 (C) as if(마치 ~처럼)는 대부분 오답으로 출제되는 접속사이므로 일단 지우고 푼다. (A)는 시간부사절 접속사, (B)는 이유부사절 접속사, (D)는 양보부사절 접속사이다. 문맥상 '~했지만 ~하다'는 의미로 기대했던 내용과 반대되는 내용이 언급되었으므로 양보부사절 접속사인 (D) Although가 정답이다.

해석 비록 그는 타이완에 출장차 여러 번 왔지만 직원들과 함께 오기는 이번이 처음이다.

표현 정리 accompany ~를 수반하다, 동반하다

정답 (D)

7. 조건부사절 접속사를 고르는 문제

해설 주절에 의무동사(have to attend)가 왔으므로 조건부사절 접속사인 (C) unless가 정답이다.

해석 모든 신입사원들은 급한 개인사정이 없는 한 환영회에 참석해야 한다.

표현 정리 urgent 긴박한, 급한 **personal matter** 개인사정, 개인적인 용무

정답 (C)

8. 접속사를 고르는 문제

해설 'so ~ that' 구문이며, 빈칸 앞에 'so + 형용사'가 왔으므로 빈칸은 (B) that이 정답이다.

해석 이 기술은 아주 혁신적이어서 만약 이것을 당신의 제품에 적용하지 않는다면 당신은 경쟁에서 뒤처질 것이다.

표현 정리 innovative 혁신적인 **fall behind** 뒤처지다, 낙오되다

정답 (B)

9. 양보부사절 접속사를 고르는 문제

해설 양보부사절 접속사는 문두에 자주 위치한다는 것을 기억한다. '신약 사용이 승인됐지만 아이들에게는 권장되지 않는다.'는 의미여야 하므로 (D) Even though가 정답이다.

해석 신약이 FDA에 의해 성인에게 사용되는 것이 승인됐지만 임신한 여성과 1살 이하의 아이들에게는 권장되지 않는다.

표현 정리 medicine 약 **approve** 승인하다 **pregnant** 임신한

정답 (D)

10. 이유부사절 접속사를 고르는 문제

해설 문맥상 부사절과 주절의 관계는 인과 관계이다. 따라서 (B), (D) 중에 선택해야 하는데, 빈칸 뒤에 절(the copy machine purchased two days ago doesn't work)이 왔으므로 접속사인 (B) now that이 정답이다.

해석 이틀 전에 구입한 복사기가 제대로 작동하지 않기 때문에 Mr. Bae는 매장을 방문해 다른 것으로 바꾸든지 환불을 요청할 예정이다.

표현 정리 replacement 대체품 **refund** 환불

정답 (B)

DAY
15

PART 5&6
UNIT 43 기타 접속사 & 복합관계대명사

① 등위접속사

실전 문제 1

해설 빈칸에는 단어(customer ratings)와 단어(comments)를 연결해 주는 등위접속사가 들어가야 하므로 (B), (D) 중에서 고민한다. 긍정 단어 간의 병렬이므로 (D) and가 정답이다.

해석 대중들과 공유한 당신의 고객 평가와 의견은 제품과 서비스 판매에 직접적으로 영향을 미칠 것이다.

표현 정리 rating 순위 평가, 등급 매기기 **comment** 논평, 언급 **have an effect on** ~에 영향을 미치다

정답 (D)

실전 문제 2

해설 형용사(stringent)와 형용사(necessary) 간의 병렬이므로 (B), (D) 중에 고민한다. 그런데 (D)는 결과 절만 연결해 주어야 하므로 (B) but이 정답이다.

해석 SARC 대표 회의를 주최하는 호텔 측의 엄격하지만 필수적인 보안 조치가 3월 29일에 취해질 것이다.

표현 정리 stringent (규정 등이) 엄중한, (재정적 조건이) 긴박한, 절박한 **security** 안전, 보안 **measure** 수단, 방법, 조치 **host** 개최하다, (행사를) 주체하다; (손님을 초대한) 주인 **activate** 작동시키다, 활성화시키다

정답 (B)

② 상관접속사

해설 빈칸 뒤에 or가 왔으므로 (C) either가 정답이다.

해석 만약 문의 사항이 있으면 Jill McCarty나 인사부로 전화주세요.

표현 정리 inquiry 문의, 질문 contact 연락하다 Human Resources Department 인사부

정답 (C)

실전 문제 2

해설 빈칸 뒤에 but also가 왔으므로 (B) not only가 정답이다.

해석 Infiniti Patrol Solutions는 귀하의 시스템의 잠재적 병목 현상에 대한 위험을 감시하고 알려줄뿐만 아니라 실시간으로 시스템 활동을 분석해 드립니다.

표현 정리 monitor 관찰하다, 감시하다 alert (위험을) 알리다, 경계하다 potential 잠재적인 bottleneck (교통 흐름이 느려지는) 좁은[번잡한] 도로, 병목 지역, 병목 현상 analyze 분석하다 in real time 실시간으로, 현재시간으로

정답 (B)

③ 복합관계대명사

실전 문제 1

해설 빈칸 뒤에 절이 두 개가 왔으므로 접속사인 (D) Whoever가 정답이다. Whoever는 주어가 빠진 불완전한 절에 쓰였고, 명사 주어 자리에 위치해 있다. 절이 두 개가 왔으므로 대명사는 빈칸에 쓸 수 없다.

해석 Bellasium 회원카드를 소유한 사람은 누구든 세계에 있는 호텔체인에서 숙박하는 항공 마일리지를 받을 수 있다.

표현 정리 membership 회원자격 airline miles 항공마일리지

정답 (D)

실전 문제 2

해설 빈칸 뒤에 동사(prefer)의 목적어가 빠진 불완전한 절이 왔으므로 (B), (D) 중에 고민한다. 그런데 (D)는 주격이라 동사 앞에 써야 하므로 오답이다. (C)는 완전한 절 앞에 써야 하므로 오답이다.

해석 Zukebox 8.1 프로그램의 음악은 무작위로 재생되거나 또는 이 프로그램으로부터 당신이 좋아하는 음악을 어느 것이든 선택할 수 있다.

표현 정리 randomly 무작위로 prefer ~를 더 좋아하다

정답 (B)

UNIT 44 부사 ❸

Step 3 이론 적용해 보기

1. exclusively   2. only   3. increasingly
4. heavily   5. primarily

PART 7
UNIT 45 지문유형 ❽ 이중지문

Step 1 실전 문제 먼저 풀기

문제 1번은 다음 편지를 참조하시오.

관계자 분께,

저는 그동안 Vitra Furnishings에서 여러 차례 제품을 구입해 왔습니다. 그리고 제품의 품질에 계속 만족해 왔습니다. 그러나, 제가 주문한 것 중에 한 가지 상품(#39293)은 설명서가 함께 오지 않았습니다. 제 주문 ID는 3929이고, 고객 ID는 2324입니다. 이 편지에 제 송장 사본을 첨부했습니다.

제 이메일 주소 aperry@bmail.com으로 알맞은 설명서를 보내주시면 감사하겠습니다.

감사합니다.
Amanda Perry

Vitra Furnishings
859번지, Maplethorpe가, 시카고
고객 송장

주문 일자 : 5월 4일
주문 ID : 39293
날짜 : 5월 10일

구입 제품

제품 번호	제품 설명	수량	개당 가격	전체 가격
12421	침대 옆 테이블	1	$150	$150
34789	테이블 램프	2	$70	$140
39293	옷장	1	$350	$350
72648	제도용 책상	1	$280	$280

표현 정리 purchase 구입물 consistently 지속적으로 the high level of quality 고품질 order 주문하다 instructions 사용설명서 invoice 송장 enclosed 동봉된 appropriate 적절한 direction 사용법 appreciate 감사하다 description 설명 quantity 수량 bedside 침대 곁에 있는 clothing 의류 chest 장롱

1. 편지에 따르면 Perry 씨가 구입한 물건으로 특별히 언급된 것은?

(A) 침대 옆 테이블
(B) 테이블 램프
(C) 옷장
(D) 제도용 책상

정답 (C)

문제 2-6번은 다음 이메일들을 참조하시오.

발신: Miriam Chance 〈chancem@stjudithmedassociation.com〉
수신: Daniella Poisson 〈dpoisson@1medsupplies.com〉
날짜: 4월 7일
주제: Pre-OP 시리즈

친애하는 Poisson 씨,

⁶ Riverbank에서 있었던 지난주 회의에서 당신을 만난 시간은 정말 광장한 경험이었습니다. 당신의 발표는 매우 인상적이었고, 당신의 회사의 새로운 의료장비인 Pro-OP 시리즈에 대해 많은 것을 배울 수 있었습니다.

⁵ 이러한 이유로, 저는 당신이 San Andreas로 오셔서 저희에게 그 제품에 대해 더 상세한 발표를 해 주실지 여부를 묻고 싶습니다. 저는 현재 그곳에 없지만 4월 17일에 다시 돌아갈 것이고, 4월 23일이 저희가 만나는 가장 이상적인 날이 될 것 같습니다. ² 왜냐면 Burbank에 모든 병원 직원들이 분기별 직원회의를 위해 San Andreas로 오기 때문입니다.

좋은 하루 보내시고 귀하의 답변 기다리겠습니다.

Miriam Chance, 의사
Judith Medical Association

- -

발신: Daniella Poisson 〈dpoisson@1medsupplies.com〉
수신: Miriam Chance 〈chancem@stjudithmedassociation.com〉
날짜: 4월 8일
주제: 답장: Pre-Op 시리즈
첨부: Pre-Op 시리즈 설명서

친애하는 Chance 씨,

귀하의 초대에 감사드립니다. 유감스럽게도, ³ 저는 귀하가 말씀해 주신 날에 Markstown에서 Medical Tech Forum에 선약이 있습니다. 그러나 4월 26일 Golden Bay에서 회의가 있어서 귀하의 지역으로 갈 수 있을 것 같습니다. 그래서 전 4월 26일 전날이나 그 이후에 가능합니다.

Pre-Op 시리즈가 귀하의 관심을 끌었다는 것을 알고 매우 흥분했습니다. ⁴ 그래서 전 이 의료장비의 치수를 보여주는 파일을 첨부했습니다. 제가 귀하와 귀하의 동료들을 위해 귀하의 사무실에서 이 장비들을 설명해 줄 수 있다면 너무 기쁠 것 같습니다. 언제든지 연락주세요. 그래서 적절한 날짜를 정합시다.

감사합니다.

Daniella Poisson, 의사

표현 정리 wonder 놀라운 **experience** 경험 **presentation** 발표 **impressive** 인상적인 **medical instrument** 의료장비 **wonder** 궁금하다 **whether** ~인지 아닌지 **be willing to** 기꺼이 ~하다 **detailed** 상세한 **currently** 현재 **ideal** 이상적인 **MD (Doctor of Medicine)** 의학박사, 의사 **invitation** 초대 **prior arrangement** 선약 **specific date** 특정날짜 **mention** 언급하다 **attach** 첨부하다 **dimension** 치수 **present** 발표하다 **colleague** 직장 동료

---

2. 사실 파악 문제

해설 첫 번째 이메일의 후반부에서 보낸 사람의 이름(Miriam Chance)과 소속(Saint Judith Medical Association)을 알 수 있다. 따라서 이 문제는 첫 번째 이메일에서 정답을 찾는다. 이 메일 두 번째 단락 마지막 부분 '~ since all hospital staff in Burbank are asked to come to the San Andreas office on the 23rd for a quarterly staff meeting.'에서 Burbank 지역에 병원 직원들이 분기별 직원회의를 위해 San Andreas로 온다는 내용을 통해 정답이 (A)임을 알 수 있다.

해석 Saint Judith Medical Association에 대해 언급된 것은?
(A) 한 곳 이상의 사무실이 있다.
(B) 그곳의 치과 의사 중 한 명이 의료 기기들의 설계자이다.
(C) 그곳의 치과 의사들은 최근에 Riverbank에서 회의를 준비했다.
(D) 그곳의 직원회의는 한 달에 한 번 있다.

정답 (A)

3. 세부 사항 문제

해설 두 지문을 모두 봐야 해결이 가능한 연계문제이다. 우선 첫 번째 이메일의 두 번째 단락에서 'April 23 would be an ideal date for us ~'를 통해 Chance 씨가 4월 23일에 발표를 부탁했다는 것을 알 수 있고, Poisson 씨가 쓴 두 번째 이메일의 첫 번째 단락에서 'Unfortunately, I have a prior arrangement with Medical Tech Forum in Markstown on the specific date you mentioned.'를 통해 4월 23일(the specific date you mentioned)에는 Markstown에서 포럼에 간다는 것을 알 수 있으므로 (C)가 정답이 된다.

해석 Poisson 씨는 4월 23일에 어디에 있을 예정인가?
(A) San Andreas에
(B) Burbank에
(C) Markstown에
(D) Golden Bay에

정답 (C)

4. 세부 사항 문제

해설 두 번째 단락 '~ so I have attached a file that shows the dimensions of the instruments.'를 통해 의료기기의 dimensions(= sizes)를 첨부했다고 했으므로 (B)가 정답이다.

해석 두 번째 이메일에 어떤 내용이 포함되었는가?
(A) Poisson 씨의 전문 업적 목록
(B) 치과 의료기구의 크기를 보여주는 문서
(C) 다가오는 포럼을 위한 의제 초안
(D) Poisson 씨의 발표 자료 녹음

정답 (B)

5. 주제 찾기 문제

해설 첫 번째 이메일을 쓴 목적을 묻는 문제로, Riverbank에서 Poisson 씨의 특정 의료장비에 관한 발표를 듣고, 두 번째 단락 "For this reason, I am wondering whether you would be willing to travel to San Andreas and give us a more detailed presentation about the item."을 통해 직접 의료기기에 관해 발표를 해줄 것을 원하는 글이라는 것을 알 수 있다. 따라서 정답은 (D)가 적절하다.

해석 첫 번째 이메일은 왜 쓰였는가?
(A) 새로운 장비를 주문하기 위해
(B) 의사의 서비스를 홍보하기 위해
(C) 전문 회의를 알리기 위해
(D) 안내 회의를 제안하기 위해

정답 (D)

6. 세부 사항 문제

해설 첫 번째 이메일의 첫 번째 단락 'It was a wonderful experience to have met you at last week's conference in Riverbank. Your presentation was very impressive and I could learn much about your company's new Pro-OP series of medical instruments.'에서 Poisson 씨의 발표를 보게 된 것이 Pre-Op 시리즈를 알게 된 계기라고 알 수 있으므로 정답은 (C)가 된다.

해석 Chance 씨는 Pre-Op 시리즈에 대해 처음 알게 된 계기는 무엇인가?
(A) 다른 주에서의 의료 시설을 방문하면서
(B) 그녀의 의료 시설에서 다른 의사의 이야기를 듣고
(C) Poisson 씨의 발표회에 참석하면서
(D) 의사들을 위한 설문 조사에 참여를 통해

정답 (C)

REVIEW TEST

1. 접속사를 고르는 문제

해설 빈칸 뒤에 A and B가 왔으므로 (B) both가 정답이다. between(~사이)도 가능하지만 문맥상 어색하다.

해석 Comcast는 고객 관리부와 품질 보증 팀의 업무를 이끌어갈 고객 지원 부장을 찾고 있다.

표현 정리 quality assurance 품질 보증

정답 (B)

2. 접속사를 고르는 문제

해설 전치사구(at home)와 전치사구(in the office)끼리 병렬되었으므로 (C) or가 정답이다. but은 대조나 역접에 사용되므로 오답이다.

해석 일부 청소 용품은 가정이나 사무실에서 사용하는 사용자들에게 해로울 수 있는 성분들을 포함하고 있다.

표현 정리 ingredient 성분, 요소 hazardous (건강, 안전에) 위험한, 유해한

정답 (C)

3. 접속사를 고르는 문제

해설 빈칸 뒤에 A nor B가 왔으므로 (B) neither가 정답이다.

해석 뉴스 담당 작가들은 Suwarto 씨와 Jung 씨 모두 연례 디너파티에 참석할 수 없어 실망했다.

정답 (B)

4. 접속사를 고르는 문제

해설 빈칸 뒤에 not이 왔고 부사(generally, always)끼리 병렬되었으므로 (A) but이 정답이다. (B), (C)는 절과 절을 연결해 주어야 하므로 오답 처리한다.

해석 공립학교가 South Dakota에서는 항상 그런 건 아니지만 일반적으로 사립학교보다 저렴하다.

표현 정리 public school 공립학교 private institution 사설기관, 사립단체

정답 (A)

5. 접속사를 고르는 문제

해설 빈칸 앞 명사구(outstanding modern facilities)와 빈칸 뒤 명사구(beautiful furnishings)가 병렬되었으므로 (D) as well as가 정답이다.

해석 이 두 집 모두 품격 있는 유리램프를 포함한 아름다운 가구비품은 물론 훌륭한 현대적 시설을 제공한다.

표현 정리 outstanding 뛰어난, 훌륭한 facility 시설 furnishing 가구, 카펫, 커튼 등 집안을 꾸미는 비품 elegant 우아한, 품격 있는 glass lamps 램프용 유리 기구

정답 (D)

6. 접속사를 고르는 문제

해설 빈칸 뒤에 A or B가 왔으므로 (B) either가 정답이다.

해석 만약 전화로 주문하셨다면 빠른 배송으로 영업일 기준 하루 또는 이틀이 걸립니다.

표현 정리 order 주문하다, 명령하다 shipping 배송, 운송

정답 (B)

7. 접속사를 고르는 문제

해설 절이 두 개가 왔으므로 빈칸은 접속사 자리이다. 따라서 (D) When이 정답이다. 접속사 자리에 (A), (B), (C)는 모두 부사이므로 빈칸에 올 수 없다.

해석 당신이 상하이 은행 인터넷 뱅킹을 이용하기 위해 로그인하실 때, 박스에 이메일 주소를 입력하라는 요구를 받게 될 겁니다.

표현 정리 enter 입력하다

정답 (D)

8. 접속사를 고르는 문제

해설 빈칸 앞에 not only가 왔으므로 (C) but also가 정답이다. (A)는 '그런 다음'이란 뜻으로 시간의 순서를 나타내고, (B)는 '그렇지 않으면', (D)는 '~이외의'라는 뜻으로 쓰인다.

해석 신제품은 이것을 처음으로 구매한 고객들은 물론 전에 더 비싼 비용으로 드릴을 구매했던 사람들에게도 관심을 끈다.

표현 정리 appeal 관심(흥미)을 끌다, 매력적이다 initially 처음으로

정답 (C)

9. 접속사를 고르는 문제

해설 절이 두 개가 왔으므로 빈칸은 접속사 자리이다. 따라서 (B) if가 정답이다. 접속사 자리에 (A) 부사, (C) 부사, (D) 전치사는 올 수 없다.

해석 만약 배송이 주문 확인서에 명시된 날짜까지 도착하지 않으면 고객 서비스 직원이 배송부에 연락을 취할 것입니다.

표현 정리 customer representative 고객서비스 직원 Shipping Department 배송부 shipment 배송, 배송품 fail to ~에 실패하다 specify 상술하다, 명시하다 confirmation 확인, 확정(서)

정답 (B)

10. 접속사를 고르는 문제

해설 부사(promptly)와 부사(correctly)끼리 병렬되었고, 빈칸 앞에 not only가 왔으므로 (B) but이 정답이다.

해석 금융부에서의 그의 역할은 모든 지불이 빠르고도 정확하게 처리되도록 하는 것이며, 신규 고객 등록을 담당하는 것이다.

표현 정리 process 처리하다 promptly 신속하게 correctly 정확하게 take care of ~을 처리하다 registration 등록

정답 (B)

PART 6
UNIT 46 연결어 넣기 & 알맞은 문장 고르기

① 연결어 넣기

해설 선택지 모두 연결어로 빈칸 앞뒤 문장의 관계를 따져야한다. 빈칸 앞에서는 고객이 산 제품을 12개월 간 보증한다는 내용과 12개월 안에는 제품을 무상으로 수리 및 교체가 가능하다는 내용이 있는 반면에 빈칸 뒤에는 고객의 부주의한 행동으로 인한 내용은 보증할 수 없다는 내용으로 보아 대조 관계임을 알 수 있다. 따라서 (C) However(그러나)가 정답이다. (A) Therefore는 '그러므로', (B) Thus는 '그래서', (C) However는 '그러나', (D) as a result는 '그 결과'의 뜻이다.

해석

> 고객님께,
>
> Gusto Espresso Coffee Machine ITL200을 구입해 주셔서 감사합니다.
> 이 제품은 유효한 영수증이 있을 경우 구매일로부터 12개월 동안 보증됩니다. 보장 조건에 따라 우리는 고객님의 제품을 무상으로 수리하거나 교체해 드릴 것입니다. 그러나 고객님에 의한 부주의한 사용, 올바르지 않은 관리, 원래 제품에 대한 허가받지 않은 변경으로 생기는 결함은 보증 사항에 해당하지 않습니다.

표현 정리 purchase 구매하다 accompany 동반하다 valid 유효한 receipt 영수증 warranty 보증하다 the date of purchase 구입

날짜 according to ~에 따르면 the terms of the warranty 보증 조항 repair 수리하다 replace 교체하다 free of charge 공짜로 warranty 보증(서) cover 다루다, 포함시키다 defect 결함 cause 야기시키다 improper 부적절한 maintenance 관리 unauthorized 허가받지 않은 modification 변경 original 원래의

정답 (C)

② 알맞은 문장 고르기

해설 접속부사 in fact가 키워드이다. 빈칸 앞에서는 전기차 판매가 두 배 이상 늘 것이라고 예측하였는데, 그 다음 내용과 연결되는 접속부사의 의미를 확인하면 정답을 찾을 수 있다. 빈칸 앞에서 전기차가 두 배 이상 증가할 것이라고 예측한 뒤, 앞으로는 전기차들만 팔릴 것이라고 믿는다고 하는 것은 논리적으로 타당한 연결이므로 (B)가 정답이다.

해석

> Bath (5월 7일) – 비록 Bath 도시 거리에 있는 자동차의 20%가 전기차들이지만 이 수치는 빠른 속도로 변화하고 있습니다. 이것은 전기 자동차 운전자에게 제공되는 도시의 관대한 세금 혜택 때문입니다. Bath Green Business의 Martin Freeman 사장에 따르면 더 매력적인 디자인과 오래 가는 배터리가 차이를 만들어 낸 것 같습니다. Freeman 씨는 Bath의 전기 자동차 수가 앞으로 두 배 이상 증가할 것으로 예측합니다. 사실, 그는 20년 후에는 전기차들만 팔릴 것이라고 믿는다.

Q.

(A) 게다가, 그는 고속도로에 설치되는 충전소의 편리함을 좋아합니다.
(B) 사실, 그는 20년 후에는 전기차들만 팔릴 것이라고 믿습니다.
(C) 따라서, 그는 전기 자동차의 가격이 너무 높다고 생각합니다.
(D) 그는 Bath의 인구가 꾸준히 감소하고 있다고 언급합니다.

표현 정리 at a rapid pace 빠른 속도로 due to ~ 때문에 generous 관대한, 후한 tax 세금 benefit 혜택 according to ~에 따르면 attractive 매력적인 longer-lasting 오래 가는, 오래 지속되는 make a difference 차별을 두다, 차이를 만들다 predict 예측하다 in the coming years 향후 몇 년 안에 moreover 더욱이 convenience 편리 recharging station 충전소 highway 고속도로 in fact 사실상 therefore 그러므로 note 주목하다 population 인구 decrease 줄다, 감소하다 steadily 꾸준히

정답 (B)

UNIT 47 부사 ④

Step 3 이론 적용해 보기

1. rapidly   2. stringently   3 however
4. still   5. normally

PART 7

UNIT 48 지문유형 ❾ 삼중지문

Step 1 실전 문제 먼저 풀기

문제 1번은 다음 편지와 송장을 참조하시오.

---

¹ 주방 유토피아 식품 가공 업체 – 모델 C3

당사의 베스트셀러 모델인 C3는 고품질의 플라스틱과 세척이 용이한 스테인리스 강으로 만들어졌습니다.

특징 : 독특한 날 디자인과 강력한 모터를 가진 전문가 등급의 가전 제품이며, 모든 규모의 분주한 레스토랑에 이상적입니다.

보증 : 당사는 모든 부품과 인건비에 대해 7년의 보증 기간을 포함하고 있습니다.

일반 구매 가격 : $319.00 / KU 클럽 회원 : $299.00

---

www.kitchenwareutopia/review/c3/454

HOME	PRODUCTS	REVIEW	FAQ

등급 : ★★★★★

이 제품은 훌륭합니다. 저는 요리사이고, 많은 조리 기구를 사용했는데, 이것은 단연 최고입니다. 가격은 조금 비싸지만 투자할 가치가 있습니다. 전 회원이기 때문에 할인 혜택을 받았습니다. 제가 가지고 있는 유일한 불만은 그것이 무겁다는 것입니다. 그래서 내가 기대했던 만큼 휴대성이 없었습니다. 그러나 전반적으로 이 제품에 매우 만족하고 있습니다.

Ellis Perls 씨에 의해 게시
3월 27일

---

www.kitchenwareutopia/review/c3/CR121

HOME	PRODUCTS	REVIEW	FAQ

저희는 귀하가 C3 식품 조리 기구에 만족한다는 소식을 듣고 기쁘게 생각합니다. 귀하의 불만 사항에 답변하고 귀하의 우려 사항에 대한 제안을 해드리고 싶습니다. 우리의 C2 조리 기구는 귀하의 전문적인 요구에 더 적합할 수 있습니다. C2는 C3와 동일한 모터 크기를 제공하지만 C3보다 훨씬 작습니다. 그러나 이 모델은 C3보다 약간 더 비쌉니다.

3월 28일에 Kitchen Utopia 고객 서비스에 의해 게시

표현 정리 **feature** 특징 **blade** 날 **appliance** 가전제품 **ideal** 이상적인 **warranty** 보증 **part** 부품 **labor** 인건비 **regular purchase price** 정상가 **amazing** 놀라운 **caterer** 요리사 **by far** 단연코 **a little** 조금 **expensive** 비싼 **worth** ~의 가치가 있는 **investment** 투자 **complaint** 불만 **heavy** 무거운 **portable** 휴대 가능한 **overall** 대로 **respond to** ~에 응답하다 **regarding** ~에 관한 **concern** 우려, 걱정 **slightly** 다소, 약간

1. 왜 C2 조리기구가 Perls 씨에게 더 적합한 것으로 추천될 수 있는가?

(A) 그것은 싸다.
(B) 그것은 식기 세척기의 증거이다.
(C) 조립이 쉽다.
(D) 그것은 가볍다.

정답 (D)

Step 3 이론 적용해 보기

문제 2–6번은 다음 기사, 스케줄, 이메일을 참조하시오.

노후화된 가스관을 개량하는 도시

(9월 1일) – 10월 한 달 동안 Nairobi Energy Services 사는 도시의 에너지 기반 시설을 유지하기위한 노력의 일환으로 2킬로미터의 주철로 만든 지하 파이프를 플라스틱 코팅 파이프로 대체할 계획입니다.

"² 새로운 파이프에 의한 기압의 증가는 오늘날의 고효율 난로, 온수기, 의류 건조기 및 기타 가스 기기를 더 잘 지원할 것입니다."라고 가스 회사 부회장인 Esther Cheptumo는 말했습니다. "이 새로운 시스템은 앞으로 수년 간 안전하고 신뢰할 수 있는 가스 공급을 보장할 것입니다."

⁴ 파이프가 교체되는 동안 나이로비의 일부 거리는 오전 11시에서 오후 4시까지 폐쇄될 예정입니다. ² 가스 회사는 불편을 최소화할 일정을 수립하기 위해 시 공무원과 협력하고 있습니다. 일정은 회사의 웹 사이트와 모든 지역 신문에서 매일 업데이트됩니다. 작업 일정으로 인해 심각한 문제를 겪게 되는 고객들은 가스 회사에 문제를 문의해야 합니다.

가스 서비스 업그레이드 작업일정

월요일	10월 16일	⁴ Wallastone Street
화요일	10월 17일	⁵ Moringa Street
수요일	10월 18일	Blackstone Avenue
목요일	10월 19일	Stainwood Street
금요일	10월 20일	작업 일정 없음 (국가 공휴일)

⁶ 당신이 살고 있는 거리에 작업이 완료되면 NESI 기술자가 집으로 와서 서비스 라인을 연결할 것입니다.

수신: Peter Abonyo ⟨pabonyo@mailergrip.com⟩
발신: Judith Kamau ⟨jkamau@nesi.co.ke⟩
답장: Account No. A0194
날짜: 10월 12일

친애하는 Abonyo 씨,

⁵ 당신의 거리는 10월 17일 화요일에 가스 파이프라인 교체가 예정되어 있습니다. ⁶ 기술자들이 오후 3시에서 8시 사이에 가스 라인을 다시 연결할 수 있습니다. 작업할 시간을 지정하려면 555−0181로 전화 주십시오. 재연결 작업이 진행되는 동안 당신의 집에 대한 가스 서비스가 약 1시간 동안 중단됩니다.

감사합니다.

Judith Kamau

표현 정리 **plan to** ~할 계획이다 **replace** 교체하다 **cast-iron** 주철로 만들어진 **underground** 지하 **plastic-coated** 플라스틱으로 코팅된 **steel pipes as a part of** ~의 일환으로 **maintain** 유지하다 **infrastructure** 하부구조 **pressure** 기압 **high-efficiency** 고효율적인 **furnace** 난로 **appliance** 가전 기기 **city official** 시 공무원 **minimize** 최소화하다 **inconvenience** 불편 **significant** 상당한 **technician** 기술자 **replacement** 교체

2. 사실 파악 문제

해설 질문의 according to the article을 통해 첫 번째 지문인 article(기사)에서 정보를 찾는다. 질문이 사실 여부를 묻는 (NOT) TRUE

문제인 경우에는 지문에 내용과 일치하지 않는 것을 지워 나가야 한다. 지문의 내용과 일치하는 내용은 가스 회사 부사장인 Esther Cheptumo 씨가 이야기한 내용 중에 'The increase in pressure provided by the new pipes will better support today's high-efficiency furnaces, water heaters, clothes dryers, and other gas appliances.'를 통해 (A)가 정답이라는 사실을 알 수 있다. 참고로 문장 중에 있는 'better support today's high-efficiency furnaces, water heaters, clothes dryers, and other gas appliances'는 (A)로 패러프레이징된 표현임을 알아두자.

해석 기사에 따르면, 파이프에 대한 사실은?
(A) 새로운 가전제품이 더 잘 실행될 수 있도록 도와줄 것이다.
(B) 주철로 만든 파이프보다 더 빨리 설치될 것이다.
(C) 파이프들은 몇 년 안에 대체될 것이다.
(D) 밤에 설치될 것이다.

정답 (A)

3. 사실 파악 문제

해설 역시 첫 번째 지문인 article(기사)에서 장답을 찾을 수 있다. 마지막 단락 'The gas company is working with city officials to develop a schedule that will minimize the inconvenience. The schedule will be updated daily on the company's Web site as well as in all local newspapers.'를 통해 시 공무원과 협의 중이며, 매일 업데이트할 계획이라는 내용을 통해 최종 결정이 된 것이라고는 볼 수 없으므로 (D)가 정답이 된다.

해석 기사를 통해 작업 일정에 대해 알 수 있는 것은?
(A) 시 공무원의 승인을 받지 않을 것이다.
(B) Cheptumo 씨가 게시했다.
(C) 몇 가지 오류가 있다.
(D) 최종 결정되지 않았다.

정답 (D)

4. 세부 사항 문제

해설 두 지문을 참조해야 하는 연계 문제이다. 문제에서 10월 16일이 언급되었으므로 먼저 두 번째 지문을 참조한다. 작업 일정표를 보면 10월 16일에는 Wallastone Street에서 작업이 있을 것이라는 것을 알 수 있다. 또한 첫 번째 지문의 세 번째 단락에서 'Some streets in Nairobi will be closed to traffic between 11:00 A.M. and 4:00 P.M. while pipes are replaced.'를 통해 작업이 진행되는 동안 도로를 폐쇄한다는 언급이 있으므로 (C)가 정답이 된다.

해석 10월 16일에 무슨 일이 일어나는가?
(A) NESI 임원 회의가 개최된다.
(B) 국경일을 기념할 것이다.
(C) 도로가 폐쇄될 것이다.
(D) NESI 고객의 불만이 해결될 것이다.

정답 (C)

5. 추론 문제

해설 두 개의 지문을 참조해야 하는 연계 문제이다. Abonyo 씨에 관한 질문이므로 먼저 Abonyo 씨가 언급된 세 번째 지문을 참조한다. Abonyo 씨에게 쓴 글을 보면 10월 17일 화요일 Abonyo 씨가 살고 있는 지역에 작업이 있을 것이라고 했고, 두 번째 지문의 작업 일정을 통해

10월 17일은 Moringa Street에서 작업이 진행된다는 정보를 알 수 있으므로 (B)가 정답이 된다.

해석 Abonyo 씨에 관해 추측할 수 있는 것은?
(A) 그는 정보를 요구했다.
(B) 그는 Moringa Street에 산다.
(C) 그는 최근 Kamau 여사와 이야기했다.
(D) 그는 저녁에 집에 없다.

정답 (B)

6. 추론 문제

해설 두 개의 지문을 참조해야 하는 연계 문제이다. 문제에서 Kamau 씨가 언급이 되었으므로 먼저 Kamau 씨가 언급된 세 번째 지문을 참조한다. 세 번째 지문의 'Please call us at 555-0181 to schedule a time for the work to be completed.'를 통해 작업할 시간을 지정하려면 전화를 달라고 하고 있다. 두 번째 지문의 'When work on your street has been completed, a NESI technician will come to your house to connect your service line.'을 통해 NESI 기술자가 집으로 와서 서비스 라인을 연결할 것이라 하고 있다. 이 두 정보를 유추해볼 때 Kamau 씨는 NESI 직원임을 알 수 있다.

해석 Kamau 씨는 누구인 것 같은가?
(A) 시 공무원
(B) NESI 직원
(C) 가전기기 기술자
(D) 공장 임원

정답 (B)

REVIEW TEST

문제 1-2번은 다음 이메일을 참조하시오.

받는 사람: 공개되지 않은 수신자
보낸 사람: robert.sheehan@maxmedia.com
날짜: 9월 1일
제목: 지불 정책

친애하는 작가 분들께,

우리는 프리랜서 작가들에게 그들에 기사에 관해 돈을 지불하는 과정을 변경하려 합니다. 각 기사에 대해 지불하는 대신, 한 달에 한 번만 지불하려 합니다. 불편을 끼쳐 드려 죄송합니다. 그러나 매주 개인 송장을 처리하는 데 너무 많은 시간이 소요되었습니다. [1] 지금부터는 작성한 각 기사에 대해 송장을 제출하지 마십시오. 대신 해당 달에 작성된 모든 기사에 대해 매월 한 항목의 송장을 제출하십시오. 첨부된 양식에 서명하고 9월 7일 금요일까지 저에게 반송하십시오. [2] 이는 귀하가 새로운 절차를 이해하고 있음을 인정하는 것입니다.

이 문제에 협조 해 주셔서 감사합니다.

Robert Sheehan, 인사부
Max Media

표현 정리 undisclosed 공개되지 않은 recipient 수신자 payment 지불 policy 정책 process 과정 pay 지불하다

however 그러나 **time-consuming** (많은) 시간이 걸리는 **process** 처리하다 **invoice** 송장 **starting now** 지금부터 **itemize** 항목별로 적다, 명세서를 작성하다 **attached** 첨부된 **cooperation** 협조

1. 연결어 넣기

해설 '각 기사에 대해 송장을 제출하지 말고 -------, 매월 한 항목의 송장을 제출하십시오'로 연결이 되어야 하므로 정답은 (B) instead(대신)이다.

정답 (B)

2. 알맞은 문장 고르기

해설 선택지의 'This'가 힌트이다. 앞 문장에서 양식에 서명해 달라는 요구를 하고 있는데, 이러한 절차가 왜 필요한지 설명하고 있는 (A)가 정답이 된다.

해석
(A) 이것이 필요한 이유는 여러분들이 새로운 절차에 대해 동의하는지 확인하고 싶기 때문입니다.
(B) 기사는 편집 팀에서 검토할 겁니다.
(C) 당신이 기사를 제출한 직후 지불금이 송금될 것입니다.
(D) 간과한 작은 세부 사항이 있습니다.

정답 (A)

토익의 기초 이론과 실전 문제까지!
'한 권으로 끝내자!'

1 처음부터 끝까지 문제 풀이 중심!

시간도 오래 걸리고 지루한 이론 암기보다는
문제를 풀 수 있는 능력을 향상시키는데 주력했습니다.

2 군더더기 없는 핵심 이론만! 단, 해설은 친절하게!

이론은 짧게 담고, 해설은 명쾌하게 설명하여
토익의 기본기를 철저히 다지도록 구성하였습니다.

3 독학자를 위한 토막강의 제공!

토익의 이론을 꼭 학원에 가서 들어야 하나요? 아닙니다.
<시나공토익> 무료 토막강의로도 충분합니다.

4 MP3 & 실전모의고사 1세트 무료 제공!

MP3와 받아쓰기 훈련집, 실전모의고사 1세트까지 홈페이지에서
무료로 다운로드할 수 있습니다.

이 책을 권장하는 점수대	400	500	600	700	800	900

이 책의 난이도	쉬움	비슷함	어려움

9 791165 212025   03740

시나공 토익 BASIC (LC + RC)

Crack the Exam!
TOEIC BASIC LC + RC

ISBN 979-11-6521-202-5

가격 18,000원(해설집 포함)